David Quammen

Zoönose

Hoe dodelijke ziekten van dier naar mens overspringen

Vertaald door Peter Diderich

Uitgeverij Atlas Contact
Amsterdam/Antwerpen

Eerder verschenen als *Van dier naar mens* in 2013.
Het nawoord 'Wij hebben corona tot een epidemie gemaakt' door David Quammen verscheen oorspronkelijk in *The New York Times* op 28 januari 2020 en werd vertaald door Rogier van Kappel.

Oorspronkelijke titel *Spillover. Animal Infections and the Next Human Pandemic*
Oorspronkelijke uitgeverij W.W. Norton
Omslagontwerp Zeno
Omslagbeeld *Rhinolophus hipposideros* Getty Images
Foto auteur Lynn Donaldson
Typografie binnenwerk Elgraphic
Drukkerij Wilco

ISBN 978 90 450 4250 3
D/2020/0108/589
NUR 860/740

www.atlascontact.nl
www.davidquammen.com

andermaal en altijd:
voor Betsy

Toen zag ik een vaalgeel paard. De ruiter heette Dood, en Dodenrijk vergezelde hem. Zij kregen toestemming om op een vierde deel van de aarde dood en verderf te zaaien, door middel van het zwaard, hongersnood, dodelijke ziekten en wilde dieren.

– *Openbaring van Johannes* 6,8 (*Nieuwe Bijbelvertaling*, 2004)

Inhoud

I

Een vaalgeel paard

1

Het virus dat nu bekendstaat als het hendravirus was niet de eerste van de angstaanjagende nieuwe ziekteverwekkers. Het was niet de ergste. In vergelijking met sommige andere soorten lijkt dit virus betrekkelijk onbeduidend. Wat betreft het aantal dodelijke slachtoffers was de impact ervan aanvankelijk gering, en dat is zo gebleven. Ook was de reikwijdte ervan zeer beperkt en in latere episodes is het niet veel verder verspreid. Het virus maakte in 1994 zijn debuut in de buurt van de Australische stad Brisbane. Aanvankelijk waren er twee gevallen, waarvan slechts één fataal. Nee, herstel: er waren twee ménselijke gevallen en er was één ménselijk sterfgeval. Ook andere slachtoffers leden en stierven, meer dan een tiental – dat waren paarden – en ook hun verhaal maakt deel uit van dit relaas. Zoals we zullen zien, zijn ziekten bij dieren en ziekten bij mensen nauw verweven onderwerpen.

De oorspronkelijke opkomst van het hendravirus leek niet bijzonder onheilspellend, of iets met grote nieuwswaarde, tenzij je toevallig in het oosten van Australië woonde. Het viel in het niet bij een aardbeving, een oorlog, een schooljongen die een bloedbad aanrichtte, of een tsunami. Maar het was wel buitenissig. Het was spookachtig. Nu er, in elk geval bij pathologen en Australiërs, iets meer over bekend is waardoor het wat minder spookachtig is geworden, maakt het hendravirus nog steeds een buitenissige indruk. Het heeft iets paradoxaals: marginaal, sporadisch, maar in bredere zin toch representatief. Precies om die reden is het een goed startpunt voor een speurtocht naar meer inzicht in het ontstaan van bepaalde virulente nieuwe realiteiten op deze planeet – realiteiten die sinds 1981 de dood van meer dan 30 miljoen mensen hebben meegebracht. Tot deze realiteiten behoort het fenomeen van de zogeheten zoönose.

Een zoönose is een dierlijke infectieziekte die overdraagbaar is op mensen. Er zijn meer van zulke ziekten dan je misschien denkt. Aids is er een van. Influenza is een andere complete categorie van deze ziekten. Bezie je ze als groep, dan doemt de oude darwinistische waarheid op (zijn somberst klinkende waarheid, overbekend én hardnekkig vergeten) dat de mens feitelijk een soort dier is, onlosmakelijk verbonden met andere dieren: in oorsprong en in afstamming, in ziekte en gezondheid. Bezie je ze afzonderlijk – om te beginnen dit betrekkelijk obscure geval uit Australië – dan krijg je het heilzame idee dat alles, inclusief epidemische ziekten, ergens vandaan komt.

2

In september 1994 brak er een hevige noodtoestand uit onder paarden in een voorstad aan de noordkant van Brisbane. Dit waren volbloed renpaarden, vertroetelde en gesoigneerde dieren, gefokt voor de rensport. De plaats zelf heette Hendra. Het was een rustige oude buurt vol renbanen, paardenrenliefhebbers, houten huizen waarvan de achtertuin was omgebouwd tot een stallencomplex, kiosken die krantjes met tips voor de rennen verkochten en op straathoeken cafés met namen als The Feed Bin, 'De voerbak'. Het eerste slachtoffer was een roodbruine merrie, genaamd Drama Series, die niet meer aan de rennen deelnam en op dat moment flink drachtig was – dat wil zeggen, zwanger in een vergevorderd stadium. Drama Series begon tekenen te vertonen dat er iets mis met haar was in een zogeheten *spelling paddock*, een 'rustpaddock' op een woest stuk grasland, enkele kilometers ten zuidoosten van Hendra waar renpaarden naartoe werden gestuurd om uit te rusten tussen de wedstrijden door. Ze was daar geplaatst als fokmerrie en zou dat tot laat in haar zwangerschap zijn gebleven, als ze niet ziek geworden was. Echt ernstig was het niet, althans zo leek het op dat moment. Ze zag er gewoon niet goed uit en haar trainer dacht dat ze naar binnen moest. De trainer, Vic Rail, was een gewiekst mannetje, met een uitgesproken charme en strak achterovergekamd bruin haar, iemand die in de lokale renwereld bekendstond om zijn gehaaide praktijken. Vickie was 'hard als een spijker, maar een beminnelijke boef', zoals iemand het noemde. Sommige mensen hadden een hekel aan hem, maar niemand ontkende dat hij verstand van paarden had.

Rails vriendin, Lisa Symons, was degene die met een paardentrailer op weg ging om Drama Series op te halen. De merrie had weinig zin om in beweging te komen. Blijkbaar had ze pijnlijke voeten. Er waren zwellingen rond haar lippen, haar oogleden en haar kaak. Weer terug in Rails bescheiden stal in Hendra zweette Drama Series overvloedig en bleef ze futloos. Rail, die bang was dat ze ondervoed zou raken en het veulen het niet zou redden, probeerde haar te dwingen wat geraspte wortel met stroop naar binnen te werken, maar ze wilde niet eten. Na die poging waste Vic Rail zijn handen en zijn armen, maar achteraf gezien misschien niet grondig genoeg.

Dat was op 7 september 1994, een woensdag. Rail belde zijn dierenarts, Peter Reid, een lange man, nuchter en professioneel, die meteen kwam en de merrie bekeek. Ze stond in haar eigen box in de stal, een hok van holle betonnen bouwblokken met een bodem van zand, te midden van Rails andere paarden. Dokter Reid zag geen afscheiding uit haar neus of ogen komen en geen tekenen van pijn, maar ze leek nog maar een vage schim van haar robuuste, vroegere zelf. 'Depressie,' luidde zijn oordeel, wat (in veterinair jargon) op een fysieke, niet op een psychische aandoening duidde. Haar temperatuur en haar hartslag waren beide hoog. Reid zag de zwellingen in het gezicht. Toen hij haar mond opendeed om haar tandvlees te inspecteren, zag hij de wortelresten die ze niet had willen of kunnen doorslikken en gaf haar injecties met antibiotica en pijnstillers. Daarna ging hij naar huis. De volgende ochtend vroeg, even na vieren, kreeg hij een telefoontje. Drama Series had zich uit haar hok gewurmd, was op het erf in elkaar gezakt en lag nu op sterven.

Tegen de tijd dat Reid zich weer naar de stallen had gespoed, was ze dood. Het was snel maar akelig verlopen. Toen haar toestand verslechterde, was ze geagiteerd geraakt en door de openstaande boxdeur naar buiten gestrompeld. Ze was meerdere keren gevallen, had haar been tot op het bot opengehaald. Ze was weer opgestaan, was opnieuw gevallen op het erf voor de stal en toen, voor haar eigen bestwil, door een stalknecht tegen de grond gedrukt. Radeloos rukte ze zich los, botste tegen een stapel stenen en werd daarna opnieuw tegen de grond gedrukt door een gezamenlijke krachtsinspanning van de stalknecht en Rail, die een schuimende afscheiding van haar neusgaten veegde om haar te helpen met ademhalen, vlak voordat ze stierf. Reid inspecteerde het lichaam en zag nog een spoor van helder schuim op de neusgaten, maar voerde geen autopsie uit, omdat Vic Rail het geld niet had om zo nieuwsgierig te kunnen zijn, en meer in het algemeen omdat niemand een noodlottige ziekte voorzag waarin zulke brokjes informatie van cruciaal belang zijn. Drama Series' karkas werd zonder verdere plichtplegingen door de gebruikelijke transporteur afgevoerd naar de stortplaats waar de dode paarden van Brisbane gewoonlijk naartoe gaan.

Haar doodsoorzaak bleef onzeker. Was ze gebeten door een slang?

Had ze een of ander giftig gras of onkruid gegeten op dat met struiken bedekte, verwaarloosde stuk grasland? Die veronderstellingen gingen dertien dagen later abrupt in rook op, toen haar stalgenoten ziek begonnen te worden. Ze vielen als dominostenen om. Dit was geen slangenbeet of giftig gras. Dit was iets besmettelijks.

De andere paarden hadden last van koorts, ademhalingsproblemen, bloeddoorlopen ogen, krampen en stunteligheid. Bij sommige paarden golfde bloederig schuim uit neusgaten en bek, en een paar hadden zwellingen in het gezicht. Reid zag dat een paard fanatiek zijn bek spoelde in een emmer water. Een ander paard sloeg met zijn kop tegen de betonnen muur alsof hij gek geworden was. Ondanks de heroïsche inspanningen van Reid en anderen, stierven er binnen enkele dagen nog twaalf dieren. Sommige kwamen afschuwelijk aan hun eind, andere werden geholpen met een dodelijke injectie. Reid zei later dat 'de snelheid waarmee het die paarden overmeesterde ongelooflijk was', maar in dit vroege stadium had nog niemand 'het' geïdentificeerd. Iéts had al die paarden overmeesterd. Op het hoogtepunt van de crisis waren er in slechts twaalf uur zeven dieren die aan hun kwellingen bezweken of een spuitje kregen. Zeven dode paarden in twaalf uur – dat is een bloedbad, zelfs voor een door de wol geverfde dierenarts. Een van de paarden, een merrie die Celestial Charm heette, stampte en snoof zo wanhopig dat Reid niet dicht genoeg bij haar kon komen om de verlichtende injectie te geven. Een ander paard, een vijfjarige ruin, was van Rails stal naar een rustpaddock in het noorden gestuurd, waar hij bij aankomst ernstig ziek bleek te zijn en al snel een dodelijk spuitje moest krijgen. Een dierenarts aldaar verrichtte sectie op de ruin en trof overal in zijn organen bloedingen aan. Op hetzelfde moment vertoonde nog een andere ruin in Hendra, in een stal naast die van Rail, vergelijkbare klinische symptomen en moest ook hij een spuitje krijgen.

Wat veroorzaakte al deze ellende? Hoe verspreidde het zich van het ene paard naar het andere, of kwam het in elk geval bij zoveel paarden tegelijk terecht? Eén mogelijkheid was een toxische vervuiler in het paardenvoer. Of misschien was het een kwaadwillig binnengesmokkeld vergif. Maar ook begon Reid zich af te vragen of er geen exotisch virus in het spel was, zoals het virus dat verantwoordelijk is voor de Afrikaanse paardenpest (APP), een ziekte die in Afrika bezuiden de Sahara wordt overgebracht door in zwermen optredende, bloedzuigende mugjes. Het APP-virus treft zowel muildieren als ezels, zebra's en paarden, maar is niet gemeld in Australië, en het is ook niet rechtstreeks besmettelijk van paard naar paard. Bovendien beginnen muggen in Queensland over het algemeen niet te bijten in september, als het nog koel is. Daarom was APP niet echt een geschikte kandidaat. Dan misschien een andere vreemde ziektekiem? 'Ik had een virus nog nooit zoiets zien doen,' zei Reid. Als een man van understatements herinnert hij het zich als 'een vrij traumatische tijd'. Hij was de lijdende dieren blijven behandelen met alle middelen en mogelijkheden die hij bij deze niet vaststaande diagnose had: antibiotica, vloeistofinfusen en antishockmiddelen.

Intussen was Vic Rail zelf ziek geworden. En ook de stalknecht. Aanvankelijk leek het of ze allebei een griepaanval hadden: een ernstige vorm van influenza. Rail moest naar het ziekenhuis, ging daar hard achteruit en overleed na een week op de intensive care. Zijn organen hadden het begeven en hij kreeg geen adem meer. Autopsie toonde aan dat zijn longen vol zaten met bloed, met andere vloeistoffen en (zoals bleek na elektronenmicroscopisch onderzoek) met iets wat op een virus leek. De stalknecht, Ray Unwin, een stoere man die gewoon naar huis was gegaan om de koorts in zijn eentje te doorstaan, overleefde het. Peter Reid had zich om dezelfde zieke paarden bekommerd, te midden van hetzelfde bloederige schuim, maar hij bleef gezond. Hij en Unwin vertelden me hun ervaringen toen ik ze vond, jaren later, nadat ik rondvraag had gedaan in Hendra en wat telefoontjes had gepleegd.

Zo had iemand in The Feed Bin tegen me gezegd: Ray Unwin, ja, die zit waarschijnlijk bij Bob Bradshaw. Hij vertelde me hoe ik bij Bradshaws stal kon komen en daar trof ik op de oprit een man met een emmer graan in zijn hand, en dat bleek Unwin te zijn. Ik zag een harde werker van middelbare leeftijd, een stevige kerel met een rossige paardenstaart en een doffe droefheid in zijn ogen. Hij was ietwat terughoudend bij al die aandacht van een vreemde, want daar had hij al genoeg mee te maken gehad, van artsen, ambtenaren van gezondheidsdiensten en lokale verslaggevers. Zodra we gingen zitten om wat te kletsen, bekende hij dat hij geen 'mopperkont' was, maar dat zijn gezondheid na die gebeurtenis 'belabberd' was geweest.

Toen er steeds meer paarden stierven, had de overheid van Queensland ingegrepen door het inzetten van dierenartsen en andere medewerkers van het DPI, het Department of Primary Industries (verantwoordelijk voor vee, wilde dieren en landbouw in de hele staat) en inspecteurs van het ministerie van Volksgezondheid. De dierenartsen van het DPI begonnen secties te verrichten – dat wil zeggen dat ze op zoek naar aanwijzingen paarden opensneden – midden op Vic Rails kleine erf. Het duurde niet lang of overal lagen paardenkoppen en afgehakte ledematen, gutsten bloed en andere vloeistoffen de goot in en werden verdachte organen en weefsels in zakken gedaan. Een buurman van Rail, Peter Hulbert, ook een paardenman, haalde herinneringen op aan het gruwelijke schouwspel dat zich had afgespeeld, terwijl hij in zijn keuken een kop oploskoffie voor me maakte. Toen het water in de ketel begon te koken, begon Hulbert over de verrijdbare afvalcontainers die het DPI had gebruikt. 'Die vuilnisbakken op wielen, met al die poten en koppen van paarden... – gebruik je suiker?'

Nee, dank je, zei ik, zwart.

'... paardenpoten en koppen en darmen, van alles ging in die vuilnisbakken op wielen. Het... was... afgrijselijk.' Halverwege de middag, voegde hij eraan toe, was het nieuws overal bekend geworden en kwamen de tv-zenders aanzetten met hun camera's. 'Jasses. Het was echt verschrikkelijk, man.' Daarna arriveerde ook de politie, die een afzetlint om Rails huis spande alsof het een plaats delict was. Had een van zijn vijanden dit gedaan? De renwereld had zoals elke business zijn eigen onderbuik, maar waarschijnlijk een omvangrijkere dan in andere bedrijfstakken. Peter Hulbert werd zelfs expliciet uitgehoord over de vraag of Vic misschien zijn eigen paarden en daarna zichzelf had vergiftigd.

Terwijl de politie rekening hield met mogelijke sabotage of verzekeringsfraude, ging de aandacht van de gezondheidsautoriteiten uit naar andere hypotheses. Een daarvan was het hantavirus – eigenlijk een groep virussen die al langer bekend was bij virologen, na uitbraken in Rusland, Scandinavië en elders, maar die opnieuw de aandacht trok nadat een nieuw hantavirus een jaar eerder, in 1993, een spectaculaire entree had gemaakt en tien mensen het leven had gekost in de Four Corners-regio van het Amerikaanse Zuidwesten. Australië is terecht beducht voor een invasie van exotische ziekten, en een hantavirus binnen zijn grenzen zou (behalve voor paarden) nog slechter nieuws zijn dan de Afrikaanse paardenpest. Daarom namen de dierenartsen van het DPI monsters van bloed en weefsel van de dode paarden en stuurden ze die op ijs gekoeld naar het Australian Animal Health Laboratory, een streng beveiligde instelling, bekend onder de afkorting AAHL (uitgesproken als '*aahl*') in de stad Geelong, ten zuiden van Melbourne. Een team van microbiologen en dierenartsen onderwierp de monsters daar aan een reeks testen, bedoeld om een microbe te kweken en te identificeren, en te bevestigen dat die microbe paarden ziek maakte.

Ze vonden een virus. Het was geen hantavirus. Het was niet het APP-virus. Het was iets nieuws, iets wat de AAHL-microscopist nog niet eerder had gezien, maar wat afgaand op de grootte en de vorm ervan tot een bepaalde virusgroep, de paramyxovirussen, leek te behoren. Dit nieuwe virus verschilde van de bekende paramyxovirussen in dit opzicht dat elk deeltje over een dubbele buitenlaag met *spikes*, ofwel stekels, beschikte. Andere AAHL-onderzoekers sequenceten een stuk van het virusgenoom, toetsten die sequentie vervolgens aan een grote virussendatabank en vonden een zwakke match met één subgroep van deze virussen. Dat leek te bevestigen wat de microscopist meende te hebben gezien. De bijpassende subgroep was die van de morbillivirussen, waartoe ook het runderpestvirus en het *canine distemper*-virus (ook bekend als hondenziektevirus) behoren (die niet-menselijke dieren besmetten) en mazelen (bij de mens). Daarmee was de ziekteverwekker uit Hendra geclassificeerd en kreeg hij op basis van deze voorlopige identificaties een naam: *equine morbillivirus* (EMV). Ruwweg 'paardenmazelen'.

Ongeveer tegelijkertijd testten de AAHL-onderzoekers een weefselmonster dat uit een nier van Vic Rail was genomen bij zijn autopsie. Dat monster leverde ook een virus op, identiek aan het virus dat de paarden hadden, wat bevestigde dat dit equine morbillivirus niet alleen paarden trof. Toen naderhand duidelijker werd hoe uniek dit virus was, liet men het etiket 'EMV' vallen en werd het virus vernoemd naar Hendra, de plaats waar het opgekomen was.

Het identificeren van het nieuwe virus was slechts de eerste stap in het oplossen van het acute hendra-mysterie, laat staan dat de ziekte al in een bredere context werd begrepen. Stap twee zou draaien om het volgen van dat virus naar zijn schuilplaats. Waar hield het zich op toen het nog geen paarden en mensen doodde? Stap drie zou een verdergaand cluster van vragen omvatten: hoe is het virus opgedoken uit zijn geheime schuilplaats en waarom hier en waarom nu?

Na ons eerste gesprek in een café in Hendra bracht Peter Reid me naar de overkant van de rivier de Brisbane, enkele kilometers naar het zuidoosten, naar de plek waar Drama Series ziek geworden was. Die lag in een streek met de naam Cannon Hill, voorheen een door grote steden omgeven landelijk gebied, nu een bloeiende voorstad vlak bij de snelweg M1. Uniforme eengezinswoningen langs keurige lanen vulden nu het terrein van de oorspronkelijke paddock. Van het oude landschap was niet veel overgebleven. Maar bijna aan het eind van een straat was een ellipsvormige groenstrook, het zogeheten Calliope Circuit, met in het midden een enkele volwassen boom, een grootbladige vijgenboom waaronder de merrie beschutting moest hebben gevonden tegen de felle subtropische zon van oostelijk Australië.

'Dat is 'm,' zei Reid. 'Dat is die vervloekte boom.' Daar verzamelden de vleermuizen zich, bedoelde hij.

3

Infectieziekten zijn overal om ons heen. Infectieziekten zijn een soort natuurlijke metselspecie die het ene levende wezen, de ene soort met de andere verbindt binnen de uitgebreide biofysiologische bouwwerken die we ecosystemen noemen. Het is een van de fundamentele processen die bestudeerd worden door ecologen, naast predatie, concurrentie, afbraak en fotosynthese. Roofdieren zijn relatief grote organismen die hun prooi van buiten af opeten. Pathogenen (ziekteverwekkers, zoals virussen) zijn relatief kleine organismen die hun prooi van binnen uit opeten. Hoewel een besmettelijke ziekte akelig en weerzinwekkend kan lijken, is ze onder normale omstandigheden even natuurlijk als wat leeuwen met gnoes en zebra's doen, of wat uilen doen met muizen.

Maar de omstandigheden zijn niet altijd normaal.

Net zoals roofdieren hun gebruikelijke prooi, hun favoriete doelwitten hebben, zo ook pathogenen. En net zoals een leeuw nu en dan afwijkt van zijn normale gedrag – een koe doodt in plaats van een gnoe, een mens in plaats van een zebra – zo ook kan een pathogeen op een nieuw doel overstappen. Er gebeuren onverwachtse dingen. Er treden afwijkingen op. De omstandigheden veranderen en daarmee ook de dringende behoeften en de mogelijkheden. Als een ziekteverwekker van een bepaald niet-menselijk dier overspringt op een mens en erin slaagt zich te ontwikkelen tot een infectieuze aanwezigheid die soms ziekte of overlijden teweegbrengt, is het resultaat een zoönose.

Zoönose is een ietwat technische term die de meeste mensen niet kennen, maar het is wel een term waarmee we de biologische complexiteit kunnen verduidelijken die schuilgaat achter de onheilspellende krantenkoppen over de (aanvankelijk ook wel varkensgriep genoemde) Mexicaanse griep, vogelgriep, SARS, nieuwe en opnieuw opkomende ziekten in het algemeen en de dreiging van een wereldwijde pandemie. Het is een term die ons helpt begrijpen waarom we met behulp van de medische wetenschap en volksgezondheidscampagnes een aantal gruwelijke ziekten als pokken en polio hebben kunnen bedwingen, maar niet in staat zijn geweest om andere vreselijke ziekten als dengue en gele koorts tot staan te brengen. De term zegt iets wezenlijks over de oorsprong van aids. Het is een woord van de toekomst, dat naar verwachting in de eenentwintigste eeuw veelvuldig zal worden gebruikt.

Ebola is een zoönose. Zo ook de builenpest. Zo ook de zogenoemde Spaanse griep van 1918-1919, die in eerste instantie afkomstig was van een wilde watervogel en die zich, na een gang te hebben gemaakt door een ongewisse combinatie van gedomesticeerde dieren (een eend in het zuiden van China, een zeug in Iowa?), ontpopte als een killer van maar liefst 50 miljoen mensen, waarna hij uit het zicht verdween. Alle menselijke influenzasoorten zijn zoönosen. Dat geldt ook voor apenpokken, bovine tuberculose, de ziekte van Lyme, westnijlkoorts, marburgkoorts, rabiës (hondsdolheid), het hantavirus-longsyndroom, miltvuur, lassakoorts, riftvalleykoorts, oculaire larva migrans, scrubtyfus, Boliviaanse hemorragische koorts, kyasanurwoudkoorts en een vreemde nieuwe aandoening met de naam nipahvirus-encefalitis die dodelijke slachtoffers heeft gemaakt onder varkens en varkenshouders in Maleisië. Al die ziekten getuigen van de werking van een pathogeen die van dieren kan overspringen op mensen. Aids is een ziekte van zoönotische herkomst, verwekt door een virus dat via slechts enkele toevallige gebeurtenissen in West- en Centraal-Afrika de mens bereikte en nu van mens op mens wordt overgebracht, met miljoenen tegelijk. Deze vorm van een sprong tussen soorten is geen zeldzaamheid, het komt juist veel voor: ongeveer 60 procent van alle menselijke infectieziekten die momenteel bekend zijn, maken stelselmatig of sinds kort de oversteek van dieren naar ons, mensen. Sommige van die ziekten – met name rabiës – zijn vertrouwd, wijdverbreid en verschrikkelijk dodelijk, dat wil zeggen dat ze nog steeds grote aantallen mensen het leven kosten, ondanks eeuwenlange pogingen tot bestrijding, gezamenlijke internationale inspanningen om ze uit te roeien of te beheersen en een redelijk duidelijk wetenschappelijk inzicht in hoe ze werken. Andere zijn nieuw en komen onverklaarbaar sporadisch voor, waarbij ze hier en daar enkele slachtoffers maken (zoals het hendravirus) of een paar honderd (het ebolavirus) en dan voor jaren verdwijnen.

Pokken, om één tegenvoorbeeld te noemen, is geen zoönose. Het wordt veroorzaakt door het variolavirus, dat onder natuurlijke omstandigheden enkel mensen infecteert (laboratoriumomstandigheden zijn een andere zaak: het virus wordt soms experimenteel toegediend aan niet-menselijke primaten of andere dieren, meestal voor vaccinonderzoek). Dat verklaart waarom een door de World Health Organization (WHO) opgezette wereldwijde campagne om de pokken uit te roeien vanaf 1980 succes had. De pokken konden worden uitgeroeid, omdat dat virus het vermogen mist om zich blijvend in een menselijk lichaam (of in een zorgvuldig in de gaten gehouden proefdier) te vestigen en te reproduceren, en zich daar dus niet kon schuilhouden. Hetzelfde gold voor poliomyelitis, ofwel kinderverlamming, een virusziekte waar mensen al duizenden jaren door worden getroffen, maar die (door tegen de intuïtie indruisende oorzaken zoals verbeterde hygiëne en vertraagde blootstelling van kinderen aan het virus) een geduchte epidemische bedreiging werd in de eerste helft van de twintigste eeuw, vooral in Europa en Noord-Amerika. In de Verenigde Staten bereikte het polioprobleem in 1952 een hoogtepunt met een uitbraak die meer dan 3000 dodelijke slachtoffers maakte, vooral onder kinderen, en minstens 21 000 slachtoffers gedeeltelijk verlamd achterliet. Kort daarna kwamen er vaccins beschikbaar, ontwikkeld door Jonas Salk, Albert Sabin en een viroloog die Hilary Koprowski heette (over wiens controversiële carrière later meer), en door grootschalige toepassing daarvan werd polio in het grootste deel van de wereld geëlimineerd. In 1988 startten de WHO en een aantal partnerinstellingen een internationaal uitroeiingsproject, waardoor het aantal poliogevallen inmiddels met 99 procent is verminderd. Noord-, Midden- en Zuid-Amerika zijn poliovrij verklaard, evenals Europa en Australië. Volgens de laatste rapporten uit 2011 komt polio alleen nog in vijf landen op kleine schaal voor: Nigeria, India, Pakistan, Afghanistan en China. De uitroeiingscampagne voor poliomyelitis zou kunnen slagen, in tegenstelling tot andere goedbedoelde en dure mondiale gezondheidsinitiatieven. Waarom? Omdat het vaccineren van miljoenen mensen goedkoop, gemakkelijk en permanent effectief is en omdat het poliovirus weliswaar mensen kan infecteren, maar zich nergens kan verschuilen. Het is niet zoönotisch.

Zoönotische pathogenen kunnen zich verstoppen. Dat maakt ze zo interessant, zo ingewikkeld en zo problematisch.

Apenpokken zijn een met pokken vergelijkbare ziekte die veroorzaakt wordt door een virus dat nauw verwant is met het variolavirus. Het is een voortdurende bedreiging voor mensen in Centraal- en West-Afrika. Apenpokken verschillen op één cruciaal punt van 'gewone' pokken: het apenpokkenvirus kan ook niet-menselijke primaten (vandaar de naam) infecteren, plus een aantal zoogdieren van andere soorten, zoals ratten, muizen, eekhoorns, konijnen en Amerikaanse prairiehonden. Gele koorts, die ook zowel apen als mensen kan treffen, is het gevolg van een virus dat zich van slachtoffer naar slachtoffer verplaatst, en soms van aap naar mens, via de beet van bepaalde muggen. Dit is een complexere situatie. Een gevolg van deze complexiteit is dat gele koorts zich waarschijnlijk zal blijven voordoen bij de mens – tenzij de WHO alle als vector optredende muggen of elke vatbare aap in tropisch Afrika en Zuid-Amerika elimineert. De bacterie die de verwekker is van de ziekte van Lyme houdt zich effectief schuil in witvoetmuizen en andere kleine zoogdieren. Deze ziekteverwekkers verbergen zich natuurlijk niet bewust. Dat ze op deze manier onderduiken en ziekten overbrengen komt doordat het toevallige opties zijn die voor hen in het verleden hebben gewerkt als geschikte mogelijkheden voor overleving en voortplanting. Volgens de kille darwinistische logica van de natuurlijke selectie legt de evolutie het toeval uiteindelijk vast als reguliere strategie.

De minst in het oog lopende strategie is onderduiken in wat een reservoir wordt genoemd. Dit reservoir (sommige wetenschappers spreken liever van 'natuurlijke gastheer') is een levend organisme dat de pathogeen bij zich draagt en hem chronisch onderdak verleent, wat weinig of geen ziekteverschijnselen geeft. Wanneer een ziekte tussen uitbraken door lijkt te verdwijnen (nogmaals, zoals in 1994 bij de hendraziekte), moet de verwekker toch ergens gebleven zijn, zou je zeggen. Misschien is hij wel helemaal van de aardbodem verdwenen, maar dat is niet waarschijnlijk. Misschien is hij uitgestorven in de regio en zal hij alleen maar opnieuw verschijnen als de wind en het lot hem terugvoeren van elders. Of misschien hangt hij hier nog steeds overal rond, binnen het een of andere reservoir. Een knaagdier? Een vogel? Een vlinder? Een vleermuis? Ongemerkt in een natuurlijke gastheer verblijven is waarschijnlijk het eenvoudigst op plekken met een grote biologische diversiteit en een relatief ongestoord ecosysteem. Het omgekeerde is ook waar: verstoring van ecosystemen leidt tot de opkomst van ziekten. Schud aan een boom en er vallen dingen uit.

Bijna alle zoönosen zijn het gevolg van besmetting door een van deze zes soorten pathogenen: virussen, bacteriën, schimmels, protisten (een groep van kleine, complexe levensvormen zoals amoeben, die voorheen ten onrechte bekendstonden als protozoa), prionen en wormen. Gekkekoeienziekte wordt veroorzaakt door een prion, een abnormaal vervormd eiwitmolecuul dat deze abnormale vervormingen ook bij andere moleculen teweegbrengt, net als Kurt Vonneguts infectieuze vorm van water, *ice-nine*, in zijn geweldige roman *Cat's Cradle* uit 1963. Trypanosomiasis, ofwel slaapziekte, is het gevolg van infectie door een protist met de naam *Trypanosoma brucei*, overgebracht door tseetseevliegen onder in het wild levende zoogdieren, vee en mensen in Afrika bezuiden de Sahara. Miltvuur, of wel antrax, wordt veroorzaakt door een bacterie die jarenlang in de grond een sluimerend leven kan leiden en dan, als hij wordt losgetrapt, mensen kan infecteren via hun grazende beesten. Toxocariase is een milde zoönose die veroorzaakt wordt door rondwormen – je kunt het krijgen van je hond. Maar gelukkig kun je, net als je hond, ontwormd worden.

Virussen zijn het grootste probleem. Ze ontwikkelen zich snel, ze zijn ongevoelig voor antibiotica, ze kunnen ongrijpbaar en enorm flexibel zijn, ze kunnen een extreem hoge sterfte teweegbrengen en ze zijn duivels simpel, althans in vergelijking met andere levende of quasi-levende organismen. Je hebt het ebola-, westnijl-, marburg-, SARS-, apenpokken-, rabies-, machupo-, dengue-, gelekoorts-, nipah-, hendra- en hantaanvirus (de naamgever van de hantavirussen, voor het eerst geïdentificeerd in Korea), het chikungunya-, junin- en bornavirus, de influenza- en de aidsvirussen (hiv-1, voornamelijk verantwoordelijk voor de aidspandemie, en hiv-2 dat minder wijdverbreid is). De volledige lijst is veel langer. Zo is er ook iets wat de boeiende naam 'simian foamy virus' (SFV) ('schuimachtig apenvirus') draagt en dat apen en mensen in Azië infecteert op plaatsen als boeddhistische en hindoeïstische tempels, waar mensen en halftamme makaken intensief contact met elkaar hebben. Onder de mensen die deze tempels bezoeken en makaken voeren, waarmee ze zich blootstellen aan SFV, zijn internationale toeristen. Sommigen nemen meer dan alleen maar foto's en herinneringen mee. 'Virussen hebben geen voortbewegingsvermogen,' aldus de eminente viroloog Stephen S. Morse, 'en toch zijn er heel veel die de wereld rond hebben gereisd.' Ze kunnen niet rennen, ze kunnen niet lopen, ze kunnen niet zwemmen, ze kunnen niet kruipen. Ze liften mee.

4

Het isoleren van het hendravirus werd gedaan door de virologen die werkzaam waren in de streng beveiligde laboratoria van het AAHL. 'Isoleren' betekent in dit geval dat je wat virusmateriaal vindt en daar meer van kweekt. Het geïsoleerde materiaal wordt een levende, gevangen gehouden populatie van het virus, die potentieel gevaarlijk is als er ook maar iets van zou ontsnappen, maar die nuttig is voor verder onderzoek. Virusdeeltjes zijn zo klein dat ze niet kunnen worden gezien, behalve met behulp van elektronenmicroscopie, wat inhoudt dat je ze doodmaakt, en daarom moet hun aanwezigheid tijdens de isolatie indirect worden gedetecteerd. Je begint met een klein stukje weefsel, een druppel bloed of een ander monster van een geïnfecteerd slachtoffer. Je hoopt dat dit het virus bevat. Die entstof voeg je, als een vleugje gist, toe aan een cultuur van levende cellen in een kweekmedium. Dan volgt het incuberen, het wachten en het kijken. Vaak gebeurt er niets. Als je geluk hebt gebeurt er wel iets. Je weet dat het gelukt is als het virus zich overvloedig vermeerdert en zich voldoende laat gelden om zichtbare schade aan te richten onder de gekweekte cellen. Idealiter vormt het plaques, dat zijn zichtbare kale plekken in de cellencultuur, waarbij elke plaque een plek is waar het virus verwoestingen heeft aangericht. Het hele proces vereist geduld, ervaring, dure exacte meetinstrumenten, plus zeer nauwgezette voorzorgsmaatregelen tegen verontreiniging (wat de resultaten kan vervalsen) of onvoorziene uitscheidingen (die jou kunnen besmetten, gevaar kunnen opleveren voor je medewerkers of misschien een hele stad in paniek kunnen brengen). Laboratoriumvirologen zijn over het algemeen geen onbesuisde types. Je komt ze niet tegen in cafés, zwaaiend met hun armen en uit volle borst snoevend over de gevaren van hun metier. Ze zijn doorgaans serieus, ordelijk en zwijgzaam, net als kerntechnici.

Ontdekken waar een virus in het wild leeft, is een heel andere klus. Het is werk in de openlucht, met een iets minder beheersbaar risiconiveau, zoiets als het vangen van grizzlyberen die naar elders moeten verhuizen. Nu zijn de mensen die naar wilde virussen zoeken al evenmin ordeloos en onvoorzichtig als de laboratoriumspecialisten – dat kunnen ze zich niet veroorloven. Maar ze werken wel in een rumoerigere, rommeligere en meer onvoorspelbare omgeving: de wereld buiten het lab. Als er reden is om te vermoeden dat een bepaald nieuw virus dat mensen infecteert zoönotisch is (wat de meeste van dergelijke virussen zijn), kan een zoektocht ernaar deze mensen naar bossen, moerassen, akkers, oude gebouwen, riolen, grotten of soms naar een paardenpaddock voeren. De virusjager is een veldbioloog, wellicht met een voortgezette opleiding in de humane geneeskunde, diergeneeskunde, ecologie, of een combinatie van deze drie – iemand die geboeid wordt door vragen die beantwoord moeten worden door het vangen en onderzoeken van dieren. Dat profiel is zeker van toepassing op een slungelige man met een vriendelijke stem, een zekere Hume Field, die midden in de dertig was op het moment dat hij betrokken raakte bij het hendra-onderzoek.

Field groeide op in de provinciesteden van het kustgebied van Queensland, van Cairns tot Rockhampton, en was als jongen al een natuurliefhebber die in bomen klom, door de dichte kreupelbossen zwierf en zijn schoolvakanties doorbracht op het melkveebedrijf van zijn oom. Zijn vader werkte als rechercheur bij de politie, wat je zou kunnen zien als een voorafschaduwing van de latere rol van de zoon als virusspeurhond. De jonge Field behaalde een bachelordiploma in de diergeneeskunde aan de University of Queensland, in Groot Brisbane, en werkte daarnaast als vrijwilliger in een opvangcentrum voor dieren, waar hij gewonde wilde dieren hielp bij hun herstel. Na zijn afstuderen in 1976 werkte hij een paar jaar in een gemengde veterinaire praktijk in Brisbane en daarna als tijdelijke plaatsvervanger in praktijken in heel Queensland. In die tijd behandelde hij heel veel paarden. Maar het werd hem steeds duidelijker dat hij vooral geïnteresseerd was in wilde dieren, niet in vee en huisdieren, en dus ging Field begin jaren negentig terug naar de University of Queensland, deze keer voor een doctoraat in de ecologie.

Hij richtte zich op natuurbescherming, met name van in het wild levende dieren, en na verloop van tijd had hij een project voor zijn proefschrift nodig. Omdat wilde katten (tamme katten die verwilderde zwerfkatten waren geworden) aanzienlijke schade toebrachten aan in het wild levende inheemse Australische dieren, doordat ze kleine buideldieren en vogels doodden en tevens een bron van ziekten vormden, startte hij een onderzoek naar populaties van wilde katten en hun impact. Hij was bezig met het vangen van katten die hij voorzag van halsbandzendertjes om na te gaan hoe ze leefden, toen de uitbraak in Vic Rails stal plaatsvond. Een van Fields promotors, een wetenschapper die voor het Department of Primary Industries (DPI) werkte, vroeg Field of hij geïnteresseerd was in een ander project. Het departement had iemand nodig om de ecologische kant van deze nieuwe ziekte te onderzoeken. 'En zo liet ik mijn wilde katten schieten,' vertelde Field me toen ik hem veel later opzocht in het Animal Research Institute, een DPI-faciliteit in de buurt van Brisbane, 'en ging ik op zoek naar in het wild levende reservoirs van het hendravirus.'

Die zoektocht begon hij door terug te gaan naar het indexgeval, het paard dat het allereerste slachtoffer was, naar diens voorgeschiedenis en de plek waar het gebeurd was. Dat was Drama Series, de zwangere merrie die ziek was geworden in de paddock in Cannon Hill. De enige aanwijzingen die hij had waren dat dit virus een paramyxovirus was en dat een andere onderzoeker in Queensland een paar jaar geleden een volkomen nieuw paramyxovirus had gevonden bij een knaagdier. Daarom begon Field in en om de paddock systematisch zo veel mogelijk kleine en middelgrote gewervelde dieren te vangen – knaagdieren, opossums, buideldassen, reptielen, amfibieën, vogels en af en toe een wilde kat – en nam hij bij al die dieren bloed af, waarbij vooral de knaagdieren onder verdenking stonden. Hij stuurde de bloedmonsters naar het DPI-lab om ze te laten screenen op antistoffen tegen het hendravirus.

Screening op antistoffen is iets anders dan het isoleren van virusmateriaal, net als een voetafdruk iets anders is dan een schoen. Antistoffen zijn moleculen die als reactie op de aanwezigheid van een biologische indringer worden aangemaakt door het immuunsysteem van de gastheer. Ze worden op maat gemaakt om te integreren in specifieke virussen, bacterien of andere ziekteverwekkers en die uit te schakelen. Hun specificiteit en het feit dat ze ook nadat de indringer al overmeesterd is in de bloedbaan blijven, maakt ze tot een bruikbaar bewijs voor een huidige of eerdere infectie. Dat was het bewijs dat Hume Field hoopte te vinden. Maar de knaagdieren van Cannon Hill hadden geen antistoffen voor het hendravirus. En ook geen enkel ander dier. Zo bleef hij zitten met de vraag waarom dat zo was. Of hij zocht op de verkeerde plek, of hij zocht op de juiste plek maar op de verkeerde manier of op het verkeerde moment. Een verkeerd gekozen tijdstip zou wel eens het probleem kunnen zijn, dacht hij.

Drama Series was in september ziek geworden, er was een half jaar verstreken en nu was hij dus aan het zoeken in maart, april en mei. Hij vermoedde dat er in de Cannon Hill-paddock 'sprake kon zijn van een soort seizoensgebonden aanwezigheid van ofwel het virus ofwel de gastheer' en dat dat seizoen nu misschien voorbij was. Ook het screenen van de katten, honden en ratten rond Rails stal leverde geen positieve resultaten op.

Een seizoensgebonden aanwezigheid van het virus was één mogelijkheid. Een andere mogelijkheid was dat het virus kwam en ging binnen een korter tijdsbestek. Vleermuizen, bijvoorbeeld, foerageerden 's avonds en 's nachts in grote aantallen in en om de Cannon Hill-paddock, maar gingen daarna weer terug naar hun verblijfplaatsen elders waar ze overdag sliepen. Peter Reid hoorde een bewoner van Cannon Hill zeggen dat als het daar donker was 'er net zoveel vleerhonden waren als de sterren aan de hemel'. Reid had het AAHL daarom voorgesteld om speciaal naar vleermuizen te kijken, maar met zijn voorstel was duidelijk niets gedaan. Hume Field en zijn medereservoirjagers zaten in een lastig parket, tot oktober 1995, toen een ongelukkige gebeurtenis hen aan een bruikbaar nieuw spoor hielp.

Een jonge suikerrietteler, Mark Preston, die in de buurt van de stad Mackay woonde, ongeveer negenhonderd kilometer ten noorden van Brisbane, werd getroffen door een vloed van acute ziekteverschijnselen. Zijn vrouw bracht hem naar een ziekenhuis. Prestons symptomen waren vooral alarmerend omdat ze voor hem een tweede gezondheidscrisis betekenden in nauwelijks meer dan een jaar. In augustus 1994 had hij een mysterieuze ziekte doorgemaakt – hoofdpijn, braken, stijve nek, met als voorlopige diagnose meningitis, oorzaak onbekend – waarvan hij hersteld was. Of schijnbaar hersteld was. Meningitis is een term die van toepassing is op elke ontsteking van de vliezen die de hersenen en het ruggenmerg omhullen, een aandoening die veroorzaakt kon zijn door een bacterie, een virus, of zelfs door een reactie op een geneesmiddel, en die net zo onverklaarbaar kon verdwijnen als ze verschenen was. Preston was net zo hard als voorheen blijven werken op de boerderij, samen met zijn vrouw Margaret, een dierenarts die daar te midden van het suikerriet en de dekhengsten haar praktijk had.

Wezen Mark Prestons ziekteaanvallen van dit moment op een herhaling van zijn niet nader gespecificeerde meningitis? Hij werd opgenomen in het ziekenhuis en verloor het bewustzijn door een ernstige encefalitis – dat wil zeggen: een hersenontsteking waarvan de oorzaak nog steeds niet bekend was. Door medicatie werden zijn aanvallen onder controle gehouden, maar de artsen konden stormen van pijn zien opflikkeren op het elektro-encefalogram. 'Hij bleef geheel buiten kennis, met aanhoudende koorts,' aldus een later medisch rapport, 'en hij overleed 25 dagen na opname.'

Het bloedserum dat tijdens Prestons laatste ziekte werd afgenomen, testte positief op antistoffen tegen het hendravirus. Dat was ook zo bij zijn serum van een jaar geleden, dat tijdens de eerste episode was opgeslagen en nu achteraf getest werd. Zijn immuunsysteem had de zaak toen bestreden. Autopsie van zijn hersenweefsel en ook andere proeven bevestigden de aanwezigheid van het hendravirus. Blijkbaar had het één keer aangevallen, was toen ondergedoken, was in latente vorm een jaar blijven hangen, had vervolgens weer de kop opgestoken en hem omgebracht. Dat was nieuw en behoorlijk beangstigend.

Waar had hij het virus gekregen? Onderzoekers die terugwerkten om het verhaal rond te krijgen, vernamen dat er in augustus 1994 twee paarden gestorven waren op Prestons farm. Mark Preston had ze tijdens hun plotselinge, dodelijke ziekte samen met zijn vrouw verzorgd en had haar, althans marginaal, geassisteerd toen zij de obducties uitvoerde. Bewaard weefsel dat Margaret Preston bij beide paarden had afgenomen testte nu ook positief op hendra. Maar hoewel Margaret Preston zelf ook was blootgesteld aan het virus, behield ze haar gezondheid – net zoals Peter Reid gezond zou blijven nadat hij enkele weken later met het virus in contact was gekomen bij Vic Rail. De goede gezondheid van de twee dierenartsen riep de vraag op hoe besmettelijk dit nieuwe virus eigenlijk was. En omdat Mark Prestons fatale ziekte zich zo lang na de eerste uitbraak had gemanifesteerd, begonnen de deskundigen zich nu bezorgd af te vragen of het virus zich inmiddels niet al veel verder had verspreid. Neem het aantal kilometers van Hendra naar Mackay als de straal van een mogelijke verspreiding, trek cirkels met die straal rond de plaats van elke uitbraak en je komt tot een getal van ongeveer 10 miljoen mensen, bijna de helft van de bevolking van Australië.

Hoe groot was het probleem? Hoe ver had het virus zich verspreid? Een groep onderzoekers onder leiding van de infectieziektespecialist Joseph McCormack, werkzaam in het ziekenhuis te Brisbane waar Vic Rail gestorven was, startte een breed opgezet onderzoek. Ze screenden serum van 5000 paarden in Queensland – blijkbaar elk paard waar ze een naald in konden zetten – en van 298 mensen die ieder een zekere mate van contact met een hendrageval hadden gehad. Geen van de paarden had hendra-antistoffen en ook de onderzochte mensen hadden ze niet. Die negatieve resultaten zorgden, naar we mogen aannemen, voor zuchten van verlichting bij de gezondheidsautoriteiten en intens verbaasde blikken op de gezichten van de wetenschappers. 'Het lijkt erop,' concludeerde McCormacks team, 'dat een zeer intensief contact vereist is voor het optreden van een overdracht van infectie van paarden naar mensen.' Maar eigenlijk tastten ze nog steeds in het duister. Zeggen dat er 'een zeer intensief contact vereist is' verklaarde niet waarom Margaret Preston haar echtgenoot had overleefd. De werkelijkheid was deze: een zeer intensief contact, plus pure pech, plus misschien nog een of twee andere factoren waren nodig om een persoon te infecteren, en niemand wist wat die andere factoren waren.

Maar het geval Mark Preston gaf Hume Field waardevolle aanwijzingen: een tweede punt op de kaart, een tweede punt in de tijd. Het hendravirus in Mackay, augustus 1994; het hendravirus in de Cannon Hill-paddock en in Rails stal, september 1994. Daarom ging Field naar Mackay en herhaalde hij zijn methode van dieren vangen, bloed afnemen en serum verzenden om het te laten testen op antistoffen. En weer vond hij niets. Hij nam ook monsters van gewonde of anderszins verzwakte wilde dieren van verschillende soorten, dieren die in gevangenschap goed werden verzorgd totdat ze (indien mogelijk) weer konden worden vrijgelaten. De mensen die dit soort zorg op zich nemen, een los netwerk van goedhartige amateurs, staan in Australië bekend als 'verzorgers' van in het wild levende dieren. Ze specialiseren zich doorgaans in een bepaalde zoölogische categorie. Je hebt kangoeroeverzorgers, vogelverzorgers, opossumverzorgers en vleermuisverzorgers. Hume Field wist van hun bestaan door zijn jaren van veterinaire praktijk; hij was nagenoeg een van hen geweest tijdens zijn dagen als student in het opvangcentrum voor dieren. Nu bemonsterde hij enkele dieren die onder hun zorg vielen.

Maar verdomd: nog steeds geen spoor van hendra.

In januari 1996, toen de zoektocht naar een reservoir in een impasse zat, nam Field deel aan een brainstormsessie van ambtenaren en onderzoekers, bijeengeroepen door zijn begeleider bij het DPI. Wat deden ze verkeerd? Hoe konden ze doelgerichter te werk gaan? Waar zou het hendravirus zijn volgende slag slaan? Queenslands paardenrace-industrie dreigde vele miljoenen dollars te verliezen en mensenlevens liepen gevaar. Het was een dringend bestuurs- en pr-probleem, niet alleen een medisch raadsel. Tijdens de bijeenkomst gingen ze dieper in op één bruikbaar perspectief: de biogeografie. Het leek duidelijk dat het reservoir (of de reservoirs), ongeacht om wat voor dier (of dieren) het ging, zowel in Mackay als in Cannon Hill moest voorkomen – er in elk geval een deel van elk jaar moest voorkomen, inclusief augustus en september. Dit wees in de richting van dieren die ofwel wijd en zijd verspreid in Queensland voorkwamen ofwel zich misschien wijd en zijd door het hele land verplaatsten. De brainstormende aanwezigen helden over naar de tweede mogelijkheid (deels op grond van genetische bewijzen die aangaven dat er geen locaties met uiteenlopende virusstammen waren – dat wil zeggen dat het virus zich verplaatste en vermengde), namelijk dat het reservoir behoorlijk mobiel was, een dier dat in staat was zich over honderden kilometers te verplaatsen, op en neer door de kuststreek van Queensland. En dat vestigde weer de verdenking op vogels en... op vleermuizen.

Voorlopig wezen Field en zijn collega's de vogelhypothese af, op twee gronden. Ten eerste kenden ze geen enkel ander paramyxovirus dat van vogels naar mensen oversprong. Ten tweede leek een zoogdierreservoir gewoon waarschijnlijker, gezien het feit dat het virus mensen en paarden infecteerde. Gelijkenis tussen de ene als gastheer fungerende diersoort en de andere is een belangrijke indicatie voor de waarschijnlijkheid dat een ziekteverwekker die sprong kan maken. Vleermuizen zijn uiteraard zoogdieren. En vleermuizen komen overal. Bovendien staan vleermuizen erom bekend dat ze minstens één vreselijk virus herbergen, namelijk het rabiësvirus, hoewel Australië in die tijd rabiësvrij werd geacht (vlak daarna werden er nog vele andere connecties tussen vleermuizen, virussen en mensen ontdekt, waaronder een aantal in Australië – maar op dat moment, in 1996, leek de link minder voor de hand liggend). Field verliet de bijeenkomst met een nieuw mandaat: Kijk naar vleermuizen.

Gemakkelijker gezegd dan gedaan: vleermuizen vangen in volle vlucht, of zelfs op hun rustplaatsen, is niet zo eenvoudig als knaagdieren of opossums vangen in de velden. De meest opvallende en mobiele inheemse vleermuizen in Queensland zijn de zogenaamde vleerhonden, ofwel vliegende honden, behorend tot vier verschillende soorten binnen het geslacht *Pteropus*, stuk voor stuk majestueuze, vruchtenetende reuzenvleermuizen met een spanwijdte van een meter of meer. Vleerhonden strijken gewoonlijk neer in mangrovebossen, in moerasgebieden met niaoulibomen of hoog in de takken van regenwoudbomen. Ze zouden speciale instrumenten en methoden nodig hebben om ze te vangen. Field schakelde niet meteen op een hogere versnelling over, maar ging eerst terug naar het verzorgersnetwerk. Deze mensen hadden al vleermuizen onder hun hoede. In een aan de kust gelegen opvangcentrum in Rockhampton, in de buurt van Mackay, stelde hij vast dat zich onder de gewonde dieren die ze verzorgden zwarte vleerhonden (*Pteropus alecto*) bevonden. Bingo: het van een zwarte vleerhond afgenomen bloed bevatte antistoffen voor het hendravirus.

Maar één bingomoment was niet voldoende voor een dermate pietepeuterige wetenschapper als Hume Field. Dat gegeven bewees dat zwarte vleerhonden konden worden geïnfecteerd met het hendravirus, jawel, maar niet per se dat ze een reservoir waren – laat staan hét reservoir – van waaruit paarden geïnfecteerd raakten. Hij en zijn medewerkers bleven zoeken. Binnen een paar weken doken er hendra-antistoffen op bij alle drie de andere soorten, de grijskopvleerhond, de brilvleerhond en de kleinere rode vleerhond. Het DPI-team testte oude monsters van vleerhonden die al meer dan tien jaar in het archief lagen. Opnieuw vonden ze veelbetekenende moleculaire sporen van een hendravirus. Daaruit bleek dat de vleermuispopulatie aan het hendravirus was blootgesteld, lang voordat het Vic Rails paarden had belaagd. En toen, in september 1996, twee jaar na de uitbraak bij Rail, bleef een zwangere grijskopvleerhond in een draadafrastering hangen.

Ze beviel ontijdig van twee foetussen en werd geëuthanaseerd. Niet alleen testte ze positief op antistoffen, maar ook maakte ze de eerste isolatie mogelijk van een hendravirus dat afkomstig was van een vleermuis. Een monster van haar vruchtwater leverde levend virus op, en dat virus bleek niet te onderscheiden van het hendravirus zoals dat was aangetroffen bij paarden en mensen. Dat was voldoende om zelfs binnen de grenzen van wetenschappelijke voorzichtigheid vleerhonden aan te merken als het 'waarschijnlijke' reservoir van het hendravirus.

Hoe langer Field en zijn medewerkers zochten, hoe meer bewijzen voor het hendravirus ze vonden. Na de eerste vleermuisonderzoeken had ongeveer 15 procent van de vleerhonden positief getest voor hendra-antistoffen. Deze variabele – het percentage onderzochte individuen dat een stukje infectiegeschiedenis vertoont, nu of in het verleden – wordt *seroprevalentie* genoemd. Dit vormt een op eindige steekproeven gebaseerde schatting van wat het percentage in een totale populatie zou kunnen zijn. Toen het team doorging met testen, nam de seroprevalentie toe. Aan het eind van een periode van twee jaar, waarin ze 1043 vleerhonden hadden bemonsterd, rapporteerden Field en zijn teamgenoten een hendra-seroprevalentie van 47 procent. In gewone woorden: bijna de helft van de grote vleermuizen die rondvliegen in Oost-Australië was huidige of voormalige virusdrager. Het leek of het hendravirus eigenlijk als regen uit de hemel had moeten vallen.

Toen de wetenschappers hun bevindingen in vaktijdschriften als *Journal of General Virology* en *The Lancet* hadden gepubliceerd, kwam een deel van dit materiaal in de kranten terecht. Een krantenkop luidde: VLEERMUISVIRUSANGST, PAARDENRACE-INDUSTRIE IN STAAT VAN PARAATHEID. Het lint rond de plaats delict en de uiteengereten paarden op Rails erf waren voor televisieploegen een onweerstaanbaar startpunt geweest, en ze bleven alles dan ook met grote belangstelling volgen. Een paar van die journalistieke reportages waren accuraat en bezonnen, maar niet allemaal, en geen enkele was geruststellend. Mensen begonnen zich zorgen te maken. De identificatie van vleerhonden als reservoir, plus de hoge seroprevalentie binnen die vleermuispopulaties, leverden imagoproblemen op voor een groep dieren die al een erfenis van zulke problemen mee torste. Vleermuizen scoren al nooit hoog op de populariteitsladder. Nu daalden ze in Australië nog meer in aanzien.

Een eminente renpaardentrainer gaf me op een zonnige zaterdag zijn visie op de materie op een renbaan in Hendra tijdens een pauze in de paardenraces. 'Het hendravirus!' De man ontplofte toen ik dat woord in de mond nam. 'Dat kunnen ze toch niet zomaar toelaten!' 'Ze' waren niet nader gespecificeerde gezagsdragers. 'Ze moeten die vleermuizen opruimen! Die vleermuizen zijn de oorzaak van de ziekte! Ze hangen ondersteboven en beschijten zichzelf!' (Zou dat kloppen, vroeg ik me af. Leek me biologisch onwaarschijnlijk.) 'En ze schijten op mensen! Dat is de omgekeerde wereld – laten de mensen op die monsters schijten! Waar zijn ze goed voor? Weg met die monsters! Waarom gebeurt dat niet? Omdat die sentimentele groenen dat niet willen!' gromde hij. We zaten in de Members Bar, een sociaal heiligdom voor renbaanprofessionals, waar ik was toegelaten omdat ik Peter Reid bij me had. 'De overheid moet mensen beschermen! Moet dierenartsen beschermen, zoals onze vriend Peter hier!' Zo grauwde en snauwde hij nog een poosje verder. Deze trainer, een legendarisch figuur in de Australische racewereld, was een eigenwijs tachtigjarig vechtersbaasje met in dandyachtige golven naar achteren gekamd grijs haar. Ik was te gast in zijn clubhuis en was hem een zekere mate van respect verschuldigd – of in elk geval een zekere mate van berustende kalmte. (De eerlijkheid gebiedt te zeggen dat er in Queensland kort voor zijn tirade nog een menselijk slachtoffer, de dierenarts dr. Ben Cunneen, gestorven was aan de hendraziekte, die hij had opgelopen bij het behandelen van zieke paarden. Het overlijdensrisico voor de paardenmensen en het economische risico voor de hele Australische paardenrace-industrie was onmiskenbaar groot.) Toen ik liet blijken dat ik de opinies van deze trainer graag letterlijk wilde citeren, liet hij zich gematigder uit, maar de kern bleef hetzelfde.

Onder die 'sentimentele groenen' verstond hij ook de vleermuisverzorgers. Maar ook een aantal van die weekhartige activisten, de verzorgers, begon zich zorgen te maken toen de bewijzen zich opstapelden. Ze hadden twee zorgen die in feite haaks op elkaar stonden. Ten eerste dat het virus de vleermuizen nog minder populair zou maken, met als gevolg oproepen (zoals die van de trainer) om de vleermuizen uit te roeien, en ten tweede dat ze tijdens hun goedbedoelde activiteiten zelf geïnfecteerd konden raken. Die tweede zorg had waarschijnlijk tot het heroverwegen van hun toewijding aan de dieren geleid. Per slot van rekening waren ze vléérmuisliefhebbers, geen víruslief hebbers. Behoorden virussen tot de in het wild levende fauna? Niet dus, volgens de meeste mensen. Een flink aantal van deze verzorgers verzocht gescreend te worden op antistoffen, wat de mogelijkheid gaf tot een breed opgezet onderzoek, snel georganiseerd en geleid door Linda Selvey, een jonge epidemiologe van de University of Queensland.

Selvey zocht contact met netwerken van dierenverzorgers in het zuidoosten van Australië en vond ten slotte 128 vleermuisverzorgers die bereid waren, of stonden te popelen, om getest te worden. Zij en haar veldteam namen bloed af en vroegen iedere deelnemer om een vragenlijst in te vullen. Uit de vragenlijsten bleek dat veel van deze mensen langdurig en intensief contact met vleerhonden hadden gehad: ze voerden en verzorgden de dieren, waarbij ze tamelijk vaak schrammen of beten opliepen. Eén verzorger was diep in de hand gebeten door een hendrapositieve vleermuis. De verrassendste uitkomst van Selveys onderzoek was het percentage van de 128 verzorgers dat positief op antistoffen testte: nul. Ondanks de maanden en jaren van voeden, ondanks schrammen en beten en kroelen en kwijlen en bloed, vertoonde niet een van hen het immunologische bewijs van een besmetting met hendravirus.

Selveys verslag verscheen in oktober 1996. Ze was toen net afgestudeerd. Later werd ze hoofd van de afdeling besmettelijke ziekten van het ministerie van Volksgezondheid van Queensland. Nog later, toen we elkaar in een lawaaierig café-restaurant in Brisbane bij een kop koffie spraken, vroeg ik haar: Wat zijn dat eigenlijk voor mensen, die vleermuisverzorgers?

'Daar vraag je me wat,' antwoordde Selvey. 'Mensen met een passie voor dieren, denk ik.' Zowel vrouwen als mannen? 'Voornamelijk vrouwen,' zei ze, voorzichtig speculerend dat vrouwen zonder kinderen misschien meer tijd hadden en meer naar een dergelijk moederschapssurrogaat verlangden. Over het algemeen verzorgen ze de dieren in hun eigen huis, voorzien van een behoorlijk grote, gerieflijke kooi waar de vleermuizen op takken kunnen rusten als ze niet verzorgd worden. Het was voor mij een raadsel dat dermate innige relaties tussen mensen en vleermuizen, in combinatie met een dermate hoog niveau van vleermuis-seroprevalentie, in Selveys onderzoek geen enkel geval van menselijke besmetting had opgeleverd. Geen enkel antistof-positief persoon onder de 128 verzorgers. Wat heeft dat je geleerd, vroeg ik haar, over de aard van dit virus?

'Dat het een bepaalde versterker nodig had,' zei ze. Ze zinspeelde op het paard.

5

Laten we een ogenblik stilstaan bij mond-en-klauwzeer. Iedereen heeft ervan gehoord. Zo'n beetje iedereen heeft de film *Hud* gezien. De meeste mensen zijn zich er niet van bewust dat deze ziekte, althans in zekere zin, een zoönose is. Het virus dat mond-en-klauwzeerziekte (MKZ) verwekt, behoort tot de picornavirussen, dezelfde groep als waar het poliovirus toe behoort en enkele soortgelijke virussen die gewone verkoudheid veroorzaken. Maar infectie met het MKZ-virus is bij de mens een zelden voorkomend incident en brengt bijna nooit iets ergers teweeg dan uitslag op de handen, de voeten of aan de binnenkant van de mond. Vaker en ingrijpender treft het evenhoevige gedomesticeerde dieren zoals runderen, schapen, geiten en varkens (ook evenhoevige wilde dieren als herten, elanden en antilopen zijn vatbaar). De belangrijkste klinische symptomen zijn koorts, kreupelheid en kleine blaasjes in de bek, op de snuit en op de voeten. Bij een zogend wijfje verschijnen er soms ook blaren op de tepels en als die blaren openbarsten gaan ze zweren. Slecht voor de moeder, slecht voor het kalf. De sterfte door MKZ is betrekkelijk laag, maar de morbiditeit (het aantal ziektegevallen binnen een populatie) is doorgaans hoog, wat betekent dat de ziekte zeer besmettelijk is, een ziekte waardoor het vee gaat kwakkelen, afkerig wordt van voer en productiviteitsverliezen oplevert die in omvangrijke bedrijven met smalle winstmarges als desastreus worden beschouwd. Vanwege deze verliezen, plus de snelheid van de besmetting, wordt het vanuit commercieel oogpunt vaak als een terminale aandoening behandeld: geïnfecteerde kudden worden geslacht om te voorkomen dat het virus zich verder verspreidt. Niemand wil beesten kopen die mogelijke dragers zijn, en de exporthandel daalt tot nul. Koeien, schapen en varkens worden waardeloos – minder dan waardeloos: een dure last. 'Economisch gezien is het de belangrijkste dierenziekte van de wereld,' aldus een autoriteit die meldt dat 'een MKZ-uitbraak in de VS 27 miljard dollar aan verloren handel en markten zou kunnen kosten'. Het virus verspreidt zich via direct contact, zit ook in ontlasting en in melk en is zelfs in staat tot overdracht door aerosolen, in de atmosfeer zwevende vaste en vooral vloeibare deeltjes. Het kan zich op een vochtige bries van de ene boerderij naar de andere verplaatsen.

De effecten van mond-en-klauwzeer verschillen per diersoort. Schapen dragen de infectie doorgaans bij zich zonder dat ze ziekteverschijnselen vertonen. Runderen lijden zichtbaar en geven het virus aan elkaar door via direct contact (bijvoorbeeld van snuit op snuit) of verticaal (van koe naar kalf) bij het zogen. Varkens zijn speciaal: ze scheiden veel meer van het virus uit dan andere beesten en ook gedurende een langere periode doordat ze het overvloedig verspreiden via hun respiratorische uitwasemingen. Dat wil zeggen: ze niezen, ze puffen, ze knorren, ze piepen, ze boeren en hoesten het de lucht in. Een experimentele studie wees uit dat varkensadem dertig keer meer MKZ-virus bevatte dan de adem van geïnfecteerde koeien of schapen en dat het zich, eenmaal in de lucht, kilometers in het rond kon verspreiden. Daarom worden varkens als een virusvermeerderende gastheer beschouwd.

Een virusvermeerderende gastheer is een organisme waarin een virus of andere pathogeen zich vermenigvuldigt – en van daaruit werkt het zich buitengewoon massaal naar buiten. Sommige aspecten van de fysiologie van de gastheer, of diens immuunsysteem, of de specifieke geschiedenis van de interactie met de ziekteverwekker, of wie weet wat, zijn verantwoordelijk voor deze bijzonder gastvrije rol. De virusvermeerderende gastheer wordt een schakel tussen een reservoir en het een of andere onfortuinlijke dier, een ander soort slachtoffer – een slachtoffer waarbij hogere doses of een intensiever contact nodig zijn om de infectie gestalte te geven. Je kunt dit begrijpen in termen van drempelwaarden. De virusvermeerderende gastheer heeft een relatief lage drempel voor infectie, maar zorgt wel voor een omvangrijke virus-output, omvangrijk genoeg om de hogere drempel bij een ander dier te overwinnen.

Niet elke zoönotische pathogeen heeft een virusvermeerderende gastheer nodig om een mens met succes te infecteren, maar sommige blijkbaar wel. Welke pathogenen zijn dat en hoe werkt dit proces? Dat zijn slechts twee van de vele vragen waar ziektekundigen zich mee bezighouden. Inmiddels is dit concept een hypothetisch onderzoeksinstrument. Linda Selvey maakte geen gewag van het MKZ-paradigma toen ze in ons gesprek over het hendravirus het woord 'versterker' gebruikte, maar ik wist wat ze bedoelde.

Maar nog steeds... waarom paarden? Waarom geen kangoeroes of wombats (knaagbuideldieren) of koala's of potoroes (grote kangoeroeratten)? Als het paard die vermeerderende rol vervult, verdient één overduidelijk gegeven opnieuw de aandacht: paarden zijn geen inheemse Australische diersoort. Het zijn uitheemse dieren, hier voor het eerst gebracht door Europese kolonisten, slechts iets meer dan twee eeuwen geleden. Hendra is waarschijnlijk een heel oud virus, blijkens de door moleculair evolutiebiologen afgelezen 'runen' van zijn genoom. Nadat het zich in een ver verleden had afgetakt van zijn morbillivirusverwanten, kan het heel lang onopvallend in Australië hebben vertoefd. Ook vleermuizen zijn een oeroud onderdeel van de inheemse fauna: het blootgelegde fossielenmateriaal in Queensland laat zien dat kleine vleermuizen daar al minstens 55 miljoen jaar huizen en dat vleerhonden in de regio tot ontwikkeling kunnen zijn gekomen tijdens het vroege mioceen, ongeveer 20 miljoen jaar geleden. De menselijke aanwezigheid is van meer recente datum, gaat slechts enkele tientallen millennia terug. Nauwkeuriger gesteld hebben er in Australië mensen gewoond vanaf het moment dat de pionierende voorouders van Australische inheemse volkeren het waagden om in simpele houten boten van eiland naar eiland te varen, van Zuidoost-Azië via de Zuid-Chinese Zee en de Kleine Sunda-eilanden naar de noordwestelijke kust van het eilandcontinent. Dat speelde zich minstens 40 000 jaar geleden af, mogelijk veel eerder. Dus drie van de vier hoofdrolspelers in deze complexe interactie – vleerhonden, hendravirus en mensen – hebben in Australië waarschijnlijk naast elkaar bestaan vanaf het pleistoceen. Paarden arriveerden in januari 1788.

Het was een kleine verandering in het landschap, in vergelijking met alles wat daarna nog zou komen. Die eerste paarden kwamen mee met schepen van de Eerste Vloot, onder bevel van Captain Arthur Phillip, die uit Groot-Brittannië was vertrokken om in New South Wales een gevangenenkolonie te vestigen. Na vijf maanden navigeren in de Atlantische Oceaan stopte Phillip bij een Nederlandse nederzetting nabij Kaap de Goede Hoop om voorraden en levende have in te slaan, alvorens vanuit Afrika in oostelijke richting verder te varen. Hij voer rond Van Diemensland (nu Tasmanië) en zeilde noordwaarts langs het vasteland van de Australische oostkust. Captain James Cook, die dit oord had 'ontdekt', was al gekomen en gegaan, maar de mensen die Phillip meevoerde zouden de eerste Europese kolonisten worden. Op een plek in de buurt van wat nu Sydney is, in de mooie natuurlijke haven aldaar, zetten zijn penitentiaire arken 736 veroordeelden, 74 varkens, 29 schapen, 19 geiten, 5 konijnen en 9 paarden aan wal. De paarden waren 2 hengsten, 4 merries en 3 veulens. Tot die dag was er geen spoor, zowel fossiel als historisch, van leden van het geslacht *Equus* in Australië. Ook was er geen enkele mondelinge overlevering (in elk geval tot nu toe geen enkele die aan de wereld kenbaar is gemaakt) over uitbraken van het hendravirus onder inheemse bewoners van Australië.

Met ingang van 27 januari 1788 waren alle elementen dus vrijwel zeker aanwezig: het virus, het reservoir, de virusvermeerderende gastheer, plus vatbare mensen. En nu dient zich nog een raadsel aan. Tussen de paarden van Captain Arthur Phillip en de paarden van Vic Rail gaapt een gat van 206 jaar. Waarom wachtte het virus zo lang voordat het opdook? Of was het al eerder opgedoken, misschien wel vaker, en was het nooit als zodanig herkend? Hoeveel eerdere gevallen van hendra zijn er in de loop van twee of meer eeuwen ten onrechte gediagnosticeerd als een slangenbeet?

Antwoord van de wetenschappers: we weten het niet, maar we werken eraan.

6

Het hendravirus van 1994 was slechts één doffe dreun in een trommelvuur van slecht nieuws dat de afgelopen vijftig jaar steeds luider, indringender en sneller heeft weerklonken. Wanneer en waar is het begonnen, dit hedendaagse tijdperk van nieuwe en opnieuw opkomende zoönosen?

Kiezen voor één bepaald moment is een beetje kunstmatig, maar een goede kandidaat zou de opkomst van het machupovirus onder Boliviaanse dorpsbewoners tussen 1959 en 1963 kunnen zijn. Machupo werd in het begin natuurlijk nog geen machupo genoemd en zelfs niet als een virus erkend. Machupo is de naam van een kleine rivier die door het noordoostelijke Boliviaanse laagland stroomt. Het eerste geregistreerde geval van de ziekte kwam en ging bijna ongemerkt, als een kwalijke, maar niet-fatale koorts waardoor een plaatselijke boer werd getroffen. Dat gebeurde tijdens het natte seizoen van 1959. Meer en ergere soortgelijke ziekteverschijnselen deden zich in dezelfde regio voor in de drie jaren daarna. De symptomen waren koorts en koude rillingen, misselijkheid en braken, spierpijn, bloedneuzen en bloedend tandvlees. De aandoening werd bekend als El Tifu Negro (de zwarte tyfus, vanwege de kleur van braaksel en ontlasting) en had eind 1961 inmiddels 245 mensen getroffen, met een sterfte van 40 procent. Mensen bleven eraan doodgaan, totdat het virus werd geïsoleerd, het reservoir werd geïdentificeerd en de overdrachtsmechanismen goed genoeg werden begrepen om ze door preventieve maatregelen te kunnen stuiten. Muizen vangen hielp daarbij enorm. Het grootste deel van het wetenschappelijke werk werd onder moeilijke omstandigheden verricht door een inderhaast samengesteld veldwerkteam van Amerikanen en Bolivianen, onder wie een gedreven jonge wetenschapper, Karl Johnson, iemand die geen blad voor de mond nam, intens geboeid werd door de gevaarlijke schoonheid van virussen en die ook zelf de ziekte opliep en er bijna aan stierf. Dit was voordat de Amerikaanse Centers for Disease Control and Prevention (CDC) in Atlanta goed uitgeruste teams stuurden, terwijl Johnson en zijn collega's al doende hun eigen methoden en hulpmiddelen bedachten. Nadat Karl Johnson zijn koortsaanvallen in een ziekenhuis in Panama had doorstaan, zou hij een grote en invloedrijke rol gaan spelen in de voortgaande geschiedenis van de opkomende pathogenen.

Als je een korte lijst van de hoogtepunten en grootste angsten van die geschiedenis in de afgelopen decennia zou maken, zou daar niet alleen machupo op prijken, maar ook marburg (1967), lassa (1969), ebola (1976, waarbij Karl Johnson weer een prominente rol speelde), hiv-1 (vastgesteld in 1981, voor het eerst geïsoleerd in 1983), hiv-2 (1986), sin nombre ('het virus zonder naam', 1993), hendra (1994), vogelgriep (1997), nipah (1998), westnijl (1999), SARS (2003) en de enorm gevreesde maar op een anticlimax uitgelopen Mexicaanse griep van 2009. Dat is een dramatische reeks, een uitdijende, kolkende stortvloed, vele malen omvangrijker dan de virale maalstroom waarin de arme merrie van Vic Rail ten onder ging.

Je zou deze lijst kunnen opvatten als een opeenvolging van schrikbarende, maar niet met elkaar samenhangende gebeurtenissen; losstaande tegenslagen die ons mensen om de een of andere ondoorgrondelijke reden zijn overkomen. Zo bezien zijn machupo, de diverse hiv-soorten, SARS en de andere infectieziekten een onontkoombare vorm van natuurgeweld (vroeger veelal aangeduid als 'de hand Gods'), vergelijkbaar met afschuwelijke calamiteiten als aardbevingen, vulkaanuitbarstingen en meteoorinslagen, rampen die je kunt betreuren en verzachten, maar die niet te voorkomen zijn. Dat is een passieve, bijna stoïcijnse manier om ertegenaan te kijken. Het is ook de verkeerde manier.

Vergis je niet, deze elkaar opvolgende uitbraken van ziekten hangen wel degelijk met elkaar samen. En het is niet zo dat ze ons zomaar overkómen, nee, ze zijn het onbedoelde resultaat van dingen die wij zelf dóén. Ze weerspiegelen het samenvallen van twee vormen van crisis op onze planeet. De eerste crisis is de ecologische, de tweede is de medische crisis. De gezamenlijke gevolgen van deze twee samenvallende crisissen manifesteren zich als een patroon van vreemde en verschrikkelijke nieuwe ziekten die uit een onverwachte hoek komen en intense bezorgdheid en sombere voorgevoelens oproepen bij de wetenschappers die die ziekten bestuderen. Hoe springen deze ziekten van niet-menselijke dieren over op mensen en waarom hebben ze de afgelopen jaren die sprong blijkbaar vaker dan voorheen gemaakt? Kort maar krachtig: de door mensen veroorzaakte ecologische druk en verstoringen brengen dierlijke pathogenen steeds meer in contact met menselijke populaties, terwijl menselijke technologie en activiteiten die pathogenen op steeds grotere schaal en sneller verbreiden. Deze toestand kent drie componenten.

Een: de activiteiten van de mensheid zijn de oorzaak van de desintegratie (een zorgvuldig gekozen woord) van natuurlijke ecosystemen in een catastrofaal tempo. We kennen allemaal de ruwe contouren van dat probleem. Door houtkap, de aanleg van wegen, brandcultuur, de jacht op en consumptie van wilde dieren (als Afrikanen dat doen noemen we het 'bushmeat' en heeft het een negatieve connotatie, maar in Amerika en elders is het gewoon 'wild'), het kappen van bossen om weidegrond voor het vee te creëren, winning van delfstoffen, stedenbouw met een wildgroei van voorsteden, chemische vervuiling, wegstromen van nutriënten naar de oceanen, het bevissen van de oceanen op een niet-duurzame manier, klimaatverandering, internationale verkoop van geëxporteerde goederen waarvan de productie gepaard gaat met een van bovenstaande elementen en andere 'civiliserende' aantastingen van het natuurlijke milieu: dat zijn allemaal manieren waarop we de samenhang van ecosystemen verstoren. Dat is niet nieuw. Mensen hebben bijna al deze activiteiten al heel lang verricht, zij het met behulp van eenvoudigere hulpmiddelen. Maar nu, met een wereldbevolking van 7 miljard mensen en de beschikbaarheid van moderne technische hulpmiddelen, worden de cumulatieve negatieve effecten steeds hachelijker. Tropische wouden zijn niet de enige ecosystemen die gevaar lopen, maar ze hebben wel de rijkste en meest complexe structuur. Binnen zulke ecosystemen leven miljoenen organismen, merendeels onbekend voor de wetenschap, niet ondergebracht in soorten, of anders nauwelijks geïdentificeerd en amper begrepen.

Twee: tot die miljoenen onbekende levensvormen behoren virussen, bacteriën, schimmels, protisten en andere organismen, waarvan vele parasitair zijn. Virologen spreken tegenwoordig van de 'virosfeer', een veelomvattend rijk van organismen waarbij elke andere groep waarschijnlijk in het niet valt. Veel virussen, bijvoorbeeld, bevolken de wouden van Centraal-Afrika, allemaal parasiterend op een bacterie, een dier, een schimmel, een protist of een plant, allemaal ingebed in ecologische relaties die de mate waarin ze voorkomen en hun geografische reikwijdte begrenzen. Het ebola-, marburg-, lassa- en apenpokkenvirus en de voorlopers van het hiv-virus zijn slechts een minuscuul voorbeeld van de talloze nog niet ontdekte virussen die daar bestaan, in gastheren die in veel gevallen zelf ook nog niet ontdekt zijn. Virussen kunnen zich alleen vermeerderen in de levende cellen van een ander organisme. Doorgaans huizen ze in één soort dier of plant waarmee ze een innige, oeroude en vaak (maar niet altijd) symbiotische relatie hebben. Dat wil zeggen, een afhankelijke maar bevriende relatie. Ze leven niet zelfstandig. Ze veroorzaken geen commotie. Misschien doden ze af en toe wat apen of vogels, maar deze kadavers worden snel opgeslokt door het woud. Wij mensen krijgen zelden de gelegenheid daar iets van te merken.

Drie: maar het lijkt erop dat deze micro-organismen door de huidige verstoring van natuurlijke ecosystemen steeds meer de ruimte krijgen. Wanneer de bomen geveld worden en de inheemse dieren worden afgeslacht, vliegen de inheemse ziektekiemen op als stof uit een gesloopt pakhuis. Een parasitair micro-organisme dat aldus wordt verdrongen, verdreven en beroofd van zijn gebruikelijke gastheer, heeft twee opties: een nieuwe gastheer, een nieuw sóórt gastheer vinden... of uitsterven. Het is niet zo dat ze zich vooral op ons richten. Het is wel zo dat wij zo opvallend, zo overvloedig beschikbaar zijn. 'Als je naar de wereld kijkt vanuit het gezichtspunt van een hongerig virus,' schreef de historicus William H. McNeill, 'of zelfs van een bacterie, dan bieden wij met al onze miljarden menselijke lichamen een prachtige voedingsbodem, terwijl er in het zeer recente verleden slechts half zoveel mensen waren. In ongeveer 25 tot 27 jaar is ons aantal verdubbeld. Een prachtig doelwit voor elk organisme dat zich zodanig kan aanpassen dat het ons kan binnendringen.' Virussen, en vooral die van een bepaald type – namelijk virussen waarvan het genoom uit RNA in plaats van DNA bestaat, waardoor ze meer geneigd zijn te muteren –, passen zich heel gemakkelijk en snel aan.

Al deze factoren hebben niet alleen geleid tot nieuwe infecties en ingrijpende kleine uitbraken, maar ook tot nieuwe epidemieën en pandemieën waarvan de gruwelijkste, beruchtste en meest catastrofale er een is die veroorzaakt wordt door een virussoort die bij wetenschappers bekendstaat als hiv-1 groep M. Dat is de hiv-groep die (te midden van twaalf andere soorten) grotendeels verantwoordelijk is voor de wereldwijde aidspandemie. Het virus heeft al 30 miljoen mensen gedood sinds de ziekte drie decennia geleden voor het eerst werd vastgesteld, en ongeveer 34 miljoen mensen zijn er momenteel mee geïnfecteerd. Ondanks de enorme impact van het virus zijn de meeste mensen niet op de hoogte van de noodlottige samenloop van omstandigheden waardoor hiv-1 groep M vanuit een afgelegen deel van het Afrikaanse woud – waar zijn voorloper onzichtbaar aanwezig was als een ogenschijnlijk onschuldige infectie van chimpansees – zijn entree kon maken in de menselijke geschiedenis. De meeste mensen weten niet dat het ware, volledige aidsverhaal niet begint in 1981, onder Amerikaanse homoseksuelen, of begin jaren zestig in enkele grote Afrikaanse steden, maar een halve eeuw eerder, aan de bovenloop van de Sanga, een oerwoudrivier in het zuidoosten van Kameroen. Nog minder mensen hebben lucht gekregen van de verrassende ontdekkingen waardoor dat verhaal nog maar enkele jaren geleden met nieuwe details en baanbrekende inzichten is verrijkt. Die ontdekkingen komen straks aan bod in het hoofdstuk 'De chimpansee en de rivier'. Voorlopig wil ik alleen maar opmerken dat zelfs als dit thema van de zoönotische oversprong niets anders behelsde dan het toevallige ontstaan van aids, dit uiteraard ook al aanspraak zou maken op serieuze aandacht. Maar zoals gezegd behelst het onderwerp veel meer: andere pandemieën en catastrofale ziekten in het verleden (builenpest, influenza), in het heden (malaria, influenza) en in de toekomst.

Uiteraard zijn ziekten van de toekomst een materie die de volle aandacht heeft van gezondheidsautoriteiten en wetenschappers. Er is geen reden om aan te nemen dat aids in onze tijd de enige wereldwijde, door een vreemd micro-organisme veroorzaakte ramp zal blijven. Enkele goed geïnformeerde en sombere voorspellers hebben het zelfs over de *Next Big One* als iets wat onvermijdelijk is (als je een seismoloog in Californië bent, is de Next Big One, de 'volgende grote klap', een aardbeving waardoor San Francisco in zee belandt, maar in dit geval gaat het om een uitermate fatale pandemie). Zal de volgende pandemie veroorzaakt worden door een virus? Zal de volgende pandemie afkomstig zijn uit een regenwoud of van een markt in het zuiden van China? Zal de volgende pandemie 30 of 40 miljoen mensen doden? Inmiddels is het concept van een volgende pandemie, een Next Big One, al dermate ingeburgerd dat we gemakshalve kunnen spreken van de NBO. Het belangrijkste verschil tussen hiv-1 en de NBO zal wellicht zijn dat hiv-1 zijn dodelijke werk zo traag verricht. De meeste andere nieuwe virussen werken veel sneller.

Ik gebruik in verband met nieuwe en terugkerende oude infectieziekten de woorden 'opkomst' en 'opkomend' alsof het ingeburgerde termen zijn, en misschien is dat ook al zo. In elk geval is het onder deskundigen op dit gebied beslist gemeengoed. Er is zelfs een tijdschrift dat aan dit onderwerp is gewijd: *Emerging Infectious Diseases* ('Opkomende infectieziekten'), maandelijks uitgegeven door de CDC. Maar een precieze definitie van 'opkomst' is hier misschien wel nuttig. In de wetenschappelijke literatuur kun je er verschillende vinden. Mijn voorkeur gaat uit naar de definitie die simpelweg aangeeft dat een nieuw opkomende ziekte 'een besmettelijke ziekte is waarvan de incidentie toeneemt na de eerste introductie in een populatie van een nieuwe gastheer'. De sleutelwoorden zijn uiteraard 'besmettelijk', 'toeneemt' en 'nieuwe gastheer'. Een opnieuw opkomende eerdere ziekte is er een 'waarvan de incidentie toeneemt in een bestaande gastheerpopulatie als gevolg van langetermijnveranderingen in de onderliggende epidemiologie'. Tuberculose is opnieuw in opkomst als een ernstig probleem, vooral in Afrika, waar de tbc-bacterie gebruikmaakt van een nieuwe kans: het infecteren van aidspatiënten, met hun deficiënte immuunsysteem. Gele koorts komt opnieuw op bij mensen op plaatsen waar *Aedes aegypti*-muggen de kans krijgen de overdracht van het virus van besmette apen naar niet-geïnfecteerde mensen te hervatten. Dengue, of knokkelkoorts, die voor de overdracht ervan ook afhankelijk is van muggenbeten en inheemse apen als reservoir, kwam na de Tweede Wereldoorlog opnieuw op in Zuidoost-Azië, wat minstens voor een deel te wijten was aan de groeiende verstedelijking, toenemend reisverkeer, gebrekkig afvalwaterbeheer, inefficiënte muggenbestrijding en andere factoren.

'Opkomst' (*emergence*) en 'oversprong' (*spillover*) zijn verschillende, maar wel met elkaar samenhangende begrippen. *Disease ecologists*, in (infectie)ziekten gespecialiseerde ecologen, gebruiken de term 'oversprong' (voor economen heeft *spillover* een andere betekenis) voor het moment waarop een pathogeen van leden van een als gastheer fungerende soort overspringt naar leden van een andere soort. Het is een scherp afgetekende gebeurtenis. Het hendravirus sprong in september 1994 van vleermuizen over op Drama Series en vervolgens van paarden op Vic Rail. De opkomst van een infectieziekte is een proces, een trend. Aids kwam op aan het eind van de twintigste eeuw (of was het aan het begín van de twintigste eeuw? – op die vraag kom ik nog terug). Een oversprong leidt tot de opkomst van een nieuwe infectieziekte wanneer een oneigen ziekteverwekker die een aantal leden van een nieuwe gastheersoort heeft geïnfecteerd, in die soort gedijt en zich daarbinnen verder verspreidt. Strikt genomen kunnen we daarom nog niet spreken van de opkomst van hendra binnen de menselijke populatie – nog niet, nog niet helemaal. Hendra is nog slechts een kandidaat.

Niet alle opkomende ziekten zijn zoönosen, maar de meeste zijn dat wel. Een pathogeen kan toch moeilijk ergens anders vandaan komen dan van een ander organisme? Hoewel ik moet toegeven dat sommige nieuwe ziekteverwekkers blijkbaar direct uit de omgeving komen en niet hoeven onder te duiken in een dierreservoir. Een voorbeeld: de bacterie die nu de naam *Legionella pneumophila* draagt, dook in 1976 op uit de koeltoren van een airconditioningsysteem in een hotel in Philadelphia, zorgde voor de eerste bekende uitbraak van de veteranenziekte, ofwel legionairsziekte, en doodde 34 mensen. Maar dat scenario is veel minder typisch dan het zoönotische scenario. Microben die organismen van de ene soort infecteren zijn de meest waarschijnlijke kandidaten om organismen van een andere soort te infecteren. Dit is de afgelopen jaren in verschillende studies statistisch aangetoond. In een van die studies, in 2005 gepubliceerd door twee wetenschappers van de University of Edinburgh, werd gekeken naar 1407 bekende menselijke pathogeensoorten en werd vastgesteld dat die voor 58 procent uit zoönotische micro-organismen bestaan. Van die 1407 soorten kunnen er precies 177 als opkomend of opnieuw opkomend worden beschouwd. Driekwart van die (op)nieuw opkomende pathogenen is zoönotisch. Met andere woorden: toon me een vreemde nieuwe ziekte en waarschijnlijk gaat het om een zoönose.

Een parallel onderzoek van een team onder leiding van Kate E. Jones van de Zoological Society of London verscheen in 2008 in het tijdschrift *Nature*. Deze groep bestudeerde meer dan 300 'manifestaties' van opkomende infectieziekten die zich van 1940 tot 2004 hadden voorgedaan. Ze keken zowel naar mogelijke veranderende trends als naar eventuele waarneembare patronen. Hoewel hun lijst met manifestaties onafhankelijk was van de lijst met pathogenen van de onderzoekers uit Edinburgh, stelden Jones en haar medewerkers vast dat bijna hetzelfde deel (60,3 procent) zoönotisch was. 'Bovendien werd 71,8 procent van deze manifestaties van zoönotische opkomende infectieziekten veroorzaakt door pathogenen afkomstig van in het wild levende organismen', en niet van gedomesticeerde dieren. Als voorbeeld wezen ze op nipah in Maleisië en SARS in het zuiden van China. Voorts lijken manifestaties van ziekten waarbij wilde dieren (in tegenstelling tot gedomesticeerde dieren) betrokken zijn, toe te nemen in de loop van de tijd. 'Zoönosen van in het wild levende dieren vormen van alle opkomende infectieziekten de belangrijkste, snelst groeiende bedreiging voor de mondiale gezondheid,' concludeerden deze auteurs. 'Onze bevindingen wijzen op de cruciale noodzaak van gezondheidsmonitoring en identificatie van nieuwe, potentieel zoönotische pathogenen bij populaties van in het wild levende dieren, om zodoende voorspellingen te kunnen doen over opkomende infectieziekten.' Dat klinkt aannemelijk: laten we gewoon goed uitkijken met in het wild levende dieren, want als we ze omsingelen, ze klemzetten, ze uitroeien en opeten, krijgen we hun ziekten. Het klinkt zelfs geruststellend uitvoerbaar. Maar de nadruk leggen op de noodzaak van monitoring en prognoses betekent ook de nadruk leggen op de urgentie van het probleem en de frustrerende realiteit dat we nog zoveel niet weten.

Bijvoorbeeld: waarom was Drama Series, de oorspronkelijke merrie, op dat moment en in die paddock ziek geworden? Kwam het doordat ze de schaduw van een vijgenboom had opgezocht en zich tegoed deed aan wat gras, besmet met virushoudende vleermuisurine? Hoe bracht Drama Series haar infectie over op de andere paarden in Vic Rails stal? Waarom raakten Rail en Ray Unwin geïnfecteerd en niet de toegewijde dierenarts Peter Reid? Waarom werd Mark Preston ziek, maar Margaret Preston niet? Waarom vonden de uitbraken in Hendra en Mackay plaats in augustus en september 1994, dicht op elkaar in de tijd, maar geografisch ver bij elkaar vandaan? Waarom werden al die vleermuisverzorgers niet geïnfecteerd, ook al hadden ze maanden en jaren vleerhonden geaaid?

Deze lokale raadsels over de hendraziekte zijn slechts kleine vormen van de grote vragen die gesteld worden door wetenschappers als Kate Jones en haar team, de onderzoekers in Edinburgh, Hume Field en vele anderen over de hele wereld. Waarom komen vreemde nieuwe ziekten op dat moment, op die plek en in die vorm op, en niet elders, op een andere manier en op andere momenten? Gebeurt het tegenwoordig meer dan in het verleden? Zo ja, hoe roepen wij deze aandoeningen dan over ons af? Kunnen we de trends keren of inperken, voordat we getroffen worden door een nieuwe verwoestende pandemie? Kunnen we dat doen zonder vreselijke schade toe te brengen aan al die andere soorten geïnfecteerde dieren waarmee we deze planeet delen? De meespelende mechanismen zijn gecompliceerd, de mogelijkheden zijn talrijk, en terwijl de wetenschap haar werk langzaam doet, willen we allemaal een snel antwoord op de grootste vraag: welke akelige ziekteverwekker zal uit welke onvoorziene bron en met welke onverbiddelijke effecten als volgende op komen zetten?

7

Tijdens een van mijn reizen naar Australië stopte ik in Cairns, een met een zacht klimaat gezegend toeristenresort, ongeveer vijftienhonderd kilometer ten noorden van Brisbane, voor een gesprek met een jonge dierenarts aldaar. Ik kan me niet herinneren hoe ik haar had gevonden, omdat ze wars was van publiciteit en niet wilde dat haar naam werd vermeld. Maar ze wilde wel met me praten over haar ervaringen met het hendravirus. Hoewel ze er maar kortstondig mee te maken had gehad, had ze twee rollen vervuld: arts en patiënt. In die tijd was ze de enige bekende hendra-overlevende in Australië, naast de stalknecht Ray Unwin, die ook geïnfecteerd was met het virus en nog in leven was. We spraken elkaar in het kantoor van een kleine veterinaire kliniek waar ze werkte.

Ze was een bruisende vrouw, zesentwintig jaar oud, met lichtblauwe ogen en in een strakke knot gedraaid hennakleurig haar. Ze droeg zilveren oorbellen, een short en een rood shirt met korte mouwen waarop het logo van de kliniek prijkte. In het gezelschap van een enthousiaste bordercollie die naar affectie hengelend tegen mijn handen duwde terwijl ik notities probeerde te maken, beschreef de dierenarts een nacht in oktober 2004, toen ze de deur uit was gegaan om een ziek paard te behandelen. De eigenaren waren bezorgd omdat dit ene dier, een tien jaar oude ruin, 'van kleur verschoten' leek.

Het paard heette Brownie, dat wist ze nog goed. Hij verbleef op een familieboerderij in Little Mulgrave, ongeveer dertig kilometer ten zuiden van Cairns. Ze kon zich eigenlijk alles van die nacht vol levendige indrukken nog goed herinneren. Brownie was een kruising tussen een Arabische hengst en een Engelse merrie. Geen renpaard, nee, een troeteldier. Tot het gezin behoorde ook een tienerdochter; Brownie was haar speciale favoriet. Om acht uur 's avonds leek het paard nog normaal, maar toen ging er plotseling iets mis. De familie vermoedde koliek, een bedorven maag – misschien had hij wat giftig gras of onkruid gegeten. Rond elf uur belden ze om hulp en kregen ze de jonge dierenarts aan de telefoon, die die nacht dienst had. Ze sprong in haar auto en toen ze aankwam was Brownie er verschrikkelijk aan toe: hij hijgde zwaar, was koortsig en lag op de grond. 'Ik stelde vast dat het paard een extreem hoge hartslag en een extreem hoge temperatuur had,' vertelde ze me, 'en uit de neus kwam bloederig rood schuim.' Bij een snelle inspectie van zijn vitale functies kwam ze dicht bij het paard, en toen hij snoof 'kreeg ik flink wat van een bloederig soort rood slijmerig schuim op mijn armen'. Het tienermeisje en haar moeder waren al besmeurd geraakt met bloed toen ze Brownie probeerden te troosten. Nu kon hij nauwelijks zijn kop meer opheffen. Het deed haar verdriet, maar als zorgzame professional moest ze hun vertellen dat het paard stervende was. Wetend wat haar plicht was, zei ze: 'Ik wil hem laten inslapen.' Ze rende terug naar haar auto, pakte het euthanasiemiddel en de benodigde instrumenten, maar toen ze terugkwam was Brownie dood. Nog een paar keer gekweld naar adem happend had hij nog meer bruisend rood schuim door zijn neusgaten en bek uitgebraakt.

Droeg je handschoenen? vroeg ik.

Nee, volgens het protocol ben je verplicht om bij een autopsie handschoenen te gebruiken, maar niet bij levende dieren. Daarna leidde de ene situatie snel tot de andere. 'Ik had precies hetzelfde aan wat ik nu aan heb. Schoenen, korte sokken, blauw short en shirt met korte mouwen.'

Een chirurgisch mondneusmasker?

Nee, geen masker. 'Weet je, in het laboratorium kun je al die voorzorgsmaatregelen makkelijk nemen. Als het twaalf uur 's nachts is en het regent pijpenstelen en je staat buiten in het pikkedonker en je doet je werk bij het licht van de autokoplampen, met een hysterische familie op de achtergrond, dan is het niet altijd makkelijk om de juiste voorzorgsmaatregelen te nemen. En daar kwam nog bij dat ik het gewoon niet wist.' Ze bedoelde dat ze niet wist waarmee ze in het geval van Brownie geconfronteerd werd. 'Ik dacht niet direct aan een infectieziekte.' Ze was terughoudend op deze punten, omdat er achteraf kritiek op haar werkwijze was geweest, plus een onderzoek en vragen over mogelijke nalatigheid. Ze was vrijgesproken – in feite had ze zelf de klacht geuit dat ze niet passend gewaarschuwd was –, maar het was waarschijnlijk niet goed geweest voor haar carrière, en dat was volgens mij de reden waarom ze anoniem wilde blijven. Ze had een verhaal te vertellen, maar ze wilde er ook een punt achter zetten.

In de minuten na de dood van Brownie had ze laarzen aangetrokken, een lange broek en handschoenen tot aan haar schouders, en was ze met de autopsie begonnen. De eigenaars wilden graag weten of Brownie een soort giftig gras had gegeten dat ook een gevaar kon vormen voor hun andere paarden. De dierenarts sneed Brownies buik open en stelde vast dat zijn ingewanden er normaal uitzagen. Geen spoor van een verdraaide darm of een andere blokkade die tot koliek zou kunnen leiden. Al doende 'kreeg ik een paar spetters van het maagsap op mijn been'. Je kunt geen autopsie op een paard doen zonder besmeurd te raken, legde ze uit. Vervolgens keek ze in de borstkas, nadat ze een kleine insnijding had gemaakt tussen de vierde en vijfde rib. Als het geen koliek was, was er waarschijnlijk iets mis met het hart, vermoedde ze, en zag dat vermoeden meteen bevestigd. 'Het hart was enorm gezwollen. De longen waren vochtig en zaten vol met bloederige vloeistof en er sijpelde gewoon vocht dwars door de borstholte. Dus was hij bezweken aan een door ophoping van bloed veroorzaakt hartfalen. Dat was alles wat ik kon vaststellen. Ik kon niet vaststellen of het iets besmettelijks was of niet.' Ze bood aan om monsters te nemen en die in het lab te laten testen, maar dat zagen de eigenaren niet zitten. Ze wisten nu genoeg, hadden genoeg kosten gemaakt, en erg jammer van Brownie, maar ze zouden het karkas gewoon met een bulldozer begraven.

Waren er vleermuizen rond de woning? vroeg ik.

'Overal zitten vleermuizen.' Overal in het noorden van Queensland, bedoelde ze, niet alleen in Little Mulgrave. 'Als je hier door de achterdeur naar buiten loopt, zie je een paar honderd vleermuizen.' Het hele gebied van Cairns en omgeving: warm klimaat, veel fruitbomen, veel vruchtenetende vleermuizen. Maar uit het daaropvolgende onderzoek bleek niet dat Brownie op de een of andere manier direct contact kon hebben gehad met vleermuizen. 'Ze konden niet zeggen waarom juist dit paard geïnfecteerd was, behalve dan door toeval.' Begraven onder drie meter aarde, zonder bloed- of weefselmonsters te hebben achtergelaten, kon hij zelfs niet als 'geïnfecteerd' worden bestempeld – een conclusie die alleen nog maar achteraf kon worden getrokken.

Onmiddellijk na de autopsie had de dierenarts haar handen en armen grondig gewassen, haar benen schoongeveegd en was ze naar huis gegaan om zichzelf een jodiumschoonmaakbeurt te geven. Ze heeft altijd een flinke voorraad jodiumtinctuur in huis, haar favoriete professionele antisepticum voor dit soort gevallen. Ze gaf zichzelf een goede chirurgische boenbeurt en stapte in bed, na een zware maar niet al te ongebruikelijke nacht. Pas negen of tien dagen later kreeg ze hoofdpijn en begon ze zich ziek te voelen. Haar huisarts dacht aan griep of een verkoudheid, of misschien een amandelontsteking. 'Daar heb ik vaak last van,' zei ze. Hij gaf haar wat antibiotica en stuurde haar naar huis.

Ze kon een week niet werken, lusteloos van symptomen die als griep of bronchitis voelden: een lichte longontsteking, keelpijn, veel hoesten, spierzwakte, vermoeidheid. Op een gegeven moment vroeg een oudere collega haar of ze aan de mogelijkheid had gedacht dat het dode paard haar besmet had met het hendravirus. De jonge dierenarts, die opgeleid was in Melbourne (ver weg in de gematigde zuidelijke luchtstreken van Australië) voordat ze naar het tropische Cairns verhuisde, had op de faculteit diergeneeskunde nauwelijks iets over het hendravirus te horen gekregen. Het was te onbekend, te nieuw en geen probleem in de regio Melbourne. Slechts twee van de vier soorten reservoirvleermuizen verplaatsen zich zo ver naar het zuiden en klaarblijkelijk zorgden ze nog niet voor problemen. Ze ging naar het ziekenhuis voor een bloedonderzoek, en toen nogmaals, en ja, inderdaad: ze had antistoffen tegen het hendravirus. Tegen die tijd was ze weer op de been, weer aan het werk. Ze was geïnfecteerd en had het van zich afgeschud.

Toen ik haar meer dan een jaar later ontmoette, voelde ze zich prima, behalve dat ze een beetje moe en meer dan een beetje bang was. Ze wist heel goed dat het geval van Mark Preston – zijn besmetting bij de autopsie van een paard, zijn herstel, zijn intermezzo van een goede gezondheid, gevolgd door een terugval – de waarschuwing inhield dat ze niet voetstoots mocht aannemen dat het virus haar voorgoed had verlaten. Ambtenaren van de gezondheidsdienst hielden haar geval bij: als ze weer hoofdpijn had, zich duizelig voelde of een aanval kreeg, als haar zenuwen opspeelden, als ze begon te hoesten of te niezen, dan wilden ze dat weten. 'Ik ga nog steeds langs bij de specialisten van de infectieziektebestrijding,' zei ze. 'Ik word geregeld geïnspecteerd door mensen van het DPI.' Op basis van bloedonderzoek volgden ze de hoeveelheid antistoffen in haar lichaam die vreemd op en neer bleef gaan. Sinds kort was die hoeveelheid weer toegenomen. Wees dat op een komende terugval of getuigde het alleen maar van haar robuuste verworven immuniteit?

Het meest angstaanjagend was de onzekerheid, zei ze tegen me. 'Het is nu eenmaal zo dat deze ziekte zich nog maar zo kort heeft gemanifesteerd dat ze niet kunnen zeggen of er alsnog kans is op een negatief gezondheidseffect.' Hoe zou ze er over zeven of tien jaar aan toe zijn? Hoe groot was de kans op een recidief? Mark Preston was na een jaar plotseling overleden. Ray Unwin zei dat zijn gezondheid nog steeds 'belabberd' was. De jonge dierenarts in Cairns wilde in haar eigen geval alleen maar hetzelfde weten wat we allemaal willen weten: hoe zou het verder gaan?

2
Dertien gorilla's

8

Een paar maanden na wat er in de stallen van Vic Rail was gebeurd, vond er opnieuw een oversprong plaats, deze keer in Centraal-Afrika. Langs de bovenloop van de Ivindo in het noordoosten van Gabon, vlak bij de grens met de Republiek Kongo, ligt het dorpje Mayibout 2, een soort satellietnederzetting, niet meer dan anderhalve kilometer stroomopwaarts van het dorp Mayibout. Begin februari 1996 werden 18 mensen in Mayibout 2 plotseling ziek, nadat ze een chimpansee hadden geslacht en opgegeten.

Hun symptomen waren koorts, hoofdpijn, braken, bloeddoorlopen ogen, bloedend tandvlees, hikken, spierpijn, keelpijn en bloederige diarree. Alle achttien werden op aandringen van het dorpshoofd stroomafwaarts geëvacueerd naar een ziekenhuis in de districtshoofdstad Makokou. Hemelsbreed is het minder dan tachtig kilometer van Mayibout 2 naar Makokou, maar met de boomstamkano over de bochtige Ivindo is het een reis van zeven uur. De boot slingerde zich door de groene woudmuren op de oevers. Vier van de geëvacueerde personen waren bij aankomst op sterven na dood en stierven binnen twee dagen. De vier lichamen werden teruggebracht naar Mayibout 2 en begraven volgens de traditionele ceremoniële praktijk, zonder speciale voorzorgsmaatregelen tegen een overdracht van datgene, wat dan ook, waardoor ze aan hun eind waren gekomen. Een vijfde slachtoffer ontsnapte uit het ziekenhuis, baande zich een weg terug naar het dorp en overleed aldaar. Nieuwe gevallen braken al snel uit onder de mensen die geïnfecteerd waren bij het verzorgen van de eerste slachtoffers – hun geliefden of vrienden – of in het contact met de lijken. Uiteindelijk werden 31 mensen ziek van wie er 21 stierven: een sterfte van bijna 68 procent.

Deze feiten en cijfers werden verzameld door een team van medische onderzoekers, een paar Gabonezen en een paar Fransen, die tijdens de uitbraak in Mayibout 2 arriveerden. Een van hen was een energieke

Fransman, Eric M. Leroy, een in Parijs opgeleide dierenarts en viroloog, toentertijd werkzaam in het Centre International de Recherches Médicales de Franceville (CIRMF) in Franceville, een stadje in het zuidoosten van Gabon. Leroy en zijn collega's vonden bewijzen voor het ebolavirus in bloedmonsters van enkele patiënten en ze concludeerden dat de geslachte chimpansee met ebola besmet was. 'Deze chimpansee was vermoedelijk het indexgeval, het allereerste geval dat verantwoordelijk was voor het infecteren van achttien primaire menselijke gevallen,' schreven ze. Uit hun onderzoek bleek ook dat de chimpansee niet door jagers uit het dorp gedood was, maar dood in het woud was aangetroffen en vervolgens gevild was.

Vier jaar later zat ik bij een kampvuur aan de bovenloop van de Ivindo met een tiental inheemse mannen die als hulpploeg waren aangetrokken voor een lange tocht door de jungle. Deze mannen, merendeels afkomstig uit dorpen in het noordoosten van Gabon, hadden al weken gelopen voordat ik me bij hen aansloot. Hun taak bestond uit het dragen van zware tassen door de jungle en het elke avond opzetten van een eenvoudig kamp voor de bioloog, een zekere Mike Fay, die met zijn bezeten zendingsdrang de drijvende kracht van de hele onderneming was. Fay is een ongewone man, zelfs naar de maatstaven van tropische veldbiologen: taai, onverzettelijk, vrijgevochten, schrander en met een grote passie voor natuurbescherming. Zijn onderneming, die hij de Megatransect noemde (een 'gigantische dwarsdoorsnede'), was een inventariserend biologisch onderzoek over een afstand van ruim drieduizend kilometer te voet door de wildste resterende wouden van Centraal-Afrika. Onderweg verzamelde hij continu gegevens: hij registreerde stronthopen van olifanten, sporen van luipaarden, waargenomen chimpansees en gedetermineerde planten – duizenden korte aantekeningen die hij met de linkerhand in blokletters in zijn waterdichte gele notitieboekjes neerkrabbelde, terwijl zijn helpers op een rij achter hem niet alleen zijn computers, satelliettelefoon, speciale instrumenten en extra batterijen meesjouwden, maar ook voldoende tenten, voedsel en medische voorraden voor hem en henzelf.

Fay had al 290 dagen gelopen, toen hij in dit noordoostelijke deel van Gabon aankwam. Hij was door de Republiek Kongo getrokken met een stel Kongolezen, mannen die echt thuis waren in de jungle, meestal Bambendjellé (een etnische groep van mensen met een geringe lichaamslengte, ook wel pygmeeën genoemd), maar die mannen werd bij de grens met Gabon de toegang geweigerd. Daardoor was Fay gedwongen een nieuwe ploeg helpers te ronselen in Gabon. Hij rekruteerde ze grotendeels uit een stel goudwinningskampen aan de bovenloop van de Ivindo. Het harde werk dat hij eiste – strompelend een pad door de jungle kappen, zware tassen sjouwen – was blijkbaar te verkiezen boven goud delven in de equatoriale modder. Eén man was niet alleen drager maar ook kok. Die bereidde elke avond op het kampvuur enorme hoeveelheden rijst of *fufu* (een zetmeelrijk basisvoedsel van maniokmeel, een soort eetbare behanglijm), overgoten met een onbestemde bruine saus. De ingrediënten daarvoor bestonden afwisselend uit tomatensaus, gedroogde vis, sardines uit blik, pindakaas, gevriesdroogd rundvlees en *pili-pili* (hete pepers), die allemaal onderling verenigbaar werden geacht en door de chef naar believen werden gecombineerd. Niemand klaagde. Iedereen had altijd honger. Het enige wat aan het eind van een vermoeiende dag van strompelen door de jungle erger was dan een grote portie van dit spul, was een kleine portie. Mijn rol in deze club was om in opdracht van *National Geographic* in de voetsporen van Fay mee te lopen en een serie verhalen over het onderzoekswerk en de reis te produceren. Ik zou hem nu eens tien dagen hier, dan weer twee weken daar vergezellen en vervolgens de benen nemen naar de Verenigde Staten, mijn voeten laten helen (we droegen plastic sandalen) en een aflevering schrijven.

Telkens als ik me weer aansloot bij Fay en zijn team, was er een andere logistieke regeling voor onze ontmoeting, afhankelijk van hoe afgelegen de plek was waar hij zich op dat moment bevond en hoe dringend zijn behoefte was om bevoorraad te worden. Nooit week hij af van de zigzaglijn van zijn mars. Het was aan mij om hem te pakken te krijgen. Soms ging ik per bushvliegtuigje en gemotoriseerde boomstamkano naar hem toe, samen met Fay's vertrouwde logistieke man en kwartiermaker, een Japanse ecoloog, die Tomo Nishihara heette. Tomo en ik wrongen ons in de kano, te midden van alle spullen die hij meenam voor de volgende etappe van Fay's trektocht: nieuwe zakken fufu, rijst en gedroogde vis, kratten met sardines, olie, pindakaas, pili-pili en AA-batterijen. Maar zelfs een boomstamkano kon niet altijd bij de plek komen waar Fay en zijn bemanning uitgehongerd en verfomfaaid zaten te wachten. Deze keer zaten de trekkers in een uitgestrekte rimboe, de Minkébé, en kwamen Tomo en ik uit de lucht vallen in een bulderende Bell 412-helikopter, een enorme dertienzitter, voor veel geld gecharterd van het Gabonese leger. Het bladerdak van het woud, dat elders onafgebroken dicht was, werd hier onderbroken door een aantal grote granieten monolieten die honderden meters oprezen uit een groene grondmist, zoiets als de verticale rotsformatie El Capitan in het Amerikaanse Yosemite National Park. Boven op een van die eilandbergen was de landingsstrip waar Fay ons naartoe had gedirigeerd. De plek lag zestig kilometer ten westen van Mayibout 2.

Het was een betrekkelijk eenvoudige dag geweest voor het team: geen moerassen doorkruist, geen dichte begroeiing waar je je huid aan openhaalde en geen aanstormende olifanten, aangelokt door Fay's verlangen om van dichtbij video-opnames te maken. Ze hadden hun bivak opgeslagen, in afwachting van de helikopter. Nu waren de voorraden gearriveerd, waaronder zelfs wat bier! Dat zorgde voor een ontspannen, gemoedelijke sfeer rond het kampvuur. Algauw hoorde ik dat twee van de dragers, Thony M'Both en Sophiano Etouck, oorspronkelijk uit Mayibout 2 kwamen. Daar waren ze ook toen het dorp getroffen werd door het ebolavirus.

Thony, een extraverte, tengere en veel spraakzamere vent dan de andere, wilde er wel over praten. Hij deed zijn verhaal in het Frans terwijl Sophiano, een verlegen man met de bouw van een bodybuilder, een ernstige frons, een sikje en een nerveus gestotter, er zwijgend bij zat. Sophiano had zijn broer en de meeste familieleden van zijn broer zien sterven, zo vertelde Thony.

Omdat ik deze twee mannen nog maar net ontmoet had, leek het me niet netjes om die avond nog meer informatie aan hen te ontlokken. Twee dagen later begonnen we aan de volgende etappe van Fay's trektocht door het Minkébéwoud naar het zuiden en lieten we de eilandbergen achter ons. We hadden allemaal onze handen vol aan de fysieke uitdagingen die een voettocht door ongebaand rimboeterrein meebrengt en met het vallen van de avond waren we uitgeput (vooral mijn informanten, die harder moesten ploeteren dan ik). Maar halverwege, na een week strompelen, gemeenschappelijke misère en gedeelde maaltijden, kwam Thony genoeg los om me meer te vertellen. Zijn herinneringen kwamen over het algemeen overeen met het verslag van het CIRMF-team uit Franceville, afgezien van kleine verschillen in wat aantallen en details. Maar zijn gezichtspunt was persoonlijker.

Thony noemde het *l'épidémie*. Het was gebeurd in 1996, ja, zei hij, rond dezelfde tijd dat een paar Franse soldaten in Mayibout 2 waren gearriveerd in een opblaasbare boot en in de buurt van het dorp hun kamp hadden opgeslagen. Het was niet duidelijk of de soldaten een serieus doel hadden – een oude landingsstrip herstellen? – of dat ze er gewoon waren om zich te amuseren. Ze vuurden hun geweren af. Misschien, zo dacht Thony, hadden ze ook een bepaald soort chemische wapens. Hij vermeldde deze details, omdat hij dacht dat ze misschien relevant waren voor de epidemie. Op een dag gingen een paar jongens uit het dorp op jacht met hun honden. De beoogde prooi waren stekelvarkens. In plaats van stekelvarkens kregen ze een chimpansee te pakken – niet gedood door de honden, nee. Een dood aangetroffen chimpansee. Ze namen hem mee. De chimpansee was in staat van ontbinding, zei Thony, zijn maag was verrot en opgezwollen. Geen probleem, de mensen waren opgetogen en hunkerden naar vlees. Ze slachtten de chimpansee en aten ervan. Daarna, heel snel, binnen twee dagen, begon iedereen die het vlees had aangeraakt ziek te worden.

Ze moesten braken, ze hadden diarree. Sommigen gingen stroomafwaarts met een motorboot naar het ziekenhuis in Makokou. Maar er was niet genoeg brandstof om iedere zieke te vervoeren. Te veel slachtoffers, niet genoeg boten. In Makokou bezweken 11 mensen. Nog eens 18 mensen overleden in het dorp. Ja, zei Thony, de speciale artsen uit Franceville, met hun witte pakken en hun tropenhelmen, arriveerden snel, maar ze konden niemand redden. Sophiano verloor zes familieleden. Een van hen, een van zijn nichtjes, had hij vastgehouden toen ze stierf. Toch was Sophiano zelf nooit ziek geworden. Nee, ik ook niet, zei Thony. De oorzaak van de ziekte was in onzekerheid en sombere geruchten gehuld. Thony vermoedde dat de Franse soldaten de chimpansee met hun chemische wapens hadden gedood en er in hun achteloosheid voor hadden gezorgd dat de dorpelingen door het vlees vergiftigd waren. Hoe het ook zij, zijn medeoverlevenden hadden hun lesje geleerd. Tot op de dag van vandaag, zei hij, eet niemand in Mayibout 2 chimpansee.

Ik vroeg naar de jongens die mee op jacht waren gegaan. Die jongens zijn allemaal gestorven, zei Thony. De honden gingen níét dood. Had hij ooit eerder zo'n ziekte, zo'n epidemie meegemaakt? '*Non*,' antwoordde Thony. '*C'etait la première fois*.' Nooit.

Hoe hadden ze de chimpansee bereid? vroeg ik nieuwsgierig. In een normale Afrikaanse saus, zei Thony, alsof dat een domme vraag was. Ik zag het voor me: chimpanseekluiven in een dikke pindasoep met pili-pili, kwistig over de fufu geschept.

Afgezien van de chimpanseestoofpot was een ander luguber detail in mijn hoofd blijven hangen. Het was iets wat Thony had genoemd tijdens ons eerdere gesprek. Naast al die chaos en verschrikkingen in het dorp, vertelde Thony me, hadden hij en Sophiano nog iets bizars gezien: dertien gorilla's, allemaal dood, die op een hoop ergens vlakbij in het woud lagen.

Dertien gorilla's? Ik had niet naar dode wilde dieren gevraagd. Dit was vrijwillig verstrekte informatie. Natuurlijk zijn anekdotische getuigenverklaringen veelal wazig, onnauwkeurig en soms volstrekt onwaar, zelfs als ze afkomstig zijn van ooggetuigen. Als iemand 'dertien dode gorilla's' zei, kon dat in feite ook een dozijn, of vijftien, of gewoon een heleboel betekenen – te veel voor een gekweld brein om ze te kunnen tellen. Mensen gingen dood. Herinneringen vervagen. Als iemand zei: 'Ik heb ze gezien', betekende dat misschien precies dát, of misschien ook minder. 'Mijn vriend heeft ze gezien, hij is een goede vriend, ik vertrouw hem als mijn eigen ogen.' Of misschien: 'Ik hoorde het van een behoorlijk gezaghebbend iemand.' Thony's getuigenis hoorde volgens mij thuis in de eerste epistemologische categorie: betrouwbaar, maar niet per se exact. Ik geloofde dat hij deze dode gorilla's had gezien, ongeveer dertien, vlak bij elkaar, zo niet op een hoop, en hij kan ze zelfs hebben geteld. Het beeld van dertien gorillakarkassen, op of naast elkaar liggend op afgevallen bladeren was luguber maar plausibel. Uit latere gegevens bleek dat gorilla's zeer vatbaar zijn voor ebola.

Wetenschappelijke gegevens zijn iets anders, iets heel anders dan anekdotische getuigenissen. Wetenschappelijke gegevens hebben geen waas van poëtische overdrijving en ambivalentie. Ze zijn precies, kwantificeerbaar en solide. Kieskeurig verzameld, nauwgezet geordend, kunnen ze nieuwe betekenissen onthullen. Om die reden liep Mike Fay met zijn gele notitieboekjes door Centraal-Afrika: om te zoeken naar grote patronen die konden ontspruiten aan massa's kleine gegevens.

De volgende dag gingen we verder door het woud. We waren nog steeds meer dan een week van de dichtstbijzijnde weg verwijderd. Het was een uitstekend leefgebied voor gorilla's, heel divers, rijk aan hun favoriete plantaardige voedsel en bijna niet aangetast door de mens: geen wandelpaden, geen kampen, geen spoor van jagers. Het had vol moeten zitten met gorilla's. En eens, in het recente verleden, was dat ook zo geweest: een twee decennia eerder gehouden telling van apenpopulaties in Gabon door enkele wetenschappers van het CIRMF had een getal van naar schatting 4171 gorilla's in het Minkébéwoud opgeleverd. Toch kregen we er tijdens onze wekenlange moeizame trektocht door het woud niet één te zien. Nergens waren gorilla's te bekennen, en dat was vreemd – zo vreemd dat Fay iets dramatisch vermoedde. Dit was precies het soort patroon, positief of negatief, dat zijn methode behoorde te verhelderen. In de loop van zijn hele Megatransect registreerde hij in zijn notitieboekje elk gorillanest dat hij zag, elke hoop gorillamest, elke stengel die aangevreten was door gorillatanden – en ook olifantenpoep, sporen van luipaarden en andere dieren. Aan het eind van onze Minkébé-etappe telde hij zijn gegevens bij elkaar op. Dat kostte hem uren, verscholen in zijn tent waar hij de laatste oogst aan waarnemingen verwerkte op zijn laptop. Toen kwam hij weer tevoorschijn.

In de afgelopen veertien dagen, vertelde Fay me, waren we over 997 hopen olifantenpoep en niet één kledder van een gorilla gestapt. We waren langs miljoenen stengels van grote kruidachtige planten gekomen, waaronder enkele soorten (behorend tot de familie *Marantaceae*) met binnenin voedzaam merg dat door gorilla's wordt opgeknabbeld als was het selderie, maar voor zover hij wist had niet één van die stengels gorillabeten vertoond. We hadden geen enkele gorilla dreigend op de borst horen trommelen, geen enkel gorillaslaapnest gezien. Het was als het wonderlijke voorval met de hond in de nacht: geen gekef te horen, wat voor Sherlock Holmes het welsprekende negatieve bewijs was dat er iets niet klopte. De gorilla's van Minkébé, ooit overvloedig aanwezig, waren verdwenen. De onontkoombare conclusie was dat iets hen had uitgemoord.

9

De oversprong in Mayibout 2 was geen op zichzelf staande gebeurtenis. Het was onderdeel van een patroon van ziekte-uitbraken overal in Centraal-Afrika – een patroon waarvan de betekenis nog steeds voor veel verwarring en discussies zorgt. De betreffende virusziekte die voorheen bekendstond als ebola hemorragische koorts wordt tegenwoordig doorgaans simpelweg ebola of ebolakoorts genoemd. Het patroon strekt zich in de tijd uit van 1976 (de eerste geregistreerde opkomst van het ebolavirus) tot heden, en in de ruimte van de ene kant van het continent (Ivoorkust) naar de andere (Sudan en Uganda). De vier belangrijkste virussoorten die zich tijdens deze oversprongen manifesteerden, staan gezamenlijk bekend als ebolavirussen. Op kleinere schaal, alleen in Gabon, is er sprake van een compact cluster van ebola-incidenten: drie in minder dan twee jaar en alle drie betrekkelijk dicht bij elkaar. Mayibout 2 was de middelste episode van dat cluster.

Een eerdere uitbraak was begonnen in december 1994, in de goudmijnkampen aan de bovenloop van de Ivindo, hetzelfde gebied waar Mike Fay later zijn Gabon-team had gerekruteerd. Deze kampen liggen ongeveer veertig kilometer stroomopwaarts van Mayibout 2. Minstens 32 mensen werden ziek, met de gebruikelijke waaier van symptomen (koorts, hoofdpijn, braken, diarree en wat bloedingen) die op ebola wezen. De bron was moeilijk vast te stellen, hoewel een patiënt vertelde dat hij een chimpansee had gedood die in zijn kamp beland was en zich vreemd gedroeg. Misschien was dat dier geïnfecteerd en had het per ongeluk de besmetting overgebracht op hongerige mensen. Volgens een ander relaas was het eerste geval een man die op een dode gorilla was gestuit, vervolgens stukken ervan mee naar zijn kamp had genomen en die met anderen had gedeeld. Hij stierf, en ook anderen die het vlees hadden aangeraakt. Rond dezelfde tijd kwamen er enkele meldingen binnen van mensen die niet alleen dode chimpansees maar ook dode gorilla's in het woud hadden zien liggen. Meer in het algemeen hadden de mijnwerkers (en hun families – deze kampen waren in wezen dorpen) door hun aanwezigheid en door hun behoefte aan voedsel, onderdak en brandstoffen, gezorgd voor een verstoring van het dichte geboomte van het woud en de dieren die daar leefden.

Vanuit de mijnbouwkampen werden de slachtoffers in 1994 stroomafwaarts gevoerd (zoals ook weer zou gebeuren vanuit Mayibout 2) naar het Makokou General Hospital. Vervolgens ontstond een golf van secundaire gevallen, geconcentreerd rondom het ziekenhuis of in naburige dorpen. In een van die dorpen woonde een *nganga*, een traditionele genezer, wiens huis misschien een overdrachtspunt was geweest tussen een bepaald slachtoffer uit het mijnbouwkamp die voor een traditionele remedie kwam en een onfortuinlijk iemand uit het dorp die de genezer had bezocht voor iets minder nijpends dan ebola. Wellicht was het virus doorgegeven via de handen van de genezer. Hoe dan ook, tegen de tijd dat deze reeks eindigde, waren er 49 gevallen gediagnosticeerd, waaronder 29 doden, dus een sterfte van bijna 60 procent.

Een jaar later kwam de uitbraak in Mayibout 2, de tweede van de reeks. Acht maanden daarna kwamen de CIRMF-wetenschappers en anderen in actie in verband met een derde uitbraak, deze keer in de buurt van de stad Booué in het midden van Gabon.

De toestand in Booué was waarschijnlijk drie maanden eerder, in juli 1996, begonnen met de dood van een jager in een houthakkerskamp dat bekendstond als SHM, ongeveer zestig kilometer ten noorden van Booué. Achteraf werden de fatale symptomen van deze jager herkend als tekenen van ebola, hoewel zijn geval op dat moment nog geen alarmbellen had doen rinkelen. Zes weken later kwam nog een jager in hetzelfde houthakkerskamp op mysterieuze wijze aan zijn eind. Daarna een derde. Wat voor soort vlees leverden ze aan het kamp? Waarschijnlijk een breed scala aan wilde diersoorten, zoals mensapen, duikerbokken, boszwijnen, stekelvarkens en (ondanks wettelijke beperkingen) misschien zelfs kleinere apen. En weer waren er berichten over dode chimpansees in het woud – dat wil zeggen, dood neergevallen, niet doodgeschoten. De drie eerste menselijke gevallen hadden blijkbaar niets met elkaar te maken, alsof iedere jager het virus in het wild had opgelopen. Daarna had de derde jager het probleem verbreed doordat hij niet alleen slachtoffer was, maar ook anderen infecteerde.

Hij lag korte tijd in het ziekenhuis in Booué, maar vertrok uit die instelling, ontliep de medische autoriteiten, ging naar een nabijgelegen dorp en zocht daar hulp bij een andere nganga. Ondanks de manipulaties van de genezer overleed de jager – en daarna ook de nganga en een neef van de nganga. Dat was het begin van een cascade. In oktober en de daaropvolgende maanden was er een grotere incidentie van gevallen in en rond Booué, wat wees op een groeiende overdracht van mens op mens. Verschillende patiënten werden overgebracht naar ziekenhuizen in Libreville, de hoofdstad van Gabon, en overleden aldaar. Een Gabonese arts die een van die patiënten had behandeld, werd zelf ziek en vloog naar Johannesburg om zich daar te laten behandelen, omdat hij blijkbaar weinig vertrouwen had in de gezondheidszorg van zijn eigen land. Die dokter schijnt het te hebben overleefd, maar een Zuid-Afrikaanse verpleegkundige die hem verzorgde, werd ziek en stierf. Daarmee had het ebolavirus zich vanuit Centraal-Afrika verspreid naar andere delen van het continent. Het uiteindelijke resultaat van deze derde uitbraak, die Booué, Libreville en Johannesburg omvatte, was 60 gevallen, waarvan 45 fataal. Het sterftecijfer? Die rekensom kun je uit je hoofd maken.

Te midden van deze veelheid aan zaken en details springt een aantal gemeenschappelijke factoren in het oog: verstoring van het woud op de plaats van de uitbraak, zowel dode apen als dode mensen, secundaire gevallen gerelateerd aan blootstelling in het ziekenhuis of traditionele genezers, en een hoge sterfte, variërend van 60 tot 75 procent. 60 procent is extreem hoog voor elke infectieziekte (met uitzondering van rabiës); het is waarschijnlijk nog hoger, bijvoorbeeld, dan de sterfte door builenpest in het middeleeuwse Frankrijk op de ergste momenten van de Zwarte Dood.

In de jaren na 1996 zijn zowel mensen als gorilla's getroffen door uitbraken van ebola binnen de regio rond Mayibout 2. Een van de ernstigst getroffen gebieden ligt aan de rivier de Mambili, in het noordwesten van Kongo, net over de grens met Gabon, ook weer een gebied van dichte wouden met verschillende dorpen, een nationaal park en een recent opgericht natuurreservaat, het Lossi Gorilla Sanctuary. Mike Fay en ik waren in maart 2000 ook door dat gebied getrokken, slechts vier maanden voor mijn afspraak met hem op de Minkébé-eilandbergen. In schril contrast met de toestand in Minkébé hadden we, toen we in het stroomgebied van de Mambili waren, talloze gorilla's gezien. Maar twee jaar later, in 2002, begon een team van onderzoekers in Lossi gorillakarkassen te vinden waarvan sommige positief op antistoffen tegen het ebolavirus testten (een positieve test voor antistoffen is een minder dwingend bewijs dan het vinden van levend virus, maar nog steeds veelzeggend). Binnen enkele maanden was 90 procent van de individuele gorilla's die ze hadden bestudeerd (130 van de 143 dieren) verdwenen. Hoeveel hadden er gewoon de benen genomen? Hoeveel waren er dood? Op grond van bevestigde sterfgevallen en verdwijningen maakten de onderzoekers een schatting van het totale dodental in het door hen onderzochte gebied en publiceerden ze een artikel in *Science* met de krachtige (maar overmoedige) kop: EBOLA-UITBRAAK DOODDE 5000 GORILLA'S.

10

In 2006 ging ik terug naar de rivier de Mambili, deze keer met een team onder leiding van William B. (Billy) Karesh, toentertijd directeur van het Field Veterinairy Program – het veterinaire veldproject van de Wildlife Conservation Society (WCS) in New York – die tegenwoordig een vergelijkbare functie heeft bij de EcoHealth Alliance. Billy Karesh is dierenarts en een autoriteit op het gebied van zoönosen. Deze rondreizende veldwerker groeide op in Charleston, South Carolina, werd gevoed met de populaire tv-programma's van de zoöloog Marlin Perkins en draagt als werkkleding gewoonlijk een blauw operatiekamerhemd, een baseballcap en een baard. Van nature is hij een empiricus, iemand die bedachtzaam spreekt, nauwelijks zijn mond beweegt en categorische uitspraken mijdt alsof ze pijn aan zijn tanden zouden doen. Vaak speelt er een ironische glimlach om zijn lippen alsof hij geamuseerd de wonderen van de wereld en het gevarieerde spektakel van de menselijke dwaasheid bekijkt. Maar er was niets amusants aan zijn missie naar de Mambili. Hij was gekomen om gorilla's neer te schieten, niet met kogels maar met verdovingspijltjes. Hij was van plan bloedmonsters af te nemen en die te testen op antistoffen tegen het ebolavirus.

Onze bestemming was het zogeheten Moba Bai-complex, een stel natuurlijke open plekken in de buurt van de oostelijke oever van de bovenloop van de Mambili, niet ver van het Lossi-reservaat. Een *bai* is in Franstalig Afrika een drassige weide, vaak met een zoutsteen voor het vee en omgeven door wouden als was het een geheime tuin. Naast Moba Bai, de naamgever van dit complex, waren er nog drie of vier andere soortgelijke weidegronden in de buurt. Gorilla's (en andere wilde dieren) zijn geregelde bezoekers van zulke zonnige en met water doordrenkte bai's, vanwege de natriumrijke cypergrassen en wilde asters die er onder de blote hemel groeien. Stroomopwaarts over de Mambili varend arriveerden we in Moba in een overvolle boomstamkano, voortgestuwd door een 40 pk-buitenboordmotor.

De boot vervoerde elf personen en een hele hoop spullen. We hadden een op benzine draaiende koelkast, twee met vloeibare stikstof werkende diepvriescontainers (voor het bewaren van monsters), zorgvuldig verpakte spuiten, naalden, flacons, instrumenten, medische handschoenen en gaspakken, tenten en dekzeilen, rijst, fufu, tonijn in blik en erwten in blik, een aantal dozen met slechte rode wijn, een heleboel flessen met water, een tweetal klaptafels en zeven stapelbare witte plastic stoelen. Met deze hulpmiddelen en luxe voorzieningen sloegen we een kamp op aan de oever van de rivier, recht tegenover Moba. Ons team bestond uit een ervaren spoorzoeker, Prosper Balo, plus nog meer in wilde dieren gespecialiseerde dierenartsen, nog meer gidsen, en een kok. Prosper had voor en tijdens de uitbraak in Lossi gewerkt. Onder zijn leiding zouden we rondsnuffelen in het Moba Bai-complex, vol met sappige vegetatie en voorheen bekend om de tientallen gorilla's die hier elke dag kwamen om te eten en wat rond te hangen.

Billy Karesh had hetzelfde gebied twee keer eerder bezocht, nog voor de ebola-uitbraak, op zoek naar basisgegevens over de gezondheidstoestand van gorilla's. Tijdens een trip in 1999 had hij hier op één dag 62 gorilla's gezien. In 2000 kwam hij terug om er enkele met pijltjes te verdoven. 'Elke dag,' vertelde hij me, 'was er in elke bai minstens één familiegroep.' Omdat hij niet al te storend wilde werken, had hij slechts vier dieren verdoofd, gewogen en onderzocht op zichtbare ziekteverschijnselen (zoals framboesia, een bacteriële huidinfectie) en bloedmonsters genomen. Alle vier de apen hadden een negatief testresultaat voor ebola-antistoffen. Deze keer ging het anders. Hij wilde bloedserum van overlevenden van de massale sterfte in 2002. Zo begonnen we, met hooggespannen verwachtingen. Dagen verstreken. Voor zover we konden zien waren er geen overlevenden.

Heel weinig in elk geval – niet genoeg om door het verdoven van gorilla's (wat altijd een hachelijke onderneming is, met enig risico voor degene die de verdovingspijltjes afschoot én voor het door een pijltje geraakte dier) aan voldoende gegevens te kunnen komen. Onze inspectie van Moba duurde meer dan een week. Elke dag staken we vroeg in de ochtend de rivier over, liepen dan rustig naar de een of andere bai, verborgen ons in de dichte vegetatie langs de rand en wachtten geduldig tot er gorilla's zouden opduiken. Ze kwamen niet. Vaak hurkten we neer in de regen. Als het zonnig was, las ik een dik boek of lag op de grond te dommelen. Karesh stond klaar met zijn luchtbuks, de pijltjes volgeladen met tilletamine en zolazepam, middelen bij uitstek om een gorilla te verdoven. Of anders trokken we door het woud, achter Prosper Balo aan, terwijl hij naar sporen van gorilla's zocht en helemaal niets vond.

Op de ochtend van dag 2 zagen we op een drassig pad naar de bai's sporen van luipaarden, van olifanten, van buffels en van chimpansees, maar niets wat op gorilla's wees. Op dag 3, met nog steeds geen gorilla's, zei Karesh: 'Ik denk dat ze dood zijn. Ebola heeft hier huisgehouden.' Hij dacht dat er misschien enkele fortuinlijke dieren overgebleven waren, dieren die niet besmet waren met de ziekte of anders misschien resistent genoeg om het te overleven. 'En,' voegde hij eraan toe, 'dat zijn precies de dieren waar we in geïnteresseerd zijn', omdat die juist over antistoffen konden beschikken. Op dag 4 trokken Karesh en Balo er met zijn tweeën op uit en wisten ze, afgaand op het geluid van het borstgeroffel en het gillende geblaf, één radeloze mannelijke gorilla te lokaliseren die ze door het dichte struikgewas tot op een afstand van tien meter beslopen. Plotseling stond het dier, met alleen zijn kop zichtbaar, vlak voor hen. 'Ik had hem kunnen doden,' zei Karesh later. 'Hem kunnen doorboren.' Dat wil zeggen dat hij hem tussen de ogen had kunnen raken, maar hem niet kon immobiliseren met een veilig schot in zijn zij. Daarom loste Karesh geen schot. De gorilla stootte nog een blaffend geluid uit en rende weg.

Mijn aantekeningen van dag 6 vermelden onder andere: 'Nada nada, geen enkele gorilla, nada.' In de loop van dag 7, onze laatste kans, volgden Balo en Karesh nog urenlang het spoor van enkele dieren door het drassige woud, zonder er ook maar een glimp van op te vangen. Gorilla's waren in de omgeving van Moba Bai verschrikkelijk schaars geworden en de achterblijvers waren ontzettend schuw. Intussen bleef het maar regenen, werden de tenten modderig en steeg de rivier.

Als we niet in het woud waren, had ik tijd om in het kamp met Karesh en de drie in Afrika gestationeerde WCS-dierenartsen van zijn team te praten. Een van hen was Alain Ondzie, een slungelige en verlegen Kongolees, die opgeleid was in Cuba, vloeiend Spaans, Frans en een aantal Centraal-Afrikaanse talen sprak, iemand met een sympathieke neiging om met het hoofd te knikken en vergenoegd te giechelen als hij geplaagd of vermaakt werd. Ondzies belangrijkste taak was om te reageren op meldingen over dode chimpansees of gorilla's, waar dan ook in het land, en zich dan zo snel mogelijk naar de betreffende plek te begeven en weefselmonsters te nemen die op ebolavirus konden worden getest. Hij beschreef me de instrumenten en procedures voor een dergelijke missie, waarbij het karkas steevast in staat van ontbinding verkeerde als hij eenmaal ter plekke was en ervan uitging (totdat het tegendeel bewezen was) dat het best wel eens zou kunnen wemelen van de ebola. Zijn werkkostuum was een gaspak met een geventileerde kap, rubberlaarzen, een spatschort en drie paar, met waterdicht plakband rond de polsen vastgekleefde handschoenen. Het maken van de eerste incisie voor de bemonstering was riskant, omdat het karkas volgelopen kon zijn met gas dat kon exploderen. In elk geval was de dode aap meestal overdekt met aasetende insecten: mieren, vliegjes, zelfs bijen. Ondzie vertelde me dat er op een keer drie bijen uit een karkas kwamen die razendsnel over zijn armen naar boven kropen, onder de flap van zijn kap door, afdaalden over zijn blote lichaam en hem begonnen te steken terwijl hij monsters aan het nemen was. Kan het ebolavirus meeliften met de angel van een bij? Dat weet niemand.

Maakt dit werk je bang? vroeg ik Ondzie. Nu niet meer, zei hij. Waarom doe je het? vroeg ik. Waarom hou je ervan? (wat hij duidelijk deed). '*Ça, c'est une bonne question*,' zei hij, met het karakteristieke hoofdknikje en gesmoorde lachje. Daarna voegde hij er wat nuchterder aan toe: Omdat het me in staat stelt toe te passen wat ik heb geleerd, en te blijven leren, en dat kan wellicht wat levens redden.

Een ander lid van het team was Patricia (Trish) Reed, die vijftien jaar eerder in Afrika was beland, als medewerkster van het CIRMF in Franceville onderzoek naar lassakoorts had gedaan en daarna naar aids, wat praktijkervaring had opgedaan in Ethiopië en vervolgens een doctorsgraad had behaald op de veterinaire faculteit van de Tufts University in Boston. Ze was weer terug op het CIRMF, waar ze onderzoek deed naar een apenvirus, toen de velddierenarts van het WCS, die in deze regio werkte, omkwam bij een vliegtuigcrash op een afgelegen Gabonese landingsstrip. Karesh had Reed aangenomen als vervangster van de dode vrouw.

Haar werk, vertelde Reed me, omvatte een hele reeks van infectieziekten die de gezondheid van gorilla's bedreigden, waarvan ebola alleen maar de meest exotische was. De andere waren voornamelijk menselijke ziekten van meer conventionele aard, waarvoor gorilla's vatbaar zijn vanwege hun grote genetische gelijkenis met ons: tbc, polio, mazelen, longontsteking, waterpokken enzovoort. Gorilla's kunnen blootstaan aan zulke infecties op alle plekken waar ongezonde mensen lopen, hoesten, niezen en poepen in het woud. Zo'n oversprong in omgekeerde richting – van de mens naar een niet-menselijke soort – heet een *zoöantroponose*. De befaamde berggorilla's, bijvoorbeeld, zijn en worden bedreigd door zoöantroponotische infectieziekten als mazelen, meegebracht door ecotoeristen die hierheen zijn gekomen om de dieren te bewonderen. (Berggorilla's vormen een ernstig bedreigde ondersoort van de oostelijke gorilla. Ze komen alleen voor op de steile hellingen van de Virungavulkanen in Rwanda en aangrenzende landen. De westelijke gorilla van de Centraal-Afrikaanse wouden, een pure laaglandsoort, is veel talrijker, maar verre van veilig.) In combinatie met de vernietiging van hun leefgebied door houtkap en de jacht op hen om bushmeat te scoren, dat ter plaatse wordt geconsumeerd of op markten wordt verkocht, kunnen infectieziekten ertoe leiden dat het nu nog betrekkelijk grote aantal westelijke gorilla's (misschien wel 100 000 in totaal) sterk wordt uitgedund en de resterende kleine, geïsoleerde populaties zich, net als de berggorilla's, amper in leven zullen kunnen houden of plaatselijk zullen uitsterven.

Maar de wouden van Centraal-Afrika zijn nog steeds relatief uitgestrekt, in vergelijking met het veel kleinere gebied van de Virungahellingen waar de berggorilla's huizen, en de westelijke gorilla krijgt niet veel ecotoeristen te zien in zijn onherbergzame, nagenoeg ondoordringbare leefgebied. Daarom zijn mazelen en tuberculose niet hun ergste problemen. 'Ik zou zeggen dat ebola zonder twijfel de grootste bedreiging vormt voor de westelijke soort,' zei Reed.

Wat het ebolavirus onder de gorilla's zo problematisch maakt, legde ze uit, is niet alleen het gewelddadige karakter ervan, maar ook het gebrek aan gegevens. 'We weten niet of het hier al eerder was. We weten niet of ze het overleven. Maar we moeten echt weten hoe het zich door groepen verplaatst. We moeten weten wáár het is.' En de vraag naar het wáár heeft twee dimensies. Hoe ver heeft het ebolavirus zich over Centraal-Afrika verspreid? Binnen welk dierreservoir gaat het schuil?

Op de achtste dag pakten we onze spullen in, laadden alles in de boten en voeren stroomafwaarts weg over de Mambili, zonder bloedmonsters om toe te voegen aan het bestaande gegevensmateriaal. Onze missie was gedwarsboomd door precies die ene factor die haar relevant maakte: een opmerkelijke afwezigheid van gorilla's. Opnieuw een voorbeeld van 'het wonderlijke voorval met de hond in de nacht'. Billy Karesh had één gorilla van dichtbij gezien, maar had geen verdovingspijltje kunnen afschieten, en nog twee andere had hij kunnen volgen met behulp van Prosper Balo's scherpe oog voor sporen. De rest, de vele tientallen die vroeger veelvuldig deze bai's bezochten, waren ofwel uitgezwermd naar onbekende oorden ofwel... doodgegaan? Hoe dan ook, ooit waren gorilla's hier in de buurt overvloedig aanwezig en nu waren ze verdwenen.

Het virus leek ook verdwenen. Maar we wisten dat het zich alleen maar schuilhield.

11

Waar hield het zich schuil? Al bijna vier decennia is de identiteit van het ebolareservoir een van de ondoordringbaarste kleine raadselen in de wereld van infectieziekten. Dat raadsel – en de inspanningen om het op te lossen – dateert van de eerste erkende opkomst van ebola in 1976.

Dat jaar vonden er in Afrika, los van elkaar maar wel bijna tegelijkertijd, twee uitbraken plaats: een in het noorden van Zaïre (nu de Democratische Republiek Kongo) en een in het zuidwesten van Sudan (in een gebied dat tegenwoordig binnen de Republiek Zuid-Sudan ligt), twee uitbraken, door zo'n vijfhonderd kilometer van elkaar gescheiden. Hoewel de situatie in Sudan iets eerder ontstond, is de Zaïre-uitbraak het bekendst, mede omdat een riviertje aldaar, de Ebola, uiteindelijk zijn naam aan het virus gaf.

Het brandpunt van de Zaïrese uitbraak was een klein katholiek missieziekenhuis in het dorp Yambuku, in het district dat de Bumba Zone wordt genoemd. Medio september maakte een Zaïrese arts daar melding van 24 gevallen van een ingrijpende nieuwe ziekte – niet de gewone malariakoortsen, maar iets wat afstotender oogde, iets wat gekenmerkt werd door bloed opgeven, neusbloedingen en bloederige diarree. Van de patiënten waren er 14 overleden, meldde het alarmtelegram dat de arts naar gezondheidsautoriteiten in Kinshasa, de hoofdstad van Zaïre, had gestuurd, en anderen waren in gevaar. Begin oktober moest het Yambuku Mission Hospital sluiten vanwege het macabere feit dat de meeste ziekenhuismedewerkers gestorven waren. Een internationaal crisisteam van wetenschappers en artsen kwam enkele weken later in het gebied samen, onder leiding van de Zaïrese minister van Volksgezondheid, om een spoedonderzoek te doen naar de onbekende ziekte en adviezen te geven over bestrijdingsmaatregelen. Deze groep, met leden uit Frankrijk, België, Canada, Zaïre, Zuid-Afrika en de Verenigde Staten, onder wie negen van de CDC in Atlanta, werd bekend als de Internationale Commissie. Hun leider was Karl Johnson, dezelfde Amerikaanse arts en viroloog die in 1963 in Bolivia onderzoek had gedaan naar het machupovirus, waarbij hij op het nippertje zijn eigen besmetting met deze ziekte had overleefd. Dertien jaar later, nog steeds gedreven, nog steeds erg betrokken en niet merkbaar softer geworden door zijn bijna-doodervaring of de promotie die hij had gemaakt, was hij hoofd van de Special Pathogens Branch van de CDC.

Johnson had bijgedragen aan het oplossen van de machupocrisis door zijn aandacht voor de ecologische dimensie – dat wil zeggen: waar huisde het virus toen het nog geen Boliviaanse dorpelingen doodde? De vraag naar het reservoir werd in dat geval vergemakkelijkt door merkbare sporen, zodat het antwoord snel was gevonden: een inheemse muis bracht het machupovirus over naar menselijke huishoudens en graanschuren. De muis werd effectief weggewerkt, en dat betekende het einde van de uitbraak. Nu, te midden van de desperate en chaotische dagen van oktober en november 1976 in het noorden van Zaïre, geconfronteerd met een andere onzichtbare en onbekende moordenaar, terwijl het aantal doden opliep tot enkele honderden, vonden Johnson en zijn medeonderzoekers de tijd om voor het ebolavirus dezelfde vraag te stellen die hij voor het machupovirus had gesteld: waar kwam dit ding vandaan?

Inmiddels wisten ze al dat de ziekteverwekker inderdaad een virus was. Die wetenschap vloeide voort uit onmiddellijke en geslaagde pogingen om het virus te isoleren, met behulp van de naar buitenlandse laboratoria, inclusief de CDC, verzonden klinische monsters (Johnson had voor zijn vertrek naar Zaïre zelf leiding gegeven aan het isoleren van virussen bij de CDC). Ze wisten dat dit virus vergelijkbaar was met het marburgvirus, een ander dodelijk agens, dat negen jaar eerder was geïdentificeerd: op de elektronenmicroscopische foto's bleek het net zo draadvormig en kronkelig, als een gekwelde lintworm. Maar de laboratoriumproeven gaven ook aan dat het ebolavirus voldoende verschil met het marburgvirus vertoonde om te concluderen dat het iets nieuws was. Uiteindelijk zouden deze twee draadvormige virussen, ebola en marburg, worden ingedeeld bij een nieuwe familie, *Filoviridae*: de filovirussen.

Johnsons groep wist ook dat het nieuwe agens, het ebolavirus, moest huizen in een bepaald levend dier – niet in een mens – waar het een minder ontwrichtend bestaan kon leiden en een voortdurende aanwezigheid kon handhaven. Maar de kwestie van het reservoir was minder dringend dan andere problemen, zoals hoe ze de keten van de overdracht van persoon op persoon konden verbreken, hoe ze de patiënten in leven konden houden en hoe ze een eind konden maken aan de uitbraak. 'Er is slechts kleinschalig ecologisch onderzoek gedaan,' meldde het team later, en de resultaten van dat onderzoek waren allemaal negatief. Nergens een spoor van het ebolavirus, behalve bij de mens. Maar achteraf blijken de negatieve gegevens best interessant, minstens als een verslag van de dingen waar deze eerste onderzoekers naar keken. Ze pureerden 818 bedwantsen, verzameld in door ebola getroffen dorpen, en vonden nergens een bewijs voor de aanwezigheid van het virus. Ze keken naar muggen. Niets. Ze namen bloed af van 10 varkens en een koe, en die bleken allemaal ebolavrij. Ze vingen 123 knaagdieren, waaronder 69 muizen, 30 ratten en 8 eekhoorns, en niet een daarvan was een virusdrager. Ze bestudeerden de ingewanden van 6 apen, 2 duikerbokken en 7 vleermuizen. Ook deze dieren waren clean.

De leden van de Internationale Commissie gingen gebukt onder wat ze gezien hadden. 'Geen enkele dermate ingrijpende of potentieel explosieve epidemie van een nieuwe acute virusziekte heeft zich waar dan ook in de wereld in de afgelopen dertig jaar voorgedaan,' waarschuwde hun rapport. De sterfte van 88 procent, merkten ze op, was hoger dan ooit was geregistreerd, met uitzondering van de cijfers voor hondsdolheid (bijna 100 procent van alle patiënten wordt niet behandeld voordat ze symptomen vertonen). De Commissie deed zes dringende aanbevelingen aan de Zaïrese autoriteiten, onder andere voor gezondheidsmaatregelen op lokaal niveau en nationale surveillance. Maar de identificatie van het ebolareservoir werd niet genoemd. Dat was een wetenschappelijke aangelegenheid, iets abstracters dan de actiepunten die aan de regering van president Mobutu werden gepresenteerd. Dat moest nog wachten.

Er wordt nog steeds gewacht.

Drie jaar na Yambuku braken Karl Johnson en enkele andere leden van de Commissie zich nog steeds het hoofd over de vraag welk dier het reservoir van het virus was. Ze besloten het opnieuw te proberen. Bij gebrek aan middelen om een expeditie te organiseren die uitsluitend gewijd was aan het vinden van de schuilplaats van het ebolavirus, brachten ze hun activiteiten onder bij een lopend onderzoeksprogramma naar apenpokken in Zaïre, gecoördineerd door de World Health Organization. Apenpokken is een ernstige aandoening – maar niet zo ingrijpend als ebola – die ook wordt veroorzaakt door een virus dat schuilgaat in een reservoir (of reservoirs), dat toentertijd nog niet geïdentificeerd was. Dus leek het logisch en economisch om een gecombineerd onderzoek te doen, waarbij met behulp van twee sets analytische instrumenten één oogst van specimina kon worden gescreend. Opnieuw verzamelde het team dieren uit dorpen en het omliggende woud in de Bumba Zone, en ook in andere gebieden van het noorden van Zaïre en het zuidoosten van Kameroen. Hun vallenzetters- en jagersactiviteiten, plus de premies die ze dorpelingen voor ingeleverde levende dieren betaalden, leverden deze keer meer dan 1500 dieren op, vertegenwoordigers van 117 soorten. Ze kregen apen, ratten, muizen, vleermuizen, mangoesten, eekhoorns, schubdieren, spitsmuizen, stekelvarkens, duikerbokken, vogels, schildpadden en slangen. Bij elk dier werd bloed afgenomen en daarna stukjes lever, nieren en milt. Al deze monsters werden diepgevroren in afzonderlijke flacons naar de CDC verstuurd voor analyse. Kon er met de weefselmonsters wat voor levend virus dan ook worden gekweekt? Konden er in het bloedserum ebola-antistoffen worden gevonden? De kern van de zaak, door Johnson en medeauteurs op de pagina's van *The Journal of Infectious Diseases* openhartig gerapporteerd, was een negatief resultaat: 'Er werden geen bewijzen voor ebolavirusinfectie gevonden.'

Een van de factoren die de jacht op het ebolareservoir zo moeilijk maakt en zo weinig houvast biedt, is de voorbijgaande aard van de ziekte binnen menselijke populaties. De ziekte verdwijnt totaal voor jaren achtereen. Dit is een zegen voor de volksgezondheid, maar een beperking voor de wetenschap. Virusecologen kunnen overal naar ebola zoeken, in elk exemplaar van elke soort, in elk Afrikaans woud, maar dat zijn grote hooibergen en de gezochte virusspeld is piepklein. De meest veelbelovende onderzoeksdoelen in ruimte en tijd zijn waar en wanneer mensen sterven aan ebola. En gedurende een lang intermezzo stierf er niemand aan die ziekte – althans niemand wiens dood onder de aandacht van medische autoriteiten kwam.

Na de Yambuku-uitbraak van 1976, en vervolgens twee kleine episodes in Zaïre en Sudan tussen 1977 en 1979, vertoonden ebolavirussen zich vijftien jaar lang nauwelijks waar dan ook in Afrika. Achteraf wordt vermoed dat er begin jaren tachtig enkele verspreide gevallen zijn geweest, maar was er tegelijkertijd geen duidelijk bevestigde uitbraak die om noodhulp vroeg, en in elk van die kleinschalige voorvallen leek de keten van infecties zichzelf te hebben uitgedoofd. Uitdoving is een begrip met speciale relevantie voor zulke uiterst dodelijke en gematigd besmettelijke pathogenen. Het betekent dat een paar mensen overleden, dat er nog wat meer mensen werden geïnfecteerd, dat een fractie van die mensen ook stierf, maar dat anderen herstelden en de pathogeen zich niet verder verspreidde. Het incident liep vanzelf dood, nog voordat er stoottroepen van de WHO, de CDC en andere centra van expertise moesten worden ingezet. Daarna, na een pauze, kwam de ziekte weer terug – met de uitbraken in Mayibout 2 en elders in Gabon, en nog meer alarmerend in een oord met de naam Kikwit.

Kikwit lag in Zaïre, een kleine vijfhonderd kilometer ten oosten van Kinshasa. Het verschilde van Yambuku, Mayibout 2 en het houthakkerskamp buiten Booué in één cruciaal opzicht: het was een stad van 200 000 mensen. Er waren verscheidene ziekenhuizen. De plek was verbonden met de rest van de wereld, in tegenstelling tot die andere uitbraakplaatsen. Maar net als deze werd ook Kikwit omgeven door het woud.

Het eerste geïdentificeerde geval in de Kikwit-uitbraak was een tweeenveertig jaar oude man die in, of in de buurt van dat woud werkte en het waarschijnlijk enigermate verstoorde. Hij bewerkte meerdere lapjes vrijgemaakte grond, waar hij maïs en cassave teelde en van boomstammen houtskool maakte, allemaal op een plek zo'n acht kilometer ten zuidoosten van de stad. Hoe kwam hij aan zijn houtvoorraad, hoe maakte hij in zijn tuinen ruimte voor het daglicht? Vermoedelijk door bomen te kappen. Deze man werd ziek op 6 januari 1995 en stierf een week later aan hemorragische koorts.

Tegen die tijd had hij minstens drie leden van zijn familie rechtstreeks besmet, allemaal met dodelijke afloop, en had hij de infectie in zijn bredere kring van sociale contacten geïntroduceerd, van wie er tien in de daaropvolgende weken bezweken. Sommigen van die contacten brachten het virus klaarblijkelijk over naar de kraamkliniek van de stad, waar een laborant besmet raakte, en van daaruit naar het Kikwit General Hospital. Toen de laborant in dit ziekenhuis werd behandeld, besmette hij meerdere verpleegkundigen en artsen die hem hadden geopereerd (omdat ze een aan tyfus gerelateerde darmperforatie vermoedden, sneden ze zijn buik open), maar ook twee Italiaanse nonnen die geholpen hadden bij de zorg die hij kreeg. De laborant stierf, de nonnen stierven, waarop plaatselijke functionarissen de hypothese aanvaardden dat het epidemische dysenterie was. Dat was een foutieve diagnose waardoor het virus de gelegenheid kreeg zich verder te verspreiden onder patiënten en medewerkers van andere ziekenhuizen in de regio Kikwit.

Niet iedereen accepteerde de dysenteriehypothese. Een arts bij het ministerie van Volksgezondheid dacht dat het meer op een virale hemorragische koorts leek, wat op ebola wees. Die goede gok werd al snel, op 9 mei, bevestigd middels de bloedmonsters die de CDC in Atlanta hadden ontvangen. Ja, inderdaad: het was het ebolavirus. Tegen het eind van de uitbraak, in augustus, waren er 245 mensen overleden, onder wie 60 ziekenhuismedewerkers. Het uitvoeren van een buikoperatie op ebola-patiënten, als je dacht dat ze aan iets anders leden (zoals gastro-intestinale bloedingen vanwege maagzweren), was riskant werk.

Intussen werd er een nieuw internationaal team gevormd voor een speurtocht naar het reservoir, dat begin juni in Kikwit samenkwam. Deze groep bestond uit mensen van de CDC, van een Zaïrese universiteit, van het US Army Medical Research Institute of Infectious Diseases in Maryland (USAMRIID, voorheen een in biologische wapens gespecialiseerde instelling, die zich nu bezighield met onderzoek naar ziekten en bescherming tegen biologische bedreigingen) en een medewerker van het Deense Pest Infestation Laboratory, die veel van knaagdieren wist. Ze begonnen met hun onderzoek op de plek waar de oversprong vermoedelijk had plaatsgevonden, dat wil zeggen rond de houtskoolkuil en akkertjes van de ongelukkige tweeënveertig jaar oude man, het eerste slachtoffer, ten zuidoosten van de stad. Op die plek en elders vingen ze in de loop van de volgende drie maanden duizenden dieren. Meestal waren het kleine zoogdieren en vogels, plus een aantal reptielen en amfibieën. Alle vallen werden gezet in het woud of in savannegebieden buiten de stadsgrenzen. In Kikwit zelf ving het team vleermuizen op een Heilig Hart-missiepost. Ze doodden elk gevangen dier, namen bloed af en verwijderden de milt (in sommige gevallen ook andere organen, zoals een lever of een nier), die diepgevroren werden opgeslagen. Ze namen ook bloed af van een paar honden, koeien en apen die als huisdier werden gehouden. De totale opbrengst omvatte 3066 bloedmonsters en 2730 milten, die allemaal voor analyse naar de CDC werden gestuurd. Nadat de bloedmonsters bestraald waren om alle eventuele virussen te doden, werden ze getest op ebola-antistoffen met gebruikmaking van het beste moleculaire procedé van die tijd. De milten werden overgebracht naar een laboratorium met bioveiligheidsniveau 4 (BSL-4, *biosafety level* 4), een nieuw soort faciliteit sinds het eerdere werk van Karl Johnson (en waarvan hij een van de baanbrekende ontwerpers was), met meervoudige hermetische afsluiters, negatieve luchtdruk (dat wil zeggen onderdruk), geavanceerde filters en laboratoriumpersoneel dat werkte in ruimtepakken – een beveiligde zone waarin met het ebolavirus kon worden omgegaan zonder het (theoretische) risico dat het per ongeluk vrijkwam. Niemand wist of ook maar één van deze Zaïrese milten het virus bevatte, maar allemaal moesten ze worden behandeld alsof dat het geval was. Met het miltmateriaal, fijngehakt en toegevoegd aan celculturen, probeerden de mensen van het lab het virus te laten groeien.

Er groeide niets. De celculturen bleven vrolijk onbevlekt door virusgroeisels. En ook de antistoftesten leverden geen positieve hits op. Opnieuw was het ebolavirus overgesprongen, had het een ravage aangericht en was het verdwenen, zonder zich ook maar ergens te laten zien, behalve in de zieke en stervende menselijke slachtoffers. Het was Zorro, het was de Swamp Fox (legendarische 'guerrillero' uit de Amerikaanse Burgeroorlog), het was Jack the Ripper: gevaarlijk, onzichtbaar, verdwenen.

Deze drie maanden durende grootschalige onderzoeksactiviteiten in Kikwit hoeven niet als een totale mislukking te worden gezien: ook negatieve resultaten van een goed opgezet onderzoek verminderen doorgaans het totale aantal mogelijkheden. Maar het was wel weer een nieuwe noeste poging die teleurstellend eindigde. Misschien was het Kikwit-team hier te laat gekomen, namelijk vijf maanden nadat de houtskoolmaker ziek was geworden. Misschien had de seizoenswisseling, van nat naar droog, ervoor gezorgd dat het reservoir, wat het ook was, naar elders was vertrokken of hield het zich schuil of was het in aantal afgenomen. Misschien was het virus zelf gereduceerd tot een minimale populatie, tot een schimmig overblijfsel dat tijdens het laagseizoen zelfs niet aantoonbaar was binnen zijn reservoir. Het Kikwit-team kon het niet zeggen. Afgezien van de lange lijst van dieren die géén ebolavirus hadden, was het opvallendste onderdeel van hun uiteindelijke rapport de duidelijke vermelding van de drie voornaamste veronderstellingen die als richtsnoer voor hun zoektocht hadden gediend.

Ten eerste hadden ze het vermoeden (op grond van eerdere studies) dat het reservoir een zoogdier was. Ten tweede stelden ze vast dat ebolauitbraken in Afrika altijd al verband hadden gehouden met wouden (zelfs de stedelijke epidemie in Kikwit was begonnen met die houtskoolmaker midden in het woud). Het leek dan ook veilig om te veronderstellen dat het reservoir een dier uit het woud was. Ten derde stelden ze ook vast dat ebola-uitbraken altijd sporadisch waren opgetreden – soms met jarenlange pauzes tussen de ene uitbraak en de volgende. Die intermezzo's impliceerden dat infectie van mensen vanuit het reservoir een zeldzame gebeurtenis was. De zeldzaamheid van oversprongen suggereerde op haar beurt twee mogelijkheden: óf het reservoir zelf is een zeldzaam dier óf het is een dier dat slechts zelden in contact komt met mensen.

Verder wist het Kikwit-team het gewoon niet. Ze publiceerden hun verslag in 1999 (als een van een hele serie rapporten over ebola, in een speciale bijlage van *The Journal of Infectious Diseases*) waarin ze hun negatieve conclusie met overtuigende bewijsstukken staafden. Na drieëntwintig jaar was het reservoir nog steeds niet gevonden.

12

'We moeten weten waar het is,' had Trish Reed gezegd. Ze doelde op de twee onbeantwoorde vragen over het ebolavirus en zijn plaats in de ruimte. De eerste vraag is ecologisch: in welk levend organisme gaat het schuil? Dat is de kwestie van het reservoir. De tweede vraag is geografisch: wat is zijn distributie over het Afrikaanse landschap? De tweede vraag kan misschien pas worden beantwoord als het reservoir wordt geïdentificeerd en zíjn distributie bekend is. In de tussentijd zijn de enige gegevens die iets over de verblijfplaats van het ebolavirus zeggen de op een kaart uitgezette punten van uitbraken onder mensen.

Laten we een blik op die kaart werpen. Zoals gezegd maakte het ebolavirus in 1976 zijn debuut met de dramatische gebeurtenissen in Yambuku en de iets kleinere crisis in het zuidwesten van Sudan, die niettemin omvangrijk genoeg was om 151 dodelijke slachtoffers te maken. De Sudanese uitbraak was geconcentreerd in een stadje vlak bij de Zaïrese grens, zo'n achthonderd kilometer ten noordoosten van Yambuku. Hij begon onder werknemers van een katoenfabriek waar in de nok vleermuizen huisden en op de vloer ratten rondrenden. De sterfte was lager dan in Zaïre, 'slechts' 53 procent, en de laboratoriumanalyse toonde aan dat het Sudanese virus genetisch genoeg verschil met het Zaïrese virus vertoonde om het als een aparte soort te classificeren. Deze soort werd later in het zorgvuldige taxonomische spraakgebruik bekend als het Sudan-ebolavirus. De officiële gebruikelijke naam is simpelweg sudanvirus, een term waarin het huiveringwekkende woord 'ebola' ontbreekt, maar die toch op een gevaarlijke, verwoestende killer duidt. De versie die Karl Johnson in Yambuku aantrof en die nog steeds ebolavirus wordt genoemd, behoort tot de soort Zaïre-ebolavirus. Dit lijkt misschien verwarrend, maar accurate, actuele benamingen zijn van belang om alles goed op een rijtje te houden. Uiteindelijk zouden er vijf erkende soorten zijn.

In 1977 overleed een jong meisje in een missieziekenhuis in het dorp Tandala, in het noordwesten van Zaïre, aan hemorragische koorts. Een bloedmonster dat na haar dood werd afgenomen en ongekoeld naar de CDC werd verzonden, leverde het ebolavirus op, niet in celculturen, maar pas na inenting van levende cavia's, waarna werd vastgesteld dat het virus zich in hun organen vermeerderde. (Dit was nog vroeg in de hedendaagse veldcampagne tegen nieuwe virussen, waarbij geïmproviseerde methoden werden gebruikt als compensatie voor bepaalde moeilijke zaken, zoals levende virussen in een bevroren toestand houden onder de ruige omstandigheden van het veldwerk in de tropen.) Karl Johnson maakte opnieuw deel uit van het laboratoriumteam; dit leek een logische uitbreiding van zijn werk bij de eerste uitbraak, slechts een jaar geleden en driehonderd kilometer oostelijker. Maar het negenjarig meisje dat in Tandala gestorven was, was een geïsoleerd geval. Haar familie en vrienden werden niet geïnfecteerd. Er was niet eens een hypothese over hoe ze ziek was geworden. In het later verschenen rapport, met Johnson opnieuw als medeauteur, werd in de beschrijving van de geboortestreek van het meisje alleen de volgende suggestieve opmerking gemaakt: 'Er is intensief contact met de natuur, met dorpen gelegen in open plekken van het dichte regenwoud en langs de rivieren van de savanne.' Had ze een dode chimpansee aangeraakt, urine van een knaagdier ingeademd in een stoffige schuur, of had ze haar lippen op de verkeerde bos wilde bloemen gedrukt?

Twee jaar later dook ook het sudanvirus weer op en infecteerde het een werknemer van dezelfde katoenfabriek waar het oorspronkelijk opgekomen was. De arbeider werd in het ziekenhuis opgenomen, waar hij een andere patiënt besmette, en tegen de tijd dat het virus klaar was met zijn onstuitbare gang door het ziekenhuis, waren er 22 mensen overleden. De sterfte was weer hoog (65 procent), maar lager dan bij het ebolavirus. Het sudanvirus leek niet even dodelijk.

Daarna verstreken er nog eens tien jaren voordat er opnieuw filovirussen opdoken, in een andere vorm en op een onverwachte plaats: in Reston, Virginia.

Dit is een bekend gegeven als je *The Hot Zone* hebt gelezen, Richard

Prestons verslag van een in 1989 opgetreden uitbraak van een ebola-achtig virus onder Aziatische apen die verbleven in een quarantainevoorziening voor laboratoriumdieren in de buitenwijken van Reston, aan de overkant van de rivier de Potomac, recht tegenover Washington. Filovirusdeskundigen koesteren gemengde gevoelens over Prestons boek, maar ongetwijfeld heeft het er, meer dan enig tijdschrift- of krantenartikel, voor gezorgd dat ebolavirussen berucht en angstaanjagend werden bij het grote publiek. En zoals een deskundige me vertelde, leidde het ook tot 'een stortbui van fondsen' voor virologen 'die voordien geen cent voor hun onderzoek naar deze exotische ziekmakers kregen!' Als dit virus in staat was om primaten in hun kooien in een onopvallend gebouw in een kantorenpark in Virginia af te slachten, kon het dan niet overal opduiken en iedereen doden?

De betreffende faciliteit droeg de naam Reston Primate Quarantaine Unit en was eigendom van de firma Hazelton Research Products, een tak van de commerciële dierenonderzoekorganisatie Corning. De onfortuinlijke apen waren langstaartmakaken (van de soort *Macaca fascicularis*), dieren die veel worden gebruikt bij medisch onderzoek. Ze waren met een transportvliegtuig aangekomen uit de Filipijnen. Blijkbaar hadden ze hun filovirus meegenomen, een dodelijke verstekeling, als een pokkenvirus dat zich een weg baant door de bemanning van een zeilschip. Twee makaken waren bij aankomst dood, wat niet ongebruikelijk was na zo'n stressvolle reis, maar in de loop van de volgende weken stierven er in het gebouw nog veel meer apen, wat wél ongebruikelijk was. Uiteindelijk werd de situatie duidelijk alarmerend gevonden en werd het infectieuze agens herkend als een ebolavirus – het een of andere ebolavirus dat vooralsnog niet nader kon worden gespecificeerd. Een team van USAMRIID kwam als een arrestatieteam in gaspakken binnenvallen om alle resterende makaken te doden. Daarna sloten ze de Reston Primate Quarantaine Unit hermetisch af en steriliseerden ze alles met formaldehyde. De huiveringwekkende details zijn te lezen bij Preston. Er heerste enorme angst onder de deskundigen, omdat dit ebolavirus zich via druppeltjes door de lucht van aap naar aap leek te verplaatsen en dus misschien kon weglekken uit het gebouw en uitwaaieren naar het drukke verkeer in Washington en omgeving. Was het wellicht niet alleen dodelijk voor makaken maar ook voor mensen? Verschillende medewerkers van de quarantainefaciliteit testten uiteindelijk positief op antistoffen, maar – zucht van verlichting – die mensen vertoonden geen ziekteverschijnselen. Uit laboratoriumonderzoek bleek dat het virus vergelijkbaar was met het ebolavirus, maar dat het net als het sudanvirus toch anders genoeg was om te worden geclassificeerd als een nieuwe soort. Het kreeg de naam restonvirus.

In weerwil van die naam lijkt het restonvirus afkomstig te zijn van de Filipijnen, niet van de buitenwijken van Virginia. Na een daaropvolgend onderzoek van apen exporterende bedrijven in de buurt van Manila, op het eiland Luzon, werd vastgesteld dat daar een groot aantal dieren gestorven was waarvan de meeste geïnfecteerd waren met het restonvirus en dat twaalf mensen antistoffen hadden tegen het virus. Maar geen van de twaalf Filipino's werd ziek. Daarom is het goede nieuws over het restonvirus, zowel op basis van de in 1989 in Amerika gekoesterde angst als van retrospectief onderzoek op Luzon, dat het blijkbaar geen ziekte veroorzaakt bij de mens, alleen bij apen. Het slechte nieuws is dat niemand begrijpt waarom.

Afgezien van het restonvirus blijven ebolavirussen in het wild een Afrikaans fenomeen. Maar de volgende opkomst van een nieuw virus, in november 1992, voegde opnieuw een punt toe aan de Afrikaanse kaart. Chimpansees begonnen te sterven in een reservaat in Ivoorkust, in West-Afrika. Het reservaat, het Taï National Park, niet ver van de Ivoriaanse grens met Liberia, besloeg een van de laatst overgebleven primaire regenwouden in dit deel van Afrika. Het koesterde een rijke verscheidenheid aan dieren, waaronder een paar duizend chimpansees.

Een gemeenschap van die chimpansees was dertien jaar lang gevolgd en bestudeerd door Christophe Boesch, een Zwitserse bioloog. Tijdens de episode van 1992 stelden Boesch en zijn medewerkers een plotselinge afname van de populatie vast – sommige chimpansees stierven, andere waren verdwenen – maar de wetenschappers kwamen er niet achter wat de oorzaak daarvan was. Eind 1994 doken er in korte tijd nog acht kadavers op en werden er opnieuw ook dieren vermist. Twee van de chimpanseekadavers, die nog in redelijk goede staat verkeerden, werden opengesneden en onderzocht door onderzoekers van Taï. Een ervan bleek vol te zitten met een ebola-achtig agens, hoewel dat op dat moment niet echt duidelijk was. Tijdens de autopsie raakte een vierendertigjarige Zwitserse academica die handschoenen maar geen mondneusmasker droeg, geïnfecteerd. Hoe raakte ze geïnfecteerd? Er was geen enkel zichtbaar moment van fatale blootstelling geweest, geen wegglippend ontleedmes, geen ongelukje met een injectienaald. Waarschijnlijk was er chimpanseebloed op een licht beschadigd stukje huid – een schrammetje? – gekomen of had ze wat druppeltjes bloed in haar gezicht gekregen. Acht dagen later begon de vrouw te rillen.

Ze nam een dosis malariamedicijnen. Dat hielp niet. Ze werd overgebracht naar een kliniek in Abidjan, de hoofdstad van Ivoorkust, en daar werd ze opnieuw behandeld voor malaria. Haar koorts hield aan. Op dag 5 begon ze te braken en kreeg ze diarree, plus uitslag die zich over haar hele lichaam verbreidde. Op dag 7 werd ze met een ambulancejet naar Zwitserland overgevlogen. Nu droeg ze wel een mondneusmasker, evenals de aanwezige arts en verpleegkundige. Maar niemand wist wat haar mankeerde. Er werd aan denguekoorts, een hantavirusinfectie of tyfus gedacht, en malaria was nog steeds niet uitgesloten (ebola stond niet boven aan de lijst, omdat die virusziekte nog nooit in Ivoorkust was vastgesteld). In Zwitserland werd ze in een ziekenhuis opgenomen, in een isoleerruimte met een dubbele deur en negatieve luchtdruk, en getest op een hele waslijst van akelige dingen, namelijk lassakoorts, Krim-Kongo hemorragische koorts, chikungunya, gele koorts, marburgkoorts en – ja, nu wel – ebola. Deze laatste mogelijkheid werd onderzocht met behulp van drie soorten specifieke analyses: een voor het ebolavirus, een voor het sudanvirus en een voor het restonvirus. Zonder positieve uitslagen. De antistoffen in die tests herkenden het onbekende virus in haar bloed niet.

De laboratoriumspeurneuzen zetten door en ontwikkelden een vierde, bredere test die de hele groep ebolavirussen omvatte. Toegepast op haar serum gaf die test wel een positieve uitslag die wees op de aanwezigheid van antistoffen tegen een bepaald ebolavirus. Daarmee werd deze Zwitserse vrouw 's werelds eerste geïdentificeerde slachtoffer van wat nadien het Taï Forest-virus werd genoemd. De door haar opengesneden chimpansee, waarvan de weefsels naderhand werden getest, was het tweede, postuum erkende slachtoffer.

In tegenstelling tot de chimpansee bleef ze in leven. Na nog een week kon ze weg uit het ziekenhuis. Ze was dertien pond kwijtgeraakt en later viel haar haar uit, maar verder was ze in orde. Deze Zwitserse vrouw was niet alleen het eerste geval van een Taï Forest-virusinfectie, maar sprong er ook om een andere reden uit: ze is de eerste persoon van wie we weten dat ze een ebolavirus-infectie heeft meegenomen van het Afrikaanse continent. Er is geen reden om aan te nemen dat ze de laatste zal zijn.

13

Oversprongen van het ebolavirus bleven plaatsvinden in de jaren negentig van de twintigste en het begin van de eenentwintigste eeuw, enerzijds sporadisch en verstrooid genoeg om veldonderzoek te bemoeilijken en anderzijds frequent genoeg om sommige wetenschappers scherp te houden en sommige gezondheidsautoriteiten zorgen te baren. In 1995, kort na de Ivoorkust-episode, was er het ebolavirus in Kikwit, waarover je hiervoor al hebt kunnen lezen. Je herinnert je nog wel dat er zes maanden na die uitbraak een nieuwe begon in Mayibout 2. Wat ik nog niet heb verteld over Mayibout 2, is dat het dorp weliswaar in Gabon ligt, maar dat het virus het oorspronkelijk uit Zaïre afkomstige virus was, wat de meest verbreide soort van de groep lijkt te zijn. In het houthakkerskamp bij Booué, in Gabon, was het het ebolavirus.

In dat jaar, 1996, kwam ook het restonvirus opnieuw de Verenigde Staten binnen via een nieuwe zending Filipijnse makaken. Ze waren verzonden door dezelfde exportfirma in de buurt van Manila die de oorspronkelijke zieke apen naar Reston, Virginia, had gestuurd, en deze gingen naar een commerciële quarantainevoorziening in Alice, Texas, iets ten westen van de stad Corpus Christi. Eén dier stierf, nadat het positief voor het restonvirus was bevonden, waarop negenenveertig andere dieren die in dezelfde ruimte verbleven bij wijze van voorzorgsmaatregel werden geëuthanaseerd (na een postume test bleek het merendeel van die dieren negatief). Tien werknemers die geholpen hadden met het lossen en onderbrengen van de apen werden ook gescreend op infectie en ook zij bleken negatief, maar op geen van hen werd euthanasie toegepast.

Uganda werd de volgende plek in Afrika waar het virus opdook, met een uitbraak van het sudanvirus die in augustus 2000 begon in de buurt van de noordelijke stad Gulu. Het noorden van Uganda deelt een grens met wat in die dagen het zuiden van Sudan was, en het was niet verwonderlijk dat het sudanvirus die grens kon oversteken of in het grensgebied kon blijven hangen. Hoe stak het de grens over, of hoe bleef het hangen? Met behulp van de individuele verplaatsingen of de collectieve distributie van het dierreservoir – identiteit onbekend. Dit voorbeeld laat duidelijk zien waarom het oplossen van het reservoirmysterie zo belangrijk is: als je weet welk dier een bepaald virus herbergt en waar dat dier leeft – en omgekeerd, waar het níét leeft – weet je ook waar het virus straks op mensen kan overspringen en waar dat waarschijnlijk niet zal gebeuren. Dat geeft enig houvast om je waakzaamheid te kunnen richten. Als het reservoir een knaagdier is dat leeft in de wouden van zuidwestelijk Sudan, maar niet in de woestijngebieden van Niger, dan kunnen de geitenhoeders van Niger wat dat betreft gerust zijn. Ze hebben genoeg andere dingen om zich het hoofd over te breken.

In Uganda heeft de oversprong van 2000 helaas geleid tot een epidemie van sudanvirus-infecties die zich van dorp naar dorp, van ziekenhuis naar ziekenhuis, van het noorden naar het zuidwesten van het land verbreidde en 224 mensen het leven kostte.

De sterfte was opnieuw 'slechts' 53 procent, precies hetzelfde percentage als bij de eerste Sudanese uitbraak van 1976. Deze exacte coïncidentie getuigt blijkbaar van een significant verschil in virulentie tussen het sudan- en het ebolavirus. Dit verschil kan tevens getuigen van een andersoortige evolutionaire aanpassing aan de mens als secundaire gastheer (hoewel willekeurige toevalligheden ook een mogelijke verklaring vormen). Heel veel factoren dragen bij aan de sterfte tijdens een uitbraak, zoals voeding, economische omstandigheden, de volksgezondheid in het algemeen en de medische zorg die beschikbaar is op de plek waar zich een uitbraak voordoet. Je kunt de inherente virulentie van een virus moeilijk los zien van deze achtergrondfactoren. Maar je kunt wel zeggen dat het ebolavirus, afgemeten aan zijn grote impact op menselijke populaties, het kwaadaardigst lijkt van de vier ebolavirussen die ik heb genoemd. Het Taï Forest-virus kunnen we nog geen enkele betrouwbare plek op dat spectrum geven wegens gebrek aan bewijs. Omdat dit virus, voor zover we weten, nog maar één mens heeft geïnfecteerd (of misschien twee mensen, als je een onbevestigd later geval meetelt) en niemand heeft gedood, kan het minder geneigd zijn tot een oversprong. Het kan wel of niet minder dodelijk zijn: net als één worp met de dobbelstenen bewijst één geval niets wat betreft de waarschijnlijke gevolgen bij een toenemend aantal gevallen. Het kan ook zo zijn dat het Taï Forest-virus wel vaker overspringt, maar zonder merkbare gevolgen – dat het mensen wel infecteert maar geen merkbare ziekteverschijnselen verwekt. Niemand heeft de bevolking van Ivoorkust gescreend met de bedoeling die mogelijkheid uit te sluiten.

De rol van de evolutie in het voor mensen minder virulent maken van het Taï Forest-virus (of elk ander virus) is een ingewikkelde zaak, iets wat zich niet laat traceren door simpelweg sterftecijfers met elkaar te vergelijken. Louter de mate van dodelijkheid kan irrelevant zijn voor een geslaagde reproductie en duurzame overleving van het virus: de maten waarmee de evolutie meet. Vergeet niet dat het menselijk lichaam niet de primaire habitat van ebolavirussen is. Het reservoir – de natuurlijke gastheer – is dat wel.

Net als andere zoönotische virussen hebben ebolavirussen zich waarschijnlijk zodanig aangepast dat ze binnen hun reservoir (of reservoirs) een rustig leven leiden, zich gestaag maar niet overvloedig vermeerderen en weinig of geen problemen veroorzaken. Als ze overspringen op mensen, worden ze geconfronteerd met een nieuwe omgeving, met allerlei nieuwe omstandigheden, waarbij ze vaak fatale verwoestingen aanrichten. En één mens kan iemand anders infecteren via rechtstreeks contact met lichaamsvloeistoffen of andere virusbronnen. Maar de keten van ebolavirus-infecties heeft zich, althans tot nu toe, nooit voortgezet via een groot aantal opeenvolgende gevallen, grote afstanden of lange periodes. Sommige wetenschappers gebruiken de term 'doodlopende gastheer' – wat iets anders is dan 'reservoirgastheer' – om de rol van de mensheid in het leven en de avonturen van ebolavirussen aan te duiden. Deze term houdt in dat uitbraken ingeperkt en beëindigd zijn; in elke situatie is het virus op dood spoor beland en krijgt het geen nakomelingen meer. Niet het virus in zijn totaliteit natuurlijk, maar die *variant* van het virus, degene die overgesprongen is naar de mens en alles op deze ene kaart heeft gezet – die is verloren, naar de filistijnen. Het is een evolutionaire loser. Het heeft niet voldoende houvast kunnen vinden om een endemische ziekte te worden in menselijke populaties. Het heeft geen enorme epidemie veroorzaakt. Voor zover we op grond van de praktijk kunnen beoordelen, passen ebolavirussen in hetzelfde patroon. Met zorgvuldige medische procedures (zoals barrièreverpleging door middel van isolatiekamers, latex handschoenen, operatiejassen, mondneusmaskers en wegwerpnaalden en -spuiten) zijn die meestal te stuiten. Soms kan een lokale oversprong ook met eenvoudiger methoden tot een doodlopende weg worden teruggebracht. Dit is waarschijnlijk vaker gebeurd dan we ooit zullen weten. Een advies: als je partner een ebolavirus oploopt, voorzie hem of haar dan van eten, drinken en liefde, en misschien van gebeden, maar blijf op een afstand, wacht geduldig af en hoop er het beste van – en mocht zij of hij sterven, maak haar of hem dan niet eigenhandig van top tot teen schoon. Beter is het om een stap achteruit te doen, je geliefde een kus toe te werpen en de tent te verbranden.

Dit verhaal over doodlopende gastheren is de gebruikelijke wijsheid. Het geldt voor de gewone gang van zaken. Maar er is nog een andere dimensie waar we rekening mee moeten houden. Zoönosen impliceren per definitie gebeurtenissen die buiten de gewone gang van zaken vallen, en ook de gevolgen ervan kunnen buitengewoon verstrekkend zijn. Elke oversprong is als het ware een door de pathogeen gekocht lot uit de loterij, met als prijs een nieuw en rianter bestaan. Het is een uiterst ongewisse kans om de doodlopende weg te overstijgen. Om te gaan waarheen het nog niet is gegaan en te zijn wat het nog niet is geweest. Soms wint de gokker een fortuin. Denk aan hiv.

14

In het najaar van 2007 dook een vijfde ebolavirus op, deze keer in het westen van Uganda.

Op 5 november 2007 ontving het Ugandese ministerie van Volksgezondheid een melding van twintig mysterieuze sterfgevallen in Bundibugyo, een afgelegen district langs de bergachtige grens met de Democratische Republiek Kongo (vanaf 1997 de nieuwe naam voor wat voorheen Zaïre was). Een acute onbekende infectie had die twintig mensen abrupt weggemaaid en anderen in gevaar gebracht. Was het een rickettsia, iets als de bacterie die tyfus veroorzaakt? Een ebolavirus was een andere mogelijkheid, maar dat werd in het begin minder waarschijnlijk geacht, omdat maar weinig patiënten bloedingen vertoonden. Er werden snel bloedmonsters verzameld die per vliegtuig naar de CDC in Atlanta werden gestuurd. Daar werden ze onderworpen aan een algemene test waarmee elke vorm van een ebolavirus moest kunnen worden gedetecteerd en tevens aan specifieke analyses voor het opsporen van de vier reeds bekende ebolavirussen. Hoewel de specifieke tests allemaal negatief waren, leverde de algemene test een aantal positieve uitslagen op. Zodoende berichtten de CDC de Ugandese autoriteiten op 28 november: het is een ebolavirus, dat wel, maar niet van een soort die we ooit eerder hebben gezien.

Verder laboratoriumonderzoek wees uit dat dit nieuwe virus genetisch ten minste 32 procent verschil vertoonde met alle andere vier soorten. Het werd het bundibugyovirus. Spoedig arriveerde een CDC-veldteam in Uganda om te helpen bij de aanpak van de uitbraak. Zoals gebruikelijk in zulke situaties bestonden hun activiteiten, samen met die van de nationale gezondheidsautoriteiten, uit drie taken: de patiënten verzorgen, proberen verdere verspreiding te voorkomen en onderzoek doen naar de aard van de ziekte. Uiteindelijk waren 116 mensen geïnfecteerd, van wie er 39 overleden.

Ook gebruikelijk is dat het wetenschappelijke team naderhand een wetenschappelijk artikel publiceerde, in dit geval de bekendmaking van de ontdekking van een nieuw ebolavirus. De eerste auteur van het artikel was Jonathan S. Towner, een moleculair viroloog van de CDC met praktijkervaring in de zoektocht naar virusreservoirs. Hij begeleidde niet alleen het laboratoriumonderzoek, maar ging ook naar Uganda waar hij korte tijd meedraaide met het crisisteam. Towners artikel bevatte een bijzonder interessante, als een terzijde vermelde opmerking over de vijf ebolavirussen: 'Virussen van elke soort afzonderlijk hebben een genoom dat minstens 30-40 procent van dat van de andere verschilt, een mate van diversiteit die vermoedelijk is toe te schrijven aan verschillen in de ecologische niche die ze innemen en aan hun evolutionaire geschiedenis.' Towner en zijn medewerkers stelden dat een aantal van de cruciale verschillen tussen het ene ebolavirus en het andere – inclusief de verschillen in dodelijkheid – verband kon houden met waar en hoe ze leven, waar en hoe ze hébben geleefd, binnen hun reservoir.

De gebeurtenissen in Bundibugyo gaven veel Ugandezen een onbehaaglijk gevoel. En hun onbehagen was terecht: Uganda had nu de twijfelachtige eer dat het het enige land op aarde was dat uitbraken van twee verschillende ebolavirussen had ondergaan (het sudanvirus in Gulu in 2000, het bundibugyovirus in 2007) en daarnaast binnen een jaar uitbraken van ebola- én marburgkoorts, veroorzaakt door een ander filovirus (de huiveringwekkende omstandigheden van de marburg-oversprong in een goudmijn met de naam Kitaka in juni 2007 maken deel uit van een verhaal dat ik straks zal vertellen). Gegeven deze nationale rampspoed is het niet verwonderlijk dat er eind 2007 onder de Ugandezen geruchten, verhalen en angsten circuleerden die het opsporen van bruikbare aanwijzingen voor het ebolavirus des te moeilijker maakten.

Een zwangere vrouw vertoonde tekenen van hemorragische koorts, baarde haar baby en overleed daarna. De baby, die aan de zorg van een grootmoeder was toevertrouwd, ging kort daarna ook dood. Dat was triest, maar niet opmerkelijk; verweesde baby's sterven vaak in de gebrekkige omstandigheden die heersen in zo'n dorp. Opmerkelijker was dat de grootmoeder ook overleed. Een mensaap (een chimpansee of een gorilla?) had naar verluidt een tamme geit gebeten en hem zo geïnfecteerd. Die geit werd na enige tijd geslacht en gevild door een dertienjarige jongen, waarna de familie van de jongen ziek begon te worden. Nee, er was een dode kleine aap opgegeten. Nee, er waren vleermuizen opgegeten. Meestal konden deze verhalen niet worden onderbouwd, maar de gangbaarheid en de steeds terugkerende thema's ervan gaven blijk van een wijdverbreid, intuïtief begrip van zoönosen: relaties tussen mensen en andere dieren, wilde of tamme, moesten op de een of andere manier ten grondslag liggen aan de ziekteproblematiek. Begin december en daarna opnieuw in januari 2008 kwamen er berichten over verdachte sterfgevallen van dieren (apen en varkens) in afgelegen gebieden van het land. Een van die berichten ging ook over honden die stierven na gebeten te zijn door de ziek geworden apen. Was het een rabiësepidemie? Was het ebola? Het ministerie van Volksgezondheid stuurde mensen om monsters te verzamelen en onderzoek te doen.

'Toen volgde een nieuwe epidemie – van angst,' zei het hoofd van de gezondheidsdiensten, dr. Sam Okware, toen ik hem een maand later bezocht in Kampala. Een van de taken van dr. Okware was het voorzitterschap van de nationale ebolavirus-task force. 'Die was het moeilijkst te bedwingen,' zei hij. 'Er was een nieuwe epidemie – van paniek.'

Het gaat hier om afgelegen oorden, legde hij uit. Dorpen, nederzettingen, stadjes, omgeven door wouden. De mensen voeden zich voornamelijk met wilde dieren. Tijdens de uitbraak in Bundibugyo werden bewoners van dat gebied gemeden. Hun economie stagneerde. Buitenstaanders wilden hun geld niet aannemen, bang als ze waren dat het besmet was. De bewoners van de grootste stad stroomden weg. De bank werd gesloten. Als patiënten herstelden (als ze het geluk hadden dat ze herstelden) en vanuit het ziekenhuis naar huis gingen, 'werden ze opnieuw gemeden. Hun huizen werden in brand gestoken.' Dr. Okware was een magere man van middelbare leeftijd met een keurig bijgehouden snor en lange, gesticulerende handen die door de lucht vlogen terwijl hij vertelde van Uganda's traumatische jaar. De uitbraak in Bundibugyo, zei hij, was eerder 'sluipend' dan spectaculair, bleef verraderlijk op de loer liggen terwijl gezondheidsfunctionarissen moeite deden er greep op te krijgen. Er waren nog steeds vijf onbeantwoorde vragen, zei hij, en hij begon ze op te sommen: (1) Waarom werd slechts de helft van de leden van elk huishouden getroffen? (2) Waarom waren er zo weinig ziekenhuismedewerkers getroffen, in vergelijking met andere ebola-uitbraken? (3) Waarom had de ziekte in het district Bundibugyo zo grillig toegeslagen, werden sommige dorpen wel en andere niet getroffen? (4) Werd de infectie overgebracht door seksueel contact? Na die vier vragen zweeg hij, een ogenblik niet in staat zich de vijfde onbeantwoorde vraag te herinneren.

'Het reservoir?' opperde ik. Ja, dat is het, zei hij. Wat is het reservoir?

Het bundibugyovirus in Uganda, in 2007, completeert het ruwe overzicht van de classificatie en distributie van het ebolavirus, zoals die nu bekend zijn. Vier verschillende ebolavirussen zijn her en der verspreid over Centraal-Afrika en hebben na te zijn opgedoken uit hun reservoir, ziekten veroorzaakt bij mensen (en ook sterfgevallen onder gorilla's en chimpansees) in zes verschillende landen: Zuid-Sudan, Gabon, Uganda, Ivoorkust, de Republiek Kongo en de Democratische Republiek Kongo. Een vijfde ebolavirus is blijkbaar endemisch in de Filipijnen en heeft zich van daaruit een paar keer naar de Verenigde Staten verplaatst in geïnfecteerde makaken. Maar hoe kwam het in de Filipijnen, als de oorsprong van de ebolavirussen van oudsher in equatoriaal Afrika ligt? Kan het daar in één sprong door de lucht zijn aangekomen, zonder in het tussenliggende traject sporen na te laten? Misschien meeliftend met een vleermuis? Van het zuidwesten van Sudan naar Manila is het hemelsbreed bijna 7000 kilometer, maar geen enkele vleermuis kan zo ver vliegen zonder onderweg te rusten. Zijn ebolavirussen grootschaliger verspreid dan we vermoeden? Moeten wetenschappers er naar gaan zoeken in India, Thailand en Vietnam? Of is het restonvirus net zo in de Filipijnen beland als het Taï Forest-virus in Zwitserland en Johannesburg: met een vliegtuig?

Als je dit alles beziet vanuit het perspectief van de biogeografie (de studie van waar organismen leven op de planeet Aarde) en de fylogenetica (de studie van de ontwikkeling van organismen als soort) wordt één ding duidelijk: de huidige wetenschappelijke kennis van ebolavirussen bestaat uit speldenprikken van licht tegen een duistere achtergrond.

15

Mensen in de dorpen die door ebola geteisterd waren – de overlevenden, de nabestaanden, de bange maar gelukkige individuen die niet direct getroffen waren – hadden hun eigen manieren om dit fenomeen te begrijpen, en een van die manieren draaide om onheilbrengende geesten. In één woord, dat ruwweg de verscheidenheid aan vaste overtuigingen en praktijken bij de verschillende etnische groepen en taalgroepen dekt en dat vaak wordt gebruikt om een plotselinge dood van volwassenen te verklaren: tovenarij.

Het dorp Mékouka aan de bovenloop van de Ivindo in het noordoosten van Gabon biedt een voorbeeld. Mékouka was een van de gouddelverskampen waar de uitbraak van 1994 begon. Drie jaar later bezocht een zekere Barry Hewlett, een Amerikaanse medisch antropoloog, het gebied om van de dorpelingen zelf te horen hoe ze over de uitbraak dachten en hoe ze erop hadden gereageerd. Veel mensen die daar woonden vertelden hem dat die ebolagolf *ezanga* was, een term uit hun taal, het Bakola, die naar een bepaald soort vampirisme of boze geesten verwijst. Gevraagd om nadere uitleg verklaarde een dorpsbewoner dat ezanga 'boze mensachtige geesten zijn die ziekten verwekken bij mensen' als vergelding voor het vergaren van materiële goederen zonder die met anderen te delen (dit lijkt niet op te gaan voor de man aan de bovenloop van de Ivindo die naar verluidt in 1994 zijn besmette gorillavlees met anderen had gedeeld, voordat hij zelf overleed). Ezanga konden zelfs worden opgeroepen en gericht op een slachtoffer, zoals wanneer je over iemand een vloek uitspreekt. Buren of kennissen die jaloers waren op de rijkdom of macht die iemand had vergaard, konden ezanga naar die persoon sturen om te knagen aan zijn organen, waardoor hij doodziek werd. Daarom liepen de goudzoekers en werknemers van het houtkapbedrijf zo'n enorm hoog risico om ebola te krijgen, werd Hewlett verteld. Ze werden benijd en ze deelden hun spullen niet met anderen.

Barry Hewlett had onderzoek naar de Mékouka-uitbraak gedaan, maanden nadat de gebeurtenissen hadden plaatsgevonden. Nog steeds gefascineerd door het onderwerp en bezorgd dat een belangrijke dimensie ontbrak in de meer klinische methoden van onderzoek en de te nemen maatregelen, vertrok hij eind 2000 naar een andere plaats des onheils, de Ugandese stad Gulu waar de uitbraak nog in volle gang was. Hij stelde vast dat de overheersende etnische groep aldaar, de Acholi, ook geneigd was ebola toe te schrijven aan bovennatuurlijke krachten. Ze geloofden in een bepaalde kwaadaardige geest, een zogeheten *gemo*, die soms voorbijjoeg als de wind en golven van ziekte en dood teweegbracht. Ebola was niet hun eerste gemo. De Acholi hadden eerder epidemieën van mazelen en pokken ondergaan, hoorde Hewlett, en die waren ook zo uitgelegd. Enkele oudsten vertelden Hewlett dat een gemo kon worden opgeroepen door gebrek aan respect voor de geesten van de natuur.

Zodra er binnen de gemeenschap duidelijk sprake was van een echte gemo, en niet van een minder ingrijpende ziekteaanval, dicteerde de culturele kennis van de Acholi een programma van speciale handelwijzen waarvan sommige bijzonder geschikt waren voor het bedwingen van infectieziekten, of je nu geloofde dat die door geesten of door een virus waren veroorzaakt. Deze handelwijzen bestonden hierin dat iedere patiënt in quarantaine werd gehouden in een woning die op enige afstand van andere woningen lag, dat overlevenden van de epidemie (als die er waren) zorg verleenden aan iedere patiënt, dat het personenverkeer tussen het getroffen dorp en andere dorpen werd beperkt, dat je je onthield van geslachtsgemeenschap, dat je geen bedorven of gerookt vlees at en ten slotte het opschorten van de gewone begrafenispraktijken, met een open kist en een laatste 'liefdesaanraking' van de overledene door alle rouwenden, die daarvoor in de rij stonden. Dansen was ook verboden. Deze traditionele restricties van de Acholi (in combinatie met de interventie van het Ugandese ministerie van Volksgezondheid en de steun van de CDC, Artsen Zonder Grenzen en de WHO) kunnen hebben bijgedragen aan het onderdrukken van de Gulu-uitbraak.

'We kunnen veel van deze mensen leren,' vertelde Barry Hewlett me op een dag in Gabon, 'over hoe ze in de loop van de tijd hebben gereageerd op deze epidemieën.' In de moderne samenleving is dat soort eeuwenoude, moeizaam vergaarde culturele kennis verloren gegaan, zei hij. In plaats daarvan vertrouwen wij op de wetenschappers die zich met ziekten bezighouden. Moleculaire biologie en epidemiologie zijn nuttig, maar andere kennistradities hebben ook hun nut. 'Laten we luisteren naar wat de mensen hier te zeggen hebben. Laten we uitzoeken wat er allemaal speelt. Zij leven al heel lang met epidemieën.'

Hewlett is een zachtmoedige man met een hoogleraarschap aan de Washington State University en twee decennia van praktijkervaring in Centraal-Afrika. Toen ik hem eindelijk sprak op een internationale ebolaconferentie in Libreville, hadden we allebei al een bezoek gebracht aan een ander dorp waar de ziekte had toegeslagen: Mbomo, gelegen in de Republiek Kongo, aan de westelijke rand van het Odzala National Park. Mbomo ligt niet ver van de rivier de Mambili en het Moba Bai-complex, waar ik had toegekeken toen Billy Karesh gorilla's met pijltjes probeerde te verdoven. De uitbraak rond Mbomo begon in december 2002, waarschijnlijk onder de jagers die contact hadden gehad met geïnfecteerde gorilla's of duikerbokken, en had zich verspreid over een gebied dat minstens twee andere dorpen omvatte. Er was een groot verschil tussen wat Hewlett en ik in Mbomo hadden ervaren doordat hij tijdens de uitbraak arriveerde. Het vet in de pan stond nog steeds in vuur en vlam toen hij daar zijn naspeuringen deed.

Een van de eerste patiënten, zo vernam Hewlett, werd weggehaald uit de dorpskliniek omdat zijn familie de ebola-diagnose niet vertrouwde en liever de hulp van een traditionele genezer inriep. Nadat die patiënt thuis was overleden, niet bijgestaan door medische professionals en niet beter gemaakt door de genezer, nam alles een ongunstige wending. De genezer verklaarde dat deze man vergiftigd was door zwarte magie en dat de dader diens oudere broer was, een succesvol man die in een naburig dorp werkte. De oudere broer was een onderwijzer die 'opgeklommen' was tot schoolinspecteur en zijn familie niet liet delen in zijn voorspoed. Dus net als bij de ezanga onder het Bakolavolk in het noordoosten van Gabon lag ook hier een door jaloezie gevoede animositeit ten grondslag aan de beschuldigingen van tovenarij. Daarna stierf er nog een broer, en een neef, waarop familieleden het huis van de oudere broer in Mbomo in brand staken en een horde mannen op hem afstuurden om hem te vermoorden. Ze werden tegengehouden door de politie. De oudere broer, die nu voor een kwade tovenaar werd aangezien, ontsnapte aan verdere wraaknemingen. Vervolgens verslechterden de relaties binnen de hele gemeenschap toen nog meer slachtoffers aan de onzichtbare gruwel bezweken waarvoor geen enkele remedie, geen enkele bevredigende verklaring bestond, zodat uiteindelijk iedereen verdacht werd die anders dan anderen leek of met zijn kop boven het maaiveld uitstak.

Een ander bestanddeel van het gevaarlijke brouwsel in en rond Mbomo was een mystiek geheim genootschap, La Rose Croix, misschien beter bekend als de Rozenkruisers. Dat is een internationale organisatie die al eeuwen bestaat en zich voornamelijk bezighoudt met esoterische studie, maar die in dit deel van Kongo een slechte reputatie had, gebaseerd op vermeende tovenarij. Vier onderwijzers in een nabijgelegen dorp waren daar lid van – of men dacht dat ze lid waren – en deze onderwijzers hadden aan kinderen dingen over het ebolavirus verteld, voordat de uitbraak plaatsvond. Dat bracht enkele traditionele genezers op het idee dat de leerkrachten voorkennis – bovennatuurlijke kennis – van de uitbraak hadden gehad. Daar moest iets aan worden gedaan, toch? Op de dag voordat Barry Hewlett en zijn vrouw in Mbomo aankwamen, werden de vier onderwijzers met machetes vermoord terwijl ze aan het werk waren op hun akkertjes.

Kort daarna breidde de ziekte-uitbraak zich tot zóveel leden van de gemeenschap uit dat zwarte magie niet langer een plausibele verklaring leek voor de mensen die daar woonden. Het alternatief was *opepe*, een epidemie, Mbomo's equivalent (in het Kota, een van de plaatselijke talen) van wat Barry Hewlett de Acholi gemo had horen noemen. 'Deze ziekte doodt iedereen,' zei een dorpeling tegen de Hewletts, en daarom kon het geen tovenarij zijn, omdat die op individuele slachtoffers of hun families is gericht. Begin juni 2003 waren er 143 ziektegevallen in Mbomo en omgeving, met 128 doden. Dat is een sterfte van 90 procent, wat erg hoog was, zelfs voor het ebolavirus.

Met hun intense belangstelling voor de uitleg die dorpsbewoners gaven en hun methode van eindeloos geduldig luisteren, hoorden de Hewletts dingen die niet zouden passen binnen de multiple-choicecategorieën van een epidemiologische vragenlijst. Een van hun informanten, een Mbomo-vrouw, verklaarde: 'Tovenarij doodt niet zonder reden, doodt niet iedereen en doodt geen gorilla's of andere dieren.' O ja, opnieuw de gorilla's. Dat was een ander bestanddeel van wat er in Mbomo broeide: iedereen wist dat er overal in het woud dode mensapen lagen. Ze waren gestorven in het Lossi-reservaat. Ze waren gestorven, voor zover Billy Karesh wist, in Moba Bai. Er waren karkassen gezien in de omgeving van Mbomo zelf. En zoals de vrouw had gezegd, werd tovenarij niet toegepast op gorilla's.

16

Wanneer een zilverruggorilla aan ebola sterft, doet hij dat buiten het gezichtsveld van de wetenschap en de geneeskunde. Er is niemand in het woud die het verloop van zijn lijden gadeslaat, met de mogelijke uitzondering van andere gorilla's. Niemand neemt zijn temperatuur op of gluurt in zijn keel. Wanneer een vrouwelijke gorilla aan ebola bezwijkt, is er niemand die het tempo van haar ademhaling meet of checkt of ze een veelzeggende huiduitslag heeft. Duizenden gorilla's kunnen door het virus gedood zijn, maar geen mens is daar ooit bij geweest, zelfs niet Billy Karesh, zelfs niet Alain Ondzie. Er is een klein aantal karkassen gevonden, waarvan sommige positief waren voor ebola-antistoffen. Een groter aantal kadavers is in tijden en gebieden waarin ebola heerste gezien door toevallige getuigen die daar melding van hebben gemaakt, maar omdat het woud een hongerig oord is kon het merendeel van deze kadavers nooit worden geïnspecteerd en bemonsterd door wetenschappelijke onderzoekers. De rest van wat we over het effect van ebola op gorilla's weten, bestaat uit conclusies achteraf: veel gorilla's – grote delen van enkele regionale populaties, zoals die in Lossi, Odzala en Minkébé – zijn verdwenen. Maar niemand weet precies wat de impact van het ebolavirus op het gorillalichaam is.

Bij mensen ligt dat anders. De aantallen die ik hierboven heb genoemd bieden een maat voor dat verschil: 245 gevallen met dodelijke afloop tijdens de uitbraak in Kikwit, nog eens 224 in Gulu, 128 in en om Mbomo enzovoort. Sinds de ontdekking van de door ebolavirus veroorzaakte ziekte in 1976 zijn in totaal ongeveer 1500 mensen het slachtoffer ervan geworden – niet veel in vergelijking met zulke wijdverbreide en meedogenloze wereldwijde aandoeningen als malaria en tuberculose, of met de grote golven van sterfte waarmee de verschillende types influenza gepaard gaan, maar voldoende om een aanzienlijke hoeveelheid gegevens te genereren. Verder zagen artsen en verpleegkundigen veel van die 1500 mensen sterven. Zodoende weet de medische wereld een heleboel over het scala aan symptomen en de pathologische effecten die een menselijk lichaam vertoont bij het sterven aan een ebolavirus-infectie. Dat gaat toch anders dan je misschien denkt.

Als je net als ik het boek *The Hot Zone* onmiddellijk na publicatie hebt verslonden – of als je indirect bent blootgesteld aan de verstrekkende invloed van dit boek op hoe mensen over ebolavirussen denken – koester je wellicht enkele uitermate gruwelijke ideeën. Richard Preston is een boeiende schrijver, een bekwame schrijver, een ijverige onderzoeker die een echt verschrikkelijke ziekte bewust een bijna onnatuurlijk afschuwwekkend aanzien gaf. Als je het boek gelezen hebt, herinner je je misschien zijn schildering van een Sudanees ziekenhuis waarin het virus 'van bed naar bed sprong, links en rechts patiënten dodend', overal radeloosheid en chaos teweegbracht en niet alleen patiënten doodde, maar ze overvloedig bloedend liet sterven, hun organen liet smelten, totdat 'mensen uiteenvielen in hun bed'. Misschien heb je gehuiverd bij Prestons bewering dat met name het ebolavirus 'vrijwel elk lichaamsdeel verandert in een verteerde, slijmerige massa virusdeeltjes'. Misschien heb je even gewacht met verder lezen nadat hij je had verteld dat een door ebola besmet lijk na de dood 'plotseling zo sterk achteruitgaat' dat de interne organen wegsmelten in 'een soort shockgerelateerde meltdown'. Misschien heb je niet gemerkt dat 'meltdown' hier figuurlijk bedoeld wordt en naar een lichamelijke stoornis verwijst, niet naar een echt smeltproces. Of misschien was dat wel niet de bedoeling. Verderop in het boek introduceert Preston een ander filovirus en maakt hij gewag van een in Afrika wonende Franse expat die 'tijdens een vliegreis in wezen wegsmelt door het marburgvirus'. Misschien herinner je je vooral nog het woord dat Preston gebruikt in zijn beschrijving van slachtoffers in een verduisterde Sudanese hut: comateus, roerloos en 'leegbloedend'. Dat komt heel anders over dan alleen maar 'bloedend'. Het wekte de suggestie van een leeglopend menselijk lichaam waar het bloed uit gutst. Ook beweerde hij dat bij ebola de ogen van een slachtoffer vollopen met bloed, wat tot blindheid en nog veel meer ellende leidt. 'Druppels bloed parelen op de oogleden: het kan gebeuren dat je bloedige tranen stort. Het bloed loopt uit je ogen over je wangen en wil niet stollen.' Het masker van de rode dood – hier raakt medische berichtgeving aan Edgar Allan Poe.

Ik voel me verplicht je aan te raden deze beschrijvingen niet al te letterlijk te nemen, althans niet als het typische beloop van een fataal geval van ebola. In gepubliceerde en mondelinge getuigenissen van deskundigen worden veel van deze lugubere verhalen van Preston sterk afgezwakt, zonder dat ze de verschrikkingen aan reëel lijden en sterfte die ebola meebrengt willen minimaliseren. Pierre Rollin, bijvoorbeeld, een onderdirecteur van de Special Pathogens Branch van de CDC, is een van de meest ervaren ebolavirusdeskundigen ter wereld. Voordat hij naar Atlanta verhuisde, werkte hij bij het Institut Pasteur in Parijs en in de afgelopen vijftien jaar maakte hij deel uit van crisisteams bij vele ebola- en marburg-uitbraken, ook die in Kikwit en Gulu. Toen ik hem tijdens een gesprek in zijn werkkamer vroeg wat hij vond van de bij het grote publiek levende gedachte dat dit een buitengewoon bloederige ziekte is, onderbrak Rollin me vriendelijk met de woorden: 'Gewoon gelul.'

Toen ik de beschrijvingen in Prestons boek aanhaalde, zei Rollin spottend: 'Ze smelten, het spettert tegen de muur,' en haalde hij gelaten zijn schouders op. Meneer Preston mocht schrijven wat hij wilde, voegde Rollin eraan toe, zolang het product maar het etiket 'fictie' droeg. 'Maar als je zegt dat het een waargebeurd verhaal is, dan moet je het ware verhaal vertellen en dat heeft hij niet gedaan. Omdat het veel spannender was om overal bloed te laten vloeien en de mensen daarmee aan het schrikken te maken.' Een paar patiënten bloeden inderdaad dood, zei Rollin, maar 'ze ontploffen niet en ze smelten niet'. In feite, zei hij, is de vaak gebruikte term 'ebola hemorragische koorts' eigenlijk een onjuiste benaming, omdat meer dan de helft van de patiënten helemaal geen hemorragie, ofwel bloedingen, vertoont. Ze sterven door andere oorzaken, zoals ademnood en het tekortschieten (maar niet uiteenvallen) van inwendige organen.

Karl Johnson, een van de pioniers op het gebied van noodhulp bij ebolauitbraken, wiens kwalificaties ik al heb geschetst, gaf met zijn gebruikelijke openhartigheid een soortgelijke, maar nog scherpere reactie. We spraken elkaar – deze keer in mijn eigen werkkamer – tijdens een van zijn periodieke vliegvistrips naar Montana. We waren bevriend geraakt en hij had me informeel een beetje begeleid in hoe je over zoönotische virussen moest denken. Ten slotte kon ik hem strikken voor een interview, waarbij onvermijdelijk *The Hot Zone* ter sprake kwam. Doodernstig zei Karl: 'Bloedige tranen is kletskoek. Niemand heeft ooit bloedige tranen.' Verder merkte Karl op: 'Mensen die eraan sterven zijn geen vormeloze slijmzakken.' Johnson was het ook met Pierre Rollin eens dat al die bloederigheid veel te dik was aangezet. Als je een echte bloederige ziekte wilt, zei hij, kijk dan naar Krim-Kongo hemorragische koorts. Ebola is kwaadaardig en dodelijk, zeker, maar niet op die manier.

In de echte wereld, zoals beschreven in de wetenschappelijke literatuur, ziet de lijst van de belangrijkste symptomen van ebola er als volgt uit: buikpijn, koorts, hoofdpijn, keelpijn, misselijkheid en braken, verlies van eetlust, artralgie (gewrichtspijn), myalgie (spierpijn), asthenie (krachteloosheid), dyspneu (ademnood), conjunctivitis (oogbindvliesontsteking) en diarree. Conjunctivitis betekent dat je rode ogen hebt, maar geen bloederige tranen. Al deze symptomen krijg je doorgaans te zien in bijna alle gevallen met een dodelijke afloop. Bijkomende symptomen, waaronder pijn op de borst, hematemesis (bloed opgeven), bloeden van het tandvlees, bloederige ontlasting, bloeden uit injectieplekken, anurie (niet goed kunnen plassen), huiduitslag, de hik en oorsuizingen, deden zich in een geringer aantal gevallen voor. Tijdens de uitbraak in Kikwit had 59 procent van alle patiënten geen enkele merkbare bloeding en was een bloeding in het algemeen geen indicatie voor wie er wel of niet zou overleven. Anderzijds waren versnelde ademhaling, plasproblemen en de hik onheilspellende tekenen van een waarschijnlijk snel intredende dood. Bij de patiënten die wel bloedden, leek het bloedverlies nooit omvangrijk, behalve bij zwangere vrouwen die spontaan hun foetus verloren. Het merendeel van de mensen die niet in leven waren gebleven stierf versuft en in shocktoestand. Dat wil zeggen dat de dodelijke uitwerking van het ebolavirus over het algemeen gepaard gaat met een zacht gejammer, niet met gespetter of een knal.

Ondanks al deze in treurige en gevaarlijke omstandigheden verzamelde gegevens – terwijl de primaire missie niet de wetenschap, maar het redden van levens was – weten zelfs de experts niet zeker hóé het virus doorgaans de dood veroorzaakt. 'We kennen het mechanisme niet,' zei Pierre Rollin tegen me. Hij kon wijzen op leverfalen, op nierfalen, op ademhalingsproblemen, op diarree, maar uiteindelijk leek het er vaak op dat meerdere oorzaken samenstroomden in een onstuitbare waterval. Karl Johnson gaf blijk van een zelfde onzekerheid, maar zei er ook bij dat het virus 'echt op het immuunsysteem jaagt' door een eind te maken aan de productie van interferon, een categorie eiwitten die onmisbaar is voor de afweerreactie van het lichaam, zodat 'niets de voortgezette vermeerdering van het virus nog kan stuiten'.

Dit idee van onderdrukking van het immuunsysteem door ebolavirussen is recentelijk ook in de vakliteratuur opgedoken, samen met speculaties dat dit zou kunnen leiden tot een catastrofaal sterke groei van de natuurlijke bacteriepopulaties van een patiënt die normaliter in het darmkanaal en elders huizen, naast een ongehinderde vermeerdering van het virus zelf. Een overmatige bacteriële groei zou op zijn beurt voor bloed in urine en feces kunnen zorgen en zelfs kunnen leiden tot 'vernietiging van de buikingewanden', aldus een bron. Misschien had Preston dát in gedachten toen hij schreef over vloeibare organen en mensen die uiteenvielen in hun bed. Als dat zo is, dan vergat hij het onderscheid tussen wat het ebolavirus doet en wat huis-tuin-en-keukenbacteriën kunnen doen als een gezond immuunsysteem ontbreekt om hun aantal binnen de perken te houden. Maar ja, horen we allemaal niet liever een dramatisch dan een ingewikkeld verhaal?

Nog een ander aspect van de pathologie van ebola is een fenomeen met de naam diffuse intravasale stolling, in de medische wereld bekend als DIS. Het wordt ook wel verbruikscoagulopathie genoemd (als je daar wat aan hebt), omdat het gaat om een te intensief en averechts gebruik van het stollingsmechanisme van het bloed. Billy Karesh had me een en ander over DIS verteld toen we na onze vergeefse gorillajacht met een boot de rivier de Mambili af voeren. Diffuse intravasale stolling, legde hij uit, is een vorm van pathologische samenklontering van bloed, waarbij de normale stollingsfactoren (stollingseiwitten en bloedplaatjes) eruit worden getrokken en overal in het lichaam van het slachtoffer kleine klonters vormen aan de binnenkant van bloedvaten, zodat er weinig of geen stollingsvermogen overblijft om weglekken elders te voorkomen. Als gevolg daarvan kan het bloed uit de haarvaten doorsijpelen in iemands huid, waar het op kneuzingen lijkende paarse vlekken (hematomen) vormt; het kan onophoudelijk blijven druppelen uit de plek waar iemand met een naald is geprikt, of het kan doorlekken in het maag-darmkanaal of de urine. Nog erger is dat de massale samenklontering van kleine stolsels in de bloedvaten de bloedtoevoer naar de nieren of de lever blokkeert, wat leidt tot het orgaanfalen dat je bij ebola zo vaak ziet.

Dat was althans wat men wist over de rol van DIS bij ebola op het moment dat Karesh me erop attent maakte. De afgelopen tijd zijn Karl Johnson en anderen zich echter gaan afvragen of de door het virus bewerkstelligde immuunstoornis en de daaruit voortvloeiende woekeringen van bacteriën niet een betere verklaring vormen voor een deel van de schade die voorheen werd toegeschreven aan DIS. 'Toen het net was ontdekt, dachten ze, jeetje, DIS dat is de sleutel tot alles wat met hemorragische koorts te maken heeft,' zei Johnson, opnieuw lichtelijk smalend over de gangbare wijsheid. Tegenwoordig, zei hij, las hij in de literatuur een heel stuk minder over DIS.

Het ebolavirus is in meerdere opzichten nog steeds een ondoorgrondelijke ziekmaker en ebolakoorts is nog steeds een raadselachtige én een gruwelijke, ongeneeslijke aandoening; met of zonder DIS, met of zonder smeltende organen en bloedige tranen. 'Ik bedoel, het is echt afgrijselijk,' zei Johnson nadrukkelijk. 'Geloof me, dat is het echt.' Hij had het als een van de eersten meegemaakt in volstrekt verbijsterende omstandigheden – in Zaïre, in 1976, toen het virus nog niet eens een naam had. Maar het is niet veranderd, zei hij. 'En eerlijk gezegd is iedereen, met inbegrip van de medische broederschap overal ter wereld, er veel te bang voor om het echt te willen bestuderen.' Om het effect ervan op een levend, worstelend menselijk lichaam te bestuderen, bedoelde hij. Daarvoor had je de juiste combinatie van ziekenhuizen, BSL-4-faciliteiten, toegewijde en deskundige professionals en omstandigheden nodig. Je kon het niet doen tijdens de volgende uitbraak in een missiekliniek in een Afrikaans dorp. Je moest het ebolavirus in een toestand van gevangenschap brengen – in een onderzoekssituatie, onder streng gecontroleerd toezicht – en niet alleen in de vorm van ingevroren monsters. Je moest een infectie bestuderen die in iemands lichaam woekerde.

Dat is niet eenvoudig te regelen. Hij voegde eraan toe: 'We hebben in Amerika nog geen ebolapatiënt gehad.' Maar voor alles wat er gebeurt, is er een eerste keer.

17

Engeland had zijn eerste ebolageval in 1976. Rusland had zijn eerste geval (voor zover we weten) in 1996. In tegenstelling tot de Zwitserse vrouw die in Ivoorkust sectie op een chimpansee had verricht, liepen deze twee onfortuinlijke mensen hun infectie niet op tijdens veldwerk in Afrika en kwamen ze ook niet thuis in een ambulancejet. Dat ze aan het virus werden blootgesteld kwam door ongelukken in een laboratorium. Beiden brachten ze zichzelf een gering, maar noodlottig letsel toe terwijl ze bezig waren met onderzoek.

Het Engelse ongeluk gebeurde in het Microbiological Research Establishment, een onopvallend wetenschappelijk instituut binnen een streng beveiligd overheidscomplex met de naam Porton Down, niet ver van Stonehenge, in het glooiende groene landschap ten zuidwesten van Londen. Zoiets als het onderzoekscentrum in Los Alamos, maar dan verscholen in de rimboe van het pastorale Engeland in plaats van de bergen van New Mexico, en met bacteriën en virussen in plaats van uranium en plutonium als het strategische materiaal waar hun belangstelling naar uitgaat. Aanvankelijk was het in 1916 opgerichte Porton Down een proefstation voor de ontwikkeling van chemische wapens, zoals mosterdgas. Tijdens de Tweede Wereldoorlog werkten de wetenschappers hier ook aan biologische wapens op basis van miltvuur en botuline verwekkende bacteriën. Maar met de veranderende politieke omstandigheden en een overheid die scrupules begon te koesteren, verschoof het accent in Porton Down net als bij USAMRIID ten slotte naar defensie, dat wil zeggen naar onderzoek gericht op tegenmaatregelen voor biologische en chemische wapens. Dat werk vereiste extra beveiligde *high containment*-faciliteiten en technieken voor het bestuderen van gevaarlijke nieuwe virussen, en daarom kwam Porton Down in aanmerking om hulp te bieden toen de WHO in 1976 een veldteam samenstelde om een mysterieuze ziekte-uitbraak in het zuidwesten van Sudan te onderzoeken. Er arriveerden diepgevroren bloedmonsters van zeer ernstig zieke Sudanese patiënten die geanalyseerd moesten worden – ongeveer op hetzelfde moment waarop in dat bewogen najaar bloedmonsters van Yambuku naar de CDC werden gestuurd. De mensen in het veld vroegen de laboratoriummedewerkers om hulp bij het beantwoorden van één vraag: wat is dit voor ding? Het had nog geen naam gekregen.

Een van de labmedewerkers in Porton Down was Geoffrey S. Platt. Op 5 november 1976 vulde Platt in de loop van een experiment een injectiespuit met gehomogeniseerde lever van een cavia die besmet was met het Sudanese virus. Vermoedelijk was hij van plan om die vloeistof in een ander proefdier te injecteren. Er ging iets mis en in plaats daarvan prikte hij zichzelf in zijn duim.

Platt wist niet precies aan welke pathogeen hij zich zojuist had blootgesteld, maar hij wist dat het niet goed zat. De mate van dodelijkheid van dit onbekende virus lag, zoals hij moet hebben geweten, boven de 50 procent. Onmiddellijk trok hij zijn medische handschoen uit, stak zijn duim in een hypochlorietoplossing (bleekwater, dat het virus doodt) en probeerde er een of twee druppels bloed uit te persen. Er kwam niets. Hij zag zelfs geen gaatje in zijn duim. Dat was een goed teken, als het betekende dat hij zich toch niet geprikt had, maar een slecht teken als het een hermetisch afgesloten piepklein gaatje betekende. In het licht van de verdere gebeurtenissen wijst de uiterst geringe omvang van Platts wondje erop dat zelfs een minuscule dosis ebolavirus voldoende is om een infectie te veroorzaken, tenminste als die dosis rechtstreeks in je bloedbaan komt. Niet elke pathogeen is zo krachtig. Sommige hebben een omvangrijker steunpunt nodig. Ebolavirussen hebben kracht, maar geen bereik. Je kunt geen ebolavirus binnenkrijgen door het inademen van gedeelde lucht, maar als een fractie van het virus zich door een barstje in je huid (en er zijn altijd kleine barstjes) naar binnen werkt, dan sta God je bij. Zoals wetenschappers zeggen: het is niet erg contagieus, maar wel uitermate infectieus. Zes dagen na de prik met de naald werd Geoffrey Platt ziek.

In het begin voelde hij zich alleen maar misselijk en uitgeput, en hij had buikpijn. Maar gezien de omstandigheden werd zijn malaise bijzonder serieus genomen. Hij werd opgenomen in een speciale afdeling voor infectieziekten in een ziekenhuis in de buurt van Londen en binnen die afdeling ondergebracht in een isoleertent met plastic wanden waarin negatieve luchtdruk heerste. De annalen vermelden het niet, maar je kunt er zeker van zijn dat de verpleegkundigen en artsen daar mondneusmaskers droegen. Hij kreeg injecties met interferon, om zijn immuunsysteem te stimuleren, en met bloedserum (overgevlogen uit Afrika) dat was afgenomen bij een herstelde ebolapatiënt, om hem van wat geleende antistoffen te voorzien. Op de vierde dag vloog Platts temperatuur omhoog en moest hij braken. Dat wees erop dat het virus gedijde. In de drie dagen daarna, zijn crisisperiode, moest hij nog meer braken, kreeg hij diarree en huiduitslag, was zijn urineproductie gering en bleek uit schimmelgroei in zijn keel dat zijn immuunsysteem het waarschijnlijk begaf. Dat waren allemaal sombere voortekenen. Intussen kreeg hij nog meer serum. Misschien hielp dat.

Op de achtste dag hoefde Platt niet meer te braken en was de diarree gestopt. Twee dagen later begon de uitslag geleidelijk te verdwijnen en was de schimmel onder controle. Hij had geluk gehad (misschien genetisch bepaald geluk), maar ook het voorrecht genoten van een optimale medische zorg. Het virus verdween uit zijn bloed, uit zijn urine en zijn ontlasting (hoewel het een tijdje in zijn sperma bleef hangen, maar klaarblijkelijk beloofde hij de artsen dat hij niet van plan was iemand anders daarmee in gevaar te brengen). Hij mocht de isoleertent uit. Ten slotte ging hij weer naar huis. Hij was afgevallen en tijdens het langdurige, trage herstel viel veel van zijn haar uit. Maar net als de Zwitserse vrouw had hij het overleefd.

Een Russische onderzoekster had in 1996 minder geluk. Haar naam, zoals die te lezen is in één Russisch nieuwsbericht (maar die niet wordt vermeld in de westerse medische literatuur), was Nadezjda Aleksejevna Makovetskaja. Als medewerkster van een virologisch instituut dat onder het ministerie van Defensie viel, had ze gewerkt aan een experimentele therapie tegen ebola, op basis van het bloedserum van paarden. Paarden zijn niet vatbaar voor ebola – niet zoals ze dat zijn voor hendra – en daarom worden ze gebruikt om antistoffen aan te maken. Om de effectiviteit van deze behandeling te testen moesten er extra paarden aan het virus worden blootgesteld. 'Het is moeilijk te beschrijven hoe het is om met een met ebola geïnfecteerd paard te werken,' aldus de droge, behoedzame verklaring van het Russische hoofd van de biologische oorlogsvoering in die tijd, Valentin Jevstignejev, een bij het ministerie van Defensie werkzame luitenant-generaal. Ongetwijfeld had hij daar gelijk in. Een paard kan nerveus en schichtig zijn, ook als het geen last heeft van stuiptrekkingen. Wie zou er graag zo dicht bij willen komen, nota bene met een naald? 'Onder normale omstandigheden is dit dier moeilijk in toom te houden en we moesten dan ook werken in speciale beschermende kleding,' zei generaal Jevstignejev. Wat hij bedoelde met 'wij' kan ruim worden geïnterpreteerd. Hij was een hoge officier en een militaire topambtenaar die niet gauw zelf de latex handschoenen zou aantrekken. 'Een verkeerde stap, een gescheurde handschoen zou ernstige gevolgen hebben.' Makovetskaja had klaarblijkelijk die verkeerde stap genomen. Of misschien was het niet zozeer haar fout geweest als wel de nerveuze ruk van een gevoelige ruin. 'Ze scheurde haar beschermende handschoenen, maar hield dat verborgen voor de leiding,' luidde het weinig meelevende commentaar van generaal Jevstignejev, 'omdat het vlak voor de eindejaarsvakantie gebeurde.' Gaf hij hiermee te kennen dat ze de feestdagen niet had willen missen omdat ze dan in quarantaine had gezeten? Hij zei niets over een prik met een naald of een schrammetje of een open wondje onder een gescheurde handschoen, hoewel er zo'n soort ongelukje moest zijn gebeurd. 'Als gevolg daarvan was het al te laat toen ze eindelijk naar de dokter ging.' De details van Makovetskaja's ziekteverschijnselen en overlijden blijven een geheim.

Een andere Russische vrouw besmette zichzelf met het ebolavirus in mei 2004, en over dit geval is iets meer bekend. Antonina Presnjakova was een zesenveertig jaar oude medewerkster van een extra beveiligd virusonderzoekscentrum, genaamd Vektor (wat klinkt alsof het van Ian Fleming komt), in het zuidwesten van Siberië. In Presnjakova's injectiespuit zat bloed van een cavia die besmet was met het ebolavirus. De naald kwam via twee lagen handschoenen in haar linker handpalm terecht. Ze werd onmiddellijk ondergebracht in een isoleerkamer, begon binnen enkele dagen ziekteverschijnselen te vertonen en stierf twee weken later.

Deze drie gevallen laten zien hoe gevaarlijk het laboratoriumonderzoek aan een dergelijk dodelijk en infectieus virus kan zijn. Ze geven ook aan welke zorgwekkende context er meespeelde toen men ook in Amerika heel dicht in de buurt van een in eigen land verwekt ebolageval kwam. Dit geval deed zich voor in 2004, enkele maanden voor de dood van Antonina Presnjakova.

18

Kelly L. Warfield groeide op in een voorstad van Frederick, Maryland, niet ver van Fort Detrick, de Amerikaanse legerbasis waar men zich bezighield met medisch onderzoek en biologische veiligheid en waar ook USAMRIID is gevestigd. Ze was een intelligent en nieuwsgierig meisje, wier moeder eigenaar was van een supermarkt net buiten de poort van Fort Detrick. Vanaf de eerste klas van de middelbare school hielp Kelly haar moeder en had ze voor het eerst contact met wetenschappers van het medisch onderzoeksinstituut als die in de winkel kwamen voor lightfrisdrank, pakjes melk, nicotinekauwgum, zoetjes... alles wat met het Amerikaanse leger verbonden topvirologen kopen. In tegenstelling tot de gemiddelde jeugdige winkelbediende had Kelly al vroeg een opvallende aanleg voor wetenschappelijk onderzoek. Tijdens de zomervakanties werkte ze op een overheidsinstelling voor standaardisatie van maten en gewichten. Na haar eerste jaar als student en vervolgens elke zomer tot aan haar afstuderen, werkte ze parttime als laboratoriumassistent bij het National Cancer Institute, dat een vestiging op het terrein van Fort Detrick had. Ze rondde haar studie af met een doctoraal in de moleculaire biologie en overwoog wat voor mogelijkheden ze had om te promoveren. Rond dezelfde tijd las ze *The Hot Zone*, dat toen net verschenen was.

'Ik ben een *Hot Zone*-kind,' vertelde Warfield me veel later. Ze kon niet instaan voor de wetenschappelijke nauwkeurigheid van het boek, voegde ze eraan toe, maar toentertijd had het op haar een bijzonder stimulerende invloed gehad. Ze liet zich inspireren door een van de hoofdpersonen, Nancy Jaax, een majoor in het Amerikaanse leger en veterinair patholoog bij USAMRIID, die lid was geweest van het crisisteam in het besmette apenhuis in Reston. Warfield zelf hoopte na haar promotie weer terug te keren naar Fort Detrick om als wetenschappelijk onderzoeker bij USAMRIID te gaan werken – indien mogelijk aan het ebolavirus.

Voor haar promotieonderzoek zocht ze naar een goede plek om zich te bekwamen in de virologie, en die vond ze in het Baylor College of Medicine in Houston. Een hele afdeling van Baylor was gewijd aan virusonderzoek, met meer dan twintig virologen van wie sommigen hoog in aanzien stonden, hoewel geen van hen zich bezighield met zulke uiterst risicovolle pathogenen als het ebolavirus. Warfield vond daar een plek in het lab van een promotiebegeleider en begon met het bestuderen van een groep gastro-intestinale virussen, de rotavirussen in maag en darmen die bij de mens diarree veroorzaken. Haar proefschriftproject ging over de immuunreactie tegen rotavirusinfectie bij muizen. Dat was ingewikkeld en belangrijk werk (door rotavirussen sterven jaarlijks een half miljoen kinderen over de hele wereld), maar niet bijzonder spectaculair. Ze kreeg ervaring in het gebruiken van proefdieren (vooral muizen) als model voor de menselijke immuunreactie tegen virale infecties en ze leerde een beetje hoe vaccins worden gemaakt. Maar vooral bouwde ze een behoorlijke deskundigheid op in een nieuwe vorm van vaccinontwikkeling met behulp van zogeheten *viruslike particles* (VLP's), ofwel virusachtige deeltjes, in plaats van de meer conventionele benadering waarbij levend virus werd gebruikt, verzwakt door bewerkingen in het laboratorium. VLP's zijn in wezen de buitenste schillen van virussen die kunnen aanzetten tot antistofproductie (immuuncompetentie), maar zelf niet over een functioneel inwendige beschikken en dus niet in staat zijn zich te vermeerderen of ziekte te veroorzaken. VLP's houden klaarblijkelijk een grote belofte in voor de aanmaak van vaccins tegen micro-organismen zoals het ebolavirus, dat waarschijnlijk te gevaarlijk is voor vaccinatie met het virus in levende vorm.

Het duurde enige tijd voordat Kelly haar droom kon verwezenlijken, maar niet heel erg lang, en ze verspilde geen minuut. Na het voltooien van haar proefschrift begon de zesentwintigjarige dr. Warfield in juni 2002, enkele dagen na haar promotie in Houston, bij USAMRIID te werken. Deze instelling had haar deels aangetrokken voor haar competentie op het gebied van VLP's. Ze schreef zich onmiddellijk in voor een speciaal immunisatieprogramma, een slopende reeks van talrijke injecties, voordat een nieuwkomer de BSL-3-laboratoria in mag. (BSL-3 omvat de laboratoriumruimtes waar onderzoekers over het algemeen werken aan gevaarlijke maar behandelbare ziekten, merendeels veroorzaakt door, bijvoorbeeld, miltvuur- en pestbacteriën. BSL-4 is uitsluitend bestemd voor het werken met pathogenen als het ebola-, marburg-, nipah-, machupo- en hendravirus, waarvoor geen vaccins en behandelingen bestaan.) Ze werd gevaccineerd tegen een hele lijst akelige zaken waarmee ze in het lab ooit of misschien wel nooit te maken zou kunnen krijgen – tegen riftvalleykoorts, tegen Venezolaanse equine encefalitis, tegen pokken en tegen miltvuur – en dat alles binnen een jaar.

Van sommige van deze vaccins kan iemand zich behoorlijk ziek gaan voelen. Vooral van het miltvuurvaccin moest Warfield niets hebben. 'Oef, verschrikkelijk!' kon ze zich nog goed herinneren tijdens ons lange gesprek in haar huidige woning in een nieuwe wijk aan de buitenkant van Frederick. 'Dat is een verschrikkelijk vaccin.' Na al deze zware beproevingen voor haar immuunsysteem, en mogelijk als gevolg daarvan, kreeg ze een aanval van reumatoïde artritis, wat bij haar in de familie wel meer voorkomt. Reumatoïde artritis is een immuunstoornis, en het geneesmiddel dat wordt gebruikt om die te bedwingen kan in potentie de normale immuunreacties onderdrukken. 'Daarom mocht ik geen enkel vaccin meer toegediend krijgen.' Toch werd ze gemachtigd om BSL-3-laboratoria binnen te gaan en korte tijd later ook de BSL-4-laboratoria. Ze begon met levend ebolavirus te werken.

Veel van haar energie ging in het VLP-onderzoek zitten, hoewel ze ook hielp met andere projecten in het lab van haar chef. Onderdeel van een van die projecten was het testen van een vorm van in het laboratorium geproduceerde antistoffen die wellicht als remedie tegen ebola konden dienen. Deze antistoffen, die door een particulier bedrijf in samenwerking met USAMRIID waren ontwikkeld, waren zo samengesteld dat ze het virus dwarsboomden doordat ze een conflict creëerden met een bij virusvermeerdering betrokken cellulair eiwit, niet met het virus zelf. Het was een slim idee. Als proefdieren gebruikte Warfield opnieuw muizen; ze had nu jaren ervaring in het omgaan met en het injecteren van deze dieren. Voor het experiment infecteerde ze 50 tot 60 muizen met het ebolavirus en in de dagen daarna gaf ze hun de experimentele antistofbehandeling. Zouden ze in leven blijven, zouden ze doodgaan? De muizen werden bewaard in plastic kooien, een soort langwerpige pannen, met tien muizen per pan. Systematisch en met blijvende aandacht te werk gaan is bij BSL-4-onderzoek van vitaal belang, zoals Warfield maar al te goed wist. Haar werk bestond bij dit experiment uit het vullen van een spuit met antistofoplossing, genoeg voor tien doses, die ze vervolgens inspoot bij de tien muizen in elke pan, met dezelfde spuit en dezelfde naald. Onderlinge infectie was blijkbaar niet iets om je zorgen over te maken, omdat ze allemaal al dezelfde hoeveelheid ebolavirus toegediend hadden gekregen. Meerdere muizen tegelijk met één spuit injecteren spaarde tijd, en omdat de fysieke arbeidsomstandigheden er zo zwaar zijn, komt tijdsbesparing in een BSL-4-lab neer op minder stress en minder risico's.

Hoe waren die arbeidsomstandigheden precies voor Kelly Warfield? Gewoonlijk werkte ze in de BSL-4-afdeling met de naam AA-5, aan het eind van een kale gang in de meest beveiligde vleugel van USAMRIID, achter drie hermetisch sluitende deuren en een venster van plexiglas. Ze droeg een beschermend pak van blauw vinyl (zij en haar collega's noemden die gewoon 'blauwe pakken', niet ruimtepakken, gaspakken of hazmats) met een het hoofd geheel omsluitende kap, een doorzichtige gezichtsbeschermer en een ventilatiekoppeling voor een aan het plafond hangende gele slang die haar van gefilterde lucht voorzag. Ze droeg rubberlaarzen en twee paar handschoenen – latex handschoenen onder dikkere beschermende handschoenen, rond de polsen met isolatietape vastgekleefd aan haar blauwe pak. Zelfs met de beschermende handschoenen over de dunnere latex-exemplaren waren haar handen het kwetsbaarste deel van haar lichaam: die konden niet worden beschermd met vinyl, omdat ze haar priegelwerk vlot moest kunnen doen. Haar werkbank was een roestvrijstalen kar, zoals ze die in een ziekenhuis gebruiken, makkelijk schoon te maken, makkelijk te verplaatsen. Als je niet van dit werk hield, zou je je hier niet graag wagen.

Precies onder die omstandigheden was ze 11 februari 2004 aan het eind van de middag om halfzes alleen in AA-5. Ze was laat met wat ze die dag nog voor het ebola-experiment moest doen, omdat eerdere uren gevuld waren geweest met andere verplichtingen. Een pan met muizen stond op haar wagen, met daarnaast een plastic kom en een klembord – dat waren zo'n beetje al haar materialen en instrumenten. Het was de laatste pan met muizen van die dag. Ze vulde een spuit en injecteerde behoedzaam negen muizen, waarbij ze de een na de ander bij zijn nekvel pakte, zijn buik naar boven draaide en de naald erin prikte, behendig en snel, om niet meer ongemak dan nodig toe te brengen aan elke gedoemde en door ebola geteisterde muis. Na elke injectie zette ze de betreffende muis in de kom, om de afgewerkte groep gescheiden te houden van de andere muizen. Ze moest nog één muis. Misschien was ze een beetje moe. Soms gebeuren er ongelukjes. Het was nou net deze laatste muis die voor problemen zorgde. Meteen nadat hij ingespoten was, trapte hij plotseling de naald weg, waardoor de punt in het onderste deel van Kelly Warfields linkerduim belandde.

Het letsel, als er al letsel was, kon niet meer dan een heel licht schrammetje zijn. 'Eerst dacht ik dat de naald niet door de handschoenen heen was gegaan,' vertelde ze me. 'Het deed geen pijn. Nergens had ik pijn.' Ze dwong zichzelf kalm te blijven, zette de muis terug in zijn pan, legde de injectiespuit weg en kneep toen in haar hand. Onder de lagen van de handschoenen zag ze bloed verschijnen. 'Daardoor wist ik dat ik mezelf in moeilijkheden had gebracht.'

Op een milde septembermiddag vertelde ze me aan een tafel in haar eethoek wat er die middag in februari allemaal was gebeurd. Het huis dat ze met haar echtgenoot, een legerarts, en haar zoontje deelde, was licht en vrolijk, echt een plek waar geleefd werd, met staaltjes kinderkunst op de koelkast, wat rondslingerend speelgoed, een grote groene achtertuin, twee poedels en een bordje aan de keukenmuur dat verordende: NIET BETREDEN ZONDER GEVENTILEERD PAK. Vandaag droeg ze een rood jasje – geen blauw vinyl – en paarlemoeren oorbellen.

Ze herinnerde zich dat ze na de onmiddellijke reactie 'Oh mijn God, ik heb het gedaan', razendsnel overging tot een nuchtere afweging van wat ze nu eigenlijk precies gedaan had. Ze had zichzelf niet geïnjecteerd met levend ebolavirus – of in elk geval niet veel van dat spul. De spuit bevatte geen ebolavirus, hij bevatte antistoffen die onschadelijk waren voor iedereen. Maar de naald had in tien met ebolavirus geïnfecteerde muizen geprikt, voordat hij in haar duim had geprikt. Als er een of meer ebolavirusdeeltjes aan de punt waren blijven hangen, dan had ze zelf misschien ook een kleine dosis gekregen. En ze wist dat een kleine dosis voldoende kon zijn. Snel haakte ze haar gele slang los en verliet ze de BSL-4-ruimte via de eerste van de hermetisch sluitende deuren, waarna ze in een luchtsluis kwam, voorzien van een chemische douche. Daar spoelde ze zich af en behandelde ze de buitenkant van haar blauwe pak met een virusdodende oplossing.

Daarna werkte ze zich door de tweede deur, die toegang gaf tot een kleedkamer die de 'grijze zone' werd genoemd. Ze schopte de laarzen uit, ontdeed zich zo snel als ze kon van het blauwe pak en de handschoenen, waarna ze alleen nog maar een operatiepak aanhad. Ze gebruikte een aan de muur bevestigde telefoon om twee goede vriendinnen te bellen, als eerste Diane Negley, de chef van de BSL-4-afdeling. Het was nu etenstijd of later en Negley gaf niet thuis, en daarom liet Warfield een huiveringwekkende, wanhopige boodschap achter op Negleys antwoordapparaat, met als strekking: Ik heb een ongeluk gehad, heb me geprikt, kom snel terug naar het werk. De andere vriendin, Lisa Hensley, een collega van haar die nog in het gebouw was, beantwoordde haar telefoontje en zei: 'Begin alvast met schrobben. Ik kom eraan.' Warfield begon haar handen met jodiumtinctuur te boenen, spoelde ze af met water en een zoutoplossing en boende ze nogmaals. In haar ijver plensde ze water over de hele vloer. Hensley arriveerde snel, voegde zich bij haar in de grijze zone en begon andere mensen te bellen om hen te alarmeren, ook de mensen van de medische afdeling die in actie kwam bij ongevallen, terwijl Warfield verder ging met de jodiumtinctuurboenbeurt. Na vijf of tien minuten had Warfield het idee dat ze met de verwonding had gedaan wat ze kon en trok ze haar operatiepak uit, nam een zeep-en-waterdouche en kleedde zich aan. Hensley deed hetzelfde. Maar toen ze de grijze zone wilden verlaten, ging de hermetisch afgesloten deur niet open. Het elektronische slot reageerde niet op hun badges. Warfield, vol adrenaline en doodsbang, kon zich de luxe van geduldig wachten niet permitteren en ramde de deur met geweld open, waardoor er in andere delen van het gebouw alarmbellen begonnen te rinkelen.

Het nieuws had zich snel door het instituut verspreid, zodat er inmiddels in de gang een kleine menigte stond. Onder hun blikken en vragen spoedde Warfield zich naar de medische afdeling. Daar werd ze een kamertje in geloodst, door de dienstdoende vrouwelijke burgerarts ondervraagd over haar ongeluk en onderging ze een 'lichamelijk onderzoek', waarbij de arts haar met geen vinger aanraakte. 'Het was alsof ze bang was dat ik al ebola had,' zei Warfield. De incubatietijd van het ebolavirus wordt gemeten in dagen, niet in uren of minuten. Het duurt minstens twee dagen en meestal meer dan een week, voordat het virus zich echt gevestigd heeft, zich overvloedig vermeerdert en iemand ziekteverschijnselen geeft of besmettelijk maakt. Maar de burgerarts leek dat niet te weten of het te negeren. 'Ze gedroeg zich alsof ik al een melaatse was.' Die arts vertrok voor overleg met anderen, waarna het hoofd van de medische afdeling Warfield in zijn werkkamer liet komen, haar vroeg om te gaan zitten en haar vriendelijk vertelde wat de aanbevolen volgende stap was. Ze wilden haar in 'het Cachot' stoppen.

Het Cachot, zoals de medewerkers van USAMRIID het noemen, is een medische isoleerruimte, bestemd voor de verzorging van iemand die met een willekeurige gevaarlijke ziekteverwekker is geïnfecteerd en – evenzeer – voor bescherming tegen de verspreiding van de infectie naar anderen. Hij bestaat uit twee ziekenhuiskamers achter nog meer hermetisch afgesloten deuren en opnieuw een chemische douche. Eerder op de dag van ons gesprek, nadat Warfield toestemming had gekregen om mij rond te leiden bij USAMRIID, had ze me het Cachot laten zien en met enige sarcastische trots een toelichting gegeven op verschillende onderdelen ervan. Aan de buitenkant is de brede voordeur voorzien van het opschrift: ISOLEERRUIMTE. ALLEEN TOEGANG VOOR BEVOEGD PERSONEEL. Dat is deur nummer 537 in het gangendoolhof van USAMRIID. Het is de deur waardoor een nieuwe patiënt de suite binnengaat en, als alles goed gaat, de deur waardoor dezelfde patiënt ten slotte er weer uit komt. Als een en ander niet goed gaat, komt de patiënt naar buiten onder andere omstandigheden, niet lopend en niet via deur 537. Al het andere personenverkeer – de stroom van medische verzorgers en trouwe, onverschrokken vrienden – moet door een kleinere deur een kleedkamer in waar op rekken stapels beschermende kleding netjes opgevouwen klaarliggen, en vervolgens via een hermetisch sluitende stalen deur naar een luchtsluisdouche. Aan de andere kant van de douchecabine is nog een stalen deur. De twee hermetisch sluitende stalen deuren zijn nooit tegelijk open. Zolang de patiënt geen tekenen van infectie vertoont, worden goedgekeurde bezoekers toegelaten tot het Cachot, voorzien van een operatiepak, een mondneusmasker en handschoenen. Als de patiënt geïnfecteerd blijkt te zijn, wordt de suite een actieve BSL-4-zone, waarin artsen en verplegend personeel (nu geen bezoekers) van top tot teen in blauwe pakken gehuld moeten zijn. In die situatie neemt het medische personeel op weg naar buiten eerst een grondige douche en laten ze hun beschermende kleding in een zak achter om te worden gesteriliseerd.

Warfield ging me voor. We konden in onze gewone kleding door de douchecabine lopen, omdat de isoleerruimte niet bezet was. Ik hoorde een zuchtend geluid en voelde de verandering in mijn oren, toen de ruimte luchtdicht afgesloten werd doordat ze de eerste stalen deur achter ons dichtklapte. Ze zei: 'Daarom heet het hier nu het Cachot.'

Ze was de suite op 12 februari 2004, de dag na haar ongeluk, rond het middaguur binnengegaan, nadat ze met behulp van een legerjurist een testament had opgesteld en een wilsbeschikking (waarin medische beslissingen met betrekking tot het levenseinde worden vastgelegd). Haar man zat voor hogere militaire training in Texas en ze had hem telefonisch op de hoogte gebracht van de situatie. In feite had ze een groot deel van de voorgaande avond telefonisch contact met hem gehad en had hij haar met zijn steun van verre door de uren van verschrikking en angst heen geholpen. Op een gegeven moment zei ze tegen hem: 'Als ik ziek word, geef me dan alsjeblieft heel veel morfine. Ik heb deze ziekte gezien' – ze had gezien hoe apen in het lab er dood aan gingen, maar nooit een mens – 'en ik weet dat het echt pijn doet.' Het eerstvolgende weekend lukte het hem uit Texas over te vliegen en brachten ze Valentijnsdag in de isoleerruimte door, hand in hand, hij met latex handschoenen aan. Kussen door zijn masker was er niet bij.

Zoals gezegd wordt voor ebola gerekend met een incubatietijd van minstens twee dagen, maar het kan ook langer dan drie weken duren. Individuele ziektegeschiedenissen verschillen natuurlijk, maar in die tijd leek eenentwintig dagen de uiterste grens. De mening van deskundigen was dat als iemand die aan het ebolavirus was blootgesteld binnen die tijd geen symptomen vertoonde, het er ook niet meer van kwam. Kelly Warfield werd daarom veroordeeld tot eenentwintig dagen in het Cachot. 'Het was net een gevangenisstraf,' zei ze tegen me. Daarna corrigeerde ze zichzelf: 'Het is net een gevangenisstraf en bovendien ga je dood.'

Een ander verschil met een gevangenisstraf was dat er meer bloedonderzoek werd gedaan. Haar vriendin Diane Negley, die toevallig een gediplomeerd flebotomie- ofwel aderlatingspecialiste was en genoeg van ebola wist om te beseffen wat voor risico ze zelf liep, tapte elke ochtend een ader af en nam wat bloed van Warfield mee. In ruil bracht ze een donut en een koffie verkeerd mee. Negleys ochtendlijke bezoek was het hoogtepunt van Warfields dag. Gedurende de eerste week nam Negley 50 milliliter bloed per dag af, een aanzienlijke hoeveelheid (meer dan drie eetlepels) die de mogelijkheid gaf van meerdere tests plus een kleine extra hoeveelheid om in bevroren toestand op te slaan. Met één test, waarbij gebruik werd gemaakt van de bij alle moleculair biologen bekende polymeraseketenreactietechniek, doorgaans afgekort tot PCR (Polymerase Chain Reaction), werd gezocht naar mogelijke fragmenten van ebola-RNA (het genetisch molecuul van het virus, een equivalent van het menselijk DNA) in haar bloed. Die test, die alarmbellen kan doen rinkelen, maar soms ook onbetrouwbaar is omdat hij een valse positieve uitslag kan opleveren, werd steeds twee keer op elk bloedmonster uitgevoerd. Met een andere test werd gescreend op interferon, waarvan de aanwezigheid op een willekeurige virusinfectie kan wijzen. En er was nog een test die mikte op veranderingen in de bloedstolling, bij wijze van vroegtijdige waarschuwing in geval van een diffuse intravasale stolling, het catastrofale stollingsverschijnsel waardoor bloed weglekt naar waar het niet thuishoort. Warfield moedigde de medische verzorgers aan om zoveel bloed af te nemen als ze maar wensten. Ze wist nog goed dat ze tegen hen had gezegd: 'Als ik overlijd, dan wil ik dat jullie alles over mij aan de weet komen'

– alles wat ze aan de weet konden komen over ebola, bedoelde ze. 'Sla elk bloedmonster op. Analyseer alles wat je maar kunt. Sla er alsjeblieft munt uit als ik doodga. Ik wil graag dat jullie er iets van leren.' Tegen haar familie zei ze hetzelfde: Als het ergste gebeurt, laat ze dan sectie op me doen. Laat ze alle mogelijke informatie in veiligheid brengen.

Als ze inderdaad doodging, wist Warfield, dan zou haar lichaam het Cachot niet door deur 537 verlaten. Na de sectie zou het onder hoge druk verhit worden in het autoclaafvat, een sterilisatietoestel dat niets zou overlaten van wat haar dierbaren graag in een open lijkkist zouden zien. Al haar testresultaten in de eerste week waren normaal en geruststellend, op één onderzoek na. De tweede PCR-test van een bloedmonster van één bepaalde dag gaf een positieve uitslag. Dat betekende dat er ebolavirus in haar bloed zat.

Dat bleek een fout. De voorlopige uitslag maakte Warfield aan het schrikken, maar die fout werd al snel gecorrigeerd door nader onderzoek. Oeps, nee, sorry. Geeft niet.

Opnieuw ontstond er consternatie toen de leiding van USAMRIID zich realiseerde dat Warfield reumatoïde artritis had en dat de medicijnen daartegen haar immuunsysteem wellicht hadden onderdrukt. 'Dat werd een enorme controverse,' vertelde ze me. Bepaalde toppers onder de hoogste bazen van het instituut reageerden verbaasd en boos, hoewel de aandoening duidelijk in haar medisch dossier stond vermeld. 'Ze hielden een heleboel teleconferenties met een heleboel deskundigen. Allemaal wilden ze weten waarom iemand die immuungecompromitteerd was, dus iemand met een deficiënt immuunsysteem, in de BSL-4-afdelingen werkte.' Er was in feite geen bewijs dat haar immuunsysteem niet goed werkte. De commandant van USAMRIID, die in het Cachot nooit persoonlijk naar haar was komen kijken, zelfs niet door het glas, stuurde haar een e-mail met het bericht dat hij haar de toegang tot BSL-4-laboratoria tijdelijk ontzegde en haar badge in beslag nam. Het was een 'klap in haar gezicht', boven op al haar andere ellende en zorgen, zei Warfield.

Na meer dan twee weken van vampierachtige bloedafnames en geruststellende tests, begon Warfield er voorzichtig op te vertrouwen dat ze niet aan ebola zou sterven. Ze was zwak en moe, haar aderen waren ook moe, en daarom vroeg ze of het afnemen van bloedmonsters tot een dagelijks minimum kon worden teruggebracht. Ze kreeg opnieuw een verontrustende schok toen ze zich op een avond uitkleedde en merkte dat ze rode vlekken op haar arm had, waarop ze zich afvroeg of dat misschien het begin betekende van de karakteristieke huiduitslag van ebola. Ze had soortgelijke vlekken bij in het lab geïnfecteerde apen gezien. Die nacht kon ze niet slapen, omdat ze maar bleef piekeren over de vlekken, maar het bleek niets te zijn. Ze had een snelwerkend slaapmiddel bij de hand waardoor ze beter kon slapen. Ze had een hometrainer voor het geval ze behoefte had aan lichaamsbeweging. Ze had tv en internet en een telefoon. Naarmate de weken vorderden werd het angstaanjagende karakter van haar situatie langzaam verdreven door al het goede nieuws en de verveling.

Ze bleef gezond van geest met hulp van haar moeder en een paar goede vrienden (die haar vaak konden bezoeken), haar man (die dat niet kon), haar vader (die zich niet op de bezoekerslijst had laten zetten, zodat hij op haar zoon kon passen, voor het geval dat alle anderen besmet werden en in quarantaine moesten en dan stierven) en het nodige nerveuze gelach. Haar zoon, die Christian heet, was toen net drie en mocht vanwege zijn jeugdige leeftijd USAMRIID niet in. Warfield oordeelde dat hij hoe dan ook te jong was om hem te belasten met de wetenschap wat er precies aan de hand was. Zij en haar man vertelden Christian alleen maar dat mama drie weken afwezig was omdat ze 'speciaal werk' moest doen. Ze kreeg een videoverbinding, een soort Cachot-cam waarmee ze haar dierbaren daarbuiten kon zien en met hen kon praten. Hoi, ik ben het, Kelly, live uit Ebolaville, wat heb je vandaag gedaan? Diane Negley bracht elke ochtend niet alleen een donut met koffie mee, maar smokkelde ook elke vrijdagavond heldhaftig een biertje mee naar binnen. Eten was eerst een probleem, omdat USAMRIID geen kantine had, totdat het leger besefte dat het een potje had dat besteed kon worden aan afhaalmaaltijden voor een patiënt die in het Cachot verbleef. Daarna kon Warfield elke avond kiezen uit het beste wat Frederick te bieden had: Chinees, Mexicaans of pizza. Ook kon ze die maaltijden delen met haar bezoek, bijvoorbeeld met Negley, die dan in de dode hoek onder de bewakingscamera ging zitten, haar gezichtsbedekking omhoog schoof en met haar mee at. Vanwege de overvloed aan koolhydraten in dit troost-eten verzonnen Warfield en haar maatjes een spelletje: 'Ebola maakt je...' en dan vulde je de rest in. Ebola maakt je dik. Ebola maakt je dom. Ebola maakt je diabetisch door te veel chocolade-ijs. Ebola maakt je dankbaar voor kleine pleziertjes en glimlachjes in het hier en nu.

Op de ochtend van 3 maart 2004 ging deur 537 open en liep Kelly Warfield het Cachot uit. Haar moeder en Christian (die een speciale vrijstelling had gekregen) zaten in de wachtruimte aan het eind van de gang. Ze nam haar zoon mee naar huis. Die middag ging ze terug naar USAMRIID, waar haar vrienden en collega's haar op een coming-outparty vergastten, met hapjes, cadeautjes en ballonnen. Enkele maanden later, na een periode van tijdelijk ontzegde toegang, een lange reeks onderzoeken van haar immuunsysteem, een ietwat vernederend regime van omscholing en begeleiding, plus enig hardnekkig aandringen, kreeg ze weer toestemming om de BSL-4-laboratoria te betreden. Ze kon opnieuw de staart gaan kietelen van de draak die haar had kunnen vermoorden.

Heb je ooit overwogen om níét met je ebola-onderzoek verder te gaan? vroeg ik.

'Nee,' zei ze.

Waarom hou je zo van dit werk?

'Dat weet ik eigenlijk niet,' zei ze peinzend. 'Ik bedoel, waarom juist ebola? Daar gaan misschien maar een paar honderd mensen per jaar aan dood.' Dat wil zeggen, het is geen ziekte met een massale mondiale impact, en ondanks de lugubere scenario's die sommige mensen schetsen, is het niet waarschijnlijk dat het er ooit een zal worden. Maar de aantrekkingskracht ervan kon ze wel vanuit wetenschappelijk oogpunt duiden. Ze was bijvoorbeeld enorm geïnteresseerd in het feit dat een simpel micro-organisme als dit zo dodelijk kon zijn. Het bevat slechts een nietig genoom, net genoeg om slechts tien eiwitten te maken die verantwoordelijk zijn voor de bouw, het functioneren en zelfvermeerderend vermogen van het hele geval (een herpesvirus daarentegen zit genetisch ongeveer tien keer complexer in elkaar). Ondanks het minuscule genoom is het ebolavirus een meedogenloze killer. Het kan een mens in zeven dagen ombrengen. 'Hoe kan iets wat zo klein en zo simpel is zo ontstellend gevaarlijk zijn?' Warfield stelde die vraag en ik wachtte af. 'Dat is iets wat me gewoon echt fascineert.'

Op dat moment kwam haar inmiddels tot een knappe eersteklasser uitgegroeide zoon Christian thuis van school. Kelly Warfield had me het grootste deel van haar dag geschonken en nu was het tijd voor nog één laatste vraag. Hoewel ze moleculair bioloog is, geen ecoloog, noemde ik de twee onopgeloste raadselen rond het leven van het ebolavirus in het wild: het reservoir en het oversprongmechanisme.

Ja, dat is ook heel erg intrigerend, beaamde ze. 'Het duikt op en maakt een heleboel mensen dood en voordat je ter plekke bent en ook maar iets kunt uitvogelen, is het verdwenen.'

Het duikt weer onder in de Kongolese wouden, zei ik.

'Het duikt onder,' beaamde ze. 'Zeker weten. Waar kwam het vandaan en waar is het heen gegaan?' Maar dat viel buiten haar vakgebied.

19

Stel je een BSL-4-laboratorium voor – niet per se AA-5 bij USAMRIID, maar een van het handjevol laboratoria overal ter wereld waar onderzoek naar dit virus wordt gedaan. Stel je voor hoe dichtbij het virus is, hoe geordend en voorspelbaar alles verloopt. Het ebolavirus zit in deze muizen, vermeerdert zich en overspoelt hun bloedbaan. Het ebolavirus zit in dat buisje, hard bevroren. Het ebolavirus zit in de petrischaal, waar het plaques vormt, zichtbare kale plekken tussen menselijke cellen. Het ebolavirus zit in de injectiespuit – kijk uit voor de naald. Stel je nu een woud voor in het noordoosten van Gabon, iets ten westen van de bovenloop van de Ivindo. Het ebolavirus is overal en nergens. Het ebolavirus is aanwezig, maar niemand weet waar. Het ebolavirus is waarschijnlijk vlakbij, maar niemand kan je vertellen welk insect of zoogdier of welke vogel of plant zijn geheime bergplaats is. Het ebolavirus is niet in jóúw leefgebied. Jij bent in het zíjne.

Dat idee hadden Mike Fay en ik toen we in juli 2000 door het Minkébéwoud trokken. Zes dagen na mijn aankomst per helikopter verlieten we het gebied van de eilandbergen en sjokten we op Fays kompas naar het zuidwesten door een jungle met enorme bomen, tot pijnigend struikgewas vervlochten doornige klimplanten, beekjes en plassen, lage richels tussen de waterlopen, dicht met doornstruiken begroeide modderige moeraszomen, gevallen vruchten zo groot als jeu-de-boulesballen, roofmieren die ons pad kruisten, groepen apen boven ons hoofd, olifanten in overvloed, luipaarden, bijna geen tekenen van menselijk bezoek en ongeveer een biljoen piepende kikkers. Het reservoir van het ebolavirus bevond zich hier vermoedelijk ook, maar we zouden het zelfs niet als zodanig herkend hebben als we het recht in de ogen konden kijken. We konden alleen verstandige voorzorgsmaatregelen nemen.

Op de elfde dag van onze trektocht ontwaarde een van Fays helpers ergens op de grond van het woud een jonge kroonmeerkat, nog levend maar de dood nabij – het bloed droop uit zijn neusgaten. Misschien had hij hoog in een boom een tak gemist en een fatale val gemaakt. Of... misschien was hij ergens mee besmet, bijvoorbeeld met ebola, en was hij naar beneden gekomen om te sterven. Het teamlid hield zich aan Fays dwingende instructies en raakte het dier niet aan. Fays ploeg van hardwerkende Bantoes en pygmeeën hunkerde altijd naar wild vlees voor de avondpot, maar Fay had hun de jacht op het terrein van het natuurreservaat verboden – en tijdens dit traject door de Minkébé had hij zijn kok nog strengere orders gegeven: Zet ons niets voor dat dood op de grond is aangetroffen. Die avond aten we opnieuw een bruine stoofpot, met als ingrediënten het gebruikelijke gevriesdroogde vlees en de sauzen uit blik, uitgestort over instantaardappelpuree. Ik hoopte vurig dat ze de stervende aap hadden achtergelaten.

De volgende avond bleven we na het eten rond het kampvuur zitten en hielp Fay me met het ontlokken van wat ooggetuigenverhalen aan Sophiano Etouck, de verlegenste van de twee overlevenden van Mayibout 2. Ik had het hele verhaal – inclusief het gedeelte over Sophiano's persoonlijke verliezen – al gehoord van de welbespraakte Thony M'Both, maar de potige, doch bedeesde Sophiano had zelf nog nooit vrijuit gesproken. Nu deed hij dat eindelijk wel. De zinnen werden wreed in stukjes gehakt door zijn gestotter, dat hem soms tot een schijnbaar onoverkomelijke stilstand bracht, maar Sophiano zette door en tussen de blokkades rolden de woorden snel over zijn lippen.

Hij was naar een van de gouddelverskampen getrokken. Verder stroomopwaarts. En gestopt in Mayibout 2 voor familiebezoek. Die avond zei een van zijn nichtjes dat ze zich niet goed voelde. Malaria dacht iedereen. Een routinezaak. De volgende ochtend werd het erger. Daarna kregen andere mensen het ook. Ze braakten, ze hadden diarree. Begonnen dood te gaan. Ik verloor er zes, zei Sophiano. Thony had het juiste aantal genoemd, maar kon niet precies vertellen om wie het ging. Een oom, een broer, een schoonzus. Haar drie dochters. De mannen in witte pakken kwamen, die namen de leiding. Een van hen, een Zaïrees, had de ziekte al eerder gezien. In Kikwit. Daar waren twintig artsen gestorven, vertelde de Zaïrees ons. Ze hadden tegen ons gezegd dat dit iets heel erg besmettelijks is. Als een vlieg op je neerstrijkt nadat hij contact met een van de lijken heeft gehad, zeiden ze, dan ga je dood. Maar ik had een van mijn nichtjes in mijn armen gehouden. Ze had een buisje in haar pols, een intraveneus infuus. Het raakte verstopt, het hoopte zich op. Haar hand zwol op. En toen spoot in één klap haar bloed over mijn borst, zei Sophiano. Maar ik werd niet ziek. Je moet de kuur doen, zeiden de dokters tegen me. Je moet hier eenentwintig dagen in quarantaine blijven. Ik dacht, barst maar. Ik heb de kuur niet gedaan. Nadat mensen van mijn familie waren begraven, ging ik weg uit Mayibout 2. Ik ging naar Libreville en logeerde daar bij een andere zus, daar hield ik me schuil, bekende Sophiano. Omdat ik bang was dat de artsen het me moeilijk zouden maken, zei hij.

Dit was onze laatste avond in het woud voordat we zes à zeven kilometer verderop opnieuw bevoorraad zouden worden op een punt waar Fays tevoren vastgestelde koers een weg kruiste. Die weg leidde naar het oosten, naar Makokou. Sommige helpers van Fay zouden hem daar verlaten. Ze waren uitgeput, helemaal op, en ze waren het zat. Andere mannen, die al even uitgeput waren, zouden wel bij hem blijven omdat ze het werk hard nodig hadden, of omdat het beter was dan goud delven, of omdat ze naast die redenen nog een belangrijke extra reden hadden: de pure fascinatie betrokken te zijn bij een onderneming die zo schitterend idioot en uitdagend was. Nog een half jaar van moeizaam door wouden en moerassen trekken scheidde hen van Fays eindpunt, de Atlantische Oceaan.

Sophiano zou blijven. Hij had ergere dingen meegemaakt.

20

De identiteit van het reservoir (of de reservoirs) van het ebolavirus is op het moment dat ik dit schrijf nog steeds onbekend, ook al zijn er wel verdachten gesuggereerd. Verschillende onderzoeksgroepen hebben zich over deze vraag gebogen. De gezaghebbendste, voordeligst gepositioneerde en volhardendste daarvan is het team onder leiding van Eric M. Leroy van het CIRMF in Franceville, Gabon. Zoals gezegd was Leroy een van de in verwarring oproepende witte pakken gestoken artsen die deelnamen aan de activiteiten van het crisisteam in Mayibout 2. Hoewel hij en zijn collega's misschien niet veel (of niet één, zoals Thony M'Both het zich herinnerde) van de Mayibout-patiënten van de dood hebben gered, leidde die uitbraak voor Leroy zelf tot een ware transformatie. Hij had niet alleen een opleiding tot immunoloog genoten, maar ook tot dierenarts en viroloog, en tot 1996 had hij onderzoek gedaan naar het effect van een ander soort virus (het apenaidsvirus *siv* – van *simian immunodeficiency virus* – waarover meer in hoofdstuk 7) op het immuunsysteem van mandrils. Mandrils, of bosduivels, zijn grote, op bavianen lijkende apen met een rode neus, aan weerskanten geflankeerd door blauwe, gegroefde neuskussens en een dreigende gezichtsuitdrukking, wat hun het aanzien geeft van een boze, woeste clown. Leroy was ook nieuwsgierig naar het immuunsysteem van vleermuizen. Toen kwamen Mayibout 2 en ebola.

'Het is een soort onvermijdelijk lot,' vertelde Leroy me toen ik bij hem in Franceville op bezoek was.

Na Mayibout 2 weer teruggekeerd bij het CIRMF, zette hij zijn ebolaonderzoek voort in zijn lab. Samen met een medewerker, ook een immunoloog, onderzocht hij een aantal moleculaire signalen in bloedmonsters die genomen waren tijdens de uitbraak. Ze vonden aanwijzingen dat de medische uitkomst voor een individuele patiënt – overleven en herstellen, of doodgaan – misschien geen verband hield met de omvang van de infectieuze dosis ebolavirus, maar met het gegeven of de bloedcellen van de patiënt al dan niet onmiddellijk antistoffen produceerden, als reactie op de infectie. Als ze dat niet deden, waarom dan niet? Kwam het doordat het virus hun immuunsysteem op de een of andere manier snel buiten werking stelde, zodat het normale verloop van de moleculaire interacties die betrokken zijn bij de antistofproductie werd verstoord? Doodt het virus mensen (zoals inmiddels algemeen wordt verondersteld) door immuundisfunctie te creëren, waarna het de slachtoffers overweldigt met een virusvermeerdering die vervolgens voor de bekende verwoestende gevolgen zorgt? Leroy en zijn mede-immunoloog publiceerden samen met nog een groep extra medeauteurs dit onderzoek in 1999, waarna hij geïnteresseerd raakte in andere dimensies van het ebolavirus: de ecologie en de evolutionaire geschiedenis ervan.

De ecologie van het ebolavirus behelst ook de vraag naar het reservoir: waar houdt het zich tussen uitbraken door schuil? Een andere ecologische kwestie is het fenomeen van de oversprong: langs welke weg en onder welke omstandigheden springt het virus vanuit zijn reservoir over naar andere dieren, zoals mensapen en mensen? Die vragen stellen is niet moeilijk, maar gegevens vinden die misschien een antwoord op die vragen mogelijk maken, is een stuk lastiger. Hoe bestudeert een wetenschappelijk onderzoeker de ecologie van een dergelijke ongrijpbare pathogeen? Leroy en zijn team gingen naar plekken in het woud waar onlangs met het ebolavirus geïnfecteerde gorilla- of chimpanseekarkassen waren gevonden, en ook begonnen ze op grote schaal dieren te vangen. Ze zochten naarstig naar een hypothese. Het ebolavirus kon in een van deze dieren huizen, maar in welk dier?

Tijdens enkele van 2001 tot 2003 gehouden expedities in de door ebola getroffen gebieden van Gabon en de Republiek Kongo ving, doodde en ontleedde Leroys groep meer dan 1000 dieren, waarbij ze monsters van bloed en organen afnamen. Hun oogst bestond uit 222 vogels van diverse soorten, 129 kleine landzoogdieren (spitsmuizen en knaagdieren) en 679 vleermuizen. Terug in het lab in Franceville onderzochten ze de monsters op sporen van ebola met behulp van twee verschillende methoden. Met de ene methode konden ze ebola-specifieke antistoffen opsporen die aanwezig moesten zijn in dieren die gereageerd hadden op infectie. Bij de andere methode werd gebruikgemaakt van PCR (zoals men bij Kelly Warfield had gedaan) om te screenen op fragmenten van genetisch materiaal van het ebolavirus. Nadat ze zodoende grondig hadden gekeken naar de vleermuisfauna, die goed was voor twee derde van zijn totale collectie, stuitte Leroy ergens op: het bewijs van een ebolavirusinfectie bij vleermuizen van drie verschillende soorten.

Dit waren allemaal betrekkelijk grote en zware vleermuizen, net als de vleerhonden die het hendravirus in Australië herbergden. Een ervan, de hamerkopvleerhond (*Hypsignathus monstrosus*), is de grootste vleermuis in Afrika, zo groot als een kraai. Mensen jagen op deze dieren voor consumptie. Maar in dit geval was het bewijs dat vleermuizen en virus met elkaar verbond weliswaar significant, doch niet sluitend. Er waren 16 vleermuizen (waaronder 4 hamerkoppen) die antistoffen hadden. Er waren 13 vleermuizen (opnieuw inclusief een aantal hamerkoppen) die stukjes genoom van het ebolavirus hadden, aantoonbaar door middel van PCR. Dat waren in totaal 29 exemplaren, wat slechts een geringe fractie was van de hele groep. En bovendien leken de testuitslagen voor die 29 dieren twijfelachtig, omdat geen enkele individuele vleermuis positief op beide methoden testte. De 16 vleermuizen met antistoffen bevatten geen ebola-RNA, en vice versa. Verder troffen Leroy en zijn team bij geen enkele vleermuis levend ebolavirus aan en ook niet in een van de andere dieren die ze opensneden.

Twijfelachtig of niet, toch leken deze resultaten spectaculair toen ze eind 2005 in een artikel van Leroy en zijn medewerkers te lezen waren. Het was een korte mededeling, nauwelijks meer dan een pagina, maar gepubliceerd door *Nature*, een van de meest gerenommeerde wetenschappelijke tijdschriften ter wereld. De kop luidde: VLEERHONDEN ALS RESERVOIR VAN EBOLAVIRUS. De tekst zelf, die eerder tentatief en voorzichtig was, meldde dat vleermuizen van drie soorten 'wellicht als reservoir dienen' voor het virus. Sommige deskundigen reageerden alsof de kwestie nu nagenoeg beslist was, terwijl anderen nog even wachtten met hun oordeel. 'Het enige wat nog ontbreekt om met zekerheid te kunnen zeggen dat vleermuizen het reservoir zijn,' zei Roy tien maanden later tijdens ons gesprek, 'is het isoleren van het virus. Levend virus van vleermuizen.' Dat was in 2006. Dat is nog steeds niet gebeurd, voor zover we weten, hoewel niet door gebrek aan inspanningen van zijn kant. 'We blijven vleermuizen vangen – om te kijken of we het virus kunnen isoleren uit hun organen,' zei hij.

Maar de vraag naar het reservoir, benadrukte Leroy, was slechts één aspect van ebola dat hem bezighield. Met de methodes van de moleculaire genetica bestudeerde hij ook de fylogenese ervan: de afstamming en evolutionaire geschiedenis van de hele filovirusfamilie, met inbegrip van het marburgvirus en de diverse ebolavirussen. Hij wilde ook meer weten van de natuurlijke cyclus van het virus, hoe het zich vermeerdert binnen zijn reservoir (of reservoirs) en hoe het zich in die populaties handhaaft. Uiteindelijk zou enige kennis van de natuurlijke cyclus hem helpen ontdekken hoe het virus wordt overgedragen naar de mens: het oversprongmoment. Vindt die overdracht op de een of andere manier rechtstreeks plaats (bijvoorbeeld door mensen die vleermuizen eten) of via een tussengastheer? 'We weten niet of er een rechtstreekse overdracht van vleermuizen naar mensen plaatsvindt,' zei hij. 'We weten alleen dat er een directe overdracht is van dode mensapen naar mensen.' Kennis van de overdrachtsmechanismen – met inbegrip van seizoensfactoren, het geografische patroon van de uitbraken en de omstandigheden waaronder reservoirdieren of hun uitwerpselen in contact worden gebracht met mensapen of mensen – zou gezondheidsautoriteiten de kans kunnen geven om sommige uitbraken te voorspellen en zelfs te voorkomen. Maar er is wel een ijselijke vicieuze cirkel: om meer gegevens te kunnen verzamelen zijn er meer uitbraken nodig.

Ebola is moeilijk te bestuderen, legde Leroy uit, vanwege de aard van het virus. Het slaat zelden toe, het ontwikkelt zich in de loop van de infectie heel snel, binnen enkele dagen is het dodelijk of niet dodelijk, het treft bij elke uitbraak slechts enkele tientallen of honderden mensen en die mensen wonen over het algemeen in afgelegen gebieden, ver van ziekenhuizen met onderzoeksfaciliteiten en medische instituten – ver zelfs van zijn eigen instituut, het CIRMF (van Franceville naar Mayibout 2 is een reis van ongeveer twee dagen over de weg en de rivier). Daarna ebt de uitbraak plaatselijk weg, komt op een dood spoor of wordt door interventie met succes tot staan gebracht. Het virus verdwijnt als een bende jungleguerrillero's. 'Er valt niets aan te doen,' zei Leroy, uitdrukking gevend aan de kortstondige verwarring van een anders zo geduldige man. Hij bedoelde dat er niets aan te doen viel, behalve doorgaan met proberen, doorgaan met werken, doorgaan met steekproeven nemen in het woud, doorgaan met reageren op uitbraken wanneer die zich voordoen. Niemand kan voorspellen wanneer en waar het ebolavirus straks zal overspringen. 'Dat bepaalt het virus blijkbaar zelf.'

21

Het geografische patroon van ebola-uitbraken onder mensen is, zoals gezegd, omstreden. Iedereen weet hoe dat patroon eruitziet, maar experts twisten over wat het betekent. Het dispuut gaat met name over een van de vijf ebolavirussen die het meest frequent op meerdere plaatsen in Afrika is opgedoken en daarom het hardst om een verklaring vraagt. Vanaf het eerste bekende optreden ervan tot op heden – van Yambuku (1976) tot Tandala (1977) tot de gouddelverskampen aan de bovenloop van de Ivindo (1994) tot Kikwit (1995) tot Mayibout 2 (1996) tot Booué (later in 1996) tot het noordelijke grensgebied van Gabon en de Republiek Kongo (2001-2002) tot het Mbomo-gebied (2002-2003) tot zijn terugkeer in Mbomo (2005) en daarna tot zijn meer recente optreden in de buurt van de rivier de Kasai in wat nu de Democratische Republiek Kongo is (2007-2009) – lijkt het ebolavirus zich hinkelend een weg te hebben gebaand door Centraal-Afrika. Wat is er aan de hand? Is dat patroon willekeurig of heeft het bepaalde oorzaken? Als het bepaalde oorzaken heeft, welke zijn dat dan?

Rond deze vragen zijn er twee denkrichtingen ontstaan. Ik noem ze de golfschool en de deeltjesschool – mijn kleine parafrase van het klassieke golf-of-deeltjesraadsel wat betreft de aard van licht. Als je op school hebt opgelet, kun je je vast nog wel herinneren dat de natuurkundige Christiaan Huygens opperde dat licht uit golven bestaat, terwijl Isaac Newton stelde dat licht uit deeltjes bestaat. Beiden hadden ze enkele op experimenten gebaseerde redenen voor deze aannames. Het wachten was op de kwantummechanica, die meer dan twee eeuwen later duidelijk maakte dat golven-versus-deeltjes geen oplosbare tweedeling is, maar een onzegbaar dualisme, of in elk geval een uit de beperkingen van verschillende vormen van waarnemen voortkomend resultaat.

In de deeltjesvisie is het ebolavirus relatief oud en alomtegenwoordig in Centraal-Afrikaanse wouden en is elke uitbraak onder mensen een aparte gebeurtenis die hoofdzakelijk verklaarbaar is door een directe oorzaak. Bijvoorbeeld: iemand eet van een geïnfecteerd chimpanseekarkas; het karkas is geïnfecteerd, omdat de chimpansee zelf een vrucht heeft gegeten waar een reservoirdier aan heeft geknaagd. De daaropvolgende uitbraak onder mensen is het resultaat van een lokale, toevallige gebeurtenis, en daarom vertegenwoordigt elke uitbraak een deeltje dat losstaat van andere uitbraken. Eric Leroy is de belangrijkste voorstander van deze visie. 'Ik denk dat het virus de hele tijd aanwezig is, binnen de reservoirsoort,' vertelde hij me. 'En soms is er een overdracht van de reservoirsoort op andere soorten.'

In de golfvisie wordt gesteld dat het ebolavirus níét al heel lang aanwezig is in heel Centraal-Afrika – integendeel, dat het een vrij nieuw virus is dat afstamt van een bepaalde virale voorouder, misschien in het Yambuku-gebied, en dat het zich recent naar andere plekken heeft verplaatst waar het de kop heeft opgestoken. De lokale uitbraken zijn geen losstaande, maar onderling verbonden gebeurtenissen, als onderdeel van een golfverschijnsel. Het virus heeft zijn domein in de afgelopen decennia uitgebreid en daarbij nieuwe populaties van het reservoir op nieuwe plaatsen geïnfecteerd. In deze visie vormt elke uitbraak een lokaal voorval dat voornamelijk te verklaren is door een meeromvattende oorzaak: de aankomst van de golf. De belangrijkste voorstander van het golfidee is Peter D. Walsh, een Amerikaanse ecoloog die vaak in Centraal-Afrika heeft gewerkt en gespecialiseerd is in de wiskundige theorie over ecologische feiten.

'Ik denk dat het zich binnen een reservoir van gastheer naar gastheer verspreidt,' zei Walsh, toen ik hem vroeg om me uit te leggen waar en hoe het virus zich verplaatste. Dit was tijdens een gesprek dat ik met hem had in Libreville, een drukke Gabonese stad met enkele eilandjes van rust die alle ebola-onderzoekers uiteindelijk aandoen. 'Waarschijnlijk een dierreservoir dat omvangrijke populaties heeft en zich niet veel verplaatst. Een reservoir dat het virus in elk geval niet erg ver overdraagt.' Walsh beweerde niet dat hij wist wat de identiteit van dat reservoir was, maar het kon niet anders of het was een talrijk en betrekkelijk sedentair dier. Een knaagdier? Een kleine vogel? Een niet-rondtrekkende vleermuis?

Het bewijsmateriaal aan beide zijden van deze tweedeling is divers en intrigerend, hoewel niet overtuigend. Eén vorm van dat bewijsmateriaal bestaat in de genetische verschillen tussen de varianten van het ebolavirus zoals die zijn aangetroffen of die sporen van zichzelf hebben nagelaten in menselijke slachtoffers, gorilla's en andere dieren, waarvan op verschillende tijden en plaatsen monsters zijn genomen. In het algemeen lijkt het ebolavirus te muteren in een tempo dat vergelijkbaar is met dat van andere RNA-virussen (dat wil zeggen relatief snel), en de mate van variatie die aantoonbaar is tussen de ene en de andere stam van het ebolavirus kan een uiterst belangrijke aanwijzing zijn voor hun oorsprong in ruimte en tijd. Peter Walsh, die met twee medeauteurs aan een artikel werkte dat gepubliceerd werd in 2005, combineerde zulke genetische gegevens met een geografische analyse en stelde op grond daarvan dat alle bekende varianten van het ebolavirus afstammen van een voorouder die sterke gelijkenis met het yambukuvirus van 1976 vertoont.

Walsh' medewerkers waren Leslie Real, een alom gerespecteerde infectieziekte-ecoloog en theoreticus aan de Emory University, en een schrandere jongere collega, Roman Biek. Samen presenteerden ze kaarten, grafieken en stambomen ter illustratie van sterke correlaties tussen drie soorten afstanden: afstand in kilometers van Yambuku, afstand in de tijd vanaf dat voorval in 1976 en afstand in genetische verschillen van de yambuku-achtige gemeenschappelijke voorouder. 'Al met al wijzen onze onderzoeksresultaten duidelijk naar de conclusie dat het [ebolavirus] zich in het midden van de jaren zeventig geleidelijk over Centraal-Afrika heeft verspreid vanuit een bron in de buurt van Yambuku,' schreven ze. De titel van het artikel, die deze stelling ronduit weergaf, luidde: 'Wave-Like Spread of Ebola Zaire' ('Golfachtige verspreiding van Ebola Zaïre-virus'). Het kan al dan niet een nieuwe pathogeen zijn, althans nieuw op deze plaatsen (ander, meer recent gepubliceerd bewijsmateriaal geeft aan dat filovirussen vermoedelijk miljoenen jaren oud zijn). Maar misschien is er iets gebeurd, en nog maar kort geleden, waardoor het virus een nieuwe vorm heeft gekregen en zich op mensen en mensapen heeft gestort. 'In dit scenario kunnen de verschillende fylogenetische stamboomstructuren, de sterke correlatie tussen het uitbraakmoment en de afstand van Yambuku, plus de correlatie tussen de genetische en de geografische afstand, worden geïnterpreteerd als het resultaat van een zich constant verplaatsende golf van [ebolavirus]infectie.' Eén gevolg van de voortgaande golf, zo stelden ze, is een massale sterfte onder mensapen. Sommige regionale populaties zijn vrijwel uitgeroeid – zoals de gorilla's van het Minkébéwoud, van het Lossi-reservaat en van het gebied rond Moba Bai – omdat het ebolavirus hen als een tsunami overspoelde.

Tot zover de golfhypothese. De deeltjeshypothese maakt grotendeels gebruik van dezelfde, maar dan anders geïnterpreteerde gegevens om te komen tot een visie van onafhankelijke oversprongen zonder doorlopende golf. Eric Leroys groep verzamelde ook nog meer gegevens, waaronder monsters van spieren en botten van gorilla's, chimpansees en duikerbokken die dood werden aangetroffen in de buurt van plekken waar mensen door een uitbraak waren getroffen. In sommige karkassen (met name die van de gorilla's) vonden ze bewijzen voor een ebolavirusinfectie, met kleine maar significante genetische verschillen in het virus tussen afzonderlijke dieren. Ook bestudeerden ze een aantal menselijke monsters van de uitbraken in Gabon en Kongo in de loop van 2001-2003, waarbij ze acht verschillende virusvarianten identificeerden (met kleinere verschillen dan de kloven tussen de vijf ebolavirussen onderling). Zulke onderscheiden virussen, stelden ze, moeten begrepen worden tegen de achtergrond van hun genetisch relatief stabiele karakter. De verschillen tussen de varianten wijzen op een langdurige afzondering in gescheiden gebieden en niet op een aanrollende golf van een recentelijk gearriveerd, tamelijk uniform virus. 'Zodoende vinden ebola-uitbraken waarschijnlijk niet plaats in de vorm van één enkele uitbraak die zich over het hele Kongobekken verspreidt, zoals anderen beweren,' schreef Leroys team, nadrukkelijk zinspelend op Walsh' hypothese, 'maar zijn ze te wijten aan een veelvuldig optredende besmetting van mensapen vanuit het reservoir.'

Deze schijnbare tegenstelling tussen Leroys deeltjeshypothese en

Walsh' golfhypothese laat zien dat men eigenlijk langs elkaar heen praat, denk ik. De verwarring kan zowel zijn ontstaan door het openhouden van achterdeurtjes en een zekere mate van onderlinge wedijver als door vaagheden in de door hen gepubliceerde artikelen. Wat Walsh suggereerde – om het zo simpel mogelijk samen te vatten – is dat een golf van ebolavirus heel Centraal-Afrika recentelijk teistert door het infecteren van de een of andere natuurlijke gastheer (of gastheren). Na zijn recente vestiging in de als reservoir dienende gastheer is het virus volgens Walsh hier en daar overgesprongen naar populaties van mensapen en mensen. Het resultaat van dat proces manifesteert zich als een opeenvolging van uitbraken onder mensen, samenvallend met groepjes dode chimpansees en gorilla's – bíjna alsof mensapenpopulaties in heel Centraal-Afrika door het virus werden overspoeld. Maar Walsh benadrukte tijdens ons gesprek in Libreville dat hij nooit had gesproken van een continentale golf van stervende gorilla's waarbij de ene groep de andere besmette. Zijn ebolagolf, zo legde hij uit, verplaatst zich via de reservoirpopulaties, niet via de mensapen. Gevallen van sterfte onder mensapen zijn inderdaad talrijk en wijdverspreid, en tot op zekere hoogte worden die versterkt doordat mensapen elkaar weer besmetten, maar uit het bredere patroon blijkt een voortschrijdende vestiging van virussen in een andere, nog niet geïdentificeerde groep dieren waarmee mensapen vaak contact hebben. Leroy daarentegen heeft zijn deeltjeshypothese van 'meerdere onafhankelijke introducties' gepresenteerd als een tegenovergesteld alternatief, niet voor Walsh' idee zoals we dat hier hebben vermeld, maar voor het idee van een continue golf onder de mensapen.

Met andere woorden, de een roept: Appelen! De ander antwoordt: Geen sinaasappelen, nee! Misschien hebben beiden gelijk, of niet, maar hoe dan ook rijmen hun argumenten niet echt met elkaar.

Dus... is licht een golf of een deeltje? Het lapidaire eigentijdse antwoord van de kwantummechanica is: ja. En heeft Peter Walsh gelijk wat betreft het ebolavirus of Eric Leroy? Het beste antwoord is waarschijnlijk weer: ja. Walsh en Leroy hebben uiteindelijk samen een artikel geschreven, met de medeauteurs Roman Biek en Les Real als behendige verzoeners, waarin een logisch amalgaam wordt gepresenteerd van hun respectieve standpunten over de stamboom van ebolavirusvarianten (die allemaal afstammen van het yambukuvirus) en van de hamerkopvleerhond en de twee andere soorten vleermuizen als (relatief nieuwe) reservoirs. Maar ook dat artikel liet nog een aantal vragen onbeantwoord, zoals deze: als de vleermuizen onlangs met het ebolavirus zijn geïnfecteerd, waarom vertonen ze dan geen ziekteverschijnselen?

De vier auteurs waren het wel eens over een aantal andere fundamentele punten. Ten eerste zijn vleerhonden vermoedelijk een reservoir van het ebolavirus, maar niet per se het enige reservoir. Misschien is er nog een ander dier in het spel – een veel ouder reservoir dat zich al lang geleden aan het virus heeft aangepast (zo ja, waar houdt dat dier zich dan schuil?). Ten tweede waren ze het erover eens dat er te veel mensen aan ebola zijn gestorven, maar lang niet zoveel mensen als gorilla's.

22

Na onze vruchteloze exercitie in de buurt van Moba Bai, in het noordwesten van Kongo, stapten Billy Karesh en ik, plus de deskundige gorillagids Prosper Balo en andere leden van het team, in een boomstamkano voor de drie uren durende terugreis over de Mambili. We namen geen diepgevroren bloedmonsters van gorilla's mee, maar ik was toch blij dat ik de kans had gekregen om mee te draaien met het team. Vanaf de benedenloop van de Mambili gingen we in een van de zijtakken stroomopwaarts verder, legden aan bij een steiger en reden daarna over een onverharde weg naar de stad Mbomo, midden in het gebied waar het ebolavirus 128 mensen had gedood tijdens de uitbraak van 2002 tot 2003.

Mbomo is de plaats waar Barry Hewlett – die hier aankwam vlak nadat de vier onderwijzers aan stukken waren gehakt – werd geconfronteerd met door inwoners geuite moordlustige insinuaties dat de ebola-sterfgevallen het gevolg waren van tovenarij. We stopten bij een klein ziekenhuis, een U-vormig complex van lage betonnen gebouwtjes rond een ongeplaveide binnenplaats, als een kaal soort motel. Alle kleine en op cellen lijkende vertrekken gaven via een louvredeur direct toegang tot de binnenplaats. Terwijl we daar in de hitte stonden, vertelde Alain Ondzie me het alom bekende verhaal over de geneesheer-directeur, Catherine Atsangandako, die een jaar eerder een ebolapatiënt gewoon in een van die cellen had opgesloten en hem door de lamellen van voedsel en water had voorzien. De man was een jager die vermoedelijk besmet was doordat hij op de een of andere manier contact had gehad met een stuk vlees van een wild dier. Hij was gestorven achter zijn louvredeur, een eenzaam einde, maar iedereen dacht wel dat de draconische quarantainemaatregel van de dokter een grootschaligere uitbraak had voorkomen.

Dokter Catherine was zelf de stad uit vandaag. Het enige bewijs van haar harde hand was een bord dat in felrode letters verordende:

ATTENTION EBOLA
NE TOUCHONS JAMAIS
NE MANIPULONS JAMAIS
LES ANIMAUX TROUVÉS
MORTS EN FORÊT

Kijk uit voor ebola. Raak dode dieren in het woud niet aan.

Mbomo onderscheidde zich nog door iets anders: het was Prosper Balo's geboortestad. We liepen naar zijn huis over een smalle achterweg en daarna over een met gras begroeid pad, en zagen een netjes aangeveegde ongeplaveide binnenplaats met houten stoelen die onder een palmboom voor ons klaarstonden. We maakten kennis met zijn vrouw, Estelle, en een paar van zijn vele kinderen. Zijn moeder bood ons palmwhisky aan. De kinderen vochten om hun vaders aandacht, andere familieleden verzamelden zich om kennis te maken met de buitenlandse bezoekers en er werden groepsfoto's gemaakt. In de loop van al deze blijmoedige gezelligheid kregen we in antwoord op enkele voorzichtige vragen nog wat details te horen over de impact die ebola op Estelle en haar familie had gehad in die beroerde periode van 2003, toen Prosper weg was.

We hoorden dat haar zus, twee broers en een kind allemaal overleden waren tijdens de uitbraak, en dat Estelle zelf door mensen uit de stad werd gemeden vanwege haar band met die dodelijke slachtoffers. Niemand wilde voedsel aan haar verkopen. Niemand wilde haar geld aanraken. Het is onzeker of ze bang waren voor besmetting of voor zwarte magie. Ze moest onderduiken in het woud. Ze zou zelf zijn overleden, zei Prosper, als hij haar niet de voorzorgsmaatregelen had bijgebracht die hij van dr. Leroy en de andere wetenschappers had geleerd in de dagen dat hij hun hielp bij hun zoektocht naar geïnfecteerde dieren: steriliseer alles met bleekmiddel, was je handen en raak geen lijken aan. Maar nu de slechte dagen verleden tijd waren en met Prospers arm om haar heen, was Estelle een lachende, gezonde jonge vrouw.

Prosper herinnerde zich de uitbraak op zijn eigen manier, rouwend om de verliezen van Estelle en nog enkele van een ander kaliber. Hij liet ons een dierbaar boek zien, een soort gezinsbijbel – behalve dan dat het een botanische veldgids was –, met schutbladen waarop hij een lijst met namen had geschreven: Apollo, Cassandra, Afrodite, Ulysses, Orfeus en bijna twintig andere namen. Het waren gorilla's, een hele groep die hij goed had gekend, die hij dagelijks liefdevol had gevolgd en geobserveerd in het Lossi-reservaat. Cassandra was zijn favoriet, zei Prosper. Apollo was de zilverrug. '*Sont tous disparus en deux-mille trois*,' zei hij. Allemaal verdwenen in de uitbraak van 2003. Maar in feite waren ze niet helemaal *disparus*:

hij en andere spoorzoekers hadden de laatste tocht van de groep gevolgd en onderweg zes gorillakarkassen gevonden. Hij zei niet welke zes. Cassandra, met andere dode gorilla's op een door vliegen omzwermde hoop? Het was heel zwaar, zei hij. Hij had zijn gorillafamilie en ook leden van zijn menselijke familie verloren.

Een poosje bleef Prosper daar met het opengeslagen boek staan, zodat we die namen konden zien. Hij begreep intuïtief wat wetenschappers over zoönosen weten op grond van nauwkeurige waarnemingen, modellen en gegevensmateriaal: mensen en gorilla's, paarden en duikerbokken en varkens, apen en chimpansees en vleermuizen en virussen – we zitten allemaal in hetzelfde schuitje.

3
Alles komt ergens vandaan

23

Ronald Ross kwam in 1874 op zijn zeventiende uit India naar het Westen om medicijnen te studeren aan het St. Bartholomew's Hospital in Londen. Wat later ging hij zich bezighouden met malariaonderzoek.

Ross was een ware zoon van het Britse Rijk. Zijn vader, generaal Ross Campbell, een Schotse officier met wortels in de Highlands, had tijdens de hele Sepoy-opstand in het Brits-Indische leger gediend en deelgenomen aan felle gevechten met de bergstammen. Engeland was al eerder Ronalds 'thuis' geweest, toen hij het verblijf op een kostschool in de buurt van Southampton had moeten doorstaan. Het leek hem een leuk idee om dichter of schilder of misschien wiskundige te worden, maar hij was de oudste van tien kinderen – met alle bijbehorende druk die die positie meebracht – en zijn vader had besloten dat hij zich moest aanmelden bij de Indian Medical Service (IMS). Na een duffe periode van vijf jaar op St. Bartholomew's zakte Ross voor het toelatingsexamen van de IMS, een weinig goeds belovende start voor een uiteindelijke winnaar van de Nobelprijs voor geneeskunde. Wel gebeurden er tijdens zijn jonge jaren twee dingen die je best veelbelovend mag noemen: op de kostschool won hij een prijs voor wiskunde en tijdens zijn medische opleiding diagnosticeerde hij een vrouw als lijdend aan malaria. Dat was een ongebruikelijke diagnose omdat malaria in Engeland vrijwel onbekend was, zelfs te midden van de moerassen van Essex waar deze vrouw woonde. De geschiedenis vermeldt niet of Ross' diagnose juist was, want door van deze dodelijke ziekte te reppen had hij haar bang gemaakt, waardoor ze de benen nam, vermoedelijk terug naar het laagland van Essex. In elk geval probeerde Ross na een jaar opnieuw het IMS-examen, slaagde op het nippertje en werd gestationeerd in Madras. Daar begon hij oog te krijgen voor muggen. Ze ergerden hem omdat er in zijn bungalow zoveel van waren.

Ross bloeide niet snel op als medische speurneus. Hij ploeterde en treuzelde jarenlang, afgeleid door het enthousiasme dat bij een *homo universalis* hoort. Hij schreef poëzie, toneelstukken, muziek, slechte romans en wat, naar hij hoopte, baanbrekende wiskundige formules waren. Zijn medische taken in het ziekenhuis te Madras, onder andere het met kinine behandelen van aan malaria lijdende soldaten, kostten slechts zo'n twee uur per dag, waardoor hij genoeg tijd over had voor zijn buiten het werk vallende hobby's. Maar uiteindelijk omvatten die hobby's ook de vragen die hij zich stelde over malaria. Waardoor werd de ziekte veroorzaakt: door moerasdampen, zoals de traditionele opvatting het wilde, of door een bepaalde infectieuze microbe? Als het een microbe was, hoe werd die microbe dan overgebracht? Hoe kon de ziekte worden bedwongen?

Na zeven jaren van onopvallende dienst ging hij met verlof terug naar Engeland, deed een cursus volksgezondheid, leerde omgaan met een microscoop, vond een vrouw en nam haar mee terug naar India. Deze keer werd hij gestationeerd in een klein ziekenhuis in Bangalore. Hij begon door zijn microscoop te kijken naar bloeduitstrijkjes van soldaten die koorts hadden. Hij leidde een intellectueel geïsoleerd leven, ver van wetenschappelijke verenigingen en medeonderzoekers, maar in 1892 vernam hij met aanzienlijke vertraging dat een zekere Alphonse Laveran, een Franse arts en microscopist die eerst in Algerije en daarna in Rome had gewerkt, kleine parasitaire organismen had ontdekt (die nu bekendstaan als protisten) in het bloed van malariapatiënten. Die parasieten, betoogde Laveran, waren de oorzaak van de ziekte. Tijdens een volgend bezoek aan Londen kon Ross met behulp van een eminente mentor aldaar zelf de 'cellichamen van Laveran' in het door malaria aangetaste bloed zien en omhelsde hij, voor zover dat mogelijk was, het idee van Laveran.

Laveran had de belangrijke waarheid aan het licht gebracht dat malaria wordt veroorzaakt door micro-organismen, en niet door slechte lucht. Maar dat bood nog steeds geen verklaring voor overige hete hangijzers, zoals de vraag hoe deze micro-organismen zich reproduceerden in een menselijk lichaam en hoe ze zich van de ene drager naar de andere verplaatsten. Zaten ze in water en werden ze zo door mensen opgenomen, net als de bacil die cholera veroorzaakte? Of werden ze misschien overgedragen met de beet van een insect?

Ronald Ross' uiteindelijke ontdekking van de door muggen in stand gehouden levenscyclus van malariaparasieten, waarvoor hij in 1902 de Nobelprijs ontving, is vermaard in de annalen van het ziekteonderzoek, en die zal ik hier niet opnieuw verhalen. Het is een gecompliceerd verhaal, omdat de levenscyclus van de parasieten zo verbazingwekkend complex is en ook omdat Ross, die zelf een gecompliceerd man was, zoveel invloed en concurrenten, vijanden, juiste én onjuiste ideeën en afleidende humeurigheden had. Twee saillante punten zijn voldoende om een idee te geven van het verband tussen dat verhaal en ons onderwerp, zoönosen. Ten eerste beschreef Ross de levensgeschiedenis van malariaparasieten niet omdat hij had vastgesteld dat ze mensen infecteerden, maar omdat hij had vastgesteld dat ze vogels infecteerden. Vogelmalaria is iets anders dan menselijke malaria, maar het diende wel als zijn grote voorbeeld. Ten tweede ging hij deze ziekte zien als iets wat zich goed leende voor toegepaste wiskunde.

24

Getallen kunnen een belangrijke bijdrage leveren aan het verkrijgen van meer inzicht in een infectieziekte. Neem mazelen. Op het eerste gezicht lijkt de ziekte allerminst iets mathematisch. Ze wordt veroorzaakt door een paramyxovirus en manifesteert zich als een infectie van de luchtwegen die meestal vergezeld gaat van huiduitslag. De symptomen komen en gaan. Maar epidemiologen hebben ingezien dat er bij het mazelenvirus, net als bij andere pathogenen, sprake is van een kritische minimale grootte van de gastheerpopulatie, een grens waaronder het virus niet eindeloos kan persisteren als endemische, circulerende infectie. Dit staat bekend als de kritische populatiegrootte (KPG), een belangrijke parameter in de dynamiek van infectieziekten. De kritische populatiegrootte voor mazelen lijkt ergens rond de 500 000 mensen te liggen. Dat getal weerspiegelt specifieke kenmerken van de ziekte, zoals de overdrachtsefficiëntie van het virus, de virulentie (zoals gemeten door het sterftecijfer) en het feit dat eenmalige blootstelling levenslange immuniteit verleent. Elke geïsoleerde gemeenschap van minder dan een half miljoen mensen kan nu en dan door mazelen worden getroffen, maar wel zal het virus in een betrekkelijk korte tijd uitsterven. Waarom? Omdat het zijn kansen onder vatbare gastheren heeft verbruikt. De volwassenen en oudere kinderen in de populatie die al eerder aan de ziekte zijn blootgesteld, zijn bijna allemaal immuun en het aantal baby's dat elk jaar geboren wordt is onvoldoende om het virus tot een permanent circulerende aanwezigheid te maken. Maar als de populatie het half miljoen overschrijdt, dan zal er een toereikende en in stand blijvende bron van kwetsbare pasgeborenen zijn.

Een ander cruciaal aspect van mazelen is dat het virus niet zoönotisch is. Als de ziekte dat wel was – als ze ook circuleerde onder dieren die in de buurt van of in menselijke populaties leven – dan zou de kritische populatiegrootte louter ter sprake kunnen worden gebracht als een academische kwestie. Er zou gewoon geen noodzakelijke minimale omvang van de menselijke populatie bestaan, omdat het virus altijd aanwezig zou kunnen blijven, vlakbij, in die andere bron. Maar vergeet niet dat het mazelenvirus, hoewel het niet circuleert in niet-menselijke dierpopulaties, nauw verwant is aan virussen die dat wel doen. Het mazelenvirus behoort tot het geslacht *Morbillivirus*, waartoe ook het *canine distemper*-, ofwel hondenziektevirus, en het runderpestvirus behoren; van de familie van het mazelenvirus, *Paramyxoviridae*, maken ook het hendra- en nipahvirus deel uit. Hoewel mazelen niet vaak tussen mensen en dieren wordt overgedragen, suggereert de evolutionaire afkomst dat een dergelijke overdracht ergens in het verleden kan hebben plaatsgevonden.

Kinkhoest, om een ander voorbeeld te noemen, heeft een kritische populatiegrootte die iets afwijkt van die voor mazelen, omdat het een andere ziekte is, die veroorzaakt wordt door een micro-organisme met andere eigenschappen: een andere overdrachtsefficiëntie en virulentie, andere perioden van infectiviteit enzovoort. Voor kinkhoest lijkt de KPG meer rond de 200 000 mensen te liggen. Zulke overwegingen zijn koren op de molen geworden voor een heleboel fraaie staaltjes van wiskundige ecologie.

Daniel Bernoulli, een in Groningen geboren wiskundige en telg van een familie van wiskundigen, was waarschijnlijk de eerste die wiskundige analyse toepaste op de dynamiek van infectieziekten, lang voordat de kiemtheorieën over microben als oorzaak van ziekten (dat waren er heel veel, niet slechts één) algemeen werden aanvaard. In 1760, toen hij hoogleraar was aan de Universiteit van Basel, produceerde Bernoulli een artikel over pokken, waarin hij de kosten van universele vaccinatie tegen die ziekte afwoog tegen de baten ervan. In zijn lange en veelzijdige carrière hield hij zich onder andere bezig met wiskundige analyses van een breed scala aan onderwerpen uit de natuurkunde, de astronomie en de politieke economie, variërend van de beweging van vloeistoffen en de trilling van snaren tot risicometingen en ideeën met betrekking tot verzekeringen. Het pokkenonderzoek wijkt duidelijk af van Bernoulli's andere interesses, behalve dat het ook de notie van het incalculeren van risico's inhield. Wat hij liet zien was dat inenting van alle burgers met kleine doses pokkenmateriaal (men kende het toen nog niet als een virus, maar gewoon als het een of andere besmettelijke spul) zowel risico's als voordelen had, maar dat de voordelen opwogen tegen de risico's. Aan de risicokant was er het feit dat kunstmatige vaccinatie soms – hoewel zelden – tot een fataal geval van de ziekte leidde. Gebruikelijker was dat vaccinatie tot immuniteit leidde. Dat was een individuele vrucht van één enkele actie. Om de collectieve vruchten van collectieve actie te meten berekende Bernoulli het aantal levens dat jaarlijks gespaard zou blijven als pokken volledig werd uitgeroeid. Uit zijn vergelijkingen bleek dat het nettoresultaat van massale inenting voor de gemiddelde persoon een langere levensduur van drie jaar en twee maanden bedroeg.

De levensverwachting bij de geboorte was niet hoog aan het eind van de achttiende eeuw, en die drie jaar en twee maanden betekenden een forse toename. Maar omdat de werkelijke effecten van pokken niet worden gemiddeld tussen de mensen die de ziekte wel en niet oplopen, gaf Bernoulli zijn uitkomsten ook op pregnantere en meer geïndividualiseerde wijze weer. Voor een groep van 1300 pasgeborenen berekende hij met behulp van cijfers van levensverwachtingstabellen voor alle doodsoorzaken die hem op dat moment ter beschikking stonden dat 644 van deze baby's minstens vijfentwintig jaar oud zouden worden, mits ze leefden in een samenleving zonder pokken. Maar als pokken endemisch was, zouden slechts 565 personen van dezelfde groep hun vijfentwintigste verjaardag halen. Gezondheidsautoriteiten en gewone burgers, die ervan uitgingen dat ze ongetwijfeld tot de 79 te voorkomen sterfgevallen zouden behoren, vonden Bernoulli's getalsmatige redenering bijzonder overtuigend.

Bernoulli's werk, het gebruikmaken van toegepaste wiskunde om meer inzicht in ziekten te krijgen, riep een nieuwe aanpak in het leven, maar zorgde niet voor een onmiddellijke trend. Er ging een heleboel tijd voorbij. Bijna een eeuw later gebruikte de arts John Snow statistische tabellen en kaarten om te laten zien door welke watervoorzieningen (met name de beruchte Londense Broad Street-pomp) de meeste mensen tijdens de cholera-uitbraak van 1854 in Londen geïnfecteerd waren geraakt. Net als Bernoulli kon Snow niet profiteren van de wetenschap welke substantie of welk organisme (in dit geval was het *Vibrio cholerae*, een bacterie) de verwekker was van de ziekte die hij probeerde te begrijpen en te beheersen. Niettemin waren zijn onderzoeksresultaten opmerkelijk.

Toen, in 1906, nadat Louis Pasteur, Robert Koch, Joseph Lister en anderen de betrokkenheid van micro-organismen bij infectieziekten overtuigend hadden vastgesteld, maakte een Engelse arts, W.H. Hamer, enkele interessante opmerkingen over 'smeulende' epidemieën in een reeks lezingen op het Royal College of Physicians in Londen.

Hamer was vooral geïnteresseerd in de vraag waarom ziekten zoals griep, difterie en mazelen grote uitbraken leken te worden in een cyclisch patroon waarbij ze opliepen tot een hoog aantal ziektegevallen, wegebden en weer opliepen, met een bepaalde tussentijd. Wat vreemd leek was dat de tijdsafstand tussen uitbraken van een bepaalde ziekte zo constant bleef. De cyclus die Hamer uittekende voor mazelen in de stad Londen (met in die tijd een inwonertal van 5 miljoen) was ongeveer achttien maanden. Om de anderhalf jaar kwam er een grote mazelengolf. De logica van dergelijke cyclussen, vermoedde Hamer, was dat een uitbraak afnam wanneer er niet genoeg vatbare (niet-immune) mensen in de populatie over waren om de uitbraak te voeden en dat een nieuwe uitbraak begon zodra nieuwe geboorten voor een voldoende aantal nieuwe slachtoffers hadden gezorgd. Bovendien was het aantal vatbare personen op zich niet de cruciale factor, maar de dichtheid van vatbare personen, vermenigvuldigd met de dichtheid van infectieuze personen. Met andere woorden, het contact tussen deze twee groepen was het belangrijkst. Je hoefde geen rekening te houden met de herstelde en onvatbare leden van de populatie, want die vormden alleen maar storend vulsel, althans wat betreft de verbreiding van de ziekte. Voortzetting van de uitbraak hing af van de kans op ontmoetingen tussen mensen die infectieus waren en mensen die geïnfecteerd kónden worden. Dit idee werd bekend als het principe van de massawerking. Het draaide allemaal om toegepaste wiskunde.

In datzelfde jaar, 1906, kwam de Schotse arts John Brownlee met een alternatieve visie die haaks stond op de ideeën van Hamer. Brownlee werkte als clinicus en ziekenhuisbestuurder in Glasgow. Voor een aan de Royal Society of Edinburgh gepresenteerd artikel maakte hij precieze grafieken van het op en neer gaan van ziektegevallen, van week tot week of van maand tot maand, op basis van de empirische gegevens over verschillende uitbraken van ziekten – de pest in Londen (1665), mazelen in Glasgow (1808), cholera in Londen (1832), roodvonk in Halifax (1880), influenza in Londen (1891) en nog andere – en vervolgens vergeleek hij die met ritmische achtbaancurves die voortvloeiden uit een bepaalde wiskundige vergelijking. Die vergelijking was de weergave van Brownlee's stellingen over wat het toenemen en afnemen van uitbraken veroorzaakte, en de goede overeenkomsten met de empirische gegevens bewezen (in elk geval voor hem) dat zijn stellingen juist waren. Elke epidemie was ontstaan, zo betoogde hij, met 'de verwerving door een organisme van een hoge graad van infectiviteit', een plotselinge toename van de aanstekelijkheid of potentie van de pathogeen, die vervolgens weer in een hoog tempo afnam. De afname van de epidemie, die over het algemeen lang niet zo abrupt was als het begin ervan, was het gevolg van dit 'verlies van infectiviteit' van het ziekteverwekkende organisme. De pestbacterie had haar kruit verschoten. Het mazelenvirus was vertraagd of verzwakt. Influenza was tot bedaren gekomen. Hun kwaadaardige kracht had ze allemaal verlaten als lucht die uit een ballon ontsnapt. Verknoei je tijd niet met zorgelijke gedachten over het aantal of de dichtheid van vatbare mensen, adviseerde Brownlee. Het was 'de toestand van de ziektekiem', niet de aard van de menselijke populatie, die het verloop van de epidemie bepaalde.

Eén probleem met Brownlee's handige schema was dat andere wetenschappers niet goed wisten wat hij met 'infectiviteit' bedoelde. Was dat identiek met overdrachtsefficiëntie, zoals gemeten aan de hand van het aantal overdrachten per geval? Of was het identiek met virulentie? Of was het een combinatie van beide? Een ander probleem was dat Brownlee, wat hij ook met infectiviteit mocht bedoelen, ten onrechte dacht dat de inherente afname ervan de beëindiging van epidemieën impliceerde.

Aldus sprak de grote malariadeskundige Ronald Ross in een artikel uit 1916, waarin hij zijn eigen wiskundige benadering van epidemieën presenteerde. Ross had inmiddels de Nobelprijs gekregen, was geridderd en had zijn magnum opus, *The prevention of Malaria*, gepubliceerd dat feitelijk ging over het begrijpen van de ziekte vanuit wetenschappelijk en historisch perspectief én het voorkomen ervan. Ross erkende dat het vanwege de complexiteit van de malariaparasiet en de hardnekkigheid van de vectoren waarschijnlijk niet mogelijk was om de ziekte 'voor eens en voor altijd uit te roeien' – althans niet voordat de beschaving 'een veel hogere staat' had bereikt. En daarom moest het *reduceren* van malaria een vast onderdeel van volksgezondheidscampagnes worden. Ross was zich intussen steeds meer gaan wijden aan zijn wiskundige interesses, zoals een theorie over ziekten die algemener was dan zijn studies met betrekking tot malaria, en een 'theorie van gebeurtenissen' (*happenings*) die weer algemener was dan zijn ziektetheorie. Met 'happenings' bedoelde hij blijkbaar allerlei mogelijke gebeurtenissen die zich binnen een populatie voordoen, zoals roddel, angst of microbiële infecties, en de individuele leden van die populatie in een onafgebroken reeks beïnvloeden.

Hij begon zijn artikel uit 1916 met blijk te geven van zijn verbazing dat 'er zo weinig wiskundig onderzoek was gedaan op het gebied van epidemieën', waarna hij zonder valse (of enige andersoortige) bescheidenheid vaststelde dat hij de eerste was geweest die a priori wiskundig denken (dat wil zeggen dat je begint met door jezelf bedachte vergelijkingen, niet met statistieken over de werkelijkheid) had toegepast op het vakgebied van de epidemiologie. Hij knikte beleefd naar John Brownlee's 'uitnemende' werk en veegde dat vervolgens van tafel door Brownlee's idee over het verlies van infectiviteit te verwerpen en in plaats daarvan zijn eigen theorie, ondersteund door zijn eigen wiskundige analyses, te offreren. Ross' theorie hield in dat epidemieën afnemen wanneer – en doordat – de dichtheid van vatbare personen in de populatie is gedaald tot onder een bepaalde drempelwaarde. Kijk maar eens, zei hij, hoe fraai mijn differentiaalvergelijkingen passen bij hetzelfde gegevensmateriaal over epidemieën dat dr. Brownlee heeft aangehaald. Brownlee's hypothetische 'verlies van infectiviteit' was niet nodig voor het verklaren van de plotselinge afname van een epidemie, of de ziekte nu cholera, de pest, influenza of iets anders was. Het enige wat nodig was, was vermindering van het aantal vatbare individuen tot een beslissend punt – en dan... kijk nou eens, dan nam het aantal ziektegevallen drastisch af en was het ergste achter de rug.

Ross' a-priori-aanpak bracht in dat vroege stadium van het malariaonderzoek misschien de nodige risico's mee en misschien gedroeg hij zich een tikje arrogant, maar hij produceerde bruikbare resultaten. Zijn inzichten over vatbare individuen hebben de tand des tijds weerstaan, want via de decennia van theoretische studies over infectieziekten hebben ze bijgedragen aan de huidige wiskundige modellering van die ziekten. Hij had ook gelijk met iets anders: hoe moeilijk het was om malaria 'voor eens en voor altijd' uit te roeien. Hoewel de door hem bepleite controlemaatregelen effectief waren voor het terugdringen van malaria op bepaalde plaatsen (Panama, Mauritius), hebben die op andere plaatsen nauwelijks effect gehad (Sierra Leone, India) of waren de resultaten van voorbijgaande aard. Met al zijn eerbewijzen, met al zijn wiskundige capaciteiten, met al zijn strijdlustige ambitie en bezeten harde werken kon Ronald Ross malaria niet de baas worden, kon hij zelfs geen strategie verschaffen waarmee zo'n definitieve overwinning uiteindelijk kon worden behaald. Hij begreep wellicht waarom: omdat het zo'n ingewikkelde ziekte is, nauw verstrengeld met sociale, economische én ecologische omstandigheden van mensen, zodat je dus te maken hebt met een probleem dat zo gecompliceerd is dat het zelfs niet kan worden uitgedrukt door differentiaalvergelijkingen.

25

Toen ik in 2007 voor het eerst over zoönosen schreef, voor de *National Geographic*, werd me te verstaan gegeven dat malaria geen zoönose was. Nee, kreeg ik te horen, die kun je beter schrappen van je lijst. Malaria is een 'door vectoren overgedragen' ziekte, jazeker, in die zin dat insecten haar van de ene gastheer overbrengen naar de andere. Maar vectoren zijn geen gastheren, ze behoren tot een andere ecologische categorie dan, zeg maar, reservoirs, en zij ondergaan de aanwezigheid van de ziekteverwekker op een andere manier. Overdracht van malariaparasieten van een mug naar een mens is geen oversprong. Het is iets wat veel meer doelgericht en routineus is. Vectoren zoeken gastheren op, omdat ze de middelen waarover die beschikken (wat in de meeste gevallen wil zeggen: hun bloed) nodig hebben. Reservoirs streven niet naar een oversprong, het gebeurt per ongeluk en het levert ze niets op. Daarom is malaria geen zoönose, omdat de vier soorten malariaparasieten die mensen infecteren uitsluitend de mens infecteren. Apen hebben hun eigen verschillende soorten malaria. Ook vogels hebben hun eigen malaria. Menselijke malaria is exclusief menselijk. Dat kreeg ik te horen, en op dat moment leek het te kloppen.

De vier soorten malaria waar deze uitspraken op sloegen, worden veroorzaakt door protisten van de soort *Plasmodium vivax*, *Plasmodium falciparum*, *Plasmodium ovale* en *Plasmodium malariae*, allemaal behorend tot hetzelfde diverse geslacht *Plasmodium*, dat ongeveer tweehonderd soorten omvat. De meeste andere soorten infecteren vogels, reptielen of niet-menselijke zoogdieren. De vier soorten protisten, parasieten waarvan bekend is dat ze op mensen mikken, worden van persoon tot persoon overgedragen door muskieten van het geslacht *Anopheles*, kortweg malariamuggen. Deze vier parasieten bezitten een verbazingwekkend ingewikkelde levensgeschiedenis, die meerdere opeenvolgende metamorfosen en verschillende opeenvolgende vormen omvat: een ongeslachtelijke fase, de zogenoemde *sporozoïet*, die de menselijke huid binnenkomt tijdens een muggenbeet en zich naar de menselijke lever verplaatst; nog een ongeslachtelijke fase, de zogenoemde *merozoïet*, die opduikt uit de lever en zich vermenigvuldigt in rode bloedcellen; een fase van de zogenoemde *trofozoïet*, die zich voedt met de bloedcellen, dikker wordt, uitgroeit tot *schizont* en dan barst, waarbij er nog meer merozoïeten vrijkomen, die zich verder vermenigvuldigen in het bloed en voor een koortspiek zorgen; dan een geslachtelijke fase die bekendstaat als de *gametocyt*, opgesplitst in mannelijke en vrouwelijke versies die opkomen uit een latere ronde van geïnfecteerde rode bloedcellen, massaal de bloedbaan binnengaan en worden meegenomen in een bloedmaaltijd van de volgende mug; een bevruchte geslachtelijke fase, de *oökineet*, die zich ophoudt in de darmwand van de mug, waarbij elke oökineet rijpt tot een soort met sporozoïeten gevulde eizak, waarna de sporozoïeten weer komen opzetten: ze barsten uit de eizak en verplaatsen zich naar de speekselklieren van de mug, waar ze op de loer blijven liggen, klaar om via het zuigorgaan van de mug door te stromen naar een andere gastheer. Als je dit alles in een redelijk tempo hebt kunnen volgen, wacht je een goede toekomst in de biologie.

Deze ingewikkelde keten van levensvormen en opeenvolgende strategieën is uitermate adaptief en, voor zover het muggen en gastheren betreft, moeilijk tegen te houden. Het is een voorbeeld van het zich over lange periodes uitstrekkende vermogen van de evolutie om structuren, tactieken en transformaties te produceren van een majestueuze complexiteit. En iedereen die Intelligent Design prefereert boven evolutie zou een ogenblik stil kunnen staan bij de vraag waarom God zoveel van Zijn intelligentie aan het designen van malariaparasieten heeft gewijd.

Plasmodium falciparum is de ergste van de vier, gezien zijn negatieve effect op de gezondheid van mensen, dat goed is voor ongeveer 85 procent van de gerapporteerde gevallen van malaria overal ter wereld – en voor een nog hoger percentage van dodelijke slachtoffers. Deze vorm van de ziekte, de zogeheten falciparum malaria, ofwel kwaadaardige of tropische malaria, doodt meer dan een half miljoen mensen per jaar, voor het merendeel kinderen in Afrika bezuiden de Sahara. Enkele wetenschappers hebben gesuggereerd dat uit de hoge virulentie van *P. falciparum* blijkt dat deze malariaparasiet voor de mens een relatieve nieuwkomer is die in het recente verleden van een andere diergastheer op ons is overgestapt. Die suggestie heeft ertoe geleid dat onderzoekers de voorouderlijke geschiedenis ervan zijn gaan naspeuren.

Natuurlijk, alles komt ergens vandaan, en omdat wij mensen zelf een relatief nieuwe primaat zijn, was het altijd al logisch te veronderstellen dat onze oudste infectieziekten tot ons waren gekomen – zij het enigermate getransformeerd door de evolutie – via andere dierlijke gastheren. Het was altijd al verstandig om te erkennen dat het onderscheid tussen zoönotische en niet-zoönotische ziekten ietwat kunstmatig is, door de bijbehorende tijddimensie. Streng gedefinieerd zijn zoönotische pathogenen (die, zoals gezegd, verantwoordelijk zijn voor ongeveer 60 procent van onze infectieziekten) die ziekteverwekkers die *op dit ogenblik en herhaaldelijk* circuleren tussen mensen en andere dieren, terwijl de andere groep van infecties (40 procent, inclusief pokken, cholera, mazelen en polio) wordt veroorzaakt door pathogenen die afstammen van vormen die de sprong naar menselijke voorouders ergens in het verleden moeten hebben gemaakt. Het gaat misschien te ver om te zeggen dat ál onze ziekten uiteindelijk zoönotisch zijn, maar zoönosen vormen wel degelijk het rotsvaste bewijs van de infernale, oorspronkelijke verbondenheid tussen ons en andere soorten gastheren.

Malaria is daar een voorbeeld van. Binnen de *Plasmodium*-stamboom, zoals de moleculaire fylogenetica de afgelopen twee decennia heeft onthuld, zitten de vier soorten waardoor mensen worden getroffen niet op een en dezelfde tak bij elkaar. Ze zijn elk meer verwant aan andere vormen van *Plasmodium*, die niet-menselijke gastheren infecteren, dan aan elkaar. In het jargon van taxonomen zijn ze *polyfyletisch*. Wat dat aangeeft, naast de diversiteit van hun geslacht, is dat alle vier soorten de sprong naar de mens onafhankelijk van elkaar moeten hebben gemaakt. Een van de vragen die malariaonderzoekers blijft bezighouden is: van welke andere dieren zijn ze weggesprongen en wanneer?

Omdat falciparum malaria wereldwijd zoveel dood en verderf zaait, heeft deze ziekte altijd veel aandacht gekregen. Een van de eerste moleculaire onderzoeken gaf aan dat *P. falciparum* een nauw verwante gemeenschappelijke voorouder deelt met twee verschillende soorten vogelmalariaparasieten en dat de parasiet dus van vogels naar mensen moet zijn overgestoken. Een logisch uitvloeisel van dat idee, gebaseerd op zinnige conclusies maar met niet veel bewijsmateriaal, is dat deze overstap waarschijnlijk niet meer dan vijf- à zesduizend jaar geleden heeft plaatsgevonden en samenviel met de uitvinding van de landbouw, die de mogelijkheid gaf van vaste verblijfplaatsen – akkers en dorpen – die de eerste omvangrijke en compacte menselijke gemeenschappen vormden. Zulke opeenhopingen van mensen moeten nodig zijn geweest om de nieuwe infectie in stand te houden, omdat malaria (net als mazelen, maar om andere redenen) een kritische populatiegrootte heeft en doorgaans plaatselijk uitsterft als er te weinig gastheren zijn. Eenvoudige irrigatiewerken zoals sloten en waterbekkens kunnen de kans op een overstap hebben vergroot doordat ze malariamuggen een uitstekend natuurlijk woongebied boden. Ook de domesticatie van de kip, ongeveer achtduizend jaar geleden in Zuidoost-Azië, kan een ondersteunende factor zijn geweest, omdat een van de twee vormen van de betreffende vogelplasmodia *Plasmodium gallinaceum* is, waarvan we weten dat het pluimvee infecteert.

Die visie op de aviaire oorsprong van falciparum malaria werd naar voren gebracht in 1991, wat voor dit vakgebied betrekkelijk lang geleden is, en de laatste tijd heeft deze visie aan overtuigingskracht ingeboet. In een meer recente studie werd gesteld dat de meest naaste verwant van *P. falciparum* die we kennen *P. reichenowi* is, een malariaparasiet die chimpansees infecteert.

Plasmodium reichenowi is in Kameroen en Ivoorkust zowel bij in het wild levende als (in het wild geboren) gevangen chimpansees aangetroffen, wat erop wijst dat deze parasiet wijdverspreid is in de hele chimpanseehabitat van Centraal- en West-Afrika. Hij bevat een behoorlijke mate van genetische variatie – meer dan *P. falciparum* wereldwijd –, wat aangeeft dat het misschien een oud, of in elk geval een ouder organisme is dan *P. falciparum*. Voorts zijn alle bekende varianten van *P. falciparum* blijkbaar takken binnen de *P. reichenowi*-tak van de *Plasmodium*-stamboom. Deze inzichten zijn gebaseerd op gegevens die verzameld werden door een onderzoeksteam onder leiding van Stephen M. Rich van de University of Massachusetts. Hij stelde dat *P. falciparum* mogelijkerwijs afstamt van *P. reichenowi*, nadat het van chimpansees was overgesprongen op mensen. Volgens Rich en zijn groep heeft de oversprong waarschijnlijk maar één keer plaatsgevonden, misschien wel 3 miljoen jaar geleden of misschien maar 10 000 jaar geleden. De een of andere mug beet een chimpansee (waarbij het insect geïnfecteerd werd met *P. reichenowi*-gametocyten) en beet daarna ook nog een mens (waarbij sporozoïeten werden afgeleverd). Weliswaar bevond de getransplanteerde stam van *P. reichenowi* zich nu in een onbekend soort gastheer, maar toch wist deze te overleven en zich te vermenigvuldigen. Hij doorliep opnieuw de ontwikkelingsgang van sporozoïeten naar merozoïeten en gametocyten, vulde de bloedbaan van dat eerste menselijke slachtoffer en liftte vervolgens weer mee met de mug. Vanuit dat insect trok hij verder en werd hij opnieuw door vectoren overgedragen naar andere mensen die naar voedsel zochten in het woud. Gaandeweg veranderde hij door mutatie en aanpassing: *P. reichenowi* werd *P. falciparum*.

Dit scenario impliceert dat vrij grote agrarische nederzettingen niet noodzakelijk waren om de ziekte vat op mensen te laten krijgen, omdat zulke nederzettingen 10 000 (laat staan 3 miljoen) jaar geleden in die delen van Afrika helemaal niet bestonden. Rich en zijn medeonderzoekers vonden de landbouwfactor duidelijk overbodig. Het genetische bewijsmateriaal dat ze presenteerden was overtuigend genoeg. Onder de medeauteurs van Rich was een handvol uitblinkers op het gebied van antropologie, evolutie en ziekten. Hun artikel verscheen in 2009. Maar het was niet het laatste woord.

Een andere groep, onder leiding van de Franse antropologe Sabrina Krief en de malariageneticus Ananias A. Escalante, publiceerde in 2010 een alternatieve visie. Ja, beaamden ze, *P. falciparum* is waarschijnlijk meer verwant aan *P. reichenowi* dan elk ander bekend plasmodium. En ja, blijkbaar is hij in een betrekkelijk recent verleden overgesprongen naar de mens. Maar moet je nu eens kijken, zeiden ze, wij hebben een andere gastheer gelokaliseerd van *P. falciparum* zelf – een gastheer waarin die parasiet zich blijkbaar heeft ontwikkeld vóórdat hij oversprong naar de mens: de bonobo.

De bonobo (*Pan paniscus*) wordt ook wel dwergchimpansee genoemd. Het is een ongrijpbaar dier, beperkt in aantal en verspreiding, niet vaak getoond in westerse dierentuinen en (hoewel helaas veelgeprezen als lekkernij door het Mongovolk van het zuidelijke Kongobekken) zeer nauw verwant aan de mens. Zijn oorspronkelijke verspreidingsgebied ligt op de linkeroever van de rivier de Kongo, in de wouden van de Democratische Republiek Kongo, terwijl de potigere en bekendere gewone chimpansee

(*Pan troglodytes*) alleen op de rechteroever van de grote rivier leeft. De groep van Krief screende bloedmonsters van 42 bonobo's die in een reservaat aan de buitenkant van Kinshasa leefden en trof 4 dieren met parasieten die genetisch niet te onderscheiden waren van *P. falciparum*. De meest plausibele verklaring, schreef Kriefs groep, is dat falciparum malaria oorspronkelijk van bonobo's naar mensen is overgesprongen, waarschijnlijk ergens in de afgelopen 1,3 miljoen jaar (een alternatieve verklaring die andere onderzoekers presenteerden in een kritisch commentaar op het Krief-artikel, is dat de bonobo's in hun kleine reservaat, dat zo dicht bij Kinshasa ligt, geïnfecteerd waren door muggen die *P. falciparum* van mensen bij zich droegen – ergens in de afgelopen jaren of decennia). De bonobo's die positief testten voor *P. falciparum* vertoonden geen duidelijke tekenen van ziekte en hadden een laag niveau van parasieten in hun bloed, wat in overeenstemming leek met een oude band. Aan deze gedetailleerde en op empirische gegevens gebaseerde onderzoeksresultaten voegde Kriefs groep een hypothese en een waarschuwing toe.

Hun hypothese: als bonobo's een vorm van *P. falciparum* bij zich dragen die dermate overeenkomt met wat mensen bij zich dragen, dan kunnen deze parasieten nog steeds heen en weer gaan tussen bonobo's en ons. Met andere woorden, falciparum malaria is wellicht zoönotisch – in de strikte zin van het woord, niet alleen in de lossere betekenis. Mensen in de wouden van de DRK zouden geregeld geïnfecteerd kunnen worden met *P. falciparum* uit het bloed van de bonobo's, en omgekeerd.

Hun waarschuwing: als dat zo is, dan wordt de grote droom van uitroeiing van malaria nog minder haalbaar. Krief en medewerkers gingen daar verder niet op in, maar je zou het zo kunnen lezen dat het betekent: we mogen niet verwachten de laatste parasiet om zeep te kunnen helpen als we niet eerst de laatste bonobo hebben gedood (of genezen).

Maar wacht eens even! Eind 2010 verscheen nog een andere studie naar de oorsprong van *P. falciparum*, waarin op nog een andere kandidaat voor het voormenselijke gastheerschap van deze parasiet werd gewezen: de westelijke gorilla. Deze studie verscheen als coverstory in *Nature*, met Weimin Liu als eerste auteur en belangrijke bijdragen van het laboratorium van Beatrice H. Hahn, toentertijd werkzaam aan de University of Alabama in Birmingham. Hahn is bekend in kringen van aidsonderzoekers vanwege haar rol in het opsporen van de oorsprong van hiv-1 bij chimpansees en voor de ontwikkeling van 'niet-invasieve' technieken van bemonstering voor virussen bij primaten, zonder de dieren gevangen te hoeven houden. Simpel gezegd: je hebt geen spuit vol bloed nodig als een beetje poep ook voldoende is. Monsters van feces kunnen soms het noodzakelijke genetische bewijs leveren, niet alleen voor een virus, maar ook voor een protist. Door toepassing van die technieken in de speurtocht naar plasmodium-DNA konden Liu, Hahn en hun medewerkers veel meer gegevens verzamelen dan voorgaande onderzoekers. Terwijl Kriefs groep bloedmonsters had bekeken van 49 chimpansees en 42 bonobo's, waarvan de meeste werden gevangen of opgesloten zaten in een reservaat, onderzocht Liu's groep fecesmonsters van bijna 3000 in het wild levende apen, zoals gorilla's, bonobo's en chimpansees.

Ze ontdekten dat westelijke gorilla's een hoge prevalentie van plasmodium hebben (ongeveer 37 procent van de populatie is geïnfecteerd) en dat sommige van die gorillaparasieten vrijwel identiek zijn aan *P. falciparum*. 'Dit is een indicatie,' schreven ze vol vertrouwen, 'dat menselijk *P. falciparum* van de gorilla afkomstig is en niet van de chimpansee, de bonobo of prehistorische mensen.'

Voorts, zo voegden ze eraan toe, vormt het hele genetische scala van *P. falciparum* bij mensen 'een monofyletische groep binnen de *P. falciparum*-radiatie van de gorilla'. In simpeler bewoordingen: de menselijke variant is een twijgje binnen een gorillatak, wat aangeeft dat die afkomstig is van één enkele oversprong. Dat komt erop neer dat één mug één geïnfecteerde gorilla heeft gebeten, die daardoor drager werd en vervolgens één mens heeft gebeten. Aldus werd de parasiet bij een nieuwe gastheer geïntroduceerd en zorgde die ene tweede beet voor een zoönose die jaarlijks meer dan een half miljoen mensen het leven kost.

26

Wiskunde is voor mij als een taal die ik niet spreek, maar waarvan ik de literatuur wel in vertaling bewonder. Het is het Russisch van Dostojevski of het Duits van Kafka, Musil en Mann. Nadat ik op school keihard mijn best op het vak differentiaalrekening had gedaan, net als op Latijn, moest ik vaststellen dat ik de slag niet te pakken kreeg en dat de verborgen muziek van differentiaalvergelijkingen, net als die van de *Aeneis*, mijn dove oren niet bereikte. Dus ben ik een weetniet, een buitenstaander. Daarom kun je me echt vertrouwen als ik zeg dat twee andere brokjes wiskundige infectieziektetheorie, die het resultaat zijn van de ongerustheid over epidemische malaria en andere uitbraken aan het begin van de twintigste eeuw, niet alleen belangrijk zijn maar ook intrigerend en dat de kern ervan heel goed te begrijpen is voor mensen zoals jij en ik. Het ene brokje kwam uit Edinburgh. Het andere had zijn wortels in Ceylon.

Het eerste stukje theorie was vervat in een artikel uit 1927 met de titel 'A Contribution to the Mathematical Theory of Epidemics' ('Een bijdrage aan de wiskundige theorie van epidemieën') door W.O. Kermack en A.G. McKendrick. Van deze twee onderzoekspartners heeft William Ogilvy Kermack het meest memorabele verhaal. Net als Ross en Brownlee was hij een Schot die wiskunde en scheikunde had gestudeerd, voordat hij aan zijn loopbaan begon met statistische analyses van de melkgift van koeien. Elke dichter hoort ergens zijn eerste nachtegaal. Kermack stapte van melkgiften over op de Royal Air Force, ging na een korte diensttijd in de chemische industrie werken en daarna, rond 1921, bij het laboratorium van het Royal College of Physicians in Edinburgh, waar hij chemische projecten deed, totdat een experiment tot een onmiddellijk in het oog springende ontploffing leidde. Ik bedoel dat letterlijk. Hij werd blind gemaakt door caustische alkali. Op zijn zesentwintigste. Maar in plaats van een arbeidsongeschikte brompot te worden, werd hij theoreticus. Hij krabbelde weer op en zette zijn wetenschappelijk werk voort met de hulp van studenten die hem hardop voorlazen en medewerkers die zijn opmerkelijke vermogen om uit het hoofd wiskunde te bedrijven complementeerden. De chemie bracht Kermack tot een zoektocht naar nieuwe geneesmiddelen tegen malaria. De wiskunde maakte dat hij onderzoek ging doen naar epidemieën.

Intussen was Anderson G. McKendrick, een arts die (opnieuw net als Ross) bij de Indian Medical Service had gewerkt, hoofd van het laboratorium van het Royal College of Physicians geworden, waarmee hij in zekere zin dus tevens Kermacks chef was. Ze vonden elkaar op een niveau dat de gebruikelijke hiërarchie oversteeg. Blind, maar onstilbaar nieuwsgierig als hij was, werkte Kermack later aan verschillende onderwerpen, zoals een vergelijking tussen sterftecijfers in landelijk en stedelijk Groot-Brittannië, of de vruchtbaarheid bij Schotse vrouwen, maar zijn samen met McKendrick geschreven artikel uit 1927 was zijn meest invloedrijke bijdrage aan de wetenschap.

Het heeft twee dingen bijgedragen. Ten eerste beschreven Kermack en McKendrick de wisselwerking tussen drie factoren tijdens een archetypische epidemie: de infectiegraad, de herstelgraad en de sterftegraad. Ze veronderstelden dat herstel van een ziekteaanval levenslange immuniteit verleende (zoals, bijvoorbeeld, bij mazelen het geval is) en schetsten de bijbehorende dynamiek in bondig proza:

> Een of meer geïnfecteerde personen worden geïntroduceerd in een gemeenschap van individuen die meer of minder vatbaar zijn voor de be-

> treffende ziekte. De ziekte verspreidt zich van de getroffenen naar de niet-getroffenen door rechtstreekse besmetting. Iedere besmette persoon ondergaat het beloop van zijn ziekte en verdwijnt ten slotte door herstel of door overlijden uit de groep van de zieken. De kansen op herstel of overlijden wisselen tijdens het beloop van zijn ziekte van dag tot dag. De kans dat de getroffenen de infectie zullen overbrengen op de niet-getroffenen zijn eveneens afhankelijk van het stadium van de ziekte. Met de verdere verbreiding van de epidemie daalt het aantal niet-getroffen leden van de gemeenschap.

Dit klinkt als in woorden gehulde differentiaalrekening, en dat is het ook. Met een compacte wirwar van wiskundige bewerkingen kwamen ze tot een drietal differentiaalvergelijkingen die de drie categorieën van levende individuen weergaven: de vatbare, de geïnfecteerde en de herstelde individuen. Tijdens een epidemie stroomt de ene categorie door naar de andere, volgens een simpel schema, namelijk $S \rightarrow I \rightarrow R$ (S = *susceptible*: vatbaar; I = *infected*: geïnfecteerd; R = *recovered*: hersteld – vert.) waarbij sterfgevallen uit het beeld verdwijnen omdat ze niet langer onderdeel zijn van de populatiedynamiek. Naargelang vatbare individuen blootstaan aan de ziekte en geïnfecteerd raken en naargelang geïnfecteerde personen ofwel herstellen (nu met immuniteit) of verdwijnen, zal ook de numerieke omvang van elke categorie op al die momenten in de tijd veranderen. Daarom maakten Kermack en McKendrick gebruik van differentiaalrekening. Hoewel ik op de middelbare school beter had moeten opletten bij dit vak, kan zelfs ik (en ook jij) in elk geval begrijpen dat $dR/dt = \gamma I$ alleen maar het volgende betekent: het aantal herstelde individuen in de populatie weerspiegelt op een bepaald moment het aantal geïnfecteerde individuen maal de gemiddelde herstelgraad. Dat wat betreft R, de categorie van de *recovered* ('herstelden'). De vergelijkingen voor S (*susceptibles*, ofwel 'vatbaren') en I (*infected*, ofwel 'geïnfecteerden') zijn even ondoorzichtig, maar met enige uitleg best te begrijpen. Dit alles werd bekend als een SIR-model. Het was een handig hulpmiddel voor het denken over besmettelijke uitbraken dat nog steeds veel wordt gebruikt door theoretici op het gebied van ziekten.

Uiteindelijk eindigt de epidemie. Maar waaróm eindigt ze? Dat vroegen Kermack en McKendrick zich af.

> Een van de belangrijkste problemen in de epidemiologie is dat we zeker willen weten of deze beëindiging alleen optreedt wanneer er geen vatbare personen meer over zijn, óf dat de wisselwerking tussen de verschillende factoren van infectiviteit, herstel en sterfte tot beëindiging

kan leiden, terwijl er nog steeds veel vatbare personen aanwezig zijn in de niet-getroffen populatie.

Ze voerden hun lezers naar de tweede van deze twee mogelijkheden: dat een epidemie zou kunnen ophouden omdat een bepaalde subtiele wisselwerking tussen infectiviteit, sterfte en herstel (met immuniteit) haar heeft onderdrukt.

Hun andere belangrijke bijdrage was dat ze het bestaan van een vierde factor hadden onderkend, een 'dichtheidsdrempel' voor de populatie van vatbare personen. Deze drempel is de getalsmatige sterkte van op één punt geconcentreerde individuen waarbij, gegeven een bepaalde mate van infectiviteit, herstel en sterfte, een epidemie kan optreden. Dus je hebt populatiedichtheid, infectiviteit, sterfte en herstel: vier factoren die even nauw met elkaar samenhangen als hitte, ontvlambaar spul, vonk en brandstof. Samengebracht in de voor elk van deze zaken geldende kritische hoeveelheid, de kritische balans, produceren ze vuur: een epidemie. Kermack en McKendrick ijkten met hun vergelijkingen het kaliber van de omstandigheden waarin zo'n vuur zou ontvlammen, zou blijven branden en uiteindelijk zou versmeulen.

Eén opmerkelijke implicatie van hun werk werd bijna aan het eind van hun artikel uitgesproken: 'Kleine verhogingen van de mate van infectiviteit kunnen leiden tot grote epidemieën.' Deze bedekte waarschuwing heeft sindsdien luid en duidelijk weerklonken. Het is een fundamentele waarheid, die gezondheidsdiensten elk jaar tijdens het griepseizoen bezighoudt. Een andere implicatie was dat epidemieën niet eindigen omdat alle vatbare individuen ofwel dood of hersteld zijn. Ze eindigen omdat vatbare individuen niet langer dicht genoeg op elkaar zitten binnen de populatie. Zoals W.H. Hamer in 1906 had gezegd, weet je nog wel? Ross had hetzelfde geopperd in 1916. Maar het artikel van Kermack en McKendrick veranderde dit in een bruikbaar instrument voor de wiskundige epidemiologie.

27

Het tweede stukje baanbrekende ziektetheorie kwam van George MacDonald. Ook hij was een malariaonderzoeker met een zwak voor wiskunde (is het onvermijdelijk dat het zo vaak Schotten zijn?), die jaren in de tropen werkte en uiteindelijk directeur werd van het Ross Institute of Tropical Hygiene in Londen dat enkele decennia eerder door Ronald Ross zelf was opgericht. MacDonald deed eind jaren dertig van de vorige eeuw een deel van zijn praktijkervaring op in Ceylon (nu Sri Lanka), vlak na de catastrofale malaria-epidemie die daar in 1934-1935 woedde, waardoor een derde van de Ceylonese bevolking ziek werd en 80 000 mensen het leven lieten. De ernst van deze epidemie was verrassend, omdat de ziekte bekend was, althans in delen van het eiland waar zij continu terugkwam in de vorm van bescheiden jaarlijkse uitbraken waardoor vooral jonge kinderen werden getroffen. Wat er in 1934-1935 gebeurde was anders omdat er, na enkele jaren met bijna geen malaria, door een droogteperiode een uitstekend natuurlijk woongebied ontstond voor muggen (stilstaande poelen in rivierbeddingen in plaats van een vloeiende stroom), die zich daarop enorm snel vermenigvuldigden en malaria brachten naar gebieden waar het lange tijd afwezig was geweest en waar de meeste mensen, vooral jonge kinderen, geen verworven immuniteit hadden. Zo'n twintig jaar later, toen hij weer terug was in Londen, probeerde George MacDonald te begrijpen hoe en waarom malaria in incidentele epidemieën tot uitbarsting kwam, waarbij hij de wiskunde als methode en Ceylon als passend voorbeeld gebruikte.

Dat was precies de tijd, halverwege de jaren vijftig, waarin de World Health Organization (WHO) een campagne begon op te zetten om malaria wereldwijd uit te roeien, in plaats van haar alleen maar in het een of andere land te beheersen en terug te dringen. Het hoog gegrepen streven van de WHO – een totale overwinning, geen compromis – werd mede ingegeven door het bestaan van een nieuw wapen, het bestrijdingsmiddel DDT, dat in staat leek muggenpopulaties uit te roeien en (in tegenstelling tot andere insecticiden die niet als dodelijk residu bleven hangen) dood te houden. Het andere cruciale onderdeel van de WHO-strategie was de eveneens grondige verwijdering van malariaparasieten uit menselijke gastheren, teneinde de mens-mug-menscyclus van infectie te verbreken. Dit zou worden gerealiseerd door elk menselijk ziektegeval te behandelen met malariamedicijnen, in combinatie met een zorgvuldige surveillance om nieuwe of terugkerende gevallen te kunnen opsporen en die vervolgens ook te behandelen, totdat de laatste parasiet met al deze middelen uit de laatste menselijke bloedsomloop was verdreven. Dat was in elk geval het idee. George MacDonalds geschriften waren bedoeld om dat project te verduidelijken en te ondersteunen. Een daarvan, in 1956 gepubliceerd in het eigen *Bulletin* van de WHO, droeg als titel 'Theory of the Eradication of Malaria' ('Theorie van de uitroeiing van malaria').

In een eerder artikel had MacDonald opgemerkt dat 'heel kleine veranderingen in de essentiële overdrachtfactoren' van malaria op elke willekeurige plek een epidemie konden veroorzaken. Dit was een bevestiging van wat Kermack en McKendrick hadden gezegd, namelijk dat een kleine verhoging van de 'infectiviteit' tot grote epidemieën kon leiden. Maar MacDonald ging er dieper op in. Wat waren die essentiële overdrachtfactoren? Hij identificeerde een hele waslijst van factoren, waaronder de populatiedichtheid van muggen ten opzichte van de populatiedichtheid van mensen, het aantal beten dat muggen gaven, de levensduur van de muggen, het aantal dagen dat malariaparasieten erover doen om een levenscyclus te voltooien en het aantal dagen dat iedere geïnfecteerde persoon infectieus bleef voor een mug. Sommige van deze factoren waren bekende constanten (een levenscyclus van *P. falciparum* duurt ongeveer 36 dagen, een mens kan ongeveer 80 dagen infectieus blijven) en andere waren variabel, afhankelijk van de omstandigheden, zoals wat voor soort malariamug als vector diende en of er varkens in de buurt waren die dorstige muggen weglokten van mensen. MacDonald stelde vergelijkingen op die de weergave waren van zijn redelijke veronderstellingen over de mogelijke wisselwerking tussen al die factoren. Toen hij zijn vergelijkingen afzette tegen wat er bekend was over de Ceylonese epidemie, stelde hij vast dat ze keurig met die gegevens overeenkwamen.

Dat leek de juistheid van zijn veronderstellingen te bevestigen. Hij concludeerde dat een vijfvoudige toename van de dichtheid van malariamuggen in relatief ziektevrije gebieden van Ceylon, in combinatie met omstandigheden die elke mug een relatief lange levensduur boden (genoeg tijd om te bijten, geïnfecteerd te raken en opnieuw te bijten), voldoende was geweest om de epidemie te ontketenen. Eén variabele te midden van vele andere, vijfvoudig toegenomen – en de vuurzee ontvlamde.

Uiteindelijk leverden MacDonalds vergelijkingen één getal op dat hij het basisreproductiegetal noemde. Dat getal stond in zijn eigen woorden voor 'het aantal binnen een gemeenschap verspreide infecties als het directe gevolg van de aanwezigheid in die gemeenschap van één primair niet-immuun geval'. Preciezer uitgedrukt was het het gemiddelde aantal geproduceerde secundaire infecties bij het begin van een uitbraak, wanneer één besmet individu een populatie binnenkomt waarin alle individuen niet-immuun en daarom vatbaar zijn. MacDonald had een cruciaal verhoudingscijfer vastgesteld – een doorslaggevende, bepalende index. Als het basisreproductiegetal minder was dan 1, dan ging de ziekte als een nachtkaars uit. Als het groter was dan 1 (groter dan 1,0 om precies te zijn), nam de uitbraak in hevigheid toe. En was het aanzienlijk groter dan 1,0 – dan *pats*: een epidemie. Uit beschikbare gegevens leidde hij af dat het getal in Ceylon waarschijnlijk rond de 10 had gelegen. Dat is erg hoog, vergeleken met andere ziekteparameters. Zeker hoog genoeg om een ernstige epidemie op te leveren. Maar het was aan de lage kant van het gamma van omstandigheden dat zich kon voordoen in Ceylon. Aan de hoge kant stelde MacDonald zich het volgende voor, namelijk dat één geïnfecteerd persoon die 80 dagen lang niet behandeld werd en infectieus bleef en daarbij blootstond aan 10 muggen per dag – althans indien die muggen een redelijke levensduur genoten en redelijke kansen hadden om te bijten – in staat was om 540 andere mensen te infecteren. Basisreproductiegetal: 540.

De uitroeiingscampagne van de WHO faalde. Dit was het oordeel van een historicus over het feitelijke effect van de campagne: 'Deze [campagne] vernietigde nagenoeg de hele malariakunde. Hij veranderde een subtiele en vitale wetenschap, gewijd aan het begrijpen en beheersen van een gecompliceerd natuurlijk systeem – muggen, malariaparasieten en mensen – in een oorlog die werd gevoerd met spuitpistolen.' Na jaren van bestrijdingsmiddelengebruik en behandeling van ziektegevallen zagen de gezondheidstechnocraten malaria fel opleven in delen van de wereld als India, Sri Lanka (zoals het toen heette) en Zuidoost-Azië, waar zoveel geld en moeite aan was gespendeerd. Afgezien van het probleem van verworven resistentie voor DDT bij malariamuggen (dat een groot probleem bleek), hadden de plannenmakers en gezondheidstechnici van de WHO waarschijnlijk onvoldoende oog gehad voor een andere mogelijke afweging, namelijk dat kleine veranderingen grote gevolgen kunnen hebben. Mensen hebben een enorm vermogen om muggen met malaria te besmetten. Mis één besmet persoon in het surveillance-en-behandelingsprogramma om malariaparasieten bij menselijke gastheren te elimineren en laat die persoon gebeten worden door een onbesmette mug – en alles begint weer opnieuw. De infectie verspreidt zich, en als het basisreproductiegetal hoger is dan 1,0, dan verspreidt de infectie zich snel.

Als je de recente wetenschappelijke literatuur over de ecologie van ziekten doorneemt – die uitermate wiskundig is en die ik niet aanbeveel, tenzij je zeer geïnteresseerd bent of last van slapeloosheid hebt – vind je het basisreproductiegetal overal. Het is de alfa en de omega van het vakgebied, het punt waarop de analyse van infectieziekten begint en eindigt. In de vergelijkingen verschijnt deze variabele als R_0, door de kenners hardop uitgesproken als 'R-nul'. (Ik geef toe dat het een beetje verwarrend is dat ze R_0 als symbool voor basis*reproductie*getal gebruiken en in een SIR-model een losse R als symbool voor *recovered*, ofwel 'hersteld'. Dat is gewoon een onhandig toeval, als gevolg van het feit dat beide woorden met de letter R beginnen.) R_0 verklaart, en het voorspelt ook, zij het in beperkte mate. Het bepaalt de grens tussen een klein cluster van vreemde, in een bepaald tropisch dorp oplaaiende en uitdovende infecties en een wereldwijde pandemie. Het kwam uit de koker van George MacDonald.

28

Plasmodium falciparum is niet de enige malariaparasiet die mensen wereldwijd zorgen baart. Buiten Afrika bezuiden de Sahara worden de meeste menselijke ziektegevallen veroorzaakt door *Plasmodium vivax*, de op een na kwaadaardigste van de vier soorten die precies zodanig zijn aangepast dat ze mensen infecteren (de andere twee soorten, *P. ovale* en *P. malariae*, zijn veel zeldzamer en lang niet zo virulent; ze veroorzaken infecties die gewoonlijk vanzelf, zonder medische behandeling, voorbijgaan). *P. vivax* is minder dodelijk dan *P. falciparum*, maar zorgt voor een hoop ellende, verloren productiviteit en ongemakken en is verantwoordelijk voor ongeveer 80 miljoen gevallen van voornamelijk niet-fatale malaria per jaar. De oorsprong ervan is recentelijk opgehelderd, wederom met behulp van moleculaire fylogenetica, en wederom is een van de daarbij betrokken onderzoekers Ananias A. Escalante, voorheen van de CDC en nu verbonden aan de Arizona State University. Escalante en zijn medewerkers hebben aangetoond dat *P. vivax* niet is opgedoken onder de vroegste mensen in Afrika, zoals *P. falciparum* lijkt te hebben gedaan, maar vermoedelijk heeft gewacht op onze voorouders die Zuidoost-Azië kwamen koloniseren. De gevonden gegevens wijzen erop dat zijn naaste verwanten plasmodia zijn die Aziatische makaken infecteren.

Ik ben niet van plan om dit onderzoeksoeuvre samen te vatten, omdat we al diep genoeg zijn gegaan, maar ik wil je wel waarschuwen voor één klein onderdeel dat onweerlegbaar tot een opmerkelijke wending leidt. Escalantes team meldde in 2005 dat *P. vivax* een recente voorouder gemeen heeft met drie soorten makakenmalaria. Een daarvan is *Plasmodium knowlesi*, een parasiet die we kennen uit Borneo en West-Maleisië, waar hij soms minstens twee inheemse primaten infecteert, de langstaartmakaak en de Java-aap, ofwel krabbenetende makaak. *P. knowlesi* bekleedt een merkwaardige plek in de medische annalen, die te maken heeft met de behandeling van neurosyfilis (syfilis van het centrale zenuwstelsel), die in het begin van de twintigste eeuw werd uitgevoerd met behulp van geïnduceerde malariakoorts.

Het verhaal gaat als volgt. Dr. Robert Knowles was een luitenant-kolonel in de Indian Medical Service, die in de jaren dertig gestationeerd was in Calcutta en daar malariaonderzoek deed. In juli 1931 kwam hij in het bezit van een onbekende nieuwe soort malariaparasiet, afkomstig van een geïmporteerde aap. Het was een plasmodium, dat kon hij zien, maar niet een die hij herkende. Knowles en een jongere medewerker, een assistent-chirurg die Das Gupta heette, besloten onderzoek te doen aan de parasiet. Ze injecteerden hem in verschillende andere soorten apen en volgden de voortgang van de infectie. Deze mysterieuze stam bleek verwoestend voor resusapen: hij veroorzaakte hoge koorts en zorgde voor grote hoeveelheden parasieten in het bloed, waardoor de dieren snel doodgingen. Maar bij Indische kroonapen had hij weinig effect. Knowles en Gupta injecteerden de parasiet ook in drie menselijke 'vrijwilligers' (tussen aanhalingstekens, omdat twijfelachtig is of het hun vrijstond te weigeren). Een van de drie mannen kwam daar uit de buurt en was naar het ziekenhuis gekomen om een rattenbeet in zijn voet te laten behandelen. De arme man werd erg ziek, niet van de rattenbeet, maar van de ingespoten malaria. Bij de proefkonijnen (apen en mensen) die met tussenpozen koortsaanvallen hadden, stelden Knowles en Gupta vast dat de periode van de koortscyclus één dag was, in tegenstelling tot de tweedaagse of driedaagse cyclus die ze van menselijke malaria kenden. Knowles en Gupta publiceerden een artikel over de ongewone parasiet, maar gaven hem geen naam. Vlak daarna deed een andere groep wetenschappers dat wel en gaven ze hem de naam *Plasmodium knowlesi*, ter ere van de eerste ontdekker ervan.

Het verhaal krijgt nu een ander decor: Oost-Europa. Lezend in de vakliteratuur raakte Mihai Ciuca, een goed ingevoerde Roemeense malariaonderzoeker, geïnteresseerd in de eigenschappen en mogelijke toepassingen van *Plasmodium knowlesi* en schreef een brief aan een van Knowles' medewerkers in India, waarin hij om een monster verzocht. Toen het apenbloed was gearriveerd, begon professor Ciuca patiënten met neurologische syfilis te injecteren met doses *P. knowlesi*. Dit was echt niet zo gek als het klinkt, maar ook misschien voor Roemenië enigszins op het randje, omdat er over het mogelijke scala van effecten van *P. knowlesi* op mensen zo weinig bekend was. Toch volgde Ciuca juist een soort therapie die niet alleen effectief was gebleken, maar ook wetenschappelijk erkend was. In 1917 was Julius Wagner-Juaregg, een Weense neuroloog, patiënten in een gevorderd stadium van syfilis gaan inenten met andere malariastammen en was hij niet alleen ontkomen aan vervolging wegens wanpraktijken en beschuldigingen van misdadige miskleunen, maar had hij bovendien een Nobelprijs voor geneeskunde gekregen. De van een Nietzsche-achtige snor voorziene Wagner-Juaregg was een man van onsmakelijke eminentie in de oude stijl, een rabiate antisemiet die voor 'rassenhygiëne' en gedwongen sterilisatie van geesteszieken pleitte, maar zijn 'pyrotherapie' met behulp van malaria is blijkbaar een uitkomst geweest voor veel neurosyfilispatiënten die anders hun martelende laatste dagen in gestichten zouden hebben gesleten. In Wagner-Juareggs behandelmethode zat een kille logica, of liever gezegd een 'hete' logica. Zijn methode werkte, omdat de syfilisverwekker zo gevoelig is voor temperatuur.

Syfilis wordt veroorzaakt door een kurkentrekkervormige bacterie (ook bekend als een spirocheet), met de naam *Treponema pallidum*. Deze bacterie wordt meestal opgelopen tijdens seksueel contact, waarna hij zich als een kurkentrekker een weg door de slijmvliezen baant, zich vermenigvuldigt in het bloed en de lymfeklieren en, als een patiënt erg veel pech heeft, binnendringt in het centrale zenuwstelsel, inclusief de hersenen, wat leidt tot persoonlijkheidsveranderingen, psychose, depressie, dementie en de dood. Althans bij gebrek aan een behandeling met antibiotica, want met moderne antibiotica is syfilis goed te genezen. Maar in 1917 waren er geen moderne antibiotica, en in het begin werkte het chemische middel salvarsan (dat arsenicum bevat) niet goed tegen vergevorderde syfilis in het zenuwstelsel. Wagner-Juaregg loste dat probleem op, nadat hij had vastgesteld dat *Treponema pallidum* in een reageerbuis niet overleeft bij temperaturen ver boven 37 graden Celsius. Hij realiseerde zich dat als je de bloedtemperatuur van de geïnfecteerde persoon een paar graden verhoogt, je de bacterie dood kunt koken. En daarom begon hij patiënten in te spuiten met *Plasmodium vivax*.

Hij liet hen een cyclus van drie of vier koortspieken doorstaan, waarmee hij de *Treponema* rake maar geen terminale klappen toebracht, en diende hun daarna kinine toe waarmee het plasmodium onder controle werd gebracht. 'Het effect was opmerkelijk; de neerwaartse progressie van vergevorderde syfilis werd gestuit,' volgens een verslag van Robert S. Desowitz, toentertijd niet alleen een prominente parasitoloog maar ook een boeiende schrijver. 'Instituten voor malariatherapie rezen in heel Europa als paddenstoelen uit de grond en ook werd deze techniek overgenomen in verschillende centra in de Verenigde Staten. Op deze manier werden tienduizenden syfilispatiënten gered van een gewisse en pijnlijke dood' – gered door malaria.

Een van die Europese instituten was gevestigd in Boekarest, met als adjunct-directeur professor Ciuca. Roemenië kende een lange geschiedenis van strijd tegen de malaria – en was allicht ook niet voor syfilis gespaard gebleven – maar Ciuca had klaarblijkelijk het idee dat *Plasmodium knowlesi* misschien een beter wapen tegen neurosyfilis was dan andere soorten van de parasiet. Hij vaccineerde enkele honderden patiënten en meldde in 1937 dat die proef behoorlijk goed geslaagd was. Zijn behandelprogramma werd voortgezet totdat er, bijna twintig jaar later, een probleem opdook. Doordat men *P. knowlesi* herhaaldelijk in een reeks menselijke gastheren had laten circuleren (door besmet bloed te injecteren, waardoor de merozoïeten zich konden vermenigvuldigen, waarna opnieuw besmet bloed werd afgenomen) was Ciuca's stam steeds virulenter geworden – onrustbarend virulent. Na 170 van dergelijke rondgangen begonnen hij en zijn medewerkers zich zorgen te maken over de toenemende agressiviteit van de parasiet en staakten ze het gebruik ervan. Dat was een eerste waarschuwingssignaal, maar nog steeds niet meer dan een laboratoriumeffect. (Het laten rondgaan van de parasiet was noodzakelijk om voldoende voorraad ervan te houden, omdat je hem niet in een schotel of een buisje kon kweken; maar doordat men de parasiet direct onder mensen liet circuleren werd hij bevrijd van alle eventuele vormen van evolutionaire druk die een rol hadden gespeeld bij het voltooien van zijn levenscyclus binnen muggen. Hij werd een soort protisten-equivalent van de aangewezen slagman bij honkbal: erg goed in het slaan van de bal en bevrijd van de verantwoordelijkheid om als verrevelder te moeten spelen.) Uit ander bewijsmateriaal zou uiteindelijk blijken dat *P. knowlesi* in zijn wilde vorm gevaarlijk genoeg kon zijn voor mensen.

In maart 1965 bracht een zevenendertig jaar oude Amerikaanse landmeter in dienst van de US Army Map Service een maand in Maleisië door, waaronder vijf dagen in een dicht bebost gebied ten noordoosten van de hoofdstad Kuala Lumpur. Om redenen van medische privacy (en mogelijkerwijs ook om andere redenen) werd de naam van de landmeter niet vermeld in de wetenschappelijke literatuur, maar zijn initialen waren B.W. Volgens één rapport deed B.W. zijn werk 's nachts en sliep hij overdag. Hmm, dan zou je toch gauw denken: Vreemd voor een landmeter. Dit was niet de Sahara, waar je overdag een moordende hitte had en 's nachts de koelte en het maanlicht die geschikter waren om bij te werken. Het was het tropische woud. Waarom de landmeter zijn werk zo had geregeld of wat hij had kunnen opmeten (misschien lichtgevende rupsen, vleermuispopulaties, natuurlijke hulpbronnen of radiogolven?) is nooit duidelijk geworden, hoewel er geruchten gingen dat hij een spion was. Maleisië doorworstelde in die tijd de eerste jaren van onafhankelijkheid en stond onder druk van het communistisch geïnspireerde bewind van Soekarno in het buurland Indonesië, wat het tot een focus van Amerikaanse strategische belangen moet hebben gemaakt. Of misschien luisterde hij (zoals een gerucht wilde) het radioverkeer van en met China af. In elk geval, en om wat voor politieke of kadastrale redenen dan ook, bracht deze eenzame landmeter genoeg nachten in de rimboe door om gebeten te worden door meer dan enkele malariamuggen. Bij zijn aankomst op de Travis Air Force Base in Californië voelde hij zich beroerd: koude rillingen, koorts en hevige transpiratie. Wat een verrassing! Binnen drie dagen werd B.W. opgenomen in het klinische centrum van de National Institutes of Health in Bethesda, Maryland, en onderworpen aan een kuur tegen malaria. De diagnose van de artsen van de NIH luidde *Plasmodium malariae*, gebaseerd op hoe de parasieten in zijn bloeduitstrijkjes er onder een microscoop uitzagen. Maar die identificatie werd tegengesproken door het onweerlegbare gegeven dat zijn koortscyclus maar één dag duurde. Toen kwam de echte verrassing: nader onderzoek wees uit dat hij geïnfecteerd was met *P. knowlesi*, de apenmalaria. Iets wat voor onmogelijk werd gehouden. 'Dit geval,' schreef een viertal betrokken artsen, 'is het eerste bewijs dat apenmalaria een echte zoönose is.'

Met andere woorden, soms werden er ook mensen door geïnfecteerd en was het dus niet alleen een ziekte onder makaken.

Het geval van B.W. werd echter gezien als een anomalie, een eenmalige toestand als gevolg van eigenaardige omstandigheden. Veel mensen brengen nachten in de Maleisische jungle door – bijvoorbeeld dorpelingen die op dieren jagen – maar zelden zullen dat Amerikaanse bezoekers zijn die landmetingen doen of spioneren, of wat dan ook, en die naderhand goede medische diagnoses voor met koorts gepaard gaande aandoeningen kunnen krijgen. Wat betreft *Plasmodium knowlesi* was dit vijfendertig jaar lang ruwweg de situatie, totdat twee microbiologen in Maleisisch Borneo, het echtpaar Balbir Singh en Janet Cox-Singh, onderzoek gingen doen naar enkele opmerkelijke patronen in het optreden van malaria in en om een bepaalde gemeenschap in de binnenlanden van Borneo.

29

Singh en Cox-Singh waren via omwegen in Borneo beland. Hij was geboren in West-Maleisië, als telg van een familie van sikhs met wortels in de Punjab, en ging naar Engeland voor een universitaire opleiding. Uiteindelijk behaalde hij zijn doctorstitel in Liverpool. Janet Cox ging van Belfast naar Liverpool, ook voor een doctoraat. Ze ontmoetten elkaar in 1984 op de Liverpool School of Tropical Medicine en merkten dat ze naast andere dingen ook hun interesse voor malaria gemeen hadden (de oude en gerenommeerde Liverpool School of Tropical Medicine was een voor de hand liggende plek om deze interesse te voeden; Ronald

Ross zelf was na het verlaten van de Indian Medical Service en vóór de oprichting van het Ross Institute in Londen daar hoogleraar geweest). Enkele jaren later, nu getrouwd en met twee jonge dochters, gingen Singh en Cox-Singh terug (althans hij) naar het Oosten, om precies te zijn naar de deelstaat Kelantan aan de oostkust van West-Maleisië. Toen hun in 1999 de kans werd geboden om onder auspiciën van een nieuwe medische faculteit onderzoek te doen, verhuisden ze naar Sarawak, een van de twee Oost-Maleisische staten op Borneo, en namen ze hun intrek in een laboratorium van de University of Malaysia Sarawak in Kuching, een exotische oude stad aan de rivier de Sarawak. Rajah Brooke had daar een paleis in het midden van de negentiende eeuw. Alfred Russel Wallace was er op bezoek geweest. Het is een idyllisch oord, als je houdt van hotelletjes in achterafstraatjes en handel op rivierbootjes en de Borneose rimboe aan je achterdeur. Kuching betekent 'kat', vandaar de bijnaam 'Cat City' en de enorme betonnen kat die aan de ingang van de Chinese wijk staat. Singh en Cox-Singh kwamen hier echter niet voor de couleur locale. Ze volgden het spoor van de malaria. Kort nadat ze zich geïnstalleerd hadden, kregen ze lucht van enkele vreemde feiten die gesignaleerd waren in Kapit, een gemeenschap aan een zijrivier van de Rajang in Sarawak.

De stad Kapit is het bestuurscentrum van de regio Kapit, een gebied dat voornamelijk wordt bevolkt door de Iban, een volk dat in traditionele longhouses woont, de rivier bevaart in boomkano's, jaagt in het woud en rijst en maïs teelt op akkertjes aan de rand van het woud. *Plasmodium vivax* en *P. falciparum* zijn de twee meest gemelde malariaverwekkers in Sarawak, met als derde *P. malariae*, die een geringer aandeel heeft. De in het bloed overgedragen stadia van deze drie kunnen onder een microscoop tamelijk snel en eenvoudig worden onderscheiden in een bloeduitstrijkje op een glasplaatje – zoals malaria al tientallen jaren werd gediagnosticeerd. Maar de gerapporteerde cijfers gaven op het eerste gezicht een vertekend beeld: een groot deel van de *P. malariae*-gevallen in Sarawak, merkten Singh en Cox-Singh, was afkomstig uit Kapit. Waarom? De regio had zo te zien een opvallend hoge incidentie van deze vorm van malaria. Bovendien moesten de meeste ziektegevallen in Kapit klinisch behandeld worden, zo ernstig waren ze – in plaats van mild of nauwelijks merkbaar, wat typerend is voor *P. malariae*. Nogmaals, waarom? Ook waren de slachtoffers uit Kapit voornamelijk volwassenen, die immuun hadden moeten zijn vanwege eerdere blootstelling aan de ziekte – in plaats van kinderen die door hun ontbrekende afweer de gebruikelijke slachtoffers van *P. malariae* waren. Wat was er aan de hand?

Balbir Singh ging met een boot naar Kapit en nam monsters af bij acht patiënten door hen een voor een in een vinger te prikken en de druppel bloed te laten uitvloeien op een stuk filtreerpapier. Terug in Kuching onderwierp hij samen met zijn jeugdige assistent Anand Radhakrishnan de monsters aan een moleculaire test met behulp van PCR, wat net als in zoveel andere gebieden de nieuwe standaard op het gebied van de malariadiagnostiek was en wat een veel nauwkeurigere identificatiemethode bood dan alleen maar door een microscoop naar geïnfecteerde bloedcellen turen. PCR-vermeerdering van DNA-fragmenten, gevolgd door sequentiebepaling (het aflezen van de genetische spelling) van deze fragmenten, reikt veel dieper dan microscopie. Hiermee kan een onderzoeker onder het niveau van de celstructuur kijken en de genetische code letter voor letter waarnemen. Deze code is geschreven in nucleotiden, wat bouwstenen van DNA- en RNA-moleculen zijn. Elk nucleotide bestaat uit een stikstofhoudende base die verbonden is met een suikermolecuul en een of meer stukjes fosfaat. Lijkt DNA op een wenteltrap, ondersteund door twee spiraalvormige strengen, dan zijn deze stikstofhoudende basen de traptreden die de strengen met elkaar verbinden. Er zijn vier soorten basen in het DNA – moleculaire bouwstenen die de naam adenine, cytosine, guanine en thymine dragen en afgekort worden tot A, C, G en T – kleine stukjes in het grote spel van het genetische scrabble. Je hebt dit vast al eens op Discovery Channel gehoord, maar het zijn elementaire zaken die best herhaald mogen worden, omdat de genetische code een cruciale vorm van bewijsmateriaal oplevert aan de hand waarvan wetenschappers tegenwoordig pathogenen herkennen. In het RNA-molecuul, dat voor de translatie, ofwel omzetting, van DNA in eiwitten zorgt (en nog andere functies heeft, zoals we straks zullen zien), komt een ander stukje, het zogenoemde uracil, in de plaats van thymine en zijn de scrabblestukjes dus A, C, G en U.

Singh en Cox-Singh zochten samen met Radhakrishnan naar DNA- en RNA-fragmenten die kenmerkend waren voor *Plasmodium*-parasieten in het algemeen – en daar vonden ze er enkele van. Maar deze fragmenten waren niet afkomstig van *P. malariae*, noch van *P. vivax* of *P. falciparum*. Ze waren iets nieuws – of in elk geval iets wat minder vertrouwd was dan ze hadden verwacht.

Verdere testen en vergelijkingen toonden aan dat vijf van de acht Kapit-patiënten geïnfecteerd waren met *Plasmodium knowlesi*. Maar een accumulatie van gevallen binnen één enkel longhouse deed zich niet voor, wat een andere onverwachte aanwijzing vormde. Het ontbreken van een dergelijke accumulatie betekende dat deze mensen de parasiet niet – via muggen – op elkaar hadden overgebracht. Iedere patiënt leek hem te hebben opgelopen van een mug die een makaak had gebeten.

30

De faculteit geneeskunde en gezondheidswetenschappen van de University of Malaysia Sarawak is gehuisvest in fraaie hoogbouw, slechts tien minuten per taxi van de grote nieuwe hotels en de oude marktgebouwen aan de waterkant van Kuching. Ik trof Balbir Singh daar in zijn werkkamer op de zevende verdieping, een knappe en vriendelijke vijftiger, omgeven door boeken, paperassen en golftrofeeën. Hij had een donkere baard die grijs aan het worden was, op zijn hoofd prijkte een paars-zwarte tulband en om zijn nek bungelde een leesbril. Ook al moesten hij en zijn vrouw de volgende dag de stad uit voor overleg met ambtenaren van de gezondheidsdienst elders in Borneo, ze hadden er toch mee ingestemd om me wat tijd te gunnen. Hun ontdekking van *P. knowlesi* onder de mensen van Kapit, die ook consequenties had voor de behandeling van malaria in heel Maleisië en daarbuiten, was nog behoorlijk vers en ze waren blij dat ze erover konden praten.

Vanuit de faculteit staken Balbir Singh en ik de straat over naar een uiterst bescheiden Zuid-Indiaas eethuisje, zijn favoriete eetgelegenheid, waar hij me trakteerde op een biryanischotel (gebakken basmatirijst met kruiden en vlees) en me een en ander vertelde over zijn uit Punjab afkomstige grootvader, een sikh die naar Maleisië was geëmigreerd, en over zijn eigen verblijf in Liverpool. Ik hoorde hoe *P. knowlesi* binnen het dichte geboomte van de wouden met succes en asymptomatisch in langstaartmakaken huisde. Ik hoorde dingen over de een of andere landmeter, een spion, ergens in het Maleisische woud, maar de informatie was vluchtig en het eten was lekker en van dat onderdeel kon ik pas later een zinnig verhaal maken. Weer in zijn werkkamer vertelde Singh me met veel enthousiasme het verhaal van Julius Wagner-Juaregg en zijn malariapyrotherapie voor syfilislijders, gevolgd door professor Ciuca's aanpassing van *Plasmodium knowlesi* voor dat doel in Roemenië, en opnieuw het relaas over de mysterieuze Amerikaanse landmeter die in de wilde natuur geïnfecteerd raakte met deze apenziekte. Singh liet me op zijn computerscherm foto's zien van de Iban-longhouses aan de bovenloop van de Rajang. Acht verschillende etnische groepen, maar merendeels Iban, zei hij. Hier heb je zo'n longhouse, waar zo'n vijf tot vijftig families kunnen wonen. Geweldig voor het doen van bloedonderzoeken – je hoeft niet van huis naar huis te trekken. Hier is nog een typisch tafereel: ziet je dat groene spul, dan denk je toch dat het gras is, nietwaar? Maar het is geen gras, het is padie uit de heuvels. Rijst dus. Ze verbouwen ook maïs. In de oogsttijd verblijven de mensen 's nachts in hutten bij hun akkers om de makaken te kunnen verjagen die de gewassen komen plunderen. Ze schieten niet op de dieren, omdat kogels te duur zijn en een langstaartmakaak maar erg weinig vlees oplevert. Ook heb je in sommige longhouses een taboe: dood je een aap, dan zal zijn geest de baarmoeder van je zwangere vrouw bezoeken, met verschrikkelijke gevolgen voor de baby. De apen zijn brutaal en volhardend, en je moet ze zien weg te houden bij de padie – kennelijk een kwestie van zwaaien met je armen, hard schreeuwen en kletteren met potten en pannen. Twee tot drie nachten achtereen blijven de mensen daar bij hun akkers. Natuurlijk worden ze gebeten door nachtelijke woudmuggen, inclusief de *Anopheles latens*, het belangrijkste insect dat hier in de omgeving *P. knowlesi* overbrengt.

'Dus de beheersing is een probleem,' zei hij. 'Hoe krijg je hier greep op?' Zowel mannen als vrouwen raken geïnfecteerd. Hun levensonderhoud is afhankelijk van hun verblijf in het woud, waar de makaken in overvloed aanwezig zijn, net als de muggen.

Hij liet me sterk vergrote beelden van microscoopdia's zien, vol met door malaria geïnfecteerde menselijke cellen. Ik zag cirkels en stippen. Hij zag trofozoïeten, schizonten en gametocyten. Hij ging sneller praten. Ja, je kunt *P. knowlesi* gemakkelijk voor *P. malariae* aanzien, als dat is wat je zoekt, beaamde ik. Geen wonder dat de methoden van de moleculaire genetica nieuwe perspectieven hebben geopend om dingen van elkaar te onderscheiden. Geen wonder dat deze zoönotische malaria zo lang de verkeerde diagnose kreeg. Daarna gingen we naar beneden voor een bezoek aan zijn vrouw in het lab.

Janet Cox-Singh is een kleine vrouw met kort, donker kastanjebruin haar en een fijnbesneden gezicht, en aan haar spraak kun je bijna niet horen dat ze oorspronkelijk uit Belfast komt. Ze zat op een laboratoriumbankje, niet ver van de PCR-machine, voor haar eigen grote computerscherm en onder planken met daarop dozen vol filtreerpapiermonsters van afgenomen bloed, gedroogd en opgeborgen, een kostbaar archief van ruw materiaal waaraan zij en haar man een groot deel van hun gegevens hadden ontleend. Een soort DNA-proviand. 'We hebben deze PCR-methode zodanig aangepast dat we kunnen werken met die op filtreerpapier gemorste bloedvlekken en zodoende kunnen we heel goed epidemiologisch malariaonderzoek doen met materiaal van erg afgelegen plekken,' zei Cox-Singh. De regio Kapit in Sarawak is inderdaad een uitzonderlijk afgelegen gebied.

Vlakbij op de grond stonden verscheidene grote opslagtanks met vloeibare stikstof voor het vervoer van ingevroren monsters, een omslachtiger methode om bloed naar het laboratorium te brengen, niet helemaal achterhaald, maar nu voor hun doeleinden omzeild door de filtreerpapiertechniek. Na de eerste reis stroomopwaarts, waarbij Singh in acht vingers had geprikt en acht monsters op filtreerpapier had gedruppeld – wat het eerste signaal van *P. knowlesi* opleverde – gingen hij en Cox-Singh verder met het verzamelen van gegevens door bezoeken aan het ziekenhuis van Kapit en longhouses in de omgeving van de stad. Ze hadden hun actieradius ook uitgebreid door de filtreerpapiertechniek aan anderen te delegeren. Ze stuurden filtreerpapierpakketten naar andere delen van Sarawak, naar getrainde hulpkrachten, en ze kregen gedroogde maar waardevolle bloedvlekken terug. Met een ouderwetse perforator (zorgvuldig gesteriliseerd om verontreiniging te voorkomen) sloegen ze twee kleine donkere rondjes uit elk velletje filtreerpapier, waarna ze die rondjes verwerkten met de PCR-machine. Twee knapperige rondjes bevatten ongeveer twintig microliter bloed, net genoeg voor de extractie van DNA. Daarna moest het DNA selectief vermeerderd worden, zodat ze ermee konden werken. Cox-Singh liet me zien welke specifieke methode ze gebruikten, de zogeheten 'geneste PCR', door al pratend een ruw diagram te schetsen op de achterkant van een tijdschrift. Kleine subeenheden, 1500 nucleotiden, ribosomaal RNA. Ik staarde naar de krabbels. Als ze eenmaal een vermeerderd product hadden, stuurden ze dat naar een laboratorium op het vasteland om het te laten sequencen. De gesequencete uitkomsten vormden een behoorlijk lange reeks letters, een in genetische code geschreven passage die wel wat weg had van een poging een gedempte vloek te spellen (ACCGCAGGAGCGCT...!), die je in een omvangrijke online database kon invoeren om ze met bekend referentiemateriaal te vergelijken. Op die manier hadden ze *P. knowlesi* uit die eerste monsters gehaald, zei ze, en sindsdien uit nog veel meer monsters.

Haar man pakte een doos van de plank en maakte hem open. 'Dit is onze collectie bloedvlekken,' zei hij met ingehouden trots. Borneo ligt buiten de gebaande paden en ik denk dat niet veel wetenschapsjournalisten hier op bezoek komen. In de doos zat een keurige ordner met plastic enveloppen, elk met een stukje poreus papier erin, niet groter dan een visitekaartje, en op elke kaartje zat een roestkleurige zwarte vlek. Op het kaartje dat ik van dichtbij bekeek zat vlak bij het midden van de donkere plek een volmaakt rond gaatje. Het geperforeerde rondje dat daar ontbrak had zijn geheimen al aan de wetenschap onthuld. DNA-confetti.

In de eerste twee jaren van onderzoek aan de Kapit-populatie, met behulp van filtreerpapierrondjes en PCR, vond het team van Singh-Cox-Singh (net als alle wetenschappers hebben ze assistenten en medewerkers) 120 gevallen van *P. knowlesi*. Bij de eerdere diagnostische aannames en methoden zou men gedacht hebben dat de meeste van deze mensen, of misschien allemaal, de goedaardige vorm, *P. malariae*, hadden en zouden ze dus weinig of geen medische zorg hebben gekregen. Ze zouden enorm te lijden hebben gehad, of erger. Met de juiste diagnose en een agressieve behandeling met middelen als chloroquine waren ze hersteld. Het artikel waarin deze resultaten beschreven werden, verscheen in het vooraanstaande Britse tijdschrift *The Lancet*, waarbij het solide bewijs werd geleverd van wat het vreemde geval van B.W. de landmeter al had gesuggereerd: dat *P. knowlesi*-malaria een zoönose is.

Het team breidde de zoektocht in de jaren 2001-2006 verder uit en bracht nog honderden andere gevallen van *P. knowlesi* aan het licht, waaronder 266 uit Sarawak, 41 uit Sabah (de andere Oost-Maleisische staat op het eiland Borneo) en 5 uit een gebied in West-Maleisië, iets ten noordoosten van Kuala Lumpur – waarschijnlijk niet ver van de plek waar B.W. in 1965 geïnfecteerd was geraakt. Ze ontdekten ook *P. knowlesi* bij de meeste langstaartmakaken waarvan ze bloed konden afnemen, wat bevestigde dat deze apen een reservoir zijn.

Dramatischer was het door het team ontdekte geval van vier malariapatiënten die allemaal naar een ziekenhuis waren gegaan, de verkeerde diagnose van *P. malariae* hadden gekregen (gebaseerd op microscopie, de oude manier), ernstige symptomen hadden ontwikkeld en gestorven waren. Bij retrospectieve analyse van hun bloedmonsters door middel van PCR bleek dat alle vier *P. knowlesi* hadden gehad. Deze onthullingen wezen er niet alleen op dat *P. knowlesi* een zoönose was, ze maakten ook duidelijk dat mensen stierven omdat artsen en microscopisten dat gewoon niet wisten. Het artikel waarin Cox-Singh, Singh en hun medewerkers het onderzoek naar deze vier sterfgevallen presenteerden, zo vertelde ze me, werd in eerste instantie afgewezen voor publicatie. 'Omdat we zeiden dat dit...'

Haar man maakte de zin af. '... voor sterfgevallen zorgde.'

'Het zorgde voor sterfgevallen,' zei ze nogmaals. 'En dat zagen ze niet zitten.' Met 'ze' bedoelde ze anonieme manuscriptrecensenten voor *The Lancet*. De redactie van dat tijdschrift, die hun eerste artikel had goedgekeurd, wees dit artikel op aanraden van de recensenten af, mede omdat er in die vier gevallen geen absoluut bewijs voor de doodsoorzaak bestond. Uiteraard was er geen absoluut bewijs, omdat Cox-Singh en Singh met gearchiveerde bloedmonsters hadden gewerkt en met behulp van medische dossiers levensverhalen hadden gereconstrueerd om inzicht te krijgen in de ziekte van vier personen wier lichamen al lang niet meer beschikbaar waren voor lijkschouwing. 'Zodoende kwamen we met dat artikel in de problemen.' Maar uiteindelijk werd het artikel geaccepteerd door een ander uitstekend tijdschrift en zorgde het, toen het begin 2008 daarin verschenen was, voor flinke opschudding. De titel gaf de essentie weer, namelijk dat deze vorm van malaria verre van zeldzaam is: '*Plasmodium knowlesi* Malaria in Humans Is Widely Distributed and Potentially Life Threatening' ('*Plasmodium knowlesi*-malaria bij mensen is wijdverbreid en potentieel levensbedreigend').

Wetenschap is een proces dat zich afspeelt in laboratoria en in het veld, maar het is ook een gesprek dat via vaktijdschriften wordt gevoerd. Deelnemen aan dit gesprek is, zelfs in het tijdperk van de e-mail, heel belangrijk als een wetenschapper door grote afstanden wordt gescheiden van de meesten van zijn of haar medeonderzoekers. In dat kader hadden Singh en Cox-Singh hun tweede artikel laten volgen door een artikel in een ander tijdschrift, waarin ze een samenvatting gaven van hun ontdekkingen, eerdere inzichten herzagen en enkele concrete aanbevelingen deden. Het droeg het etiket 'Opinie', een behoedzame redactionele slag om de arm, maar het was echt veel meer dan dat: een uitermate informatief overzicht, een weldoordacht betoog en een waarschuwing. Er was geen lijst van medeauteurs; Cox-Singh en Singh spraken gezamenlijk, alleen zij tweeën. Het stuk was kort voordat ik hen sprak verschenen en ik had een kopie meegenomen.

Plasmodium knowlesi-malaria, schreven ze, is geen nieuw opkomende infectie van de mens. Mensen werden er al enige tijd door geïnfecteerd, maar dat werd over het hoofd gezien. Drie soorten Aziatische primaten dienen als reservoir voor de parasiet: de langstaartmakaak, de Java-aap en de bandlangoer. Andere nog niet geïdentificeerde apen kunnen de parasiet ook herbergen. Overdracht van aap naar aap (en van apen naar mensen) gebeurt via muggen die behoren tot een groep nauw verwante soorten, *Anopheles leucosphyrus*, plus hun verwanten, met inbegrip van *Anopheles latens* op Borneo. *Anopheles latens* is een in wouden voorkomende mug die gewoonlijk makaken bijt, maar die ook mensen zal bijten, als de noodzaak en de kans zich voordoet. Aangezien mensen in toenemende mate de Borneose wouden hebben gepenetreerd – waarbij ze makaken doden en verjagen, bomen kappen, vuren maken, uitgestrekte oliepalmplantages en kleine akkertjes voor familiebedrijven creëren en zichzelf als alternatieve gastheer presenteren – is zowel de noodzaak als de kans voor de muggen toegenomen. (Borneo is de laatste decennia in een hoog tempo ontbost, tot op het punt dat meer dan de helft van de wouden verdwenen is, terwijl de menselijke bevolking van het eiland inmiddels is gestegen tot ongeveer 16 miljoen. Cox-Singh en Singh haalden deze feiten niet aan, maar hadden ze duidelijk wel in gedachten.) Gezien deze omstandigheden, schreven Cox-Singh en Singh, 'is het mogelijk dat we voor *P. knowlesi* de weg bereiden voor een verandering van gastheer, gelijk aan degene die geponeerd is voor *P. vivax*'. Met die verandering van gastheer bedoelden ze: van makaken naar mensen.

Tegenover mij spraken ze dezelfde zorgen uit. 'Hebben wij deze fraaie open deur voor *knowlesi* gecreëerd?' Het was Cox-Singh die de vraag verwoordde. Met 'open deur' bedoelde ze een geschikte ecologische gelegenheid. 'Wat zal een mug gaan doen? Als we zo'n groot deel van zijn natuurlijke leefgebied wegnemen, zal de mug zich dan aanpassen aan een leven in een minder bosrijke omgeving?'

Ze liet die gedachte uitdruppelen, zweeg een ogenblik en begon toen weer opnieuw. 'Ik denk eerlijk gezegd dat we op een soort kritisch punt zitten. En dat we alles goed in de gaten moeten houden. We moeten de situatie heel, heel zorgvuldig in de gaten houden,' zei ze. 'En hopelijk gebeurt er niets.' Maar zoals ze heel goed wist, gebeurt er altijd wel iets. Het is gewoon een kwestie van wat en wanneer.

31

Maanden en jaren na mijn gesprek met Balbir Singh en Janet Cox-Singh verwonderde ik me nog steeds over *Plasmodium knowlesi*. Ik herinnerde me een curieuze opmerking die de twee wetenschappers hadden gemaakt, namelijk dat *P. knowlesi* in tegenstelling tot andere malariaparasieten in staat is zich te reproduceren in diverse soorten primaten. Deze parasiet is niet erg kieskeurig in de keuze van zijn warmbloedige gastheren. Hij infecteert langstaartmakaken en Java-apen en bandlangoeren, zonder ze veel last te bezorgen. Hij infecteert soms mensen en kan dan ernstige malaria verwekken. Hij infecteert resusapen – zoals laboratoriumexperimenten laten zien – en doodt ze snel en resoluut. Verdere experimenten hebben aangetoond dat hij een breed scala van primaten kan infecteren, zoals Zuid-Amerikaanse zijdeaapjes, Afrikaanse bavianen en nog andere soorten Aziatische makaken. Dus wat betreft de gastheren voor de ongeslachtelijke fase van zijn levenscyclus – de fase van sporozoïeten naar gametocyten die zich afspeelt in het bloed en de lever van zoogdieren – is hij een generalist. Generalisten doen het doorgaans goed in veranderende ecologische omstandigheden.

Ik kon me ook nog goed een boeiende illustratie uit hun overzichtsartikel herinneren. Het was een geschetste kaart van de regio, met India, Zuidoost-Azië en het eilandenrijk waarvan Borneo het centrum vormt. De kaart liet in een oogopslag zien hoe wijd *Anopheles leucosphyrus*-muggen en langstaartmakaken verspreid zijn. Een ononderbroken lijn markeerde het inheemse verspreidingsgebied van de muggen: eerst een kleine lus rond het zuidwesten van India en Sri Lanka en vervolgens een veel grotere, onregelmatige lus die zich als een monsterlijke continentale amoebe naar alle kanten uitstrekte over de kaart. Die grotere lus omvatte Bhutan, Myanmar en de helft van Bangladesh, de noordoostelijke Indiase deelstaten, inclusief Assam, voorts zuidelijk China, inclusief Yunnan, Hainan en Taiwan, daarna Thailand, Cambodja, Vietnam en Laos, vervolgens heel Maleisië, de hele Filipijnen en het grootste deel van Indonesië, waarna hij zich naar het oosten uitstrekte tot voorbij Bali en Sulawesi. Het gebied binnen die lijn omvat volgens mijn ruwe berekeningen ongeveer 818 miljoen mensen, dat wil zeggen ongeveer een achtste van de menselijke wereldbevolking, die leven binnen de invloedssfeer van *Anopheles leucosphyrus*-muggen. Op de kaart werd ook het verspreidingsgebied van de langstaartmakaak aangegeven: een streepjeslijn rond vrijwel hetzelfde gebied dat de muggen bestreken, hoewel minder groot.

Zou het te ver gaan om te zeggen dat die 818 miljoen mensen allemaal gevaar lopen *P. knowlesi*-malaria te krijgen? Ja, dat is sterk overdreven. Ten eerste vind je in dat uitgestrekte gebied alleen maar hier en daar langstaartmakaken; ze leven voornamelijk in randgebieden waar een door mensen gewijzigde omgeving aan de rimboe grenst. In de tweede plaats hangt de mate waarin de mens gevaar loopt af van andere factoren dan de geografische grenzen van de muggen en de apen. Het hangt ervan af of die muggen het woud uit komen om mensen te bijten en of mensen het woud in gaan, waar ze gebeten worden. Het hangt ervan af of een redelijk groot deel van de wouden in die regio intact blijft en zo niet, hoe de muggen daarop reageren. Als de ontbossing voortschrijdt, sterven de in het woud levende muggen dan uit of passen ze zich aan? Het hangt ervan af of de parasiet dermate ingeburgerd raakt in menselijke populaties dat apen niet meer nodig zijn als gastheer. Het hangt ervan af of de parasiet een nieuwe vector koloniseert, waardoor hij voortaan in staat is tot overdracht via een andere muggensoort – leden van een soort die meer bereid zijn mensen in hun longhouses, hun dorpen, hun steden op te zoeken. Met andere woorden, het hangt allemaal af van geboden kansen en ecologie en evolutie.

De bekendheid met *P. knowlesi*-malaria begint zich, grotendeels dankzij Singh en Cox-Singh, geleidelijk te verspreiden. Waar we moeilijker achter kunnen komen is of de parasiet zelf zich verspreidt. In de vaktijdschriften zijn verslagen verschenen waarin een beperkt aantal gevallen in de rest van de regio wordt gedocumenteerd. Er was het geval van een man uit Bangkok die een aantal weken doorbracht in een bosrijke omgeving in het zuiden van Thailand en bij zonsopgang en zonsondergang door muggen werd gebeten. Er was de jonge soldaat uit Singapore die een training had ondergaan in een woud vol muggen en makaken. Er waren vijf gevallen uit Palawan, een dichtbebost eiland in de Filipijnen. Er was het geval van een Australische man die in Kalimantan (Indonesisch Borneo) vlak bij een woudgebied had gewerkt en later voor behandeling naar een ziekenhuis in Sydney was gegaan. Er was de Finse toerist die een maand in West-Maleisië had doorgebracht, inclusief vijf dagen in de jungle zonder klamboe, en vervolgens doodziek in Helsinki arriveerde. Er waren gevallen in China en in Myanmar. Die testten allemaal positief op *P. knowlesi*. Niemand weet hoeveel andere ziektegevallen niet gemeld of als zodanig herkend zijn.

Wij mensen zijn een relatief jonge vorm van primaten en dus zijn ook onze infectieziekten nog jong. We hebben onze problemen gekregen van andere organismen. Sommige van deze infectieziekten, zoals hendra en ebola, bezoeken ons slechts af en toe, en wanneer dat gebeurt lopen ze algauw dood. Andere doen het zoals de influenza- en hiv-varianten: ze slaan aan, verbreiden zich van de ene persoon naar de andere en behalen een omvangrijk, wijdverspreid en blijvend succes in het universum van de habitat die wij voor ze vormen. Ook *Plasmodium falciparum* en *Plasmodium vivax* hebben dat vanuit hun bron in niet-menselijke primaten zo gedaan.

Plasmodium knowlesi verkeert wellicht in een overgangsfase – of hoe dan ook in een tussenfase – en zijn toekomstplannen kunnen we niet kennen. Per slot van rekening is het een protist, en die heeft geen plannen. Deze parasiet zal simpelweg reageren op de omstandigheden. Misschien zal hij zich aanpassen aan de veranderende trend onder als gastheer dienende primaten – minder apen, meer mensen – zoals ook zijn plasmodiumverwanten zich in de loop van de tijd hebben aangepast. Intussen dient dit als een subtiele reminder voor wat cruciaal is bij elke zoönose: het gaat niet alleen over waar zo'n geval vandaan komt, maar hoe ver het gaat.

4
Een feestmaal op de rattenfokkerij

32

Eind februari 2003 nam SARS in Hongkong een vliegtuig en vertrok naar Toronto.

Haar aankomst in Canada bleef onopgemerkt, maar binnen enkele dagen begon de ziekte de kop op te steken. Ze doodde de achtenzeventigjarige oma die haar het land in had gebracht, doodde een week later haar volwassen zoon en verspreidde zich door het ziekenhuis waar de zoon behandeld was. Al snel besmette ze enkele honderden andere inwoners van Toronto, van wie er uiteindelijk eenendertig stierven. Een van de geïnfecteerde slachtoffers was een zesenveertigjarige Filipijnse vrouw die als assistent-verpleegkundige in Ontario werkte. Ze was voor familiebezoek tijdens de paasdagen naar de Filipijnen gevlogen, begon zich op de dag na aankomst ziek te voelen (maar bleef actief, winkelde en bezocht familieleden) en zette een nieuwe keten van infecties in gang op het eiland Luzon. Aldus was SARS in de loop van zes weken en in twee luchtlijnsprongen de halve wereld over gegaan en weer terug. Als de omstandigheden anders waren geweest – minder vertraging op de grond in Toronto, een eerdere reiziger die van daaruit naar Luzon of Singapore of Sydney was vertrokken – had de ziekte haar complete wereldreis veel sneller kunnen voltooien.

Zeggen dat 'SARS een vliegtuig nam' betekent natuurlijk dat je je schuldig maakt aan metonymie en personificatie, zaken die voor de auteurs van wetenschappelijke artikelen allebei verboden zijn, maar toegestaan voor mensen zoals ik. Maar je begrijpt wat ik bedoel: degene die werkelijk in een vliegtuig stapte was een onfortuinlijke vrouw die de een of andere besmettelijke ziekteverwekker bij zich droeg. De achtenzeventig jaar oude oma in Toronto en de jongere assistent-verpleegkundige blijven om redenen van medische privacy anoniem in de officiële rapporten en zijn alleen te identificeren aan de hand van leeftijd, geslacht, beroep en voorletters (zoals B.W., de landmeter die malaria kreeg). Wat betreft de ziekteverwekker, die werd pas weken na het begin van de uitbraak geïdentificeerd en geëtiketteerd. Niemand wist in dat vroege stadium of het een virus, een bacterie of iets anders was.

In de tussentijd had de ziekte ook Singapore, Vietnam, Thailand, Taiwan en Beijing bereikt. Singapore werd een tweede epicentrum. In Hanoi werden de ernstige ziekteverschijnselen van een Chinees-Amerikaanse zakenman, die zijn infectie had meegebracht uit Hongkong, aanleiding voor een medisch onderzoek door dr. Carlo Urbani, een Italiaanse parasitoloog en expert op het gebied van infectieziekten, die daar werkzaam was voor de WHO. Binnen tien dagen was de zakenman dood, binnen een maand trof dr. Urbani hetzelfde lot. Urbani overleed in een ziekenhuis in Bangkok, nadat hij naar die stad was gevlogen voor een parasitologisch congres, waar hij nooit meer aan had kunnen deelnemen. Vanwege zijn alom bewonderde werk binnen de WHO werd zijn dood een waarschuwend voorbeeld voor het bredere patroon dat zich ontvouwde: een hoge infectiegraad en een hoge sterfte onder medische professionals die blootgesteld waren aan deze nieuwe ziekte die blijkbaar floreerde in ziekenhuizen en zich met grote sprongen door de lucht verplaatste.

De ziekte bereikte Beijing via minstens twee vormen van vervoer, waarvan de ene vlucht 112 van China Airlines was, vanuit Hongkong, op 15 maart. (Het andere middel van vervoer was een auto waarmee een zieke vrouw vanuit de provincie Shanxi naar de nationale hoofdstad reed, op zoek naar een betere behandeling. Hoe ze besmet was en wie ze op haar beurt had besmet, is een ander onderdeel van dit verhaal.) Vlucht CA112 vertrok die dag uit Hongkong met 120 personen aan boord, onder wie een koortsige man met erger wordende hoestbuien. Toen het vliegtuig drie uur later in Beijing landde, hadden 22 andere passagiers en 2 bemanningsleden infectieuze doses ziektekiemen ingeademd van de hoestende man. Via deze mensen verspreidde het zich over meer dan 70 ziekenhuizen, alleen al in Beijing – ja, zeventig – waarbij bijna 400 werkers in de gezondheidszorg en ook andere patiënten en hun bezoekers besmet werden.

Rond dezelfde tijd lieten functionarissen van de WHO op het hoofdkantoor in Genève een wereldwijde waarschuwing uitgaan voor deze gevallen van een ongewone longziekte in Vietnam en China (Canada en de Filipijnen werden niet vermeld, omdat dit plaatsvond vlak voordat hun betrokkenheid werd onderkend). In Vietnam, aldus de verklaring, was een uitbraak begonnen met één patiënt (de door Carlo Urbani onderzochte man) die ‘in het ziekenhuis was opgenomen voor de behandeling van een ernstig, acuut respiratoir syndroom van onbekende origine’. Uit de komma achter ‘ernstig’ (in het Engels was het: *severe, acute respiratory syndrome*) blijkt dat deze drie bijvoeglijke naamwoorden en het daaropvolgende zelfstandig naamwoord nog niet waren samengevoegd tot een enkele naam. Enkele dagen later, toen het patroon van overspringende uitbraken zich verder ontvouwde, sloeg de WHO alarm met een tweede openbare verklaring. Deze verklaring, die de vorm had van een negatief reisadvies vanwege een noodtoestand, markeerde de transformatie van een omschrijving naar een etiket. 'In de afgelopen week,' zo begon de verklaring, 'heeft de WHO meldingen ontvangen van meer dan 150 nieuwe verdachte gevallen van het Severe Acute Respiratory Syndrome (SARS), een atypische pneumonie waarvan de oorzaak nog niet is vastgesteld.' In het advies werd de grimmige uitspraak van de toenmalige directeur-generaal van de WHO, dr. Gro Harlem Brundtland, geciteerd: 'Dit syndroom, SARS, is nu een wereldwijde bedreiging voor de gezondheid.' We konden nu allemaal maar beter gaan samenwerken, voegde Brundtland eraan toe (en wel nu meteen, bedoelde ze feitelijk) om de ziekteverwekker te vinden en de verspreiding ervan tot staan te brengen.

Twee aspecten die SARS zo bedreigend maakten, waren de mate van besmettelijkheid – vooral binnen de context van de medische zorg – en de mate van dodelijkheid, die veel hoger was dan bij bekende vormen van longontsteking. Een andere onheilspellende eigenschap was dat de nieuwe ziekteverwekker, wat het ook mocht zijn, erg bedreven leek in het meeliften met vliegtuigen.

33

Hongkong was niet de bron van SARS, maar slechts de toegangspoort voor de internationale verspreiding… die heel dicht bij de bron ervan lag. Het hele fenomeen was enkele maanden eerder rustig begonnen in de meest zuidelijke provincie van het vasteland van China, Guangdong, een streek met een bloeiende handel en karakteristieke culinaire praktijken waar Hongkong aan vastgeplakt zit als een zeepok aan de buik van een walvis.

Ooit een Britse kolonie, werd Hongkong in 1997 ondergebracht bij de Volksrepubliek China – maar wel ondergebracht op een speciale basis, namelijk met behoud van zijn eigen rechtsorde, zijn kapitalistische economie en een zekere mate van politieke autonomie. De Hong Kong Special Administrative Region (HKSAR), die naast Hong Kong Island en verscheidene andere eilanden Kowloon en andere districten op het vasteland omvat, deelt een grens met Guangdong en kent een soepele uitwisseling van bezoekers en handel. Meer dan een kwart miljoen over land reizende mensen steken elke dag die grens over. Ondanks de vlotte commerciële relaties en de bezoekprivileges is er echter niet veel direct contact tussen de ambtenarij van Hongkong en de provinciale hoofdstad van Guangdong, Guangzhou (voorheen bekend als Kanton), een stad met 9 miljoen inwoners die over de weg ongeveer twee uur verwijderd is van de grensovergang. Politieke contacten worden gefilterd door de nationale overheid in Beijing. Die beperking geldt ook, en helaas, voor de wetenschappelijke en medische instellingen in beide steden – zoals de Hong Kong University, met zijn uitstekende medische faculteit en het in Guangzhou gevestigde Instituut voor Luchtwegaandoeningen. Gebrek aan elementaire contacten, om maar te zwijgen van weerstand tegen gezamenlijk onderzoek en het delen van klinische monsters, zorgde voor problemen en vertragingen bij het nemen van maatregelen tegen SARS. De problemen werden uiteindelijk opgelost, maar de vertragingen hadden ernstige consequenties. Toen de infectie voor het eerst de grens overstak, van Guangdong naar Hongkong, kwam er op dat moment maar heel weinig informatie mee.

Guangdong ligt in het stroomgebied van de Zhujiang, ofwel Parelrivier, en het hele kustgebied – dat Hongkong, Macao, Guangzhou en een nieuwe grensmetropool, genaamd Shenzhen, evenals Foshan, Zhongshan en andere omliggende steden omvat – staat in het Westen bekend als de Parelrivierdelta. Op 16 november 2002 werd een zesenveertigjarige man in Foshan overvallen door koorts en ademhalingsproblemen. Hij was het eerste geval van deze nieuwe aandoening, voor zover dat door epidemiologisch speurwerk te bepalen was. Er waren naderhand geen monsters van zijn bloed of slijm beschikbaar voor laboratoriumonderzoek, maar het feit dat hij de aanzet vormde tot een keten van andere ziektegevallen (zijn vrouw, een tante die hem in het ziekenhuis bezocht en de man en de dochter van die tante) doet sterk vermoeden dat hij SARS had. Ook hij bleef naamloos; hij werd alleen maar aangeduid als een 'lokale overheidsfunctionaris'. Achteraf gezien is het enige saillante aspect van zijn profiel dat hij geholpen had met het bereiden van enkele maaltijden, met als ingrediënten onder andere een kip, een huiskat en een slang. Slang op het menu was niet ongebruikelijk in Guangdong. Het is een provincie van gulzige, allerminst pietluttige carnivoren, wier lijst van de door hen als lekkernij beschouwde dieren makkelijk kan worden verward met de inventaris van een dierenwinkel of dierentuin.

Drie weken later, in begin december, kreeg een chef-kok van een restaurant in Shenzhen vergelijkbare ziekteverschijnselen. Deze man werkte als roerbakkok en hoewel zijn werk niet bestond uit het doden van wilde dieren of het verwijderen van hun ingewanden, moest hij wel hebben gewerkt met fijngehakte en in dobbelsteentjes gesneden delen ervan. Omdat hij zich zo ziek voelde, vertrok hij uit Shenzhen naar de stad waar hij vandaan kwam, Heyuan, waar hij medische hulp zocht in het Volksziekenhuis van Heyuan. Daar besmette hij minstens zes verpleegkundigen alvorens hij werd overgebracht naar een ziekenhuis in Guangzhou, ongeveer tweehonderd kilometer naar het zuidwesten. Een jeugdige arts die hem met de ambulance naar Guangzhou bracht, raakte ook geïnfecteerd.

Niet lang daarna, aan het eind van de maand december en in januari, begonnen zich nog meer van zulke ziekteverschijnselen voor te doen in Zhongshan, negentig kilometer ten zuiden van Guangzhou en iets ten westen van de Parelrivierdelta, recht tegenover Hongkong. In de daaropvolgende weken werden daar achtentwintig gevallen geconstateerd. De symptomen waren hoofdpijn, hoge koorts, koude rillingen, spierpijn, ernstige en aanhoudende hoestbuien, ophoesten van bloederig slijm en voortschrijdende verwoesting van de longen, die star werden en volliepen met vocht, met als gevolg zuurstofgebrek, wat in sommige gevallen tot uitval van organen en overlijden leidde. Dertien van de patiënten in Zhongshan werkten in de gezondheidszorg en minstens een van hen was ook een chefkok die slangen, vossen, palmmarters (kleine civetkatten, in de verte verwant aan mangoesten) en ratten op het menu had staan.

Topfunctionarissen van de provinciale gezondheidsdienst van Guangdong bemerkten het groeiende aantal ziektegevallen in Zhongshan en stuurden teams van 'deskundigen' om hulp te bieden bij behandeling en preventie, maar niemand was echt een deskundige, nog niet, wat betreft deze raadselachtige, onbekende ziekte. Een van die teams stelde een advies op met betrekking tot de nieuwe aandoening en voorzag die van het etiket 'atypische pneumonie' (*feidian* in het Kantonees). Dat was de uitdrukking – een gebruikelijke maar vage formulering – die weken later door de WHO in haar wereldwijde waarschuwingsbericht werd gebruikt. Een atypische pneumonie kan elke vorm van longontsteking zijn die je niet kunt toeschrijven aan een van de bekende verwekkers ervan, zoals de bacterie *Streptococcus pneumoniae*. Het gebruik van dat vertrouwde etiket droeg ertoe bij dat het unieke karakter en de ernst van wat er in Zhongshan gebeurde werd geminimaliseerd, niet geaccentueerd. Deze 'pneumonie' was niet alleen atypisch, ze was abnormaal, heftig en schrikwekkend.

Het advies, dat naar gezondheidsdiensten en ziekenhuizen in de hele provincie werd verzonden (maar verder geheim werd gehouden), bevatte ook een lijst met typische symptomen en aanbevolen maatregelen tegen verdere verspreiding. Die aanbevelingen waren niet voldoende en ze kwamen te laat. Aan het eind van de maand liet een groot vishandelaar die onlangs op bezoek was geweest in Zhongshan zich opnemen in een ziekenhuis in Guangzhou, wat tot de keten van infecties leidde die de aardbol zou omcirkelen.

Deze vishandelaar was een man die Zhou Zuofeng heette. Hem viel de eer te beurt de eerste 'superbesmetter' van de SARS-epidemie te zijn. Een superbesmetter is een patiënt die door de een of andere oorzaak veel meer mensen rechtsreeks infecteert dan de doorsnee geïnfecteerde patiënt. Hoewel R_0 (die belangrijke variabele die door George MacDonald in de wiskundige benadering van infectieziekten werd geïntroduceerd) voor het gemiddelde aantal secundaire infecties staat dat door elke primaire infectie bij het begin van een uitbraak wordt veroorzaakt, is een superbesmetter iemand die het gemiddelde aanzienlijk overschrijdt. De aanwezigheid van een superbesmetter in de hele toestand is dan ook een cruciale factor die in de praktijk kan optreden en dan toch over het hoofd wordt gezien bij toepassing van de gebruikelijke berekeningen. 'Populatieschattingen van R_0 kunnen een aanzienlijke individuele variatie in besmettelijkheid verhullen,' aldus J.O. Lloyd-Smith en een aantal medewerkers in het tijdschrift *Nature*, 'zoals tijdens de wereldwijde opkomst van het Severe Acute Respiratory Syndrome (SARS) duidelijk bleek uit tal van "superbesmettende voorvallen" waarbij bepaalde personen een ongewoon groot aantal secundaire gevallen infecteerden'. Een zekere Mary Mallon, die de geschiedenis in ging als 'Typhoid Mary', was een schoolvoorbeeld van wat vandaag de dag een 'superbesmetter' heet. De betekenis van dit begrip, constateerden Lloyd-Smith en zijn medeauteurs, is dat als er superbesmetters bestaan en ze tijdens een ziekte-uitbraak kunnen worden geïdentificeerd, de controlemaatregelen gericht moeten worden op het isoleren van die individuen, in plaats van dat ze meer grootschalig en diffuus worden toegepast op een hele populatie. Als je omgekeerd negenenveertig infectieuze patiënten in quarantaine houdt, maar er eentje mist, en die ene is een superbesmetter, dan zijn al je inspanningen om de zaak onder controle te krijgen voor niets geweest en krijg je te maken met een epidemie. Maar dit nuttige advies werd achteraf verstrekt, in 2005, te laat om het toe te passen op de vishandelaar Zhou Zuofeng in het begin van 2003.

Niemand schijnt te weten waar meneer Zhou zijn infectie heeft opgelopen, maar vermoedelijk kwam het niet door de vissen of schaal- en schelpdieren die hij verkocht. Vissen en schaal- en schelpdieren zijn nooit aangemerkt als een van de mogelijke reservoirs voor de pathogeen die SARS verwekt. Zhou runde een winkel op een grote vismarkt, en het is mogelijk dat zijn werkterrein raakpunten had met andere markten voor levende waar, inclusief de markten waar tamme en wilde vogels en zoogdieren worden aangeboden. Wat de bron ook was, de infectie sloeg aan, bereikte zijn longen en zorgde voor hoestbuien en koortsaanvallen, zodat hij op 30 januari 2003 hulp ging zoeken in een ziekenhuis in Guangzhou. In dat ziekenhuis verbleef hij slechts twee dagen, maar in die tijd besmette hij minstens dertig werkers in de gezondheidszorg. Toen zijn toestand verslechterde, werd hij overgebracht naar een tweede ziekenhuis, dat gespecialiseerd was in de behandeling van gevallen van atypische pneumonie. Nog twee artsen, twee verpleegkundigen en een andere ambulancechauffeur werden tijdens zijn overbrenging geïnfecteerd terwijl Zhou naar adem hapte, braakte en slijm door de hele ambulance liet spetteren. In het tweede ziekenhuis werd hij geïntubeerd, om te voorkomen dat hij zou stikken. Dat wil zeggen dat een flexibele buis in zijn mond werd ingebracht en langs zijn stemspleet en door zijn luchtpijp naar zijn longen werd geleid om hem te helpen met ademen. Dit voorval levert nog een belangrijke aanwijzing op voor een mogelijke verklaring van het feit dat SARS zich zo effectief door de ziekenhuizen over de hele wereld verspreidde.

Intubatie is een eenvoudige procedure, althans in theorie, maar het kan moeilijk uitvoerbaar zijn als de patiënt voortdurend moet kokhalzen en proesten en last heeft van oprispingen. Het was vooral een moeilijke klus in het geval van Zhou, een gezette, verdoofde en koortsige man, en hoewel zijn ziekte nog niet was geïdentificeerd, lijken de behandelende artsen en verpleegkundigen toch wel enig benul te hebben gehad van het gevaar waaraan ze werden blootgesteld. Ze wisten inmiddels dat deze atypische pneumonie, deze wat-dan-ook, in hogere mate overdraagbaar en dodelijk was dan longontstekingen van het gebruikelijke type. 'Elke keer dat ze de buis wilden inbrengen,' aldus Thomas Abraham, een in het vak vergrijsde, in Hongkong gevestigde buitenlandse correspondent, volgde er een 'uitbarsting' van bloederig slijm. Abraham gaat verder:

> Het spatte op de vloer, de apparatuur en de gezichten en jassen van de medische staf. Ze wisten dat het slijm uitermate besmettelijk was, en bij een normale gang van zaken zouden ze zichzelf zo snel mogelijk grondig hebben afgeschrobd. Maar met een ernstig zieke patiënt die schopt en op en neer deint, met een buis half ingebracht in zijn luchtpijp, terwijl hij slijm en bloed uitbraakt, konden ze geen van allen weggaan.

In dat ziekenhuis werden door Zhou 23 artsen en verpleegkundigen besmet, plus 18 andere patiënten en hun familieleden. Ook 19 leden van zijn eigen familie werden ziek. Zhou zelf zou bij de medische staf in Guangzhou uiteindelijk bekendstaan als de Vergifkoning. Hij overleefde de ziekte, maar veel mensen die het van hem hadden gekregen – direct of indirect via een lange keten van contacten – overleefden het niet.

Een van die secundaire gevallen was professor Liu Jianlun, een vierenzestigjarige nierziektespecialist in het academisch ziekenhuis waar Zhou eerst behandeld was. Professor Liu begon griepachtige symptomen te voelen op 15 februari, twee weken na zijn blootstelling aan Zhou, en daarna leek het beter met hem te gaan – goed genoeg, dacht hij, om zijn plan om het huwelijk van zijn neef in Hongkong bij te wonen toch maar door te zetten. Hij en zijn vrouw begonnen op 21 februari in Guangzhou aan de drie uur durende busrit, ze staken de grens over, brachten een avond bij familie door en boekten vervolgens een kamer in een groot middenklassehotel, het Metropole, een favoriete plek voor zakenmensen en toeristen in de wijk Kowloon van Hongkong. Ze kregen kamer 911, tegenover de liften in het midden van een lange gang, een feit dat centraal kwam te staan in latere epidemiologische onderzoeken.

Twee beslissende dingen gebeurden er die avond in het Metropole Hotel. De toestand van de professor verslechterde en op een gegeven moment lijkt hij te hebben geniest, gehoest of (afhankelijk van het verhaal dat je gelooft) gebraakt in de gang van de negende verdieping. In elk geval strooide hij een flinke dosis rond van de pathogeen die hem zo ziek maakte – genoeg om minstens zestien andere gasten en een bezoeker van het hotel te besmetten. Daarmee werd professor Liu de tweede bekende superbesmetter van de epidemie.

Een van de hotelgasten op de negende verdieping was een achtenzeventigjarige grootmoeder uit Canada. Ik heb het al eerder over haar gehad. Ze was gekomen voor familiebezoek en verbleef daarna samen met haar man enkele nachten in het Metropole, als onderdeel van een vlucht-hotelpakket. Haar kamer was nummer 904, aan de overkant van de gang en een paar stappen verwijderd van professor Liu's kamer. Haar verblijf viel slechts één nacht samen met zijn aanwezigheid: de nacht van 21 februari 2003. Misschien hebben ze een keer samen in de lift gestaan. Misschien passeerden ze elkaar een keer in de vestibule. Misschien hebben ze elkaar nooit gezien. Niemand weet het, ook de epidemiologen niet. Wel is bekend dat de professor zich de volgende dag bij het wakker worden te ziek voelde om een huwelijk bij te wonen en zich in plaats daarvan liet opnemen in het dichtstbijzijnde ziekenhuis. Hij zou sterven op 4 maart.

Een dag nadat professor Liu vertrokken was uit het Metropole vertrok ook de Canadese oma, die klaar was met haar bezoek aan Hongkong. Geïnfecteerd, maar nog zonder symptomen, zodat ze zich vermoedelijk prima voelde, stapte ze in het vliegtuig voor de terugreis naar Toronto, waarmee ze de aanzet gaf tot een wereldomvattende verspreiding van SARS.

34

Een andere internationale verspreidingsroute vanuit het Metropole Hotel voerde naar Singapore, toen een jonge vrouw, die Esther Mok heette, terugkwam van een shoppingvakantie in Hongkong en zich koortsig voelde. Dat was op 25 februari. De voorgaande vier nachten hadden zij en een vriendin in het Metropole kamer 938 gehad, ongeveer twintig stappen bij de kamer van professor Liu vandaan.

Terug in Singapore bleef Moks koorts aanhouden en moest ze steeds hoesten. Op 1 maart bezocht ze artsen in het Tan Tock Seng-ziekenhuis, een grote openbare voorziening gehuisvest in glanzende nieuwe gebouwen, iets ten noorden van het centrum van de stad. Toen een röntgenfoto van haar borst liet zien dat er witte vlekken op haar rechterlong zaten, werd Mok opgenomen, met als diagnose atypische pneumonie. Een van de artsen die haar onderzocht was Brenda Ang, een specialist die zich bezighield met infectieziekten en die toevallig ook de leiding had over de infectiebeheersing in het Tan Tock Seng. Maar niemand dacht aan speciale infectiebeheersingsmaatregelen toen Esther Mok haar aandoening in het ziekenhuis introduceerde. 'Op dat moment,' vertelde Brenda Ang me later, 'wisten we niet wat het was.'

Ang stemde erin toe om het hele verhaal uit het hoofd op te dissen, zes jaar nadat het allemaal gebeurd was, en hoewel ze me waarschuwde dat haar herinneringen wel eens verbrokkeld konden zijn, leken ze me op veel punten bijzonder nauwkeurig. We ontmoetten elkaar in een kleine vergaderruimte in een vrijstaand gebouwtje op het parkachtige terrein van het Tan Tock Seng. Het was een kamer die beurtelings diende voor stafoverleg en als leslokaal voor medische studenten die de ronde deden langs patiënten, maar wij mochten de kamer een uur gebruiken. Ang was een kleine, energieke vrouw in een lila katoenen jurk. Met passende medische discretie gebruikte ze niet Esther Moks naam, maar sprak ze van 'een jongedame' die 'de allereerste patiënt' was geweest. Als belangrijkste infectieziektespecialist had dr. Ang deze eerste patiënt zelf onderzocht. Ze werd bijgestaan door haar arts-assistent (een jongere arts, in opleiding voor specialist), die van Mok een slijmmonster nam om er een kweekje mee te maken. De arts-assistent droeg geen mondmasker, vertelde Ang me. Niemand in het Tan Tock Seng droeg aanvankelijk een masker tegen deze infectie, maar in tegenstelling tot Ang werd de arts-assistent ziek.

Zijn geval ontvouwde zich later, met enkele dramatische complicaties. Intussen hielden Ang en haar medewerkers zich bezig met Esther Moks verergerende longontsteking, niet wetend dat de jonge vrouw een volgende superbesmetter aan het worden was van de ziekte die nog niet was geïdentificeerd en nog geen naam droeg.

Aanvankelijk werd Mok ondergebracht in een open afdeling, met de bedden vlak naast elkaar, dicht bij andere patiënten en komende en gaande medewerkers van het ziekenhuis. Na een paar dagen werd ze, nu naar lucht happend, overgebracht naar de intensive care. Het leek abnormaal, vertelde Ang me, dat zo'n jong iemand getroffen werd door zo'n ernstige longontsteking – zo abnormaal dat Ang die week, op de vrijdag waarop artsen uit de andere Singaporese ziekenhuizen naar het Tan Tock Seng kwamen voor de wekelijkse rondgang langs patiënten, haar collega's dit geval van atypische pneumonie voorlegde ter bespreking. Nadat een arts uit het Singapore General Hospital had gehoord wat de symptomen en de ziektegeschiedenis waren, nam hij het woord en zei: Dat is merkwaardig, wij hebben ook een geval van atypische pneumonie, ook een jonge vrouw, die ook net terug is uit Hongkong. Na enig checken bleek dat het ziektegeval in het Singapore General Hospital Esther Moks vriendin was, met wie ze kamer 938 in het Metropole had gedeeld. Dat zorgde voor een onaangename schok van herkenning.

In de dagen daarna kwamen er in het Tan Tock Seng nog meer gevallen van atypische pneumonie binnen, die merendeels of misschien wel allemaal connecties hadden met Esther Mok. De eerste was haar moeder. Drie dagen later kwam de pastoor van haar parochiekerk – die al eerder bij Esther in het ziekenhuis langs was geweest om met haar te bidden – terug als patiënt. Daarna kwam haar vader, die last had van hoestbuien met bloederig slijm. En toen haar grootmoeder van moederskant, en toen haar oom. Halverwege de maand waren ze allemaal patiënt in het Tan Tock Seng. En terwijl de rest van de familie Mok in paniek begon te raken, bereikte Brenda Ang een nieuw onheilspellend bericht. Op donderdag 13 maart vertelde een administratief medewerker haar dat vier verpleegkundigen van de oorspronkelijke afdeling waar Mok had gelegen zich ziek hadden gemeld. Vier ziek thuisblijvende verpleegkundigen op één dag, dat was echt niet normaal meer. 'Voor mij een beslissend moment,' zei Ang droogjes, terwijl ik tegenover haar zittend aantekeningen neerkrabbelde. 'Alles raakte in een stroomversnelling.'

En niet alleen in het Tan Tock Seng, maar wereldwijd volgden gerelateerde incidenten elkaar snel op – iets wat Ang en haar medewerkers nog niet wisten. In Genève vaardigde de WHO op bijna precies hetzelfde moment haar mondiale waarschuwing uit over een 'ernstig, acuut respiratoir syndroom van onbekende origine'. Ambtenaren bij het Singaporese ministerie van Volksgezondheid behoorden al snel tot de besloten kring van ingewijden die wisten dat er tegelijkertijd drie gevallen van atypische pneumonie waren opgedoken (Esther Mok en haar vriendin, plus iemand anders) en dat die alle drie herleidbaar waren tot het Metropole Hotel in Hongkong. Dat maakte Moks geval tot onderdeel van een veel groter geheel. Iemand van het ministerie heeft waarschijnlijk de president-directeur van het Tan Tock Seng gebeld, waarna een vergadering met de staf van het ziekenhuis werd belegd. De president-directeur, de voorzitter van de medische raad, het hoofd van de verpleging, Ang als hoofd van de infectiebeheersing en nog anderen – allemaal kwamen ze naar deze kamer, zei Ang, om te overleggen over alles wat er gaande was.

'Kwamen ze naar déze kamer?' vroeg ik.

'Deze kamer,' zei ze. 'Dezelfde kamer.' Bij die gelegenheid zei de president-directeur tegen hen: 'Ik denk dat we te maken hebben met een uitbraak. En dat we iets moeten organiseren.'

Een zekere Leo Yee Sin, een arts met voorgaande ervaring in het omgaan met een nipah-uitbraak, werd belast met het inzetten van speciale tegenmaatregelen. Het advies van het ministerie van Volksgezondheid aan de leiding van het Tan Tock Seng was: maak u gereed om ziektegevallen te accepteren, want we beginnen er steeds meer te zien – vrienden en familieleden van de eerste groep die nu ook ziekteverschijnselen vertonen. Leo Yee Sin zorgde ervoor dat mensen in beweging kwamen. Ze zetten buiten een ziekenhuisafdeling een tent op voor het screenen van patienten en haalden een röntgenapparaat naar beneden om te checken of potentiële gevallen iets aan hun longen hadden. Het merendeel van de patiënten werd op algemene afdelingen opgenomen, maar de ziekere patiënten gingen naar de intensive care. Toen de eerste ic-afdeling volliep, werden twee andere omgebouwd tot SARS-ic-afdelingen, uitsluitend bestemd voor de behandeling van nieuwe gevallen. Isolatie en barrièreverpleging waren belangrijke beheersingsmaatregelen, maar Ang en haar medewerkers wisten nog steeds niet wát ze isoleerden. 'Vergeet niet,' vertelde ze me, 'dat er al die tijd geen diagnostische tests beschikbaar waren.' Geen testen, bedoelde ze, om de aan- of afwezigheid van de schuldige infectieverwekker op te sporen – omdat nog niemand die verwekker had geïdentificeerd. 'We koersten louter op basis van epidemiologische gegevens: of er contact was geweest met sommige bronpatiënten.' Het was een soort blindemannetje.

Die week, op vrijdag 14 maart, zou in het Westin Hotel het al lang geplande jaarlijkse diner dansant van het ziekenhuis worden gehouden, waar iedereen echt naar uitkeek. Het ging min of meer door zoals gepland, hoewel Brenda Ang en een aantal medewerkers aan halflege tafels zaten, zich afvragend: Waar is Leo Yee Sin, waar is deze collega en waar is die andere? Welnu, die waren in extremis afwezig: druk in de weer in het ziekenhuis met het verschuiven van bedden en ander meubilair om de zaak in gereedheid te brengen voor een noodtoestand. Ang zelf stortte zich zaterdagochtend weer in het gewoel.

In haar hoedanigheid als hoofd infectiebeheersing zorgde Ang ervoor dat alle medewerkers beschermende jassen en handschoenen aantrokken en extra filterende N95-mondneusmaskers gingen dragen, het type dat beter afsloot dan de gewone operatiemaskers. Wel kreeg ze te maken met een tekort aan deze materialen en ook nog eens met zwartemarktinflatie: de prijs van N95-maskers steeg in Singapore van twee naar acht dollar per stuk. Toch deden ze het beste wat ze konden doen. Op 23 maart, toen de ziekte inmiddels al een internationaal erkende naam had gekregen, werd het Tan Tock Seng het aangewezen SARS-ziekenhuis voor Singapore waar alle patiënten uit andere ziekenhuizen naartoe moesten worden gebracht. Bezoeken werden beperkt. Het ziekenhuispersoneel droeg maskers, handschoenen en operatiejassen.

Maar voordat de maatregelen voor isolatie en bescherming volledig waren geïmplementeerd, vond er een nieuw superbesmetter-incident plaats, dit keer op de ziekenhuisafdeling voor hartbewaking. Een vrouw van middelbare leeftijd met meerdere gezondheidsproblemen, onder andere diabetes en een hartkwaal, was opgenomen in een van de open afdelingen, waar ze besmet werd door iemand van het ziekenhuispersoneel, die op zijn of haar beurt weer besmet was door Esther Mok. Toen kreeg de oudere vrouw een hartaanval en werd ze overgebracht naar de coronary care unit (CCU), de afdeling hartbewaking. Haar symptomen van een atypische longontsteking hadden zich nog niet gemanifesteerd – dat wil zeggen, niet genoeg om op te wegen tegen haar hartaanval. Op de CCU werd ze geïntubeerd door de dienstdoende cardioloog, bijgestaan door een assistent-cardioloog in opleiding. Net als bij de Vergifkoning in Guangzhou was intubatie ook in dit geval blijkbaar een geschikte gelegenheid voor overdracht van de ziekteverwekker. Uiteindelijk werden 27 mensen op de CCU besmet, onder wie 5 artsen, 13 verpleegkundigen, een echolaborant, 2 hartfunctielaboranten, een lid van het bewakingspersoneel en 5 bezoekers. Die getallen vond ik terug in een later uitgebracht rapport. Brenda Angs relaas was meer persoonlijk getint. Ze vertelde me dat de cardioloog, een zwangere vrouw, bij het uitvoeren van de intubatie een masker had gedragen en dat die arts na afloop ziek was geworden, maar daarna weer was hersteld. De assistent-cardioloog, die vlak naast haar stond, had geen masker gedragen. 'Het was een jonge vent. Hij was een poosje ziek en nam dat mee naar huis. Naar zijn moeder,' zei Ang. 'Zijn eigen moeder verpleegde hem en toen werd zíj ziek.'

'Hebben ze het overleefd?'

'Nee.'

'Geen van beiden,' zei ik.

'Dat maakte het extra pijnlijk. Omdat hij een jonge arts was, zevenentwintig jaar. En omdat zijn moeder daarna ook is overleden.'

Een andere jonge arts die op een soortgelijke manier aan besmetting had blootgestaan was Brenda Angs arts-assistent – herinner je je hem nog? – die bij Esther Mok een keeluitstrijkje had afgenomen. Zijn geschiedenis getuigt van het dagende besef dat dit syndroom veroorzaakt werd door een uiterst infectieus agens – misschien een bacterie, misschien een virus – dat zich gemakkelijk verspreidde via persoonlijk contact, vooral in drukke of intieme omstandigheden. Enkele dagen nadat hij Ang met haar onderzoek van Mok had geholpen, stapte de arts-assistent in een vliegtuig. Hij vloog naar een infectieziekteconferentie in New York, twintig uur vliegen van Singapore, en bij aankomst begon hij zich ziek te voelen. Voordat hij in een vliegtuig stapte om via Frankfurt weer terug naar huis te gaan, belde hij een collega in Singapore en vertelde hem dat hij ziek was. De collega waarschuwde Singaporese autoriteiten, die de WHO waarschuwden, die weer Duitse functionarissen waarschuwden die na de landing in Frankfurt naar het vliegtuig kwamen en de dokter meenamen voor quarantaine. Hij bracht bijna drie weken in een ziekenhuis in Frankfurt door, samen met zijn vrouw en zijn schoonmoeder, die inmiddels ook ziek waren geworden. Een bemanningslid van het vliegtuig, maar niet meer dan één, was ook besmet. Maar in tegenstelling tot de assistent-cardioloog die bij het intuberen had geholpen, brachten al deze patiënten in Frankfurt het er levend van af.

In Singapore werkten gezondheidsautoriteiten en overheden samen om verdere verspreiding tegen te gaan. Ze voerden concrete maatregelen door die tot ver buiten de ziekenhuizen reikten – zoals de gedwongen quarantaine van mogelijke gevallen, gevangenisstraf en boetes voor mensen die aan de quarantaine probeerden te ontkomen, sluiting van een grote openbare markt, sluiting van scholen, dagelijkse temperatuurcontroles voor taxichauffeurs – en de uitbraak werd tot een eind gebracht. Singapore is een atypische stad, met strakke hand bestuurd en ordelievend (om het netjes te zeggen) en daarom is deze stad bijzonder goed in staat om een atypische longontsteking aan te pakken, zelfs een die zo bedreigend was als deze. Op 20 mei 2003 werden elf personen berecht die ieder een boete van driehonderd dollar kregen voor spugen in het openbaar.

Halverwege de maand juli, toen de laatste SARS-patiënt het Tan Tock Seng-ziekenhuis verliet, waren er meer dan 200 ziektegevallen vastgesteld. Van die mensen stierven er 33, onder wie Esther Moks vader, haar pastoor, haar moeder en haar oom, in die volgorde van overlijden. Esther zelf overleefde het.

35

Dood of hersteld, allemaal waren ze geïnfecteerd, maar met wat?

Terwijl de ziekte zich wereldwijd verspreidde, werkten wetenschappers op drie continenten in hun laboratoria met monsters van weefsel, bloed, slijm, ontlasting en andere vitale, onsmakelijke stoffen die afgenomen waren van de een of andere patiënt om de verwekker van de ziekte te kunnen isoleren en identificeren. Uit de in die eerste periode bedachte naam, SARS (*severe acute respiratory syndrome:* ernstig acuut luchtwegensyndroom), blijkt al dat de mogelijke verwekker alleen bekend was door zijn schadelijke effecten, als de voetafdrukken van een groot onzichtbaar monster. Ebola is een virus. Hendra is een virus. Nipah is een virus. SARS is een syndroom.

De zoektocht naar de SARS-pathogeen werd in die laboratoria hardnekkig voortgezet, maar werd tegelijkertijd gehinderd door enkele verwarrende signalen en valse sporen. Om te beginnen leken de symptomen iets te veel op die van influenza, ofwel griep – of beter gezegd, van griep in zijn ergste vorm. Een van de ergste vormen van influenza is de zogeheten vogelgriep, die veroorzaakt wordt door een virus met de naam H5N1, waarmee vooral Hongkong een jaar of zes eerder schrikwekkende ervaringen had gehad, toen 18 personen geïnfecteerd raakten door een oversprong van het virus van tam gevogelte naar deze mensen. 18 lijkt geen groot aantal patiënten; het schrikwekkende aspect was dat 6 van die 18 personen overleden. De gezondheidsautoriteiten hadden snel gereageerd door sluiting van markten met levend gevogelte en vernietiging van elke kip in Hongkong – wat neerkwam op in totaal 1,5 miljoen ten dode opgeschreven, krijsende vogels – gevolgd door een zeven weken durende ontsmettingsperiode. Door deze ingrijpende tegenmaatregelen, in combinatie met het feit dat H5N1 niet goed van mens op mens kon worden overgebracht, alleen van vogels op mensen, was het in Hongkong gelukt een eind te maken aan de uitbraak van 1997. Maar in februari 2003, net op het moment dat er via e-mail en sms-berichten uit Guangdong alarmerende geruchten over 'een vreemde besmettelijke ziekte' begonnen te circuleren, sloeg de vogelgriep weer toe in Hongkong. Die uitbraak stond volkomen los van de SARS-uitbraak, maar dat was op dat moment niet goed te zien.

De griep velde een drieëndertigjarige man en maakte zijn zoontje van acht jaar ziek (maar niet dood). De ziekte velde waarschijnlijk zijn zeven jaar oude dochtertje dat twee weken eerder aan een op longontsteking lijkende ziekte was gestorven tijdens een familiebezoek aan Fujian, de Chinese provincie iets ten noordoosten van Guangdong. Vermoedelijk was het meisje te familiair met Chinese kippen omgegaan; haar broer had dat zeker gedaan, zoals hij zelf naderhand vertelde. Monsters van neusslijm van vader en zoon bleken positief voor H5N1, wat erop leek te wijzen dat al die individuele ziektemeldingen uit Guangdong ook wel eens op vogelgriep zouden kunnen slaan. Daarom testten de wetenschappers hun SARS op H5N1. Maar dat was een verkeerd spoor.

Een ander onjuist idee was dat SARS wellicht veroorzaakt werd door een vorm van chlamydia, een diverse groep bacteriën die twee soorten bevat die geassocieerd worden met aandoeningen van de ademhalingsorganen bij de mens (evenals een andere, meer onder tieners bekende aandoening die seksueel wordt overgedragen). Een van de chlamydiabacteriën die de luchtwegen aantasten is zoönotisch, dat wil zeggen dat deze van vogels (met name tamme papegaaien) op mensen overspringt. Eind februari vond een vooraanstaande Chinese microbioloog in sommige SARS-monsters iets wat eruitzag als chlamydia, waarna op grond van dit magere bewijs – en ook op grond van zijn verheven status binnen de respectvolle kringen van de Chinese wetenschap – de chlamydia-hypothese werd omarmd door overmoedige hoge ambtenaren van de gezondheidsdienst in Beijing. Minstens één andere eminente Chinese onderzoeker bestreed de hypothese met het argument dat als een chlamydia de oorzaak was, SARS-gevallen hadden moeten reageren op behandeling met antibiotica – en dat deden ze niet. Maar die man zat helemaal in Guangdong, in het Instituut voor Luchtwegaandoeningen, en Beijing wenste niet naar hem te luisteren.

Intussen werkten de wetenschappers in hun laboratoria een hele lijst van andere mogelijkheden af: pest, nekkramp, veteranenziekte, tyfus, verschillende soorten bacteriële longontsteking, griep, *E. coli* in het bloed, hantavirussen van de Oude en Nieuwe Wereld en nog veel meer. Hun werk werd deels bemoeilijkt doordat ze in hun speurtocht naar de SARS-verwekker niet wisten of ze naar iets bekends zochten of naar iets wat een beetje nieuw was maar sterk op iets bekends leek, of naar iets wat volkomen nieuw was.

En dan was er nog een andere mogelijke categorie: iets wat bekend was bij dierenartsen, maar volkomen nieuw als een infectie van mensen. Met andere woorden, een opkomende zoönose.

De eerder door mij beschreven laboratoriummethoden – waarbij gebruik wordt gemaakt van PCR om te screenen op herkenbare fragmenten van DNA of RNA, in combinatie met moleculaire opsporingstechnieken voor antistoffen of antigenen – hebben enkel nut als je zoekt naar iets bekends, of minstens iets wat sterk op iets bekends lijkt. Zulke tests geven je hoofdzakelijk een positief, negatief, of in de buurt daarvan komend resultaat, in antwoord op een specifieke vraag: is het dít? Een volkomen nieuwe pathogeen vinden is een stuk moeilijker. Je kunt een micro-organisme niet detecteren aan de hand van zijn moleculaire signatuur, als je niet ruwweg weet wat die signatuur is. Daarom moet de laboratoriumonderzoeker zijn toevlucht nemen tot een iets oudere, minder geautomatiseerde aanpak: het micro-organisme kweken in een cellencultuur en er dan naar kijken door een microscoop.

Aan de Hong Kong University, hoog op de helling van een heuvel met uitzicht op de buurten van de binnenstad, kwam een team onder leiding van Malik Peiris met deze aanpak tot een vruchtbare conclusie. Peiris is een in Oxford opgeleide microbioloog, geboren en getogen in Sri Lanka, mild en voorzichtig, met fijn donker haar dat zich als gegoten rond zijn schedel vlijt. Hij is vooral bekend als influenzaonderzoeker, en omdat hij in 1995 in Hongkong was gearriveerd, vlak voor de grote schrik van de vogelgriep, had hij reden om aviaire influenza, ofwel vogelgriep, als een belangrijke hypothese te zien voor wat er op dit moment aan berichten uit Guangdong kwam. 'Het eerste wat ons door het hoofd ging was dat het H5N1-virus misschien het vermogen had verworven om van mens op mens over te gaan,' vertelde hij een journalist in 2003. Maar nadat ze hun SARS-monsters niet alleen op H5N1 hadden getest, maar ook op een lijst van de gebruikelijke verdachten, en daarvan geen spoor hadden gevonden, begon zijn team over te hellen naar het idee dat ze met een nieuw virus te maken hadden.

Daarna concentreerden ze zich op pogingen het virus te kweken. Dit betekende in de eerste plaats dat ze het raadselachtige micro-organisme een milieu van levende cellen moesten geven waarin het zich kon vermeerderen, totdat het in de cultuur massaal genoeg groeide en genoeg schade toebracht aan de cellen om de aanwezigheid ervan te kunnen waarnemen. De levende cellen van de cultuur moesten van een bepaald 'onsterfelijk gemaakt' type zijn (zoals de beroemde HeLa-cellen van een onfortuinlijke vrouw die Henrietta Lacks heette), zodat ze zich voor onbepaalde tijd zouden blijven vermeerderen, totdat ze ergens door gedood werden. Peiris' team begon met het aanbieden van vijf verschillende cellensoorten aan de onbekende nieuwe ziekteverwekker, cellen die op verschillende manieren gastvrij waren gebleken voor bekende luchtwegpathogenen: cellen van nieren van een hond, cellen van de tumor van een rat, cellen van de long van een geaborteerde menselijke foetus en nog andere. Dat werkte niet. Er was geen spoor van schade aan cellen en daarom geen bewijs van virusgroei. Vervolgens probeerden ze een ander type cellen, afkomstig van niercellen van een foetale resusaap. Dat werkte wel. Half maart konden ze in hun apencelkweek een 'cytopathisch effect' (ziekelijke veranderingen in cellen) zien, wat betekende dat iets binnen die cellen zich begon te vermeerderen, van de ene cel naar de andere oversprong, ze vernietigde en daarmee een zichtbare zone van verwoestingen creëerde. Binnen een paar dagen beschikte het team over elektronenmicroscopische beelden van ronde virusdeeltjes, elk deeltje omgeven door een krans van knoppen. Dit was zo onverwacht dat een microscopist van het team een beroep deed op wat voor hem een soort gids voor in het veld was: hij bladerde door een boek met microfoto's van virussen, op zoek naar een match, zoals jij of ik zouden kunnen doen bij het zien van een nieuwe vogel of een wilde bloem. Hij vond zijn match bij een groep die bekendstaat als de coronavirussen, gekenmerkt door een krans, ofwel corona, van knobbelige eiwitten die elk virusdeeltje omgaven.

Aldus hadden ze met hun kweekarbeid vastgesteld dat een onbekend coronavirus aanwezig was in SARS-patiënten – in elk geval bij een aantal van hen – maar dat hoefde nog niet te betekenen dat het de ziekte had veroorzaakt. Om een oorzakelijk verband vast te stellen testte Peiris' team bloedserum van SARS-patiënten (omdat daar antistoffen in konden zitten) op het zojuist in de cultuur ontdekte virus. Dat had een effect alsof je een heks met gewijd water besproeide. De antistoffen herkenden het virus en reageerden krachtig. Minder dan een maand later publiceerden Malik Peiris en zijn medewerkers op basis van dat bewijs, plus andere bevestigende tests, een artikel met de voorzichtige verklaring dat dit nieuwe coronavirus 'een mogelijke oorzaak' van SARS was.

Ze hadden het bij het rechte eind en het virus werd bekend als het SARS-coronavirus, houterig afgekort tot SARS-CoV. Het was het allereerste coronavirus waarvan was vastgesteld dat het mensen een echt ernstige ziekte toebracht. (Verschillende andere coronavirussen behoren tot de vele virusstammen die verantwoordelijk zijn voor een gewone verkoudheid. Weer andere verwekken hepatitis bij muizen, maag-darmcatarre bij varkens en infectie van de luchtwegen bij kalkoenen.) SARS-CoV klinkt niet direct onheilspellend. In vroeger tijden zou de nieuwe ziekteverwekker veeleer een boeiende geografische naam, zoals foshanvirus of guangzhouvirus, hebben gekregen en zouden mensen rond zijn gaan rennen en zeggen: *Kijk uit, hij heeft guangzhou!* Maar in 2003 had iedereen inmiddels ingezien dat een dergelijke etikettering hachelijk, onwelkom en slecht voor het toerisme zou zijn.

Verschillende andere teams die zelfstandig aan het isoleren van een SARS-verwekker werkten, hadden ongeveer op hetzelfde moment hetzelfde antwoord gekregen. In de Verenigde Staten was het een in de CDC in Atlanta gevestigde groep met een lange lijst van internationale partners. In Europa was het een aantal samenwerkende teams, verspreid over onderzoeksinstellingen in Duitsland, Frankrijk en Nederland. In China was het een kleine groep van serieuze, bedreven en respectvolle onderzoekers die weken eerder dan Peiris' groep een coronavirus hadden geïsoleerd en gefotografeerd. Deze onfortuinlijke Chinese wetenschappers, die werkzaam waren bij de Academie van Militaire Medische Wetenschappen, lieten zich intimideren door de chlamydiatheorie en haar verheven voorvechter in Beijing, waarmee ze hun kans om de echte ontdekking als eersten bekend te maken hadden verspeeld. 'We waren te voorzichtig,' zei een van hen later. 'We hebben te lang gewacht.'

Nadat Malik Peiris en zijn teamgenoten het virus hadden geïdentificeerd, een deel van het genoom ervan hadden gesequenced en het in een stamboom van andere coronavirussen hadden ondergebracht, was de volgende voor de hand liggende stap de vraag wat de herkomst ervan was. Het moest ergens vandaan komen. Maar wat was zijn gebruikelijke habitat, zijn levensgeschiedenis, zijn natuurlijke gastheer? Een wetenschapper die betrokken was bij het onderzoek, de jonge bioloog Leo Poon, roerde dat onderwerp aan tijdens een gesprek dat ik met hem had in Hongkong.

'De gegevens die we vonden in monsters van mensen,' zei Poon, 'wezen erop dat dit virus nieuw is voor de mens. Wat ik bedoel is dat mensen niet eerder met dit virus waren geïnfecteerd. Daarom moest het afkomstig zijn van een bepaald soort dieren.'

Maar welke dieren en hoe hadden die de infectie ineens op mensen overgebracht? Deze vragen konden alleen worden beantwoord door naar de wouden, de straten, de markten en de restaurants van Zuid-China te gaan om bewijsmateriaal te verzamelen. Ik gaf hem een duwtje in de richting van dat onderwerp en vroeg hem: 'Heb je meegedaan aan het veldwerk?'

'Nee, ik ben een moleculaire wetenschapper,' zei hij. Het was of ik

Jackson Pollock had gevraagd of hij ook als huisschilder werkzaam was, neem ik aan, maar Leo Poon vatte mijn vraag niet verkeerd op. Hij wilde graag ere geven aan wie ere toekwam. Nee, een van hun medewerkers, een zekere Guan Yi, een eigenzinnige kerel met de intuïtie van een epidemioloog en het lef van een koele kikker, was overgestoken naar China en had met medewerking van een aantal lokale ambtenaren uitstrijkjes afgenomen van de keel, de anus en de cloaca van dieren die op de grootste markt van levende dieren in Shenzhen te koop werden aangeboden. Die monsters waren voor Leo Poon (die de moleculaire analyse had gedaan), Malik Peiris en Guan Yi zelf – en uiteindelijk voor wetenschappers en ambtenaren van gezondheidsdiensten overal ter wereld – de eerste aanleiding om hun boze vermoedens te richten op een zoogdier uit de familie van de civet- of sluipkatten.

36

In een overvol land met 1,3 miljard hongerige burgers is het niet echt verwonderlijk dat mensen slang eten. Het is niet echt verwonderlijk dat er Kantonese recepten voor hond zijn. Roergebakken kat lijkt in een dergelijke context helaas eerder onvermijdelijk dan schokkend. Maar een civetkat is in feite geen kat: hij maakt net als de mangoesten deel uit van de roofdierfamilie *Viverridae*. De culinaire handel in een van de gewildste civetkatten, de gemaskerde palmmarter (*Paguma larvata*), met name in de Parelrivierdelta, heeft minder te maken met beperkte middelen, bittere noodzaak en oude tradities dan met een bloeiende handel en betrekkelijk recente modetrends onder mensen die graag willen laten zien dat ze het breed kunnen laten hangen. Goed geïnformeerde kenners van de Chinese cultuur noemen dit het Tijdperk van de Wildlust.

Een van die kenners is Karl Taro Greenfeld, die in 2003 in Hongkong werkzaam was als hoofdredacteur van *Time Asia*, toezag op de berichtgeving van dit tijdschrift over SARS en daar iets later een boek over schreef, getiteld *China Syndrome*. Voordat hij hoofdredacteur werd, had Greenfeld al enkele jaren als journalist verslag gedaan van 'het nieuwe Azië', waarbij hij de gelegenheid had gekregen om te zien wat mensen in hun maag stoppen. Volgens hem:

> hebben Chinezen in het zuiden van het land zich altijd op veel grotere schaal door het dierenrijk heen gegeten dan bijna elk ander volk op aarde. Tijdens het Tijdperk van de Wildlust zou het scala, de omvang en de hoeveelheid wild die men consumeerde uiteindelijk nagenoeg alle diersoorten te land, ter zee en in de lucht omvatten.

'Wildlust' (*yewei* in het Mandarijn) werd gezien als een manier om aanzien, voorspoed en geluk te verwerven. Het eten van wild, legde Greenfeld uit, was slechts één van deze nieuwe vormen van ostentatieve luxeconsumptie, die ook kon bestaan in het frequenteren van een bordeel waar zo'n duizend vrouwen in de aanbieding waren, staand achter een glazen muur. Maar de eetmode vloeide als vanzelf voort uit eerdere tradities op het gebied van extravagante gerechten, natuurlijke farmaceutica en exotische afrodisiaca (zoals tijgerpenis) en ging een stuk verder dan dat. Een ambtenaar vertelde Greenfeld dat er tegenwoordig alleen al in de stad Guangzhou tweeduizend Wildlustrestaurants actief waren. Nog vier nieuwe restaurants kregen een vergunning in het uur dat Greenfeld doorbracht in het kantoor van deze man.

Deze eetgelegenheden betrokken hun voorraden van de 'natte markten' van de provincie Guangdong – uitgestrekte versmarkten met eindeloze rijen kraampjes waar levende dieren werden aangeboden voor de consumptie – zoals de Chatou-wildmarkt in Guangzhou en de Dongmenmarkt in Shenzhen. Chatou ging van start in 1998 en was binnen vijf jaar uitgegroeid tot een van de grootste markten voor wilde dieren in China, vooral voor zoogdieren, vogels, kikkers, schildpadden en slangen. Van eind 2000 tot begin 2003 hield een team van onderzoekers uit Hongkong een doorlopend inventariserend onderzoek naar wilde dieren die te koop waren op de Chatou- en Dongmenmarkt en twee andere grote markten in Guangdong. In vergelijking met een eerder onderzoek uit de jaren 1993-1994 bespeurde het team een aantal veranderingen en nieuwe trends.

Ten eerste was de enorme omvang van de handel in wilde dieren kennelijk nog sterker gegroeid. Ten tweede was er meer grensoverschrijdende handel, legaal of clandestien, waarbij wilde dieren uit andere Zuidoost-Aziatische landen naar het zuiden van China werden gebracht. Vlezige maar kostbare exemplaren van bedreigde soorten, zoals de Borneose rivierschildpad en de op het land levende Birmese sterschildpad, verschenen nu ook op het toneel. Ten derde waren er nu grotere aantallen van in gevangenschap gefokte dieren beschikbaar, afkomstig van commerciële fokkers. Bepaalde soorten kikkers en schildpadden werden bedrijfsmatig gekweekt. Het gerucht ging dat ook slangen in farms werden gekweekt.

Kleinschalige palmmarterfokkerijen die actief waren in het midden van Guangdong en het zuiden van Jiangxi (een aangrenzende provincie), voorzagen in de grote vraag naar dat dier. In feite leek een groot deel van de handel in drie populaire wilde zoogdieren – de Chinese zonnedas en de varkensdas, naast de gemaskerde palmmarter – te komen van farms waar de dieren gefokt en verzorgd werden. Het bewijs voor deze door het onderzoeksteam uitgesproken veronderstelling was dat de dieren relatief goed gevoed, onbeschadigd en tam bleken te zijn. Waren ze in het wild gevangen, dan zouden ze waarschijnlijk meer verwondingen door klemmen en andere sporen van ellende en mishandeling hebben vertoond.

Maar ook al kwamen ze gezond en robuust van de fokkerij, op de markten belandden ze in omstandigheden die allerminst heilzaam waren. 'De dieren zitten opeengepakt in benauwde ruimtes en vaak vlak naast andere wilde en/of tamme dieren zoals honden en katten,' schreef het onderzoeksteam. 'Veel dieren zijn ziek of hebben open wonden en zijn verstoken van basale zorg. Dieren worden vaak op de markten zelf geslacht in verschillende kraampjes die daarin gespecialiseerd zijn.' Open kooien met draadgaas, verticaal op elkaar gestapeld, maken het mogelijk dat afval van het ene dier neerklettert op het andere. Het was een zoölogisch gekkenhuis. 'De markten bieden ook een gunstig klimaat,' merkte het team bijna terloops op, 'voor het overspringen van dierziekten naar andere gastheren en de verspreiding ervan naar mensen.'

Guan Yi, de onverschrokken microbioloog van de Hong Kong University, stortte zich in deze omstandigheden op de Dongmenmarkt in Shenzhen en haalde verkopers over om hem uitstrijkjes en bloedmonsters te laten afnemen bij een aantal van hun dieren. Hoe hij ze precies overtuigde is nog steeds een raadsel – de kracht van zijn persoonlijkheid, veelzeggende argumenten, een heldere uitleg van de wetenschappelijke urgentie? – hoewel het dikke pak Hongkongdollars in zijn hand zeker zal hebben geholpen. Hij verdoofde stuk voor stuk vijfentwintig dieren, nam een slijmuitstrijkje, een ontlastinguitstrijkje, nam bloed af en nam de monsters daarna mee terug naar Hongkong om ze te analyseren. De varkensdassen waren clean. De Chinese hazen waren clean. De Euraziatische bevers waren clean. De huiskatten waren clean. Guan had ook monsters afgenomen bij zes gemaskerde palmmarters en die waren niet clean: alle zes droegen ze sporen bij zich van een coronavirus dat op SARS-CoV leek. Daarnaast testte ook het fecesmonster van een wasbeerhond (een soort wilde hond, die eruitziet als een volgevreten vos met ongeveer het uiterlijk van een wasbeer) positief op het virus. Maar de verzamelde informatie leek eigenlijk het meest belastend voor de zes leden van de civetkattenfamilie.

Deze ontdekking, de eerste concrete aanwijzing dat SARS een zoönose is, werd op 23 mei 2003 bekendgemaakt tijdens een persconferentie op de Hong Kong University. Een dag later kwam de *South China Morning Post*, de grootste Engelstalige krant van Hongkong, met een voorpaginaverhaal (te midden van alle andere berichten over SARS) over die bekendmaking met de kop: WETENSCHAPPERS KOPPELEN CIVETKATTEN AAN SARS-UITBRAAK. Inwoners van de stad wisten inmiddels maar al te goed dat de SARS-besmetting van de ene persoon op de andere werd overgebracht door dingen als niezen en hoesten, en niet louter via de sappen en het vlees van wilde dieren. Eerdere edities van de *Morning Post* hadden net als andere kranten in Hongkong artikelen die verlucht waren met levendige foto's van mensen met mondneusmaskers – een gemaskerd zoenend stelletje, een ziekenhuismedewerker die zo'n masker, compleet met spatscherm, demonstreerde, een bevallig model op een autoshow dat een met autoreclame versierd masker droeg – en ook van ziekenhuispersoneel en soldaten die van top tot teen in beschermende witte pakken gehuld met infectiepreventie bezig waren. De overheid van Hongkong deelde via haar logistieke dienst 7,4 miljoen maskers uit aan scholen, medisch personeel en aan ambtenaren van de gezondheidsdienst in de frontlinie van de ziektebestrijding, en ook bij het grote publiek was de vraag ernaar groot. De supermarktketen Circle K had bijna een miljoen mondneusmaskers verkocht; Sa Sa Cosmetica wist er 1,5 miljoen te slijten. De prijzen per masker waren verviervoudigd. Ondanks de wijdverspreide paniek over besmetting door mensen onderling, wilden velen nog steeds graag horen wat nu eigenlijk de zoölogische bron van dit virus was.

Dat men gebruikmaakte van een persconferentie om het nieuws over palmmarters bekend te maken, in plaats van het eerst in een wetenschappelijk tijdschrift te publiceren, was onorthodox, maar niet ongekend. Publicatie in een tijdschrift zou meer tijd hebben gekost vanwege het redactionele werk, peer reviews, het doorspitten van oude artikelen en vertraagde levertijden. Dat ze dat proces omzeilden getuigde van de haast die ze hadden, gedreven door maatschappelijke betrokkenheid en de pressie van de uitbraak, maar wellicht ook door wetenschappelijke wedijver. Ook de CDC in Atlanta hadden slechts twee maanden eerder blijk gegeven van grote haast, toen ze via een persconferentie bekendmaakten dat wetenschappers aldaar een nieuw coronavirus hadden geïdentificeerd als de waarschijnlijke oorzaak van SARS. De verklaring van de CDC vermeldde niet dat Malik Peiris en zijn team drie dagen eerder hetzelfde virus hadden gevonden en het verband met SARS hadden bevestigd. Met de claim dat ze de eersten waren brachten de CDC, zonder dat de rest van de wereld daar iets van merkte, de wetenschappers van de Hong Kong University waarschijnlijk in opperste staat van paraatheid bij concurrentie uit Atlanta en van elders, wat bijdroeg aan het besluit om Guan Yi's ontdekking bij de eerste de beste passende gelegenheid bekend te maken.

Eén onmiddellijk gevolg van Guans bevindingen was dat de Chinese overheid de verkoop van deze civetkatten verbood. In haar onzekerheid verbood de overheid ook drieënvijftig andere Wildlustdieren op de markten. Het verbod veroorzaakte onvermijdelijk economische verliezen en riep zoveel verzet op bij dierenfokkers en handelaren dat het eind juli, na een officiële evaluatie van de risico's, werd ingetrokken. De officiële reden voor die koerswending was dat een andere groep onderzoekers gemaskerde palmmarters had onderzocht en geen spoor van een SARS-achtig virus had gevonden. Onder het herziene beleid konden op een farm gefokte palmmarters weer legaal worden verhandeld, maar was de verkoop van de in het wild gevangen dieren verboden.

Guan Yi gaf blijk van enige ergernis over de twijfels ten aanzien van zijn bevindingen. Maar via wetenschappelijke kanalen maakte hij gestage vorderingen met de presentatie van een gedetailleerde toelichting en ondersteunende gegevens (tabellen, cijfermateriaal, genoomsequenties) in een artikel dat in de daaropvolgende oktobermaand in *Science* verscheen. Leo Poon en Malik Peiris, zijn collega's op de Hong Kong University, stonden ook op de lange lijst van medeauteurs. Guan en zijn collega's formuleerden hun conclusies bedachtzaam met de vaststelling dat besmetting door palmmarters niet per se betekende dat deze civetkatten het reservoir van het virus waren. De palmmarters konden geïnfecteerd zijn 'vanuit een andere, vooralsnog onbekende dierlijke bron, die in feite het werkelijke reservoir in de natuur is'. Wellicht hadden ze als virusvermeerderende gastheren gefunctioneerd (zoals die door hendravirus geïnfecteerde paarden in Australië). Waar het volgens Guan en zijn medewerkers vooral om draaide, was dat natte markten zoals Dongmen en Chatou aan SARS-achtige coronavirussen een uitvalsbasis boden waar ze 'zich konden vermeerderen en overgebracht konden worden op nieuwe gastheren, inclusief de mens, en vanuit het oogpunt van volksgezondheid is dit van cruciaal belang'.

Toen dat artikel verscheen, was de SARS-epidemie van 2003 al tot staan gebracht, nadat er uiteindelijk 8098 mensen geïnfecteerd waren van wie er 774 overleden. Het laatste geval werd op 15 juni ontdekt en geïsoleerd op Taiwan. Hongkong was 'SARS-vrij' verklaard. Singapore en Canada werden 'SARS-vrij' verklaard. De hele wereld was naar alle waarschijnlijkheid 'SARS-vrij'. Wat die verklaringen meer in het bijzonder inhielden, was dat er op dat moment onder mensen geen SARS-infecties woedden. Maar het virus was niet uitgeroeid. Dit was een zoönose, en geen enkele deskundige kon betwisten dat de verwekker van de ziekte nog steeds schuilging in een of meer reservoirs – de palmmarter, de wasbeerhond of welk dier dan ook – in Guangdong en misschien ook elders. Mensen vierden het einde van de uitbraak, maar zij die het best geïnformeerd waren, waren allerminst in een jubelstemming. SARS-CoV was niet verdwenen, het was alleen maar ondergedoken. Het virus kon terugkomen.

Eind december kwam het terug. Als een naschok van een aardbeving deed zich onverwachts een nieuw geval voor in Guangdong. Kort daarna nog eens drie. Een van de patiënten was een serveerster die blootgesteld was aan een palmmarter. Op 5 januari 2004, de dag waarop het eerste ziektegeval werd vastgesteld, veranderden de overheden van Guangdong opnieuw van beleid door te verordenen dat elke gemaskerde palmmarter op een fokkerij of markt in de provincie moest worden gedood en geruimd. Wilde civetkatten waren een ander vraagstuk waar geen oplossing voor werd geboden.

Uitroeiingsteams van het departement van Bosbouw (dat de handel in wilde dieren reguleert) en het departement van Volksgezondheid werden naar palmmarterfokkerijen gestuurd. In de dagen die volgden werden meer dan duizend in kooien levende palmmarters verstikt, verbrand, gekookt, geëlektrocuteerd en verdronken. Het was als een middeleeuwse pogrom tegen satanische katachtigen. Met deze uitroeiingscampagne leek de zaak geregeld en begon de bevolking zich wat geruster te voelen. Dat geruste gevoel hield stand gedurende, eh, een jaar of iets langer – totdat andere wetenschappers aantoonden dat de twijfels over de identiteit van het reservoir gegrond waren, dat de voorzichtige taal van Guan Yi van inzicht getuigde en dat het verhaal toch wel iets dieper ging en gecompliceerder was dan men dacht. Oeps, civetkatten zijn niet het reservoir van SARS. Het kan verkeren.

37

Het was Leo Poon die me het verhaal van de wilde civetkatten van Hongkong vertelde. We zaten in een kleine vergaderruimte naast de lift op een van de bovenste verdiepingen van de medische faculteit van de op een heuvelhelling gelegen Hong Kong University, met uitzicht op de beneden ons oprijzende bankgebouwen en andere strakke wolkenkrabbers die als pieken van lavaglas boven het centrum uit staken. Daaronder en nog verder, tot aan de overkant van Victoria Harbor, lagen de levendige straten, marktkramen, steegjes, winkels, eethuisjes, goedkope flats en toeristische bestemmingen van Kowloon, waaronder het nu gesteriliseerde en omgedoopte Metropole Hotel waar ik verbleef. Ik kon me niet voorstellen dat ik ook maar iets in de orde van wild zou tegenkomen in een dergelijk hectisch milieu van mensen en voertuigen en verticaal beton, maar dat kwam doordat ik alleen maar de stadskant van Hongkong had bekeken. Wilde civetkatten, oh ja, in de New Territories, verzekerde Poon me. Die zogenoemde New Territories (nieuw voor de Britse kolonialen toen ze die in 1898 voor negenennegentig jaar van China hadden gehuurd) omvatten nog altijd de minder ontwikkelde gebieden van de Hong Kong Special Administrative Region, van Boundary Street aan de noordkant van Kowloon tot aan de grens met Guangdong, plus de afgelegen eilanden met wouden en bergen en natuurreservaten – de groene vlekken op de landkaart. Dit zijn plekken waar zelfs in de eenentwintigste eeuw civetkatten nog in het wild konden overleven. 'Op het platteland zitten ze overal!' zei Poon.

Nadat er een eind was gekomen aan de epidemie, begon zijn HKU-team buiten de stad dieren te vangen, op zoek naar bewijzen van het coronavirus. Ze richtten zich eerst op gemaskerde palmmarters, waarvan ze er een stuk of twintig vingen en bemonsterden. Bij elk dier namen ze een keel- en een fecesuitstrijkje af – zip zap, hartelijk bedankt – waarna ze hem weer vrijlieten, terug naar de rimboe van Hongkong. Elk monster werd gescreend met de PCR-methode, met behulp van wat in technisch jargon 'consensus primers' heet, dat wil zeggen gegeneraliseerde moleculaire startpunten voor de vermeerdering van RNA-fragmenten die coronavirussen doorgaans met elkaar gemeen hebben, niet alleen de fragmenten die uniek zijn voor het SARS-achtige coronavirus dat Guan Yi in zijn palmmarters had gevonden. En hoeveel coronavirus heeft Poon dan gevonden, luidde mijn vraag. 'Helemaal niets,' zei hij. Het ontbreken daarvan suggereerde dat de palmmarter niet als reservoir voor het SARS-coronavirus dient. 'We waren erg teleurgesteld.'

Maar in de wetenschap is teleurstelling soms een toegangspoort tot inzicht. Als het de palmmarter niet is, wat dan wel? 'Onze hypothese was dat als dit dier' – dit onbekende wezen – 'het natuurlijke reservoir voor SARS is, het algemeen voorkomend moet zijn.' Daarom vingen ze op enkele dichtbeboste plekken alle wilde en verwilderde dieren die ze maar konden vinden. De uiteindelijke lijst was rijkelijk divers, variërend van resusapen tot stekelvarkens, van rattenslangen tot tortelduiven, van wilde zwijnen tot zwarte ratten, inclusief minstens één Chinese cobra. Opnieuw waren de PCR-uitkomsten bijna over de hele linie negatief – bijna. Slechts drie van de vierenveertig soorten dieren vertoonden enig teken van infectie met een coronavirus. Alle drie waren het *Microchiroptera*. Voor jou en mij: kleine vleermuizen.

Slechts een van deze drie soorten manifesteerde een hoge prevalentie als groep, dat wil zeggen dat de meeste bemonsterde individuen positief testten, zoals gemeten door de virussporen die aangetroffen werden in de ontlasting: een delicaat diertje, de zogeheten kleine langvleugelvleermuis.

Poon gaf me een kopie van het artikel dat hij in 2005 had gepubliceerd (en waarin Guan en Peiris opnieuw in de eer deelden als medeauteurs) in het *Journal of Virology*, ongeveer een jaar na de grote palmmarterslachting. Hij wilde dat ik goed begreep wat zijn bevindingen waren. 'Dit vleermuiscoronavirus is heel anders dan dat van SARS,' zei Poon. Dat wil zeggen dat hij er geen aanspraak op maakte het reservoir van SARS-CoV te hebben gevonden. 'Maar dit is wel het eerste coronavirus in een vleermuis.' Dat wil zeggen dat hij op een sterke aanwijzing was gestuit.

Korte tijd later publiceerde een internationaal team van Chinese, Amerikaanse en Australische onderzoekers een nog onthullender onderzoek, gebaseerd op monsters die ze afgenomen hadden in Guangdong en op drie andere Chinese locaties. Tot dit team, dat onder leiding stond van een Chinese viroloog, Wendong Li, behoorden ook Hume Field, de laconieke Australiër die het reservoir van het hendravirus had gevonden, en twee wetenschappers van het Consortium for Conservation Medicine, gevestigd in New York. In tegenstelling tot de studie op basis van de monsters uit Hongkong, was die van Li specifiek gericht op vleermuizen. Het team ving dieren in het wild, nam bloed af, maakte feces- en keeluitstrijkjes en liet vervolgens in duplo monsters van het materiaal in een Chinees en een Australisch laboratorium onafhankelijk van elkaar analyseren, waarmee ze voor een dubbele controle op zichzelf zorgden die de betrouwbaarheid van de onderzoeksresultaten versterkte. Wat ze vonden was een coronavirus dat, in tegenstelling tot dat van Leo Poon, sterk leek op SARS-CoV, zoals waargenomen bij menselijke patiënten. Ze noemden het een SARS-achtig coronavirus. Hun monsters toonden aan dat dit SARS-achtige virus vooral prevalent was in verschillende vleermuizen van het geslacht *Rhinolophus*, beter bekend als hoefijzerneuzen. Hoefijzerneusvleermuizen zijn delicate kleine wezens met grote oren en rond de wijd openstaande neusgaten hoefijzervormige huidplooien die op een simpele maar praktische wijze een rol lijken te spelen bij het richten van hun ultrasone piepjes. Ze slapen voornamelijk in grotten, die je in het zuiden van China overal vindt, en 's nachts komen ze tevoorschijn om zich te voeden met motten en andere insecten. Het geslacht is divers en omvat ongeveer zeventig soorten. Li's onderzoek toonde aan dat met name drie soorten hoefijzerneuzen het SARS-achtige virus bij zich dragen: de betrekkelijk kleine *Rhinolophus macrotis* met zijn grote oren, de uiterst kleine *Rhinolophus pusillus* en de grotere *Rhinolophus pearsonii* (voor deze drie soorten bestaan geen officiële Nederlandse benamingen – vert.). Als je deze dieren ooit op de menukaart van een restaurant in het zuiden van China ziet staan, kun je in plaats daarvan misschien beter de bami kiezen.

Een hoge prevalentie van antistoffen tegen het virus bij hoefijzerneuzen, in vergelijking met geen enkele prevalentie bij wilde palmmarters, was een belangrijke ontdekking. Maar er was meer. Li's team sequencete ook fragmenten van het virusgenoom, verkregen uit fecale monsters. Vergelijkende analyse van die fragmenten liet zien dat het SARS-achtige virus in elk monster een aanzienlijke genetische diversiteit bevatte – meer diversiteit dan bij elke geïsoleerde populatie van SARS-CoV zoals ze die kenden bij mensen. Dit virus was blijkbaar al enige tijd aanwezig in de vleermuispopulaties, muterend, veranderend en divergerend. In feite is de totale diversiteit die we van het menselijke SARS-virus kennen ingebed bínnen de diversiteit van het vleermuisvirus. Zulke inbeddingsrelaties kunnen het best worden weergegeven als een familiestamboom. Li en medewerkers tekenden er een. Die tekening verscheen als diagram in het artikel dat ze publiceerden in *Science*. Het menselijke SARS-virus was slechts een kale en kleine tak binnen een stel dikke takken die aangaven wat er binnen hoefijzerneuzen leeft.

Wat betekende dat? Het betekende dat hoefijzerneuzen een reservoir, zo niet hét reservoir van SARS-CoV zijn. Het betekende dat palmmarters een virusvermeerderende gastheer, geen reservoir waren geweest tijdens de uitbraak van 2003. Het betekende dat niemand wist wat er die winter in Guangdong precies was gebeurd waardoor een uitbraak in gang werd gezet, hoewel Li en zijn medewerkers daar wel over konden speculeren. ('Een bij toeval optredende juxtapositie van een infectieus contingent vleermuizen en een vatbare virusvermeerderende diersoort,' schreven ze, 'zou kunnen leiden tot een oversprong en de totstandkoming van een marktcyclus waarbij vatbare dieren beschikbaar zijn om de infectie te handhaven.' Infectie door associatie. Die vatbare dieren waren wellicht niet alleen gemaskerde palmmarters, maar ook wasbeerhonden, fretdassen, wie weet welke dieren nog meer. Er zijn zoveel verschillende kandidaten die deel uitmaken van de keten van in aanmerking komende in het wild levende dieren.) Het betekende dat je elke palmmarter in China kon doden en dat je dan nog steeds niet van SARS af was. Het betekende dat dit virus – geconfronteerd met zijn ecologische beperkingen en kansen – existeerde binnen een cultuur waarin 'een infectieus contingent vleermuizen' als vanzelfsprekend op een vleesmarkt terecht kon komen. Het betekende: eters, wees op je hoede. Het betekende ook dat er nader onderzoek nodig was.

38

Aleksei Chmura is een vriendelijke, keurig verzorgde jonge Amerikaanse onderzoeker met een veelzijdige praktijkervaring en een brede belangstelling. Hij groeide op in Connecticut, verliet voortijdig de universiteit, reisde, werkte als bakker, volgde een opleiding tot kok, stapte over op meubelrestauratie en ging na tien jaar opnieuw naar de universiteit om milieukunde te studeren. Toen ik hem voor het eerst ontmoette, was hij niet alleen werkzaam in een bestuursfunctie bij het Consortium for Conservation Medicine (in een project van de Wildlife Trust, inmiddels omgedoopt tot EcoHealth Alliance), maar verzamelde hij ook materiaal voor een promotieonderzoek over de ecologie van zoönosen in Zuid-Azië, met name SARS. Daarvoor verzamelde hij ook monsters van vleermuizen. Hij nodigde me uit om bij hem langs te komen, zodat ik zelf kon zien waar hij mee bezig was. Op de afgesproken datum haalde hij me af van het vliegveld in Guangzhou, en ik denk dat de doerian voor mij het eerste teken had moeten zijn dat hij een waaghalzige eter was.

Net van het vliegveld sloten Chmura en ik ons aan bij een stel vrienden van hem van de Sun Yat-sen Universiteit en stortten we ons op een snack van de smerigst stinkende vrucht die er bestaat: de doerian, een groot stekelig geval, net een egelvis die een voetbal heeft ingeslikt. Wrik je hem open, dan levert dat je enkele losse hompen kleverig zacht vruchtvlees op, misschien acht of tien hompen per vrucht, met een uiterst onaangename geur. Het vruchtvlees smaakt naar vanillevla en ruikt naar het ondergoed van iemand die je liever niet wilt kennen. We aten met blote handen, slurpten de sijpelende en druppelende drab door onze vingers op. Dit was vóór het eten, in plaats van pinda's en bier. Daarna gingen we naar een restaurant waar Chmura voor ons een gerecht bestelde, bestaande uit gestold varkensbloed – in de vorm van roodbruine blokjes, een soort in dobbelsteentjes gesneden lever – met taugé en hete rode pepers. Aan het eind van de avond was mijn overhemd doorweekt van het zweet. Welkom in China. Maar ik was erop gebrand om te horen wat Aleksei Chmura wist, om te profiteren van zijn vraatzuchtige nieuwsgierigheid, en mocht dat nodig zijn, dan zou ik me samen met hem al etend een weg banen naar die informatie.

De volgende dag vlogen we verder naar de stad Guilin, gelegen ten noordwesten van Guangzhou in een rivierdal dat vermaard is om zijn bergachtige karstlandschap en zijn grotten. De steile bergen rezen abrupt op, als rechtopstaande kroketten op een bord, maar ze waren groen bebost en vol met natuurlijke holen, grotten, goten, kuilen en spleten, uitgesleten door verwering van het oplosbare kalksteen van de karst. Als je een spectaculair landschap wilde zien, was het een prima plek om toerist te zijn én een prima plek om een vleermuis te zijn als je een rustplaats zocht. Wij waren niet voor het landschap gekomen.

Maar voordat het vleermuiswerk begon, nam Aleksei me mee naar een levensmiddelenmarkt om een glimp op te vangen van wat er op dat moment te krijgen was in Guilins bovengrondse economie. Over de smalle gangpaden tussen de kraampjes slenterend, zag ik in keurige bosjes uitgestalde groenten. De vruchten waren zorgvuldig op elkaar gestapeld. De paddenstoelen waren een sprookje. Rood vlees werd voornamelijk in de vorm van grote braadstukken, karbonades en plakken verkocht door met scherpe hakmessen zwaaiende vrouwen achter multiplextafels. De meerval, de krabben en de palingen draaiden traag rond in beluchte tanks. De kikkers zaten triest ineengedoken op een kluitje. Het was een akelige herinnering aan het feit dat wij met onze trek in vlees dieren naar de bliksem laten gaan, hoewel deze plek niet afwijkender of meer morbide was dan elke andere vleesmarkt, waar dan ook. Dat was het punt waar het om draaide. Dit was de 'na'-toestand van een 'voor/na'-tegenstelling, waaruit bleek dat SARS een domper op *yewei* had gezet. Wat hier de laatste jaren veranderd was, vertelde Aleksei me, was het verdwijnen van de handel in wilde dieren. Alles was heel anders in 2003, en zelfs in 2006, toen hij voor het eerst begonnen was met het bezoeken van natte markten in het zuiden van China.

Op de Chatoumarkt in Guangzhou, bijvoorbeeld, had hij ooievaars, meeuwen, reigers, kraanvogels, herten, kaaimannen, krokodillen, wilde zwijnen, wasbeerhonden, vliegende eekhoorns, veel slangen en schildpadden, veel kikkers, maar ook tamme honden en katten gezien, die hier allemaal te koop waren als etenswaar. Er waren geen palmmarters, niet die keer dat hij op deze markt was; ze waren toen al gedemoniseerd en weggevaagd. De lijst die hij noemde was slechts een selectie uit het aanbod op de toenmalige voedselmarkten, gebaseerd op wat hij zich nog herinneren kon van zijn eigen discrete inspectiebezoeken. Je kon er ook Bengaalse tijgerkat kopen, Chinese muntjak, Siberische wezel, Euraziatische das, Chinese bamboerat, vlinderagame en Chinese pad, plus een lange lijst van andere reptielen, amfibieën en zoogdieren, waaronder twee soorten vleerhonden. Echt een menu voor lekkerbekken. En natuurlijk vogels: koereigers, lepelaars, aalscholvers, eksters, een keur van eenden, ganzen, fazanten en duiven, plevieren, rallen, kwartels, waterhoentjes, meerkoeten, strandlopers, Vlaamse gaaien en verschillende soorten kraaien. Een Chinese medewerker van Aleksei vertelde me dat de vogel-en-vleermuishandel treffend werd weergegeven door het adagium: 'Mensen in het zuiden van China eten alles wat vliegt in de lucht, behalve vliegtuigen.' Hij kwam zelf uit het noorden.

Na de SARS-uitbraak en de publiciteit rond palmmarters hadden lokale overheden (vermoedelijk met enige druk uit Beijing) de teugels strakker aangetrokken en nieuwe beperkende maatregelen getroffen tegen de verkoop van wilde dieren op de markten. Het Tijdperk van de Wildlust was niet afgelopen, maar ondergronds gegaan. 'Er zijn in China nog steeds een heleboel mensen die denken dat het eten van verse wilde dieren goed is voor je luchtwegen, dat het goed is voor je seksuele potentie, of wat dan ook,' zei Aleksei. Maar het opsporen, laat staan meten van de handel, was niet eenvoudig. Marktkooplui waren op hun hoede, vooral voor duidelijke buitenstaanders als Aleksei, een westerling die aarzelend Mandarijn spreekt, iemand die misschien rond komt snuffelen. Wilde dieren waren zonder twijfel nog verkrijgbaar, maar dan wel onder de toonbank of via de achterdeur of verhandeld vanuit een busje dat om twee uur 's nachts op een bepaalde straathoek stopte. Als je heden ten dage wilde smullen van een Birmese sterschildpad of een muntjak, moest je iemand kennen die iemand anders kende, hoge bedragen betalen en een en ander regelen buiten het zicht van het publiek.

Terwijl we tijd en maaltijden deelden, kwam ik erachter dat Aleksei zelf sterk afwijkende opvattingen koesterde over het eten van vlees – dat wil zeggen, afwijkend voor een Amerikaan. Zijn oordeel over *yewei* klonk niet echt streng. Hij keurde het eten van vrijwel elk dier niet af, zolang het niet illegaal bemachtigd was, niet tot een bedreigde soort behoorde en niet verontreinigd was met het soort schadelijke micro-organismen die hij bestudeerde. Toen we op een avond samen van een schotel met delicate visjes en bamboescheuten genoten, al kauwend de vissenkopjes en graten vermalend, probeerde ik hem voorzichtig te ontlokken waar zijn grenzen lagen. Ik neem aan dat mijn vragen duidelijk en zwart-wit waren. Welke dieren zou je níét eten, Aleksei? Vertel me wat voor dieren voor jou taboe zijn. Primaten? Zou je jezelf op een aap trakteren? Met een stalen gezicht zei hij ja, met één voorbehoud: dat het apenvlees er smakelijk uitzag. En een mensaap dan? Als je in Afrika was, zou je dan gorilla of chimpansee eten? 'Daar kan ik de grens niet trekken,' antwoordde hij. 'Of je eet vlees, of je eet geen vlees. Je zou me moeten testen door me mensenvlees voor te zetten.' Dit had satanisch, provocerend of gewoon stom kunnen klinken, maar dat was niet het geval omdat hij serieus probeerde om een openhartig en doordacht antwoord op mijn hypothetische vragen te geven. Taxonomie (biologische classificatie) was gewoon niet een van zijn leidende normen voor wat hij at. Thuis in New York, had hij me verteld, leeft hij voornamelijk van fruit.

De dagen daarop brachten we door met vleermuizen vangen in en om Guilin. Het karstgebergte bood met al zijn door erosie uitgesleten holtes tal van rustplaatsen voor vleermuizen. De truc was om grotten te vinden die op dit moment in gebruik waren. Bij het opsporen van de goede plekken en het in netten vangen en verder verwerken van de vleermuizen werd Aleksei geassisteerd door een aantal Chinese studenten, onder wie een jonge ecoloog, Guangjian Zhu, van de East China Normal University in Shanghai. Met zijn jarenlange ervaring was Guangjian uitermate bedreven in het omgaan met vleermuizen: onverstoorbaar en met vaste hand hield hij greep op de delicate kleine dieren terwijl ze pogingen deden zich aan een mistnet te ontworstelen, hem te bijten en te ontsnappen. Hij was klein, mager en sterk, een wendbare klimmer en een vastberaden speleoloog, eigenschappen die goed van pas komen bij het bestuderen van vleermuizen in het wild. Yang Jian, een andere student, was thuis op dit terrein en ging ons voor naar de grotten. Aan het eind van de derde middag namen we met zijn vieren een taxi naar de buitenwijken van Guilin en sloegen we, gewapend met onze netten en paaltjes, een smal dorpsweggetje in. Iemand die in grotten rustende vleermuizen wil vangen, gaat laat in de middag op pad, omdat je ze dan kunt pakken wanneer ze tevoorschijn komen voor een nacht van foerageren.

Vlak buiten het dorp, terwijl de wazige zon onderging achter het dampige Guilin, sjokten we door een citrusboomgaard, daarna door een erwtenland en toen door een strook met hoog onkruid, waarna we via een nauwelijks waarneembaar tunnelachtig paadje langs de met dichte doornstruiken, kruipplanten en bamboebosjes begroeide heuvelhelling naar boven klommen. Na een korte horizontale passage kwamen we bij een gat in de helling, niet veel groter dan een oude kelderdeur. Guangjian en Jian klommen erin en verdwenen; Aleksei en ik volgden. Achter het gat was een klein hol, met aan het uiteinde vlak boven de grond een als een grijnzende muil ogende spleet in de rotswand. We kropen er op onze buik doorheen en kwamen besmeurd in een tweede kleine ruimte. Niet geschikt voor mensen die last hebben van claustrofobie. We liepen er doorheen en lieten ons op onze kont door een volgende lage spleet via nog een konijnenhol naar een derde ruimte glijden (dit alles gaf een beetje een gevoel alsof we opgeslokt werden door de verschillende magen van een koe) die breder en dieper was. Hier bevonden we ons hoog boven de bodem, alsof we op de vensterbank van een eerste verdieping zaten. We konden het gefladder van kleine vleermuizen voelen die door de lucht rond onze gezichten wervelden. Wie van die beesten draagt dit dodelijke virus bij zich, vroeg ik me af.

Overal vleermuizen, dat was goed – maar zouden we er vanuit deze hoge hoek ook maar eentje kunnen vangen? Ik zag niet hoe we dat moesten doen. En verder kon ik sowieso niet veel zien. Met behulp van het licht van mijn hoofdlamp vond ik een kleine richel van hobbelig kalksteen op de hellende wand van de grot, liet me daar op mijn achterwerk zakken en wachtte op wie weet wat er ging gebeuren. Wat er tot mijn verbazing gebeurde was dat Aleksei en Guangjian over de holte waar we zojuist doorheen waren gekomen een ragfijn net, een zogeheten mistnet, spanden, waardoor ze ons opsloten in de grot. Nu zaten de vleermuizen ook opgesloten. De lucht was behaaglijk warm. Mmm, heerlijk. Het net begon de diertjes onmiddellijk te stuiten, nauwelijks hoorbaar als ze ertegenaan vlogen en er als vliegen in een spinnenweb in bleven steken. Nu de uitgang geblokkeerd was, konden ze ons niet ontsnappen. Wij waren de spin.

Aleksei en Guangjian plukten de vleermuizen snel los en lieten ze een voor een in een linnen zak vallen die ze aan mij doorgaven. De mij toegewezen taak was het ophangen van de zakken, net of het wasgoed was, aan een horizontale staaf die ik tussen twee rotsblokken had geklemd. Blijkbaar blijven vleermuizen kalmer en voelen ze zich meer op hun gemak – zelfs vleermuizen in linnen zakken – als ze bungelen. Intussen stond Jian op de bodem van de grot met een vlindernet naar andere vleermuizen te zwiepen om ze in de vlucht te vangen, waarbij hij ze goedaardig in het Engels verwenste als hij missloeg.

Op dat moment werd ik me bewust van een ontmoedigend praktisch probleem: al waren we op zoek naar SARS-achtig coronavirus in deze dieren en deelden we hun lucht in een uiterst besloten ruimte, toch droeg geen van ons een masker. Niet eens een chirurgisch masker, laat staan een N95. Eh, hoe zit dat? vroeg ik Aleksei. 'Ik denk dat het net zoiets is als geen veiligheidsgordel om hebben,' zei hij. Wat hij bedoelde was dat onze blootstelling een ingecalculeerd, aanvaardbaar risico was. Je vliegt naar een vreemd land, je springt op de luchthaven in een taxi, je hebt haast, je spreekt de taal niet – en meestal is er geen veiligheidsgordel, nietwaar? Spring je er dan uit en zoek je een andere taxi? Nee, je gaat verder. Je hebt dingen te doen. Op de weg naar de stad kun je een dodelijk ongeluk krijgen, maar waarschijnlijk is dat niet. Aanvaarding van dat verhoogde risico hoort bij jouw functioneren in urgente omstandigheden. Zoals in een Chinese vleermuizengrot. Als je je echt totaal tegen het virus wilde beschermen, moest je niet alleen een masker, maar een alles bedekkende Tyvek-overall, plus handschoenen en een veiligheidsbril dragen – of misschien zelfs een het hoofd geheel omsluitende kap met een doorzichtige gezichtsbeschermer en een ventilatieaansluiting, zodat je hele pak voorzien werd van gefilterde lucht, aangezogen door een op batterijen werkende ventilator. 'Dat is niet erg praktisch,' zei Aleksei.

Oh, zei ik, en ging door met het ophangen van de zakken met vleermuizen. Ik gaf hem geen ongelijk. Maar wat ik dacht was: SARS oplopen – is dát praktisch?

Terug in het laboratorium in Guilin splitste Aleksei de verwerkingsklussen op tot een soort lopende band, met Guangjian als hoofdverwerker en Jian als zijn assistent, terwijl Aleksei zelf ingreep op de delicate momenten – alle drie hadden ze blauwe latex handschoenen aangetrokken. Guangjian haalde elke vleermuis met zachte hand uit de zak door hem voorzichtig maar stevig beet te pakken. Hij woog hem, mat hem op en stelde vast om welke soort het ging, terwijl Jian de gegevens opnam. *Rhinolophus pusillus*: de kleinste hoefijzerneus. *Rhinolophus affinis*: de 'intermediaire' hoefijzerneus. *Hipposideros larvatus*: de 'intermediaire' bladneus. (Voor deze drie soorten bestaan geen officiële Nederlandse benamingen – vert.) Van elk dier nam Guangjian een monduitstrijkje en een anaal uitstrijkje, waarna hij de wattenstaafjes aan Jian gaf, die de katoenen topjes ervan afbrak en ze in bewaarbuisjes stopte. Daarna boog Aleksei zich voorover en prikte met een soort naald in een bepaald adertje in de buurt van de vleermuisstaart – alleen maar een licht prikje dat een of twee druppels bloed opleverde. Je kunt niet met een spuit vijf milliliter afnemen van zo'n klein diertje, had hij me uitgelegd, zoals je dat bij een aap of een palmmarter zou doen – je zou het arme vleermuisje leegzuigen. Twee druppels waren genoeg voor twee monsters, duplicaten die onafhankelijk van elkaar op het virus gescreend konden worden. Jian zoog het bloed met een dunne pipet druppel voor druppel op en liet het in een buisje lopen. Een complete set bloedmonsters en uitstrijkjes zou naar Shanghai gaan, de andere naar New York.

De drie mannen werkten soepel samen, doordat iedereen precies wist wat hij moest doen en alle taken volgens vaste regels werden uitgevoerd. Dat verminderde het risico dat je elkaar zou prikken, dat je door onhandigheid of getreuzel een vleermuis nodeloos zou belasten en dat er gegevens verloren gingen. Na verwerking werden de vleermuizen levend losgelaten uit een venster op de tweede verdieping van het laboratorium – althans de meeste. Er waren enkele onbedoelde sterfgevallen, wat wel vaker gebeurt bij het werken met in het wild gevangen dieren. Deze avond stierven twee van de twintig gevangen vleermuizen. Een daarvan was een kleine hoefijzerneus, zo klein als een spitsmuis, direct gedood in de grot door een klap met de rand van Jians vlindernet. Als hij hem dan niet meer de vrijheid kon geven, besloot Aleksei, moest hij de dode vleermuis in elk geval ontleden, om eventueel bruikbare gegevens te behouden.

Ik keek over zijn schouder toe terwijl hij een schaartje in de huid van de kleine vleermuis stak en vervolgens een snee tot boven in de borst maakte. Hij trok het vel met zijn vingers opzij – een licht rukje was genoeg – zodat je nu de grote borstspieren kon zien, roodachtig paars als een lendenstuk. Dit dier was gebouwd als de tekenfilmsuperheld Mighty Mouse. Aleksei sneed dwars door die vliegspieren en vervolgens door de botten eronder, te fijntjes om veel weerstand te bieden aan zijn schaar. Met een spitse precisiepipet haalde hij wat bloed rechtstreeks uit het hart. Hij knipte de lever en de milt eruit en liet ze in afzonderlijke buisjes vallen. En op deze taken, zo merkte ik, was de veiligheidsgordelvergelijking niet van toepassing, want naast zijn blauwe handschoenen droeg Aleksei nu ook een extra beschermend N95-masker. Evengoed was het allemaal niet echt spectaculair. Pas later begreep ik het verband tussen de kleinste hoefijzerneuzen en wat Wendong Li's groep had ontdekt. De kleinste hoefijzerneus is een van de vermoedelijke reservoirs van het virus.

Toen het bloed en de organen gepreserveerd waren en Aleksei helemaal klaar was, stopte hij het karkas in een hermetisch afsluitbare *ziplock*-zak. Na de sectie deed hij het andere vleermuiskarkas in dezelfde zak. Waar gaan die naartoe? vroeg ik. Hij wees op een container voor gevaarlijk biologisch afval, speciaal bestemd voor het wegbergen van verdachte materialen.

'Maar als ze om op te eten waren,' voegde hij eraan toe, 'dan gingen ze daarheen,' wijzend naar een gewone vuilnisbak tegen de muur. Het was een schouderophalende verwijzing naar onze maaltijdgesprekken en de ingewikkelde kwestie van scheidslijnen tussen categorieën: eetbare dieren versus onaantastbare dieren, veilige dieren versus geïnfecteerde dieren, gevaarlijke kadavers versus gewoon keukenafval. Eigenlijk zei hij opnieuw dat zulke scheidslijnen met name in het zuiden van China willekeurig en onvolmaakt worden getrokken.

39

Enkele dagen later vertrokken we naar de stad Lipu, ongeveer honderd kilometer ten zuiden van Guilin, voor een bezoek aan een rattenfokkerij waar Aleksei in geïnteresseerd was. De reis duurde twee uur, deze keer in een vrij luxe bus, eentje met veiligheidsgordels en flessen water. Terwijl we bij het busstation in Lipu op onze lokale contactpersoon stonden te wachten, zag ik een bord met veiligheidsverordeningen. De tekst was in traditionele Chinese karakters, maar ik kon aan de afbeeldingen zien wat er niet toegestaan was aan boord van de bussen van Lipu naar Guilin: geen bommen, geen vuurwerk, geen benzine, geen alcohol, geen messen en geen slangen. Niets van dat alles hadden we bij ons.

Meneer Wei Shangzheng kwam uiteindelijk aanrijden in een wit busje. Het was een kleine, gedrongen en beminnelijke man, die gemakkelijk en vaak lachte, vooral na dingen die hij zelf had gezegd, niet omdat hij dacht dat hij grappig was, maar uit pure vreugde over de animerende verrukkelijkheid van het leven. Dat maakte ik in elk geval op uit zijn door Guangjian vertaalde woorden, waar zijn opgewekte geest nog altijd doorheen scheen. We stapten in zijn busje en reden de negen kilometer naar een dorp ten noordoosten van Lipu, waar meneer Wei een smal weggetje insloeg en we vervolgens door een toegangspoort reden met erboven een gekalligrafeerde tekst die verkondigde: KLEIN HUIS IN HET VELD BAMBOERATFOKKERIJ. Daarachter was een binnenplaats, aan drie zijden omgeven door uit B-2-blokken opgetrokken gebouwen. Twee vleugels van het gebouw waren gevuld met lage betonnen hokken. In de hokken zaten zilvergrijze beesten met kleine oogjes en een bolle kop, die eruitzagen als gigantische cavia's: Chinese bamboeratten. Meneer Wei gaf ons een rondleiding langs de rijen hokken.

De hokken, met een tot vier dieren erin, waren schoon en voorzien van afvoergoten, en allemaal hadden ze een drinkbakje met water. De Chinese bamboerat komt oorspronkelijk uit Zuid-China en omstreken, en de bamboestengels in enkele kooien, waar duidelijk op gekauwd was, gaven aan dat zijn dieet overeenkomt met zijn naam. De voortanden, die op bevertanden lijken, zijn uitstekend geschikt om aan die stengels te knagen, maar qua aard lijkt een bamboerat meer op een poes. Meneer Wei pakte er een bij zijn nekvel, keerde hem om en porde zachtjes in zijn omvangrijke scrotum. Probeer dat maar niet bij een bever. Het dier kronkelde amper. In de kooien zagen we volwassen en jonge dieren, een vrouwtje dat twee pasgeboren ratjes, zo groot als een muis, aan het verzorgen was en een paring in volle gang. Ze jongen gemakkelijk, lichtte meneer Wei toe. Hij hield voornamelijk vrouwtjes, plus een paar goede fokdieren. Vorige maand had hij tweehonderd ratten verkocht en nu was hij zijn bedrijf aan het uitbreiden met de bouw van nieuwe onderkomens. Nu al was hij de grootste bamboerattenfokker in het zuiden van China, vertelde hij ons enthousiast. Zuid-China, ja, en misschien nog verder! Na de uitbreidingen had hij ruimte voor vijfduizend dieren en was hij misschien wel de grootste bamboerattenfokker in heel China! Hij zei dit blijkbaar niet om op te scheppen, maar uit vreugdevolle verbazing over de grillen van het lot. De zaken gingen goed. Het leven was goed. Hij lachte – ha ha ha! – bij de gedachte hoe goed het leven was. Hij was beroemd, zei hij. Hij was op de Chinese tv geweest! We konden hem googelen! Hij had de gedurfde stap naar de bamboerattenteelt genomen in 2001, toen hij zijn baan bij een fabriek kwijtraakte en besloten had iets nieuws te proberen.

Ondernemend en innovatief als hij was, had meneer Wei nu ook twee paar grote, nogal dreigend ogende stekelvarkens die aan het eind van een andere ruimte lusteloos in grotere hokken zaten. Hij was aan het diversifiëren. Hij was ze gaan fokken en, ja, hun nakomelingen zouden ook als consumptieartikel verkocht worden. Een speciaal product voor speciale gelegenheden, gericht op de rijkere, meer veeleisende levensgenieters. Eén paar stekelvarkens had een waarde van duizend dollar, zei meneer Wei. Hij tilde er niet eentje op om hem in zijn scrotum te porren.

Ik zag naast een hok verscheidene injectiespuiten klaarliggen. Was hij bezorgd over de gezondheid van zijn bamboeratten, vroeg ik. Ja, erg bezorgd, zei meneer Wei, vooral voor virussen. Die zijn onzichtbaar. Die zijn gevaarlijk. En je kunt een bamboerattenfarm niet draaiende houden als de dieren ziek zijn. Hij liet ons zien hoe hij een zieke rat placht te injecteren aan de binnenkant van zijn kuit. Hij zei niet wat voor soort medicijnen hij inspoot, maar waarschijnlijk was het een antibioticum (dus zinloos tegen virussen), geen onlangs ontwikkeld SARS-vaccin dat al beschikbaar was op het niveau van de groothandel in bamboeratten. Maar in elk geval zouden meneer Wei's dieren op het moment van de verkoop vrij kunnen zijn van veel voorkomende bacteriële infecties. Waar ze daarna mee te maken kregen – opgesloten in hun kooien in een magazijn of op een natte markt, te midden van de schamele verblijven van andere dieren, in hun gezicht gehoest, bepist en bescheten door vleermuizen of palmmarters of wasbeerhonden – dat was een andere zaak.

Na de rondleiding stond meneer Wei erop dat we bleven eten. Hij had zijn familieleden opdracht gegeven een klein feestmaal te bereiden. We zaten op stoeltjes aan een lage tafel met in het midden een elektrische brander waarop de bejaarde moeder van meneer Wei een formidabele stoofpot aan het klaarmaken was. In de kokende bouillon verdwenen achtereenvolgens porties gehakt varkensvlees, gesneden eend, een aardappelachtige knol, fluweelpootjes, taugé, paksoi en waterspinazie. Ze roerde. Ze voegde handjes zout toe. De ingrediënten waren al snel gaar, kwamen bovendrijven en vormden tezamen een smakelijk uitziende stoofpot. We visten ze met stokjes uit de pan en schepten ze in onze rijstkommen. Daarnaast bood ze ons op een plat bord ook nog geroosterde brokken bamboerat aan.

Het rattenvlees had een zachte en subtiele flauwzoete smaak. Er zaten veel dijtjes en ribjes bij. Je eet bamboeratbrokken met je vingers, leerde ik, en dan zuig je de botjes schoon en stapelt ze netjes op op de tafel, naast je kom, of anders laat je ze gewoon op de grond vallen (een methode waar de vader van meneer Wei, een links van mij in zijn blote bast zittende oude man, de voorkeur aan gaf), waar ze zouden worden opgepikt door de magere kat die nu onder de tafel lag te slapen. De stoofpot was verschroeiend pikant. Meneer Wei, een voorbeeldig gastheer, liet wat grote flessen Liquanbier aanrukken, het beste bier dat in Guilin gebrouwen werd en dat prettig gekoeld was. Na een paar glazen kreeg ik de smaak weer te pakken en boog ik me opnieuw over het bord met rattenvlees, zoekend naar lekkere hapjes.

Ik begon te begrijpen wat Aleksei bedoelde: als je een carnivoor bent, ben je een carnivoor, dus wat heb je dan aan subtiele onderscheidingen? En als je dan toch bamboerat gaat eten, bedacht ik, kun je dat maar het beste hier doen, bij de bron – voordat de arme beestjes op transport gaan, op een hoop worden gegooid met andere dieren en ziek worden. Wildlust hoeft niet per se met virus te worden gekruid.

40

Afgezien van de naschokgevallen in het begin van 2004 is SARS niet teruggekomen... tot nu toe. De bekende gebeurtenissen van de uitbraak in 2003 worden nog steeds geïnterpreteerd. Veel puzzelstukjes zijn niet bekend. Veel vragen zijn nog steeds niet beantwoord. Zijn vleermuizen het enige reservoir van het SARS-achtige coronavirus? Zo ja, wat voor soorten vleermuizen? Is het coronavirus dat aangetroffen werd bij de kleinste hoefijzerneuzen de directe voorouder van SARS-CoV, zoals aangetroffen bij mensen? Zo ja, hoe heeft de oorspronkelijke oversprong dan plaatsgevonden? Was het slechts één overdracht – van één vleermuis op één palmmarter – of is dit vaker gebeurd? En van palmmarter naar mens: hoe vaak is dat gebeurd, hoeveel op zichzelf staande oversprongen hebben er plaatsgevonden? Heeft een kooi vol besmette palmmarters, een voor een verkocht op een markt, de ziekte onmiddellijk meerdere kanten tegelijk op gestuurd? Wat gebeurde er precies op de negende verdieping van het Metropole Hotel? Heeft professor Liu in de gang overgegeven of heeft hij alleen geniest, alleen gehoest, alleen maar uitgeademd? Hoe is het virus geëvolueerd tijdens zijn gang door 8098 mensen? Welke rol heeft de unieke culinaire cultuur van zuidelijk China gespeeld bij de introductie van een gevaarlijke ziekteverwekker in Hongkong en vervolgens in de rest van de wereld? Waar gaan de bamboeratten van meneer Wei naartoe, nadat ze vertrokken zijn uit de KLEIN HUIS IN HET VELD BAMBOERATFOKKERIJ? Hoe worden ze verder verwerkt, met welke andere dieren, welke op elkaar gestapelde kooien, welke rondvliegende uitwerpselen krijgen ze te maken, voordat ze in de restaurants van Guilin, Guangzhou en Shenzhen belanden? Waarom zijn sommige mensen superbesmetters als ze met dit virus zijn geïnfecteerd, maar andere mensen niet? Wat is de numerieke waarde van R_0 voor SARS? Wanneer zal het virus opnieuw opduiken? Aleksei Chmura is slechts een van de vele onderzoekers die nieuwe gegevens proberen toe te voegen aan het dossier waarin deze vragen rusten.

In de wetenschappelijke literatuur is sinds het voorjaar van 2003 veel over SARS geschreven. Het merendeel van deze artikelen is strikt technisch, gericht op de details van moleculaire evolutie, reservoirrelaties of epidemiologische data, maar sommige hanteren een breder perspectief, met de vraag: wat maakt dit virus zo ongewoon en wat hebben we geleerd van de SARS-ervaring? Eén gedachte die in het laatste soort artikelen opduikt, is dat 'de mensheid door het oog van de naald is gekropen'. Het had allemaal nog veel erger kunnen zijn. SARS manifesteerde zich in 2003 als een uitbraak, niet als een wereldwijde pandemie. Achtduizend ziektegevallen is betrekkelijk weinig voor een dergelijke explosieve infectie; 774 mensen stierven, geen 7 miljoen. Verschillende factoren hebben bijgedragen aan het beperken van de omvang en de impact van de uitbraak, waarvan de mazzel die de mensheid had gehad er slechts één was. Een andere factor was de snelheid en de kwaliteit van de laboratoriumdiagnostiek – het vinden van het virus en het identificeren ervan – die verricht werd door Malik Peiris, Guan Yi, hun partners in Hongkong en hun collega's en concurrenten in de Verenigde Staten, China en Europa. Wat ook hielp was de kordate efficiëntie waarmee ziektegevallen werden geïsoleerd, contacten werden getraceerd en quarantainemaatregelen werden genomen in het zuiden van China (na een eerste fase van enige verwarring en ontkenning), Hongkong, Singapore, Hanoi en Toronto, en niet te vergeten de strenge infectiebeheersingsmaatregelen binnen ziekenhuizen, zoals die onder andere door Brenda Ang strikt werden gehandhaafd in het Tan Tock Seng. Had het virus een ander soort grote stad aangestoken – een losser bestuurde stad, vol armen en zonder uitstekende medische instellingen – dan had men dit vuur vermoedelijk niet kunnen bedwingen en had het als een uitslaande brand voortrazende virus zich onder een veel groter deel van de mensheid kunnen verbreiden.

Een andere factor, misschien wel de meest cruciale, was inherent aan de specifieke uitwerking die SARS-CoV op het menselijk lichaam heeft: de symptomen zullen zich doorgaans bij iemand manifesteren voordat, en niet nadat, hij of zij uiterst infectieus wordt. De hoofdpijn, de koorts en de rillingen – misschien zelfs het hoesten – gaan vooraf aan de grootschaligere overbrenging van het virus op andere mensen. Dat lijkt zelfs te zijn opgegaan voor een deel van de superbesmetters in 2003. In dat geval maakte de volgorde van de gebeurtenissen het mogelijk om veel SARS-gevallen te herkennen, ze in het ziekenhuis op te nemen en in quarantaine te plaatsen, voordat hun besmettelijkheid een piek bereikte. Het minpunt was dat het ziekenhuispersoneel de eerste klappen van secundaire infectie te verduren kreeg; het pluspunt was dat die klappen over het algemeen niet werden afgegeven door mensen die zich nog steeds gezond genoeg voelden om met de bus of de metro naar hun werk te gaan. Dit was een enorm zwaarwegende factor in de SARS-episode: het was niet alleen een gelukkig toeval, het heeft ook levens gered. Bij influenza en vele andere ziekten is de volgorde omgekeerd, namelijk een hoge infectiviteit die enkele dagen eerder optreedt dan de symptomen. Een nefast patroon: eerst het gevaar, dan de waarschuwing. Dat heeft waarschijnlijk bijgedragen aan de omvang van de wereldwijde misère en sterfte tijdens de griepgolf van 1918-1919: een hoge infectiviteit bij mensen die al ziek waren, voordat ze de meest zichtbare en slopende stadia van de ziekte ondergingen. De ziekteverwekker reisde voor de alarmsignalen uit. En vergeet niet dat die beruchte wereldwijde pandemie optrad in de tijd van vóór de globalisering. Alles verplaatst zich tegenwoordig een stuk sneller over de planeet, ook virussen. Als SARS zich aan het nefaste patroon van presymptomatische infectiviteit had gehouden, dan zou de opkomst ervan in 2003 geen schoolvoorbeeld zijn geworden van een combinatie van gelukkig toeval en effectieve maatregelen tegen een uitbraak. Het hele verhaal zou dan een stuk somberder hebben geklonken.

Het veel somberdere verhaal kan nog steeds verteld worden, waarschijnlijk niet over dit, maar over een ander virus. Wanneer de Next Big One, de volgende grote pandemie, zich aandient, zal deze zich waarschijnlijk houden aan hetzelfde nefaste patroon van een hoge infectiviteit die voorafgaat aan merkbare ziekteverschijnselen. Dat zal haar de gelegenheid geven zich als een engel des doods door steden en luchthavens te verplaatsen.

Twee dagen na het feestmaal op de rattenfokkerij stond ik in Guilin vroeg op, nam afscheid van Aleksei Chmura en pakte een vliegtuig terug naar Guangzhou. Daar verlummelde ik enkele uren op de luchthaven en betaalde ik meer yuans voor een broodje ham en twee koppen koffie dan ik in een week tijd had uitgegeven aan maaltijden in de restaurants en eethuisjes van Guilin. Daarna ging ik aan boord van mijn volgende vliegtuig. In de rij naast mij zaten twee jeugdige Japanse toeristen, een stelletje dat misschien terugkwam van een romantische vakantie te midden van de hotels, parken, winkelcentra, markten, restaurants en drukke straten van Guangzhou of andere steden in het zuiden van China. Ze hadden stilletjes hun plaats ingenomen en zich geïnstalleerd voor de korte vlucht naar Hongkong. Misschien waren ze nog ietwat beduusd van hun eigen gedurfde onderneming en opgelucht dat ze weer naar huis mochten, terug naar een properdere natie; misschien herinnerden ze zich de nieuwsberichten over SARS. Ik viel ze niet lastig met vragen. Ze zouden me niet eens opgevallen zijn, ware het niet dat ze allebei een mondkapje droegen.

Ja, dacht ik, was het maar zo simpel.

5
Horden van herten, papegaaien en geiten

41

Hoewel we de afgelopen decennia steeds vaker berichten over de opkomst van nieuwe zoönosen horen, zijn ze niet uniek voor onze tijd. Drie verhalen illustreren dat punt.

Q-koorts. Zestig jaar vóór het hendravirus, zestig jaar voordat Vic Rails paarden in die voorstad van Brisbane bezweken, maakte een heel andere soort pathogeen op bijna dezelfde plek zijn eerste erkende oversprong. Het was geen virus, hoewel hij zich tot op zekere hoogte gedroeg als een virus. Het was een bacterie, maar een die anders was dan de meeste andere bacteriën. (Gewone bacteriën zijn in meerdere opzichten duidelijk anders dan een virus: het zijn cellulaire organismen – geen subcellulaire deeltjes –, ze zijn veel groter dan een virus, ze vermenigvuldigen zich door deling – niet door een cel binnen te dringen en het genetisch kopieerapparaat van de cel te overmeesteren – en ze kunnen meestal verdelgd worden door antibiotica.) Deze nieuwe ziekteverwekker veroorzaakte een ziekte die op griep, of misschien op tyfus leek. De eerste gevallen deden zich in 1933 voor onder werknemers van een slachthuis in Brisbane, die onder andere runderen en schapen moesten slachten. De aandoening waaraan ze leden en die door de artsen die hen behandelden aanvankelijk 'slachthuiskoorts' werd genoemd, kreeg ten slotte een minder duidelijke naam, die echter wel bleef hangen: Q-koorts. De herkomst van die naam, daar hebben we het nu even niet over. Het opvallendste aspect van Q-koorts is dat deze zelfs in het huidige tijdperk van de antibiotica nog steeds ernstige schade kan aanrichten, door oorzaken die samenhangen met de afwijkende eigenschappen van de bacteriële ziekteverwekker.

Psittacose. In de jaren dertig van de vorige eeuw, ongeveer tegelijk met de opkomst van Q-koorts, haalde een andere merkwaardige bacteriële zoönose het nieuws. Ook deze ziekte had banden met Australië, maar de reikwijdte ervan was mondiaal en blijkbaar heeft ze als eerste de Verenigde Staten bereikt via een zending zieke papegaaien uit Zuid-Amerika. Dat was eind 1929, net op tijd voor de kerstperiode van het papegaaien-cadeau-doen. Een onfortuinlijke ontvangster was Lillian Martin uit Annapolis, in de staat Maryland, wier man een papegaai voor haar had gekocht in een dierenwinkel in Baltimore. De vogel viel op eerste kerstdag dood voorover, een slecht voorteken, en ongeveer vijf dagen later begon mevrouw Martin zich ziek te voelen. Psittacose is de medische naam voor de aandoening die ze had opgelopen; deze wordt via vogels (vooral die uit de orde Psittaciformes, waarmee papegaaien en hun verwanten bedoeld worden) op mensen overgebracht en veroorzaakt koorts, spierpijn, koude rillingen, longontsteking en soms de dood. 'Papegaaienziekte' was de benaming waaronder deze aandoening begin jaren dertig voor paniek zorgde in de Verenigde Staten, toen mensen die blootgesteld waren aan die ongezonde geïmporteerde vogels ziek begonnen te worden, vooral in Maryland. PAPEGAAIENKOORTS TREFT TRIO IN ANNAPOLIS was een typische kop boven een artikel in *The Washington Post* van 8 januari over Lillian Martin en twee van haar naaste familieleden. Drie dagen later kopte *The Post*: DOOD VROUW IN BALTIMORE AAN PAPEGAAIENZIEKTE GEWETEN. In de daaropvolgende maanden zou psittacose een nationaal probleem worden dat voor zoveel reacties of overdreven reacties zorgde, dat een commentator de hele affaire een voorbeeld van 'publieke hysterie' noemde, vergelijkbaar met dingen als de geseldrift en het sint-jansvuur uit de Middeleeuwen.

En dan is er nog de ziekte van Lyme. Dit lijkt een meer recente versie van het fenomeen van de spookachtige nieuwe bacterie. Halverwege de jaren zeventig merkten twee alerte moeders in Lyme, Connecticut, in de buurt van Long Island Sound, dat niet alleen bij hun kinderen, maar ook bij een groot aantal andere jongeren in de buurt juveniele reumatoïde artritis was vastgesteld. Een dergelijke concentratie van gevallen kon beslist geen toeval zijn. Nadat het departement van Volksgezondheid in Connecticut en de medische faculteit van de Yale University hierop waren geattendeerd, merkten onderzoekers onmiddellijk dat deze gevallen van artritis samenvielen met een bepaald patroon van huiduitslag – een rode ring die zich vanuit één punt naar buiten verspreidde – waarvan men wist dat het zich soms voordeed rond tekenbeten. Teken van het geslacht *Ixodes*, in de volksmond 'hertenteken' genoemd, kwamen volop voor in de bossen van oostelijk Connecticut en omliggende gebieden. Begin jaren tachtig vond de microbioloog Willy Burgdorfer een nieuwe bacterie in de darmen van sommige *Ixodes*-teken, en volgens hem was die bacterie de vermoedelijke verwekker van de ziekte. Het was een spirocheet, een lang kurkentrekkervormig micro-organisme dat sterk op andere spirocheten van het geslacht *Borrelia* leek. Nadat verder onderzoek haar rol in het op artritis lijkende syndroom had bevestigd, kreeg de bacterie de naam *Borrelia burgdorferi*, ter ere van haar voornaamste ontdekker. De ziekte van Lyme is nu de meest voorkomende door teken overgedragen ziekte van Noord-Amerika en een van de snelst toenemende infectieziekten, vooral in de zes staten van New England, en voorts de staten New York, Pennsylvania en Wisconsin. De ziekte is deels zo problematisch doordat de levensgeschiedenis van *Borrelia burgdorferi* bijzonder complex is en er veel meer teken dan mensen bij betrokken zijn.

Ziekte van Lyme, psittacose, Q-koorts: deze drie verschillen enorm in hun specifieke uitingsvormen, maar twee kenmerken hebben ze gemeen. Ze zijn allemaal zoönotisch en ze zijn allemaal bacterieel. Ze kunnen dienen als een reminder dat niet elke kwaadaardige en hardnekkige nieuwe ziekteverwekker een virus is.

42

De papegaaienziekte was al vastgesteld in 1880, toen een Zwitserse huisarts, dokter Ritter, een in een huishouden opgetreden uitbraak beschreef als iets wat op tyfus leek, waarbij zeven mensen ziek werden en drie mensen overleden. Omdat de ziekte bepaalde op pneumonie lijkende aspecten vertoonde, wat op overdracht via de lucht wees, noemde dokter Ritter haar 'pneumotyfus', maar verder tastte hij nog in het duister. Hoewel hij niet kon identificeren wat de oorzaak was, kon hij wel precies aangeven op welke plek iedereen aan de verwekker blootgesteld was: de studeerkamer van het huis. Het enige opmerkelijke aan die kamer was dat zich daar toevallig een tiental vogels in kooien bevond, waaronder vinken en papegaaien.

Een grotere uitbraak vond in 1892 plaats in Parijs, nadat twee dierenhandelaren een zending van vijfhonderd papegaaien uit Buenos Aires hadden ontvangen. De handelaren werden besmet, een aantal van hun klanten raakte besmet en daarna ook familieleden, vrienden en een dienstdoende arts. Zestien mensen stierven. Al snel dook de ziekte ook op in Duitsland, in New York en in een warenhuis (dat dieren verkocht) in Wilkes-Barre, Pennsylvania. In 1898 werd de jaarlijkse tentoonstelling van de Berlijnse Unie van Kanarieliefhebbers door de ziekte getroffen, waaruit blijkt dat papegaaien en hun verwanten niet de enige vogels waren die dit 'papegaaienkoorts'-micro-organisme, wat het ook was, bij zich konden dragen (kanaries behoren tot de orde *Passeriformes*, niet tot de *Psittaciformes*). Een half dozijn kanarieliefhebbers werd ziek en volgens een Berlijnse krant 'stierven er drie onder hevige pijn'.

Toen volgde er een pauze, zo niet in de incidentie van door papegaaien overgedragen infecties dan toch in elk geval in de aandacht die ze kregen. De Grote Oorlog, onmiddellijk gevolgd door de grote influenza, gaf mensen een overdaad aan verdriet en angst zaaiende sterfte en ziekten. De jaren twintig waren beslist een stuk vrolijker en zorgelozer, totdat ze het niet meer waren. 'Het jaar 1929 betekende een keerpunt in de opleving van de belangstelling voor de etiologie van humane psittacose,' aldus een historisch onderzoek naar de ziekte. Etiologie, het zoeken naar de oorzaak van de ziekte, dat was de crux. Uitbraken konden komen en gaan. Waar het jaar 1929 in verschilde, naast de beurskrach en een alom heersende moedeloosheid, was dat een voldoende aantal papegaaienkoortsgevallen het onderzoek naar de oorzaak niet alleen uitvoerbaarder maar ook urgenter maakte.

Lillian Martin uit Annapolis was een van de eersten van deze nieuwe golf en hoewel zij er uiteindelijk bovenop kwam, waren anderen niet zo gelukkig. *The Washington Post* bleef het verhaal volgen en meldde dodelijke gevallen van papegaaienkoorts in Maryland, Ohio, Pennsylvania, New York, en ook in Hamburg. Op 13 januari verzond de directeur-generaal van de nationale gezondheidsdienst telegrammen naar de gezondheidsinspectie in negen Amerikaanse staten, waarin hij om hulp vroeg bij het in kaart brengen van de situatie. Twee weken later, toen er ook gevallen werden gemeld uit Minnesota, Florida en Californië, kondigde president Hoover een embargo af tegen de invoer van papegaaien. De directeur van het bacteriologisch bureau van het departement voor Volksgezondheid in Baltimore, die sectie op enkele geïnfecteerde vogels had verricht, werd ziek en overleed. Een laborant van het Hygienic Laboratory, een onderdeel van de nationale gezondheidsdienst, werd ziek en stierf. Deze laborant had een wetenschappelijk onderzoeker, Charles Armstrong, in de kelder van het laboratorium geassisteerd bij experimenten met de overdracht van vogel op vogel. Hun arbeidsomstandigheden waren verre van ideaal: twee kleine kelderruimtes vol angstige papegaaien in vuilnisbakken met draadgaas eroverheen, rondvliegende veren en vogelpoep en gordijnen gedrenkt in ontsmettingsmiddel om mogelijke besmetting via de lucht onder controle te houden. Het was geen BSL-4-niveau. Charles Armstrong werd ziek, maar ging niet dood. Negen andere personeelsleden van hetzelfde laboratorium die niet eens in de vogelkelder waren geweest, werden ook besmet. De laboratoriumdirecteur besefte dat zijn instituut op grote schaal verontreinigd was met het rondzwevende, psittacose veroorzakende agens – wat het ook mocht zijn – en liet het gebouw afgrendelen. Daarna ging hij zelf naar beneden, de kelder in, waar hij niet alleen chloroform toediende aan alle overgebleven papegaaien, maar ook aan de cavia's, duiven, apen en ratten die bij dezelfde experimenten betrokken waren geweest, waarna hij de dode dieren in de oven gooide. Deze doortastende man, deze doe-het-zelver onder de laboratoriumbestuurders, die in een bron wordt beschreven als 'rijzig, met een knoestig Lincoln-achtig gezicht', was dr. George W. McCoy. Door oorzaken die alleen te verklaren zijn in termen van de wonderen van het immuunsysteem en de grillen van het lot, werd dr. McCoy niet ziek.

De psittacose-epidemie van 1930 ebde geleidelijk weg en klaarblijkelijk ook, maar dan langzamer, de door psittacose verwekte paniek. Op 19 maart verordende de onderminister voor Marinezaken dat alle matrozen aan boord van schepen zich dienden te ontdoen van hun papegaaien. George McCoy heropende het Hygienic Laboratory, Charles Armstrong ging na zijn herstelperiode weer aan het werk en de zoektocht naar een oorzaak van de ziekte werd voortgezet.

43

Binnen een maand had men een boosdoener geïdentificeerd. Het was een kleine bacterie met enkele ongewone eigenschappen, maar zo te zien vergelijkbaar met het agens dat tyfus veroorzaakt (*Rickettsia prowazekii*) en daarom kreeg ze de naam *Rickettsia psittaci*. Waar kwam de bacterie vandaan? Argentinië was bij het begin van de uitbraak in de jaren dertig genoemd als mogelijke bron van zieke vogels; president Hoovers embargo zou deze bron hebben geblokkeerd. Maar toen werd er latente psittacose ontdekt in enkele commerciële Californische volières waar parkieten voor de binnenlandse handel in huisdieren werden geproduceerd. En dat betekende dat Amerikaanse fokkerijen een endemisch reservoir van de infectie herbergden en dat via de binnenlandse handel over diverse staten verspreidden. Daarom werd het plan opgevat om al die geïnfecteerde troepen vogels te vernietigen en de handel daarna te continueren met gezonde vogels uit Australië. Dit leek zinvol om twee redenen. Ten eerste is wat de Amerikanen een parkiet noemen een in Australië wijdverspreide en veel voorkomende, in het wild levende inheemse vogel die de Australiers kennen als grasparkiet. Ten tweede werd Australië zelf (ondanks een grote verscheidenheid aan vogels die dragers van de psittacosebacterie konden zijn) psittacosevrij geacht. Opnieuw beginnen met wilde vogels zou de Amerikaanse vogelhandel van psittacose kunnen bevrijden. Dat was in elk geval het idee.

Een tweetal Amerikaanse wetenschappers kreeg ondanks het embargo toestemming om een contingent van tweehonderd, onlangs in de buurt van Adelaide gevangen Australische parkieten te importeren. Ze wilden een experiment doen. Hun plan was om de geïmporteerde vogels, waarvan ze aannamen dat die over een ongerept immuunsysteem beschikten, met Amerikaanse psittacosestammen te infecteren. Maar toen een van de geïmporteerde vogels niet lang na aankomst dood neerviel, sneden de wetenschappers hem open en vonden ze *Rickettsia psittaci*. Ze merkten ook dat enkele andere, schijnbaar gezonde vogels de bacterie bij zich droegen als een latente infectie, net als de vogels in die Californische volières. Dat zorgde voor nieuwe ongerustheid over wat er schuil zou kunnen gaan in andere volières, in dierentuinen en dierenwinkels overal in Amerika, en het was een duidelijk signaal dat Australië misschien niet zo smetvrij was als het leek.

Dat is het punt waarop Frank Macfarlane Burnet, een grote figuur in de Australische wetenschap, ten tonele verschijnt. Burnet was een gecompliceerde, briljante, eigengereide man en een vooraanstaande figuur in het onderzoek naar infectieziekten. Uiteindelijk zou hij geridderd worden en een Nobelprijs plus een aantal andere fraaie onderscheidingen krijgen, hoewel hij al veel eerder naam had gemaakt als kenner van zoönosen. Hij werd in 1899 geboren als tweede kind van wat uiteindelijk een gezin van zeven kinderen zou worden, was een eenzelvige, eigenwijze schooljongen die H.G. Wells las, afkeurend stond tegenover de oppervlakkige moraal van zijn eigen vader, die liever kevers verzamelde dan dat hij meedeed aan gezelligere activiteiten, die zijn kamergenoten minachtte, die in een encyclopedie alles las over Charles Darwin (die een van zijn helden werd), die zichzelf ertoe dwong (ondanks zijn ongeschiktheid voor wat voor sport dan ook) een goede cricketspeler te worden en agnost werd in het eerste jaar van zijn studie. Ongeschikt voor een loopbaan als geestelijke en twijfelend over de zin van een rechtenstudie, koos hij voor geneeskunde. Hij werd tot arts opgeleid in Melbourne, maar in het besef van zijn gebrek aan empathie met patiënten vertrok hij vervolgens naar Londen om daar te promoveren in de virologie. Na een leerstoel aan de University of London te hebben afgewezen, keerde hij terug naar Australië om daar onderzoek te gaan doen. Hij was een nationalist, een fanatieke aussie. Veel later in zijn leven bleef de met eer en roem beladen Burnet zich gewoontegetrouw roeren met de publicatie van dogmatisch getinte uitweidingen over een breed scala aan onderwerpen zoals euthanasie, infanticide voor gehandicapte baby's, landrechten van Aboriginals, geboortebeperking, de Franse kernproeven in de Stille Oceaan, de futiliteit van pogingen om kanker te genezen en het (volgens hem geringe) nut van de moleculaire biologie (in tegenstelling tot dat van zijn eigen discipline, de microbiologie). Burnet kreeg in 1960 zijn Nobelprijs voor het verhelderen van de mechanismen van verworven immuuntolerantie. Zijn rol in het verschaffen van inzicht in zoönosen was al veel eerder begonnen. In 1934, toen hij als jonge microbioloog in het Walter and Eliza Hall Institute te Melbourne werkte, raakte hij geïnteresseerd in psittacose.

Afgaand op het Amerikaanse onderzoek bestelde Burnet een krat vol papegaaien en kaketoes uit Adelaide. Hij stelde vast dat een derde van de vogels geïnfecteerd was. Hij liet nog een dozijn uit Melbourne komen. Minstens negen van die vogels waren vermoedelijke dragers. Nog eens twee dozijn uit Melbourne leverden nog meer positieve beesten op. Tot zover de mythe van Australië als een psittacosevrij paradijs van vóór de zondeval.

Maar als de wilde vogelpopulaties van het land vergeven waren van deze bacterie, hoe konden de bewoners van dit land – van wie er zoveel echt dol waren op hun grasparkieten en pratende kaketoes – dan zo totaal onaangetast zijn als ze leken? Het vermoedelijke antwoord, meende Burnet, was niet de een of andere magische vorm van immuniteit, maar onwetendheid en ondermaatse diagnostiek. Australische dokters hadden geen weet van psittacose, zelfs niet als ze er met hun neus bovenop stonden. Om dat vermoeden te testen ging Burnet op zoek naar gevallen van menselijke ziekten die eruitzagen als psittacose, maar die als diagnose griep of tyfus hadden kunnen krijgen. Hij en een medeonderzoeker vonden 17 zieke mensen met koorts, hoestbuien, hoofdpijn, longontsteking enzovoort, die allemaal blootgesteld waren aan als huisdier gehouden vogels – hetzij in gevangenschap gefokte grasparkieten, hetzij papegaaien en kaketoes die onlangs in het wild gevangen waren. Zijn interessantste cluster was een groep van 12 mensen die geïnfecteerd waren door één partij grote geelkuifkaketoes.

Die vogels, alle 49, waren door de vogelvanger verkocht aan een man uit Melbourne, een arbeider die liefhebberde in de vogelhandel om wat bij te verdienen. Burnet noemde de man meneer X, vanwege de gebruikelijke medische anonimiteit. Meneer X hield zijn vogelkoopwaar in een donker schuurtje in zijn achtertuin. Het eerste teken van ziekte onder de vogels was dat 8 of 9 dieren enkele weken na hun overgang naar zijn 'volière' overleden. Maar meneer X verspilde geen tijd en had op dat moment al 7 andere vogels aan mensen uit de buurt verkocht en tevens zijn twaalf jaar oude zoon met nog eens 20 vogels naar de plaatselijke markt gestuurd. De zoon van meneer X werd ziek, en ook zijn dochter en zijn vrouw en zijn schoonmoeder. Ook 5 buren en 3 andere mensen, allemaal wonend in een huis met een kaketoe die ze van meneer X of zijn zoon hadden gekocht, werden ziek, soms ernstig. Niemand ging dood. Meneer X kreeg geen ziekteverschijnselen, althans niet bij deze gelegenheid – misschien omdat er in deze wereld geen gerechtigheid is, maar waarschijnlijker is dat blootstelling aan *Rickettsia psittaci* tijdens zijn voorgaande handeltjes in vogels hem aan enige verworven immuniteit had geholpen.

Macfarlane Burnet was als bioloog en arts geïnteresseerd in de vogels en de bacterie, niet alleen in de mensen. Hij wist dat de geelkuifkaketoe in boomgaten nestelt, twee tot drie eieren produceert in één leg en dat vogelvangers het nest meestal plunderden, vlak voordat de jongen uitvlogen. Hij vermoedde dat bijna alle jongen met de bacterie geïnfecteerd raakten als ze net uitgekomen waren, nog voordat ze het nest verlieten (of eruit werden gehaald). 'Als de jonge kaketoe, na gevangen te zijn, in goede omstandigheden wordt gehouden,' schreven hij en zijn medeauteur, 'blijft hij gezond en levert hij voor de mens geen enkel gevaar op.' Evenzo konden wilde vogelpopulaties grotendeels geïnfecteerd zijn, zonder dat dit tot schade voor de gezondheid of sterfte leidde. 'Als vogels anderzijds in kleine ruimtes worden gepropt, met onvoldoende voedsel en zonlicht, dan wordt de latente infectie manifest.' De bacterie vermenigvuldigt zich en 'wordt in grote hoeveelheden uitgescheiden'. Ze zweeft de kooien uit, samen met donsveertjes, verpoederde drek en stof. Ze verplaatst zich op de luchtstromen als een van de oudtestamentische plagen van Egypte. Mensen ademen de bacterie in en worden ziek. Burnet erkende dat waarschijnlijk geen enkele regering in Australië de verkoop van kaketoes zou verbieden, niet in die tijd, en er zelfs niet op zou aandringen dat mensen kaketoes hielden onder fatsoenlijke omstandigheden. Maar dat is nou juist hard nodig, voegde hij er bits aan toe. Daarna richtte hij zich op een andere ziekte.

44

De andere ziekte was Q-koorts. Herinner je je nog die abattoirwerknemers in Brisbane die begin jaren dertig aan geheimzinnige, koortsachtige aandoeningen leden die op tyfus leken? Met het onderzoek naar dat cluster ziektegevallen werd als eerste een zekere Edward H. Derrick belast, die onlangs benoemd was tot directeur van het microbiologisch laboratorium in het departement van Volksgezondheid van de Australische deelstaat Queensland. Met behulp van cavia's die met het bloed van patiënten werden ingespoten om een reeks infecties op gang te brengen waarmee de cavia's vervolgens elkaar moesten besmetten, stelde Derrick de aanwezigheid vast van 'een duidelijk te onderscheiden klinische entiteit', een nieuw soort pathogeen die niet kon worden herkend door welke standaardlaboratoriumtest dan ook voor tyfus, golvende koorts of andere bekende mogelijkheden. Maar door een microscoop kon hij de nieuwe entiteit niet zien, en ook kon hij haar niet kweken in een schotel. Dat bracht hem tot het vermoeden dat het een virus was. Daarom zocht hij hulp bij Macfarlane Burnet.

In oktober 1936 stuurde Derrick Burnet een monster van een cavialever die bij wijze van experiment geïnfecteerd was met wat er ook onder het slachthuispersoneel gewoed mocht hebben. Met behulp van dit monster continueerden Burnet en een laborant de infectieketen in nog meer cavia's en tevens in een reeks geïnjecteerde muizen. Net als Derrick zochten Burnet en zijn assistent naar bacteriële pathogenen en vonden ze er niet één. Daarom vermoedden ze dat er sprake was van 'een filtreerbaar virus', dat wil zeggen, een agens zó klein dat het door een ragfijn filter, bestemd voor het separeren van bacteriën, heen kon. Ze namen een dun uitstrijkje van gepureerde milt van een geïnfecteerde muis, kleurden het voor microscopisch onderzoek en bekeken het door hun optische instrument. Dertig jaar later vertelde Burnet hierover: 'De meeste belangrijke ontdekkingen komen geleidelijk tot stand, in de loop van enkele weken of maanden. Maar de vaststelling dat Q-koorts een rickettsiose was, was een tot op de minuut dateerbare uitzondering.' Wat hij zag waren kleine staafvormige 'insluitsels' in enkele miltcellen. Om alles beter te kunnen zien, nam hij nog een ander glasplaatje met een nu anders gekleurd miltuitstrijkje. Dat vertoonde deze keer een overvloed aan staafjes, sommige in miltcellen en een paar andere vrijelijk rondzwevend. 'Vanaf dat moment koesterde ik geen enkele twijfel meer over de aard van het voor Q-koorts verantwoordelijke agens.' Ook dit was een nieuwe rickettsia, concludeerde hij, die niet al te veel verschil vertoonde met het agens dat papegaaienkoorts veroorzaakte.

In zijn latere herinneringen vertelde Burnet op de voor hem kenmerkende bruuske manier hoe de ziekte haar naam had gekregen:

> Er rezen nomenclatuurproblemen. De plaatselijke autoriteiten hadden bezwaar tegen 'slachthuiskoorts', zoals artsen het de eerste tijd gewoonlijk noemden. In een van mijn jaarverslagen refereerde ik aan 'Queensland rickettsiakoorts', wat volgens mij passend was, maar niet volgens mensen die op de goede naam van Queensland gesteld waren. Derrick, die min of meer vertwijfeld was, omdat 'X-ziekte' al werd gepreoccupeerd door [*sic*, bedoeld wordt 'al werd gebruikt voor'] wat nu Murray Valley encefalitis is, kwam toen uit op 'Q'-koorts (Q staat voor '*query*': 'vraagteken'). Heel lang echter stelde de wereld die 'Q' gelijk aan

Queensland, en pas toen de ziekte zich over de hele wereld bleek te hebben verspreid, kreeg 'Q-koorts' een alom aanvaarde positie als naam voor deze ziekte.

Als wetenschappelijke dubbele naam stelde Derrick *Rickettsia burnetii* voor, om Burnets rol bij het vinden en identificeren van de ziekteverwekker te gedenken. De geslachtsnaam, *Rickettsia*, zou uiteindelijk bij een taxonomische herziening gewijzigd worden, maar Burnets helft bleef hangen.

Intussen werd dezelfde pathogeen veertienduizend kilometer verderop object van onderzoek, toen twee Amerikaanse bacteriologen van het Rocky Mountain Laboratory in Hamilton, Montana, hem aantroffen in teken, afkomstig van een plek met de naam Nine Mile, een kamp voor de milieubeschermers van het Civilian Conservation Corps (CCC) in de bergen ten noordwesten van Missoula. Deze twee onderzoekers zochten niet naar sporen van slachthuiskoorts. Gordon Davis, die als eerste op jacht was gegaan, had de teken mee naar zijn lab genomen voor onderzoek naar de ecologie van twee andere ziekten, *Rocky Mountain spotted fever*, een vorm van nekkramp, en tularemie. Toen hij de teken op cavia's overbracht, zag hij een cavia ziek worden van iets wat hij niet kon identificeren. Een poosje was het gewoon 'het Nine Mile-agens'. Herald Cox, die een jaar later bij het laboratorium kwam werken, hielp Davis met het isoleren en herkennen van wat waarschijnlijk een rickettsia was. Toen wierp zich nog iemand in de strijd, een infectieziekte-expert die tevens een gezaghebbend bestuurder was bij de National Institutes of Health, met toezichthoudende verantwoordelijkheid voor Cox, Davis en hun medewerkers van het Rocky Mountain Laboratory. Zijn naam was dr. Rolla Dyer. Dr. Dyer was kennelijk een beetje een stijfkop, hoewel geen hopeloos geval. Uitermate sceptisch over Cox' claim dat hij had ontdekt dat het Nine Mile-agens een rickettsia was, haastte hij zich naar Cox' lab in Montana. Cox liet hem op een microscoopglaasje het bewijsmateriaal zien. Dyer herriep zijn mening, erkende de ontdekking en bleef net lang genoeg in Hamilton hangen om, door Cox bij zijn werk te helpen, zelf een dosis Q-koorts op te lopen. Tien dagen na zijn terugkeer in Washington voelde hij 'stekende pijn in de oogbollen', gevolgd door koude rillingen, gevolgd door een week lang koorts en nachtelijke transpiratie. Misschien is er uiteindelijk toch nog wel enige gerechtigheid in de wereld van de zoönosen. Maar waarschijnlijk was dat het niet en was er alleen maar sprake van een hoge mate van besmettelijkheid van de Q-koorts, want inmiddels had Macfarlane Burnet die ook opgelopen. Zowel hij als Rolla Dyer herstelde.

Wat betreft Herald Cox, diens blazoen werd nog verder gezuiverd toen de pathogeen in 1948 verschillend genoeg van alle andere *Rickettsia* werd bevonden om recht te hebben op een eigen geslacht en daarom de naam *Coxiella burnetii* kreeg, ter ere van hem en Macfarlane Burnet. Die naam wordt nog steeds gebruikt.

'Er is geen enkele ziekte waarover zulke opmerkelijke verhalen te vertellen zijn als over Q-koorts,' schreef Burnet in het kleine gedenkschrift dat hij in 1967 publiceerde. Ten eerste, zo beweerde hij, was Q-koorts 'een recordbreker' in het veroorzaken van laboratoriuminfecties zoals die van hem en Dyer, en van dezelfde aandoeningen bij twee medewerkers van het Hall Institute (het kan dat hij ten onrechte geen rekening heeft gehouden met verhalen over laboratoriuminfecties met psittacose). Ten tweede wees hij op de hoge incidentie van wat tijdens de Eerste Wereldoorlog 'Balkangriep' werd genoemd, die vooral heerste onder Duitse troepen in Griekenland en Nieuw-Zeelanders in Italië. Voorts was er 'in de buurt van Bari, in het zuiden van Italië, gedurende een of twee nachten, in afwachting van hun inscheping' een scheepslading Amerikaanse soldaten samengetrokken, waarvan meer dan de helft ziek was tegen de tijd dat hun boot de thuishaven bereikte. 'Vroeg of laat werden al deze episodes als Q-koorts aangemerkt.' Na de oorlog leverde verder onderzoek het bewijs van 'de buitengewone veelzijdigheid van *C. burnetii* als een parasiet' die zowel melkkoeien in Californië, schapen in Griekenland, knaagdieren in Noord-Afrika als borstelratten thuis in Queensland infecteerde. De parasiet ging van de ene soort op de andere over in de vorm van minuscule, via de lucht overgedragen deeltjes, vaak verspreid vanuit de placenta of de gedroogde melk van een geïnfecteerd vrouwelijk dier, ingeademd en vervolgens geactiveerd in de longen, of rechtstreeks opgenomen in de bloedbaan na de beet van een teek. Zoals gezegd: deze parasiet was veelzijdig.

'Een van de meer bizarre episodes betrof een jaargroep van Engelse studenten aan de kunstacademie,' vertelde Burnet met enig enthousiasme. 'Rond 1950 werd in Italië een verzameling afgietsels van klassieke beeldhouwwerken besteld. De kratten met de in stro verpakte afgietsels arriveerden en alle studenten hielpen een handje met uitpakken. De meesten kregen Q-koorts, maar niemand weet hoe het kwam dat het stro verontreinigd was.' Dit alles, schreef Burnet, 'was het begin van een steeds bredere erkenning van Q-koorts, over de hele wereld'. Hij had gelijk. Hoewel *Coxiella burnetii* nu bekendstaat als een bacterie, niet als een afwijkende vorm ergens tussen bacteriën en virussen in, is de impact ervan op de menselijke gezondheid niet verdwenen met de ontwikkeling en massaproductie van antibiotica vanaf de jaren veertig van de vorige eeuw.

Nog in 2007 zorgde Q-koorts voor ernstige problemen in een modern Europees land, ver verwijderd van zowel Queensland als Montana: Nederland.

45

Zo'n tachtig kilometer ten zuidoosten van Utrecht, te midden van het vlakke landschap en de wirwar van wegen in de provincie Noord-Brabant, ligt aan een achterafweggetje een dorp dat Herpen heet. Het is een keurig oord, grotendeels opgetrokken uit rode baksteen: rode bakstenen boerderijen aan de rand van het dorp, rode bakstenen huizen in het centrum, geplaveide trottoirs en een fraaie oude bakstenen kerk. De boerderijen, soms afgeschermd door gesnoeide heggen en keurig verzorgde tuinen, kijken uit over velden met hooi en maïs, geteeld als voer voor het vee dat in grote en vrij lage bakstenen stallen huist. Hoewel het een boerendorp lijkt, is Herpen tegenwoordig eerder een slaapstadje voor mensen die op de een of andere manier werkzaam zijn in het bouwbedrijf. Een paar werkpaarden staan roerloos in weilanden, gezelschap gehouden door een bescheiden aantal koeien, schapen en varkens. Maar de agrarische component van de lokale economie, voor zover deze nog bestaat, is vooral gericht op melkgeiten. Die lijken de bron te zijn geweest van de problemen die hier speelden in 2007.

Geiten hadden het leven geschonken aan hun jongen tijdens het gebruikelijke aflammerseizoen, dat van januari kan doorlopen tot in april. Meestal waren die geboorten goed verlopen, maar op bepaalde bedrijven in de provincie, waaronder ten minste één in de directe omgeving van Herpen, hadden veel geiten tijdens de laatste maand van de zwangerschap een miskraam gehad. Zelfs voldragen geitenjongen leken zwakjes en tenger, met een hoger sterftecijfer dan gebruikelijk. Blijkbaar was er iets mis met de geiten, hadden ze de een of andere, mogelijk nieuwe infectie. Dierenartsen namen daar notitie van en probeerden de miskramen met antibiotica te voorkomen. Dat hielp niet. Het grote publiek merkte weinig of helemaal niets van deze situatie.

Toen volgde een zachte lente – veel warmer en droger dan normaal. In april 'viel er geen druppel regen', zoals een bewoner zich nog goed kon herinneren. Zelfs voordat de zomer begonnen was, waren de gronden rond het dorp al behoorlijk droog geworden. Af en toe stond er een zacht windje. Begin mei begonnen mensen ziek te worden.

Rob Besselink, een plaatselijke huisarts met een praktijk in Herpen, zag een vreemde, griepachtige ziekte bij een aantal van zijn patiënten: hoge koorts, ernstige hoofdpijn, spierpijn, kortademigheid, hoesten. Was het een bacteriële longontsteking? 'We begonnen hen te behandelen,' zei Besselink, 'en het bleek dat ze niet zoals verwacht reageerden op de antibiotica die ze hadden gekregen.' Hij besprak het met een collega. 'Na die eerste week zeiden we tegen elkaar: "Er is iets vreemds aan de hand", omdat ik drie of vier mensen met dezelfde symptomen had, en hij ook twee of drie.' Binnen een paar weken hadden de twee artsen ongeveer twintig patiënten gezien die in hetzelfde profiel pasten, van wie er een stuk of tien niet op antibiotica reageerden en in het ziekenhuis moesten worden opgenomen.

Rond dezelfde tijd bereikten klachten over een soortgelijk cluster van gevallen een medisch microbioloog, Ineke Weers, die in een ander deel van Noord-Brabant werkzaam was bij een regionaal laboratorium. Ondanks Weers' veelzijdige opleiding en ervaring – ze was arts, met een doctorsgraad in de microbiologie en eenentwintig jaar ervaring met de diagnostiek van infectieziekten – bleek dit voor haar iets nieuws te zijn. Een internist in een van de genoemde ziekenhuizen vertelde dat artsen daar de laatste tijd nogal wat patiënten met een atypische en antibioticaresistente longontsteking hadden gezien. Wist Weers misschien wat dat kon zijn? Had ze iets gelezen over zo'n syndroom? Nee, niets, antwoordde ze. Maar ze bood aan om de GGD in het naburige 's-Hertogenbosch te bellen en te vragen of deze autoriteiten misschien een sprankje inzicht of een advies konden geven. Dat konden ze niet, dit soort meldingen waren bij hen nog niet binnengekomen.

Vier dagen later belde Rob Besselink hetzelfde kantoor van de GGD over zijn situatie in Herpen. Twee weken later bracht een andere huisarts in Noord-Brabant een soortgelijk verslag uit aan de GGD. Deze samenloop van raadselachtige gevallen zorgde voor een eerste aanzet tot het nemen van tegenmaatregelen. De huisartsen namen bloedmonsters af, waarvan een deel naar een nabijgelegen laboratorium ging en enkele andere naar een meer gespecialiseerd lab, waar de sera werden getest op antistoffen. Na enige verwarring over wat voor soort micro-organisme de verwekker van deze 'atypische pneumonie' kon zijn, kwamen beide laboratoria ten slotte op hetzelfde antwoord uit: het was *Coxiella burnetii*, het agens van Q-koorts.

Q-koorts was niet onbekend in Nederland, maar al vijftig jaar was de ziekte gelukkig zelden voorgekomen. Hoewel de bacterie op basis van incidentele onderzoeken blijkbaar endemisch was onder populaties van landbouwhuisdieren, had ze zelden merkbare ziekteverschijnselen veroorzaakt bij koeien, bij schapen of bij mensen. Nu trok deze uitbraak in Noord-Brabant de aandacht van het in Bilthoven gevestigde Rijksinstituut voor Volksgezondheid en Milieu (RIVM). Aldaar werkzame wetenschappers kwamen tot de weloverwogen veronderstelling dat de hoge incidentie van abortussen op melkgeitenbedrijven, die in 2005 was begonnen en die diagnostisch aan Q-koorts gekoppeld was, wel eens een bron van humane ziektegevallen zou kunnen zijn. Men wist dat *Coxiella burnetii* via de lucht kon worden overgebracht. Op dit punt stuurde het RIVM mensen naar Herpen en omgeving om daar een onderzoek uit te voeren. Iemand moest erachter zien te komen wat er benedenwinds van de geiten gebeurde.

46

Drie jaar later, op een druilerige dag in februari waarop het grijs van de hemel en de mist aan de volkomen vlakke horizon bijna naadloos leken over te gaan in het grijs van de sneeuw, reed ik zelf van Utrecht naar Herpen. Dokter Rob Besselink ontving me vlak na werktijd in zijn kleine praktijk aan de hoofdstraat van het dorp. Hij was een magere man van achter in de veertig, met een brede glimlach die plooien maakte in zijn smalle gezicht. In zijn zwarte sportcolbert, blauwe overhemd met kleurrijke motieven en verschoten spijkerbroek leek hij meer op een leadgitarist van een rockband dan je van een Nederlandse plattelandsarts zou verwachten. Toen ik hem vroeg wat voor soort gemeenschap Herpen was, noemde hij als een van de eerste dingen de grote verandering die de afgelopen tien jaar in de plaatselijke agrarische bedrijven had plaatsgevonden: de toename van het aantal geiten.

Deze verandering was eigenlijk al ingezet in 1984, toen de Europese Gemeenschap quota voor koemelk vaststelde waardoor Nederlandse boeren weggedrukt werden uit deze sector van de melkveehouderij. Velen gingen wel als melkveehouder verder, maar nu met geiten. De melkgeitentrend werd versterkt na 1997 en 1998, toen uitbraken van klassieke varkenspest (veroorzaakt door een virus, maar geen zoönose) tot het massale ruimen van varkens leidde en veel varkenshouders die financieel ernstig getroffen en bang voor een herhaling waren, gingen uitkijken naar een alternatief type veeteelt. 'Daarom begonnen ze geiten te houden, in behoorlijke hoeveelheden,' vertelde Besselink me. Dat gold voor Noord-Brabant en het gold voor het hele land. Van een gering aantal van ongeveer 7000 dieren in 1983 was de totale Nederlandse geitenpopulatie in 2009 gestegen tot 374 000, waarvan 230 000 melkgeiten waren. De meeste daarvan leefden het hele jaar binnen, op stal, in gebouwen zoals de grote bakstenen loodsen die ik aan de buitenkant van Herpen had gezien. Je zou misschien denken dat het binnenhouden van geiten tussen vier muren en een dak de kans op het oplopen van een infectie wel moet verkleinen. Maar bepaalde omstandigheden in de aard van de Nederlandse geitenhouderij, zo hoorde ik van Besselink en anderen, droegen er gezamenlijk toe bij dat *C. burnetii* in grote hoeveelheden vrijkwam uit deze stallen en zich op de wind verspreidde.

Coxiella burnetii is een assertief micro-organisme. Het veroorzaakt niet alleen miskramen bij geiten, maar concentreert zich ook massaal in het placentamateriaal dat uitgestoten wordt tijdens die abortussen. Eén grammetje placenta van een geit met een miskraam kan maar liefst 1 miljard bacteriële deeltjes bevatten. Het wordt ook uitgescheiden in melk, urine, feces en tijdens de normale partus van voldragen jongen. Ervan uitgaande dat deze geboortes en abortussen plaatsvinden binnen de aflammerruimte, hoe kan dit spul dan ontsnappen? Heel simpel, legde Besselink me uit: uitwerpselen van geiten en vuil ligstro worden opgeschept en door de boeren naar buiten gebracht om er hun akkers mee te bemesten. Van daaruit kan de bacterie net zo gemakkelijk naar een naburig dorp zweven als de aangename herfstgeur van een rokende hoop bladeren.

Twee melkgeitenbedrijven in de omgeving van Herpen trokken de aandacht. Een daarvan was een omvangrijk commercieel bedrijf met bijna 4000 geiten, dat in april onder zogeheten abortusstormen had geleden. Het andere bedrijf was een 'hobbyboerderij' met minder dan tien dieren. Toen het onderzoeksteam van het RIVM in Herpen was aangekomen om naar de bron van de uitbraak te zoeken, bezochten ze beide boerderijen, waar ze monsters namen van urine, melk, mest en stro van de stalvloeren, insecten uit de lampen van insectendoders en water uit drinkemmers. De hobbyboerderij leek clean. Van de monsters van de commerciële boerderij bevatte elke categorie bewijzen van *Coxiella burnetii*, behalve de melk, de urine en het water. 'Er zaten heel wat *Coxiella*-bacteriën in de boerderij,' wist Besselink zich nog te herinneren. Dat was slechts zo'n anderhalve kilometer ten zuiden van het dorp – vrijwel naast de deur. De betreffende boer en zijn gezin hadden het daaropvolgende jaar wel wat scheldpartijen te verduren. 'Hij heeft een vrouw, hij heeft kinderen, de kinderen zitten hier op school, dus hadden ze het een tijd erg zwaar omdat ze natuurlijk de schuld kregen van wat er gaande was,' aldus Besselink.

De geitenboer had niets illegaals gedaan, hij had alleen maar pech gehad en was misschien een beetje slordig geweest, maar hij kreeg wel te maken met gederfde inkomsten, ondermijning van energie en slapeloze nachten. Een dorpsdokter komt zulke dingen te weten. De kinderen van de boer werden gestigmatiseerd en zijn kleintjes – dat wil zeggen de kleintjes van zijn melkgeiten – werden ook verdacht, omdat ze geboren waren onder omstandigheden die gepaard gingen met een wolk van virulente micro-organismen.

Arnout de Bruin, een moleculair bioloog met een achtergrond in experimenteel evolutieonderzoek, maakte deel uit van het RIVM-team dat naar Herpen ging. Toen ik hem ontmoette op het hoofdkantoor van het instituut, een omheind complex in een voorstad van Utrecht, had hij een lichte stoppelbaard en droeg hij een bruin T-shirt met het opschrift VARSITY-TEAM-NORTH DAKOTA. Het was een intelligente jongeman met een verfrissend gevoel voor humor. Het grappige aan zijn betrokkenheid bij de uitbraak in het zuiden, vertelde De Bruin me opgewekt, was dat die alleen maar te danken was aan het feit dat hij onderzoek had gedaan naar Q-koorts als een mogelijke bioterroristische bedreiging. (De bacterie had een geschiedenis van door haar gewekte snode interesses: Amerikaanse onderzoekers op het gebied van biologische oorlogsvoering hadden eraan gewerkt in de jaren vijftig en zo ook de Sovjets, en vier jaar later lijkt de Japanse sekte Aum Shinrikyo het gebruik ervan ook te hebben overwogen, voordat ze in 1995 hun aanslag op de metro van Tokio pleegden, met saringas.) De Bruins groep voor dat project, een 'biologische calamiteiten'-team, had PCR-primers (startpunten voor de polymeraseketenreactie) ontwikkeld voor het opsporen van *Coxiella burnetii* in een monster. En toen zich in Noord-Brabant zowel bij geiten als bij mensen steeds meer ziektegevallen begonnen voor te doen en de gezondheidsautoriteiten absoluut de bron wilden traceren, vroegen ze De Bruins team daarom om hulp. Oké, ja, zeker. Hij en zijn partners grepen deze kans om hun nieuwe moleculaire instrumenten in het veld te testen gretig aan. Op advies van veterinaire autoriteiten, die wisten van de abortusgolf op de grote commerciële boerderij, gingen ze eerst daarheen.

'En de boer zei: "Dit is het veilige gedeelte en dit is het niet-veilige gedeelte, omdat hier de geiten hebben gestaan die een miskraam hadden,"' vertelde De Bruin me. 'Daarom namen we allerlei soorten monsters af. Uitstrijkjes van oppervlakken, water uit de emmers met drinkwater, vaginale uitstrijkjes van de geiten. Wat voor monsters namen we nog meer? O ja, bijvoorbeeld insecten uit lampen van de insectendoder. Stofdeeltjes, hooi, mest.' Hij lachte grimmig. 'We vonden het overal.'

Wat voor bescherming droegen jullie? vroeg ik. Mondkapjes, mondneusmaskers? Helemaal niets, zei hij, lachend om zijn eigen domheid en de slordigheid van de mensen die daar eigenlijk op moesten letten. 'Maar niemand werd ziek.' Misschien hadden hij en zijn collega's geluk gehad. Hoe dan ook had de boer het mis wat betreft de delen van zijn perceel die geïnspecteerd moesten worden. 'We vonden het overal,' herhaalde De Bruin. 'Er was geen veilige versus onveilige zone, omdat de hele boerderij besmet was.'

Op basis van deze in het veld genomen monsters en de onderzoeksuitkomsten van het lab, zo vertelde hij me, reageerden enkele ambtenaren van de gezondheidsdienst overdreven enthousiast, met een neiging tot te veel voorbarige conclusies. 'Ze zeiden meteen: "Oh, dat is de bron!" En wij zeiden: "Nou ja, het is *een* bron."' Maar niemand had de andere boerderijen in de omgeving gecheckt waaruit ook *Coxiella burnetii* kon zijn ontsnapt. Die moeten jullie ook testen, adviseerde De Bruin. Intussen werkte zijn team aan andere onderdelen van het uitbraakresponsonderzoek.

Ze verzamelden bloedmonsters van 443 mensen in Herpen en omgeving en vonden bij 73 van die individuen bewijzen van een recente infectie met *C. burnetii*, terwijl er nog eens 38 ergens in het verleden geïnfecteerd waren. Met behulp van informatie uit de gebruikte vragenlijst zette het onderzoeksteam de positieve gevallen af tegen verschillende vormen van potentiële blootstelling. Het meest onthullende resultaat van deze analyse was dat direct contact met dieren géén belangrijke risicofactor voor infectie was. Ook niet het drinken van rauwe melk. Enkele gevallen – maar alleen een minderheid, minder dan 40 procent – betroffen contact met landbouwproducten als hooi, stro en mest. Op grond van deze gegevens reduceerde het team de onderzoeksfocus tot 'overdracht via de wind' als de meest waarschijnlijke bron van Q-koorts in het gebied. De hoge incidentie van infecties bij geiten, de abortusstormen, de gewoonte om akkers te bemesten met mest uit de aflammerstallen, de aard van de bacterie zelf (verderop meer hierover), de droge weersomstandigheden in april en de oostenwind: dat alles tezamen had Herpen en omgeving met wolken van *Coxiella burnetii* overdekt.

De Bruin, die geholpen had met het verzamelen en analyseren van deze gegevens, besefte zelf maar al te goed hoe gemakkelijk de bacterie zich via de lucht verplaatste. Later, toen de epidemie aanhield tot in 2008 en 2009, was hij meer op zijn hoede als er buiten de deur monsters genomen moesten worden. 'Ik zei: "Luister, we gaan niet meer aan de slag zonder beschermende spullen – we zijn wel labmensen, maar daarom zijn we nog niet immuun."' Als je boer bent, zei hij, kun je door eerdere blootstelling aan Q-koorts immuniteit hebben ontwikkeld op een niveau waardoor je nooit zichtbare ziekteverschijnselen vertoont. Dat blijkt algemeen voor te komen bij Nederlandse boeren en dierenartsen, maar niet bij moleculair biologen. 'Dus gingen we aan de slag, voorzien van medische maskers.' Evengoed is het moeilijk werken met een masker op – het belemmert je ademhaling en je bril, of je veiligheidsbril, beslaat – en je stelt vast dat je die beschermende spullen geen minuut langer dan nodig wilt dragen. De Bruin beleefde meer ingehouden plezier aan de absurditeit van het trekken van een grens tussen wat onpraktisch en wat veilig was. Bijvoorbeeld die keer dat ze naar een andere grote uitbraaklocatie in het zuiden reden. 'Ik kwam bij die boerderij en de enige plek waar ik kon parkeren was recht tegenover de stal. Ik opende het portier en voelde dat er een harde wind door de stal woei.' Hij stapte uit. Hij ademde de wind in. Hij dacht: 'En moet ik dan nú mijn masker opzetten?' Dit keer moesten we allebei lachen.

De uitbraak duurde voort, werd erger in 2008 en nog erger in 2009. Aan het eind van dat jaar waren er sinds de eerste waarschuwende berichten in mei 2007 3525 menselijke ziektegevallen geregistreerd, merendeels in Noord-Brabant. De infectie werd doorgaans manifest als koorts, longontsteking en in sommige gevallen hepatitis. Minstens twaalf mensen kwamen om – geen hoge mate van dodelijkheid in vergelijking met die van sommige huiveringwekkende virussen, maar wel behoorlijk ernstig als je bedenkt dat dit een *bacteriële* infectie is die naar verluidt behandelbaar is met antibiotica.

Eén cluster van gevallen deed zich in 2008 voor in een psychiatrische zorginstelling in Nijmegen. Nadat drie psychiatrische patiënten een atypische longontsteking hadden gekregen en in het ziekenhuis opgenomen waren, screende de GGD patiënten, medewerkers en bezoekers, waarbij achtentwintig gevallen van *C. burnetii*-infectie werden vastgesteld. Wat was de bron? Een geitenboerderij in de buurt van Nijmegen was door een abortusstorm getroffen en vaginale uitstrijkjes bevestigden dat het om Q-koorts ging. De bacteriën konden zich van de geaborteerde jongen verder hebben verplaatst op de wind. Maar in dit geval was er ook een meer directe mogelijkheid. De psychiatrische instelling hield een kleine kudde schapen op een weide binnen het instellingsterrein. Tijdens het aflammerseizoen van dat jaar was een lam door zijn moeder in de steek gelaten, waarna een patiënt zich erover ontfermde door het lam mee te nemen naar haar slaapkamer en het zes keer per dag flesvoeding te geven. Het lam werd ook troostend geknuffeld door meerdere andere patiënten. Dit lijkt iemands idee van therapie te zijn geweest, totdat het lam positief voor Q-koorts testte.

Op de dag na mijn gesprek met Arnout de Bruin reed ik naar het noorden, naar het Central Veterinary Institute (CVI), een aan de Wageningen

Universiteit verbonden instelling in de buurt van Lelystad, met een dependance waar onder andere onderzoek naar gevaarlijke verwekkers van zoönosen werd gedaan. Welk complex van oorzaken dan ook verantwoordelijk mocht zijn voor deze opeenvolgende uitbraken in Nederland, het was duidelijk zowel een diergeneeskundig probleem als een probleem voor de volksgezondheid. De CVI-dependance, verscholen tussen bomen aan het eind van een secundaire weg, was zo onopvallend dat ik twee keer een rondje door de buurt moest rijden om het te kunnen vinden. Daar werd ik verwelkomd door Hendrik-Jan Roest, een slanke veterinaire wetenschapper met een bril zonder montuur en een vlotte blauwe trui, en verder lang genoeg om als aanvaller mee te spelen in het Nederlandse nationale basketbalteam. Hij nam me meteen weer mee naar buiten, zodat we naar binnen konden gluren door een raam van een BSL-3-lab waar hij en zijn laborante *C. burnetii* kweekten. Door het kleine raam zag ik incubatoren en een negatieve luchtstroomkap, zoiets als de afzuigkap boven een fornuis, bedoeld om omringende bacteriën af te zuigen terwijl zijn laborante aan haar werktafel bezig was. In dit gebouw, vertelde Roest me, doen we onder andere ook onderzoek naar het westnijlvirus, naar riftvalleykoorts en mond-en-klauwzeer. Riftvalleykoorts, zei ik, hebben jullie die dan in Nederland? Nog niet, zei hij.

Terug in zijn werkkamer schetste Roest met woorden een portret van *Coxiella burnetii*, met een opsomming van de eigenschappen die deze bacterie zo ongewoon en problematisch maken. Allereerst is het een intracellulaire bacterie, wat wil zeggen dat ze zich vermenigvuldigt in cellen van haar gastheer – net als een virus, maar met andersoortige mechanismen –, niet in de bloedbaan of de darmen, waar ze makkelijker door immuunreactie zou kunnen worden belaagd. Verder bestaat ze in twee vormen, een groot en een klein bacterieel deeltje, elk met verschillende eigenschappen, geschikt voor verschillende fasen van haar levensgeschiedenis. De grote vorm vermeerdert zich massaal binnen gastheercellen en ondergaat dan een gedaanteverandering naar de kleine vorm, die harder en stabieler is. Deze kleine vorm, bijna een soort spore, vormt een verdikte celwand waarmee hij buiten de gastheer goed kan overleven. (De beperkte omvang van deze kleine vorm kan verklaren waarom Macfarlane Burnet en enkele anderen het hielden voor 'een filtreerbaar virus', een micro-organisme zó klein dat het door filters heen kon die bedoeld waren om gewone bacteriën weg te vangen.) De bacterie is bestand tegen uitdroging, bestand tegen zuren, bestand tegen hoge en lage temperaturen en bestand tegen ultraviolet licht. Ze kan meer dan zes maanden in zout water leven. Geen wonder dat ze zich zo gemakkelijk verplaatst, niet alleen van gastheer naar gastheer, maar van de ene plek naar de andere – zelfs van continent naar continent.

'Weet iemand waar ze vandaan gekomen is?'

'Ik denk dat ze er altijd al was,' zei Roest.

Altijd wáár? Altijd overal? In Montana, waar Herald Cox haar vond, en in Australië, waar Macfarlane Burnet haar vond, en in Nederland waar jullie haar nu vinden? Nee, niet helemaal overal, zei hij. Er wordt geen melding gemaakt van *Coxiella burnetii* in Nieuw-Zeeland. Tot nu toe.

Maar waarom was de ziekte recentelijk – vanaf 2007 – in Noord-Brabant zo'n probleem geworden? Toen ik vroeg of er een verband was met de toename van het aantal melkgeiten, wuifde hij dat als te simplistisch weg, waarna hij me wat foto's en grafieken op zijn computer liet zien. Op een foto zag je een groot gebouw, net een remise, helemaal vol met witte geiten.

'Zó houden ze geiten.'

'Toe maar.'

'Die stallen zijn enorm groot.'

'Ja, enorm,' beaamde ik.

Een andere foto gaf een duidelijker beeld van wat hij een 'strostal met diepe pot' noemde, de standaardhuisvesting voor honderden of duizenden melkgeiten. De stal had een verzonken betonnen vloer, een stuk lager dan de loopgangen, zodat je er weken of maanden aan ligstro, geitenkeutels en urine in kwijt kon, een krachtig geurende deklaag van rottend organisch afval die steeds dieper wegzakte en die, verwarmd door het rottingsproces, een fantastische voedingsbodem voor micro-organismen vormde. Nieuw stro werd zo lang mogelijk regelmatig toegevoegd om het zootje te verstevigen en een acceptabeler aanzien te geven. 'Heel langzaam wordt het pakket mest en stro dikker en dikker,' legde Roest me uit, 'en daarmee komt het niveau waarop de dieren leven hoger te liggen.' Tot aan de schenen in hun eigen drek, drentelden de geiten rond, hun voer omzettend in melk. Terwijl de gierlaag steeg en geleidelijk composteerde, herbergde hij ontelbare hoeveelheden *C. burnetii*, 'springlevend, diep in de troep'. Tegen de tijd dat zo'n stal tot de rand toe gevuld was, kon een enkele geïnfecteerde geit de infectie aan veel, of de meeste andere beesten hebben doorgegeven. Daarna werden de geiten naar buiten gedreven, kwamen de landbouwwerktuigen binnen die de waardevolle mest opschepten en overbrachten naar akkers en weiden – en werden miljarden deeltjes van de bacterie in haar kleine en resistente vorm door de wind de lucht in geblazen.

Intensieve melkgeitenhouderij in Nederlandse stijl, dat is één factor te midden van diverse andere, die verantwoordelijk is voor de recente uitbraken, zei Roest. Factor twee hing samen met factor een: de nabijheid van mensen. Nederland is een dichtbevolkt land, met ruim 16 miljoen mensen die een betrekkelijk klein gebied bewonen (in 2006 gemiddeld 483 mensen per km^2) en veel van die intensieve melkgeitenbedrijven liggen in de buurt van dorpen en steden. Factor drie was het weer: ja, een bijzonder droog voorjaar, in feite elk jaar vanaf 2007, had ongetwijfeld de verspreiding van de bacterie via de lucht versterkt. En Roest vermoedde dat er een vierde factor meespeelde: Het is mogelijk, zei hij, dat het ziekteverwekkende organisme zelf veranderd is. Misschien had een kleine evolutionaire wending een ecologische sprong mogelijk gemaakt.

Zijn moleculaire gegevens toonden aan dat één bepaalde genetische stam van de bacterie – een van de vijftien die zijn team had geïdentificeerd – de boventoon was gaan voeren. 'Op alle boerderijen in het gebied met een verhoogd risico,' waarmee hij Noord-Brabant en een aantal aangrenzende zones bedoelde, 'en op de twee melkveebedrijven erbuiten', die ook positief bevonden waren, 'is in 90 procent van alle monsters één genotype aanwezig. En dat is wat wij de CbNL-01 noemen.' CbNL-01 lijkt een kunstig cryptogram, maar het betekent gewoon '*Coxiella burnetii*, Nederland, genotype nummer 1'. Zo'n onevenredige vertegenwoordiging gaf aan dat een mutatie in die stam de bacterie bijzonder agressief, efficiënt, overdraagbaar en kwaadaardig kon hebben gemaakt.

Nederlandse ambtenaren probeerden aan deze crisis het hoofd te bieden met enkele krachtige, zij het inconsistente regulerende maatregelen. In juni 2008, kort na de uitbraak onder patiënten van de psychiatrische inrichting in Nijmegen, werd Q-koorts een 'aangifteplichtige' ziekte voor melkgeiten en melkschapen, wat betekende dat dierenartsen de overheid op de hoogte moesten brengen van eventuele abortusstormen (het was sinds 1975 al een aangifteplichtige ziekte als het om menselijke gevallen ging). Een andere verordening die nog dezelfde dag werd uitgevaardigd, verbood boeren mest uit een besmette stal of strostal-met-diepe-pot te verwijderen gedurende drie maanden na de aangifte van een uitbraak. Bijna een jaar later, in april 2009, toen het patroon van uitbraken op melkgeitenboerderijen zich voortzette en het aantal menselijke gevallen sneller steeg dan ooit, trad een programma van verplichte vaccinatie tegen Q-koorts in werking. Deze maatregel gold voor alle melkgeiten- en melkschapenbedrijven met meer dan vijftig dieren en ook voor dierentuinen en 'zorgboerderijen' zoals die in Nijmegen, waar het publiek intensief contact kon hebben met besmette dieren. In november 2009 waren op kosten van de overheid meer dan een kwart miljoen geiten en schapen gevaccineerd, maar was het aantal menselijke gevallen voor dat jaar alarmerend hoog en had de ongerustheid hierover zich via de Nederlandse media op grote schaal verbreid. Zodoende werd begin december 2009 een verbod uitgevaardigd op het fokken van geiten: tot nader order waren drachtige geiten niet meer toegestaan. Bij nadere beschouwing bleek dat te weinig en te laat te zijn. Er waren al veel vrouwelijke geiten gefokt. Een week later kondigde de regering op advies van een panel van deskundigen aan dat alle op dat moment drachtige geiten en schapen (met inbegrip van de onlangs gevaccineerde dieren) op getroffen melkveebedrijven zouden worden geruimd.

Veterinaire teams gingen op pad om de daad bij het woord te voegen. Een melkveehouder die op de ruimingsploeg stond te wachten, vertelde een verslaggever dat zijn dieren minder geagiteerd zouden raken als hij bij ze bleef, maar 'ik weet eigenlijk niet of ik het wel kan aanzien'. De uiteindelijke geëiste tol bestond niet alleen uit 50 000 dode geiten, maar ook uit horden boze, gefrustreerde boeren die voor elk dier werden gecompenseerd, maar niet voor gederfde inkomsten vanwege de wederopbouw van hun kuddes waar ze voor stonden, noch voor emotionele stress. 'Het was ook pijnlijk voor de dierenartsen,' vertelde Hendrik-Jan Roest me – en ook pijnlijk, zoals hij uit eigen ervaring wist, 'voor de diergeneeskundig adviseurs.'

Ondanks al deze maatregelen en het verdwijnen van drachtige geiten uit het Nederlandse landschap, verdween de Q-koorts niet – niet helemaal, niet onmiddellijk. De bacterie was her en der nog steeds behoorlijk overvloedig aanwezig. In haar kleine, stevige vorm kan ze wel vijf maanden overleven in het stinkende afval op besmette bedrijven. In haar grote vorm zou ze zich in allerlei dieren kunnen vermenigvuldigen. Bijzonder robuust, maar niet overmatig gespecialiseerd, kon ze een breed scala aan gastheren binnendringen en werd ze niet alleen bij geiten en schapen aangetroffen, maar ook bij runderen, knaagdieren, vogels, amoeben en teken. Een ondernemend organisme en, zoals Macfarlane Burnet al had opgemerkt, buitengewoon veelzijdig.

Na verloop van tijd hadden de regulerende maatregelen enig effect en volgde er een nieuwe lente zonder veel pasgeboren of geaborteerde jongen. Het aantal nieuwe gevallen bij mensen was na de piek van 2009 gedaald. Halverwege de maand juli 2010 waren er slechts 420 Nederlanders bij gekomen bij wie Q-koorts was vastgesteld. De ambtenaren van het ministerie hadden reden tot de voorzichtig optimistische veronderstelling dat dit gevaar voor de volksgezondheid onder controle was gebracht. De artsen konden zich ietwat ontspannen. De melkveehouders konden hun verliezen betreuren. Maar de wetenschappers wisten dat *Coxiella burnetii* niet verdwenen was. Al eerder had ze op ideale omstandigheden gewacht en ook nu kon ze daarop wachten.

47

Terug in Australië begon de schrandere en sikkeneurige Macfarlane Burnet, rond de tijd waarin hij onderzoek naar Q-koorts en psittacose deed, in bredere zin na te denken over infectieziekten, niet zozeer vanuit medisch perspectief als wel vanuit het gezichtspunt van een bioloog. Eind jaren dertig maakte hij een conceptversie voor een boek over dit onderwerp, met op de eerste pagina's een huldebetoon aan de grote negentiende-eeuwse grondleggers van de bacteriologie, in het bijzonder Pasteur en Koch, die eindelijk een rationele grondslag hadden geleverd voor de zorg voor schoon drinkwater, fatsoenlijke riolering, niet door verrotting aangetast voedsel en antiseptische chirurgische technieken. Het was een voorwaardelijk eerbetoon dat eindigde op pagina twee, waarna Burnet overging tot wat hij werkelijk wilde zeggen.

Die mannen en hun collega's, schreef hij, 'hadden het over het algemeen te druk om aan iets anders te denken dan aan de ziekten waarvoor bacteriën verantwoordelijk waren en hoe die konden worden voorkomen'. Ze schonken weinig aandacht aan de micro-organismen als op zichzelf staande levensvormen, of aan de vraag 'hoe hun aard en activiteiten in het systeem van levensvormen pasten'. De meeste bacteriologen hadden een opleiding tot medicus achter de rug – Burnet zelf was arts geweest, voordat hij zich aan bacteriologisch onderzoek begon te wijden – en 'hun belangstelling voor algemene biologische problemen was zeer beperkt'. Ze bekommerden zich om het genezen en voorkomen van ziekten, en dat was prima, maar ze dachten veel minder na over infectie als een biologisch fenomeen, als een relatie tussen levensvormen die van even groot fundamenteel belang was als andere relaties, zoals predatie, concurrentie en ontbinding. Dat wilde Burnet met dit boek enigszins rechtzetten. Hij publiceerde *Biological Aspects of Infectious Diseases* ('Biologische aspecten van infectieziekten') in 1940, een mijlpaal langs de weg naar de hedendaagse inzichten in zoönosen op een overvolle, veranderende planeet.

Burnet stelde niet dat het bredere perspectief uitsluitend uit zijn eigen koker kwam. Hij erkende het als een reeds bestaande heilzame trend. Biochemici hadden met aanmerkelijk succes een begin gemaakt met het toepassen van hun methoden op met ziekten samenhangende vragen, en er was ook nieuwe belangstelling op het niveau van organismen (zelfs eencellige organismen) als in hoge mate aangepaste levensvormen, met hun eigen levensgeschiedenis in het wild. Hij schreef:

> Andere onderzoekers met waardering voor hedendaagse ontwikkelingen in de biologie merken dat infectieziekten met vrucht kunnen worden bezien *langs ecologische lijnen*, namelijk als een *strijd om het bestaan* tussen mens en micro-organismen, met dezelfde algemene hoedanigheid als vele andere vormen van concurrentie tussen soorten in de natuur.

De cursiveringen zijn van mij. Denken 'langs ecologische lijnen' en over de 'strijd om het bestaan' (een uitdrukking die rechtstreeks van Darwin stamt) was wat Burnet in het bijzonder te bieden had: een boek over de ecologie en evolutie van pathogenen.

Hij gaf de voorkeur aan de term 'parasieten', die hij in ruimere zin gebruikte. 'De parasitaire leefwijze is in wezen gelijk aan die van de roofdierachtige carnivoren. Het is gewoon een van de vele methoden om voedsel uit de weefsels van levende dieren te halen,' schreef hij, hoewel bij parasieten de consumptie doorgaans trager verloopt en zich meer afspeelt binnen in de prooi. Kleine organismen eten grotere organismen, en over het algemeen van binnenuit. Dat is precies waar ik aan het begin van dit boek op doelde met mijn opmerking over leeuwen en gnoes, uilen en muizen. Het grootste probleem waarvoor een parasiet op de lange termijn staat, zei Burnet, is de kwestie van de overdracht: hoe moet hij zijn nakomelingen van de ene individuele gastheer overbrengen naar de andere. Met het oog op dat simpele doel zijn diverse methoden en eigenschappen tot ontwikkeling gekomen, variërend van grootschalige vermeerdering, verspreiding via de lucht, tegen elke omgeving opgewassen levensfasen (zoals de kleine vorm van *C. burnetii*), directe verplaatsing naar het bloed en andere lichaamsvochten, beïnvloeding van het gedrag van de gastheer (zoals, bijvoorbeeld, uitgeoefend door het rabiësvirus, waardoor geïnfecteerde dieren gaan bijten), de gang maken door tussengastheren of parasieten vermeerderende gastheren en het gebruikmaken van vectoren zoals insecten en spinnen als middel voor transport en inbrenging van de parasiet. 'Het zal echter duidelijk zijn,' schreef Burnet, 'dat, ongeacht de methode waarmee een parasiet zich van gastheer naar gastheer verplaatst, een verhoogde dichtheid van de vatbare populatie diens verspreiding van geïnfecteerde naar niet-geïnfecteerde individuen zal vergemakkelijken.' Verhoogde populatiedichtheid: dicht op elkaar gepakte gastheren doen pathogenen gedijen. Macfarlane Burnet mag dan misschien beïnvloed zijn door de eerste wiskundige werken over infectieziekten – de differentiaalvergelijkingen van Ronald Ross, het artikel van Kermack en McKendrick uit 1927 – maar hij bracht een aantal van dezelfde punten naar voren in gewoon Engels proza in een boek dat zowel gezaghebbend als toegankelijk was.

Biological Aspects of Infectious Diseases werd later herzien en in 1972 heruitgegeven als *Natural History of Infectious Diseases* ('Natuurlijke historie van infectieziekten'). Hoewel ook de herziene versie vandaag de dag verouderd lijkt (nieuwe ziekten hebben zich aangediend, naast nieuwe inzichten en nieuwe methoden), leverde het boek in zijn tijd een waardevolle bijdrage. Het bood geen erudiete wiskundige modellen, maar het sprak duidelijke taal over wat wetenschappers die zich met ziekten bezighouden doen en wat ze zouden moeten doen. Wat ze volgens hem zouden moeten doen was: infectieuze pathogenen niet alleen uit medisch, maar ook uit ecologisch en evolutionair perspectief bezien.

Papegaaienziekte was een van zijn schoolvoorbeelden. Het had de aantrekkingskracht van de Australische connectie (voor hem een lokale ziekteverwekker) plus een wereldwijd bereik, en het illustreerde voor hem een favoriet punt. 'Net als veel andere infectieziekten werd psittacose eerst erkend als een ernstige epidemische ziekte van de mens, maar toen men geleidelijk inzicht kreeg in de aard van de ziekte, werd duidelijk dat de epidemische fase slechts een toevallige en betrekkelijk ongewone gebeurtenis was.' Dat wil zeggen: de bacterie had een eigen leven te leiden, waarvan het infecteren van mensen slechts één onderdeel was – en misschien wel een dwaalspoor.

Burnet diste opnieuw het verhaal op van de in Californië gefokte parkieten, de wilde Australische kaketoes, de infectie van de onbemiddelde vogelliefhebbers in Melbourne door dieren die meneer X in zijn miserabele achtertuinschuurtje verkocht. Psittacose, merkte Burnet op, is gewoonlijk niet erg besmettelijk. Het bestaat endemisch onder wilde vogelpopulaties, waar het weinig last bezorgt. Je zou redelijkerwijze kunnen veronderstellen dat 'deze kaketoes, als ze een natuurlijk leven in het wild hadden kunnen leiden, nooit klachten hadden vertoond'. Maar de vogelvanger en vervolgens meneer X als tussenpersoon hadden hun natuurlijke leven verstoord. 'In overvolle, vuile kooien en zonder beweging of zonlicht, was het oplaaien van elke willekeurige latente infectie alleen maar te verwachten.' De stressvolle omstandigheden hadden *Chlamydophila psittaci* (zoals *Rickettsia psittaci* later werd genoemd, na de zoveelste taxonomische herziening) de kans gegeven zich te vermeerderen en voor een uitbraak te zorgen.

Dit geval en ook soortgelijke gevallen, schreef Burnet, belichaamden een algemene waarheid over infectieziekten. 'Het is een conflict tussen de mens en zijn parasieten dat in een constante omgeving doorgaans zou resulteren in een nagenoeg evenwichtige toestand, een eindtoestand waarin beide soorten voor onbepaalde tijd zouden overleven. De mens leeft echter in een omgeving die voortdurend wordt gewijzigd door zijn eigen activiteiten, en van zijn ziekten hebben er maar weinig een dergelijke evenwichtstoestand bereikt.' Burnet had in grote lijnen gelijk met zijn ideeën, waaronder ook met dit idee: verstoringen van het milieu door de mens vormen de aanzet tot epidemieën. Toch kon hij de specifieke details van wat er nog zou komen niet voorzien. In zijn in 1940 verschenen boek richtte hij zich naast psittacose ook op een aantal infectieziekten: difterie, griep, tuberculose, pest, cholera, malaria en gele koorts. Dit waren de oude, vertrouwde, beruchte plagen, vrij gemakkelijk herkenbaar, maar niet goed genoeg begrepen. Onze moderne tijd van opkomende nieuwe virussen lag net buiten het bereik van zijn koplampen.

48

Burnet had het niet over de ziekte van Lyme, maar omdat die een belangrijk kenmerk gemeen heeft met Q-koorts en psittacose, zal ik dat wel doen. Het meest fundamentele aspect van deze nieuw opkomende of opnieuw opkomende infectie is dat ze niet wordt veroorzaakt door een virus. De lyme-verwekker is net als *Coxiella burnetii* en *Chlamydophila psittaci* een atypische, slinkse bacterie.

De ziekte van Lyme is voorwerp van een felle polemiek, die echter om heel andere kwesties draait dan bij Q-koorts en psittacose. Segmenten van de wetenschappelijke en medische wereld, plus slachtoffers of vermeende slachtoffers, kunnen het zelfs niet eens worden (kunnen het in het bijzonder niet eens worden) over wie de ziekte heeft en wie niet. In een van de afgelopen jaren werden in de Verenigde Staten ruwweg 30 000 gevallen van de ziekte van Lyme gemeld en meer dan 20 000 per jaar als het gemiddelde over een periode van tien jaar. Je kent waarschijnlijk wel iemand die de ziekte heeft gehad en het kan heel goed dat je de ziekte zelf hebt gehad. Op grond van welk criterium dan ook is het de meest gerapporteerde door een vector overgedragen ziekte in de Verenigde Staten. Maar vertegenwoordigen die 30 000 gevallen in een jaar het werkelijke totaal van getroffen Amerikanen of slechts een geringe fractie van het feitelijke aantal ziektegevallen, waarvan de meeste niet als zodanig worden gediagnosticeerd? Bestaat er zoiets als een 'chronische ziekte van Lyme' die je met de conventionele diagnostiek niet kunt betrappen, die ondanks een voorgeschreven behandeling met antibiotica persisteert en voor gruwelijk leed zorgt bij mensen die hun artsen of verzekeraars er niet van kunnen overtuigen dat ze echt besmet zijn? Duikt *Borrelia burgdorferi* onder in het lichaam en duikt ze op de een of andere manier later weer op?

Meningsverschillen over dergelijke punten reikten en reiken van de behandelkamer tot in de rechtszaal, waarmee de ziekte van Lyme niet alleen de meest voorkomende, maar ook de meest gepolitiseerde en verwarring stichtende infectie in haar soort is geworden. Zo stelde de Infectious Diseases Society of America (IDSA) in 2006 in haar richtlijnen voor behandeling dat 'de chronische ziekte van Lyme' een hersenschim is. Meer in het bijzonder schreef de IDSA: 'Er bestaat geen overtuigend biologisch bewijs voor symptomatische chronische *B. burgdorferi*-infectie bij patiënten, na de aanbevolen behandelingsvoorschriften voor de ziekte van Lyme.' De aanbevolen behandelingsvoorschriften, die neerkwamen op toediening van een antibioticum (zoals doxycycline of amoxicilline) gedurende twee tot vier weken, moesten de ziekte zelf genezen. Wat de IDSA behoedzaam als 'post-lyme-syndroom' betitelde, was iets anders. De onuitgesproken suggestie: deze mensen zijn niet goed bij hun hoofd. Die laatdunkende houding tegenover de mogelijkheid van een aanhoudende lyme-infectie wekte de woede van vele, aan raadselachtige kwellingen blootstaande patiënten die ervan overtuigd waren dat ze dat wél hadden en die van mening waren (op aanraden van enkele particuliere huisartsen, in strijd met de richtlijnen van de IDSA) dat ze gedurende een veel langere periode – maanden of jaren – behandeld moesten worden met hoge doses intraveneus toegediende antibiotica. Dat zijn behandelingen die gewoonlijk schadelijk voor de gezondheid van de patiënt worden geacht. Ook hebben ze aanzienlijke consequenties voor verzekeringsmaatschappijen, die daar veelal niet aan mee willen betalen.

Eind 2006 stelde de procureur-generaal van Connecticut (Richard Blumenthal, die later senator werd) op grond van de Amerikaanse antitrustwetten een onderzoek in naar de wijze waarop de IDSA haar richtlijnen voor de behandeling van de ziekte van Lyme had opgesteld. Hadden er strijdige belangen meegespeeld? Blumenthal dacht van wel. Het lymerichtlijnenpanel van de IDSA ondermijnde zijn eigen geloofwaardigheid, zei hij, 'door toe te laten dat mensen met financiële belangen – in farmaceutische bedrijven, diagnostische tests voor de ziekte van Lyme, octrooien en vaste afspraken met verzekeringsmaatschappijen – afwijkende medische bewijzen en meningen konden uitsluiten'. Hij benadrukte echter dat zijn toetsing gericht was op de manier waarop de richtlijnen waren opgesteld, niet op de wetenschappelijke inhoud ervan. Twee jaar later werden de IDSA en Blumenthal het eens over een compromis dat inhield dat de richtlijnen opnieuw zouden worden beoordeeld door een nieuw, onafhankelijk panel. In 2010 heeft het onafhankelijke panel de oorspronkelijke richtlijnen unaniem herbevestigd. Ook zij zagen 'geen overtuigend bewijs voor het bestaan van een chronische lyme-infectie'. Bovendien waarschuwden ze dat een langdurige intraveneuze behandeling met antibiotica niet alleen nutteloos was, maar tevens kon leiden tot dodelijke infecties van het bloed, ernstige bijwerkingen, verstoring van de normale darmflora (de gunstige bacteriën die mensen helpen bij de spijsvertering), de resulterende diarree, doordat andere bacteriën daarmee een kans kregen, en het creëren van antibioticaresistente 'superbacteriën', die niet alleen een gevaar vormden voor patiënten die deze behandeling ondergingen, maar ook voor ons allen.

Een andere complicatie in de hele geschiedenis is dat de ziekte van lyme weliswaar een nieuw probleem lijkt dat pas in 1975 voor het eerst werd opgemerkt, maar dat ze waarschijnlijk al heel lang rondwaart, niet alleen in de Verenigde Staten maar ook in Europa en Azië. Decennialang werd de infectie aan de hand van enkele symptomen marginaal en stukje bij beetje ontdekt, maar niet erkend als een syndroom met één enkele oorzaak. Pas achteraf werden de puzzelstukjes samengevoegd tot één patroon met één naam.

Deze 'prehistorische' periode begon in 1909, toen een Zweedse dermatoloog, genaamd Arvid Afzelius, gewag maakte van het geval van een vrouw die gebeten was door een schapenteek en last had van een rozenrode huiduitslag die zich als concentrische rimpelingen verspreidde. Afzelius noemde de aandoening *erythema migrans* ('zich verspreidende roodheid': een rode verkleuring van de huid) en schreef erover in een Duits tijdschrift dat grotendeels gewijd was aan syfilis, een aandoening die toenmalige dermatologen grote zorgen baarde. (Er was enige gelijkenis: syfilis wordt veroorzaakt door een bacterie van het type dat bekendstaat als spirocheten, dezelfde groep beweeglijke, kurkentrekkervormige micro-organismen waartoe ook *Borrelia burgdorferi*, de verwekker van de ziekte van Lyme, behoort). Afzelius beweerde niet dat hij wist waardoor de uitslag van de vrouw werd veroorzaakt, maar in het daaropvolgende decennium zag hij een vergelijkbaar patroon bij vijf andere patiënten. Ook andere artsen in Europa begonnen deze ringvormige huiduitslag waar te nemen, die veel weg heeft van een schietschijfje met een rood puntje als roos. In sommige gevallen werd deze huiduitslag in verband gebracht met de beet van een niet-geïdentificeerde geleedpotige (een insect, een spin, een teek?) en ook ging de uitslag vaak gepaard met ernstigere symptomen. Sven Hellerstrom, een andere Zweedse dermatoloog, meldde in 1930 dat hij een man onder ogen had gehad met de kenmerkende rode huiduitslag, plus meningitis. Naarmate de jaren verstreken constateerde Hellerstrom dat deze ringvormige huiduitslag als gevolg van tekenbeten, en soms gepaard gaand met meningitis, in Stockholm en omgeving verre van zeldzaam was.

Bijna twee decennia na zijn eerste rapport stak dr. Hellerstrom de Atlantische Oceaan over om deel te nemen aan een medische conferentie in Cincinnati, waar hij een beschrijving gaf van de voortgang van zijn onderzoek. De oorzaak van het uitslag- en meningitissyndroom, zo stelde hij, was een spirocheet. Omdat de conferentie werd gesponsord door de Southern Medical Association, verscheen een gedrukte versie van Hellerstroms voordracht uit 1949 in het *Southern Journal of Medicine*, wat anders een onwaarschijnlijk medium zou zijn voor een Zweedse arts. De artikelen van Afzelius of die van Hellerstrom en anderen waren geen opvallende publicaties, en natuurlijk was er geen internet, geen Google, geen PubMed, of andere soortgelijke middelen om obscure citaten op te roepen door enkele toetsen in te drukken. Maar met een goed geheugen, een brede opleiding en het nodige geluk kon je hetzelfde doel bereiken.

En uiteindelijk gebeurde dat ook. Er verstreken nog eens twintig jaar voordat Rudolph J. Scrimenti, een dermatoloog die werkzaam was in Milwaukee, reden had om terug te denken aan Hellerstroms artikel, dat hij ooit als medisch student gelezen had. In 1970 werd Scrimenti de eerste arts in Amerika die melding maakte van een geval van *erythema migrans*. Zijn patiënt, ook een arts, was door een teek gebeten terwijl hij op korhoenjacht was in het midden van Wisconsin, en de uitslag verspreidde zich vanaf de plek van de beet naar buiten totdat hij uiteindelijk een grote cirkel vormde op een groot deel van zijn borst, zijn rechteroksel en zijn rug. Scrimenti behandelde de symptomen met penicilline. In zijn korte gepubliceerde verslag herhaalde hij Hellerstroms vermoeden dat dit zou kunnen zijn veroorzaakt door een spirocheet, hoewel Scrimenti geen enkele spirocheet had kunnen vinden.

Dit was allemaal al onderdeel van de medische basisinformatie die beschikbaar was – hoewel niet in het oog springend beschikbaar – toen artsen aan de medische faculteit van Yale hoorden van het cluster van juveniele-artritisgevallen in Lyme, Connecticut. Een van die artsen was Allen C. Steere, een wetenschappelijk medewerker op de afdeling reumatologie. Reumatologie is de wetenschap van gewrichtsaandoeningen zoals reumatoïde artritis, wat een auto-immuunziekte is, geen infectieziekte. Steere besefte dat juveniele reumatoïde artritis eigenlijk niet thuishoorde in een dergelijk cluster. Het ging niet van de ene patiënt naar de andere. Het infecteerde mensen niet via hun drinkwater. Het vloog niet mee op de wind zoals Q-koorts... nee toch?

Steere en zijn medewerkers volgden de gevallen die onder hun aandacht waren gebracht, pleegden nog wat epidemiologisch veldwerk, vonden nog veel meer gevallen in ruwweg hetzelfde gebied en begonnen het syndroom 'lyme-artritis' te noemen. De groep van Steere stelde bij een grote meerderheid van de patiënten ook het ermee gepaard gaande symptoom vast: een cirkelvormige rode huiduitslag. Andere praktiserende artsen in Connecticut en naburige delen van de staat New York zagen ook gevallen van deze opmerkelijke huidontsteking, en dat riep de nodige vragen bij hen op. Was het veroorzaakt door een insectenbeet? Was het dezelfde aandoening, *erythema migrans*, die beschreven was in de literatuur uit Europa? Rond die tijd, in de zomer van 1976, trok de veldbioloog Joe Dowhan, die onderzoek deed in een bosrijke omgeving enkele kilometers ten oosten van Lyme, een teek uit zijn been en borg hem op in een glazen pot. Dowhan had de beet opgemerkt, omdat deze in tegenstelling tot de meeste andere contacten met teken die hij in zijn loopbaan had meegemaakt, aanvoelde als een vinnige, pijnlijke steek. Drie dagen later kreeg hij huiduitslag. Toen de rode cirkel groter werd, herinnerde hij zich dat hij een artikel had gelezen over het onderzoek van Allen Steere. Daarom belde hij hem, maakte een afspraak, onderging lijdzaam een onderzoek en overhandigde Steere vervolgens de teek.

Dowhans exemplaar werd geïdentificeerd als *Ixodes scapularis*, algemeen bekend als de 'hertenteek', een geleedpotige die overal voorkomt in het oosten en het Midden-Westen van de vs. Dit werd een belangrijke, maar meerduidige leidraad in de geschiedenis van de ziekte van Lyme, die tot meer inzicht én tot verwarring leidde. Eerst kwam het inzicht. Uit veldwerk langs de benedenloop van de rivier de Connecticut bleek dat *Ixodes scapularis*-teken veel talrijker waren in kleine bosjes en struikgewas op de oostelijke rivieroever – de oever waarop het dorp Lyme lag – dan op de westelijke oever. Dat feit, samen met de ontdekking dat er op de oostelijke oever ook veel meer menselijke gevallen waren, zorgde ervoor dat er een nog zwaardere verdenking kwam te rusten op de 'hertenteek' als vector van wat ook Steere en zijn medereumatologen, die de term 'lyme-artritis' hadden laten vallen, nu 'de ziekte van Lyme' noemden.

De verwarring groeide minder snel. Als de 'hertenteek' de drager was van de pathogeen (wat het ook was) en mensen als Joe Dowhan infecteerde door hen te bijten, dan moest het grote aantal menselijke ziektegevallen een weerspiegeling zijn van het grote aantal teken en het grote aantal teken een weerspiegeling van het grote aantal herten in de suburbane bossen aan de kust van Connecticut. Ja?

Nee. Dit was een ecologisch systeem met de complexiteit van het schaakspel, geen bordspel met de overzichtelijkheid van het dammen, en ook de oorzaak-en-gevolgrelaties waren lang niet zo helder als bij dit spel. Zoals later onderzoek heeft aangetoond, leidt de 'hertenteek' een ingewikkeld leven.

49

Intussen deed Willy Burgdorfer zijn cruciale ontdekking over de ziekmaker zelf en gaf hij een naam en een biologische identiteit aan dit agens dat verantwoordelijk was voor de mysterieuze clusters van ziektegevallen.

Burgdorfer was een in Zwitserland geboren en opgeleide microbioloog, met een kaak zo breed als een kolenschop, een sluwe glimlach, een groot koepelvormig hoofd als Niels Bohr en een intense belangstelling voor medische entomologie. Hij promoveerde op een door teken overgedragen spirocheet, *Borrelia duttonii*, die in Afrika een ziekte verwekt die *febris recurrens*, ofwel 'weerkerende koorts' wordt genoemd. Tegen de tijd dat hij klaar was met dat project had Burgdorfer duizenden teken ontleed om hun ingewanden te onderzoeken. Hij bedacht ook een snelle en praktische techniek om te bepalen of een bepaalde teek spirocheten bij zich draagt: knip een pootje af en kijk door een microscoop naar het lichaamsvocht (hemolymfe) dat eruit druppelt. Hij emigreerde naar de Verenigde Staten en in 1952 ging hij werken bij het Rocky Mountain Laboratory in Hamilton, Montana, dezelfde instelling waar Herald Cox en Gordon Davis hun Q-koortsonderzoek hadden gedaan. In feite werd Davis daar zijn eerste leraar, en een paar jaar deed Burgdorfer onderzoek naar *Borrelia*-spirocheten (en de varianten van weerkerende koorts die ze in Amerika veroorzaakten) onder de kolonies van gevangen teken die Davis had gesticht. Sommige laboratoriumwetenschappers werken met fruitvliegjes, andere met door zorgvuldige inteelt voortgebrachte muizen; Davis en Burgdorfer koesterden kooitjes vol met teken.

Toen begon er een andere wind te waaien: een hoge bestuurder vertelde de jonge Willy Burgdorfer dat weerkerende koorts 'een ziekte van het verleden' was, die niet langer een door de overheid gesteund onderzoek rechtvaardigde. Hij adviseerde hem om een ander specialisme te kiezen. Zoals hij later zelf vertelde, volgde Burgdorfer dat advies slechts gedeeltelijk op. Het lukte hem om werkzaam te blijven in het Rocky Mountain Laboratory (dat nog altijd een toonaangevende onderzoeksinstelling was, ondanks de afgelegen ligging), met als voornaamste taak het doen van onderzoek naar de pest, *Rocky Mountain spotted fever* (een soort nekkramp) en andere beruchte ziekten, terwijl hij zijn speciale interesse in door teken overgedragen spirocheten voortzette als 'bijbaantje'. Toen Gordon Davis met pensioen ging, erfde Burgdorfer van de oude man zijn laborant en zijn tekenkolonies. Door dit alles was hij uitstekend gekwalificeerd voor de rol die hij uiteindelijk zou spelen op het gebied van de ziekte van Lyme.

Bijna drie decennia later, zowat aan het eind van zijn eigen loopbaan, werd Burgdorfers levenslange interesse opeens uiterst relevant. Aan het eind van de jaren zeventig hadden Allen Steere en anderen het sterke vermoeden gekregen dat wat ze eerst 'lyme-artritis' hadden genoemd, eigenlijk een door teken overgedragen infectieziekte was waardoor 512 patiënten getroffen waren, merendeels aan de noordoostelijke zeekust en in Wisconsin. Het duurde niet lang of ook de CDC zouden honderden gevallen melden. Rond dezelfde tijd behandelde een huisarts op Shelter Island, New York, recht tegenover het aan de overkant van de Long Island Sound gelegen Lyme, patiënten met vergelijkbare ziektegeschiedenissen: ongebruikelijke koortsachtige aandoeningen die blijkbaar overgebracht waren door teken. Andere door teken overgedragen ziekten kwamen ook voor op Shelter Island, een klein, maar ongezond oord, zodat de ziekte van Lyme slechts één van meerdere hypotheses was. Daarna werd een partij teken, verzameld in lage vegetatie op Shelter Island, naar het laboratorium van Burgdorfer in Montana gestuurd waar hij hun buikholte ontleedde en vaststelde dat meer dan 60 procent van de teken de een of andere soort spirocheet herbergde. 'Niet langer kregen we te horen: "Stop met dat spirochetengedoe",' vertelde Burgdorfer later. 'Spirochetologie' was weer helemaal in de mode. Deze teken wemelden van de kurkentrekkervormige micro-organismen.

Toen Burgdorfer en zijn medewerkers besmette teken de gelegenheid gaven zich aan witte laboratoriumkonijnen te vergasten, kregen de konijnen een ronde huiduitslag die zich als rimpelingen naar buiten verspreidde, waarmee ze het veelbetekenende ringvormige patroon repliceerden dat zo vaak bij menselijke ziektegevallen werd gezien. Burgdorfers groep kweekte ook de spirocheet die de teken bij zich droegen en vergeleek die vervolgens met antistoffen in het bloedserum van lymepatiënten. De positieve resultaten in die proeven, plus de reacties van konijnen, vormden het bewijs dat ze de oorzaak van de ziekte van Lyme hadden gevonden. En zo verwierf Burgdorfer zijn plek in de schijnwerpers, het '*lymelight*', zoals hij het later blijmoedig noemde. Toen andere onderzoekers kort daarna een formele identificatie van de spirocheet opstelden, gaven ze deze ter ere van hem de naam *Borrelia burgdorferi*. De enige kink in de kabel van dit verhaal over eersterangs labwetenschap is dat de identiteit van de teken nog steeds voor verwarring zorgde.

50

De verwarring was tweeledig, en het ene deel is voor ons doel interessanter dan het andere. De oninteressante verwarring draaide om de wetenschappelijke naam. Was het *Ixodes scapularis* die de lyme-spirocheet in de aan de kust gelegen habitats van New England bij zich droeg, of behoorde het organisme tot een soortgelijke, maar nog niet beschreven soort die zijn eigen wetenschappelijke identiteit moest krijgen? Een poosje stond de lyme-dragende teek bekend als *Ixodes dammini*, totdat na een nadere taxonomische controle in 1993 dit onderscheidende kenmerk ongeldig werd verklaard en de naam weer werd teruggebracht tot *Ixodes scapularis*. Dit heen-en-weer was slechts de gebruikelijke taxonomische praktijk die getuigde van de chronische spanning tussen splitsers (die graag veel soorten en ondersoorten afbakenen) en samenvoegers (die er liever minder hebben). De splitsers hadden een tijdelijke overwinning behaald; de samenvoegers hadden nu de overhand.

Een tweede soort verwarring die meer gewicht in de schaal legde, was te wijten aan de onzekerheid over de minder officiële benaming van de teek. Als *Ixodes scapularis* had hij officieus bekendgestaan als de *blacklegged tick*, ofwel 'zwartpotige teek' (niet te verwarren met de zwartpootteek, *Ixodes pacificus* – vert.). Toen hij per abuis werd afgesplitst tot een nieuwe soort, kreeg hij ook een nieuwe gangbare (maar niet echt bijster gangbare) naam: 'Dammins noordoostelijke hertenschildteek', een onhandige term die later werd afgekort tot 'hertenteek'. Namen beïnvloeden uiteraard de waarneming en 'hertenteek' versterkte een misverstand over het betreffende beestje: dat deze bloedzuigende, ziekten overbrengende geleedpotige op de een of andere manier exclusief verbonden was aan herten. Fout.

Dat hij de 'hertenteek' werd genoemd, heeft tot een foutieve cirkelredenering geleid. Als witstaartherten de diergastheren zijn waaruit die 'hertenteken' hun onmisbare voedingsstoffen halen en 'hertenteken' de vectoren zijn die de ziekte van Lyme overbrengen op de mens, dan lijkt daar logischerwijs uit te volgen dat hoge hertenpopulaties moeten bijdragen aan een hoog infectieniveau bij mensen. Dat volgt er logischerwijs inderdaad uit – maar ten onrechte. Het syllogisme zou kunnen kloppen, ware het niet dat de eerste premisse te simpel en misleidend is. 'Hertenteken' van de soort *Ixodes scapularis* halen hun onmisbare voedingsstoffen niet uit herten.

De ecoloog Richard S. Ostfeld heeft veel gedaan om deze knoop te ontwarren. Ostfeld deed twintig jaar lang onderzoek naar één ecosysteem in de buitenwijken van New York waar *Borrelia burgdorferi* leven. Hij bestudeerde ook het onderzoek dat elders was gedaan en de conclusies die (soms ten onrechte) waren getrokken. Witstaartherten, stelde hij vast, zijn een verwarrend dwaalspoor. Ostfelds boek over dit onderwerp, *Lyme Disease: The Ecology of a Complex System* ('De ziekte van Lyme: ecologie van een complex systeem') verscheen in 2011. 'Het idee dat het risico om de ziekte van Lyme op te lopen nauw verbonden is met de talrijkheid van herten, kwam voort uit veldstudies die verricht werden kort na de ontdekking van de bacteriële agens van de ziekte van Lyme en de betrokkenheid van teken als vector van deze bacteriën,' schreef hij. Deze onderzoekingen waren grondig en doortastend, merkte hij op, maar toch werden ze misschien te veel gedreven door een verlangen naar een simpel antwoord waarmee acties op het gebied van de volksgezondheid konden worden ondernomen. Het kader van die studies was 'de jacht op de schuldigen – de *kritieke diersoort*'. In een vaktijdschrift werden witstaartherten 'de definitieve gastheer' van de teek genoemd. Volgens een andere studie was het hert 'dat ene onmisbare stukje' van de puzzel die de ziekte van Lyme in Noord-Amerika was. Een overzichtsartikel, dat verder uitstekend was en geschreven werd door een arts met een helder inzicht in de bijbehorende medische kwesties, had op dezelfde conclusie gehamerd om zodoende te kunnen verklaren waarom lyme een nieuw opkomende ziekte leek: 'Als de lyme-spirocheet al zo lang rondwaarde, waarom is hij dan pas in de afgelopen decennia opgedoken als een erkende medische entiteit? Deze vraag kan met één woord beantwoord worden: herten.' Ze waren het er allemaal over eens: herten, herten en nog eens herten. Het uit één woord bestaande antwoord leek te wijzen in de richting van een pragmatische oplossing voor het probleem van de ziekte van Lyme: verminder het aantal geïnfecteerde teken door vermindering van het aantal witstaartherten.

En dat werd dan ook geprobeerd. Bij een van de eerste pogingen op een eilandje voor de kust van Cape Cod schoten wildbiologen in dienst van de staat 70 procent van de herten dood, waarna onderzoekers het effect op de tekenpopulatie vaststelden door kleine, onvolwassen teken op één soort muis te tellen. Het resultaat: het overvloedige aantal teken op de muizen was minstens even overvloedig als vóór de uitroeiing van de herten. In de jaren daarna is grootschalige hertenjacht in sommige delen van Maine, Massachusetts, Connecticut en New Jersey sterk aangemoedigd, met het oog op reductie van de hertenpopulatie, terwijl onderzoekers opnieuw natrokken wat voor effecten, als die er al waren, dat had op tekenpopulaties. De stad Dover in Massachusetts, bijvoorbeeld, heeft onlangs zijn eerste hertenjacht in het open veld rond de stad aangekondigd, op basis van aanbevelingen van de lokale gezondheidsraad en de commissie voor de ziekte van Lyme. Er werden 19 herten (16 wijfjes en 3 mannetjes) gedood, waarna een Doverse krant vol overtuiging verklaarde: 'Hoe groter het aantal herten in een gebied, hoe groter de kans op verspreiding van de ziekte van Lyme naar de mens.'

Nou, nee eigenlijk. Die simpele formule is even onwaar als het idee dat moerasdampen voor malaria zorgen.

Het idee achter zulke activiteiten van lokale overheden is dat er in de betreffende gebieden 'te veel' herten zijn en dat hun overmatige aantal sinds 1975 verantwoordelijk is voor het ontstaan van de ziekte van Lyme. En het klopt inderdaad dat er in die streken heel veel herten zijn. Populaties in het noordoosten van de Verenigde Staten hebben een forse comeback gemaakt (dankzij de hernieuwde aanwas van bossen, de afwezigheid van grote roofdieren, een afname van de jacht door op vlees beluste mensen en andere factoren) sinds de moeilijke tijden van de achttiende en negentiende eeuw. Vandaag de dag zouden er in Connecticut best wel eens meer herten kunnen zijn dan ten tijde van de Pequot Oorlog (tussen Engelsen en indianen) van 1637. Maar zoals Ostfelds onderzoek liet zien heeft die overvloed aan witstaarten waarschijnlijk niets te maken met de kans dat je de ziekte van Lyme oploopt tijdens een wandeling in, zeg maar, Cockaponset State Forest. Waarom?

'Elke infectieziekte is in wezen een ecologisch systeem,' schreef Ostfeld. En ecologie is een ingewikkeld iets.

51

In zijn werkkamer op het Cary Institute of Ecosystem Studies in Millbrook, New York, met op de muren en de deur grappige cartoons van teken, vertelde Rick Ostfeld me dat hij een 'ketter' was op het gebied van herten en de ziekte van Lyme. Maar hij is een ketter die met solide feiten werkt, niet iemand die luistert naar door de eerste de beste persoon geopenbaarde waarheden.

Ostfeld is een fitte, opgewekte man van in de vijftig, met kort bruin haar en eivormige brillenglazen. Zijn voornaamste onderzoeksinteresse zijn kleine zoogdieren. Hij bestudeert hoe ze met elkaar omgaan, de factoren die van invloed zijn op hun verspreiding en relatieve populatiedichtheid, de effecten van hun aan- of afwezigheid en de micro-organismen die ze bij zich dragen. Vanaf het begin van de jaren negentig hebben hij en zijn team tienduizenden kleine zoogdieren levend gevangen in de bospercelen van Millbrook en omgeving – voornamelijk muizen, wangzakeekhoorns, gewone eekhoorns en spitsmuizen, maar ook grotere dieren als buidelratten, stinkdieren en wasberen. In eerste instantie had zijn onderzoek niets met de ziekte van Lyme te maken: hij volgde de populatiecyclussen van een inheems knaagdier, de witvoetmuis. Veel soorten kleine zoogdieren vertonen dergelijke populatiecyclussen waarbij ze van relatieve zeldzaamheid in het ene jaar overgaan naar een grote populatiedichtheid in het jaar daarop en een nog grotere dichtheid in het jaar daarna, waarna ze opeens weer zeldzaam worden, alsof ze zich aan een mysterieus ritme houden. Veel zoogdierecologen hebben dit soort cyclussen al bestudeerd, omdat ze graag willen weten wat erachter zit. Wat is de oorzaak van die pieken en dalen?

Ostfeld was meer geïnteresseerd in de mogelijke gevolgen ervan. Als dier A buitensporig talrijk wordt, wat voor invloed zou dat dan kunnen hebben op de populaties van dier B, C en D? In het bijzonder vroeg hij zich af of een hoge dichtheid van witvoetmuizenpopulaties uitbraken van een bepaalde schadelijke nachtvlinder kon tegenhouden, doordat die muizen het merendeel van hun rupsen opaten. Terwijl hij zijn dieren ving, ze onderzocht en van oormerken voorzag, voordat hij ze weer vrijliet in de lage vegetatie, viel hem op dat hun oren bedekt waren met kleine donkere objecten, zo klein als de puntjes van een dubbele punt: tekenjongen. De muizen waren besmet. Ze leverden bloedmaaltijden aan de onvolwassen stadia van *Ixodes scapularis*, bij Ostfeld bekend als de zwartpotige teek (niet 'hertenteek'). 'Zo begon mijn belangstelling voor de ecologie van de ziekte van Lyme,' schreef hij in het voorwoord van zijn boek.

In de loop van die twintig jaar verzamelden Ostfeld en zijn team zoogdier voor zoogdier, teek voor teek, plus een enorme hoeveelheid informatie, en het onderzoek loopt nog steeds. Ze maken gebruik van eenvoudige Shermanvallen (van de firma H.B. Sherman uit Tallahassee, een eerbiedwaardige leverancier) die voorzien van haverkorrels als lokaas op de bosbodem worden achtergelaten. De onderzoekers laten het grootste deel van de gevangen dieren weer levend vrij, na een kort onderzoek om hun lichamelijke toestand te checken en teken te verwijderen. Biologen zoals hij die zich bezighouden met kleine zoogdieren en voor wie het systematische vangen en weer vrijlaten van dieren een dagelijks terugkerend onderdeel van hun gegevensverwerving is, worden doorgaans uiterst bedreven in het voorzichtig maar efficiënt omgaan met levende knaagdieren. Ostfelds onderzoeksteam heeft geconstateerd dat ze met een nauwkeurige inspectie van ongeveer een minuut 90 procent van de teken op een muis weten op te sporen. (Ze maten de degelijkheid van hun eigen veldonderzoek door nog een paar muizen na de één minuut durende inspectie mee te nemen, ze in een kooi te zetten en te wachten totdat alle teken in een pan met water onder de kooi waren gevallen. Daarna plukten ze de teken uit de muizenkeutels en ander afval – 'een smerig klusje en een echte uitdaging', getuigde Ostfeld – en telden ze dit completere totaal om het te vergelijken met wat er in het veld gezien was.) Bij wangzakeekhoorns werkte een snelle visuele inspectie bijna net zo goed. Op andere kleine zoogdieren, zoals gewone eekhoorns en spitsmuizen, waren de hoeveelheden teken groter en moeilijker te tellen, wat niet wegnam dat Ostfelds groep nog altijd betrouwbare schattingen kon maken.

Tekenlarven zijn heel erg klein en zelfs de kleine Amerikaanse maskerspitsmuis, die slechts vijf gram weegt (ongeveer evenveel als twee muntjes van vijf eurocent), had gemiddeld 55 teken, stelden de onderzoekers vast. Dat is een geweldige besmettingslast voor zo'n tenger beestje. Bij de Amerikaanse kortstaartspitsmuis, een groter dier, was dit gemiddeld 63 teken per dier. Gegeven Ostfelds schatting (die ook op vangstgegevens berustte) dat er op minder dan een halve hectare bos rond Millbrook ongeveer tien kortstaartspitsmuizen leefden, begint dit alles bij elkaar op een fors aantal teken te lijken, hele bossen die krioelen van de met bloed gevulde puntjes – een verontrustend vooruitzicht, ook als de zwartpotige teek zich nooit met iets anders dan het bloed van spitsmuizen zou voeden.

Maar dat doet hij wel. Zijn levenscyclus is complex. Net als een insect ondergaat de zwartpotige teek gedaanteveranderingen, dat wil zeggen dat hij op weg naar volwassenheid twee onvolwassen stadia (larve en nimf) doorloopt. Bij elk stadium heeft hij één bloedmaal van een gewervelde gastheer nodig om zijn transformatie te voeden, en een volwassen teek heeft opnieuw een bloedmaal nodig dat de energie en het eiwit voor voortplanting levert. In de meeste gevallen is de gewervelde gastheer een zoogdier, maar het kan ook een hagedis of een op de grond broedende vogel zijn, zoals de veeri (*Catharus fuscescens*), die op de bosbodem blootstaat aan tekenlarven. De zwartpotige teek is in feite zó'n generalist dat er op zijn menu van bij ons bekende gastheren meer dan honderd Noord-Amerikaanse gewervelde dieren staan, variërend van roodborstjes tot koeien, van eekhoorns tot honden, van skinken tot skunks en van buidelratten tot mensen. 'Deze teken zijn ongelooflijk ruimdenkend in hun smaak,' zoals Ostfeld me vertelde.

Een volwassen vrouwtjesteek brengt haar winter door met een maag vol bloed en legt dan in het voorjaar haar eitjes, waar halverwege de zomer de larven uit komen. Of ze nu onvolwassen of volwassen zijn, teken kunnen zich heel snel of heel ver verplaatsen. Ze vliegen niet. Ze zijn niet zo acrobatisch als vlooien of springstaarten. Ze scharrelen rond, als kleine schildpadden. Maar volgens Ostfeld blijken ze 'uiterst gevoelig' voor chemische en fysische signalen, waardoor 'ze zich kunnen oriënteren op veilige plekken om te overwinteren en op gastheren die kooldioxide en infrarode straling afgeven'. Met hun reuk speuren ze naar voedsel. Ze zijn misschien niet wendbaar, maar wel opportunistisch, alert en klaar om te handelen.

De volledige levenscyclus duurt twee jaar en bestaat uit drie duidelijk onderscheiden periodes van parasitair bloed zuigen, waarbij steeds een ander soort gewervelde gastheer betrokken kan zijn. De handelingen die een teek bij het zoeken naar een volgende ankerplaats verricht – met uitgestrekte voorpoten naar de top van een grasspriet of de rand van een blad klimmen, de signalen opsnuiven, zich positioneren om een nieuwe gastheer te grijpen – worden door acarologen (in teken gespecialiseerde biologen) aangeduid met de bijna menselijk klinkende term 'zoekgedrag'. Hoe kleiner het bij de levensfase behorende formaat, hoe groter de kans dat dit zoekgedrag heel laag bij de grond plaatsvindt. Zoals blijkt uit de gegevens van Ostfeld en zijn medewerkers is één gevolg hiervan dat die twee soorten spitsmuizen in ongeveer 30 procent van alle bloedmaaltijden voorzien die door tekenlarven in het onderzoeksgebied worden genoten. Witvoetmuizen zijn op een na het belangrijkst als bloedgastheren voor het larvenstadium.

Witstaartherten spelen blijkbaar een heel andere rol. Ze zijn vooral van belang voor volgroeide teken – niet alleen om hun bloed, maar ook omdat ze een plek verschaffen waar de mannelijke zwartpotige teken vrouwtjes kunnen ontmoeten. Een witstaarthert in de bossen van Connecticut is in november als een bar vol singles in Lower Manhattan op vrijdagavond, vol met seksbeluste zoekenden. Een arm wijfjeshert kan wel duizend volwassen zwartpotige teken meedragen. De paring vindt op een ietwat lompe wijze plaats wanneer een mannelijke teek, sluipend over de huid van het hert, op een vrouwelijke teek stuit die door andere dingen in beslag wordt genomen: ze heeft zich verankerd en drinkt, onbeweeglijk. Zoek niet naar romantiek in het seksuele leven van teken. Zodra het vrouwtje haar drankje en het mannetje zijn bijslaap heeft gehad, laten ze zich van het hert vallen om plaats te maken voor anderen. Gegeven een dergelijke omzet tijdens een vier weken durend seizoen van tekenvoortplanting, kan één witstaarthert het bloed leveren voor de productie van twee miljoen bevruchte tekeneitjes. Als de helft daarvan uitkomt, is dat een miljoen larven van één hert.

Dergelijke gegevens en berekeningen droegen ertoe bij dat Rick Ostfeld een ketter werd wat betreft de betekenis van herten binnen het systeem van de ziekte van Lyme. De heersende veronderstelling was dat meer herten voor meer teken en dus voor meer kans op ziekte zorgen. 'Maar het lijkt erop dat je alleen maar een páár herten nodig hebt om een bijzonder talrijke tekenpopulatie te ondersteunen,' zei hij. In een gebied als de kuststreek van Connecticut is de belangrijkere risicofactor misschien wel een lokale overvloed aan witvoetmuizen en spitsmuizen. Wie weet?

Maar wacht eens even. We hebben te maken met ecologie, dus met complexiteit, en daarom moeten we rekening houden met twee extra factoren. Eén daarvan is een onveranderlijk feit en de andere is een variabele. Het onveranderlijke feit is dat *Borrelia burgdorferi*-infectie tussen zwartpotige teken niet verticaal wordt overgedragen. Met andere woorden: ze wordt niet overgeërfd. Van die een miljoen tekenjongen, die allemaal afkomstig zijn van de wijfjesteken die zich met het bloed van maar één hert hebben gevoed, zal op het moment dat ze uitkomen geen enkele *B. burgdorferi* bij zich dragen, zelfs niet als elke moederteek en ook het hert besmet waren. De jongen zullen clean en gezond ter wereld komen. Elke generatie teken moet opnieuw worden geïnfecteerd. Wat blijkbaar over het algemeen gebeurt, is dat een tekenlarve de spirocheet opdoet door zijn bloedmaaltijd bij een geïnfecteerde gastheer te halen – een witvoetmuis, een spitsmuis, een wat dan ook. De larve vervelt en wordt een nimf, en als deze dan zijn volgende bloedmaaltijd bij een niet-geïnfecteerde gastheer haalt, geeft hij de infectie door aan dat dier door spirocheten in de wond te kwijlen, samen met zijn stollingsremmende speeksel. 'Als zoogdieren teken niet ziek maakten,' zei Ostfeld, 'dan zouden teken naderhand geen zoogdieren ziek maken.' Die wederkerige infectiviteit zorgt zowel bij tekenpopulaties als bij gastheren voor een blijvende hoge prevalentie van *B. burgdorferi*.

Het onveranderlijke feit van niet-overerfbaarheid hangt samen met een variabele die Ostfeld en anderen 'reservoircompetentie' noemen. Dit is de mate van waarschijnlijkheid dat een bepaalde diergastheer, indien hij al geïnfecteerd is, de infectie zal overbrengen op een bloedzuigende teek. Reservoircompetentie varieert van soort tot soort en hangt hoogstwaarschijnlijk nauw samen met verschillen in sterkte van de immuunreactie tegen de pathogeen. Als de immuunreactie zwak is en het bloed wemelt van de spirocheten, dan zal die soort als een bijzonder 'competent' reservoir van *B. burgdorferi* dienen en de infectie overdragen op de meeste teken die die diersoort bijten. Als de immuunreactie krachtig en effectief is en zodoende de hoeveelheid door bloed overgedragen spirocheten reduceert, dan zal die soort een relatief minder competent reservoir zijn. Onderzoek van Ostfelds groep aan proefdieren en de teken die zich voeden met hun bloed liet zien dat witvoetmuizen het meest competente reservoir zijn voor de ziekte van Lyme-spirocheet. Wangzakeekhoorns waren een verre tweede in reservoircompetentie, op de voet gevolgd door beide soorten spitsmuizen.

Nog een complicatie: behalve dat ze zeer competent zijn als reservoir, zijn witvoetmuizen ook inefficiënte zelfverzorgers, slecht in het verwijderen van de teken, die vooral op hun gezicht en oren mikken, zodat een hoog percentage van hun teken gezond en wel doorgaat naar de latere stadia. Jammer genoeg voor hen zijn ook spitsmuizen inefficiënte zelfverzorgers, zodat witvoetmuizen en spitsmuizen een onevenredig grote bijdrage leveren aan de voeding, infectie, overleving en succesvolle metamorfose van tekenlarven. Hieraan afgemeten kwamen wangzakeekhoorns op de derde plaats in de rangorde.

Misschien minder belangrijk dan hun onderlinge klassering is het meer algemene gegeven dat deze vier kleine zoogdieren tezamen zo sterk in het systeem vertegenwoordigd zijn. Uit samenvattende statistieken, verzameld door Ostfeld en zijn team, blijkt namelijk dat wel 90 procent van de besmette nimfenteken die in een typisch bosperceel nabij Millbrook op zoek waren naar hun volgende gastheren, hun bloedmaaltijd als larve hadden gehaald bij (en dus besmet waren door) een witvoetmuis, een eekhoorn, een Amerikaanse kortstaartspitsmuis of maskerspitsmuis. Deze vier soorten hadden niet 90 procent van alle zwartpotige nimfen gevoed, maar vanwege de verschillen in reservoircompetentie en zelfverzorgingsefficiëntie hadden ze wél 90 procent gevoed van de exemplaren die geïnfecteerd raakten en gevaarlijk werden voor mensen. Moet ik dat herhalen? Vier soorten kleine zoogdieren hadden negen tiende van de ziekteverwekkende teken gevoed.

Dus vergeet die talrijkheid van herten maar. Witstaartherten zijn betrokken bij het ziekte van Lyme-systeem, jawel, maar betrokken als een sporenelement, als een katalysator. Hun aanwezigheid is belangrijk, maar niet hun aantal. De kleinere zoogdieren zijn veel crucialer bij het bepalen van de mate waarin mensen gevaar lopen ziek te worden. Jaren met onverwacht grote hoeveelheden eikels, waardoor populaties van muizen en eekhoorns exploderen, zullen het aantal gevallen van de ziekte van Lyme onder kinderen in Connecticut hoogstwaarschijnlijk sterker beïnvloeden dan alles wat hertenjagers mogen doen. Behalve dat ze de zwartpotige teek (geïnfecteerd of niet-geïnfecteerd) helpen overleven, zijn witstaartherten verder nagenoeg irrelevant voor de epidemiologie van de ziekte van Lyme. Ze vergroten de prevalentie van infectie in het bos niet. Ze brengen de spirocheet niet over op mensen of pas uitgekomen teken. Het zijn doodlopende gastheren, zei Ostfeld tegen me.

Aan de andere kant, zei hij, 'zijn wij toevallig ook doodlopende gastheren, in die zin dat als we eenmaal geïnfecteerd zijn, de infectie nergens meer naartoe gaat. Ze blijft in ons lichaam. Ze gaat niet terug naar teken. Wij zijn dus een incompetent reservoir.' Witvoetmuizen en spitsmuizen maken de teken ziek, de teken maken ons ziek en wij maken niemand ziek. Als een mens de *Borrelia burgdorferi*-spirocheet oploopt, dan stopt dit micro-organisme daar. Het verplaatst zich niet via een niesbui of een handdruk. Het waait niet mee met de wind. Het is geen soa. Dit is ecologisch interessant, maar waarschijnlijk een schamele troost voor iedereen die lijdt aan de ziekte van Lyme.

52

Ostfeld is gevoelig voor de door mensen ondervonden misère, niet enkel voor de wonderlijke complexiteit van de *Borrelia burgdorferi*-dynamiek in Amerikaanse bossen. Hij liet me voor de periode van 1986 tot 2005 een aantal cijfers zien uit Dutchess County, New York, waaronder Millbrook en het Cary Institute vallen. De twintig jaar durende trend van menselijke infecties liep steil omhoog, met vooral hoge pieken in 1996 en 2002. Mensen hadden het te kwaad. In 1996 waren er 1838 gerapporteerde gevallen van de ziekte van Lyme. Daarna kwam er een flinke daling, totdat er in 2002 weer bijna 2000 nieuwe gevallen werden gemeld.

Toch kun je deze ziekte het beste zien als een ecologisch fenomeen, niet louter als een medisch probleem. 'De ziekte van Lyme bestaat onder mensen, omdat wij een soort onopzettelijk slachtoffer zijn van een wisselwerking tussen in het wild levende dieren en teken,' zei Ostfeld. 'Wij zijn indringers in dit systeem waarin teken en deze gastheren – de reservoirs – bacteriële infecties met elkaar uitwisselen.' Een manier waarop je die pieken van 1996 en 2002 kunt interpreteren, legde hij uit, is dat ze beide staan voor een najaar met overvloedige voedselproductie in de plaatselijke bossen. Witvoetmuizen zijn dol op eikels, en omdat de muizen zich snel vermenigvuldigen en snel volwassen worden doordat ze op het grote voedselaanbod reageren met uitbarstingen van verhoogde vruchtbaarheid, worden jaren met veel eikels vaak gevolgd (na een tussenruimte van twee jaar) door een grote toename van muizenpopulaties. Eén stel muizen kan in het geval dat er zoveel voedsel voorradig is een netto aanwas van 50 tot 75 muizen binnen een jaar realiseren. Meer eikels, meer muizen, meer geïnfecteerde teken, meer ziekte van Lyme.

Dutchess County is een vredige vakantiebestemming voor inwoners van New England, iets ten oosten van de Catskills en via de Taconic State Parkway slechts twee uur rijden van Manhattan. Het is een landschap van glooiende heuvels, stenen muurtjes, kleine steden, oude pleisterplaatsen, smalle beken en riviertjes die regenwater afvoeren naar de rivier de Hudson, golfbanen en voorstedelijke buurtjes met hier en daar fraaie villa's met omvangrijke tuinen, beschaduwd door hoge bomen en omzoomd door heggen of dicht struikgewas. De woonwijken en zelfs de zakenwijken en winkelcentra zijn goed voorzien van groen. Verspreid tussen en rond de zones van geconcentreerde menselijke aanwezigheid liggen parken, bosjes en bossen, niet gedomineerd door mensen maar door eiken en esdoorns. In de lagere vegetatie van die lapjes grond vind je volop mossen, bladafval, berberisstruiken, muur, eikelschillen, gifsumak, wilde paddenstoelen, rottende boomstammen, drassige greppels, naast watersalamanders, kikkers, zakratten, krekels, pissebedden, regenwormen, spinnen en kousenbandslangen, die op deze plekken goed gedijen. Ook teken natuurlijk – heel, heel veel teken. In het jaar vóór mijn bezoek hadden gezondheidsdiensten in Dutchess County nog eens 1244 gevallen van de ziekte van Lyme geregistreerd op een inwoneraantal van minder dan 300 000 mensen. Dat was genoeg om er nog eens goed over na te denken als je een boswandeling wilde gaan maken.

Maar Ostfeld en zijn team kunnen zich geen pietluttigheid veroorloven, omdat die bospercelen de plekken zijn waar ze hun gegevens verzamelen. Eerder die dag was ik met hen meegelopen en had ik vallen geïnspecteerd, samen met Ostfeld en een paar van zijn jonge medewerkers. Een van hen was Jesse Brunner, een bebaarde en kalende postdoc uit Helena, Montana, die bezig was met een meerjarig onderzoek naar een mogelijke correlatie tussen de prevalentie van lyme en de soortenrijkdom in bospercelen van verschillende grootte. Een andere teamgenoot was Shannon Duerr, een laborante die werkzaam was in Ostfelds lab en op dat moment zelf de ziekte van Lyme had en een behandeling met amoxicilline onderging. Terwijl we door het dichte bos liepen, zag ik dat Ostfeld zijn spijkerbroek in zijn sokken had gestopt en dat hij latex handschoenen droeg als hij een gevangen dier beetpakte. Jesse Brunner liet me zijn eigen techniek voor de omgang met een witvoetmuis zien en gaf het beestje toen aan mij.

Ik hield de muis vast zoals me verteld was, namelijk met een voorzichtig kneepje in de huid boven zijn schouders. Zijn ogen waren donker en groot, uitpuilend van angst, glanzend als stalen kogeltjes. Zijn oren waren groot en fluweelzacht. Zijn vacht had een zachte bruingrijze tint. Op een oor zag ik enkele donkere stippen, allemaal niet groter dan de punt achter deze zin. Dat waren tekenlarven, legde Brunner uit, die zojuist aan boord waren gekomen en nog maar net waren begonnen met drinken. In het andere oor zat een groter zwart bultje, zo groot als een speldenknop. Die larve was al langer verankerd en had zich nu volgezogen met bloed. Op dit moment van het seizoen, vertelde Brunner me, was de muis waarschijnlijk al met *B. burgdorferi* besmet door de beet van een tekennimf. De gezwollen larve was waarschijnlijk op zijn beurt zojuist geïnfecteerd door de muis. Zodoende hield ik waarschijnlijk twee geïnfecteerde dragers vast. Terwijl ik geboeid naar Brunner luisterde, voelde de muis mijn aandacht afdwalen, maakte zich met een sprong los uit mijn greep, raakte rennend de grond en verdween in het struikgewas. En zo werd de cirkel voortgezet.

Die middag, tijdens ons babbeltje in zijn werkkamer, legde ik Ostfeld een praktische vraag voor: Stel, je bent een ouder met kleine kinderen en je woont hier in je droomhuis in Millbrook op een hectare met prachtige gazons en heesters – hoe zou je je dan tegen de ziekte van Lyme willen beschermen? Je zou waarschijnlijk uit een hele serie vreselijke opties kunnen kiezen. Een gemeente die bestrijdingsmiddelen laat spuiten? Een staat die herten laat uitroeien? Duizenden muizenvallen (geen huis-tuin-en-keukendingetjes maar de dodelijke variant) die met kaas als lokaas in het struikgewas worden geplaatst en dood en verderf zaaien, als een bosbrand? Plavei je je tuin en omgeef je hem met een met olie gevulde slotgracht? Doe je vlooien- en tekenbanden om de enkels van je kinderen voordat ze buiten gaan spelen?

Nee, niets van dat alles. 'Ik zou me een stuk meer op m'n gemak voelen,' antwoordde Ostfeld, 'als ik wist dat deze omgeving geschikt zou zijn voor gezonde populaties van uilen, vossen, haviken, wezels en verschillende soorten eekhoorns – de bouwstenen van een ecologische gemeenschap die muizenpopulaties in de hand kan houden.' Met andere woorden: biologische diversiteit.

Dit was zijn manier om losweg uitdrukking te geven aan de opmerkelijkste conclusie die twintig jaar onderzoek heeft opgeleverd: de kans om de ziekte van Lyme te krijgen lijkt groter te worden naarmate het scala aan inheemse dieren in een bepaald gebied kleiner wordt. Hoe komt dat? Waarschijnlijk door de verschillen in reservoircompetentie tussen witvoetmuizen plus spitsmuizen (beide met een hoge competentie) en bijna alle andere gewervelde gastheren (lage competentie) die kunnen voorkomen in hetzelfde leefgebied. Het effect van de meest competente reservoirs wordt afgezwakt door de aanwezigheid, als die aanwezigheid er is, van minder competente alternatieven. In bospercelen met een complete bezetting van ecologische spelers – middelgrote roofdieren zoals haviken, uilen, vossen, wezels en buidelratten, maar ook kleinere mededingers zoals gewone eekhoorns en wangzakeekhoorns – zijn de populaties van witvoetmuizen en spitsmuizen betrekkelijk klein, omdat ze in bedwang worden gehouden door predatie en concurrentie. Vandaar dat de gemiddelde reservoircompetentie laag is. Daarentegen vind je in beboste gebieden met weinig diversiteit bijna zeker witvoetmuizen en spitsmuizen die daar buitensporig gedijen. En waar ze gedijen en doeltreffend infecties overbrengen op de teken waardoor ze gebeten worden, gedijt *Borrelia burgdorferi* ook.

Dit inzicht bracht Ostfeld tot een andere belangwekkende vraag, een vraag met directe consequenties voor de volksgezondheid. In welke bospercelen is er een geringere verscheidenheid aan soorten dan in andere? Praktisch gesproken: welke bospercelen, groenzones en parken herbergen het grootste risico van blootstelling aan de ziekte van Lyme?

Vergeet niet dat elke beboste lap grond, omgeven door bestrating en gebouwen en andere vormen van menselijke invloed, tot op zekere hoogte een ecologisch eiland vormt. De daar aanwezige gemeenschap van landdieren zit opgesloten op dit eiland, want als individuele dieren er weg of binnen proberen te gaan, worden ze weggedrukt (vogels zijn een speciaal geval, hoewel ze zich doorgaans voegen naar hetzelfde patroon). Wees je er ook van bewust dat grote eilanden over het algemeen meer bijdragen aan diversiteit dan kleine eilanden. Madagascar is stukken meer divers dan Fiji, dat op zijn beurt meer divers is dan Pohnpei. Hoe komt dat? Het simpele antwoord is dat een grotere oppervlakte en een grotere diversiteit van het natuurlijke leefgebied aan meer soorten organismen de mogelijkheid bieden om te overleven. (De ingewikkelde achtergronden van dat simpele antwoord worden bestudeerd door de zogeheten eilandbiogeografie, waar Rick Ostfeld goed in thuis is, omdat deze tak van de wetenschap het ecologische denken in de jaren zeventig en tachtig zo sterk beïnvloedde, en waar ik in thuis ben geraakt doordat ik er in de jaren negentig een boek over heb geschreven.) Pas je dit principe op Dutchess County toe, dan levert dat de voorspelling op dat kleine bospercelen, piepkleine groenzones, minder soorten dieren bevatten dan grotere stukken bos. Dat is wat Rick Ostfeld deed: hij hanteerde de voorspelling van een aan het areaal gerelateerde diversiteit als een ruwe hypothese en onderzocht vervolgens de echte locaties om haar te toetsen. Op het moment dat ik hem in Millbrook bezocht, kon hij inmiddels zeggen dat het veronderstelde patroon inderdaad leek te kloppen, terwijl Jesse Brunner hetzelfde onderwerp met zijn postdoctorale onderzoek nog verder uitspitte.

Daarna verstreken er enkele jaren. Vijf jaar nadat ik Rick Ostfeld had gesproken, was hij veel zekerder van zijn zaak, gesteund door twee decennia continu onderzoek. Het genoemde patroon werd een belangrijk thema in zijn boek *Lyme Disease: The Ecology of a Complex System* ('De ziekte van Lyme: ecologie van een complex systeem'). Met zijn groeiende vertrouwen in de algemene principes heeft hij ook steeds meer oog gekregen voor de verschillende manieren waarop deze principes in verschillende omstandigheden tot uitdrukking komen. Al zijn conclusies zijn nu zorgvuldig nader bepaald, rekening houdend met diverse omstandigheden. Maar de fundamentele bevindingen zijn duidelijk.

Een lapje bosgrond in een gebied als Dutchess County zal waarschijnlijk slechts enkele soorten zoogdieren herbergen, waarvan de witvoetmuis er één is. Deze muis is een goede kolonisator, een goede overlever, een vruchtbare voortplanter en een opportunist – hij is een blijver. Omdat hij door weinig roofdieren en weinig concurrenten wordt gehinderd, schommelt de populatie rond een betrekkelijk hoog gemiddeld niveau dat in de zomer, na een grote eikeloogst, nog veel hoger oploopt. Dan zal het stukje bos geteisterd worden door een muizenplaag, als de golf van ratten die Hamelen uit stroomde. Er zullen ook erg veel teken zijn. De teken drinken lustig van het muizenbloed en hebben een hoge mate van overleving, omdat witvoetmuizen (in tegenstelling tot buidelratten, katvogels of zelfs wangzakeekhoorns) niet erg goed zijn in het zichzelf ontdoen van larven. En omdat de muis zo'n competent reservoir is van *Borrelia burgdorferi* – zo doeltreffend is in het huisvesten en overdragen van de spirocheet – zijn de meeste teken drager van de infectie.

In een groter bosterrein, met een meer diverse gemeenschap van dieren en planten, spelen andere mechanismen. Hier heeft de witvoetmuis met een tiental of meer soorten roofdieren en concurrenten te maken, zodat hij minder talrijk is. De andere zoogdieren zijn minder competent als gastheer voor de spirocheet en minder tolerant ten opzichte van dorstige tekenlarven, zodat er per saldo minder besmette teken zijn.

Hoewel het een ingewikkeld systeem is, zoals Ostfeld al waarschuwde in de titel van zijn boek, komt een aantal punten over de ziekte van Lyme duidelijk naar voren. 'We weten dat wandelen in een bosje riskanter is dan wandelen in een nabijgelegen uitgestrekt woud,' schreef hij. 'We weten dat een wandeltocht door de eikenbossen, twee zomers na een geweldig eikeljaar, veel riskanter is dan een wandeltocht in diezelfde bossen na een mislukt eikeljaar. We weten dat bossen die veel soorten zoogdieren en vogels herbergen veiliger zijn dan bossen waar minder soorten kunnen overleven. We weten dat hoe meer opossums en gewone eekhoorns er in het bos zijn, hoe minder risico er is op de ziekte van Lyme, en we vermoeden dat je dat ook kunt zeggen van uilen, haviken en wezels.' Wat betreft de witstaartherten: die spelen een rol, jawel, maar zeker geen belangrijke rol, dus geloof niet alles wat ze zeggen.

Sommige mensen denken dat 'al wat leeft is onderling verbonden' een waarheid is waar de hele ecologie om draait, voegde Ostfeld eraan toe. Dat is niet zo. Het is niet meer dan een vage gemeenplaats. Waar het in de wetenschap werkelijk om draait is: begrijpen welke levensvormen nauwer verbonden zijn dan andere, en hoe, en welke gevolgen dat heeft als zich veranderingen of verstoringen voordoen.

53

Zoals Rick Ostfeld en zijn medewerkers hebben aangetoond, is een van de duidelijkste lessen van de ziekte van Lyme dat een zoönose gemakkelijker kan overspringen binnen een verstoord, verbrokkeld ecosysteem dan binnen een ongerept, divers ecosysteem. Er is nog een andere les te leren, die echter weinig te maken heeft met Ostfelds onderzoek en niet kan worden geleerd op het niveau van huis-tuin-en-keukenvallen met haverkorrels als lokaas. Deze les vloeit voort uit een meer fundamenteel gegeven: het feit dat *Borrelia burgdorferi* een bacterie is.

Wel is het een bacterie met een aantal bijzondere eigenschappen. Wordt ze, bijvoorbeeld, bestookt met antibiotica, dan lijkt *B. burgdorferi* zich terug te trekken in een inactieve, ondoordringbare vorm, een soort cysteachtige fase die 'rond partikel' wordt genoemd. Ronde partikels zijn bestand tegen vernietiging en heel moeilijk op te sporen. Een patiënt die de ziekte van Lyme met de twee tot vier weken durende standaardkuur van amoxicilline of doxycycline blijkbaar heeft overwonnen, kan nog altijd ronde partikels herbergen en daarom vatbaar zijn voor een terugval. Ronde partikels zouden zelfs het 'chronische ziekte van Lyme'-syndroom, dat zo'n twistappel is voor lijdende patiënten, non-conformistische artsen en de IDSA, kunnen verklaren. Of niet.

Verwar de ronde partikels van *Borrelia burgdorferi* niet met de kleine vorm van *Coxiella burnetii*, het agens van Q-koorts, dat ook cysteachtig is, maar waarvan we weten dat het in Nederland meewaait met de wind en zo de infectie van een barende geit verspreidt. Niemand beweert, althans niet tot dusverre, dat de ziekte van Lyme ook zo kan meewaaien met de wind. Zowel de ronde partikels van *B. burgdorferi* als de kleine vorm van *C. burnetii* illustreren alleen maar dat bacteriën zelfs in het tijdperk van de antibiotica verborgen en taai kunnen zijn. Deze micro-organismen herinneren ons eraan dat je geen virus hoeft te zijn om in de eenentwintigste eeuw ernstige, hardnekkige en raadselachtige uitbraken van zoönosen te veroorzaken. Maar het helpt wel.

6

Zicht op virussen

54

Virussen waren tot ver in de twintigste eeuw een onzichtbaar mysterie, zoiets als donkere materie en Planeet X. Ze waren ongelooflijk belangrijk, maar niet te betrappen, net als het neutron. Ze maakten geen deel uit van Antonie van Leeuwenhoeks microbiële ontdekkingen en ook niet van de bacteriologische doorbraken van Pasteur en Koch, tweehonderd jaar later. Pasteur deed onderzoek naar de ziekte rabiës, ofwel hondsdolheid, zeker, en hij ontwikkelde zelfs een vaccin, maar het rabiësvirus zelf heeft hij nooit te zien gekregen en hij begreep ook niet goed wat het was. Zo ook wist William C. Gorgas in 1902 de gele koorts uit Cuba te verdrijven door systematische uitroeiing van muggen, zonder ooit te weten welke infectieuze ziekteverwekker die muggen bij zich droegen. Het was als een geblinddoekte jager die op eenden schiet, louter afgaand op hun gekwaak. Zelfs het influenzavirus van 1918-1919, dat niet minder dan 50 miljoen mensen over de hele wereld van het leven beroofde, bleef in die tijd een door niemand waargenomen en geïdentificeerd spookverschijnsel. Virussen konden niet worden bekeken door een optische microscoop, ze konden niet worden gekweekt in een cultuur van chemische voedingsstoffen, ze konden niet worden opgevangen met een porseleinen filter, zoals dat met bacteriën werd gedaan. Hun bestaan kon alleen maar worden afgeleid uit andere dingen.

Vanwaar die ongrijpbaarheid? Omdat virussen onvoorstelbaar klein zijn, eenvoudig maar ingenieus, anders dan anders, doelmatig en in sommige gevallen waanzinnig subtiel. Deskundigen verschillen zelfs van mening over de vraag of virussen wel leven. Als ze niet leven, dan zijn het op z'n minst mechanisch functionerende, uitgeklede varianten van wat wij leven noemen. Ze parasiteren. Ze concurreren. Ze vallen aan en ze duiken weg. Ze worstelen. Ze volgen dezelfde basale orders op waaraan alle levensvormen onderworpen zijn – de overleving, vermenigvuldiging en voortzetting van de familie – en dat doen ze met behulp van ingewikkelde strategieën die gestalte hebben gekregen door darwinistische natuurlijke selectie. Ze evolueren. De huidige virussen op de planeet Aarde zijn zeer geschikt voor wat ze doen, omdat alleen de geschiktste, de best aangepaste soorten zijn blijven bestaan.

Het woord 'virus' heeft een veel langere geschiedenis dan het onderzoek naar wat we nu zo noemen. Het komt rechtstreeks van het Latijnse *virus*, een term die 'vergif, sap van planten, slijmerige vloeistof' betekent. Soms wordt het Latijnse woord zelfs vertaald als 'giftig slijm'. Voor zover we weten werd het in het Engels in 1728 voor het eerst gebruikt om er een ziekteverwekkende stof mee aan te duiden, maar voor de rest van de achttiende eeuw en de hele negentiende eeuw en nog enkele tientallen jaren daarna bleef 'virus' een vaag begrip dat je voor elk infectieus micro-organisme kon gebruiken en niet uitsluitend voor de specifieke groep entiteiten die we tegenwoordig als virussen bestempelen. Nog in 1940 noemde zelfs Macfarlane Burnet de Q-koortsmicrobe losweg een 'virus', hoewel hij tegen die tijd al heel goed wist dat het een bacterie was.

De effecten van virussen werden veel eerder ontdekt dan de virussen zelf. Pokken en mazelen en hondsdolheid waren op klinisch niveau al tientallen eeuwen verschrikkelijk vertrouwd, maar wat die ziekten veroorzaakte wist men niet. Voor acute ziekten en epidemieën werden allerlei inventieve verklaringen bedacht – dat ze veroorzaakt werden door dampen en 'uitwasemingen' van moerassen, door rottende materie en vuil, door armoede, door de grillige hand Gods, door zwarte magie, door koude lucht of natte voeten – maar het inzicht in het bestaan van infectieuze micro-organismen kwam slechts geleidelijk tot stand. Rond 1840 begon de Duitse anatoom Jakob Henle te vermoeden dat er schadelijke deeltjes bestonden – levensvormen of objecten – die te klein waren om gezien te worden met een lichtmicroscoop en die toch in staat waren specifieke ziekten over te brengen. Henle had geen bewijs en het idee werd niet onmiddellijk opgepakt. In 1846 was een Deense arts, Peter Panum, getuige van een mazelenepidemie op de Færøer, een afgelegen eilandengroep ten noorden van Schotland, en hij trok enkele scherpe conclusies over hoe de aandoening zich van persoon tot persoon leek te verspreiden met een tussenpoos van ongeveer twee weken (wat we nu een incubatieperiode zouden noemen) tussen blootstelling en symptomen. Robert Koch, die in Göttingen leerling van Jakob Henle was geweest, ging in de jaren zeventig en tachtig van de negentiende eeuw een stap verder dan waarnemingen en veronderstellingen door zijn experimentele onderzoek waarin hij de microbiële oorzaken van miltvuur, tuberculose en cholera identificeerde. Kochs ontdekkingen en ook die van Pasteur, Joseph Lister, William Roberts, John Burdon Sanderson en anderen, leverden het empirische fundament voor een maalstroom van aan het eind van de negentiende eeuw opkomende ideeën, die tezamen meestal worden aangeduid als 'de kiemtheorie' van ziekten. Een theorie waarmee afstand werd genomen van oudere noties van kwaadaardige dampen, overdraagbare gifstoffen, uit balans geraakte lichaamsvochten, besmettelijke verrotting en magie. Maar de kiemen waarmee Koch, Pasteur en Lister zich hoofdzakelijk bezighielden (met uitzondering van het briljante giswerk van Pasteur over rabiës) waren bacteriën.

En bacteriën waren lang niet zo ongrijpbaar. Je kon ze zien met een gewone microscoop. Je kon ze kweken in een petrischaal (de uitvinding van Julius Petri, Kochs assistent) die een rijke voedingsbodem met agaragar bevatte. Ze waren groter en gemakkelijker te vatten dan virussen.

Het volgende cruciale inzicht kwam uit de agronomie, niet uit de geneeskunde. Rond 1890 deed de Russische wetenschapper Dmitri Ivanovski in Sint-Petersburg onderzoek naar de tabaksmozaïekziekte, een probleem op plantages in het Russische Rijk. De 'mozaïekachtige' vlekken op de bladeren leidden uiteindelijk tot belemmerde groei en verschrompeling, wat de productiviteit verlaagde en telers geld kostte. Eerder onderzoek had aangetoond dat deze ziekte besmettelijk was: ze kon experimenteel van de ene plant op de andere worden overgedragen door er sap van geïnfecteerde bladeren op te smeren. Ivanovski herhaalde het overdrachtexperiment, echter met één extra stap. Hij liet het sap door een chamberlandfilter lopen, een van ongeglazuurd porselein gemaakt toestel met uiterst kleine gaatjes dat gebruikt werd om water te zuiveren door de bacteriën eruit te zeven. Ivanovski's verslag dat 'het sap van bladeren die geïnfecteerd zijn met tabaksmozaïekziekte zijn infectieuze eigenschappen behoudt, zelfs na filtratie', was de eerste werkdefinitie van virussen: infectieus maar 'filtreerbaar', wat inhield: zó klein dat ze door gaatjes heen konden waar bacteriën niet doorheen konden. Kort daarna kwam de Nederlandse onderzoeker Martinus Beijerinck onafhankelijk van hem tot hetzelfde resultaat en ging vervolgens nog een stap verder. Door het gefilterde sap van een aangetaste plant te verdunnen en dat aftreksel te gebruiken om er een andere plant mee te infecteren, ontdekte Beijerinck dat het infectieuze spul, wat het ook was, zijn volledige sterkte zelfs na verdunning herwon. Dat betekende dat het zichzelf reproduceerde in de weefsels van de tweede plant, wat op zijn beurt betekende dat het geen toxine was, geen giftige uitscheiding zoals sommige bacteriën die produceren. Als je een hoeveelheid toxine verdunt, neemt de werking ervan af en herwint het niet spontaan zijn kracht. Dit spul deed dat wel. Maar in een bak met alleen maar gefiltreerd sap wilde het niet groeien. Het had iets anders nodig. Het had de plant nodig.

Zodoende lieten de onderzoeksresultaten van Martinus Beijerinck, Dmitri Ivanovski en nog enkele medeonderzoekers tezamen zien dat de tabaksmozaïekziekte wordt veroorzaakt door een entiteit die kleiner was dan een bacterie, onzichtbaar onder de microscoop en in staat tot vermenigvuldiging binnen – en uitsluitend binnen – levende cellen. Dat was het basisprofiel van een virus, hoewel nog niemand er een had gezien. Beijerinck veronderstelde dat de verwekker van de tabaksmozaïekziekte vloeibaar was en noemde hem *contagium vivum fluidum*, een vloeibare levende smetstof. Door later onderzoek, plus de uitvinding van de elektronenmicroscoop in de jaren dertig, werd aangetoond dat hij het op dat punt mis had. Een virus is niet vloeibaar maar vast: het bestaat uit piepkleine deeltjes.

Dit ging allemaal over planten. Het eerste dierenvirus dat ontdekt werd was het virus dat de oorzaak was van mond-en-klauwzeer, ook een pijnlijk agrarisch probleem. Runderen en varkens gaven het razendsnel aan elkaar door en gingen eraan dood of moesten anders worden afgemaakt. Friedrich Loeffler en Paul Froesch, die aan een universiteit in het noorden van Duitsland gebruikmaakten van dezelfde filtratie- en verdunningstechnieken als Beijerinck, bewezen in 1898 dat ook de verwekker van mond-en-klauwzeer een entiteit is die door filters heen gaat en die zich enkel kan vermenigvuldigen in levende cellen. Loeffler en Froesch stelden zelfs vast dat het misschien slechts één van een hele, tot dusver onontdekte groep ziekteverwekkers was, waaronder wellicht enkele die mensen infecteerden en ziekteverschijnselen zoals pokken verwekten. Maar de eerste virusinfectie die bij mensen werd onderkend, was geen pokken – het was gele koorts, in 1901. Rond de tijd dat William Gorgas het praktische probleem van de gele koorts op Cuba oploste door het uitroeien van zoveel mogelijk muggen, toonden Walter Reed en zijn kleine team van microbiologen aan dat de verwekker van de ziekte inderdaad werd overgedragen door muggen. Toch konden ze hem niet zien.

Wetenschappers begonnen het label 'filtreerbaar virus' te gebruiken, een onelegante maar preciezere toepassing van de oude benaming in de sfeer van 'giftig slijm'. Zo verklaarde Hans Zinsser in zijn in 1934 verschenen boek *Rats, Lice and History* ('Ratten, luizen en geschiedenis') – een klassieke kroniek van noest medisch speurwerk en daarop gebaseerde ontdekkingen – dat hij 'gestimuleerd was door het onderzoek naar de zogenoemde "filtreerbaar virus"-agentia'. Veel epidemische ziekten, schreef Zinsser, 'worden veroorzaakt door deze mysterieuze "dingetjes", bijvoorbeeld, pokken, waterpokken, mazelen, de bof, kinderverlamming, encefalitis, gele koorts, dengue, hondsdolheid en griep, om maar te zwijgen van een groot aantal van de belangrijkste aandoeningen van het dierenrijk.' Zinsser besefte ook dat sommige van die dierlijke aandoeningen konden overlappen met de eerste categorie, de menselijke epidemieën. Hij voegde er een cruciale opmerking aan toe: 'In dit geval is er net als bij bacteriële ziekten een levendige uitwisseling van parasieten tussen de mens en de dierenwereld.' Zinsser was niet alleen een scherpzinnig microbioloog maar ook een panoramisch denker. Tachtig jaar geleden vermoedde hij al dat die pas onlangs ontdekte virussen konden behoren bij de rampzaligste zoönosen.

55

Dat het zo moeilijk was om virussen *in vitro* te kweken, maakte ze voor de vroegste onderzoekers tot iets obscuurs, tot iets ongrijpbaars in het laboratorium, maar tegelijkertijd vormde dit ook een aanwijzing voor hun essentie. Een virus groeit niet op een voedingsbodem van chemische stoffen, omdat hij zich alleen vermeerdert in een levende cel. In technisch jargon gesproken is het een 'obligate intracellulaire parasiet'. De omvang ervan is gering en zo ook zijn genoom, dat vereenvoudigd is tot de eerste levensbehoeften voor een opportunistisch, afhankelijk bestaan. Het bevat geen eigen voortplantingsapparaat. Het bietst. Het steelt.

Hoe klein is klein? Het gemiddelde virus is ongeveer een tiende van de gemiddelde bacterie. In metrische termen, want dat is hoe de wetenschap ze meet, variëren min of meer ronde virussen van ongeveer 15 nanometer (dat is vijftien miljárdste van een meter) in doorsnede tot ongeveer 300 nanometer. Maar virussen zijn niet allemaal min of meer rond. Sommige zijn cilindrisch, sommige zijn draadvormig en sommige zien eruit als lelijke futuristische gebouwen of maanlandingsvoertuigen. Wat voor vorm ze ook hebben, het inwendige volume is minuscuul. De in dergelijke kleine omhulsels verpakte genomen zijn net zo beperkt, variërend van 2000 tot ongeveer 1,2 miljoen nucleotiden. Het genoom van een muis daarentegen heeft ongeveer 3 miljárd nucleotiden. Er is een combinatie van drie opeenvolgende nucleotiden nodig om één bepaald aminozuur te specificeren en gemiddeld 250 aminozuren om een eiwit te maken (hoewel sommige eiwitten veel groter zijn). Het maken van eiwitten is wat genen doen; al het andere in een cel of een virus is de uitkomst van secundaire reacties. Zodoende vormt een genoom van slechts 2000 codeletters of zelfs van 13 000 (zoals bij de verschillende influenzasoorten) of van 30 000 (het SARS-virus) enkel een zeer summiere verzameling technische specificaties. Maar zelfs met dit kleine genoom, dat voor slechts acht of tien eiwitten codeert, kan een virus geslepen en effectief zijn.

Virussen staan voor vier fundamentele uitdagingen: hoe ze van de ene gastheer naar de andere moeten komen, hoe ze in die gastheer een cel moeten binnendringen, hoe ze beslag moeten leggen op de uitrusting en hulpbronnen van de cel om meerdere kopieën van zichzelf te kunnen produceren en hoe ze weer naar buiten moeten komen – de cel uit, de gastheer uit en dan verder naar de volgende. De bouw en de genetische capaciteiten van een virus zijn op sobere wijze aangepast aan deze taken.

Sir Peter Medawar, een vooraanstaande Britse bioloog die in hetzelfde jaar als Macfarlane Burnet een Nobelprijs kreeg, definieerde een virus als 'een brokje slecht nieuws, verpakt in een eiwit'. Het 'slechte nieuws' dat Medawar voor ogen stond is het genetische materiaal van het virus dat zo vaak (maar niet altijd) schade toebrengt aan het als gastheer dienende organisme doordat het diens cellen exploiteert voor eigen onderdak en vermeerdering. De eiwitmantel wordt capside genoemd. Het capside dient twee doelen: het beschermt het inwendige van het virus als het bescherming nodig heeft en het zorgt ervoor dat het virus zich in cellen naar binnen kan wurmen. De individuele viruseenheid, dat wil zeggen één compleet virusdeeltje dat nog buiten een cel verblijft, wordt virion genoemd. Het capside bepaalt ook de uitwendige vorm van een virus. Virionen van het ebola- en marburgvirus, bijvoorbeeld, zijn lange draadvormige structuren, ofwel filamenten, die daarom zijn ondergebracht in een groep die de naam filovirussen draagt. Andere virussen hebben deeltjes die rond, eivormig, spiraalvormig of icosaëdervormig (twintigzijdig, als een door Buckminster Fuller ontworpen voetbal) zijn. Hiv-1-deeltjes zijn bolvormig. Rabiësvirionen hebben de vorm van een kogel. Een bordvol ebolavirionen, gemengd met hendravirionen, zou eruitzien als langgerekte, dunne pasta in een lichte saus van kappertjes.

Veel virussen worden omhuld door een extra laag, een zogenoemde envelop, die niet alleen eiwit maar ook aan de gastheercel onttrokken vetmoleculen bevat die in sommige gevallen uit de celwand zijn getrokken toen het virion de cel verliet. Het virion kan over de hele buitenkant van de envelop voorzien zijn van een groot aantal *spikes*, moleculaire eiwitstekels, zoiets als de voor ontsteking dienende uitsteeksels op een ouderwetse zeemijn. Die spikes hebben een vitale functie. Elk soort virus heeft zijn eigen specifieke spikes met een sleutelachtige structuur die op moleculaire sloten aan de buitenkant van een doelcel past. Hiermee kan het virion zich vasthechten, zoals het ene ruimteschip gekoppeld wordt aan het andere, en daarna ontsluiten ze de weg naar binnen. De specifieke aard van de spikes beperkt niet alleen welke soort gastheren een bepaald virus kan infecteren, maar ook welke soorten cellen – zenuwcellen, maagcellen, cellen van het longweefsel – het virus het effectiefst kan binnendringen en daarmee ook wat voor soort ziekte het kan veroorzaken. Nuttig als ze voor een virus zijn, vormen de spikes echter ook kwetsbare punten. Ze zijn het voornaamste doelwit van de immuunreactie van de kant van een geïnfecteerde gastheer. Door witte bloedcellen geproduceerde antistoffen zijn moleculen die beslag leggen op de spikes en voorkomen dat een virion een cel overmeestert.

Het capside moet niet worden verward met een celwand of een celmembraan. Het lijkt er alleen maar in de verte op. Virussen zijn vanaf de begindagen van de virologie gedefinieerd in negatieve zin (*niet* op te vangen met een filter, *niet* te kweken in chemische voedingsstoffen, *niet* wat je noemt levend) en het meest fundamentele negatieve axioma is dat een virion geen cel is. Het virion functioneert niet zoals een cel functioneert, het heeft niet dezelfde vermogens of zwakke punten. Dat blijkt uit het feit dat virussen ongevoelig zijn voor antibiotica – chemische stoffen die gewaardeerd worden vanwege hun vermogen bacteriën (wat cellen zijn) te doden of minstens hun groei te belemmeren. De werking van penicilline is dat het voorkomt dat bacteriën hun celwanden bouwen. Dat geldt ook voor synthetische alternatieven zoals amoxicilline. De werking van tetracycline is dat het interfereert in de interne metabolische processen die bacteriën nieuwe eiwitten voor celgroei en vermenigvuldiging laten produceren. Bij gebrek aan celwanden en bij gebrek aan interne metabolische processen zijn virussen ongevoelig voor de effecten van zulke moordende medicamenten.

In het virale capside zit meestal niets anders dan genetisch materiaal, de verzameling instructies voor het creëren van nieuwe virionen volgens hetzelfde patroon. Deze instructies kunnen alleen worden uitgevoerd als ze ingevoegd worden in de functies van een levende cel. Het materiaal zelf kan of DNA of RNA zijn, afhankelijk van de virusfamilie. Beide moleculsoorten zijn in staat tot het opslaan en tot uitdrukking brengen van informatie, hoewel elk zijn sterke en zwakke kanten heeft. Herpesvirussen, pokkenvirussen en papillomavirussen bevatten DNA; hetzelfde geldt voor een half dozijn virusfamilies waarvan je nog nooit hebt gehoord, zoals de iridovirussen, de baculovirussen en de hepadnavirussen (waarvan er één hepatitis B veroorzaakt). Andere, waaronder filovirussen, retrovirussen (met als meest notoire hiv-1), coronavirussen (SARS-CoV) en de families van het mazelen-, bof-, hendra-, nipah-, gelekoorts-, dengue-, westnijl-, rabiës-, machupo-, junin-, lassa- en chickungunyavirus, voorts alle hantavirussen, alle influenzavirussen én de verkoudheidsvirussen, slaan hun genetische informatie op in de vorm van RNA.

De verschillende eigenschappen van DNA en RNA zijn verantwoordelijk voor een van de meest cruciale verschillen tussen virussen: hun mutatiegraad. DNA is een dubbelstrengsmolecuul, de bekende dubbele helix, en omdat de twee strengen ervan op elkaar passen door toedoen van die zeer specifieke relaties tussen paren van nucleotidenbasen (adenine dat zich alleen verbindt met thymine, cytosine alleen met guanine), herstelt het in het algemeen fouten in de plaatsing van basen terwijl het zich repliceert. Deze herstelwerkzaamheden worden verricht door DNA-polymerase, het enzym dat als katalysator werkt bij de aanleg van nieuw DNA uit enkelvoudige strengen. Als een adenine op een verkeerde plek belandt en gekoppeld wordt aan een guanine (niet zijn juiste partner), dan herkent de polymerase die fout, krabbelt één basenpaar terug, herstelt de verkeerde combinatie en gaat dan verder. Daarom is de mutatiegraad bij de meeste DNA-virussen betrekkelijk laag. RNA-virussen, die gecodeerd worden door een enkelstrengsmolecuul zonder zo'n herstelmechanisme, zonder zo'n buddy-buddysysteem, zonder corrigerende polymerase, hebben een mutatiegraad die duizenden malen hoger kan liggen. (Voor de goede orde: er is ook een kleinere groep DNA-virussen die hun genetische informatie coderen op enkelstrengs-DNA en een hoge mutatiegraad hebben, net als bij RNA. En er is ook een kleine groep van dubbelstrengs-RNA-virussen. Geen regel zonder uitzonderingen. Maar deze geringe afwijkingen zullen we negeren, omdat deze materie al ingewikkeld genoeg is.) Waar het in de kern om gaat, is zo belangrijk dat ik het zal herhalen: RNA-virussen muteren overdadig.

Mutatie zorgt voor nieuwe erfelijke variatie. Variatie is de grondstof waar de natuurlijke selectie mee werkt. De meeste mutaties zijn schadelijk doordat ze cruciale disfuncties veroorzaken en de door mutatie ontstane vormen op een evolutionair dood spoor brengen. Maar af en toe is een mutatie nuttig en adaptief. En hoe meer mutaties er optreden, hoe groter de kans dat er goede bij zullen zijn (meer mutaties betekent ook meer kans op schadelijke mutaties die dodelijk zijn voor het virus; dit stelt een grens aan de maximaal vol te houden mutatiegraad). RNA-virussen evolueren daarom misschien wel sneller dan elke andere categorie organismen op aarde. Dat maakt ze zo vluchtig, zo onvoorspelbaar en hinderlijk.

In weerwil van Peter Medawars geestige gezegde is niet elk virus 'een brokje slecht nieuws verpakt in een eiwit' – of in elk geval geen slecht nieuws voor elke geïnfecteerde gastheer. Soms is het nieuws alleen maar neutraal. Soms is het zelfs goed nieuws: bepaalde virussen leveren hun gastheren heilzame diensten. 'Infectie' hoeft niet gepaard te gaan met aanzienlijke schade; het woord verwijst alleen maar naar een gevestigde aanwezigheid van een micro-organisme. Een virus bereikt er niet noodzakelijkerwijs iets mee als hij zijn gastheer ziek maakt. Zijn eigenbelang vereist slechts vermeerdering en overdracht. Een virus dringt cellen binnen, jawel, en het ondermijnt hun fysiologische uitrusting door kopieën van zichzelf te maken, jawel, en vaak vernietigt het deze cellen bij het vertrek, jawel – maar misschien niet zóveel cellen dat er echt schade wordt aangericht. Een virus kan een gastheer behoorlijk rustig en zachtzinnig bewonen door zich in bescheiden mate te vermeerderen en van het ene individu over te gaan naar het andere, zonder enig ziekteverschijnsel te produceren. De relatie tussen een virus en zijn reservoir zal bijvoorbeeld doorgaans gekenmerkt worden door een dergelijke wapenstilstand, die soms bereikt wordt na een langdurige verbintenis en vele generaties van wederzijdse evolutionaire aanpassing, waarbij het virus steeds minder virulent en de gastheer steeds toleranter wordt. Dat is deels bepalend voor de toestand van een reservoir: geen symptomen. Niet elke virus-gastheerrelatie loopt uit op zulke vriendschappelijke relaties. Het is een speciale vorm van ecologisch evenwicht.

En net als alle vormen van ecologisch evenwicht, is deze tijdelijk, voorlopig, voorwaardelijk. Wanneer zich een oversprong voordoet, waarbij een virus bij een nieuw soort gastheer belandt, wordt het bestand geannuleerd. De tolerantie is niet-overdraagbaar. Het evenwicht wordt verbroken. Een volkomen nieuwe relatie ontstaat. Als nieuwe bewoner van een onbekende gastheer kan het virus een onschuldige passagier, een matige overlast of een plaag blijken te zijn. Dat hangt er maar helemaal van af.

56

Het virus dat officieus herpes B wordt genoemd (en tegenwoordig preciezer wordt aangeduid met Macacine herpes virus 1, wat naar zijn natuurlijke gastheer, namelijk makaken, verwijst) veranderde in 1932, na een laboratoriumongeluk op de New York University, in één klap van een onbekende entiteit in een micro-organisme dat de aandacht van de medische wereld trok. Een jeugdige wetenschapper, die William Brebner heette, deed onderzoek naar een poliovaccin. Apen waren belangrijk voor dat onderzoek en het favoriete dier was de resusaap (*Macaca mulatta*), een makaak die behoort tot de familie *Cercopithecidae*, ofwel Apen van de Oude Wereld. Omdat het poliovirus nog niet in glas was gekweekt (dat zou uiteindelijk mogelijk zijn, maar alleen als levende cellen in de voedingsbodem konden worden gehandhaafd als gastheren voor het virus), dienden resusapen meestal als incubator voor het virus én als proefdier. Poliomyelitis is geen zoönose (van nature treft het geen andere dieren dan de mens), maar met behulp van een injectienaald kon men het virus laten groeien in apen. Een onderzoeker zou het poliovirus afnemen bij een dier dat kunstmatig was geïnfecteerd en zou dat inspuiten in de hersenen of het ruggenmerg van een andere aap, zodat de infectieketen werd voortgezet en hij en passant de effecten op de apen kon observeren. Op een dag, toen hij met een aap bezig was, werd William Brebner gebeten.

Het was geen ernstige beet, alleen maar een schrammetje op de ringvinger en de pink van zijn linkerhand. Brebner ontsmette de wondjes met jodiumtinctuur en daarna met alcohol, en ging door met zijn werk. De aap leek normaal en gezond, hoewel begrijpelijk chagrijnig, en als hij al polio bij zich droeg, was dat niet iets waar Brebner zich blijkbaar zorgen over maakte. Kort daarna overleed de aap (onder ether, tijdens een andere experimentele procedure), en er werd geen sectie op hem verricht.

Drie dagen later bemerkte Brebner 'pijn, roodheid en een lichte zwelling' rond de beet. Er gingen nog eens drie dagen voorbij en toen werd hij opgenomen in het Bellevue Hospital. Zijn ziekteverschijnselen breidden zich langzaam uit – gevoelige lymfeklieren, buikkrampen, verlamming van zijn benen, niet kunnen plassen, prikkelende verstijving in zijn armen en daarna hoge koorts en verkramping van het middenrif – totdat hij na twee weken echt heel erg ziek was. Hij kon nog maar moeizaam ademhalen en hij liep blauw aan. Hij werd in een ijzeren long gelegd, kreeg stuiptrekkingen en verloor het bewustzijn. Schuimend vocht kwam met horten en stoten uit zijn mond en neusgaten. Vijf uur later was de negenentwintigjarige William Brebner dood.

Waar was hij aan doodgegaan? Was het polio? Was het rabiës? Een medeonderzoeker in hetzelfde NYU-lab, net klaar met zijn studie geneeskunde, maar leergierig en enthousiast, assisteerde bij de autopsie van Brebner en verrichtte vervolgens nader onderzoek met behulp van stukjes van Brebners hersenen, ruggenmerg, lymfeklieren en milt. Deze man was Albert B. Sabin, tientallen jaren voordat hij grote bekendheid kreeg als maker van een oraal poliovaccin. Sabin en een collega injecteerden apen met een emulsie uit Brebners hersenen en ook injecteerden ze enkele muizen, cavia's en honden. Geen van deze dieren vertoonde tekenen van wat Brebner had doorstaan. Maar met dezelfde emulsie geïnjecteerde konijnen wel. Hun poten werden slap, ze stierven door falende ademhalingsorganen en hun milt en lever waren beschadigd. Uit de konijnen wonnen Sabin en zijn medewerker een gefilterd extract dat opnieuw hetzelfde infectiebeloop kon veroorzaken. Ze noemden het simpelweg 'het B-virus', naar Brebner. Ander onderzoek gaf aan dat het een herpesvirus was.

Herpes B is bij mensen een zeer zeldzame, maar kwaadaardige infectie, met een sterfte van bijna 70 procent onder de niet meer dan enkele tientallen geïnfecteerden in de twintigste eeuw (vóór recente doorbraken in antivirale farmaceutica) en van toen af aan met een sterfte van bijna 50 procent. Als de infectie niet dodelijk is, zadelt ze de overlevenden vaak op met neurologische schade. Het is een beroepsrisico van wetenschappers en laboranten die met resusapen werken. Onder de apen zelf komt het veel voor, maar bij hen is het alleen maar iets hinderlijks. Het zit in zenuwknopen, duikt met tussenpozen op en veroorzaakt dan lichte kwetsuren, meestal in of rond de mond van de aap, net als de koortsblaasjes of zweertjes van herpes simplex bij de mens. De ontstekingen van de apen komen en gaan. Bij mensen met herpes B is dat niet het geval. In de decennia na de dood van Brebner zijn er tweeënveertig andere menselijke gevallen vastgesteld, allemaal bij wetenschappers of laboranten of andere met dieren werkende mensen die contact hadden gehad met als proefdier fungerende resusapen.

In de jaren vijftig, het tijdperk van de gedreven zoektocht naar een vaccin tegen polio, steeg het aantal menselijke ziektegevallen snel, waarschijnlijk doordat deze onderzoeksactiviteiten zo'n sterk groeiend gebruik van resusapen met zich meebrachten. De omstandigheden waarin de dieren gevangen werden gehouden en behandeld waren primitief in vergelijking met de huidige normen voor medisch onderzoek aan primaten. Van 1949 tot 1951 werden in één enkel project binnen de veelheid aan onderzoeksprojecten die gefinancierd werden door de National Foundation for Infantile Paralysis (ook bekend als de 'March of Dimes') 17 000 apen verbruikt. De genoemde stichting beheerde in South Carolina een soort distributiecentrum voor geïmporteerde apen, vanwaar een toonaangevende onderzoeker zich doorlopend 50 resusapen per maand à 26 dollar per stuk liet bezorgen. Niemand weet precies hoeveel van deze apen er werden 'geofferd' in de labs van Albert Sabin en Jonas Salk, laat staan die van andere onderzoekers, maar de incidentie van herpes B-infecties piekte in 1957-1958, juist toen de zoektocht naar het poliovaccin zijn hoogtepunt bereikte. Het merendeel van deze gevallen deed zich voor in de Verenigde Staten, de rest in Canada en Groot-Brittannië, plaatsen waar resusapen duizenden kilometers verwijderd waren van hun natuurlijke leefomgeving, maar waar intensief medisch onderzoek werd gedaan.

Na die piek van de jaren vijftig begon het aantal incidentele infecties te dalen, misschien doordat laboranten betere voorzorgsmaatregelen waren gaan nemen, zoals het dragen van handschoenen en maskers, en ze apen verdoofden voordat ze ze beetpakten. In de jaren tachtig volgde er een geringe tweede toename van het aantal herpes B-gevallen, in samenhang met een nieuwe toename van het gebruik van resusapen, deze keer voor onderzoek naar aids.

Het meest recente geval deed zich eind 1997 voor bij het Yerkes National Primate Research Center in Atlanta. Op 29 oktober kreeg een jonge vrouw die met de in kooien verblijvende apen werkte spetters van de een of andere smurrie van een resusaap in een oog. Het kan urine of ontlasting geweest zijn, of speeksel – niemand lijkt het te weten. Ze veegde haar ogen met een papieren handdoekje af, ging ijverig verder met haar werk en nam bijna een uur later de tijd om haar ogen even met water te spoelen. Dat was niet genoeg. Ze rapporteerde het voorval niet, maar tien dagen later was het oog rood en gezwollen. Ze ging naar een eerstehulpafdeling, waar de dienstdoende arts haar antibiotische oogdruppels voorschreef. Hartelijk bedankt. Toen de oogontsteking verergerde, ging ze naar een oogarts. Weer verstreken er enkele dagen, waarna ze door een andere oogarts werd onderzocht en uiteindelijk werd opgenomen in het ziekenhuis wegens vermoedelijke herpes B. Nu schreef men haar krachtig werkende antivirale middelen voor. Intussen waren culturen op basis van uitstrijkjes van haar ogen stilletjes teruggehaald uit de commerciële laboratoria waar ze naartoe waren gestuurd voor analyse – eh, laat maar, we nemen ze gewoon weer terug. Haar culturen waren alsnog te gevaarlijk bevonden voor verwerking door gewone laboranten.

De jonge vrouw leek wat op te knappen en verliet het ziekenhuis. Maar de volgende ochtend werd ze wakker met erger wordende ziekteverschijnselen – buikpijn, grote moeite met plassen, verzwakking van haar rechtervoet – en ging ze weer terug naar het ziekenhuis. Aan het eind van de maand kreeg ze hevige koortsaanvallen. Toen kwam de longontsteking. Ze stierf op 10 december 1997 aan ernstige ademhalingsproblemen. Hoewel haar eigen vader infectieziektespecialist was en haar moeder verpleegkundige, en er in het onderzoekscentrum waar ze werkte meer dan genoeg mensen met kennis van herpes B waren, had de moderne geneeskunde haar niet kunnen redden.

Dit jammerlijke incident gaf enkele mensen de nodige stof tot nadenken. De kans op een overdracht tussen soorten mocht dan klein zijn – heel klein, onder normale omstandigheden – maar de gevolgen waren groot. Enkele jaren later, toen elf resusapen in een Engels 'safaripark' positief op herpes B-antistoffen hadden getest, besloot de directie de hele kolonie uit te roeien. Deze beslissing werd ingegeven door het feit dat de Britse Adviesraad voor gevaarlijke pathogenen herpes B onlangs opnieuw had ingedeeld, nu bij biologisch-bedreigingsniveau 4, waardoor het nu in het elitaire gezelschap verkeerde van het ebola- en het marburgvirus en ook het virus dat de Krim-Kongo hemorragische koorts veroorzaakt. Nationale voorschriften bepaalden dat alle dieren die met een niveau 4-agens geïnfecteerd waren ofwel moesten worden behandeld op BSL-4-veiligheidsniveau (dat wilde zeggen: ruimtepakken, drie paar handschoenen, luchtsluisdeuren en wat er allemaal nog meer bij kwam kijken, dus niet echt praktisch voor een toeristische attractie waar wilde dieren bekeken werden) ofwel geruimd moesten worden. Natuurlijk betekenden positieve uitslagen van antistoftesten alleen maar dat die elf apen aan het virus blootgesteld waren, niet dat ze op dit moment geïnfecteerd waren, laat staan dat ze herpes B uitscheidden. Maar dat wetenschappelijke onderscheid maakte geen eind aan de slachting. Ingehuurde schutters doodden met .22-geweren in één dag alle 215 dieren in het safaripark. Twee weken later volgde een ander dierenpark op het Engelse platteland dit voorbeeld en vernietigde men alle honderd resusapen, nadat een paar van deze apen positief getest hadden op herpes B-antistoffen. De wet was de wet en makaken (geïnfecteerd of niet) waren nu waarschijnlijk slecht voor de business. Een gevoeliger kwestie, aangeroerd door primatologen die zulke slachtingen grotesk en overbodig achtten, was de vraag of herpes B wel of niet op niveau 4 thuishoorde. Er zijn enkele goede argumenten voor de stelling dat het daar niet thuishoort.

De resusaap is niet de enige makaak die herpes B bij zich draagt. Hetzelfde virus is aangetroffen bij andere Aziatische apen zoals de langstaartmakaak (*Macaca fascicularis*) binnen zijn natuurlijke verspreidingsgebied in Indonesië. Maar voor zover we weten hebben noch de in het wild levende resusapen noch de andere soorten ooit herpes B-infecties op mensen overgebracht, zelfs niet in situaties waar de apen intensief contact met mensen hebben. Dit is niet makkelijk te verklaren, omdat die mogelijkheid wel degelijk aanwezig lijkt. Zowel resusapen als langstaartmakaken zijn opportunistische dieren, niet echt bang voor mensen of omgevingen waar mensen verblijven. Nu ze door de kettingzagen en machetes van de oprukkende menselijke horde zijn verdreven uit hun oorspronkelijke leefgebieden in het woud – in India, Zuidoost-Azië, Indonesië en de Filipijnen – zijn ze alleen maar des te meer geneigd alle kansen te benutten om te stropen, te stelen en te bedelen aan de randen van de beschaving. Ze leven overal waar ze voedsel en een redelijke mate van tolerantie kunnen vinden. Je kunt resusapen op de loer zien liggen op de daken van overheidsgebouwen in Delhi. Je kunt langstaartmakaken afval zien weggrissen uit de gangen van slaapzalen op een universiteitscampus, niet ver van Kuala Lumpur. En omdat zowel de hindoeïstische als de boeddhistische religie een milde houding inneemt tegenover dieren in het algemeen en tegenover niet-menselijke primaten in het bijzonder, zijn makaken nu een massale en vrijpostige aanwezigheid rond de vele tempels in hun eigen regio, vooral als zo'n tempel in de buurt van een woud of in een resterend deel ervan staat.

Op hindoeïstische locaties hebben ze het voordeel van hun gelijkenis met de aapgod Hanuman. Ook het boeddhisme, althans zoals het beoefend wordt in Japan, China en India, kent resten van een oeroude apenverering. Je kunt het zien op afbeeldingen en in sculpturen zoals het beroemde reliëf met de drie apen (zie geen kwaad, hoor geen kwaad, spreek geen kwaad) in de Toshogu-schrijn ten noorden van Tokio. Generaties lang, door de eeuwen heen, zijn makaken in deze streken uit de wildernis gekomen en gewend geraakt aan het gezelschap van mensen. Tegenwoordig vind je ze als gelukbrengende apen rond veel tempels en heiligdommen waar ze gekoesterd worden als helpers van Hanuman of de shintogodheid Sanno en waar ze grotendeels leven van de giften van pelgrims en toeristen.

Een van deze plekken is het Sangeh-apenbos in centraal Bali, te midden van de groene vulkanische hellingen en de welgevormde rijstvelden van het mooiste eiland ter wereld. Daar in Sangeh wachten zo'n tweehonderd langstaartmakaken om giften af te troggelen van de duizenden bezoekers die elke maand door de tempel en het aangrenzende bos dwalen. Dat was de reden waarom de antropologe Lisa Jones-Engel van de University of Washington en haar man Gregory Engel, een arts, Sangeh uitkozen als dé plek om blootstelling van mensen aan door apen overgedragen herpes B te bestuderen. Ze wisten dat de omstandigheden er totaal anders zouden zijn dan in een laboratorium.

Bali is met een bevolking van bijna 4 miljoen mensen op een oppervlak dat nauwelijks groter is dan de Nederlandse provincie Noord-Brabant, een van de vollere menselijke habitats – maar van een elegante volte, ingenieus opgebouwd, geterrasseerd, geïrrigeerd en in vakjes verdeeld, niet zo samengeperst en rommelig als in andere dichtbevolkte tropische landen. Bali herbergt het grootste deel van de hindoes van Indonesië, dat verder een overwegend islamitisch land is. Het kleine stukje woud van Sangeh bestaat uit ongeveer zes hectare hardhoutbomen die de makaken schaduw en onderdak, maar niet veel natuurlijk voedsel bieden. In plaats daarvan leven ze van pinda's, bananen, koude rijst, bloemblaadjes en andere lekkernijen en offergaven, hun allemaal aangeboden door tempelpersoneel, toeristen en hun hindoeïstische vereerders. De laan die naar het bos voert wordt omzoomd door winkels die souvenirs, kleding en apenvoedsel verkopen. De apen schromen niet om die giften te accepteren, of ze zelfs op te eisen. Ze zijn hun natuurlijke instincten met betrekking tot persoonlijke ruimte kwijtgeraakt. Ondernemende plaatselijke fotografen drijven een levendige handel in foto's van toeristen die graag poseren met makaken. 'En hier zie je me op Bali, met een aap op mijn hoofd. Schattig baasje, wilde alleen maar die mueslikoek.' Maar die schattige baasjes bijten en krabben soms.

Engel, Jones-Engel en hun medewerkers verzamelden op deze plek twee interessante sets gegevens. Door het afnemen van bloedmonsters brachten ze de apenpopulatie in kaart en dat deden ze ook met de menselijke populatie die op Sangeh werkzaam was, ook met behulp van bloedmonsters en tevens door interviews. Wat ze vonden zegt veel over het scala aan geschikte gelegenheden voor een virusoversprong tussen Aziatische apen en mensen.

Het team nam bloed af bij 38 makaken, waarvan er 28 volwassen dieren en de rest jongen waren. Ze screenden het bloedserum op sporen van antistoffen tegen herpes B, hetzelfde virus waaraan William Brebner en de meeste andere mensen die ermee geïnfecteerd raakten bezweken waren. De resultaten van het labwerk waren huiveringwekkend: bij volwassen langstaartmakaken in Sangeh was de prevalentie van herpes B-antistoffen 100 procent. Elk volwassen dier was geïnfecteerd. Elk volwassen dier had óf het virus ooit bij zich gedragen óf het droeg het nog steeds bij zich (wat waarschijnlijker was, omdat het een herpesvirus is, dat langdurig latent kan blijven). Bij de jonge apen lag het percentage lager, waarschijnlijk omdat ze zonder het virus geboren worden en ze het naarmate ze ouder worden verwerven door sociale interactie met volwassen apen.

Die resultaten werden afgezet tegen het onderzoek van de mensen, waarbij de kansen voor het virus om een oversteek te maken tussen de soorten werden gemeten. Het team stelde vast dat bijna een derde van de winkeliers, fotografen en andere mensen uit de buurt die ze hadden geïnterviewd, minstens één keer gebeten was door een makaak. Bijna 40 procent had schrammen opgelopen. Sommige mensen hadden meer dan eens beten of schrammen opgelopen.

In dit op werknemers gerichte onderzoek werd niet eens een poging ondernomen om de beten en schrammen te tellen van de komende en gaande toeristen. De onderzoekers schatten alleen maar dat er elk jaar duizenden door een aap gebeten toeristen uit Sangeh weggingen – en Sangeh is slechts één van een handvol van zulke Balinese apentempels. De kans dat een mens onder deze omstandigheden herpes B oploopt lijkt enorm groot.

Maar voor zover men weet, is dat niet gebeurd. Engel, Jones-Engel en hun medeauteurs schreven dat er op Bali 'geen enkel geval' van menselijke besmetting met het virus is gemeld, 'ofwel in samenhang met apenbossen, ofwel in een andere context buiten het laboratorium'. Duizenden beten, duizenden schrammen, duizenden geschikte gelegenheden en nul gevallen (althans nul gerapporteerde gevallen) van mensen die ziek waren geworden van herpes B. Als dat goed nieuws lijkt, in plaats van een griezelig raadsel, dan ben je meer tot optimisme geneigd dan ik. Toen ik hun artikel uit had, was ik nog steeds intens verbaasd en wilde ik er graag meer over horen – met eigen oren.

57

Voordat ik het wist, hielp ik Lisa Jones-Engel en Gregory Engel met apen vangen in een heiligdom in het noordoosten van Bangladesh.

We waren eerst naar de stad Sylhet aan de oevers van de rivier de Surma gegaan, een streek waar het laagland van Bangladesh zich tot heuvels begint te plooien. De heuvels lopen naar het noorden op tot bergen, waarachter Assam, Bhutan en Tibet liggen. Sylhet is een districtshoofdstad met een half miljoen inwoners en een onbepaald aantal andere primaten. De straten worden overspoeld door verkeer dat er op de een of andere manier in slaagt in beweging te blijven, ondanks een bijna totale afwezigheid van stoplichten. Honderden groene motortaxi's, aangedreven door aardgas, en duizenden fleurig gedecoreerde fietsriksja's, aangedreven door lankmoedige mannen met magere bruine benen, proberen elkaar de loef af te steken om een plek naast de geblutste bussen en voortkruipende auto's te bemachtigen. In de vroege ochtend rollen ook tweewielige handkarren door de straten, die groenten naar de markt brengen. Op de grotere kruispunten doemen winkelcentra en in glimmend glas gehulde luxe hotels op. Het is een bloeiende stad, een van de rijkste in dit arme land, voor een groot deel dankzij de investeringen en uitgaven van geëmigreerde families die hier hun wortels hebben en goed boeren in Groot-Brittannië. Ze komen vaak terug naar huis of sturen in elk geval geld hierheen. Veel curryrestaurants in Londen, vertelde een man me, worden gerund door Bengalezen die uit Sylhet komen.

Het religieuze toerisme levert ook een forse bijdrage aan de lokale economie. Er zijn nogal wat heiligdommen. En die heiligdommen brachten niet alleen pelgrims uit heel Bangladesh hiernaartoe, maar ook ons.

Op onze eerste middag in Sylhet verkenden we een heiligdom, de Chashnipeer Majar. Het is een klein koepelvormig bouwwerk boven op een heuvel die oprijst boven een drukke wijk, beneden omringd door betonnen muren, kleine winkels, woonhuizen met vensterloze voorgevels en kronkelende steegjes. Een lange trap bracht ons naar het heiligdom, dat overwelfd werd door vijf of zes kronkelige bomen, eentje met dode takken waar apen op zaten die driftig aan de takken schudden, als nijvere matrozen in het want van een schip. De heuvels rond het heiligdom waren bedekt met knoestige struiken, rotzooi en de graven van voorouders van de huidige bewoners van Sylhet. Het was geen groene plek, dit kleine eiland van gewijde grond in het hart van een stadswijk, maar de hier verblijvende wilde dieren leek dat niet te deren. Overal zag je makaken: op het dak van het heiligdom, in de bomen, op de daken van de huizen beneden, makaken die langs regenpijpen omhoogklommen, makaken die zich over elektriciteitskabels verplaatsten, makaken die rondhingen op de trap en over de leuningen liepen en makaken dartelend tussen de graven. Nadat we die eerste middag de plek hadden verkend, kwamen we twee dagen later in de vroege ochtend terug om de vrede te verstoren.

Onze apenval was in elkaar gezet en klaar voor gebruik. Het was een speciaal voor dit doel geconstrueerd kubusvormig staketsel van aluminium buizen met een nylon netwerk, zo groot als een kast en met een valdeur die bediend werd met een laag boven de grond gespannen draad. Je ging een stukje verderop zitten, je sloeg de boel gade, je zag apen naar binnen gaan, je trok aan de draad – en de deur kwam naar beneden. Maar je trekt niet te gauw. Je neemt geen genoegen met het eerste dier dat zich naar binnen waagt. Een onderdeel van de optimale techniek voor het vangen van makaken, zo was me verteld, was dat je er zo veel mogelijk ving met de eerste ruk die je gaf, omdat deze beestjes slim zijn en snel leren. Ze worden valstrikschuw nadat ze de truc hebben zien toepassen op hun kameraden. Dus wie de draad vasthoudt moet geduldig zijn en wachten op het juiste moment, dat wil zeggen wanneer er zo veel mogelijk dieren in de val zitten.

Mijn opdracht was minder belangrijk: als de deur viel, moest ik er onmiddellijk naartoe rennen en hem met mijn voet klemzetten, zodat de gevangen makaken zich niet naar buiten konden wurmen. Daarna zou Gregory Engel zich met het moeilijkste onderdeel belasten, namelijk ze een voor een verdoven met een injectienaald vol Telazol, een snelwerkend veterinair verdovingsmiddel. Hoe injecteer je een hysterische aap? In dit geval door hem in de dij te prikken, door de mazen van de val heen. Professor Mohammed Mustafa Feeroz, de belangrijkste Bengalese medewerker van Engel en Jones-Engel zou voor de verdediging zorgen. Vier studenten van Feeroz zouden hem assisteren. Die verdedigende rol was belangrijk, omdat apen die niet gevangen waren een fanatieke uitval konden doen om hun kameraden te bevrijden. Ze konden een formidabele strijdmacht vormen. Lisa Jones-Engel, de bedenkster van het hele project die echter vanwege haar sekse dit heiligdom niet mocht betreden, zou samen met een aantal vrouwelijke assistenten op een nabijgelegen binnenplaats wachten tot ze met bloed afnemen konden beginnen. Een, twee, drie: val, verdoven, bloed afnemen. Wat kon er eenvoudiger zijn?

Ik kan je wel vertellen dat heel veel dingen eenvoudiger kunnen zijn.

In de val dienden gepofte rijst en bananen als lokaas. Vlak nadat we het lokaas hadden neergelegd, kwamen enkele apen de boel inspecteren. Ze beklommen de val aan alle kanten, vanbinnen en vanbuiten. De meeste andere apen hielden zich op de achtergrond. Het nieuws leek de ronde te doen, de opwinding nam toe, meer dieren kwamen aangehuppeld over de daken, het moeten er wel honderd geweest zijn, allemaal nerveus nieuwsgierig naar onze aanwezigheid en aangelokt door het aas. We treuzelden discreet op de trappen, op de helling, deden zo nonchalant mogelijk en keken een andere kant op. Feeroz had de draad vast. Hij had het geduld van een visser die een dansende dobber gadeslaat. Hij wachtte en hij bleef wachten toen een paar van de grootste makaken de val in gingen om hem te inspecteren. Een van hen, een groot mannetje met de lichaamsbouw van iemand als Schwarzenegger en met bijzonder lange hoektanden, was vermoedelijk het alfamannetje van de troep. Hij was waaghalzig. Begerig naar zijn deel. Nog een paar dieren gingen achter hem aan naar binnen. Feeroz trok.

De deur viel, waardoor Schwarzenegger plus zes andere makaken in de val zaten, en de hel brak los.

58

Misschien is intussen de vraag bij je opgekomen hoe dat kan: heilige apen in een islamitisch land? De bevolking van Bangladesh bestaat voor 90 procent uit moslims, voor het merendeel traditionele soennieten. Verbiedt de islam geen gesneden beelden en totemisme? Zouden die apentempels eigenlijk geen hindoeïstische of boeddhistische heiligdommen moeten zijn?

Dat klopt helemaal, maar er is één uitzondering: de soefiheiligdommen in het noordoosten van Bangladesh, zoals Sylhet. De Chashnipeer Majar is een soefitempel.

Het soefisme in de regio is zevenhonderd jaar oud en terug te voeren tot een vrome indringer die Hazrat Shah Jalal heette. Het kan zowel door sjiieten als soennieten worden beoefend, maar het is een meer mystieke, esoterische tak van de islam dan de conventionele sjiitische of soennitische traditie. Het verhaal gaat dat Shah Jalal uit het westen, uit Mekka kwam, via Delhi, met zijn gevolg van 360 discipelen. Sylhet was in die jaren een brahmaans koninkrijk, maar een koninkrijk waarvan de kracht was vergaan en dat geregeerd werd door een stamhoofd. Ofwel Shah Jalal overwon de hoofdman of (afhankelijk van welke versie je hoort) hij maakte hem zo bang dat hij de aftocht blies. Een van Shah Jalals getrouwen was een zekere Chashnipeer, een soort tovenaar-geoloog, belast met het vinden van de juiste plaats voor een nieuw koninkrijk van soefi-adepten, waar de bodem overeenkwam met de heilige grond van Mekka. Dat werd Sylhet. Shah Jalal en zijn volgelingen vestigden zich in de regio en bekeerden een groot deel van de bevolking tot het soefisme. Na een langdurig bewind stierf Shah Jalal en hij werd daar begraven. Zijn mausoleum, dat nu deel uitmaakt van een groot moskeecomplex in een noordelijke wijk van de stad, trekt nog steeds pelgrims uit alle delen van Bangladesh. Ik geloof niet dat ze daar apen welkom heten.

Maar er werden ook andere heilige plaatsen gesticht, die hun naam ontleenden aan minder bekende grondleggers van het soefisme. Deze waren anders dan de gewone islamitische moskeeën, het waren *majars*, plaatsen waar een heilige figuur werd vereerd wiens lichaam daar ter plekke kon zijn begraven (zoals dat van Shah Jalal). Omdat deze erkenning van heiligheid als afgoderij kan worden beschouwd – omdat een sterfelijk persoon impliciet vergeleken wordt met God – kunnen dergelijke soefimajars indruisen tegen een naar de letter opgevatte islam zoals die door soennieten of sjiieten wordt beleden. Ze zijn onrechtzinnig. Je zult ze niet in het zuiden vinden, in de hoofdstad Dhaka.

In meer recente tijden onderging ook een deel van de majars van Sylhet opnieuw een transformatie. Toen de natuurlijke leefgebieden van de makaken door agrarische expansie en verstedelijking begonnen te krimpen, vonden apen onderdak bij deze heiligdommen. In het begin stalen ze misschien voedsel of gristen ze afval weg. Geleidelijk aan werden ze halftam. Ze leerden hoe ze om voedsel moesten bedelen en kregen een eigen plek, ze werden geduld en uiteindelijk gekoesterd door de mannen die deze heiligdommen beheerden. Verschillende majars, waaronder Chashnipeer, werden apenheiligdommen.

Mensen kwamen er hun heilige vereren, vonden het leuk om de makaken te zien, gaven aalmoezen en kwamen soms in groten getale en van heel ver weer terug voor vieringen waarbij gevast en gebeden werd. De makaken waren iets nieuws. Ze waren populair. Het was, als ik zo vrij mag zijn, een goed businessmodel voor een religieuze instelling. Sommige pelgrims geloofden dat je gebeden verhoord werden als een aap uit je hand at. De hele toestand zou in de meeste delen van de islamitische wereld misschien als heiligschennis worden beschouwd, maar in Sylhet werd het een vrome traditie.

59

Mustafa Feeroz is hoogleraar in de zoölogie aan de Jahangirnagar Universiteit in Savar, net ten noorden van Dhaka. Het is een vriendelijke man, een consciëntieuze wetenschapper en een oplettende moslim, maar geen soefi. Hij en dr. Jones-Engel hadden natuurlijk toestemming gevraagd om apen bij de Chashnipeer Majar te mogen vangen, waarbij ze blijk hadden gegeven van hun louter wetenschappelijke intenties en hun zorg dat de dieren niet geschaad werden. Een en ander tot volle tevredenheid van de daarvoor verantwoordelijke commissie, maar niet van de makaken zelf, die ontploften toen ze zagen dat we een van hun leidende mannetjes en een zestal andere dieren gevangen hadden, waaronder een vrouwtje met een makakenjong.

Binnen in de val waren de gevangen dieren in paniek, ze sprongen rond en klauterden over de wanden en het plafond van het nylon netwerk. Buiten de val kwamen een stuk of tachtig andere makaken gillend en krijsend van hun boomtakken, kabels en daken naar beneden gesprongen, omsingelden ons en maakten aanstalten om aan te vallen, ter ondersteuning van de gijzelaars. Feeroz en de studenten hadden zich op dit moment voorbereid en hun lange stokken gepakt. Nu zwaaiden ze luid schreeuwend met die wapens, haalden er dreigend mee uit en lieten ze knallend op de grond neerkomen om de makaken terug te drijven. Ik hield de deur volgens de instructies klemvast met mijn voet, zodat lenige apenvingers hem niet konden ontgrendelen. De nog vrije dieren lieten zich niet gemakkelijk intimideren. Ze ontweken de stokken, deinsden terug, sprongen rond, krijsten des te harder en kwamen weer op ons af, net als die helse gevleugelde apen in *The Wizard of Oz*. Gregory Engel liep intussen met zijn spuit naar de val en slaagde erin de Schwarzenegger-makaak door het netwerk heen in zijn dij te prikken en in een en dezelfde beweging het verdovingsmiddel in te spuiten. Het was een behendige manoeuvre, iets wat buiten de gebruikelijke taken van een huisarts uit Seattle viel.

Binnen een paar seconden begon Schwarzeneggers woestheid weg te ebben. Het dier begon te stuntelen en zakte toen in elkaar. De lichten doofden, voor minstens een halfuur.

Snel werkend probeerde Engel alle andere dieren te pakken te krijgen. Maar dat was moeilijk met zes apen die nog steeds door de kooi stuiterden en nog andere apen achter zijn rug. Hij prikte er nog een paar en laadde zijn spuiten toen opnieuw met Telazol. Niemand wilde gekrabd of gebeten worden. Grijp een staart als je kunt! schreeuwde hij me toe. Druk er een tegen het net! Juist ja. Ik deed een halfhartige poging een staart vast te grijpen, maar ik was de amateur in dit gezelschap en ik had weinig zin om mijn handen bloot te stellen aan de razendsnelle klauwen en tanden van dieren waarvan iedereen weet dat ze herpes B bij zich dragen.

Op de een of andere manier had Engel binnen een paar minuten alle vijf volwassen dieren in de val geïnjecteerd. Toen we de deur opendeden, schoten een onvolwassen dier en het jong weg, maar de andere bleven als gevelde dronkaards liggen.

We stopten ze in een plunjezak. Wegwezen, snel wegwezen, zei Engel, en twee studenten droegen de zak de trap af en hesen hem daarna voorzichtig over een muur, waaronder Jones-Engel klaarstond om de partij verdoofde apen te helpen opvangen. Ze ging gekleed in de traditionele Bengalese dracht – een lang hemd tot op de knieën, een wijde salwarbroek, plus een zwierige sjaal tot over haar schouders, wat haar gebruikelijke veldkleding was uit respect voor lokale gevoeligheden – maar nu droeg ze ook onderzoekshandschoenen en een mondneusmasker. Ze loodste de apendragers via een steegje naar de besloten binnenplaats waar vrouwen welkom waren, waar tafels waren neergezet en waar de uitstrijkspullen, flacons, klemborden en nog meer injectiespuiten klaarlagen. Het verzamelen van de gegevens kon beginnen.

Lisa Jones-Engel is een doortastend, nuchter iemand met jarenlange ervaring in de omgang met de niet-menselijke primaten van Azië. Ze houdt van de door haar onderzochte dieren, maar romantiseert ze niet. Terwijl zij en haar assistentes begonnen met het afnemen van bloed en orale uitstrijkjes, gingen haar man en Feeroz, gevolgd door de mannelijke studenten en mijn persoon, weer op weg naar het heiligdom voor een nieuwe ronde van apen vangen. Nu we onze werkwijze en onze slinkse bedoelingen hadden getoond, kon je moeilijk voorspellen hoe de troep zou reageren. ‘Mochten de apen het afgelopen halfuur een aanvalsplan hebben bekokstoofd, dan trekken jullie gewoon terug,’ had Lisa ons bevolen.

60

'De mensen zijn doodsbang voor herpes B,' vertelde ze me een paar dagen later. We waren weer terug in Dhaka en na alweer een lange dag nipten zij en Gregory en ik op mijn hotelkamer van onze Schotse whisky. Lisa klonk onvermurwbaar. 'Herpes B maakt dat hele apenpopulaties de kogel krijgen en...' – ze doelde op de slachting in het safaripark en soortgelijke incidenten – '... gewoon uitgeroeid worden. Herpes B is wat dat betreft hetzelfde als ebola.' Ze bedoelde dat die virussen niet alleen een angstaanjagende en krachtige uitwerking hebben, maar ook totaal verkeerd begrepen worden.

Het herpes B- en het ebolavirus zijn natuurlijk allebei heel andere ziekteverwekkers. Maar ze had gelijk: ze vertonen ook interessante overeenkomsten. In beide gevallen is het virus vaak dodelijk voor mensen, maar het zou allemaal nog veel erger zijn als het niet werd ingeperkt door de grenzen van zijn overdraagbaarheid. Het heeft geen bovennatuurlijke krachten. Het vindt in de mens een doodlopende gastheer. Mensen zijn niet op de hoogte van de werkelijke eigenschappen van deze virussen en geneigd zich een irreëel scala aan risico's voor te stellen. Een van de verschillen tussen beide virussen is dit: ebola is berucht en herpes B is grotendeels onbekend. Dat wil zeggen: het is onbekend, tenzij je in een apenlab werkt of een safaripark runt.

Makaken in gevangenschap afslachten is nergens voor nodig, zei Lisa met nadruk, zelfs niet bij populaties die het virus bij zich kunnen dragen, zo lang de kans dat ze het aan een mens doorgeven uiterst gering is. En een positieve test voor antistoffen bewijst niet eens dat het virus nog steeds aanwezig is.

Ze noemde een recent geval, slechts drie maanden eerder, waarbij een onderzoekskolonie van makaken op een Franse universiteit veroordeeld was tot uitroeiing. Sommige van die dieren waren al vijfentwintig jaar goede bekenden van de toegwijde ethologen die hen bestudeerden. De kolonie viel op door enkele fascinerende gedragspatronen die de dieren vertoonden. Zo'n duizend primatologen van de International Primatological Society en andere wetenschappelijke organisaties ondertekenden petities waarin de ratio achter dit massale doodsvonnis werd betwist. 'Kijk, dit moeten jullie gewoon niet doen,' stelden ze. 'Jullie begrijpen gewoon niet wat deze resultaten betekenen.' De universiteitsraad hield niettemin vast aan het besluit en op een zondag in augustus, voordat de wetenschappers en de verzorgers verder konden protesteren, werden de makaken allemaal gedood.

Hoe gevaarlijk herpes B ook mag zijn als een mens erdoor wordt geïnfecteerd, de kans op een aap-mensoverdracht lijkt uiterst klein. Dat is waar de onderzoeksresultaten van het Balinese Sangeh-apenbos op wijzen. Lisa en Gregory vonden een hoge prevalentie van het virus onder de daar levende makaken en een hoge incidentie van makakenbeten en -schrammen onder de mensen, maar geen bewijzen voor een overdracht van herpes B. Als zich nu en dan toch gevallen voordoen op Bali, dan zullen die aan de aandacht van artsen ontgaan of anders aangezien worden voor een vreselijke ziekte als polio, of rabiës, wat op Bali een ernstig probleem vormt vanwege de prevalentie onder de honden van dit eiland. Niemand weet of er ooit onopgemerkte herpes B-infecties uit Sangeh zijn voortgekomen. Misschien geen enkele.

Andere gegevens die bijna een decennium eerder door een ander team werden gepubliceerd, bevestigen de indruk dat herpes B niet makkelijk op mensen overspringt. Dit onderzoek draaide om de bloedmonsters van 321 laboratoriummedewerkers: wetenschappers en laboranten die werkten met levende primaten of primatencellen in culturen. Het merendeel van deze mensen werkte met makaken. Velen waren gebeten, gekrabd of bespat. Maar geen van de 321 medewerkers testte positief voor blootstelling aan herpes B. Klaarblijkelijk wordt het virus niet gemakkelijk overgedragen en klaarblijkelijk veroorzaakt het geen subtiele, asymptomatische infecties onder mensen die intensief contact hebben met apen.

In de medische annalen worden slechts drieënveertig gevallen vermeld, te beginnen met dat van William Brebner, waarbij contact tussen een makaak en een mens tot infectie leidde. Het klopt dat die drieënveertig infecties vaak uiterst trieste gevolgen hadden. Maar in de loop van dezelfde periode, tijdens ontelbare duizenden of miljoenen andere soortgelijke contacten – in laboratoria, in het wild, van apentempels tot petrischalen, via krabben of bijten of kwijlen of ongelukjes met injectienaalden of rondgespetterde urine – heeft herpes B niet de sprong van aap naar mens gemaakt. Waarom niet? Blijkbaar is dit virus daar nog niet klaar voor.

Met andere woorden: de ecologie heeft kansen geboden, maar de evolutie heeft die nog niet gegrepen. Misschien zal ze dat wel nooit doen.

61

Het bloed dat was afgenomen bij de makaken die we hadden gevangen in de Chashnipeer Majar zou ook worden gescreend op de aanwezigheid van een ander virus. Lisa Jones-Engel en haar team hadden sinds kort hun aandacht naar dit andere virus verschoven. Het is een van mijn favorieten vanwege de lugubere naam die het draagt: *simian foamy virus*, ofwel 'schuimachtig apenvirus'. Nee, geïnfecteerde gastheren hebben geen schuim op de bek. Dat 'schuimige' onderdeel van zijn naam is gebaseerd op zijn vermogen cellen in een gastheer met elkaar te laten samensmelten waardoor ze gigantische, niet-functionele megacellen vormen die er onder een microscoop uitzien als schuimbelletjes.

In feite bestaat er een hele horde schuimachtige virussen, die allemaal tot het geslacht *Spumavirus* behoren. Sommige infecteren koeien, katten en paarden. Ze zijn ook aangetroffen bij gorilla's, chimpansees, orang-oetans, bavianen, makaken en andere primaten, bij wie ze stuk voor stuk oeroude infecties lijken die al 30 miljoen jaar lang met hun gastheren mee zijn geëvolueerd, één soort *simian foamy virus* (SFV) per apensoort. Misschien dat deze SFV's daarom dezer dagen zo goedaardig lijken. Een team dat in Centraal-Afrika onderzoek deed, meldde dat ze bewijzen hadden gevonden dat SFV door primaten die gejaagd worden voor bushmeat (mandrils, gorilla's en meerkatten) werd overgebracht op mensen die op deze dieren jagen. Of SFV de jagers ziek maakt is een andere vraag, waar de studie niet op ingaat. Als ze er ziek van worden, moeten de effecten wel traag en subtiel zijn. We weten in elk geval dat de hiv-virussen traag en subtiel zijn en dat ook SFV, net als de hiv-virussen, een retrovirus is. Jones-Engel is niet de enige onderzoeker die meent dat simian foamy virus iets is om in de gaten te houden.

Dertig jaar geleden dachten wetenschappers dat wij mensen ons eigen schuimachtig virus hebben, onze eigen endemische versie, los van de zoönotische spumavirussen die we kunnen oplopen wanneer we rijst voeren aan een heilige aap of een gorilla opensnijden met onze machete. Destructief in celculturen maar ogenschijnlijk onschuldig in een levend persoon, werd het humane spumavirus 'een virus op zoek naar een ziekte' genoemd. Later onderzoek met geavanceerde moleculaire methoden – in het bijzonder genetische sequencing – heeft aangetoond dat het waarschijnlijk gewoon een variant van het bij chimpansees endemische schuimachtige virus is. Hoe dan ook zijn Lisa Jones-Engel en haar man daar niet speciaal in geïnteresseerd. Zij houden zich meer bezig met de varianten die in Aziatische makaken huizen.

Net als de Afrikaanse SFV-soorten zijn die Aziatische virussen blijkbaar onschuldig als ze in menselijke gastheren belanden. Tijdens ons gesprek in Dhaka liet Lisa zich iets behoedzamer uit over dit punt. 'Voor zover we weten, vertonen met simian foamy virus geïnfecteerde niet-menselijke primaten geen ziekteverschijnselen. Als nu het virus over de soortenbarrière met mensen heen springt...' – als dat gebeurt, tja, het is moeilijk te zeggen wat we dan krijgen, gezien de beperkte informatie waarover we beschikken. 'Het aantal mensen waar we tot dusverre naar hebben moeten kijken is zo gering dat we ons er echt nog niet over kunnen uitspreken of het inderdaad een ziekte veroorzaakt bij de mens.' Er waren tot nu toe weinig geobserveerde gevallen en ook was de observatieperiode te kort. Het is denkbaar dat de SFV's als retrovirussen een langdurige periode van latente aanwezigheid en trage vermeerdering binnen het lichaam hebben, voordat ze uit hun geheime schuilplaatsen opduiken om verwoestingen aan te richten.

Voor Engel en Jones-Engel had deze specifieke tak van onderzoek zijn oorsprong in de Sangehtempel op Bali waar ze zowel op simian foamy virus als op herpes B hadden gescreend. En net als herpes B leek SFV wijdverbreid binnen de populatie: ze vonden antistoffen ertegen bij de meeste geteste makaken. Een veel voorkomende infectie dus, waarschijnlijk van aap op aap overgedragen door onderling sociaal contact, opnieuw zoals bij herpes B. Maar hoe vaak springt het over naar mensen?

Naast het vangen en bemonsteren van apen, namen de onderzoekers bloed af bij meer dan tachtig mensen en screenden ze daarna die monsters volgens dezelfde methode als die bij de apen was gebruikt. Alle mensen reageerden negatief, op een na, een zevenenveertig jaar oude Balinese boer. Deze man leefde in de buurt van Sangeh, bracht vaak een bezoek aan de tempel en was een keer gebeten en verschillende keren gekrabd. Nee, vertelde hij hun, hij had nog nooit een aap gegeten. Nee, hij hield geen aap als huisdier. Als het virus in hem huisde, moest het wel afkomstig zijn van die agressieve dieren bij de tempel. Achteraf gezien was het opmerkelijkste onderdeel van wat Jones-Engel en Engel bij hun tachtigtal proefpersonen op Bali hadden vastgesteld, dat alléén deze boer geïnfecteerd was. Sindsdien heeft voortgezette bemonstering in andere Aziatische landen (Thailand, Nepal en Bangladesh) laten zien dat het simian foamy virus gemakkelijker bij mensen terechtkomt dan de eerste onderzoeksresultaten hadden gesuggereerd.

Maar als het geen bekende ziekte verwekt, waar maken we ons dan druk over?

Naast het voor de hand liggende punt dat het misschien een ónbekende ziekte veroorzaakt, hebben Engel en Jones-Engel nog een andere reden om dit virus te bestuderen. 'Het is een *marker*,' zei Gregory me. 'We hebben een marker voor overdracht te pakken,' echode Lisa. Wat ze bedoelden is dat de aanwezigheid van SFV binnen een humane populatie de mogelijkheden voor allerlei soortoverschrijdende infecties markeert die zich ooit hebben voorgedaan. Als SFV de sprong van een halftamme makaak naar een mens heeft gemaakt – naar meerdere mensen, misschien wel duizenden mensen die plekken als Sangeh bezoeken – dan zouden andere virussen dat ook kunnen doen, terwijl hun aanwezigheid dan nog steeds onopgemerkt bleef en hun effecten nog altijd niet bekend waren.

'En waarom is dat belangrijk?' vroeg ik.

'Omdat we zoeken naar de Next Big One,' zei ze.

62

Zoals gezegd in het begin van dit boek, is de Next Big One een onderwerp dat ziektewetenschappers over de hele wereld erg bezighoudt. Ze denken erover, ze praten erover en ze zijn er intussen aan gewend geraakt dat mensen hun daar vragen over stellen. Terwijl ze hun werk doen of pandemieën uit het verleden bespreken, denken ze in hun achterhoofd aan de Next Big One (NBO), de volgende pandemie.

De meest recente pandemie is aids, waarvan de uiteindelijke totale grootte (de omvang van de aangerichte schade, de reikwijdte ervan) zelfs niet kan worden voorspeld. Ongeveer 30 miljoen doden, 34 miljoen mensen die nu geïnfecteerd zijn, terwijl het eind niet in zicht is. Polio was een grote epidemie, althans in Amerika, waar deze ziekte bijzondere bekendheid kreeg doordat ze een man verlamde die desondanks president zou worden. Polio was ook een ziekte waardoor tijdens de ergste jaren honderdduizenden kinderen werden getroffen en velen verlamd raakten of eraan overleden. Het was een ziekte die de aandacht van het publiek gevangen hield, zoals koplampen een hert doen verstijven, en ook een ziekte die zorgde voor drastische veranderingen in de wijze waarop grootschalig medisch onderzoek wordt gefinancierd en uitgevoerd. De grootste van de grote ziekten van de twintigste eeuw was de griepepidemie van 1918-1919. Daarvóór was pokken de grote ziekte voor de inheemse bevolking van het Noord-Amerikaanse continent, een ziekte die rond 1520 uit Spanje meekwam met de expeditie die Cortez hielp Mexico te veroveren. In Europa zelf was het twee eeuwen eerder de Zwarte Dood, die waarschijnlijk te wijten was aan builenpest. Of de Zwarte Dood nu veroorzaakt werd door de pestbacterie of door een andere, meer mysterieuze ziekteverwekker (zoals enkele historici onlangs hebben betoogd), dat hij gigantisch groot was staat vast. In de jaren 1347 tot 1352 heeft deze epidemie waarschijnlijk minstens 30 procent van de Europese bevolking het leven gekost.

Moraal: als je een bloeiende populatie bent, levend met een hoge dichtheid, maar blootgesteld aan nieuwe ziekmakers, dan is het gewoon een kwestie van tijd voordat de volgende grote ziekte zich aandient.

Merk op dat de meeste van deze grote ziekten, hoewel niet allemaal (zoals de pest), virusziekten waren. Nu de moderne antibiotica op grote schaal beschikbaar zijn, waardoor de dodelijke dreiging van bacteriën sterk is verminderd, kunnen we terecht het vermoeden uitspreken dat de volgende grote ziekte ook een virusziekte zal zijn.

Om te begrijpen waarom sommige uitbraken van virusziekten omvangrijk worden, andere écht omvangrijk worden en weer andere af en toe sputterend opvlammen of uitdoven zonder verwoestingen aan te richten, kun je het best kijken naar twee aspecten van het optreden van een virus in actie: overdraagbaarheid en virulentie. Dit zijn cruciale, want bepalende en doorslaggevende parameters, zoals snelheid en massa. Samen met een paar andere factoren bepalen ze in hoge mate de bruto-impact van elke willekeurige uitbraak. Geen van beide is een absolute constante: ze variëren, ze zijn relatief. Ze weerspiegelen de verbondenheid van een virus met zijn gastheer en de rest van de wereld. Ze zijn een maat voor toestanden, niet alleen voor micro-organismen. Overdraagbaarheid en virulentie: het yin en yang van de virale ecologie.

Je hebt al het een en ander over overdraagbaarheid gehoord, inclusief de simpele verklaring dat de overleving van virussen vermeerdering en overdracht vereist. Vermeerdering kan alleen plaatsvinden in de cellen van een gastheer, om redenen die ik al genoemd heb. Overdracht is verplaatsing van de ene gastheer naar de andere en overdraagbaarheid is het pakket van eigenschappen waarmee die verplaatsing wordt verwezenlijkt. Kunnen de virionen zich concentreren in de keel of neusgangen van een gastheer, daar irritatie teweegbrengen en zich naar buiten laten slingeren op de kracht van een hoest- of niesbui? Kunnen ze, eenmaal in het milieu gekatapulteerd, minstens een paar minuten uitdroging en ultraviolet licht weerstaan? Kunnen ze een nieuw individu binnendringen door neer te strijken op andere slijmvliezen – in de neus, in de keel, in de ogen –, zich te nestelen, de cel binnen te dringen en een nieuwe vermeerderingsronde in te zetten? Als dat zo is, dan is dat virus uitermate overdraagbaar. Het verplaatst zich via de lucht van de ene gastheer naar de andere.

Gelukkig krijgt niet elk virus dat voor elkaar. Als hiv-1 het kon, zouden jij en ik nu al dood zijn. Als het rabiësvirus het kon, zou het de gruwelijkste pathogeen op de planeet zijn. De verschillende influenzastammen zijn goed aangepast voor overdracht via de lucht en daarom kan een nieuwe stam de wereld binnen enkele dagen omcirkelen. Ook het SARS-virus kiest deze weg, of verplaatst zich in elk geval via de bij niezen en hoesten uitgestoten druppeltjes – die in de lucht van een hotelgang hangen, die zich door een vliegtuigcabine verplaatsen – en dat vermogen, samen met een sterfte van bijna 10 procent, maakte dit virus in 2003 zo angstaanjagend voor de mensen die er de meeste kijk op hadden. Maar andere virussen gebruiken andere overdrachtswegen, elk met zijn eigen voordelen en beperkingen.

De oraal-fecale weg klinkt walgelijk, maar is eigenlijk heel normaal. Hij werkt goed voor een aantal virussen, omdat dierlijke gastheren (inclusief de mens) vaak gedwongen zijn, vooral wanneer ze dicht op elkaar leven, om voedsel of water te consumeren dat verontreinigd is door uitwerpselen van andere leden van hun populatie. Dit is een van de redenen waarom kinderen in regenachtige vluchtelingenkampen van uitdroging sterven. Het virus gaat de mond in, vermeerdert zich in de buik of de darmen, veroorzaakt gastro-intestinale klachten, kan zich al dan niet naar andere delen van het lichaam verspreiden en komt op de stroom mee de anus uit. Diarree is voor zo'n virus onderdeel van een doeltreffende strategie voor verdere verspreiding. Virussen die op deze manier worden overgedragen zijn doorgaans behoorlijk standvastig in het milieu, omdat ze soms een dag of twee in verontreinigde plasjes moeten blijven hangen voordat een wanhopig iemand ervan komt drinken. Er is een hele groep van zulke virussen, de zogeheten enterovirussen, waaronder polio en ongeveer zeventig andere, die ons belagen in de ingewanden. De meeste van deze enterovirussen zijn uitsluitend verantwoordelijk voor menselijke infecties, niet voor zoönosen. Blijkbaar hebben ze geen andere diergastheren nodig om zich in een overvolle menselijke wereld te handhaven.

Voor door bloed overgebrachte virussen is de overdracht gecompliceerder. Over het algemeen verlaten ze zich daarbij op een derde partij, een vector. Het virus moet zich in het bloed van de gastheer rijkelijk vermeerderen om ernstige viremie (dat wil zeggen: een vloed van virionen) te produceren. De vector (een bloedzuigend insect of andere geleedpotige) moet arriveren voor een maaltijd, de gastheer bijten, samen met het bloed virionen opslurpen en ze wegvoeren. De vector zelf moet een gastvrije gastheer zijn, zodat het virus zich in hem verder kan vermeerderen en zodoende nog veel meer virionen produceert die zich een weg terug banen naar de mondholte en daar klaarstaan om uitgescheiden te worden. Dan moet de vector virionen kwijlen (in de vorm van stollingsremmend speeksel) in de volgende gastheer die hij bijt. Het gelekoorts-, westnijl- en denguevirus worden op deze manier overgedragen. Dat heeft een plus- en een minpunt.

Het minpunt is dat overdracht via een vector aanpassingen voor twee zeer verschillende soorten omgeving vereist: de bloedbaan van een gewerveld dier en de buik van een geleedpotige. Wat in het ene geval goed werkt, kan in het andere geval helemaal niet werken, en dus moet het virus genetisch voorbereid zijn op beide situaties. Het pluspunt is dat een door vectoren overgebracht virus een vervoerder heeft die hem een stukje verder kan brengen wanneer deze dorstig op zoek is naar nieuwe gastheren. Niesdruppeltjes verplaatsen zich min of meer willekeurig met de wind mee, maar een mug kan tegen de wind in naar een slachtoffer vliegen. Daarom zijn vectoren zo effectief als overdrachtmedium.

Door bloed overgedragen virussen kunnen zich ook naar nieuwe gastheren verspreiden via injectienaalden en transfusies. Maar die mogelijkheden zijn accidentele addenda, recente en toevallige toevoegsels, vastgeprikt op oeroude virale strategieën die in de loop van de evolutie gestalte hebben gekregen. Wel blijkt dat het ebolavirus en hiv-1, twee virussen met een totaal verschillend karakter, totaal verschillende adaptieve strategieën, zich goed kunnen verplaatsen via naalden. Dat geldt ook voor het hepatitis C-virus.

In het geval van het ebolavirus vindt overdracht van mens naar mens ook plaats door bloed-bloedcontact in intieme situaties, bijvoorbeeld wanneer een persoon iemand anders verzorgt. Voor een in een Kongolese kliniek werkzame non, met kleine scheurtjes in haar gekloofde handen, kan een paar minuten bloederige diarree van de vloer vegen al voldoende blootstelling zijn. Dit is een buitengewone vorm van overdracht, althans wat het virus betreft. Gewone overdracht is elke mogelijke manier waarop het ebolavirus van het ene individu overgaat op het andere binnen welke diergastheer dan ook – met een nog altijd onbekende identiteit – die voor hem als reservoir dient. Door gewone overdracht kan het virus zichzelf blijvend in stand houden. Buitengewone overdracht geeft hem een uitbarsting van aanzienlijke vermeerdering, aanzienlijke zichtbaarheid, maar brengt hem al snel op een doodlopende weg. Circuleren tussen mensen via bloederige lappen of hergebruikte naalden in deze of gene Afrikaanse kliniek is wat het ebolavirus betreft niet dienstig voor zijn overleving op de lange termijn. Het is alleen maar een af en toe optredende anomalie die weinig of geen betekenis heeft (in elk geval tot nu toe) binnen de bredere evolutionaire geschiedenis van het ebolavirus. Natuurlijk zou dat kunnen veranderen.

Gewone overdracht hoeft bij het ebolavirus niet via het bloed te gebeuren. Als het virus schuilgaat in vleerhonden van het Centraal-Afrikaanse woud – zoals men vermoedt, maar wat nog niet is bewezen – dan zou het van de ene vleermuis op de andere kunnen overgaan tijdens seks, of het zogen van jongen, of bij de onderlinge verzorging van volwassen beesten, of door het inhaleren van elkaars adem, of door bijten en krabben, of enige andere vorm van contact. Op dit punt van het ebola-onderzoek kunnen we daar alleen maar naar raden. Druppels urine van de ene vleermuis die in de ogen van een andere vleermuis vallen? Speeksel op gedeelde vruchten? Bloedzuigende insecten in de vacht van vleermuizen? Speeksel op groenten zou verklaren hoe het ebolavirus bij chimpansees en gorilla's terechtkomt. Die vleermuisinsecten (ja, zulke beestjes bestaan; ze zijn familie van de bedwantsen) brengen me op het idee dat er een gespecialiseerde parasiet zou kunnen bestaan, die ik de naam *Cimex ebolaensis* zal geven. Het is allemaal speculatie. We zouden er zelfs achter kunnen komen dat het ebolavirus een natuurlijke infectie is van Afrikaanse teken die het virus overdragen aan vleerhonden, gorilla's en chimpansees. Het is maar een idee. Vergeet niet dat ik zojuist een door teken overgedragen ebolavirus heb bedacht op grond van geen enkel bewijs.

Seksuele overdracht is een prima systeem voor virussen met een gering weerstandsvermogen in de externe omgeving. Het is een manier van overbrenging waarbij ze niet naar buiten hoeven. Ze worden vrijwel nooit blootgesteld aan daglicht of droge lucht. De virionen verplaatsen zich van het ene lichaam naar het andere door middel van direct, innig contact tussen gastheercellen aan het gevoelige oppervlak van geslachtsorganen en slijmvliezen. Het tegen elkaar aan wrijven (niet enkel op elkaar persen) van deze oppervlakken helpt daar waarschijnlijk bij. Overdracht tijdens de coïtus is een behoudende strategie die het risico voor zulke virussen kleiner maakt doordat ze geen weerstand hoeven te bieden aan uitdroging of zonlicht. Maar dit heeft ook een keerzijde, namelijk dat ze minder kansen op overdracht hebben. Zelfs de wellustigste mensen hebben niet even vaak seks als dat ze uitademen. Daarom tenderen seksueel overdraagbare virussen naar geduld. Ze veroorzaken hardnekkige infecties en doorstaan lange periodes van latente aanwezigheid die onderbroken worden door periodiek terugkerende uitbraken (zoals herpesvirussen), of ze vermeerderen zich langzaam (zoals hiv-1 en hepatitis B), tot een kritiek moment waarop de ziekte in alle hevigheid losbarst. Een dergelijk geduld binnen een gastheer geeft het virus meer tijd en daarmee ook meer seksuele contacten waarbij het zich kan laten overbrengen.

Verticale overdracht, dat wil zeggen overdracht van moeder op nakomelingen, is ook een langzame en behoedzame methode. Het kan gebeuren tijdens de zwangerschap, tijdens de geboorte of (in het geval van zoogdieren) via de melk bij het zogen van jongen. Zo kan hiv-1 van de moeder op de foetus worden overgedragen via de placenta, of op een pasgeborene in het geboortekanaal, of via de borstvoeding, maar elk van deze uitkomsten is allerminst onvermijdelijk en de kans dat ze zich voordoen kan worden verkleind door medische voorzorgsmaatregelen. Rubella, ofwel rodehond, wordt veroorzaakt door een virus dat zowel verticaal als via de lucht kan worden overgedragen en dat dodelijk kan zijn voor een foetus of hem ernstige schade kan toebrengen, waaronder hartaandoeningen, blindheid en doofheid. Daarom kregen jonge meisjes in de tijd van vóór het rubellavaccin het advies om zich met het virus te laten infecteren – waardoor ze een milde aanval van de ziekte kregen, maar er daarna vanaf waren, permanent immuun – voordat ze de vruchtbare leeftijd bereikten. Maar vanuit een strikt evolutionair perspectief is verticale overdracht geen strategie waarmee een rubellavirus op de lange termijn succes kan verwachten. Een ontijdig geboren foetus of een blind geworden baby met hartproblemen zal hoogstwaarschijnlijk een doodlopende gastheer zijn, die voor het virus even terminaal is als een Kongolese non met ebola.

Welke manier van overdracht een virus ook prefereert – via de lucht, oraal-fecaal, via het bloed, seksueel, verticaal, of gewoon via het speeksel van een bijtend zoogdier, zoals bij rabiës – de gemeenschappelijke waarheid is dat deze factor geen onafhankelijk bestaan leidt. Hij functioneert als de helft van dat ecologische yin-yang.

63

En die andere helft, virulentie, is een stuk gecompliceerder. In feite is virulentie zó'n meerduidig, relatief begrip dat sommige deskundigen weigeren dit woord te gebruiken. Zij geven de voorkeur aan 'pathogeniteit', wat bijna een synoniem is, maar niet helemaal. Pathogeniteit is het vermogen van een micro-organisme om een ziekte te verwekken. Virulentie is de meetbare ernst van die ziekte, vooral in vergelijking met varianten van dezelfde ziekteverwekker. Zeggen dat een virus virulent is klinkt bijna tautologisch – per slot van rekening hebben het zelfstandig naamwoord en het adjectief dezelfde Latijnse wortel. Maar als 'virus' terugverwijst naar 'giftig slijm', dan gaat het om de vraag: hóé giftig? De virulentie van een bepaald virus binnen een bepaalde gastheer zegt iets over de evolutionaire geschiedenis die ze samen hebben doorlopen.

Maar wat zegt dit je eigenlijk? Dat is het lastige gedeelte. De meeste mensen hebben wel eens deze waarheid als een koe gehoord als het over virulentie ging: de eerste regel van een succesvolle parasiet is dat je nooit je gastheer moet doden. Een medisch historicus heeft dit idee teruggevoerd tot Louis Pasteur en volgens hem was in Pasteurs visie de meest 'efficiënte' parasiet degene die 'in harmonie met zijn gastheer leeft' en daarom moeten latente infecties worden beschouwd als 'de ideale vorm van parasitisme'. Hans Zinsser verwoordde hetzelfde idee in *Rats, Lice and History* ('Ratten, luizen en geschiedenis') en stelde dat een lange periode van samenwerking tussen één parasietensoort en één gastheersoort door evolutionaire aanpassing doorgaans zal leiden tot 'een toenemende perfectionering van wederzijdse verdraagzaamheid tussen binnendringer en binnengedrongene'. Macfarlane Burnet was het ermee eens:

> In het algemeen gesproken zal in het geval dat twee organismen een gastheer-parasietrelatie hebben ontwikkeld, het voortbestaan van de parasietensoort het meest gediend zijn, niet met vernietiging van de gastheer, maar met de totstandkoming van een evenwichtige toestand, waarbij genoeg materiaal van de gastheer wordt opgebruikt om de groei en vermenigvuldiging van de parasiet mogelijk te maken, maar niet genoeg om de gastheer te doden.

Op het eerste gezicht lijkt dat logisch en nog steeds wordt het veelal als dogma geaccepteerd – althans door mensen die geen studie maken van de evolutie van parasieten. Maar het siert Zinsser en Burnet dat ze zelfs in hun ondersteuning van dit idee een slag om de arm hielden. Ze moeten hebben ingezien dat deze 'regel' niet meer dan een generalisatie was met belangrijke, onthullende uitzonderingen. Sommige zeer succesvolle virussen doden hun gastheren wél. Sterftegetallen van 99 procent, die in de loop van de tijd ook nog eens op dat niveau blijven, zijn niet onbekend. Neem het rabiësvirus. Neem hiv-1. Belangrijker dan de vraag óf een virus zijn gastheer doodt is de vraag wannéér het dat doet.

'Een ziekteverwekkend organisme dat zijn gastheer doodt, creëert snel een crisis voor zichzelf,' schreef de historicus William H. McNeill in zijn baanbrekende, in 1976 verschenen boek *Plagues and Peoples* (in het Nederlands vertaald als *Mensen en hun plagen*, 1996), 'omdat het vaak genoeg, en snel genoeg, een nieuwe gastheer moet zien te vinden om zijn eigen keten van generaties gaande te houden.' McNeill had gelijk, en het sleutelwoord in die uitspraak is 'snel'. Timing is alles. Een ziekteverwekkend organisme dat zijn gastheer langzaam maar onverbiddelijk doodt, wordt niet met zo'n crisis geconfronteerd.

Waar ligt het punt van evenwicht in die dynamische wisselwerking tussen overdracht en virulentie? Dat verschilt van geval tot geval. Zelfs als een virus elk geïnfecteerd individu doodt, kan het op de lange termijn toch nog heel goed gedijen als het hem lukt zich vóór de dood van oude individuen over te laten brengen naar nieuwe individuen. Het rabiësvirus doet dat door zich te verplaatsen naar de hersenen van een geïnfecteerd dier – meestal een hond, een vos, een stinkdier of een ander vleesetend zoogdier, met scherpe tanden en gewend om in vlees te bijten – en de stoot te geven tot agressieve gedragsveranderingen. Deze veranderingen houden in dat het dier als een dolle om zich heen gaat bijten. In de tussentijd heeft het virus zich niet alleen naar de hersenen maar ook naar de speekselklieren verplaatst, waardoor het zijn overdracht naar de gebeten slachtoffers realiseert, ook al gaat de oorspronkelijke gastheer uiteindelijk dood of wordt hij met een oud geweer neergeknald door Atticus Finch, de held uit *To Kill a Mockingbird* die met één schot een dolle hond doodde.

Rabiës komt soms ook bij runderen en paarden voor, maar daar hoor je zelden van, waarschijnlijk omdat er minder kans is dat herbivoren de infectie doorgeven met een woedende beet. Een onfortuinlijke dolle koe zal misschien een erbarmelijk geloei uitstoten en tegen een muur aan beuken, maar ze zal niet gauw grauwend en happend naar voorbijgangers door een dorpsstraat sluipen. Zo nu en dan druppelen er uit Oost-Afrika berichten binnen over rabiësuitbraken onder kamelen die bijzonder zorgwekkend zijn voor veehouders die de dieren onder hun hoede hebben, omdat de dromedaris berucht is om zijn neiging tot bijten. In een recent bericht uit het noordoostelijke grensgebied van Uganda wordt gerept van een door rabiës geïnfecteerde kameel die als een dolle 'op en neer begon te springen en andere dieren begon te bijten, voordat hij stierf'. Een ander bericht, uit Sudan, vermeldde dat dolle kamelen erg prikkelbaar worden en soms levenloze voorwerpen aanvallen of in hun eigen benen bijten – wat de kamelen nauwelijks kan schaden, niet in dat stadium, maar wat wel iets over de strategie van het virus zegt. Zelfs een mens die met het laatste stadium van rabiës kampt, zou het virus in principe kunnen overbrengen door iemand te bijten. Een dergelijk geval is volgens de WHO nooit bevestigd, maar soms worden er wel voorzorgsmaatregelen tegen genomen. Een paar jaar geleden was er in Cambodja een boer die er erg aan toe was na een beet van een dolle hond. In de laatste fasen begon de man te hallucineren en kreeg hij last van stuiptrekkingen, en erger. 'Hij blafte als een hond,' vertelde zijn vrouw later. 'We hebben hem opgesloten en aan de ketting gelegd.'

Net als het rabiësvirus lijkt ook hiv-1 bijna altijd zijn gastheer te doden. Dat deed dit aidsvirus in elk geval tijdens de gruwelijke decennia voordat er gecombineerde antiretrovirale therapie beschikbaar kwam en wellicht (de tijd zal het leren) doet het dat zelfs nu nog. De sterfte is onder sommige categorieën hiv-positieve mensen vertraagd (vooral bij degenen die over de dure medicijnencocktails kunnen beschikken), maar dit wil niet zeggen dat het virus zelf zachtaardiger is geworden. De hiv-virussen zijn van nature bijzonder traag werkende organismen en om die reden worden ze samengevoegd binnen het geslacht *Lentivirus* (van het Latijnse *lentus*, wat 'traag' betekent), samen met andere treuzelende ziekteverwekkers als het visnavirus, het *feline immunodeficiency virus* en het equine infectieus anemievirus. Hiv-1 kan wel tien jaar of langer binnen iemands bloedbaan circuleren, waarbij het zich geleidelijk vermeerdert, de afweer van het lichaam ontwijkt, fluctueert in dichtheid, beetje bij beetje schade toebrengt aan de cellen die betrokken zijn bij de werking van het immuunsysteem, voordat de volledig ontwikkelde aids komt opzetten, met zijn fatale gevolgen. Gedurende die hele periode beschikt het virus over voldoende tijd en gelegenheid om van de ene persoon over te gaan naar de andere, en vooral in het vroege stadium van de infectie (wanneer de viremie hoog oploopt, alvorens weer terug te vallen) heeft het virus bijzonder geschikte mogelijkheden voor verdere overdracht. Straks meer over dit onderwerp, als we bespreken hoe de hiv-virussen oorspronkelijk een oversprong hebben gemaakt. Waar het hier om gaat, is dat de evolutie deze humane immunodeficiëntie-virussen de kant op kan sturen van diverse wijzigingen, diverse aanpassingen en diverse nieuwe neigingen, maar dat een vermindering van de sterfte daar niet noodzakelijkerwijs bij hoeft te zijn.

Het bekendste voorbeeld van een virus dat steeds minder virulent wordt, is het geval van het myxomavirus bij Australische konijnen. Dit is letterlijk een schoolvoorbeeld. Myxomatose is geen zoönose, maar het speelde wel een kleine maar belangrijke rol doordat wetenschappers hierdoor beter gingen begrijpen hoe virulentie kan worden bijgesteld door evolutie.

64

Het verhaal begon in het midden van de negentiende eeuw, toen een onnadenkende blanke landeigenaar, een zekere Thomas Austin, op het lumineuze idee kwam om Europese wilde konijnen in het Australische landschap te introduceren. Austin was een 'vurige acclimatiseerder', dat wil zeggen dat hij een eigenzinnige importeur was van niet-inheemse dieren en planten, iemand die Australië ook de mussen had geschonken. In 1859 kreeg hij per schip een zending van vierentwintig konijnen uit Engeland. Hij was niet de eerste die konijnen naar Australië bracht, maar hij was wel de eerste die koos voor wilde konijnen, in plaats van hun tot dezelfde soort (*Oryctolagus cuniculus*) behorende, maar tamme, al heel lang in hokken gefokte afstammelingen. Hij liet ze los op zijn landgoed in Victoria, de meest zuidelijke staat van Australië. Bevrijd van de problemen waar ze thuis mee te maken hadden gehad, nog steeds in staat tot een leven in het wild en met een van nature hoge voortplantingssnelheid (het waren immers koníjnen), vermenigvuldigden Austins importkonijnen en hun nakomelingen zich in een krankzinnig tempo. Mocht hij ze over hebben laten komen voor de geneugten van het neerschieten of met honden najagen van de dieren, dan kreeg hij meer dan waarop hij gehoopt had. In slechts zes jaar waren er op zijn landgoed 20 000 konijnen gedood en waren andere soortgenoten naar alle kanten weg gehuppeld.

In 1880 waren ze intussen al de rivier de Murray in New South Wales overgestoken en trokken ze nog steeds verder naar het noorden en westen, een konijnenfront dat met ongeveer 70 kilometer per jaar oprukte, een formidabel tempo als je bedenkt dat dat inclusief de onderbrekingen voor het werpen en grootbrengen van nakomelingen was. Tientallen jaren verstreken waarin de situatie alleen maar erger werd. In 1950 waren er inmiddels al ongeveer 600 miljoen konijnen in Australië die met inheemse wilde dieren en vee wedijverden om voedsel en water, en de Australiërs smachtten naar actie.

In dat jaar gaf de regering haar goedkeuring aan de invoering van een pokkenvirus uit Brazilië, het myxomavirus, waarvan men wist dat het Braziliaanse konijnen infecteerde, maar geen grote schade toebracht. Daar, in zijn geboorteland, in zijn gebruikelijke gastheer, veroorzaakte het zweertjes op de huid, maar die bleven klein of ze genazen geleidelijk. Maar het Braziliaanse konijn was een dier dat behoorde tot het in heel Noord- en Zuid-Amerika voorkomende geslacht *Sylvilagus*, de katoenstaartkonijnen, en experimenteel onderzoek gaf aan dat deze pan-Amerikaanse ziekmaker wel eens stukken schadelijker zou kunnen zijn voor Europese konijnen.

En ja, voor de Europese konijnen van Australië bleek het myxomavirus fatale gevolgen te hebben: ongeveer 99,6 procent van de geïnfecteerde dieren bezweek eraan, althans tijdens de eerste uitbraak. Ook bij hen veroorzaakte het zweren, niet alleen kleintjes, maar grote etterende kwetsuren, en niet alleen op de huid, maar ook in organen door het hele lichaam, ernstig genoeg om een dier in minder dan twee weken te doden. Het werd van konijn op konijn overgebracht, voornamelijk door de in Australië volop aanwezige muggen, dorstend naar bloed en best bereid om dat op te zuigen uit een nieuw soort zoogdier. De overbrenging van het virus lijkt mechanisch, niet biologisch te zijn verlopen – wat betekent dat virionen zich verplaatsten als een veeg op monddelen van muggen, niet als zich vermeerderende smetstoffen in de maag en het speeksel van een mug. Een dergelijke mechanische overbrenging is omslachtiger dan overdracht via een vector, maar het is simpel en in sommige gevallen effectief.

Na enkele experimentele introducties kreeg het myxomavirus vaste voet aan de grond in het dal van de Murray waar het de oorzaak werd van wat men een 'spectaculaire epizoötie' noemde, een besmettelijke dierenziekte die gezien haar snelheid en omvang 'bijna zonder weerga moet zijn in de geschiedenis van infecties'. Dankzij muggen en de wind waarop ze mee waaiden verspreidde het virus zich snel. Dode konijnen begonnen zich met duizenden op te hopen in Victoria, New South Wales en Queensland. Iedereen was blij, behalve liefhebbers van konijntjes en mensen die de kost verdienden met goedkoop bont. Binnen een decennium gebeurden er echter twee dingen: het virus werd vanzelf minder virulent en de overlevende konijnen werden er minder vatbaar voor. De sterfte nam af en de konijnenpopulatie groeide weer aan. Dit is de korte, eenvoudige versie van het verhaal, met zijn op het eerste gezicht duidelijke les: evolutie verlaagt virulentie, dus tendeert naar die 'toenemende perfectionering van wederzijdse verdraagzaamheid' tussen pathogeen en gastheer.

Nou, niet helemaal. Het ware verhaal, bij elkaar gepeuterd door zorgvuldig experimenteel onderzoek van de Australische microbioloog Frank Fenner en zijn medewerkers, is dat de virulentie na haar oorspronkelijke piek van ruim 99 procent snel daalde en zich vervolgens stabiliseerde op een lager niveau dat echter nog altijd verbluffend hoog was. Zou jij een dodencijfer van 'slechts' 90 procent als een bewijs van wederzijdse verdraagzaamheid zien? Ik ook niet. Dat is net zo dodelijk als het heftigst woekerende ebolavirus in een Kongolees dorp. Maar het is wel wat Fenner vaststelde. Hij en zijn medewerkers bestudeerden de veranderingen in virulentie door in het wild monsters van het virus te verzamelen en ze een voor een te vergelijken met monsters van onaangetaste, gezonde konijnen in gevangenschap. Ze vonden een grote verscheidenheid aan stammen en bij wijze van analyse verdeelden ze die stammen over vijf verschillende graden van het Australische myxomavirus op een schaal van afnemende mate van dodelijkheid. Graad I was de oorspronkelijke stam, met zijn sterfte van bijna 100 procent; graad II scoorde meer dan 95 procent doden; graad III, de middelste van de vijf graden, doodde nog tussen de 70 en 95 procent van de geïnfecteerde konijnen. Graad IV was goedaardiger en graad V nog goedaardiger (hoewel verre van onschuldig), dat wil zeggen dat het minder dan 50 procent doodde van de konijnen die het had geïnfecteerd.

Wat was de onderlinge verhouding tussen deze vijf graden bij geïnfecteerde konijnen? Door monsters in het wild te nemen, de aanwezigheid van elke graad te meten en veranderingen in hun proportionele dominantie in de loop van de tijd te traceren, hoopten Fenner en zijn medewerkers antwoord te krijgen op enkele fundamentele vragen, waarvan de voornaamste was: vertoonde het virus een gestage trend naar onschadelijkheid? Ofwel: ontwikkelde de evolutionaire wisselwerking tussen het konijn en het micro-organisme zich in de richting van Zinssers 'toenemende perfectionering van wederzijdse verdraagzaamheid', zoals vertegenwoordigd door graad V, de goedaardigste categorie? Had het myxomavirus geleerd dat het zijn gastheer niet moest doden?

Het antwoord was nee. Na tien jaar ontdekten Fenner en zijn medewerkers dat het graad III-myxomavirus de boventoon was gaan voeren. Het veroorzaakte nog steeds een dodental van meer dan 70 procent van geïnfecteerde konijnen en het vormde meer dan de helft van alle verzamelde monsters. De meest dodelijke stam (graad I) was nagenoeg verdwenen en de meest goedaardige stam (graad V) was nog steeds zeldzaam. De toestand leek zich te hebben gestabiliseerd.

Maar was dat ook zo? Een tijdsbestek van tien jaar is een oogwenk op de tijdschaal van de evolutie, ook voor levensvormen die zich zo ontzettend snel vermenigvuldigen als virussen en konijnen. En daarom bleef Frank Fenner zoeken.

Na nog eens twintig jaar zag hij een significante verandering. In 1980 was het graad III-myxomavirus inmiddels al verantwoordelijk voor de dood van twee derde, en niet slechts de helft van alle verzamelde monsters. Uiterst dodelijk, maar niet altíjd dodelijk, floreerde het in het wild, een evolutionair succes. En de goedaardige stam, graad V, was verdwenen. Die was niet concurrerend. Om een of andere reden was hij blijkbaar gezakt voor de darwinistische test: de *unfit*, de ongeschikten, overleven niet.

Wat verklaart dit onverwachte resultaat? Frank Fenners scherpzinnige vermoeden was dat het aan de dynamiek tussen virulentie en overdracht lag. Zijn met behulp van gevangen konijnen en gevangen muggen uitgevoerde tests van de ene graad in vergelijking met de andere toonden aan dat de efficiëntie van de overdracht samenhang vertoonde met de beschikbare hoeveelheid virus op de huid van een konijn. Meer kwetsuren of letsels die langer aanhielden, betekende meer beschikbaar virus. Meer over monddelen van muggen uitgesmeerd virus betekende meer kans op overdracht naar het volgende konijn. Maar 'beschikbaar virus' impliceerde dat het konijn nog in leven was, nog steeds warm bloed rondpompte en dus nog steeds van belang was voor de vector. Dode, koude konijnen trekken geen muggen aan. Tussen de twee uiterste uitkomsten van een infectie – genezen konijnen en dode konijnen – vond Fenner een punt van evenwicht.

'Laboratoriumexperimenten toonden aan dat alle stammen uit het veld kwetsuren produceerden die in voldoende virus voorzagen voor het optreden van overdracht,' schreef hij. Maar de stammen met een zeer hoge virulentie (graad I en II) doodden de konijnen 'zo snel dat infectieuze kwetsuren slechts een paar dagen beschikbaar waren'. De goedaardigere stammen (graad IV en V) veroorzaakten kwetsuren die doorgaans snel genazen, voegde hij eraan toe, gevolgd door de ontknoping, 'terwijl stammen met een graad III-virulentie bijzonder infectieus waren gedurende het leven van de konijnen die gestorven waren en gedurende een veel langere periode voor de konijnen die in leven bleven'. Graad III doodde op dat punt nog altijd ongeveer 67 procent van de konijnen die erdoor getroffen werden. Het myxomavirus had dertig jaar na zijn introductie dit niveau van virulentie gevonden – met een uitermate hoge mate van dodelijkheid – om zijn overdracht te maximaliseren. Het virus was nog steeds in staat om het merendeel van de konijnen die het infecteerde te doden, maar ook in staat zijn eigen overleving te verzekeren met een continue keten van infecties.

De eerste regel voor een succesvolle parasiet? Het succes van myxoma in Australië suggereert iets anders dan dat juweeltje van clichématige wijsheid dat ik hierboven heb vermeld. Het is niet: je moet je gastheer niet doden. Het is: je moet je bruggen niet verbranden voordat je ze overgestoken bent.

65

Wie maakt deze regels? Behalve wanneer je een creationist bent, zul je waarschijnlijk erkennen dat het antwoord is: niemand. Waar komen ze vandaan? Evolutie. Het zijn levensgeschiedenisstrategieën, door evolutionaire beitels uit een breder universum van mogelijkheden gekerfd. Ze blijven bestaan omdat ze werken. Je vindt het allemaal bij Darwin: afstamming met modificatie, natuurlijke selectie, adaptatie. De enige verrassing, als het al een verrassing is, is dat virussen evolueren, net zo zeker als organismen die wél ontegenzeggelijk leven.

Rond de tijd dat Frank Fenner de dertig jaren bestrijkende evaluatie van zijn myxomavirusonderzoek publiceerde, begonnen twee andere wetenschappers met het uitwerken van een theoretisch model van parasiet-gastheerinteracties. Zij wilden niet alleen de eerste regel, maar ook diverse andere regels in kaart brengen. Dat wilden ze doen met behulp van wiskundige methoden. Ze heetten Anderson en May.

Roy M. Anderson is een parasitoloog en ecoloog met een zwak voor wiskunde, die in die dagen verbonden was aan het Imperial College te Londen. Zijn proefschrift handelde over platwormen die brasems infecteren. Robert M. May is een Australiër, net als Frank Fenner en net als Macfarlane Burnet, maar wel een heel ander type. Hij behaalde een doctoraat in de theoretische natuurkunde, emigreerde naar Harvard om daar toegepaste wiskunde te doceren en raakte gaandeweg geïnteresseerd in de dynamiek van dierenpopulaties. Hij kwam onder de invloed van de briljante ecoloog Robert MacArthur, die toen op Princeton werkte en nieuwe niveaus van wiskundige abstractie en bewerking had toegepast op het ecologische denken. MacArthur overleed in 1972 op jeugdige leeftijd. May verhuisde als zijn door hemzelf gekozen opvolger naar Princeton, werd daar hoogleraar in de zoölogie en zette het project van toepassing van wiskunde op de theoretische ecologie voort. In het eerste artikel over parasieten dat hij publiceerde, getiteld 'Togetherness among Schistosomes' ('Saamhorigheid onder schistosomen'), beschrijft hij de overdrachtsmechanismen bij een andere vorm van platwormen.

Bij elkaar gebracht door hun gemeenschappelijke interesses (ecologie, wiskunde, platwormen) en hun elkaar aanvullende sterke kanten, vormde het duo Robert May en Roy Anderson een hecht team – net zoiets als Watson en Crick of Martin en Lewis – en ze presenteerden de allereerste vorm van hun ziektemodel in 1978. In de loop van de daaropvolgende twaalf jaar werkten ze dit model en daaraan gerelateerde onderwerpen verder uit in een reeks artikelen die uitmuntten in helder taalgebruik, doorspekt waren met wiskundige formules en enorm de aandacht van andere wetenschappers trokken. In 1991 stopten ze dit alles en nog veel meer in een lijvig boekwerk, getiteld *Infectious Diseases of Humans* ('Infectieziekten bij mensen'). In dit werk borduurden ze voort op hetzelfde begrippenapparaat waarvan infectieziektetheoretici zich al zestig jaar bedienden, namelijk het SIR-model. Dit model laat zien hoe individuen in de loop van een uitbraak de volgende, al eerder door mij besproken drie SIR-categorieën doorlopen: van vatbaar (S: *susceptible*) naar geïnfecteerd (I: *infected*) naar hersteld (R: *recovered*). Anderson en May brachten verschillende verbeteringen aan in dit SIR-model, waarmee het complexer en realistischer werd. De belangrijkste verbetering betrof een fundamentele parameter: populatiegrootte van de gastheren.

Bijna alle eerdere theoretici op het gebied van infectieziekten, zoals Ronald Ross in 1916, Kermack en McKendrick in 1927 en George MacDonald in 1956, hadden populatiegrootte als een constante behandeld. Daardoor werd de wiskunde eenvoudiger en ook leek het een praktische kortere weg bij de verwerking van reële situaties. Bijvoorbeeld: als het inwonertal van een stad 200 000 bedraagt en de mazelen toeslaat, dan zal met het voortschrijden van de uitbraak het totale aantal mensen dat nog vatbaar is, plus de nu geïnfecteerde mensen, plus degenen die hersteld zijn, altijd gelijk zijn aan 200 000. Hierbij wordt ervan uitgegaan dat de populatie met haar tegen elkaar opwegende geboorte- en sterftecijfers inherent stabiel is en dat haar inherente stabiliteit ondanks de epidemie blijft bestaan. Epidemiologen en medisch georiënteerde deskundigen, zelfs degenen die wiskundig onderlegd waren, hanteerden over het algemeen deze aanpak.

Maar voor Anderson en May was dat te simpel, te statisch. Ze kwamen uit de wereld van de ecologie waar populatiegroottes altijd op een complexe, significante manier veranderen. Laten we populatiegrootte behandelen als een dynamische variabele, stelden ze voor. Laten we afstappen van de aanname van een kunstmatige inherente stabiliteit en erkennen dat een ziekte-uitbraak op zich al van invloed kan zijn op de populatiegrootte, bijvoorbeeld doordat een groot deel van de populatie daarbij het leven laat of doordat het geboortecijfer omlaag gaat, of door groeiende maatschappelijke spanningen (zoals overvolle ziekenhuizen) die het sterftecijfer door andere oorzaken kunnen verhogen. Misschien alle drie deze factoren bij elkaar, plus nog andere. Hun doel, schreven Anderson en May, was het 'vervlechten' van de twee benaderingen, de medische en de ecologische, tot een enkele slimme methode voor het interpreteren (en voorspellen) van het verloop van infectieziekten binnen populaties.

'Daardoor raakten een heleboel ecologen geïnteresseerd in dit fenomeen,' zei een van de oudgedienden van het gilde tegen me. Het was Les Real van de Emory University, wiens onderzoek naar ebolavirus onder gorilla's ik hiervoor al heb besproken. 'Ecologen die keken wat ze konden doen op het gebied van de populatie-ecologie raakten ineens geïnteresseerd in infectieziekten,' zei hij. Maar meteen nuanceerde Les deze uitspraak: natuurlijk waren May en Anderson niet de bedenkers van de ecologische benadering van ziekten. Die bestond al veel langer, minstens vanaf Macfarlane Burnet. Zij hadden iets anders gedaan. 'Bob en Roy gaven er een wiskundige vorm aan, ze mathematiseerden het. En ze mathematiseerden het op een interessante manier.'

Wiskunde kan correct maar ook saai zijn. Ze kan doorwrocht, onberispelijk en geavanceerd en tegelijkertijd stupide en nutteloos zijn. De wiskunde van Anderson en May was niet nutteloos. Ze was vernuftig en provocerend. Je hoeft mij niet te geloven, maar op dit punt kun je Les Real zeker vertrouwen. Of raadpleeg anders de *Science Citation Index*, het gezaghebbende scorebord met zijn grote wetenschappelijke invloed, en zie hoe vaak de artikelen van Anderson en May (of May en Anderson, zoals ze zich af en toe lieten vermelden) door de jaren heen door andere wetenschappers werden aangehaald.

Een deel van deze artikelen verscheen in eerbiedwaardige vaktijdschriften als *Nature*, *Science* en *Philosophical Transactions of the Royal Society of London*. Mijn eigen favoriet werd afgedrukt in een meer gespecialiseerd orgaan, genaamd *Parasitology*. Dit artikel, met de titel 'Coevolution of Hosts and Parasites' ('Gezamenlijke evolutie van gastheren en parasieten'), verscheen in 1982. Het begon met de afwijzing van 'onbewezen beweringen' in medische en ecologische handboeken 'die erop neerkomen dat "succesvolle" parasietensoorten zodanig evolueren dat ze onschadelijk worden voor hun gastheer'. Kletskoek en onzin, zeiden Anderson en May. In werkelijkheid is de virulentie van een parasiet 'gewoonlijk gekoppeld aan de effectieve overdrachtssnelheid en de tijd die nodig is voor het herstel van de gastheren waarvoor de infectie niet dodelijk is'. Overdrachts-, ofwel contactsnelheid (*transmission rate*) en hersteltempo (*recovery rate*) waren twee variabelen die Anderson en May opnamen in hun model. Ze stelden nog drie andere variabelen vast: virulentie (gedefinieerd als sterfgevallen veroorzaakt door het infectieuze agens), sterfgevallen door alle andere oorzaken en de continu veranderende populatiegrootte van de gastheer. De beste maatstaf voor evolutionair succes, meenden ze, was het basisreproductiegetal van de infectie, de allesbepalende parameter R_0.

Zodoende hadden ze vijf essentiële variabelen en wilden ze graag weten wat het uiteindelijk effect daarvan was. Ze wilden de dynamiek, de wisselwerking ervan nasporen. Dit bracht hen tot een simpele vergelijking. Er zullen in de quiz aan het eind van dit boek geen wiskundevragen worden gesteld, maar ik dacht dat je het misschien wel leuk zou vinden om hier even een blik op te werpen. Klaar? Schrik niet, knipper niet met je ogen:

$$R_0 = \beta N / (\alpha + b + v)$$

In woorden: het evolutionaire succes van een ziekmakend micro-organisme is rechtstreeks gerelateerd aan zijn effectieve overdrachtssnelheid binnen de ontvangende populatie en omgekeerd (maar complex) gerelateerd aan zijn mate van dodelijkheid, het tempo waarin men ervan herstelt en de normale sterfte door alle andere oorzaken (het onelegante gebrek aan precisie van die zin geeft aan waarom ecologen de taal van de wiskunde prefereren). Dus de eerste regel van een succesvolle parasiet is iets ingewikkelder dan: je moet niet je gastheer doden. Hij is zelfs ingewikkelder dan: je moet je bruggen niet verbranden voordat je ze overgestoken bent. De eerste regel van een succesvolle parasiet is: $\beta N / (\alpha + b + v)$.

Het andere onderdeel dat het artikel van Anderson en May uit 1982 zo boeiend maakt, is de bespreking van het myxomavirus bij Australische konijnen. Dat gaf hun de gelegenheid hun model toe te passen op de empirie en hun theorie dus te toetsen aan concrete feiten. Ze beschreven Frank Fenners vijf graden van virulentie. Ze huldigden zijn methodische combinatie van bemonstering in het veld en experimenten in het lab. Ze noemden de muggen en de open wondjes. Daarna bakenden ze de relatie tussen virulentie en succes af met behulp van Fenners gegevens en hun eigen vergelijking. Hun uitkomst was een door het model gegenereerde voorspelling: gegeven *deze* overdrachtsnelheid, gegeven *dat* hersteltempo, gegeven *die* niet-gerelateerde sterftecijfers, dan... hoort een *intermediaire* graad van virulentie de overhand te krijgen.

Krijg nou wat, dat klopte met wat er gebeurd was.

Die overeenkomst toonde aan dat ze met hun weliswaar ruwe en benaderende model wellicht toch het verloop van andere ziekten zouden kunnen voorspellen en verklaren. ‘Onze belangrijkste conclusie,’ schreven Anderson en May, ‘is dat een “evenwichtige” gastheer-parasietverbinding er *niet noodzakelijkerwijs* een is waarbij de parasiet zijn gastheer weinig schade toebrengt.’ Hun cursivering: *niet noodzakelijkerwijs*. Integendeel, *het hangt ervan af*. Het hangt af van de specifieke kenmerken van de verbinding tussen overdracht en virulentie, verklaarden ze. Het hangt af van ecologie en evolutie.

66

Anderson en May waren theoretici die veel met de gegevens van anderen werkten. Net als Edward C. Holmes. In tegenstelling tot hen is hij gespecialiseerd in virale evolutie, een van 's werelds toonaangevende experts. Hij zetelt in een kaal werkvertrek in het Center for Infectious Disease Dynamics, een onderdeel van de Pennsylvania State University in het stadje State College, te midden van de glooiende heuvels en bossen van Midden-Pennsylvania, en daar onderscheidt hij patronen van virale verandering door sequenties van genetische codes nauwkeurig te bekijken. Dat wil zeggen, hij kijkt naar de lange reeksen van die vijf letters, A, C, T, G en U, die onuitspreekbare lange rijen vormen, alsof ze getypt zijn door een opgewonden chimpansee. Holmes' werkkamer is netjes en comfortabel, spaarzaam ingericht met een bureau, een tafel en enkele stoelen. Je ziet er weinig boekenkasten, weinig boeken, weinig dossiermappen of paperassen. De kamer van een denker. Op het bureau staat een computer met een groot beeldscherm. Zo zag het er althans uit toen ik bij hem op bezoek was.

Boven de computer hing een poster ter ere van 'de Virosfeer', dat wil zeggen het onpeilbare geheel van de virale diversiteit op aarde. Daarnaast hing een andere poster met het tv-personage Homer Simpson als personage in Edward Hoppers bekende schilderij 'Nachtbrakers'. Ik weet niet precies wat die poster eerde, behalve misschien donuts.

Edward C. Holmes is een Engelsman, uit Londen en Cambridge overgeplant naar het midden van Pennsylvania. Zijn ogen puilen lichtelijk uit als hij een cruciaal gegeven of een scherpzinnig idee bespreekt, omdat goede feiten en ideeën hem in vervoering brengen. Zijn hoofd is rond en ascetisch geschoren waar het nog niet kaal is. Hij draagt een stalen bril met een dikke metalen bovenrand, net als op oude foto's van de Sovjet-Russische politicus Joeri Andropov. Hoewel geschoren, hoewel briljant, hoewel op het eerste gezicht op Andropov lijkend, is Edward C. Holmes geen asceet. Hij is levendig en geestig, een warmhartige ziel die dolgraag praat over wat ertoe doet: virussen. Iedereen noemt hem Eddie.

'De meeste nieuw opkomende pathogenen zijn RNA-virussen,' vertelde hij me toen we daar onder die twee posters zaten. RNA-virussen in tegenstelling tot DNA-virussen, bedoelde hij, of in tegenstelling tot bacteriën of tot elk ander type parasiet. Hij hoefde de gegevens over RNA-virussen niet voor me op te lepelen, omdat ik die lijst al in het hoofd had: het hendra- en nipah-, ebola- en marburg-, westnijl-, machupo- en juninvirus, de influenza- en hantavirussen, het dengue- en gelekoortsvirus, het rabiësvirus en zijn verwanten, het chickungunya-, SARS-CoV- en lassavirus, en niet te vergeten hiv-1 en hiv-2. Allemaal hebben die een genoom in de vorm van RNA. Het is een categorie die blijkbaar veel meer geniepige zoönosen omvat dan je zou denken, inclusief de meeste nieuwste en ergste ziekten. Sommige wetenschappers zijn zich gaan afvragen waarom dat zo is. Als je zou zeggen dat Eddie Holmes hét boek over dit onderwerp heeft geschreven, dan zou dat beslist geen beeldspraak zijn. Het in 2009 door de Oxford University Press uitgegeven boek heet *The Evolution and Emergence of RNA Viruses* ('De evolutie en opkomst van RNA-virussen') en het was de reden waarom ik hem had opgezocht. Nu gaf hij me een samenvatting van enkele saillante punten uit het boek.

Natuurlijk, zei Eddie, zijn er door de bank genomen ontzettend veel RNA-virussen, wat de kans dat er een heleboel achter mensen aan gaan zitten sterk lijkt te vergroten. RNA-virussen in de oceanen, in de bodem, in de bossen en in de steden; RNA-virussen die bacteriën, schimmels, planten en dieren infecteren. Het is mogelijk dat elke cellulaire vorm van leven op de planeet ten minste één RNA-virus onderhoudt, had hij in het boek gezegd, hoewel we dat niet zeker weten omdat we er nog maar net naar beginnen te kijken. Een blik op zijn virosfeerposter, waarop de wereld van bekende virussen als een felgekleurde pizza werd uitgebeeld, was genoeg om dat punt te staven. Het toonde RNA-virussen die tezamen goed waren voor minstens de helft van de pizzapunten. Maar ze zijn niet alleen maar veel voorkomend, zei Eddie. Ze zijn ook uitermate veranderlijk. Ze kunnen allerlei gedaanten aannemen. En ze passen zich snel aan.

Daar spelen twee dingen in mee, verklaarde hij. Niet alleen het hoge mutatietempo, maar ook het feit dat hun populaties zo ontzettend groot zijn. 'Die twee dingen tezamen houden in dat ze méér aanpassingsgerichte veranderingen kunnen produceren.'

RNA-virussen vermeerderen zich snel, wat leidt tot grote populaties (hoge titers) van virionen binnen elke gastheer. Anders gezegd, ze produceren vaak acute, kortdurende hevige infecties, en dan zijn ze weer weg. Of ze verdwijnen snel of ze vermoorden je. Eddie noemde het 'dat soort hausse-baissegedoe'. Acute infectie betekent ook veel virusuitscheiding – door te niezen, te hoesten, te braken, te bloeden of door diarree – die overdracht naar andere slachtoffers vergemakkelijkt. Zulke virussen proberen het immuunsysteem van elke gastheer de loef af te steken door te pakken wat ze nodig hebben en dan verder te gaan, voordat ze door de verdedigingsmechanismen van een lichaam worden verslagen (lentivirussen, inclusief de hiv-virussen, zijn hierop een uitzondering, omdat ze een andere strategie volgen). De snelle vermeerdering en hoge mutatiegraad van deze virussen verschaft hun een overvloedige genetische variatie. Zodra een RNA-virus in een andere gastheer belandt – misschien zelfs in een andere gastheersoort – heeft het virus veel baat bij die overvloedige variatie, omdat het daardoor veel kansen krijgt zich aan te passen aan de nieuwe omstandigheden, wat die omstandigheden ook mogen zijn. In sommige gevallen lukt het hem niet zich aan te passen en in andere gevallen juist wel.

De meeste DNA-virussen belichamen precies het tegenovergestelde. Hun mutatiegraad is laag en hun populatiegrootte betrekkelijk gering. Hun strategieën van zelfhandhaving 'zijn doorgaans sterk gericht op deze weg van de eigen instandhouding', zei Eddie. Instandhouding en heimelijkheid. Ze liggen op de loer, ze wachten. Ze verbergen zich voor het immuunsysteem in plaats van te proberen het de loef af te steken. Ze gaan over tot een sluimertoestand en blijven in bepaalde cellen hangen, ze vermeerderen zich nauwelijks of helemaal niet, soms vele jaren lang. Ik wist dat hij het had over dingen als het varicella zoster-virus, een klassiek DNA-virus dat zijn infectie van de mens begint in de vorm van waterpokken en tientallen jaren later weer kan uitbreken, nu als gordelroos. Het nadeel voor DNA-virussen, zei Eddie, is dat ze zich niet zo gemakkelijk aan weten te passen aan een nieuwe gastheersoort. Ze zijn gewoon te stabiel. Bekrompen. Trouw aan wat in het verleden heeft gewerkt.

De stabiliteit van DNA-virussen komt voort uit de structuur van het genetische molecuul en de manier waarop dit repliceert, waarbij het gebruikmaakt van DNA-polymerase om elk nieuw onderdeel te assembleren en te corrigeren. Daarentegen is het enzym waarvan RNA-virussen zich bedienen 'geneigd tot fouten', volgens Eddie. 'Het is gewoon een waardeloze polymerase', die niet naleest, niet terugbladert, niet de foutieve plaatsing van de nucleotidebasen A, C, G en U corrigeert. Waarom niet? Omdat de genomen van RNA-virussen erg klein zijn, variërend van ongeveer 2000 tot 30 000 nucleotiden, wat veel minder is dan waar de meeste DNA-virussen over beschikken. 'Het kost meer nucleotiden,' zei Eddie – een groter genoom, meer informatie – 'om een nieuw enzym dat werkt te maken.' Een die net zulk keurig werk aflevert als DNA-polymerase, bedoelde hij.

En waarom zijn RNA-genomen zo klein? Omdat hun zelfvermeerdering zó vergeven is van onjuistheden dat ze, indien ze meer informatie moesten vermeerderen, nog meer fouten zouden opstapelen en ze niet eens meer verder zouden kunnen functioneren. Het is een soort kip-of-eiprobleem, zei hij. RNA-virussen zijn beperkt tot kleine genomen omdat hun mutatiegraad zo hoog is en hun mutatiegraad is zo hoog omdat ze beperkt zijn tot kleine genomen. Er is zelfs een fraaie naam voor dat dilemma: Eigens paradox. Manfred Eigen is een Duitse chemicus, een Nobelprijswinnaar, die de chemische reacties heeft onderzocht die zorgen voor de zelforganisatie van langere moleculen, een proces dat leven kan voortbrengen. Zijn paradox houdt in dat er voor dergelijke zelfreplicerende moleculen een limiet bestaat waarboven hun mutatiesnelheid voor te veel fouten zorgt en ze ophouden zich te vermeerderen. Ze sterven uit. RNA-virussen, die doorgaans onderhevig zijn aan deze beperking, compenseren hun foutgevoelige vermeerdering door grote populaties te produceren en snel en vaak overdracht te realiseren. Ze kunnen Eigens paradox blijkbaar niet doorbreken, maar ze kunnen hem wel omzeilen door van hun instabiliteit een deugd te maken. Hun kopieerfouten leveren veel variatie op en veel variatie stelt ze in staat snel te evolueren.

'DNA-virussen kunnen veel grotere genomen maken,' zei Eddie. In tegenstelling tot de RNA's worden zij niet ingeperkt door Eigens paradox. Ze kunnen zelfs genen van de gastheer overmeesteren en integreren, waarmee ze de immuunreactie van een gastheer spaak kunnen laten lopen. Ze kunnen voor langere duur in een lichaam huizen, tevreden met het feit dat ze zich kunnen verbreiden via tragere vormen van overdracht, zoals de seksuele en de verticale. Van doorslaggevende betekenis is dat ze de bij hun replicatie gemaakte kopieerfouten kunnen herstellen, waardoor ze hun mutatietempo verlagen. 'RNA-virussen kunnen dat niet.' Die hebben te maken met een andere reeks grenzen en mogelijkheden. Hun mutatietempo kan niet worden verlaagd. Hun genoom kan niet worden vergroot. 'Ze zitten in zekere zin vast.'

Wat doe je als je een virus bent dat vastzit, geen langetermijnzekerheid kent, geen tijd mag verspillen, niets te verliezen hebt en een groot vermogen bezit tot aanpassing aan nieuwe omstandigheden? Inmiddels waren we via allerlei omwegen beland op het punt dat mij het meest interesseerde. 'Ze springen vaak over naar een andere soort,' zei Eddie.

7
Gevleugelde gastheren

67

Waar komen deze overspringende virussen vandaan? Ze springen weg van dieren waarin ze langdurig hebben vertoefd, veiligheid hebben gevonden en af en toe zijn vastgelopen. Dat wil zeggen dat ze wegspringen uit hun reservoir, hun natuurlijke diergastheer.

Maar wat voor dieren zijn dat? Sommige soorten dieren spelen een belangrijkere rol dan andere als reservoir van de zoönotische virussen die overspringen naar mensen. Hantavirussen springen over van knaagdieren. Ook het lassavirus springt over van knaagdieren. Het gelekoortsvirus springt over van apen. Het apenpokkenvirus lijkt, ondanks zijn naam, voornamelijk over te springen van eekhoorns. Het herpes B-virus springt over van makaken. De influenzavirussen springen van wilde vogels over naar tam pluimvee en vervolgens naar mensen, soms na een transformerende tussenstop in varkens. Het mazelenvirus kan oorspronkelijk naar ons zijn overgesprongen van tamme schapen en geiten. Hiv-1 is naar ons gesprongen van chimpansees. Dus wat betreft hun herkomst is er een zekere diversiteit. Maar een groot deel van alle schrikwekkende nieuwe virussen die ik tot nu toe heb genoemd, maar ook andere die ik niet heb genoemd, zijn afkomstig van vleermuizen.

Het hendravirus: van vleermuizen. Het marburgvirus: van vleermuizen. Het SARS-CoV-virus: van vleermuizen. Als het rabiësvirus overspringt naar mensen, is het meestal afkomstig van als huisdier gehouden honden – want dolle honden krijgen meer kansen om hun tanden in mensen te zetten dan dolle dieren in het wild –, maar vleermuizen zijn een van de belangrijkste reservoirs voor dit virus. Het duvenhagevirus, dat verwant is aan het rabiësvirus, springt van vleermuizen over naar de mens. Het kyasanurwoudvirus, dat via een vector, namelijk teken, wordt overgebracht naar mensen, is afkomstig van diverse soorten in het wild levende dieren, waaronder vleermuizen. Ook het ebolavirus komt waarschijnlijk bij vleermuizen vandaan.

Het menanglevirus: van vleermuizen. Het tiomanvirus: van vleermuizen. Het melakavirus: van vleermuizen. Het Australische vleermuislyssavirus – het zal je niet verbazen – heeft Australische vleermuizen als reservoir. En hoewel deze ietwat bedreigend aandoende lijst al behoorlijk lang is en nodig moet worden voorzien van een kalme uitleg, zou hij niet compleet zijn zonder het nipahvirus, een van de meest spectaculaire RNA-virussen die de afgelopen decennia is opgedoken, een virus dat overspringt naar varkens en via hen naar mensen: van vleermuizen.

68

Het eerste optreden van een nieuwe zoönose is vaak zowel verwarrend als alarmerend, en nipah was geen uitzondering. In september 1998 begonnen mensen in een noordelijk district van West-Maleisië, vlak bij de stad Ipoh, ziek te worden. Hun symptomen waren koorts, hoofdpijn, sufheid en stuiptrekkingen. De slachtoffers waren varkenshouders of andere mensen die beroepshalve met varkens te maken hadden. Een van hen was een varkensvleesverkoper die stierf aan een hersenontsteking. In december, nadat de noordelijke uitbraak leek weg te ebben, verscheen er een nieuw cluster van ziektegevallen ten zuidwesten van de hoofdstad, Kuala Lumpur, in een gebied met veel varkensfokkerijen, de staat Negri Sembilan. Tegen het einde van het jaar waren tien werknemers ziek geworden, in coma geraakt en gestorven. De overheid reageerde snel, maar zonder voldoende inzicht in de materie. In het begin hadden ze het alleen maar over muggen en varkens.

Muggen werden als de vermoedelijke vectoren beschouwd, varkens als het vermoedelijke reservoir. Maar vectoren en reservoir van wát? Het Japanse-encefalitisvirus was de vermoedelijke oorzaak.

Japanse encefalitis (JE), een virale hersenontsteking, is een endemische aandoening in Maleisië en een groot deel van Zuidoost-Azië, met in de hele regio meer dan 30 000 menselijke ziektegevallen (meestal niet-fataal) per jaar. Het JE-virus behoort tot dezelfde familie als het westnijl-, dengue- en gelekoortsvirus. Het wordt door vectoren overgedragen, dat wil zeggen dat het zich via muggen verplaatst vanuit zijn reservoir in tamme varkens en wilde vogels. Antistoffen die bij een deel van de ziek geworden werkers in de Maleisische varkensindustrie werden aangetroffen, leken te bevestigen dat dit virus verantwoordelijk was voor de uitbraak van 1998, en daarmee werd Japanse encefalitis het voorwerp van overheidsmaatregelen en stijgende bezorgdheid onder de bevolking. Ambtenaren van gezondheidsdiensten begonnen te overwegen hoeveel mensen – of hoeveel varkens – ze ertegen moesten vaccineren.

Begin januari verscheen in de *New Straits Times*, de grootste Engelstalige krant in Maleisië, een artikel met als kop: MEISJE IS VIERDE DODELIJKE SLACHTOFFER VAN ENCEFALITIS IN NEGRI. Het betreffende meisje, dertien jaar oud en niet met name genoemd in het artikel, had haar familie geholpen in hun varkensbedrijf. Onder het verhaal over dit meisje stond een korter bericht waarin gemeld werd dat de Maleisische minister van Volksgezondheid opdracht had gegeven voor een uitroeiingscampagne van muggen. Dood de muggen, elimineer de vector en stop zo de JE-overdracht, ja? Ja, maar toch... Een dag later, in dezelfde krant: MEISJE IN IPOH VERMOEDELIJK GESTORVEN AAN JE. Dat bracht het gezamenlijke dodental in Negri Sembilan in het zuiden en Ipoh in het noorden op dertien. Dit meisje was nog maar een peuter. Ze stierf in de ouderlijke woning, minder dan een kilometer verwijderd van de dichtstbijzijnde varkenshouderij. 'Varkens zijn een gebruikelijke gastheer voor het virus,' voegde het artikel eraan toe – waarmee natuurlijk het JE-virus werd bedoeld. Er was toch geen enkel ander virus in het spel?

Misschien wel. Terwijl de nieuwsmedia continu verhalen over Japanse encefalitis brachten en de overheid maatregelen nam om die te beheersen, begonnen wetenschappers op de afdeling medische microbiologie van de University of Malaya (niet 'Malaysia', omdat deze universiteit haar historische naam had behouden) in Kuala Lumpur, steeds sceptischer te worden. Ze wisten meer van JE dan wie dan ook en sommige aspecten van wat er nu gaande was leken niet in het gebruikelijke patroon te passen. Afgezien van de twee jonge meisjes over wie de kranten zo overdadig rouwden, waren bijna alle andere recente slachtoffers volwassen mannen die direct betrokken waren bij het fokken, transporteren of slachten van varkens. In feite waren het merendeels niet alleen volwassen mannen maar tevens etnische Chinezen, een groep die de Maleisische varkensindustrie domineerde. Aan de andere kant stond Japanse encefalitis, zoals men die tot nu toe kende, erom bekend dat vooral kinderen erdoor werden getroffen. Professor Sai Kit Lam ('Ken' Lam voor zijn Engelstalige vrienden), die toentertijd de leiding had over de afdeling medische microbiologie van de universiteit, verklaarde publiekelijk dat deze uitbraak te veel volwassenen het leven kostte om in het normale profiel van JE te kunnen passen. Ook leek de sterfte als gevolg van de huidige uitbraak merkwaardig hoog. Die beliep nu meer dan 54 procent. Misschien was dit een nieuwe stam van het JE-virus, virulenter dan gebruikelijk, agressiever voor volwassenen en minder wijd verspreid onder de rest van de bevolking door zijn vector, de mug.

Of een totaal ander virus dat op een andere manier werd overgebracht. Muggen als vector leek niet in het gebruikelijke patroon te passen. Wat voor soort mug kiest ervoor om alleen volwassen mannelijke Chinese varkenshouders te bijten?

Intussen waren de varkens van Maleisië ook ziek, lijdend aan hun eigen epizoötische uitbraak van de een of andere infectie. Ook hier vormde de bekende vorm van Japanse encefalitis geen verklaring, omdat varkens die infectie doorgaans doorstaan zonder dit soort ziekteverschijnselen te vertonen. Ze kunnen zowel virusvermeerderende gastheer als reservoir van JE zijn, dat wil zeggen dat hun infectieprevalentie de prevalentie van het virus kan doen toenemen bij muggen, die vervolgens mensen kunnen bijten. Drachtige zeugen die besmet zijn met JE kunnen miskramen krijgen of doodgeboren biggen baren, maar de infectie leidt niet tot toestanden zoals die werden aangetroffen in Maleisië. En er waren andere problemen met de JE-hypothese. Terwijl de nieuwe ziekte onder mensen die in de varkensindustrie werkten een neurologische aandoening was, die hersenontsteking en andere problemen in het zenuwstelsel veroorzaakte, was de aandoening bij varkens zowel neurologisch als respiratoir. Ze leek bijzonder besmettelijk voor varkens onderling en werd blijkbaar via de lucht overgebracht. Eerst in de grote stallen van de Ipoh-regio en vervolgens in het zuidelijkere Negri Sembilan begon het ene dier na het andere te hoesten, te rillen, te blaffen, smartelijk te piepen en om te vallen, waarna ze in sommige gevallen stierven.

De sterfte onder varkens was echter veel lager dan onder de getroffen mensen. Hun symptomen leken in eerste instantie te wijzen op de zogenoemde klassieke varkenspest, een virale infectie die ook bekendstaat (althans in de VS) als *hog cholera* of *classical swine fever*. Maar dat vermoeden werd al snel verworpen. Klassieke varkenspest, die niet zoönotisch is, kon niet verantwoordelijk zijn voor de menselijke ziektegevallen. Dan misschien Japanse encefalitis van een kwaadaardig nieuw type? De uitbraak verspreidde zich van de ene varkenshouderij naar de andere, als het ware op een rommelende golf van hoestende varkens – mensen hoorden hem aankomen en vreesden het ergste. 'Ze noemden het de eenmijlsblafhoest,' aldus een Australische deskundige die hier was komen kijken, 'omdat je het een mijl verderop al kon horen. Dan wisten de mensen dat de ziekte aangekomen was in hun omgeving.' Ze verplaatste zich op de nies van een varken. Ze verplaatste zich ook per vrachtwagen, wanneer dieren van de ene boerderij naar de andere werden getransporteerd. En ze verplaatste zich over de grenzen, zoals in begin 1999 toen Maleisische varkens naar

Singapore werden geëxporteerd en de ziekte daar werknemers van slachthuizen trof. Elf Singaporezen werden ziek. In de uitstekende medische instellingen van de stadstaat stierf slechts één persoon.

Maar nog steeds wist niemand wat voor infectieziekte dit nu eigenlijk was. De meeste eerste pogingen tot diagnoses in laboratoria waren in Maleisië ofwel gedaan door het ministerie van Volksgezondheid ofwel, wat betreft de varkensmonsters, door het nationale veterinaire onderzoeksinstituut in Ipoh. Wetenschappers aan de University of Malaya, vooral op Ken Lams afdeling voor medische microbiologie, volgden de crisis nauwgezet, maar in stilte. Paul Chua was de belangrijkste klinisch viroloog van de afdeling. Bij zijn werk bediende hij zich van gebruikelijke laboratoriummethoden als viruskweek en microscopie. Sazaly AbuBakar was de moleculair viroloog, wat betekende dat hij naar virusgenomen keek zoals Eddie Holmes dat doet: in saai ogende flarden van genetische codes, ACCAAACAAGGG, letter voor letter. Een poosje konden Chua en ook AbuBakar niet veel meer doen dan de krantenberichten lezen, met medewerkers praten en speculeren, omdat ze geen monsters van bloed, weefsel of hersen- en ruggenmergvocht hadden, het ruwe bewijsmateriaal voor laboratoriumdiagnostiek.

En toen hadden ze het opeens wel. Toen de uitbraak bleef voortduren in Negri Sembilan, niet ver van de hoofdstad, begonnen patiënten te arriveren in het medisch centrum van de University of Malaya. Deze patiënten werden behandeld en sommigen van hen stierven, waarna Paul Chua monsters van drie van de lijken kreeg. Een van die slachtoffers was een 51-jarige varkenshouder uit het dorp Sungai Nipah. Deze man was koortsig, verward en met een verkrampende linkerarm naar het ziekenhuis gekomen. Zes dagen later was hij dood.

Chua en zijn vertrouwde laborant isoleerden het virus uit het Sungai Nipah-monster door het te laten groeien op een voedingsbodem van gekweekte laboratoriumcellen die oorspronkelijk afkomstig waren van de nier van een Afrikaanse aap. Onmiddellijk begon het virus schade aan te richten in de cultuur. De schade zag er niet uit als JE. Individuele cellen waren vergroot en versmolten tot grote vliezige bellen, bezaaid met meerdere kernen. Chua haalde zijn collega AbuBakar erbij om er een blik op te werpen.

'Heel ongebruikelijk,' zei AbuBakar, die me in zijn werkkamer vertelde wat hij daar te zien kreeg, toen ik hem had opgezocht in Kuala Lumpur. Ik had hem ontmoet op een nipahconferentie en hij wilde graag verder praten. Paul Chua was inmiddels vertrokken naar het ministerie van Volksgezondheid en AbuBakar (zijn jonge studenten noemden hem professor Sazaly) was hem opgevolgd als hoofd van de afdeling medische microbiologie. 'We kwamen allemaal tot de conclusie dat wat we in de celcultuur zagen iets ongebruikelijks was.'

De logische volgende stap, zei prof. Sazaly, was om dit virus onder een goede elektronenmicroscoop te bekijken. Hoewel celculturen de collectieve werking van het virus laten zien, die zich zichtbaar voor het blote oog manifesteert in verwoeste cellen, heb je elektronenmicroscopie nodig om afzonderlijke virionen te kunnen zien. 'Maar helaas hadden we in die tijd nergens in het land goede elektronenmicroscopen.' Het enige exemplaar van de universiteit was oud en wazig. Maleisië is een Aziatische tijger, met veel schrandere en uitstekend opgeleide wetenschappers, maar met nog steeds een tekort aan bepaalde technische hulpmiddelen.

Daarom deed de afdelingschef, Ken Lam, een beroep op oude contacten in de Verenigde Staten en regelde hij voor Paul Chua een bezoek aan deze mensen. Chua stopte wat ingevroren monsters in een tas en stapte op een vliegtuig naar Amerika. Vele uren later was hij in Fort Collins, Colorado. In de daar gevestigde dependance van de CDC die de afdeling voor vector-overgedragen ziekten huisvest, bestudeerde hij met CDC-wetenschappers de Sungai Nipah-monsters onder een eersteklas elektronenmicroscoop. Wat ze zagen was geen Japans encefalitis-virus. Het leek meer op een paramyxoviruskluwen, met lange draden die een soort visgraatstructuur vertoonden. Maleisische mazelen? Een moordend varkensbofvirus? Op basis van die tentatieve identificatie werd Chua doorgestuurd naar het CDC-hoofdkantoor in Atlanta, waar zijn nieuwe contacten paramyxovirus-onderzoekers waren. Op zoek naar een antistofreactie onderwierpen ze zijn monsters aan diverse analyses en kregen ze een voorlopig positief resultaat bij de test voor hendra-antistoffen. Maar toen ze een deel van het virusgenoom sequenceten, stelden ze vast dat dit een volkomen nieuwe ziekteverwekker was: geen hendravirus, wel iets dergelijks, maar toch anders. Paul Chua en zijn collega's noemden het het nipahvirus, naar dat dorpje van de 51-jarige boer. De ziekte werd uiteindelijk bekend als nipahvirus-encefalitis.

69

Op dit punt komen verschillende verhalen samen. Zodra de Maleisische microbiologen wisten dat hun uitbraak werd veroorzaakt door een virus dat sterk op het hendravirus leek, belde Ken Lam een andere collega, deze keer iemand in Australië. 'Moet je horen, we hebben hier iets,' zei hij. Dat was een understatement. Het niet genoemde zorgwekkende aspect was dat hij niet wist waar dit 'iets' vandaan kwam en waar het naartoe kon gaan. Hij wilde deskundige hulp. Niemand was deskundig op het gebied van het nipahvirus, nog niet, maar een deskundige op het gebied van het hendravirus zou wel eens de op een na beste keuze kunnen zijn. Via een tussenpersoon bereikte Lams verzoek Hume Field, de slungelige voormalige dierenarts die het hendravirus bij vleerhonden had ontdekt. Field kwam snel in touw. Voor zover hij zich nog kon herinneren, kreeg hij het telefoontje op een donderdag en zat hij de maandag daarop in het vliegtuig naar Kuala Lumpur.

Field sloot zich aan bij een internationaal team, onder leiding van een hooggeplaatste medewerker van de CDC en met leden die vanuit Atlanta en van elders samenkwamen om de Maleisische professionals te helpen met de crisis. Hun eerste taak was om het onmiddellijke risico voor mensen een halt toe te roepen. 'Op dat moment escaleerde het aantal ziektegevallen bij mensen,' vertelde Field me later tijdens een van onze gesprekken in Brisbane. 'Met iets van vijftig nieuwe gevallen per week. En dus was er een enorme druk – maatschappelijk, politiek – om de bron van de infectie tot staan te brengen.' Om dat te kunnen doen, zo voegde hij eraan toe, moest het team inzicht in het virus krijgen en erachter komen hoe het zich gedroeg bij varkens.

Ze begonnen bij wat hij '*hot farms*' noemde, verdachte varkenshouderijen waar de infectie zich nog steeds een weg door de daar verblijvende dieren vrat. Je kon zo'n verdachte varkenshouderij op het gehoor af herkennen aan de hierboven vermelde 'eenmijlsblafhoest', een uitdrukking die van Field zelf kwam. Hij en de rest van het team wilden zieke varkens waarvan ze monsters konden afnemen, hopend dat deze wellicht een virus opleverden dat overeenkwam met het virus dat Paul Chua had geïsoleerd uit het materiaal van zijn varkenshouder. 'En dat gebeurde ook,' zei Field. Ze verzonden monsters naar het Australian Animal Health Laboratory in Geelong waar collega's een virus isoleerden dat overeenkwam met het virus van Paul Chua. Het definitieve bewijs voor die match kwam van AbuBakars team in Kuala Lumpur. Dit alles bevestigde dat varkens een virusvermeerderende gastheer waren van hetzelfde nipahvirus dat mensen doodde. Maar het zei niets over waar het nipahvirus in laatste instantie huisde.

De Maleisische regering had in de tussentijd opdracht gegeven voor een massale ruiming, dat wil zeggen de eliminatie van elk varken, geïnfecteerd of niet-geïnfecteerd, op elk agrarisch bedrijf dat door de uitbraak was getroffen. Sommige van deze varkensfokkerijen waren door hun paniekerige en ontredderde exploitanten verlaten, zelfs nog vóór de ontdekking van het nieuwe virus. Mensen in bepaalde gebieden ontvluchtten zelfs hun eigen woningen; Sungai Nipah werd een spookstad. Tegen het eind van de uitbraak waren op zijn minst 283 mensen besmet en 109 overleden, wat neerkwam op een sterfte van bijna 40 procent. Niemand wilde varkensvlees eten of aanraken of kopen. Varkens werden uitgehongerd in hun hokken achtergelaten. Sommige braken los en stroopten als wilde honden de wegen af naar voedsel. In Maleisië waren er op dat moment 2,35 miljoen varkens, waarvan de helft uit door nipah-infectie getroffen boerderijen kwam, en dus had dit kunnen uitgroeien tot een bijna middeleeuws probleem, tot taferelen uit de tijd van de Zwarte Dood: op hol geslagen kuddes besmette varkens die uitgehongerd door de lege dorpen trokken. Een schare opruimers, bestaande uit soldaten van de landmacht, politiemensen en veterinaire ambtenaren, trok voorzien van beschermende kleding, handschoenen, maskers en veiligheidsbrillen naar het platteland. Hun opdracht was om meer dan een miljoen dieren neer te schieten, te begraven of anderszins te elimineren, en om dat snel te doen, zonder het virus overal rond te laten spatten. Ondanks alle voorzorgsmaatregelen liepen minstens een half dozijn soldaten een infectie op. Hume Fields commentaar: 'Er is geen gemakkelijke manier om een miljoen varkens te doden.'

Later in het gesprek verbeterde hij zichzelf: het ging in werkelijkheid om 1,1 miljoen varkens. Het verschil lijkt misschien niet meer dan een afrondingsfout, vertelde hij me, maar als je ooit zo'n honderdduizend varkens 'extra' hebt moeten doden en hun kadavers in door bulldozers uitgegraven kuilen hebt moeten storten, zou je dit zeker hebben onthouden als een significant verschil.

Field en het internationale team haastten zich voor de falanx van opruimers uit en bezochten ook bedrijven die eerst 'hot' waren, maar nu niet meer – varkenshouderijen waar de infectie gekomen en gegaan was. Door op deze plaatsen bloed bij overlevende varkens af te nemen en dat te testen op antistoffen, ontdekten ze dat het virus blijkbaar buitengewoon besmettelijk was, althans onder varkens, ook al was het niet bijzonder virulent. De prevalentie van antistoffen in de dieren op deze plaatsen waar de infectie verdwenen was, lag meestal tussen de 80 en 100 procent. Zodoende waren varkens veel gastvrijere en tolerantere virusvermeerderende gastheren dan die arme paarden in Australië die door het hendravirus waren getroffen. Als het nipahvirus geen zoönotisch agens was geweest, in staat om over te springen op mensen en hen te doden, vertelde Field me, had het voorbij kunnen gaan als niet meer dan 'een waarschuwend bliepje in de productiviteit' van de totale Maleisische varkenshouderij. 'Dat is een intrigerende gedachte,' voegde hij eraan toe.

Ik begreep niet precies wat hem zo intrigeerde in deze alternatieve-universumvariant van het nipahvirus, maar liet na om het op dat moment te vragen. Eén mogelijkheid is dat Field aan andere potentiële zoönosen dacht die onopgemerkt en op dit moment onschadelijk voor mensen onder landbouwhuisdieren sluimeren. Hoeveel van zulke ziekteverwekkers zijn wellicht bezig zich een weg te banen door grootschalige veehouderijen over de hele wereld? Hoeveel RNA-virussen kunnen misschien een hoog evolutietempo bereiken (omdat ze zich snel vermeerderen, vaak muteren, hun populaties groot zijn en de kuddes eveneens) in onze intensieve veehouderij? Wat is, gezien die grote aantallen, de kans op een mutatie die een oversprong vergemakkelijkt? Hoeveel andere nipahvirussen zijn naar Bethlehem op weg om geboren te worden?

Misschien zal de volgende grote infectieziekte ontstaan in een Maleisische varkensstal, zich in geëxporteerde zeugen naar Singapore verplaatsen en dan vanuit Singapore naar de rest van de wereld reizen (meeliftend met vliegtuigen zoals SARS deed) in de longen van een toerist of een stewardess die een lunch van mu shu varkensvlees heeft genoten in een van die trendy, veel te dure restaurants aan de waterkant, vlak bij het Raffles Hotel. Vergeet een ogenblik die palmmarters en kijk in gedachten naar de op massaproductie gerichte intensieve veehouderij. Het is bijna onmogelijk om je varkens, koeien, kippen, eenden, schapen en geiten te screenen op een virus van welke aard dan ook, voordat je dat virus (of op zijn minst een naaste verwant) hebt geïdentificeerd, en dat zijn we nog maar net aan het proberen. In overeenstemming met Hume Fields 'intrigerende gedachte' is de ruimere betekenis van het nipahvirus dat de pandemische zoönose van morgen misschien niet meer is dan 'een waarschuwend bliepje in de productiviteit' van een bepaalde bio-industrie van vandaag.

Het nipahvirus heeft ook andere betekenissen, die lang niet zo verstrekkend, maar óók intrigerend zijn. Een daarvan voert ons terug naar het onderwerp van de vleermuizen.

70

Na drie weken in Maleisië zonderde Hume Field zich af van het varkensonderzoek en ging hij samen met de Maleisische dierenarts Mohd Yob Johara en enkele medewerkers op zoek naar de oorsprong van het virus.

Per slot van rekening was dat de reden dat men hem voor het internationale crisisteam had gevraagd – vanwege zijn ervaring met het volgen van het spoor van een nauw verwant virus, het hendravirus, tot in zijn reservoir.

Voortbordurend op de hendravirusparallel richtte Fields groepje zich nu vooral op vleermuizen, een diersoort die in Maleisië een grote diversiteit kent, waaronder 13 soorten vruchtenetende vleermuizen en ongeveer 60 soorten kleine insectenetende vleermuizen. Van de inheemse vruchtenetende vleermuizen behoren 2 soorten tot de vleerhonden, grote dieren met een omvangrijke vleugelwijdte, die lid zijn van hetzelfde geslacht, *Pteropus*, als de als hendravirusreservoir dienende vleermuizen in Australië. De kleine vleermuizen werden gevangen met behulp van mistnetten die opgesteld werden in de buurt van hun foerageer- en rustplaatsen. Voor de vleerhonden gebruikte het team een meer opportunistische methode. De jacht op vleermuizen is in de meeste delen van Maleisië wettelijk toegestaan en daarom gingen Field en Johara met sportjagers mee de bossen in en konden ze met goedvinden van de jagers monsters afnemen bij de door hen buitgemaakte dieren. Sommige jagers schoten wilde zwijnen en daarom sneden de onderzoekers ook stukjes uit karkassen van wilde zwijnen om te testen of het virus van tamme varkens was overgegaan op hun wilde soortgenoten. Rond dezelfde tijd bemonsterde een andere groep van het internationale team tamme honden, ratten, huisspitsmuizen, kippen, eenden en duiven. Beide groepen wilden antwoorden op dezelfde dringende vraag: waar in de grote wereld buiten de varkensstallen ging dit virus schuil?

De wilde zwijnen, de ratten, de spitsmuizen en de vogels testten allemaal negatief: geen spoor van een nipahvirus, noch van antistoffen ertegen. Sommige honden testten positief op antistoffen, waarschijnlijk omdat ze in nauw contact met zieke varkens hadden geleefd of van dode exemplaren hadden gegeten. De honden leken het virus niet vergaand te verspreiden, noch van de ene hond naar de andere, noch naar mensen (hoewel er aanwijzingen zijn dat er wel af en toe een hond-op-mens-overdracht had plaatsgevonden). De meeste vleermuizen testten negatief, met uitzondering van enkele soorten, waarbij twee soorten er echt uit sprongen vanwege een significante prevalentie van nipah-antistoffen in hun populatie. Die twee waren de *variable flying fox* (*Pteropus hypomelanus*), een middelgrote vleerhond, en de grote kalong of vleerhond (*Pteropus vampyrus*). Dit was geen verrassing, gezien de andere overeenkomsten tussen het nipah- en hendravirus. Maar het was niet het definitieve bewijs dat de vleermuizen het reservoir waren. Antistoffen wezen alleen maar op blootstelling, wat van alles kon betekenen, en de door

Field en Johara genomen monsters leverden geen enkel levend virus op.

Dat was de taak die rustte op Paul Chua, weer terug in Maleisië na zijn missie naar Fort Collins en Atlanta. Later in 1999, nadat alle opwinding was geluwd, nadat 1,1 miljoen varkens waren gedood en de uitbraak onder mensen was gesmoord, bezochten Chua en zijn eigen team een van de vleerhondenkolonies en probeerden ze een nieuwe techniek. In plaats van vleermuizen neer te schieten en er weefsels uit te snijden, spreidden ze grote lappen plastic onder de rustplaatsen en vingen ze daarin enkele kostbare druppels vleermuisurine op. Ook onder de foerageerplaatsen verzamelden ze monsters in de vorm van uitgekauwde vruchten. Voor een deel waren dat mango's, maar er was ook een lokale delicatesse bij, de zogeheten *djamboe aer* (pommerak of Java-appel). De pommerak is een klein, onaanzienlijk geval, klokvormig, meestal roze of felrood, zoet en sappig genoeg om de dorst van kinderen te lessen. Met behulp van deze monsters begon Chua's groep naarstig micro-organismen te kweken, waardoor ze drie populaties van het nipahvirus wisten te isoleren, twee uit de urine en een uit een stukje pommerak. Het virus kwam nauw overeen met stammen die aangetroffen waren bij mensen met een nipah-infectie. Dit bewees dat vleerhonden een reservoir zijn van het nipahvirus, in staat om het over te brengen op varkens, die het overbrengen op mensen.

Maar er was nog meer. Chua's onderzoek leverde een plausibel oversprongscenario op. Hoe kwam het virus van vleermuizen bij varkens terecht? Daarvoor was alleen maar een mango- of pommerakboom nodig, volgeladen met rijpe vruchten die boven een varkensstal hingen. Een geïnfecteerde vleermuis voedt zich met een pommerak, ontdoet zich van de pulp (zoals vleermuizen dat doen) die bevuild is met het virus, de pulp valt tussen de varkens, een varken slurpt dat op en krijgt een flinke dosis van het virus naar binnen, het virus vermeerdert zich in dat varken en die geeft het door aan andere varkens, en algauw is de hele kudde besmet en beginnen mensen die ermee werken ziek te worden. Dat was geen vergezocht scenario. Met de in die tijd in Maleisië vigerende gediversifieerde landbouw, waarin verhandelbaar fruit een aanvulling vormde op de inkomsten uit de veehouderij, waren er heel wat varkensstallen met mango-, pommerak- en andere fruitbomen eromheen. Het nipahvirus kon in zoete pakketjes zijn neergedaald. Welk varken kon zoiets weerstaan?

71

Maleisië greep stevig in met aanscherping van de agrarische regelgeving, sluiting van een aantal varkensfokkerijen, verplaatsing van de varkensstallen die onder fruitbomen lagen en een intensieve campagne met aan het grote publiek gerichte waarschuwingen. Kijk uit voor nipah! Kijk uit voor astmatische varkens! Dat was echter niet toereikend om dit gevaarlijke virus totaal uit te bannen. Twee jaar later dook het opnieuw op in het circa tweeduizend kilometer noordelijker gelegen Bangladesh, een islamitisch land met heel weinig varkens.

Bangladesh heeft om verschillende redenen een extra hoog risico op uitbraken van infectieziekten, met als zichtbaarste factor de enorme bevolkingsdichtheid. Binnen een grondgebied van bijna 150 000 vierkante kilometer wonen bijna 150 miljoen mensen, waarmee het het meest dichtbevolkte land ter wereld is (afgezien van stadstaatjes als Singapore of landjes als Malta). De over het algemeen geringe hoogte van het land (amper tien meter boven de zeespiegel in de meeste gebieden) en de geregeld optredende overstromingen (door moessonregens en hoge rivieren) verergeren het probleem van via water overgebrachte ziekten als cholera en bacteriële diarree, waar elk jaar tienduizenden inwoners van Bangladesh (vooral kinderen) aan bezwijken. Hoewel de aantallen voor nipah veel kleiner zijn en het mechanisme heel anders is, heeft de opkomst van dit virus in Bangladesh en het feit dat het (zoals je straks zult zien) soms van mens op mens kan worden overgedragen ertoe geleid dat onderzoekers en gezondheidsdiensten de situatie bijzonder ernstig nemen. Elke infectieziekte die in staat is tot een uiterst efficiënte overdracht via de lucht zou Groot Dhaka (met zijn 17 miljoen inwoners), de andere grote steden en de continu aangroeiende overvolle dorpen met verwoestende gevolgen kunnen teisteren. Bovendien zou zo'n grote epidemie in Bangladesh niet alleen talloze Bengali het leven kosten, maar tevens het virus overvloedige kansen bieden zich nog beter aan menselijke gastheren aan te passen.

De eerste nipah-uitbraak in Bangladesh, in de loop van april en mei 2001, deed zich voor in Chandpur, een dorpje met 600 inwoners in het zuidelijke laagland. 13 mensen werden ziek, 9 van hen stierven, bloedmonsters bevestigden de aanwezigheid van het nipahvirus, en vervolgens leek het probleem te verdwijnen. Mensen sterven maar al te vaak in Bangladesh, door allerlei oorzaken, en daarom leidde dit cluster van gevallen niet tot paniek of grondig onderzoek. Waar was het virus vandaan gekomen? Onbekend. Als vleermuizen opnieuw het reservoir waren, wat had dan tot de oversprong geleid? Onbekend. Was er een virusvermeerderende gastheer? Onbekend. Varkens waren er in elk geval niet bij betrokken.

Toen een team van epidemiologen enkele jaren later op de uitbraak terugblikte, bleken de gevallen in Chandpur slechts twee risicofactoren gemeen te hebben die het vermelden waard waren. Sommige slachtoffers hadden samengeleefd met andere slachtoffers of hen verzorgd, wat op de mogelijkheid van een overdracht van mens naar mens wees, en dat was nieuw. En een flink aantal van hen had contact gehad met een zieke koe. Een koe? In het door de epidemiologen uitgebrachte nauwgezette, exacte, naar aanwijzingen tastende rapport werd dat dier een paar keer genoemd. Als het virus gedijt in Maleisische varkens, kon het dan ook niet gedijen in een Bengalese koe? Misschien. De rol van de koe stond niet vast.

In januari 2003 begon een nieuwe uitbraak in het district Naogaon, ongeveer honderdvijftig kilometer ten noorden van Chandpur. Opnieuw met koorts gepaard gaande ziekteverschijnselen, verwardheid, encefalitis, ziekenhuisopnames, een hoog sterftecijfer, zonder een goede verklaring voor de weg die het virus genomen had. Eén kennelijk veelzeggend gegeven was dat een kudde varkens door het gebied was getrokken, waarschijnlijk vergezeld van nomadische veedrijvers, en daar was een aantal van de nipah-encefalitispatiënten aan blootgesteld. Aha. Rapporten gaven niet aan dat die varkens niesten en piepend ademhaalden en struikelden en stierven, zoals in Maleisië, maar niettemin was het mogelijk dat ze geïnfecteerd en infectieus waren. Deskundigen in Bangladesh braken zich nog steeds het hoofd over de eerste en de tweede uitbraak, toen er in januari 2004 een derde begon. Deze trof enkele dorpen in het district Rajbari, iets ten westen van de rivier de Padma (een zijtak van de Ganges), tegenover Dhaka. Opnieuw was het aantal ziektegevallen klein, slechts 12 – maar 10 van de 12 slachtoffers overleden. Een ander patroon in de gegevens leek curieus: de meeste slachtoffers waren kinderen, jongens, jonger dan vijftien jaar.

Opnieuw kwam een team van epidemiologen kijken, onder wie een Amerikaan, Joel M. Montgomery, die een postdoctorale stage deed voor de CDC. Ze kwamen met hun klemborden, hun vragenlijsten en hun instrumentarium voor bloedafname, zoals epidemiologen plegen te doen, in de hoop aldus iets wijzer te worden over wat er gebeurd was. Ze deden een patiëntcontroleonderzoek, wat inhield dat ze de bron van de uitbraak en de verspreiding ervan trachtten te identificeren door het identificeren van verschillen in gedrag tussen mensen die wel en niet ziek waren. Wat waren de risicovolle activiteiten waardoor iemand kans op infectie maakte?

Natuurlijk, net als jonge jongens overal elders plegen jonge jongens in

Bangladesh tal van risicovolle activiteiten, met in veel gevallen als mogelijk gevolg schedelbreuken, gebroken armen, verdrinking, slangenbeten, opgepakt worden door de politie of overreden worden door een trein. Maar door welke vormen van risicovol gedrag kon je een nipah-infectie oplopen? Montgomery en zijn medewerkers vinkten een aantal mogelijkheden af: vissen, jagen, dode dieren aanraken, cricketen, voetballen, verstoppertje spelen en vruchten van de grond oprapen en die opeten. Naarmate ze meer gegevens binnenkregen, begon het erop te lijken dat het item 'dode dieren aanraken' wellicht van belang was, omdat meerdere zieke kinderen een week eerder enkele dode kippen en eenden hadden helpen begraven. Blijkbaar hadden de kinderen begrafenisrituelen voltrokken voor het dode pluimvee. Anderzijds had een flink aantal niet-geïnfecteerde kinderen in het dorp de dode dieren óók aangeraakt. De eenden en kippen bleken een vals spoor. Zie je hoe lastig het is om epidemiologie te bedrijven in een Bengalees dorp? Geen van die door mij genoemde onschuldige dingen waarmee kinderen zich vermaken, van eenden begraven tot cricket spelen, hing significant méér samen met de geïnfecteerde jongens (of ze nu hersteld of gestorven waren) dan met hun gezonde leeftijdsgenoten. Maar bij één kinderlijk tijdverdrijf was dat wel het geval: bomen klimmen.

Bomen klimmen?! Dat was raadselachtig. Hoewel de Montgomery-groep een sterke correlatie vaststelde, gaven hun onderzoeksresultaten geen antwoord op de vraag waaróm jonge Bengalezen aan infectie met het nipahvirus konden worden blootgesteld door in bomen te klimmen. Ze konden niet meer dan een redelijk vermoeden uitspreken: het bracht de jongens dichter bij vleermuizen.

Drie maanden later, in april 2004, hoorden ambtenaren van de gezondheidsdienst van een nieuwe uitbraak in Bangladesh. Het aan Rajbari grenzende district Faridpur, op de rechteroever van de rivier de Padma, was de nieuwste uitbraakplek. In Faridpur en Rajbari, oorden die alleen bereikbaar zijn met een trage veerboot, maken de betonnen hoogbouw en stedelijke chaos van Groot Dhaka plaats voor het zilte, deltavormige laagland van het zuiden van Bangladesh. Rijstvelden langs de weg. Palmen en bananenbomen tieren welig op een braakliggend terrein. Van de 36 patienten in Faridpur stierven er 27. Net als bij de Chandpur-uitbraak duidde ook hier het patroon van sociale relaties tussen de ziektegevallen op nog een ander zorgwekkende mogelijkheid, namelijk dat sommige mensen de infectie hadden gekregen van andere mensen. Een onderzoeksteam stelde vast dat een dergelijke overdracht van mens op mens 'het risico van een bredere verspreiding van deze uitermate dodelijke pathogeen verhoogt. In een verarmd en dichtbevolkt land als Bangladesh zou een dodelijk virus zich snel kunnen verspreiden, voordat effectieve interventies ten uitvoer zijn gelegd.' Behoedzame bewoordingen, waarmee ze bedoelden: het kon rondwaren als een lopend vuur in dor gras.

Toen volgde er in Bangladesh nog een uitbraak, de vijfde binnen vier jaar, deze keer in het district Tangail, zo'n negentig kilometer ten noordwesten van Dhaka. Twaalf gevallen, elf doden, allemaal in de loop van januari 2005. Nu begon het erop te lijken dat Bangladesh als enige land hardnekkig geteisterd werd door deze dodelijke ziekte die in de eerste maanden van elk jaar terugkwam. In Maleisië waren geen verdere uitbraken geweest. In India was er iets ten noorden van de noordwestelijke grens met Bangladesh één uitbraak opgetreden. Elders in de wereld was nipahvirusinfectie onbekend. Wederom vertrok er uit Dhaka een team dat een patiëntcontroleonderzoek deed, gericht op de oorzaak van de oversprong. De teamleider was Stephen Luby, een Amerikaanse arts en epidemioloog van de CDC, in Dhaka gedetacheerd als projectleider bij het International Centre for Diarrheal Disease Research, Bangladesh (overdadig afgekort tot ICDDR,B, maar algemeen bekend als Cholera Hospital), waar hij nauw samenwerkte met zijn Bengalese tegenhanger van het ministerie van Volksgezondheid, Mahmudur Rahman.

Net zoals Montgomery's groep al eerder had gedaan, informeerde Luby's groep bij mensen naar potentieel riskante activiteiten – dingen die gedaan waren door patiënten die ziek geworden en gestorven of ziek geworden en hersteld waren, en die wellicht niet waren gedaan door buren die gezond waren gebleven. Voor de dodelijke slachtoffers kregen ze hun antwoorden van nabestaanden of vrienden. Was die persoon in een boom geklommen? Sommigen wel, de meesten niet, zowel bij de patiënten als bij de gezonde controlepersonen. Had die persoon een varken aangeraakt? Nee, niemand in Tangail had de gewoonte varkens aan te raken. Een vleerhond aangeraakt? Nee, niemand. Een eend aangeraakt? Ja, maar wat dan nog, dat deden veel mensen. Een zieke kip aangeraakt? Een djamboe gegeten? Een banaan gegeten? Een dier gegeten dat ziek was op het moment dat het geslacht werd? Een carambola gegeten? Iemand aangeraakt die koortsig en verward was en die later overleed?

De vragen zelf zijn als het ware pennenstreken op een schets van het Bengalese dorpsleven. Maar geen van deze vragen – deze keer ook niet eens die over het bomen klimmen – leverde enig statistisch significant verschil op tussen degenen die wel en niet ziek waren geworden. Bij slechts één vraag van het Luby-team was dat wel het geval: hebt u onlangs nog een willekeurige hoeveelheid vers getapt dadelpalmsap gedronken?

Eh, ja dus. Dadelpalmsap is een seizoensgebonden delicatesse in de dorpen van West-Bangladesh. Het stroomt door de aderen van een bepaalde palmboom, de wilde dadelpalm (*Phoenix sylvestris*), en als de boom wordt afgetapt, druppelt het in een zorgvuldig geplaatste aarden pot. Net als het sap van een esdoorn is het suikerhoudend – klaarblijkelijk zelfs meer suikerhoudend dan esdoornsap, omdat het niet door uren koken geklaard hoeft te worden. Sommige mensen zijn bereid om goed geld, hun schaarse taka's, contant neer te tellen voor vers en ongezuiverd dadelpalmsap. Tappers verkopen het van deur tot deur in de nabijgelegen dorpen of anders aan de kant van de weg, zoals bij ons thuis een buurkind met een limonadekraampje. Klanten brengen meestal een eigen glas of glazen potje mee. Ze drinken het ter plekke op of nemen het mee naar huis om het te delen met de familie. De beste kwaliteit sap is rood, zoet en helder. Natuurlijke gisting zet snel in en na tien uur 's morgens, wanneer het sap niet meer zo vers is, keldert de prijs. Ook verontreinigingen doen afbreuk aan de waarde. Straks zullen we zien dat verontreinigingen nog een ander gevolg hebben.

Het onderzoek in Tangail leverde dat ene onderscheid tussen de zieken en de gezonden op: van de geïnfecteerden hadden de meesten vers, ongezuiverd dadelpalmsap gedronken. Hun gezonde buren meestal niet. Dat wees op een ingewikkelder verhaal.

72

En daarom zocht ik Steve Luby op in het ICDDR,B. Steve is een lange, magere man met kort bruin haar en een bril, ernstig maar zonder gewichtigdoenerij, een voormalig student filosofie die overstapte op geneeskunde en epidemiologie, waarna hij zich begon te richten op infectieziekten in ontwikkelingslanden. Sinds 2004 zit hij in Bangladesh. Hij weet goed wat er in het land omgaat. Hij hoort van een constant geëiste tol van vermijdbare sterfgevallen en streeft ernaar die zo veel mogelijk te voorkomen. Een groot deel van zijn werk draait om bekende en alledaagse ziekten, zoals longontsteking, tuberculose en diarree, die voor veel meer sterfgevallen zorgen dan nipah-infecties. Alleen al bacteriële longontsteking, bijvoorbeeld, is jaarlijks verantwoordelijk voor ongeveer 90 000 doden onder Bengalese kinderen van jonger dan vijf jaar. Aan bacteriële diarree bezwijken jaarlijks ongeveer 20 000 pasgeboren baby's. Waarom zou je, gelet op deze cijfers, ook maar enige aandacht aan het nipahvirus schenken? Ik vroeg het aan Luby.

Om voorzichtig te zijn, zei hij. Een klassiek geval van bekend versus onbekend leed, dat je echter beslist niet mag negeren. Het nipahvirus is van belang vanwege de dingen die er zouden kunnen gebeuren en omdat we weinig inzicht hebben in hoe die dingen zouden kunnen gebeuren. 'Dit is een verschrikkelijke pathogeen,' zei hij, en hij herinnerde me eraan dat de sterfte onder nipahgevallen in Bangladesh meer dan 70 procent bedroeg. 'Van degenen die het overleven heeft een derde uitgesproken neurologische gebreken. Dit is een kwaadaardige ziekte.' En ongeveer de helft van alle bekende gevallen in Bangladesh, voegde hij eraan toe, heeft het gekregen door overdracht van persoon op persoon, een zorgwekkende ontwikkeling die zich niet had voorgedaan tijdens de Maleisische nipah-uitbraken.

Waarom is verspreiding van persoon naar persoon een belangrijke factor in sommige uitbraken, maar in andere niet? Hoe stabiel is het virus? Wat is de kans dat het zich ontwikkelt tot een vorm die nog gemakkelijker overdraagbaar is? Zoals gezegd is Bangladesh zeer dichtbevolkt, met ongeveer duizend mensen per vierkante kilometer, en de bevolking neemt nog steeds toe. Die bevolking, min of meer gelijkmatig verspreid over een overvol maar ruraal landschap, met een laag niveau van inkomen en medische zorg, zet de laatste resten van het inheemse landschap en de bijbehorende flora en fauna onder een niet aflatende druk, wat voor dit land met name het risico meebrengt van epidemieën, zowel van oude alledaagse pathogenen als van vreemde nieuwe. Daarom is nipah-infectie een belangrijk onderdeel van ons werk, zei Luby, ook al is het aantal gevallen (tot nu toe) gering.

En er is nog een reden, voegde hij eraan toe. Niemand in de hele wereld weet veel van dit virus af. 'Als we er in Bangladesh geen onderzoek naar doen, zal er verder geen onderzoek naar worden gedaan.' Maleisië heeft slechts één uitbraak meegemaakt. India een in 2001 en onlangs nog een. Bangladesh daarentegen, zei hij, verwijzend naar de stand zoals die was in 2009, heeft acht uitbraken in acht jaar meegemaakt (en nog meer sinds mijn gesprek met hem). Laboratoriumwerk kan overal worden gedaan, maar met labwerk kun je het raadsel van hoe het nipahvirus zich in de natuur gedraagt niet oplossen. 'Als we werkelijk willen begrijpen hoe het zich van zijn dierreservoir in het wild naar mensen verplaatst en wat er gebeurt op het vlak van menselijke overdracht van de ziekte, is dit de plek waar we dat gaan doen,' zei hij.

Als je wilt weten hoe het zich van zijn dierreservoir in het wild naar mensen verplaatst, heb je een fundamenteel referentiepunt nodig: de identiteit van het reservoir. Vleermuizen, en in het bijzonder vleerhonden, waren natuurlijk voor de hand liggende verdachten op grond van wat men had geleerd in Maleisië en van de parallelle bevindingen voor het hendravirus in Australië. De enige inheemse vleerhond in Bangladesh is een groot geval, de zogeheten Indische reuzenkalong (*Pteropus giganteus*). Luby en zijn team wisten uit eerder onderzoek dat leden van deze soort positief getest hadden op nipah-antistoffen. Maar hoe kwam het virus van vleermuizen naar mensen, als dat niet via varkens gebeurde? Nou kijk, toevallig zijn Indiase vleerhonden tuk op dadelpalmsap. Eigenaren van palmbomen klaagden dat ze 's avonds vleermuizen in hun bomen hoorden. Zoals het Luby-team na het onderzoek in Tangail rapporteerde: 'Eigenaars zagen de vleerhonden als een plaag, omdat die het palmsap vaak rechtstreeks uit de tap of de aarden pot drinken. Uitwerpselen van vleermuizen worden veelvuldig aangetroffen aan de buitenkant van de aarden pot of zwevend in het sap. Af en toe vinden ze dode vleermuizen die in de potten drijven.' Maar dat is niet genoeg om een eind te maken aan de vraag naar vers sap.

Op een lange lijst van mogelijke risicofactoren die Luby's team mee naar Tangail nam, was sap drinken gewoon een van de vele hypotheses, bijna intuïtief aan de interviewprotocollen toegevoegd. De eerste onderzoekers ter plaatse waren cultureel antropologen, vertelde Luby me. Die waren heel goede maatjes met de plaatselijke bevolking, heel gemakkelijk in de omgang, vanwege hun open-eindvragen en omdat ze niet zo formeel en kwantitatief ingesteld waren als epidemiologen. 'En de antropologen zeiden: "Iedereen met een ziektegeval had dadelpalmsap gedronken."' Hij bedoelde iedereen met een geval van nipah-infectie, niet zomaar een geval. Daarna kwamen de epidemiologen die deze hypothese met harde gegevens bevestigden. 'De Tangail-uitbraak was hét moment van onthulling voor ons,' zei hij. Die onthulling lijkt achteraf voor de hand liggend, zoals wel vaker het geval is met onthullingen: ja, vers dadelpalmsap drinken is een uitstekende manier om jezelf met het nipahvirus te besmetten.

Hij legde me uit wat de context was. Dat westelijke deel van Bangladesh waar de meeste uitbraken plaatsvonden, kun je zien als de Nipahgordel. Wellicht komt dat doordat dit de Dadelpalmgordel is. De vleermuizen worden overal aangetroffen, maar het westen is de streek waar wilde dadelpalmen goed gedijen en erg in trek zijn vanwege hun zoete sap. De oogst begint medio december, met de eerste koude nacht van wat in Bangladesh voor een winter doorgaat. De tappers staan bekend als *gachi*'s, boommensen, van het Bengalese woord *gach*, wat 'boom' betekent. Andere mensen zijn eigenaar van de palmbomen, en die delen gewoonlijk voor de helft in de opbrengst. De gachi's zijn arme, onafhankelijke exploitanten, over het algemeen landarbeiders die dit erbij doen als seizoensarbeid. Om sap te oogsten klimt een gachi een boom in, scheert in de buurt van de top een groot stuk schors weg, zodat er een v-vormige kale plek ontstaat (waar sap uit druipt), hij plaatst een holle bamboe tapkraan aan de onderkant van de V en hangt zijn kleine aarden pot onder de kraan. Het sap stroomt 's nachts, de pot loopt vol. Vlak voor zonsopgang klimt de gachi weer naar boven en brengt een pot vers sap mee naar beneden. Misschien krijgt hij twee liter per boom. Een rijke oogst! Die twee liter is ongeveer twintig taka's (20 eurocent) waard als hij het voor tien uur 's morgens kan verkopen. Hij leegt de aarden pot in een grotere aluminium bak, waarbij hij het sap en de vleermuisuitwerpselen (indien aanwezig) en de vleermuisurine (indien aanwezig) en het virus (indien aanwezig) van één boom vermengt met het sap (en de verontreinigingen) van andere bomen. Dan haast hij zich weg om zijn product te slijten. Sommige gachi's trekken zich niets van het risico van vervuiling aan. Een van hen vertelde een medewerker van Luby: 'Ik zie geen enkel probleem als vogels sap drinken van mijn bomen. Omdat vogels een klein beetje sap drinken. Ik zal zeker Gods zegen krijgen als ik vleermuizen en andere dieren een kans geef om sap te drinken.' Hij krijgt Gods zegen en de klant krijgt een nipah-infectie. Andere gachi's letten wel goed op, omdat helder roodachtig sap voor een betere prijs zorgt dan schuimig, smerig sap vol verdronken bijen, vogelveertjes en vleermuizenpoep.

Het hele onderzoek voert Steve Luby twee zeer uiteenlopende kanten op: een praktische, actuele kant en een verziende, wetenschappelijke kant. Aan de praktische kant hebben hij en zijn mensen gekeken naar goedkope methoden waarmee gachi's vleermuizen uit de buurt van hun aarden potten kunnen houden. Een eenvoudig, van gevlochten bamboeflinters gemaakt scherm dat ongeveer tien eurocent kost, kan rond een aftappunt en de aarden pot worden geplaatst, waardoor de vleermuizen er niet bij kunnen. Dat is een eenvoudige oplossing en waarschijnlijk ook een humanere ingreep dan het uitvaardigen van een wet tegen het oogsten van dadelpalmsap. Aan de wetenschappelijke kant, vertelde Luby me, zijn er cruciale onbeantwoorde vragen over het nipahvirus. Hoe handhaaft het zich in de vleermuispopulatie? Waarom springt het virus over wanneer het dat doet? Kan het gemakkelijk van mens op mens overgaan of alleen onder bijzondere omstandigheden? Is het onlangs opgekomen als een nieuwe pathogeen of is het iets wat Bengalezen onopgemerkt al duizenden jaren van het leven berooft?

Deze vragen leiden tot een andere vraag. Wat voor invloed hebben veranderingen in het landschap van Bangladesh en de dichtheid van de bevolking die het bewoont op de vleerhonden, op het virus dat ze bij zich dragen en de kans op een oversprong naar de mens? Met andere woorden: wat is er nieuw in de ecologie van het nipahvirus? Voor een welsprekender antwoord op die vraag, zo zei Luby, zou je kunnen gaan praten met Jon Epstein.

73

Welsprekendheid is goed, maar veldwerk is beter. De volgende ochtend vertrok ik met Jon Epstein uit Dhaka en reden we naar het westen, op weg naar de veerboot die ons zou overzetten naar het zuidwestelijke Bengalese laagland.

Epstein is een uit New York afkomstige veterinair ziekte-ecoloog. In die tijd deed hij onderzoek voor het Consortium for Conservation Medicine – een programma, gericht op de relaties tussen mens, dier en omgeving –, in dienst van een organisatie met de naam Wildlife Trust (dezelfde organisatie als die van Aleksei Chmura, meer recentelijk omgedoopt tot EcoHealth Alliance). Naast zijn doctorsgraad in de diergeneeskunde heeft Epstein een master in de volksgezondheid en veel ervaring in de omgang met grote Aziatische vleermuizen. Samen met Paul Chua deed hij veldwerk in Maleisië, waarbij ze vleerhonden vingen in de mangrovebossen langs de kust, soms tot hun borst in het zeewater. Hij leidde het team dat na de eerste uitbraak in India bewijzen vond voor de aanwezigheid van het nipahvirus onder vleerhonden en hij maakte deel uit van een internationale onderzoeksgroep die vleermuizen identificeerde als het reservoir van het SARS-virus in China. Hij is een grote, stevige man met borstelhaar en ruitvormige brillenglazen, zodat hij eruitziet als een voormalige spelverdeler van het schoolfootballteam die inmiddels een serieus geworden veertiger is. Hij was in Bangladesh, niet voor de eerste keer, om gegevens te verzamelen die licht moesten werpen op de vraag wanneer, waar en hoe de Indische reuzenkalong het nipahvirus bij zich draagt en uitscheidt.

Hij had nog een andere Amerikaanse dierenarts meegenomen, Jim Desmond, die sinds kort bij de organisatie werkte en door Epstein zou worden getraind in de fijne kneepjes van het speuren naar het nipahvirus bij vleermuizen zo groot als kraaien. Het vierde lid van ons gezelschap was Arif Islam, eveneens een dierenarts en een van de weinigen in Bangladesh die onderzoek naar wilde dieren en zoönosen doet en tevens het enige lid van onze groep dat vloeiend Bengali sprak. Arif was onmisbaar omdat hij bloed kon afnemen uit de vlieghuid van een vleermuis, kon onderhandelen met plaatselijke overheidsdienaren en viskerrie voor ons kon bestellen in een plaatselijk restaurant.

Het was bijna negen uur 's morgens toen we ons eindelijk losmaakten van het drukke verkeer van Dhaka, waar de bussen als aanhalige olifanten langs elkaar schuren en de groene motorfietstaxi's in gaten duiken, waarbij ze voortdurend het risico lijken te lopen geplet te worden. Ten slotte kregen we vrij baan. We zoefden naar het westen in de richting van de rivier, opgelucht dat we nu echt op weg waren. Achter ons schemerde de lage zon, oranje als een doorbloede eierdooier, door de smog van de stad.

We staken met de veerboot over naar het district Faridpur – het was het droge seizoen, de Padma stond laag – en reden verder over een tweebaansweg tussen de rijstvelden. We stopten in de stad Faridpur om nog twee assistent-veldwerkers op te pikken, de heren Pitu en Gofur, twee mannen met bijzondere vaardigheden. Allebei waren ze klein, gedrongen en lenig als jockeys, ervaren klimmers en vleermuisvangers die al meerdere jaren incidenteel voor Epstein hadden gewerkt. Hun ervaring met vleermuizen vangen hadden ze opgedaan in een eerdere carrière als stropers, maar nu stonden ze aan de kant van de brave burgers. Met hen aan boord reden we naar het zuiden; onderweg nuttigden we een lunch van sinaasappels en kruidige crackers. We baanden ons een weg door stadjes waar de straten verstopt zaten met riksja's, bussen en motorfietsen; hier in het zuidwestelijke laagland zag ik ook enkele particuliere auto's. Eén gemeenschap leek gespecialiseerd in de winning, de verpakking en het transport van zand, een overvloedig beschikbare grondstof. Het was overplantingstijd voor de nieuwe rijst en we konden zien hoe mannen en vrouwen voorovergebogen de donkergroene kiemplanten uit hun dichtbezaaide kweekbedden op laaggelegen gronden aan de rivieroevers opgroeven, ze bundelden en overbrachten naar geïrrigeerde rijstvelden waar ze behoedzaam opnieuw werden geplant. Op drogere gronden lagen akkertjes met andere gewassen – maïs, bonen, tarwe – en af en toe zag je een groepje bananenbomen en kokospalmen. Drogere gronden werden echter steeds schaarser naarmate we verder naar het zuiden trokken. Recht voor ons lagen de moerassen van de Sundarbans, waar de Gangesdelta overgaat in een labyrint van waterlopen rond eilanden van mangrovebossen en waar je krokodillen en Bengaalse tijgers vindt – maar zo ver gingen we niet. Het land was hier al zó vlak en laag en het waterpeil zó hoog dat alle dorpen en stadjes waar we langskwamen omgeven waren door moerassige gronden met stilstaand water.

Vanaf dit punt zagen we steeds meer dadelpalmen, hun gladde stammen gehavend door schuin oplopende littekens die lieten zien waar ze de afgelopen jaren door gachi's waren afgetapt. Het was nu half januari en de sapoogst was in volle gang, een perfect moment om een glas vol als monster mee te nemen. Dat deden we niet. Bengalezen noemen het spul *kajul*, hoorde ik van Arif. Ze denken dat het een geneeskrachtige drank is die parasieten in de ingewanden doodt. Maar dan moet je het wel vers drinken, zei Arif. Koken van het sap ruïneert niet alleen de smaak maar ook de geneeskrachtige werking. Hij had het zelf als jonge jongen wel gedronken, jazeker, maar nu hij zich bezighield met het nipahvirus niet meer, nee, beslist niet.

Halverwege de avond kwamen we aan in de stad Khulna, waar we kamers vonden in een prima hotel. De volgende dag gingen we op zoek naar vleermuisrustplaatsen; Arif had er al een paar opgespoord tijdens een eerdere trip. Ten westen van de stad leek het land nog lager en zag je overal volop water – water op de rijstvelden, op drasgronden, in lagunes, in kweekvijvers voor garnalen. Dorpelingen en hun vee leefden op stukjes droge grond, bereikbaar via verhoogde voetpaden, en de rijweg zelf liep over een dijk waarvoor het materiaal vermoedelijk uit de uitgegraven kuilen kwam die nu de stinkende groenige en bruinige poelen naast de dijk vormden. Als je hier hoge grond wilde, moest je de boel zelf ophogen. Je zag een heleboel bomen maar niet wat je noemt een bos, alleen maar verspreide groepjes kokospalmen, bananen- en papajabomen, tamarindes, enkele hardhouten bomen en nog veel meer dadelpalmen. In een daarvan zag ik een gachi naar boven klimmen. Hij was blootsvoets en gebruikte zijn handen en voeten, plus een om zijn middel geslagen touw, om als een ware lijnwerker de boom in te klimmen. Hij droeg een *lungi* (een sarong, vastgeknoopt om zijn middel) en een tulband, en over zijn schouder hing een gevlochten pijlkoker met twee lange, gebogen messen erin. Vlakbij, aan de kant van de weg, torste een jongetje vier rode aarden potten, leeg en klaar om neergezet te worden voor het opvangen van de druppels die vanavond zouden vallen.

De vleermuizen zouden ook klaar zijn. Tot die tijd sliepen ze. In tegenstelling tot insectenetende vleermuizen en sommige vruchtenetende vleermuizen slapen vleerhonden niet in grotten, mijnen of oude gebouwen. Ze zoeken liever bomen op, waar ze ondersteboven, omhuld door hun vleugels, aan de takken bungelen als een uiterst merkwaardige tropische vrucht. We bezochten vier of vijf van die rustplaatsen. We tuurden naar in boomtoppen slapende groepen vleermuizen, spraken met de lokale bevolking en inspecteerden het stuk grond onder elke rustplaats, die geen van alle aan Epsteins strenge maatstaven voldeden. Soms waren er te weinig vleermuizen (een honderdtal hier, een honderdtal daar) of stonden er geen, of geen geschikte bomen in de buurt om een net te kunnen spannen, en dan weer waren de omstandigheden op het stuk grond eronder verkeerd. In één dorp hadden enkele honderden vleermuizen een paar hoge peuldragende bomen als rustplaats gekozen – voor ons een verleidelijke zwerm, behalve dat ze net boven een grote groene plas hingen die blijkbaar als riool en vuilnisbelt voor het dorp diende. Epstein voorzag dat als we ten slotte het net lieten zakken de gestrikte vleermuizen in dat water zouden belanden en hij genoodzaakt zou zijn erin te duiken om de dieren uit het net te plukken, voordat ze verdronken. Nee hoor, mompelde hij. Ik zou nog liever een gokje met het nipahvirus wagen dan met wat er allemaal in die rotzooi mag zitten.

Daarom gingen we terug naar een plek die we gezien hadden langs de weg naar Khulna: een vervallen opslagplaats binnen een ommuurd complex van ongeveer een hectare, eigendom van de overheid en ooit gebruikt als opslagplaats voor wegenbouwmaterialen. Daar, op een met gras begroeide binnenplaats, rees tussen de loodsen en magazijnen een handvol hoge karoibomen op, waarin vier- à vijfduizend vleermuizen bungelden. Het was blijkbaar een bijzonder geliefde rustplaats omdat de bomen zo groot waren, omdat het ommuurde complex de dieren beschermde tegen dorpsgedruis en jongens met katapulten en ze zich elke avond rond de schemering van hun takken konden laten vallen, konden opstijgen en majestueus rond de rivier de Rupsha (ook een zijtak van de Gangesdelta) konden cirkelen en wegvliegen voor een nacht van foerageren in de dorpen rond Khulna. Oké, besloot Epstein, hier moeten we zijn.

Door gesprekken te voeren met plaatselijke ambtenaren hadden hij en Arif binnen een dag geregeld dat we in het holst van de nacht mochten gaan rondspoken in dit oude depot. Daarom werk ik nou zo graag in Bangladesh, zei Epstein. Een simpel verzoek, redelijke mensen, snelle actie. Ga met dezelfde verwachtingen naar bepaalde andere Aziatische landen en je zult het verschil zien.

Maar voordat we met vleermuizen vangen konden beginnen, moesten we overdag nog wat noodzakelijke klussen doen in het depot. We klommen via een lange gammele bamboeladder naar het platte dak van een oud magazijn, vlak naast de karoibomen, en vanaf dat dak klommen Gofur en Pitu verder. Behendig als matrozen op weg naar het kraaiennest klommen ze naar de top van een van de bomen en ramden daar een bamboestaak vast, zodat hij verticaal boven een van de hoogste takken uit torende. Boven op die staak zat een eenvoudige, zelfgemaakte katrol. Ze deden hetzelfde in een andere boom, naast de andere kant van het magazijn, en toen ze met klauteren en optuigen klaar waren, konden ze een enorm mistnet tussen de twee bomen ophijsen en weer laten zakken.

Hun invasie van een als rustplaats gebruikte boom stoorde de vleermuizen natuurlijk. Honderden dieren verroerden zich, werden wakker, stegen op en begonnen rond de rivier te cirkelen, vlogen terug en dan weer weg, als wrakhout dat ronddreef op een grote draaikolk van lucht. Tegen de achtergrond van de lichte hemel zagen ze eruit als grote ganzen, gemakkelijk stijgend op de thermiek of in een traag ritme fladderend. Toen ze laag over ons heen vlogen waren hun karakteristieke kenmerken goed zichtbaar: de kastanjebruine vacht, de grote en bijna doorschijnende omberkleurige vleugels, de puntige snuit. Hoewel ze niet graag wakker gemaakt werden, was er geen spoor van paniek. Ze waren prachtig om te zien. Ik had in Azië al eerder vleerhonden gezien, maar nog nooit zoveel bewegende exemplaren van zo dichtbij. Ik moet hebben staan gapen als een gek, want Epstein zei vriendelijk tegen me: 'Hou je mond dicht als je naar boven kijkt.' In hun urine scheiden ze nipahvirus uit, hielp hij me herinneren.

In het hotel zetten we onze wekkers op een halfuur na middernacht, en toen het zover was, werden we wakker geschud voor het echte werk. Terwijl we door een sluimerend Khulna naar de opslagplaats reden, gaf Epstein ons de 'veiligheidsbriefing', zoals hij het noemde. Veiligheidsbrillen en leren lassershandschoenen voor de vleermuisvangers, zei hij. Medische handschoenen eronder. Hou je pet op je hoofd, rol je lange mouwen niet op. Als je zo'n grote vleermuis wilt beetpakken, grijp hem dan stevig vast rond de achterkant van de kop, met je vingers en je duim onder zijn onderkaak, zodat hij je niet kan bijten. Kijk uit dat je niet gebeten wordt. Kijk uit dat je niet gekrabd wordt. Als een vleermuis een klauw in je arm slaat, steek die hand dan omhoog, boven je hoofd, omdat het dier instinctief naar boven zal klimmen en je liever niet wilt dat het over je gezicht heen klimt. Pitu en Gofur zullen de gevangen vleermuizen uit het net plukken en ze aanreiken, zodat je ze kunt beetpakken. Pak de kop met je ene hand vast en de ledematen met de andere en klem daarbij zijn beide sterke enkeltjes en polsen vast in de ruimte tussen je vingers – een, twee, drie, vier – en je duim. Vier klemgaten, net genoeg. Vertrouw op Pitu en Gofur, ze zullen je helpen. Op die manier houd je een vleerhond in bedwang, zonder dat iemand gewond raakt. Doe elke vleermuis in zijn kussensloop – dat Arif open zal houden – knoop het sloop dan dicht, hang het aan een tak en kom terug voor een volgende vleermuis. Als je gekrabd of gebeten wordt, behandelen we dat als een blootstelling – eventueel aan nipah, misschien ook aan rabiës. We wassen de wond vijf minuten uit met zeep en daarna doen we er benzalkoniumchloride op, een krachtig antivirusmiddel. Meteen daarna krijg je, pats, een booster- ofwel opfrisinjectie tegen rabiës. Ben je gevaccineerd tegen rabiës, David? (Ja.) Wanneer was je laatste booster, hoe zit het met je afweer? (Eh, weet ik niet.) Wat betreft blootstelling aan het nipahvirus, dat maakt niet uit, want er is geen vaccin, geen remedie, geen genezing. (Wat een opluchting.) Heb ik al gezegd: Kijk uit dat je niet gebeten wordt? Onze belangrijkste beginselen zijn, één, veiligheid voor ons, twee, veiligheid voor de vleermuizen. Laten we echt goed voor de vleermuizen zorgen, zei Epstein (hij is voor alles dierenarts en natuurbeschermer). Nog vragen?

Het meeste van dit alles was godzijdank bedoeld voor Jim Desmond, niet voor mij. Arif en Pitu en Gofur waren doorgewinterde professionals; die hadden geen nieuwe briefing nodig. Desmond was de echte stagiair en ik was mee om te kijken. Ik was niet van plan om me door wie dan ook een van nipahvirus druipende vleermuis te laten aanreiken, als ik dat ook maar enigszins kon vermijden.

Vlak buiten het complex, in een ander leegstaand gebouw, had Epstein zijn veldlab ingericht. Daar maakten hij en zijn helpers in de kleine uurtjes hun uitrusting gereed voor latere klussen: gevangen vleermuizen verdoven, van elk dier bloedmonsters en materiaal voor urine-uitstrijkjes afnemen, gestold bloed centrifugeren, zodat ze enkel serum overhielden, en alle monsters invriezen in een transporttank met vloeibare stikstof. Deze ruimte had een betonnen vloer en getraliede vensters, er stond een nu met plastic folie bedekte houten tafel en bij de deur was een steriliserend voetbad waar we bij het komen en gaan doorheen moesten met onze rubberlaarzen. Epstein deelde mondneusmaskers, veiligheidsbrillen en medische handschoenen uit (geen latex, geen rubber, maar het nieuwste supermateriaal: nitril) die we meteen uitprobeerden. Hij en Desmond trokken allebei een oude overall aan. Arif had een mooie nieuwe Tyvekwegwerpoverall uit één stuk, een soort glanzend hansop met voeten. Pak iets anders als je kunt, vermaande Epstein hem vriendelijk, want deze vleermuizen oriënteren zich visueel, weet je nog wel, ze werken niet met echo-oriëntatie, en ze kunnen jou zien. Desmond was zijn masker aan het uitproberen en even later vroeg Epstein: 'Kun je ademhalen?'

'Ja.'

'Mooi zo. Je mag niet van je stokje gaan. Dat is regel nummer vijf.' Ik probeerde me de andere vier te herinneren.

Vlak voordat hij zijn eigen masker opdeed, zei Epstein opgewekt: 'Bij nieuwe en opkomende virussen draait alles om preventie. Als je het virus eenmaal hébt, dan kun je niet veel meer doen.' Hij gaf me een verpakt doekje, zoiets als de met alcohol besprenkelde gezichtsverfrissers die je in een vliegtuig krijgt, behalve dat deze in plaats van alcohol benzalkoniumchloride bevatte. Oh, bedankt. Het was nu tien over halfdrie in de nacht, tijd om naar het dak te gaan.

'Oké,' zei hij. 'Zijn we er klaar voor?'

74

Er stond geen maan. Als ware Ghostbusters marcheerden we door de duisternis en beklommen we om beurten de lange bamboeladder. Het dak van het magazijn was op zich al een beetje eng: een oude en verwaarloosde uitgestrekte vlakte van hier en daar gevlekt en gescheurd teerpapier die het gewicht van een mens niet gegarandeerd kon torsen. Nu ik mijn veiligheidsbril droeg, die algauw besloeg met de damp die doorlekte vanuit mijn masker, kon ik amper zien waar ik liep. Erger nog, ik kon nauwelijks zien waar het gebouw eindigde en de open ruimte begon. Het enige wat ik zo'n beetje kon zien was Arif die rondliep in zijn Tyvekpak, bleek en doorzichtig als Casper het vriendelijke spookje. Oké, hem zullen we niet 'busten'. Maar laat je niet afleiden en kijk uit waar je je voeten zet. Regel nummer zes, realiseerde ik me, is: val niet van het dak.

De vleermuizen waren allemaal vertrokken voor hun nachtelijke voedseltocht. Wij zouden hier op de loer blijven liggen om ze te vangen als ze terugkwamen, ergens vóór zonsopgang. Gofur en Pitu hadden het net al naar boven gehesen, een onzichtbare muur van fijn gaas ergens boven ons in de duisternis, zo groot als het scherm van een drive-inbioscoop. We vlijden ons neer en wachtten. De nacht werd kil – de eerste keer in mijn beperkte ervaring met Bangladesh dat ik de gelegenheid had het koud te krijgen. Ik lag op mijn rug op het teerpapier, zo goed mogelijk ingepakt in mijn lichte jack, en ging slapen. De eerste vleermuis raakte het net om 4 uur 22.

Voorhoofdlampen flitsten aan, mensen sprongen op, Gofur liet het net via de katrollen zakken, terwijl Epstein en Pitu samen op het dier af gingen en ik achter hen aan strompelde, veilig geblindeerd achter mijn veiligheidsbril. Pitu plukte de vleermuis los en Epstein pakte hem aan, precies met de techniek die hij geschetst had: de kop stevig vastpakken, poten en armen in de openingen tussen je vingers klemmen – bingo, bingo, bingo, bingo – en dan de vleermuis in zijn zak proppen. Sluit de bovenkant van de zak, bind hem stevig dicht met een stuk touw. Net als gevangen slangen kunnen gevangen vleermuizen zich klaarblijkelijk beter ontspannen als je ze opsluit in een zachte stof. Hijs het net weer op en herhaal het voorgaande. Ik was onder de indruk van de vaardigheid van Epsteins team.

Tussen de eerste vleermuis en het daglicht, zelfs nog voordat de oproep tot het gebed vanaf de plaatselijke moskeeën had geklonken, stopten ze er nog vijf in een zak. Zes vleermuizen voor het werk van een nacht was onder de maat voor Epstein – hij had er graag gemiddeld een stuk of tien –

maar het was een goede start voor een nieuwe locatie. Veranderingen in de plaatsing van het net en in de hoogte van de staken zouden de komende dagen voor een betere opbrengst zorgen. Voor nu, genoeg. Terwijl de dageraad begon door te schemeren, klommen we de ladder af en gingen we terug naar de laboratoriumkamer. Ook hier had iedereen een vaste rol. De mijne was om niemand voor de voeten te lopen en af en toe te helpen met een uitstrijkje.

Drie uur later waren de bloedmonsters afgetapt, de uitstrijkjes gemaakt, de buisjes in de vriesbak gedaan en was het tijd om de vleermuizen vrij te laten. Allemaal kregen ze eerst een drankje van vruchtensap om ze te helpen herstellen van het verlies van lichaamsvocht bij de bloedafname. Daarna liepen we met zijn allen terug naar de met gras begroeide binnenplaats onder de karoibomen, waar zich een kleine menigte mannen, vrouwen en kinderen uit de buurt had verzameld (de muren van de oude opslagplaats waren geen hindernis voor de lokale bevolking als er iets interessants te beleven was). Epstein, die nu weer zijn lassershandschoenen droeg, haalde de eerste vijf vleermuizen een voor een uit hun zak, tilde elk dier hoog op, zodat het niet over zijn gezicht zou kruipen, liet het zijn poten en vleugels vrijmaken, verslapte vervolgens voorzichtig zijn greep, precies op het moment dat de vleugelslagen vat begonnen te krijgen op de lucht, waarna we allemaal gebiologeerd toekeken hoe het dier zich vlak boven de grond verhief, langzaam opsteeg, loom rondcirkelde en wegvloog. Uiteindelijk, na een rondje of twee boven het complex, een paar minuten van confuse opluchting, zou het zijn weg weer terugvinden naar de gemeenschappelijke rustplaats, *sadder but wiser* en zonder noemenswaardige schade te hebben opgelopen.

Voordat hij de laatste vleermuis liet gaan, hield Epstein een kort toespraakje voor de verzamelde burgers, dat vertaald werd door Arif. Hij feliciteerde hen dat ze als dorp het geluk hadden zoveel prachtige vleermuizen te herbergen, dieren die goed zijn voor de fruitbomen en andere planten, en hij verzekerde hun dat hij en zijn medewerkers hun uiterste best hadden gedaan om de dieren niet te schaden bij het onderzoek naar hun gezondheid. Daarna liet hij de laatste vleermuis vallen. Hij klom ter hoogte van Epsteins knieën door de lucht omhoog en vloog weg.

Later zei hij tegen mij: 'Al die zes vleermuizen hadden geïnfecteerd kunnen zijn. Daar lijkt het tenminste op. Ze zien er volkomen gezond uit. Je kunt op geen enkele manier van buitenaf zien of ze het nipahvirus bij zich dragen. Daarom nemen we al deze voorzorgsmaatregelen.' Bij het verlaten van het lab dompelden we onze laarzen weer in het steriele voetbad, waarna we ons wasten aan de dorpspomp. Een klein meisje bracht ons zeep.

75

'Onderlinge verbindingen zijn de sleutel,' zei Epstein toen we de volgende middag op ons gemak zaten te praten. 'De sleutel is dat we begrijpen hoe dieren en mensen onderling verbonden zijn.' We waren terug in het hotel, hadden gedoucht en gegeten, nadat we opnieuw de hele nacht in touw waren geweest en vijftien vleermuizen hadden gevangen, bemonsterd en vrijgelaten. Je kunt niet naar een nieuw ziekteverwekkend micro-organisme of zijn reservoir kijken, zei hij, alsof ze in een vacuüm bestaan. Het is een kwestie van contact met mensen, interacties, geboden kansen. 'Daarin ligt het risico van een oversprong.'

In de loop van het volgende halfuur bezigde hij herhaaldelijk de woorden 'geboden kansen'. Hij kwam er steeds weer op terug. 'Een heleboel van die virussen, een heleboel van die pathogenen die van dieren in het wild overgaan op tamme dieren of op mensen, huisden al heel lang in wilde diersoorten,' zei hij. Ze hoeven niet per se ziekten te veroorzaken. Ze zijn in de loop van miljoenen jaren met hun natuurlijke gastheren mee geëvolueerd. Ze hebben een bepaalde aanpassing bereikt waarbij ze zich langzaam maar gestaag vermeerderen, zich onopvallend door de gastheerpopulatie verplaatsen en langetermijnveiligheid genieten. Ze zien af van een kortetermijnsucces in de vorm van maximale vermeerdering binnen elke individuele gastheer. Het is een strategie die werkt. Maar als wij, mensen, die aangepaste toestand verstoren – als we inbreuk maken op de gastheerpopulaties, jacht op ze maken om hun vlees, ze uit hun ecosystemen sleuren of verdringen en die ecosystemen verstoren of vernietigen – verhoogt dit het risiconiveau ingrijpend. 'Het geeft deze pathogenen meer kansen om van hun natuurlijke gastheer over te springen op een nieuwe gastheer,' zei hij. De nieuwe gastheer kan elk willekeurig dier zijn (het paard in Australië, de palmmarter in China), maar vaak is het de mens, omdat wij mensen zo opdringerig en overvloedig aanwezig zijn. Wij bieden ze een schat aan kansen.

'Soms gebeurt er niets,' zei Epstein. Er wordt een sprong gemaakt, maar het micro-organisme blijft in de nieuwe gastheer even goedaardig als in de oude. (Simian foamy virus?) In andere gevallen is het gevolg een zeer ernstige ziekte voor een beperkt aantal mensen, waarna de pathogeen op dood spoor komt. (Hendra-, ebolavirus.) In weer andere gevallen behaalt de pathogeen in zijn nieuwe gastheer een groot en ingrijpend succes. Zijn nieuwe toestand is geschikt genoeg om vaste voet aan de grond te krijgen; hij maakt die nog geschikter door zich aan te passen. Hij ontwikkelt zich, gedijt en houdt stand. De geschiedenis van hiv is het verhaal van een overgesprongen virus dat op een dood punt had kunnen komen maar in plaats daarvan floreerde.

Ja, hiv is een sprekend voorbeeld, beaamde ik. Maar is er een speciale reden waarom andere RNA-virussen niet hetzelfde potentieel zouden hebben? Bijvoorbeeld het nipahvirus?

'Geen enkele reden. Daar is geen enkele reden voor,' zei Epstein. 'Veel van de dingen die bepalen of een pathogeen succes heeft in een nieuwe gastheer zijn, denk ik, accidenteel. Grotendeels toevallige gebeurtenissen.' Met hun hoge mutatiegraad en hun snelle vermeerdering zijn RNA-virussen uitermate adaptief, herinnerde hij mij, en elke oversprong biedt ze een nieuwe kans om zich aan te passen en vaste voet aan de grond te krijgen. We zullen waarschijnlijk nooit weten hoe vaak dat gebeurt, hoeveel dierenvirussen er ongemerkt op mensen overspringen. Veel van die virussen veroorzaken geen ziekte, of ze verwekken een nieuwe ziekte die – in sommige delen van de wereld, omdat de gezondheidszorg daar marginaal is – voor een oude ziekte wordt aangezien. 'Het punt is,' zei hij, 'dat hoe meer kansen virussen krijgen om naar andere gastheren over te springen, hoe meer kansen ze krijgen om te muteren, omdat ze dan in contact komen met nieuwe immuunsystemen.' Hun mutaties zijn willekeurig maar frequent, waarbij ze op ontelbare nieuwe manieren nucleotiden met elkaar combineren. 'En vroeg of laat bereikt een van deze virussen de juiste combinatie om zich aan te kunnen passen aan zijn nieuwe gastheer.'

Deze notie van 'geboden kansen' is een cruciaal idee dat subtieler is dan het misschien lijkt. Ook een paar andere deskundigen op het gebied van infectieziekten hadden me dit verteld. Het is cruciaal, omdat het ons op het willekeurige karakter van de hele situatie wijst en we zonder dit inzicht misschien geneigd zijn het fenomeen van nieuwe ziekten te romantiseren, waarbij we onszelf wijsmaken dat deze nieuwe virussen mensen belagen vanuit een bepaalde doelgerichtheid. (Losweg spreken van 'de wraak van het regenwoud', bijvoorbeeld, is zo'n vorm van romantisering. Natuurlijk is het een mooie metafoor, maar wel een die je niet al te serieus moet nemen.) Epstein had het in feite over de twee verschillende, maar onderling verbonden dimensies van zoönotische overdracht: ecologie en evolutie. Verstoring van habitats, jacht op bushmeat, blootstelling van mensen aan onbekende virussen die schuilgaan in diergastheren: dat is ecologie. Die dingen gebeuren tússen mensen en andere soorten organismen en worden bezien in het moment dat ze plaatsvinden. Vermeerderings- en mutatiesnelheid van een RNA-virus, uiteenlopend succes voor uiteenlopende stammen van het virus, aanpassing van het virus aan een nieuwe gastheer: dat is evolutie. Het gebeurt bínnen een populatie van een bepaald organisme, waarbij de populatie in de loop van de tijd reageert op haar omgeving. Een van de belangrijkste dingen die je moet onthouden over evolutie – en over het belangrijkste mechanisme, de natuurlijke selectie, zoals uiteengezet door Darwin en zijn opvolgers – is dat ze geen doelen heeft. Ze heeft slechts resultaten. Iets anders geloven komt neer op het omhelzen van een teleologische denkfout die wel emotionele aantrekkingskracht heeft ('de wraak van het regenwoud'), maar een dwaalspoor is. Dat is wat Jon Epstein feitelijk wilde zeggen. Beeld je niet in dat deze virussen een bewuste strategie hebben, zei hij. Denk niet dat ze een soort kwaadwillige wrok tegen mensen koesteren. 'Het draait enkel en alleen om toevallig geboden kansen.' Ze zitten niet achter ons aan. Op de een of andere manier gaan wij juist naar ze toe.

Maar wat is er dan eigenlijk aan de hand met vleermuizen, vroeg ik. Waarom springen zoveel van deze zoönotische virussen – of wat er zoveel lijken – vanuit zoogdieren van de orde der Chiroptera, de vleermuizen, over op mensen? Of is dat de verkeerde vraag?

'Het is de juiste vraag,' zei hij. 'Maar ik denk dat daar nog geen goed antwoord op bestaat.'

76

Er is misschien nog geen goed antwoord, maar er wordt wel aan gewerkt. Ik heb dezelfde vraag – 'Waarom vleermuizen?' – voorgelegd aan deskundigen op het gebied van opkomende infectieziekten overal ter wereld. Een van hen was Charles H. Calisher, een vooraanstaand viroloog die onlangs met pensioen was gegaan na een loopbaan als hoogleraar in de microbiologie aan de Colorado State University.

Calisher verliet in 1964 de Georgetown School of Medicine met een doctoraat in de microbiologie. Hij verwierf een gerespecteerde positie met het bedrijven van klassieke laboratoriumvirologie, wat betekende dat hij levende virussen kweekte, ze experimenteel door muizen en celculturen liet circuleren, ze bekeek op elektronenmicroscopische foto's en uitzocht welke plaats in de virale stamboom hij ze moest geven – het soort onderzoek dat door Karl Johnson aan het machupovirus was gedaan en vóór Johnson door Frank Fenner en Macfarlane Burnet, en nog eerder door anderen. Calishers loopbaan omvatte zowel een lange periode bij de CDC als academische aanstellingen waarin hij zich vooral had gericht op arbovirusen ('arbo' komt van het Engelse *Arthropod-borne*), dat wil zeggen door artropoden, ofwel geleedpotigen, overgedragen virussen (zoals het westnijl-, dengue- en La Crosse-virus die allemaal worden overgebracht door muggen) en door knaagdieren overgebrachte virussen (met name de hantavirussen). Als wetenschapper die meer dan veertig jaar onderzoek naar virussen in hun vectoren en hun reservoir had gedaan, maar zonder speciale aandacht voor de Chiroptera, bleef ook hij ten slotte zitten met de vraag: waarom komen zoveel van die nieuw opkomende dingen juist bij vleermuizen vandaan?

Charlie Calisher is een vrij kleine man, met een gevaarlijke twinkeling in de ogen, in heel het vakgebied vermaard om zijn diepe inzicht, zijn bijtende humor, zijn minachting voor gewichtigdoenerij, zijn bruuske manier van doen en (als je toevallig een keer door die korsten heen komt) zijn grote, welwillende hart. Hij stond erop me op een lunch te trakteren in een geliefd Vietnamees restaurant in Fort Collins, voordat we serieus gingen praten. Hij droeg een schipperstrui, een kakibroek en stevige wandelschoenen. Na de maaltijd volgde ik zijn rode bestelwagen naar een laboratoriumcomplex van de Colorado State University waar hij nog een paar projecten had lopen. Hij haalde een platte flacon uit een incubator, zette hem onder een microscoop, stelde die in en zei: Kijk, daar heb je het La Crosse-virus. In een kweekmedium met de kleur van cassis zag ik apencellen die belaagd werden door iets wat zo klein was dat je het alleen kon waarnemen via de schade die het aanrichtte. Mensen over de hele wereld – dokters, dierenartsen – stuurden hem weefselmonsters, verklaarde Calisher, met de vraag of hij in dat spul een virus wilde kweken om het te identificeren. Oké. Zulke dingen waren zijn levenswerk geweest, vooral met betrekking tot hantavirussen bij knaagdieren. En toen kwam dit uitstapje naar vleermuizen.

We gingen terug naar zijn werkkamer, die vanwege zijn pensionering nu bijna leeg was, op een bureau, twee stoelen, een computer en wat dozen na. Hij leunde achterover in zijn stoel, legde zijn stappers op het bureau en begon te praten: arbovirussen, de CDC, hantavirussen bij knaagdieren, het La Crosse-virus, muggen en een gezellig groepje mensen, de Rocky Mountain Virology Club. Hij roerde van alles aan, maar wetende wat mijn interesse was, kwam hij na deze omweg uit op een voor hem enorm belangrijk gesprek dat hij ongeveer zes jaar geleden met een collega had gehad, kort nadat bekend was geworden dat het SARS-virus, het nieuwe dodelijke coronavirus, afkomstig bleek te zijn van een Chinese vleermuis. Die collega was Kathryn V. Holmes, een expert op het gebied van coronavirussen en hun moleculaire structuur aan het Health Sciences Center van de University of Colorado in Denver, zo'n tachtig kilometer ten zuiden van Fort Collins. Charlie vertelde me het verhaal op zijn eigen levendige manier, compleet met dialoog:

'We zouden eigenlijk een overzichtsartikel over vleermuizen en hun virussen moeten schrijven,' zei hij tegen Kay Holmes. 'Dit vleermuiscoronavirus is echt heel interessant.'

Ze leek geïntrigeerd, maar twijfelde wel een beetje. 'Wat zouden we erin moeten zetten?'

'Nou, zus en zo, en nog wat anders,' zei Charlie vaag. Het idee was nog aan het rijpen. 'Misschien iets over het immuunsysteem.'

'Wat weten we van het immuunsysteem?'

Charlie: 'Ik weet geen moer van dat immuunsysteem. Laten we het aan Tony vragen.'

Tony Schountz, ook een vakbroeder, is immunoloog aan de University of North Colorado in Greeley. Hij doet onderzoek naar reacties op hantavirussen bij mensen en muizen. Net als Calisher had Schountz zich op dat moment nog nooit met Chiroptera beziggehouden. Schountz is een potige jonge vent, een voormalig sportman die op de universiteit honkbal had gespeeld als catcher.

'Tony, wat weet je van *bats* (Engels voor vleermuizen – vert.)?'

Schountz dacht dat Charlie de officiële Major League-bats bedoelde. 'Die zijn gemaakt van essenhout.'

'Hallo, Tony? Ik heb het over vléérmuizen.' Maakt beweging als van fladderende vleermuis. Ter onderscheiding van: beweging van DiMaggio.

'Oh. Eh, niets.'

'Heb je ooit iets gelezen over het immuunsysteem van vleermuizen?'

'Nee.'

'Heb je eigenlijk wel eens een artikel over het immuunsysteem van vleermuizen gezien?'

'Nee.'

Ook Charlie niet – niets dat verder ging dan het vinden van antistoffen die infecties bevestigden. Niemand leek te zijn ingegaan op de diepere vraag hoe het immuunsysteem van vleermuizen reageerde. 'Dus zei ik tegen Kay: "Laten we een overzichtsartikel schrijven,"' vertelde Charlie me. 'Tony zei: "Ben je gek? We weten helemaal niets!"'

'Kijk, zíj weet niets, jíj weet niets en ík weet niets. Dat is geweldig. We hebben helemaal geen biases, geen vooroordelen.'

'Vooroordelen?' zei Schountz. 'We hebben helemaal geen informatie!'

'Ik zei: "Tony, dat mag ons er niet van weerhouden."'

Aldus de gang van zaken in de wetenschap. Maar Calisher en zijn twee vriendjes waren niet van plan om met hun onwetendheid te koop te lopen. Als we van dit of dat gebied niets weten, zo opperde hij, dan halen we er gewoon iemand bij die er wél wat van weet. Ze trokken James E. Childs aan, een epidemioloog en rabiësdeskundige aan de medische faculteit van Yale (en een oude vriend uit Charlies dagen bij de CDC) en ook Hume Field, die inmiddels overal opdook. Dit vijfkoppige team, met hun lappendeken van expertise en hun sublieme gebrek aan vooroordelen, schreef vervolgens een lang, breed opgezet artikel. Verschillende tijdschriftredacties toonden belangstelling, maar wilden wel dat het manuscript werd ingekort, wat Charlie weigerde. Het verscheen uiteindelijk geheel intact in een ruimhartiger tijdschrift, onder de titel: 'Bats: Important Reservoir Hosts of Emerging Viruses' ('Vleermuizen: belangrijke reservoirs van opkomende virussen'). Het was een overzichtsartikel, zoals Charlie het bedoeld had, wat inhield dat de vijf auteurs niet claimden dat ze oorspronkelijk onderzoek presenteerden. Ze vatten alleen maar samen wat er al gedaan was, brachten verspreide onderzoeksresultaten samen (inclusief ongepubliceerde gegevens die aangeleverd waren door anderen) en trachtten enkele bredere patronen te markeren. En daarmee bleken ze de wetenschap een goed van pas komende dienst te bewijzen. Het artikel bood een rijk overzicht van feiten en ideeën, plus richtinggevende vragen op punten waar de feiten schaars waren. Andere wetenschappers die zich met infectieziekten bezighielden, merkten het artikel op. 'Plotseling,' zei Charlie, 'stond de telefoon roodgloeiend.' Ze beantwoordden honderden, misschien wel duizenden verzoeken om kopieën, stuurden hun 'Bats: Important Reservoir Hosts' als pdf naar collega's over de hele wereld. Iedereen wilde weten – althans iedereen in het betreffende vakgebied – hoe het zat met deze nieuwe virussen en hun schuilplaats, de vleermuizen. Ja, hoe zit dat nu eigenlijk met die vleermuizen?

Het artikel vermeldde een aantal saillante punten, waarvan het eerste de rest in perspectief bracht: vleermuizen zijn er in zeer vele vormen. De orde Chiroptera (de 'Handvleugeligen') omvat 1116 soorten, wat neerkomt op 25 procent van alle bekende zoogdiersoorten. Met andere woorden: een op de vier zoogdiersoorten is een vleermuis. Die diversiteit zou erop kunnen wijzen dat het niet zo is dat vleermuizen méér dan hun deel van virussen herbergen, maar dat hun virale last juist evenredig is met hun aandeel in de totale zoogdierendiversiteit en dus alleen maar verrassend groot *lijkt*. Misschien is hun virus-per-vleermuisratio niet hoger dan de ratio bij andere zoogdieren.

Maar ja, misschien ligt het verhoudingsgetal juist wél hoger voor vleermuizen. Calisher en zijn team bekeken een aantal redenen waarom dat zo zou kunnen zijn.

Behalve dat ze divers zijn, zijn vleermuizen ook talrijk en sociaal. Vele soorten bevolken rustplaatsen in enorme groepen die uit talloze dicht opeengepakte individuen kunnen bestaan. Ze vormen ook een heel oude tak van de fauna, waarbinnen ze zich ongeveer 50 miljoen jaar geleden hebben ontwikkeld tot ruwweg hun huidige vorm. Hun anciënniteit biedt ruimte voor een lange geschiedenis van verbindingen tussen virussen en vleermuizen, en die innige verbindingen kunnen hebben bijgedragen aan de diversiteit van virussen. Wanneer een vleermuisstam zich in twee nieuwe soorten splitste, kunnen hun virale passagiers zich mede hebben afgesplitst, met als gevolg meer soorten virussen en meer soorten vleermuizen. Ook kan de grote dichtheid van vleermuizen, wanneer ze zich verzamelen om te slapen of te overwinteren, ertoe bijdragen dat virussen standhouden in deze populaties, ondanks de verworven immuniteit bij veel oudere exemplaren. Herinner je je nog het begrip kritische populatiegrootte? Weet je nog hoe mazelen endemisch circuleerde in steden met 500 000 of meer inwoners? Vleermuizen voldoen waarschijnlijk consequenter aan de norm voor kritische populatiegrootte dan de meeste andere zoogdieren. Hun populaties zijn veelal gigantisch en in elk geval behoorlijk omvangrijk, waardoor ze een constante aanvoer van vatbare pasgeborenen bieden die geïnfecteerd kunnen worden en de aanwezigheid van het virus aldus helpen handhaven.

Dat scenario gaat uit van een virus dat elke vleermuis slechts voor korte tijd infecteert, hetgeen herstelde individuen levenslange immuniteit bezorgt, zoals mazelen dat doet bij mensen. In een alternatief scenario is een virus in staat om in een en dezelfde vleermuis chronische, persisterende infectie te veroorzaken die maanden of zelfs jaren voortduurt. Als de infectie kan persisteren, dan wordt de lange gemiddelde levensduur van een vleermuis een gunstig gegeven voor het virus. Sommige kleinere, insectenetende vleermuizen leven twintig tot vijfentwintig jaar. Een dergelijke lange levensduur bij een vleermuis die geïnfecteerd is en het virus uitscheidt, betekent in de loop van de tijd een aanmerkelijke vergroting van het aantal kansen op het doorgeven van het virus naar andere vleermuizen. In de taal van de wiskundigen: R_0 neemt toe met de levensduur van een chronisch geïnfecteerde vleermuis. En zoals je weet is een grotere R_0 altijd goed voor de pathogeen.

Innige sociale verbondenheid helpt ook, en vele soorten vleermuizen lijken dol te zijn op gedrang, in elk geval wanneer ze overwinteren of rusten. Guanovleermuizen in het Carlsbad Caverns National Park in New Mexico, bijvoorbeeld, kruipen lekker dicht op elkaar met ongeveer driehonderd individuen per 0,1 vierkante meter. Zelfs labmuizen in een overvolle kooi zouden zoiets niet verdragen. Als een virus kan worden overgebracht door direct contact, lichaamsvloeistoffen of druppeltjes die verstuiven via de lucht, maakt een dicht opeengepakte menigte zijn kansen een stuk groter.

Onder omstandigheden zoals die in Carlsbad, merkte Calishers groep op, staat vast dat zelfs rabiës kan worden overgedragen via de lucht.

Van overdracht via de lucht gesproken: het is niet onbelangrijk dat vleermuizen vliegen. Een individuele vleerhond kan op zoek naar voedsel elke nacht tientallen kilometers afleggen en nog eens honderden kilometers in een seizoen waarin hij zich van de ene naar de andere rustplek verplaatst. Sommige insectenetende vleermuizen leggen niet minder dan twaalfhonderd kilometer af tijdens de trek van hun zomer- naar hun winterslaapplaatsen. Knaagdieren maken zulke reizen niet, en er zijn ook niet veel grotere zoogdieren die zoiets doen. Bovendien bewegen vleermuizen zich in drie, niet in twee dimensies over het landschap: ze vliegen omhoog, ze duiken omlaag, ze koersen ertussenin, en daarmee bestrijken ze een veel groter deel van de ruimte dan de meeste dieren. De breedte en de diepte van louter hun aanwezigheid is groot. Vergroot dat de kans dat zij, of de virussen die ze bij zich dragen, in contact komen met mensen? Misschien.

Dan is er nog het immuunsysteem van de vleermuis. Calishers groep kon dit onderwerp alleen maar voorzichtig aanroeren, zelfs met Tony Schountz als medeauteur, omdat men daar nauwelijks iets van weet. Ze stelden voornamelijk vragen. Is het mogelijk dat de lage temperaturen die overwinterende vleermuizen doorstaan hun immuunreactie onderdrukken, waardoor virussen kunnen volharden in vleermuisbloed? Is het mogelijk dat antistoffen die een virus zouden moeten neutraliseren, niet zo lang werkzaam blijven bij vleermuizen als bij andere zoogdieren? Hoe zit het met de anciënniteit van de vleermuisfamilie? Is die afstammingslijn gedivergeerd van andere zoogdieren, voordat het immuunsysteem van zoogdieren fors aangescherpt was door de evolutie en de mate van effectiviteit had bereikt die we bij knaagdieren en primaten zien? Hebben vleermuizen een ander 'setpoint' voor hun immuunreacties, waardoor een virus zich vrijuit kan vermeerderen zolang het het dier geen enkele schade toebrengt?

Voor het beantwoorden van deze vragen waren volgens Calishers groep nieuwe gegevens uit nieuw onderzoek nodig. En dat onderzoek kon niet uitsluitend worden gedaan met de gestroomlijnde instrumenten en methoden van de moleculaire genetica, waarbij lange sequenties van nucleotidenbasen door computersoftware met elkaar worden vergeleken. Ze schreven:

> De nadruk, en soms zelfs een volledige nadruk, op karakterisering van nucleotidensequenties, in plaats van het karakteriseren van virussen, heeft ons op het 'pad van plezier' gebracht, ten koste van het werken met echte virussen.

Het artikel was een gezamenlijk project, maar die zin komt kennelijk uit de koker van Charlie Calisher. Wat hij wil zeggen is: Hallo, mensen? We moeten die ziekmakers weer op de ouderwetse manier laten groeien, we moeten ze in levenden lijve bekijken, als we ooit willen begrijpen hoe ze werken. En als we dat niet doen, voegde het artikel eraan toe, 'zitten we gewoon te wachten op de volgende rampzalige zoönotische virusuitbraak'.

77

Charlie Calisher en zijn medeauteurs roerden niet alleen algemene principes aan, maar ze gaven ook een gedetailleerde beschrijving van enkele aan vleermuizen gerelateerde virussen: het nipah- en hendravirus, het rabiësvirus met zijn naaste verwanten (de lyssavirussen), het SARS-CoV-virus en nog een paar andere. Ze vermeldden tevens het ebola- en marburgvirus, maar lieten die twee voorzichtigheidshalve weg uit de lijst van virussen waarvan bewezen was dat vleermuizen als hun reservoir dienden. 'De natuurlijke gastheren van deze virussen zijn nog niet geïdentificeerd,' zeiden ze over het marburg- en ebolavirus – wat volkomen juist was op het moment van publicatie. Hun artikel verscheen in 2006. Fragmenten van ebola-RNA waren inmiddels gedetecteerd bij een aantal vleermuizen; bij andere vleermuizen waren antistoffen tegen ebolavirus gevonden. Maar dat was niet echt een toereikend bewijs. Niemand had nog een aanwijsbaar filovirus van een vleermuis kunnen isoleren, en door het mislukken van pogingen in die richting bleven het ebola- en marburgvirus verborgen entiteiten.

Toen, in 2007, kwam het marburgvirus weer tevoorschijn, deze keer onder mijnwerkers in Uganda. Het was een kleine uitbraak die slechts vier mannen trof, van wie er een stierf, maar de uitbraak bood hoe dan ook een kans om meer inzicht in het virus te krijgen, mede dankzij een snel bij elkaar geroepen internationaal crisisteam. De vier slachtoffers werkten allemaal op een plek die Kitaka Cave werd genoemd, niet ver van het Queen Elizabeth National Park in de zuidwesthoek van Uganda. Het was een mijn waar ze galeniet, een looderts, dolven en een klein beetje goud. Het woord 'mijn' trok de aandacht van enkele wetenschappers binnen de Special Pathogens Branch van de CDC in Atlanta, omdat ze al aanwijzingen hadden dat het reservoir van het marburgvirus, wat het ook was, vermoedelijk verbonden was met een spelonkachtige omgeving. Bij verscheidene voorgaande marburg-uitbraken waren er patiënten met een voorgeschiedenis waaruit bleek dat ze geregeld bezoeken hadden gebracht aan, of gewerkt hadden in grotten of mijnen. Toen het crisisteam in augustus 2007 in Kitaka Cave arriveerde, was het zodoende klaar om ondergronds te gaan.

Deze groep bestond uit wetenschappers van de CDC, het National Institute for Communicable Diseases (NICD) in Zuid-Afrika en de WHO in Genève. De CDC stuurden naast Pierre Rollin en Jonathan Towner, die we al eerder zijn tegengekomen, ook Brian Amman en Serena Carroll. Bob Swanepoel en Alan Kemp van het NICD kwamen overgevlogen uit Johannesburg en Pierre Formenty kwam van de WHO. Allemaal hadden ze op hun eigen manier veel ervaring met ebola- en marburginfecties opgedaan door deelname aan crisisteams bij andere uitbraken, laboratoriumonderzoek en veldwerk. Amman was gespecialiseerd in zoogdieren en vooral geïnteresseerd in vleermuizen. Tijdens een gesprek bij de CDC vertelde hij me wat een bezoek aan Kitaka Cave inhield.

De grot diende als rustplaats voor ongeveer 100 000 exemplaren van de nijlroezet (*Rousettus aegyptiacus*), een hoofdverdachte als reservoir voor het marburgvirus. De teamleden, die beschermende Tyvekpakken, rubberlaarzen, veiligheidsbrillen, mondneusmaskers, handschoenen en helmen droegen, werden in de schacht rondgeleid door mijnwerkers die zoals gewoonlijk slechts een korte broek, T-shirts en sandalen aanhadden. De bodem was bedekt met verdroogde uitwerpselen. Terwijl we daar liepen klapten de mijnwerkers in hun handen om laaghangende vleermuizen te verjagen. De opgeschrokken vleermuizen stroomden weg. Dit waren behoorlijk grote dieren, elk met een vleugelwijdte van zo'n halve meter, niet zo groot en fors als de vleerhonden uit Azië, maar nog altijd intimiderend, vooral als ze met duizenden tegelijk door een smalle tunnel langs je suizen. Voordat hij het wist had Amman een oplawaai van een vleermuis in zijn gezicht gekregen en een snee boven een wenkbrauw opgelopen. Towner werd ook geraakt, zei Amman. Nijlroezetten hebben lange, scherpe duimnagels. Naderhand zou Amman vanwege die snee een injectie tegen mogelijke blootstelling aan rabiës krijgen, hoewel een marburgvirusinfectie een meer directe zorg was. 'Ja,' dacht hij, 'dit zou echt wel eens een goede overdrachtplek kunnen zijn.'

De grot had meerdere schachten, legde Amman uit. De hoofdschacht was ongeveer tweeënhalve meter hoog. Vanwege alle mijnbouwactiviteiten in die schacht waren veel vleermuizen van rustplaats veranderd 'en verhuisd naar wat we de cobraschacht noemden'. Dat was een kleinere schacht, een zijgang die...

Ik onderbrak hem. 'Cobra? Waren er dan cobra's?'

'Ja, in die schacht zat een zwarte woudcobra,' zei hij.

Of misschien een tweetal cobra's. Het was een prima duistere leefomgeving voor slangen, met water en veel vleermuizen te eten. Maar goed, de mijnwerkers namen Amman en Towner mee de grot in via een andere smalle schacht die uitkwam op iets wat het Hol werd genoemd, een kuil van ongeveer drie meter diep waar je in kon door je langs een paal naar beneden te laten glijden en waar een groot deel van het erts vandaan kwam. De twee Amerikanen wilden eigenlijk naar het Hol, maar in het voetspoor van hun gidsen liepen ze zonder het te weten die schacht voorbij en kwamen ze zo'n tweehonderd meter verderop uit op een ruimte met daarin een poel met bruin, lauw water. Vervolgens pakten de mijnwerkers hun biezen, zodat Towner en Amman op eigen houtje nog wat rond konden kijken. Ze lieten zich naast het bruine meertje neer en stelden vast dat de holte zich vertakte tot drie schachten, die allemaal geblokkeerd leken door stilstaand water. In die schachten turend zagen ze nog veel meer vleermuizen. De luchtvochtigheid was hoog en de temperatuur misschien wel tien of vijftien graden warmer dan buiten. Hun veiligheidsbril besloeg. Hun masker raakte doorweekt en liet minder zuurstof door. Ze hijgden en zweetten, vastgeritst in hun Tyvekpakken die voelden alsof ze een vuilniszak aanhadden, en inmiddels begonnen ze nu 'een beetje van de wijs te raken', wist Amman nog goed. Een van de schachten aan de rand van de plas maakte zo te zien een grote bocht en vormde wellicht een verbinding met de cobraschacht. Ze wisten niet hoe diep het water was en de luchtruimte erboven was beperkt. Moesten ze verder gaan? Nee, besloten ze, de mogelijke baten wogen niet op tegen het verhoogde risico. Formenty, hun collega van de WHO, vond hen daar uiteindelijk en zei: Hallo jongens, het Hol is deze kant op. Ze kropen naar buiten en keerden terug op hun schreden, 'maar toen waren we al helemaal afgepeigerd,' aldus Amman. 'We moesten naar buiten om af te koelen.' Het was pas hun eerste ondergrondse uitstapje in Kitaka. Ze zouden er nog meer maken.

Op een andere dag inspecteerde het team een naargeestige, afgelegen holle ruimte die ze de Kooi noemden. Dat was waar een van de vier geïnfecteerde mijnwerkers had gewerkt, vlak voordat hij ziek werd. Deze keer gingen Amman, Formenty en Alan Kemp van het NICD naar de verste uithoeken van de grot. De Kooi zelf kon je alleen maar in als je door een lage opening aan de onderkant van een rotswand kroop – alsof je onder een garagedeur door kroop die net niet helemaal dicht was. Brian Amman is een lange man van bijna een meter negentig en ruim honderd kilo en voor hem was het gat nogal krap; zijn helm kwam klem te zitten en die moest hij er apart doorheen trekken. 'Je komt uit in een soort blinde kamer,' zei hij, 'en het eerste wat je ziet is honderden dode vleermuizen.'

Het waren nijlroezetten, het dier waarin we geïnteresseerd waren, hier achtergebleven in verschillende stadia van verschrompeling en verrotting. Stapels dode en uiteenvallende vleermuizen leken een slecht teken dat wellicht afbreuk deed aan de hypothese dat nijlroezetten een reservoir van het marburgvirus waren. Als deze vleermuizen massaal aan het virus gestorven waren, dan konden ze niet tevens het reservoir ervan zijn. Aan de andere kant konden ze ook bezweken zijn aan eerdere pogingen van de lokale bevolking om ze met vuur en rook uit te roeien. Hun doodsoorzaak was zonder méér bewijsmateriaal niet vast te stellen, en dat was deels de reden waarom het team hier was. Als deze vleermuizen inderdaad aan het marburgvirus gestorven waren, dan ging de verdenking alsnog uit naar een ander dier: een andere vleermuissoort, of misschien een knaagdier, of een teek, of een spin? Verdachten waar ze misschien nader onderzoek naar moesten doen. Teken, bijvoorbeeld: daarvan waren er meer dan genoeg in spleten in de buurt van de vleermuisrustplaatsen, wachtend op een kans om wat bloed te drinken. Amman en Kemp, die intussen al rechtop in de Kooi stonden, realiseerden zich dat niet elke vleermuis daar dood was. De ruimte was vol met levende exemplaren, rondzwermend boven hun hoofd.

De twee mannen gingen aan de slag, begonnen materiaal te verzamelen. Ze stopten dode vleermuizen in zakken. Ze vingen een paar levende vleermuizen en stopten die ook in een zak. Daarna persten ze zich weer op hun buik door de lage opening. 'Het was echt zenuwslopend,' vertelde Amman me. 'Ik zou het waarschijnlijk nooit meer doen.' Eén ongelukje, zei hij, een groot rotsblok dat voor je voeten neerploft, en dat is het dan. Dan zit je in de val.

Wacht eens even, begrijp ik het goed? Je zit in een grot in Uganda, omgeven door marburg en rabiës en zwarte woudcobra's, je waadt door een brij van dode vleermuizen, wordt in je gezicht geraakt door levende exemplaren, zoals Tippi Hedren in de film *The Birds*, en de rotswanden zitten vol met dorstige teken en je kunt amper ademhalen en amper iets zien en... je hebt tijd voor een aanval van claustrofobie?

'Uganda staat niet bekend om zijn geweldige reddingsteams,' zei hij.

Tegen het eind van deze veldtrip hadden de wetenschappers ongeveer 800 vleermuizen verzameld – voor de helft tot het geslacht *Rousettus aegyptiacus* behorend – die ontleed en bemonsterd moesten worden. Het CDC-team, met inbegrip van Towner en Amman, keerde zeven maanden later, in april 2008, terug naar Kitaka Cave waar ze nog eens 200 exemplaren van *R. aegyptiacus* vingen en bemonsterden om te zien of het marburgvirus nog steeds aanwezig was in de populatie. Als dat zo was, dan zou dat een krachtige aanwijzing zijn dat deze soort inderdaad een reservoir was. Tijdens hun tweede trip markeerden ze ook meer dan 1000 vleermuizen, die vervolgens weer werden vrijgelaten, in de hoop dat ze nadien aan de hand van opnieuw gevangen gemarkeerde exemplaren de totale omvang van de populatie zouden kunnen bepalen. Als ze wisten wat de omvang van de populatie en de prevalentie van infectie onder hun bemonsterde vleermuizen was, dan konden ze daaruit afleiden hoeveel geïnfecteerde vleermuizen er op een willekeurig moment op rustplaatsen in Kitaka huisden. Towner en Amman deden kralenkettingen om de hals van het dier (wat minder belastend voor de vleermuizen leek dan de gebruikelijke markeermethode, namelijk bandjes om hun poten) die elk een eigen nummer hadden. De twee wetenschappers kregen enige kritiek te verduren bij dit onderzoek waarbij gemarkeerde vleermuizen opnieuw gevangen moesten worden: sceptische collega's voerden aan dat dit verspilde moeite was, gezien de enorme omvang van de vleermuispopulatie en de geringe kans dat ze hun exemplaren opnieuw konden vangen. Maar 'we hielden gewoon voet bij stuk', zoals Amman het zei, en uiteindelijk lieten ze 1329 gemarkeerde vleermuizen los.

Minder speculatief en minder controversieel waren de bloed- en weefselmonsters van ontlede vleermuizen. Die gingen terug naar Atlanta, waar Towner deelnam aan het laboratoriumonderzoek om sporen van marburgvirus te vinden. Een jaar later volgde een artikel, geschreven door Towner, Amman, Rollin en hun collega's van de WHO en het NICD, waarin ze enkele belangrijke resultaten bekendmaakten. Al het kruipen door grotten, het bemonsteren van vleermuizen en het laboratoriumonderzoek had geleid tot een spectaculaire doorbraak in de kennis van filovirussen, in dit geval van zowel het marburg- als het ebolavirus. Niet alleen vond het team antistoffen tegen het marburgvirus (in 13 van de ongeveer 600 bemonsterde vleermuizen) en fragmenten van het marburg-RNA (in 31 van de vleermuizen), maar ze hadden ook iets gedaan wat veel moeilijker en ingrijpender was. Antistoffen en RNA-fragmenten waren weliswaar significante aanwijzingen, maar verder niet meer dan hetzelfde soort indirect bewijsmateriaal op grond waarvan het ebolavirus voorlopig aan vleermuizen gekoppeld was. Dit team was een stap verder gegaan: ze hadden het virus zelf gevonden.

Werkend in een van de BSL-4-eenheden van de CDC hadden Towner en zijn collega's uit vijf verschillende vleermuizen levensvatbaar, zich vermeerderend marburgvirus geïsoleerd. Voorts liepen de vijf stammen van het virus genetisch uiteen, wat wees op een lange geschiedenis van virale aanwezigheid en ontwikkeling binnen nijlroezetten. Deze gegevens, plus het fragmentarische RNA, vormden een sterk bewijs dat de nijlroezet een reservoir – zo niet hét reservoir – van het marburgvirus was. Op grond van het geïsoleerde virusmateriaal stond onomstotelijk vast dat het virus in de vleermuizen huisde. Op grond van de RNA-fragmenten had het op een gegeven moment blijkbaar rond de 5 procent van de vleermuispopulatie een infectie bezorgd. Het team combineerde die getallen met een geschatte totale populatiegrootte van 100 000 vleermuizen in Kitaka en kon op grond daarvan zeggen dat er elke nacht ongeveer 5000 met het marburgvirus geïnfecteerde vleermuizen de grot uit vlogen.

Een interessante gedachte: 5000 besmette vleermuizen die over je hoofd vliegen. Waar gingen ze naartoe? Hoe ver was het naar de bomen met vruchten? Wiens vee of moestuinen werden bescheten op hun tocht? Jon Epsteins advies was hier zeker van toepassing: 'Hou je mond dicht als je naar boven kijkt.' En de vleermuizenzwerm in Kitaka, zo voegden Towner en zijn medeauteurs eraan toe, 'is slechts een van de vele soortgelijke, in grotten huizende populaties in Afrika'.

Waarheen zou het marburgvirus zich nog meer verplaatsen, meeliftend met deze vliegende vleermuizen? Een antwoord op die vraag kwam in de zomer van 2008.

78

Astrid Joosten was een 41-jarige Nederlandse vrouw die in juni 2008 met haar man naar Uganda ging voor een avontuurlijke vakantie. Dat was niet voor het eerst, maar deze keer zou hun trip ingrijpende gevolgen hebben.

Thuis in Noord-Brabant (toevallig hetzelfde gebied dat toentertijd ernstig door Q-koorts werd getroffen) werkte Joosten als business analist voor een elektriciteitsbedrijf. Zowel zij als haar echtgenoot, een financieel manager, vond het heerlijk om Nederland elk jaar achter zich te laten en de landschappen en culturen van andere landen, vooral die van Afrika, te ervaren. In 2002 waren ze naar Johannesburg gevlogen en toen ze uit het vliegtuig stapten, ervoeren ze liefde op het eerste gezicht. Op latere reizen bezochten ze Mozambique, Zambia en Mali. Tijdens de reis van 2008, die ze geboekt hadden bij een in avontuurlijke trips gespecialiseerd reisbureau, zouden ze in het zuidwestelijke hoogland van Uganda berggorilla's, plus enkele andere dieren in het wild kunnen zien, naast diverse culturen. Ze baanden zich een weg naar het zuiden, naar het ondoordringbare Bwindiwoud waar de Ugandese gorilla's verblijven. Op een tussenliggende dag bood de reisorganisatie als optie een uitstapje aan naar het Maramagambowoud, met als voornaamste attractie een bijzondere plek die iedereen kende als de Python Cave. Daar huisden rotspythons, loom en tevreden, groot en dik geworden op een dieet van vleermuizen.

Joostens man en later haar weduwnaar, Jaap Taal, was een rustig iemand met gemillimeterd haar en een donkere bril met ronde glazen. De meeste andere reizigers hadden geen trek in dit aanbod, vertelde Jaap Taal me onder het genot van een kopje koffie in een restaurant in het zuidwesten van Montana. Waarom hij daar naartoe was gekomen, daar hebben we het straks nog over. Python Cave was een extraatje, legde hij uit, waarvan de prijs niet was inbegrepen bij hun Uganda-pakket. 'Maar Astrid en ik zeiden altijd: misschien kom je hier maar een keer in je leven, en je moet alles doen wat je kunt.' Ze reden naar het Maramagambowoud en gingen toen te voet verder, ongeveer anderhalve kilometer over geleidelijk oplopend terrein, naar een kleine vijver. Vlakbij, half verscholen achter mos en ander groen, was een lage duistere opening, als het oog van een krokodil dat maar net boven het water uit komt. Joosten en Taal klommen met hun gids en nog een andere toerist naar beneden, de grot in.

De grot was slecht begaanbaar: rotsachtig, oneffen, glibberig van de gunao, de vleermuizenmest. Het rook er ook niet best: fruitig en zuur. Denk maar aan een sombere, gesloten en lege gelagkamer om drie uur 's nachts met bier op de grond. De grot leek uitgekerfd te zijn door een riviertje, of had op zijn minst het water ervan in banen geleid, en een deel van het gesteente boven ons hoofd was neergestort, met als resultaat een vloer van stenen en grof puin, een maanlandschap bekleed met guano als een dikke laag vanille-ijs. Het plafond zat vol met vleermuizen, grote beesten, wel een paar duizend, die geagiteerd en met gekwetter op de menselijke indringers reageerden, van plek veranderden, zich soms lieten vallen, weer opvlogen en dan weer ergens neerstreken. Astrid en Jaap hielden hun hoofd gebogen en keken goed uit waar ze liepen, terwijl ze probeerden niet uit te glijden, klaar om indien nodig een hand uit te laten schieten en ergens steun te zoeken. 'Ik denk dat Astrid op die manier besmet is geraakt,' vertelde hij me. 'Ik denk dat ze haar hand op een stuk steen met uitwerpselen van een vleermuis heeft gelegd, en die zijn besmet. En zo kreeg ze het op haar hand.' Misschien raakte ze een uur later haar gezicht aan of stopte ze een snoepje in haar mond, of iets dergelijks, 'en zo heeft ze volgens mij de infectie opgelopen'.

Python Cave in het Maramagambowoud ligt niet meer dan vijfenveertig kilometer ten westen van Kitaka Cave. Ook daar huizen nijlroezetten. Vijfenveertig kilometer is niet ver en vleermuizen uit de Kitaka-populatie zijn heel goed in staat – zoals uit het onderzoek met gemarkeerde en opnieuw gevangen vleermuizen van het CDC-team zou blijken – om de weg naar Python Cave te vinden en daar te gaan rusten.

Niemand had Joosten en Taal gewaarschuwd voor de mogelijke gevaren van een Afrikaanse vleermuisgrot. Ze wisten niets van het marburgvirus (al hadden ze wel van ebola gehoord). Ze bleven maar zo'n tien minuten in de grot. Ze hadden een grote en trage python gezien. Daarna gingen ze weg, zetten hun vakantie in Uganda voort, gingen naar de berggorilla's, maakten een boottocht en vlogen weer terug naar Amsterdam. Dertien dagen na het bezoek aan de grot, weer thuis in Noord-Brabant, werd Astrid Joosten ziek.

Aanvankelijk leek het niet erger dan een griepje. Toen ging haar temperatuur omhoog en bleef stijgen. Na een paar dagen kreeg ze last van orgaanfalen. Haar artsen, die haar voorgeschiedenis kenden, inclusief het recente verblijf in Afrika, dachten aan een lassa- of misschien een marburgvirusinfectie. Marburgvirus, zei Jaap, wat is dat? Astrids broer zocht het op in Wikipedia en zei tegen hem: het marburgvirus, dat is dodelijk, het ziet er niet goed uit. De artsen lieten haar overbrengen naar een ziekenhuis in Leiden, waar ze betere zorg kon krijgen en afgezonderd kon worden van andere patiënten. Daar kreeg ze huiduitslag en conjunctivitis, en ze gaf bloed op. Ze werd kunstmatig in coma gebracht, een maatregel die werd ingegeven door de noodzaak haar agressiever met antivirale middelen te behandelen. Kort voordat ze het bewustzijn verloor, ging Jaap terug naar de isoleerkamer, kuste zijn vrouw en zei tegen haar: 'Nou, we zien je over een paar dagen.' Bloedmonsters die naar een laboratorium in Hamburg waren gestuurd bevestigden de diagnose: marburg. Ze ging hard achteruit. Toen haar organen het begaven, kregen haar hersenen gebrek aan zuurstof, kreeg ze een hersenoedeem en duurde het niet lang of Astrid Joosten werd hersendood verklaard. 'Ze hielden haar nog een paar uur in leven, totdat de familie was gearriveerd,' zei Jaap. 'Toen trokken ze de stekker eruit en stierf ze binnen een paar minuten.'

De artsen, die ontzet waren over de roekeloze afscheidskus die hij haar had gegeven, hadden voor Jaap zelf een isoleerkamer gereserveerd, maar die hebben ze nooit nodig gehad. 'Er is zoveel dat ze niet weten over marburg en die andere virusinfecties,' zei hij tegen mij. Daarna ging hij als de avontuurlijk reiziger die hij nog steeds was op trektocht door de sneeuw van het Yellowstone National Park.

79

Het nieuws over de dood van Astrid Joosten verbreidde zich snel. Zij stond nu bekend als de eerste persoon die met een actieve filovirusinfectie uit Afrika was vertrokken en eraan gestorven was. De Zwitserse postdoctoraalstudent uit Ivoorkust was destijds, in 1994, hersteld. Was er naast deze twee mensen ooit nog iemand anders door een internationale luchthaven gegaan en van het continent vertrokken met een incuberend ebola- of marburgvirus in zijn of haar lichaam? Niemand, voor zover de deskundigen wisten. Joostens geval bewees dat het marburgvirus zich kon verplaatsen in een mens, hoewel het zich natuurlijk niet zo gemakkelijk verplaatste als SARS of influenza of hiv-1. Bijna achtduizend kilometer verderop, in Colorado, hoorde een andere vrouw het nieuws met een huivering van herkenning. Zij had de Python Cave ook bezocht.

Michelle Barnes is een energieke vrouw van achter in de veertig, met blauwe ogen en kastanjebruin haar, een van de zeven telgen uit een Ierse katholieke familie in Iowa. Ze is een fervent alpiniste en fietsster, een kampeerster en wandelaarster, die vroeger werkte voor Outward Bound, een non-profitorganisatie voor openluchtonderwijs, en nu optreedt als tijdelijk staflid (iemand die zo nodig invalt in overgangsfasen) en troubleshooter voor andere non-profitorganisaties. Op de dag dat ik haar sprak in een kantoor in het centrum van Boulder, droeg ze een rode trui en een sjaaltje en maakte ze een gezonde en professionele indruk. Het kastanjebruin, vertelde ze me opgewekt, kwam uit een flesje. Het komt in de buurt van de oorspronkelijke kleur, zei ze, maar die is voorgoed verdwenen. Begin 2008 begon haar haar uit te vallen; wat er overbleef werd grijs, 'zo'n beetje van de ene dag op de andere'. Dit was een van de minder ingrijpende gevolgen van een mysterieuze ziekte waar ze in januari van dat jaar bijna aan bezweken was, vlak nadat ze teruggekomen was uit Uganda.

Haar verhaal leek sterk op wat Jaap Taal me over Astrid verteld had, afgezien van enkele essentiële verschillen – op de eerste plaats dat Michelle Barnes nog leefde. Een ander verschil was dat haar geval liet zien hoe moeilijk het kon zijn om een juiste diagnose te krijgen. Michelle en haar man, Rick Taylor, die een bouwbedrijf runt, waren net zo in de ban van Afrika als Jaap en Astrid. Ook zij hadden al eerder verre reizen gemaakt, meestal op eigen houtje en naar afgelegen plekken. En ook zij wilden deze keer berggorilla's zien. Daarom gingen ze in zee met een organisatie voor avontuurlijke reizen, omdat alleen die bedrijven je aan een vergunning voor een bezoek aan de gorilla's kunnen helpen. Hun reispakket voerde hen naar het zuiden, door de landschappelijke attracties van

West-Uganda, net zoals Jaap en Astrid later zouden doen, waarbij het hoogtepunt van de reis, een bezoek aan de mensapen in Bwindi, tot het laatst bewaard bleef. Eén tussenstop was het Queen Elizabeth National Park aan de oostelijke oever van Lake Edward. Dat was een droger en vlakker ecosysteem, het klassieke Oost-Afrikaanse savannelandschap vol leeuwen, olifanten en andere grote zoogdieren die rond zonsopgang en zonsondergang samenkomen bij de drenkplaatsen. Het kokendhete middaguur in Queen Elizabeth, met een laaiende zon, is doorgaans geen geschikt moment om wilde dieren te bekijken. Daarom zei de gids op een van de dagen dat ze daar waren en nog een uur of vijf uur moesten zoekbrengen, dat ze een grot zouden gaan bekijken. Weer eens iets anders dan leeuwen en olifanten: pythons en vleermuizen.

Barnes en haar groep liepen dezelfde anderhalve kilometer door het Maramagambowoud en gingen dezelfde grot binnen, waar ze te maken kregen met een onregelmatige, met grote keien en guano bedekte bodem waarop het moeilijk lopen was. De muren zaten vol met grote, harige spinnen, herinnerde ze zich. Het plafond was laag en de rustende vleermuizen bungelden zo'n halve meter tot een meter boven je hoofd. Enkele vleermuizen vlogen schril piepend naar binnen en naar buiten. Het stonk er verschrikkelijk naar ammoniak. Je moest over die glibberige keien klauteren. Als alpiniste, zei Barnes, kijkt ze altijd heel goed uit waar ze haar handen neerzet. Nee, ze had helemaal geen vleermuizenmest aangeraakt. Nee, er was geen vleermuis tegen haar aan gebotst. Haar gezelschap ging een stukje de grot in en kwam toen uit op een soort entresol, met uitzicht op een lager niveau met bovenin vleermuizen en daaronder twee pythons. Sommige andere toeristen gingen snel terug. Zij en Rick bleven daar om het tafereel goed in zich op te nemen. 'Wanneer zouden we ooit weer pythons en vleermuizen in een grot te zien krijgen?' zei ze tegen me, zweeg een ogenblik en voegde er met de kennis van nu sarcastisch aan toe: 'Nooit meer, dat kan ik je verzekeren.'

Na twintig minuten hadden ze genoeg gezien. En dat was het dan: geen ongelukken, niets dramatisch. 'Ik heb beslist geen enkele vleermuis of bij mijn weten ook maar één vlokje guano aangeraakt.' Ze liepen terug naar hun auto, waar de gids een picknicklunch uitstalde. Voor het eten reinigde Barnes haar handen met een ontsmettingsmiddel dat ze speciaal voor zulke momenten had meegenomen. In de late namiddag waren ze weer terug in Queen Elizabeth, op tijd om bij zonsondergang naar de gebruikelijkere aantrekkelijke vormen van wild Afrikaans dierenleven te kijken. Het was kerstavond 2007.

Ze kwamen thuis op nieuwjaarsdag. Michelle ging snel weer weg om in verband met de voorbije feestdagen alsnog een bezoek aan haar ouders in

Iowa te brengen. Zodoende was ze op 4 januari al in Sioux City, toen ze wakker werd met het gevoel alsof iemand een naald in haar schedel had gedreven.

Ze had overal pijn, voelde zich koortsig en had hevige, borende hoofdpijn. Omdat ze dacht dat ze misschien door een insect was gebeten, vroeg ze haar ouders om haar hoofdhuid te controleren. 'Natuurlijk was er niets te vinden. En toen begon ik in de loop van de dag uitslag op mijn buik te krijgen.' De uitslag verspreidde zich. Naast de pijn, de uitputting en de uitslag begon ze zich verward te voelen. 'In de daaropvolgende achtenveertig uur ging ik echt snel achteruit.' Ze nam nog steeds de ook tijdens de reis gebruikte antimalariatabletten in en daar kwam nu een antibacterieel en een ontstekingsremmend middel bij. Dat gaf geen verlichting. Maar ze hield zich tijdens haar bezoek flink, vloog terug naar Colorado en ging vanuit haar huis in Golden direct naar de dichtstbijzijnde afdeling spoedeisende hulp, waar men zelden of nooit marburgvirusinfecties onder ogen kreeg. De dienstdoende dokter nam wat bloed af om het te laten testen, gaf haar pijnstillers en stuurde haar naar huis. Het bloedmonster ging verloren.

Na dat consult zonder uitsluitsel, plus nog twee bezoeken aan haar vaste arts in de daaropvolgende twee dagen, belandde Michelle Barnes in een ziekenhuis in een buitenwijk van Denver. Ze was gedehydreerd, ze had een oplopend tekort aan witte bloedcellen en haar nieren en lever lieten het geleidelijk afweten. Eenmaal opgenomen werd ze geconfronteerd met een voorbijtrekkende stoet van artsen en een litanie van vragen. Een van de eerste vragen was: Wat hebt u de afgelopen vier dagen eigenlijk gedaan? De meeste mensen zoeken hulp voordat een meervoudig orgaanfalen inzet. Ik heb het opgekropt, antwoordde Barnes. Haar verafgelegen wonende zussen, van wie er eentje arts in Alaska was, kwamen naar het ziekenhuis, wat verheugend was voor Michelle, maar ook alarmerend. Hun was duidelijk te verstaan gegeven dat het misschien een aflopende zaak was. De zus die arts was, Melissa, speelde een belangrijke rol in het aandringen op informatie en actie bij Michelles artsen. Op dat moment voegde een infectieziektespecialist, dr. Norman K. Fujita, zich bij het team. Fujita regelde dat Michelle getest werd op leptospirose, malaria, schistosomiasis en ook andere infecties die je in Afrika kon oplopen, zoals ebola en marburg. Alle testen waren negatief, ook de test voor een marburgvirusinfectie.

Niemand wist wat ze had. Maar ze konden wel zien dat ze hard achteruitging. De ziekenhuisartsen probeerden haar te stabiliseren door vochttoediening, antibiotica en zuurstof; ze probeerden haar lijden te verlichten met pijnstillende, ontstekingsremmende en koortsverlagende middelen als ibuprofen, intussen hopend dat haar lichaam deze aanval, wat het ook was, zou kunnen doorstaan en dat ze zou herstellen. De crisis moest zijn ingetreden in de nacht van 10 of 11 januari, kon Michelle zich vaag herinneren, toen een van haar andere zussen de hele nacht bij haar waakte en zich duidelijk ernstig zorgen begon te maken dat Michelle wel eens het loodje zou kunnen leggen. Een merkwaardige omstandigheid, herinnerde Barnes zich, was dat ze die nacht op de kinderafdeling lag. Er was geen plaats meer op de intensive care. 'Dus om wat voor reden dan ook hadden ze me overgebracht naar kindergeneeskunde. Ik weet dat omdat er iemand langskwam die me een teddybeer gaf.' In tegenstelling tot Astrid Joosten in Leiden en in tegenstelling tot Kelly Warfield bij USAMRIID, was Michelle Barnes nooit ondergebracht in een isoleerkamer. Soms droegen haar verzorgers uit voorzorg maskers, maar vaak ook niet. Geleidelijk werd haar lichaam weer krachtiger en begonnen haar organen (allemaal, met uitzondering van haar galblaas, die operatief verwijderd was) te herstellen. De teddybeer heeft misschien beter geholpen dan de antibiotica.

Na twaalf dagen verliet ze het ziekenhuis, nog steeds zwak en lijdend aan bloedarmoede, en nog steeds niet gediagnosticeerd. In maart ging ze voor een nabehandeling naar Norman Fujita, en hij liet haar bloedserum opnieuw testen op marburgvirus. Opnieuw testte ze negatief. Er gingen nog eens drie maanden voorbij en toen kreeg Michelle – inmiddels grijs, futloos, met voortdurende pijn in de buik en niet in staat zich te concentreren – een e-mail van een vriend, een journalist die zij en Rick hadden ontmoet tijdens hun Ugandareis, die zojuist in de krant een bericht had gelezen dat volgens hem van belang was voor Michelle. In Nederland was een vrouw overleden aan een marburginfectie, na een vakantie in Uganda waarin ze een grot vol vleermuizen had bezocht.

Barnes zocht de daaropvolgende vierentwintig uur op het internet naar elk artikel dat ze over dit geval kon vinden. Toevallig – de wereld is klein – had ze zelf in de jaren negentig drie jaar in Nederland gewoond, zodat ze alle berichten zowel in het Nederlands als in het Engels kon lezen. De volgende maandagochtend stond ze al vroeg bij dr. Fujita voor de deur. 'Ik ben een noodgeval, ik moet u spreken,' zei ze. Fujita verzocht haar binnen te komen en luisterde naar de nieuwe informatie. Ze had het idee dat hij wel beleefd reageerde, maar dat hij intussen inwendig met zijn ogen rolde en dacht: Geweldig, weer zo iemand die zichzelf een diagnose verschaft via het internet. Maar hij stemde ermee in om haar voor een derde keer op marburgvirus te testen. Dat monster ging net als voorheen naar de CDC en opnieuw was de test negatief. Maar een laborant die zich ervan bewust was dat de patiënt een door met marburgvirus besmette vleermuizen bewoonde grot had bezocht, checkte deze keer nogmaals het derde monster en vervolgens ook het eerste monster, nu met behulp van een gevoeligere en meer specifieke analyse. Pats!

De nieuwe resultaten gingen naar Fujita, en die belde Barnes met ietwat dubieuze felicitaties: 'Je bent vanaf nu honorair infectieziektespecialist. Je hebt jezelf gediagnosticeerd en de marburgtest blijkt een positief resultaat te hebben opgeleverd.'

80

Het nieuws over Joosten ging ook als een lopend vuurtje rond in de CDC. Korte tijd later, in augustus 2008, werd een ander team naar Uganda gestuurd, deze keer ook met de veterinair microbioloog Tom Ksiazek, een veteraan op het gebied van praktische maatregelen tegen zoönotische uitbraken, en met Towner en Amman. Bob Swanepoel en Alan Kemp werden opnieuw opgetrommeld uit Zuid-Afrika. 'We kregen de oproep: "Ga het onderzoeken,"' vertelde Amman me. Hun opdracht was om vleermuizen te bemonsteren in Python Cave, waar deze Nederlandse vrouw (naamloos in de contacten tussen epidemiologen) geïnfecteerd was geraakt. Haar dood en haar voorgeschiedenis impliceerden een verandering in de potentiële omvang van de situatie. Dat Ugandezen ter plekke stierven aan een marburgvirusinfectie was ernstig en voldoende problematisch – voldoende om haastig een crisisteam uit Atlanta en Johannesburg bij elkaar te roepen. Maar als er ook toeristen bij betrokken waren die onbezorgd en onbeschermd op hun sandalen en wandelschoenen een prachtige, van pythons vergeven marburgbron in en uit huppelden en dan hun retourvlucht naar andere continenten boekten, dan was die plek niet alleen een gevaar voor Ugandese mijnwerkers en hun families. Het was ook een internationale dreiging.

Het team kwam samen in Entebbe en reed naar het zuidwesten. Ze namen hetzelfde pad dat Joosten en Barnes en hun echtgenoten hadden genomen naar dezelfde opening te midden van het dichte struikgewas. Maar in tegenstelling tot deze mensen trokken zij hun witte pakken en rubberlaarzen aan en zetten ze mondneusmaskers en veiligheidsbrillen op. In verband met de cobra's trokken ze bovendien nog speciale beschermende leggings aan. Daarna gingen ze naar binnen. Overal boven hun hoofd waren vleermuizen; overal onder hun voeten lag guano. In feite bleek er zo'n onophoudelijke guanoregen neer te komen, vertelde Amman me, dat als je iets op de grond liet liggen het binnen enkele dagen ermee overdekt was. De pythons waren traag en schuw, zoals weldoorvoede slangen over het algemeen zijn. Een ervan, zo schatte Amman, was minstens vijf meter lang. De zwarte woudcobra's (ja, die zaten hier ook) hielden zich schuil in de meer afgelegen uithoeken, ver weg van het drukke verkeer. Towner stond naar een python te turen, toen Amman opeens iets glimmends op de grond zag liggen.

Op het eerste gezicht leek het een gebleekte wervel die in de uitwerpselenbrij lag. Amman pakte het ding op.

Het was geen wervel. Het was een kettinkje van aluminium kralen, met een nummer eraan. Om precies te zijn was het een van de kralenkettingen die hij en Towner om de hals van de vleermuizen hadden gedaan die ze in Kitaka Cave, de andere marburggrot, hadden gevangen – drie maanden eerder en zo'n vijftig kilometer verderop. Het codeplaatje wees op één simpel gegeven: dit was halsband K-31, afkomstig van het eenendertigste dier dat ze hadden vrijgelaten. 'En natuurlijk was ik gewoon door het dolle heen,' zei Amman. 'Ik danste "hebbes!" roepend rond. Jon en ik waren zo ontzettend opgewonden.' Met zijn uitzinnige gejuich gaf Amman in feite uiting aan de zinnige, duizelingwekkende sensatie die een wetenschapper ondergaat als twee stukjes moeizaam verworven onderzoeksmateriaal opeens op hun plaats vallen en een onverwacht inzicht bieden. Towner deelde in de vreugde. Je kunt het je goed voorstellen: twee mannen met hoofdlampen in een donkere rotsholte die elkaar met hun nitril handschoenen high fives geven.

Het teruggevonden halsbandje in Python Cave bewees in een klap de waarde van hun op het opnieuw vangen van gemarkeerde vleermuizen gebaseerde onderzoek. 'Het bevestigde mijn vermoeden dat deze vleermuizen zich voortdurend verplaatsen,' aldus Amman – en zich niet alleen door het woud, maar van de ene rustplaats naar de andere verplaatsen. Verplaatsingen van individuele vleermuizen (zoals K-31) tussen verafgelegen slaapplaatsen (zoals Kitaka en Python) impliceerden omstandigheden waarin het marburgvirus uiteindelijk over heel Afrika kon worden verbreid, van het ene vleermuiskamp naar het andere. Die verplaatsingen impliceerden mogelijkheden om vleermuispopulaties achtereenvolgens te infecteren of opnieuw te infecteren, als een reeks knipperende kerstboomlichtjes. Ze maakten een eind aan de geruststellende veronderstelling dat het om een strikt aan bepaalde plaatsen gebonden virus ging. Ook riepen die verplaatsingen nog een extra vraag op: waarom zijn er niet vaker uitbraken van marburgvirusinfectie?

Marburg is maar één voorbeeld waarbij je je dat kunt afvragen. Waarom niet meer hendra? Waarom niet meer nipah? Waarom niet meer ebola? Waarom niet meer SARS? Als vleermuizen zo talrijk en divers en mobiel zijn en als ze zo veelvuldig zoönotische virussen bij zich dragen, waarom gebeurt het dan niet vaker dat die virussen naar mensen overspringen en bij hen vaste voet aan de grond krijgen? Is er een of andere mysterieuze paraplu die ons beschermt? Of is het stom geluk?

81

De ecologische dynamiek van het virus zelf kan deel uitmaken van de reden waarom deze ziekten niet constant neerregenen. Ja, virussen hebben inderdaad een ecologische dynamiek, net als organismen die meer eenduidige vormen van leven zijn. Wat ik bedoel is: ze zijn onderling verbonden met andere organismen op de schaal van landstreken, niet alleen op de schaal van individuele gastheren en cellen. Een virus heeft een geografische spreiding. Een virus kan uitsterven. De relatieve dichtheid, overleving en reikwijdte van een virus zijn allemaal afhankelijk van andere organismen en wat die doen. Dat is virale ecologie. In het geval van het hendravirus, om een ander voorbeeld te noemen, kan de veranderende ecologie ervan gedeeltelijk verantwoordelijk zijn voor de opkomst van dit virus als verwekker van ziekten bij de mens.

Deze gedachtegang is nader onderzocht door de Australische wetenschapper Raina Plowright. Na een opleiding tot dierenarts deed Plowright onderzoek aan gedomesticeerde en wilde dieren in New South Wales en elders – in Groot-Brittannië, Afrika en Antarctica – voordat ze terechtkwam op de University of California, in Davis, waar ze een master in epidemiologie deed en vervolgens promoveerde in de ecologie van infectieziekten. Ze behoort tot dat nieuwe type van veelzijdig opgeleide ziektespecialisten, waarover ik het al eerder heb gehad: veterinair ecologen die het hechte verband onderkennen tussen menselijke gezondheid, gezondheid van wilde dieren, van landbouwhuisdieren en de habitats die we met z'n allen delen. Voor haar promotieveldwerk ging Plowright terug naar Australië om onderzoek te doen naar de dynamiek van het hendravirus binnen een van zijn natuurlijke gastheren: de kleine rode vleerhond (*Pteropus scapulatus*). Het vangen en bemonsteren ervan deed ze voor een deel in het Northern Territory, ten zuiden van Darwin, te midden van de eucalyptus- en kajapoetbossen in en om Litchfield National Park. Daar sprak ik haar op een ochtend in 2006, toen ze niet veel kon doen omdat de cycloon Larry over het noorden van Australië trok, het land overspoelde en het peil van de rivieren en kreken deed stijgen. Daardoor hadden we nog wat tijd voordat ze opnieuw eropuit ging om te zien of ze in de slagregens nog vleermuizen kon vangen.

Een interessant aspect van het hendravirus, zo vertelde Plowright me, is dat het een van de vier nieuwe virussen is die rond dezelfde tijd opdoken uit een groep vleermuizen die allemaal behoorden tot de familie *Pteropidae*, ofwel vleerhonden. Nadat het hendravirus zich in 1994 voor het eerst had gemanifesteerd ten noorden van Brisbane, verscheen niet lang daarna, in 1996, op twee andere plaatsen aan de kust van Queensland het Australische vleermuislyssavirus, in 1997 gevolgd door het in de buurt van Sydney opduikende menanglevirus en in september 1998 door het nipahvirus in het circa drieduizend kilometer noordelijker gelegen Maleisië. 'Dat vier virussen in korte tijd opkomen uit één gastheerfamilie is ongekend,' zei ze. 'Daarom denken we dat er enige verandering is opgetreden in de ecologie van *Pteropus*-soorten, die vooraf kan zijn gegaan aan de opkomst van bepaalde infectieziekten.' Hume Field had zulke factoren helpen identificeren in het geval van de nipahvirusinfectie onder varkensfokkerijen in Maleisië. Nu, acht jaar later, was Field een van haar promotoren en ging Plowright op zoek naar soortgelijke factoren met betrekking tot het hendravirus. Ze wist dat veranderingen in habitat van invloed waren geweest op de populatiegrootte, de verspreidingspatronen en het trekgedrag van de natuurlijke gastheren van het hendravirus – niet alleen de kleine rode vleerhond, maar ook zijn verwanten, de zwarte vleerhond, de grijskop- en de brilvleerhond. Haar taak was te onderzoeken hoe deze veranderingen op hun beurt de spreiding, prevalentie en kans op een oversprong van het virus hadden beïnvloed.

Plowrights project bestond net als veel hedendaags ecologisch onderzoek uit een combinatie van gegevens verzamelen in het veld en wiskundige modellering met behulp van de computer. Het fundamentele begrippenkader, legde ze uit, 'werd in de jaren twintig van de vorige eeuw uitgewerkt door de heren Kermack en McKendrick'. Ze bedoelde het SIR-model (*susceptible-infected-recovered*: vatbaar-geïnfecteerd-hersteld) dat ik al eerder heb beschreven. Na verwezen te hebben naar deze intellectuele erfenis, begon ze te praten over vatbare, geïnfecteerde en herstelde individuen in een bepaalde vleermuizenpopulatie. Als de populatie geïsoleerd en niet groot genoeg is, zal het virus zich een weg door deze populatie banen, de vatbare exemplaren infecteren en ze hersteld (en immuun voor nieuwe infectie) achterlaten, totdat er vrijwel geen vatbare individuen meer over zijn. Daarna zal het virus uitsterven, net zoals mazelen uitsterft in een geïsoleerd dorp met mensen. Uiteindelijk zal het virus terugkeren, teruggebracht naar die populatie door een eigenzinnige geïnfecteerde vleermuis. Dit is hetzelfde knipperende-kerstlichtjespatroon dat ik als beeld voor de verspreiding van marburgvirus gebruikte. De ecologen noemen dit een 'metapopulatie': een populatie van populaties. Het virus voorkomt uitsterving door de ene betrekkelijk geïsoleerde populatie van vleermuizen na de andere te infecteren. Hier sterft het uit, daar dient het zich aan en infecteert het een populatie; misschien is het niet permanent aanwezig in een bepaalde populatie, maar het is altijd wel ergens aanwezig. De lichten knipperen beurtelings uit en aan, branden nooit allemaal tegelijk, en nooit is het helemaal donker. Als de vleermuispopulaties van elkaar worden gescheiden door afstanden die zo groot zijn dat ze zelden worden overbrugd, dan is het tempo van hernieuwde infectie laag. De lampjes knipperen traag aan en uit.

Stel je nu eens een zo'n vleermuizenpopulatie binnen de metapopulatie voor. Ze heeft de SIR-sequentie doorgemaakt, elk individu is besmet, allemaal zijn ze hersteld en het virus is verdwenen. Maar niet voorgoed. Met het verstrijken van de jaren neemt door de geboorte van nieuwe vleermuizen en de dood van oude individuen de hoeveelheid vatbare individuen weer toe en herwint de populatie haar collectieve kwetsbaarheid voor het virus. Groter isolement betekent een grotere verstreken tijdsspanne voordat het virus terugkeert; een grotere verstreken tijdsspanne zorgt voor meer pasgeboren vatbare individuen; meer vatbare individuen betekenen een rijker potentieel voor explosieve infectie. 'Dus als je het virus opnieuw introduceert,' zei Plowright, naar de schepperachtige rol van de modellenbouwer verwijzend, 'krijg je een veel grotere uitbarsting.' Dit is het punt waarop de kerstlichtjesmetafoor niet meer werkt, omdat één lichtje plotseling brandt met de felheid van een supernova te midden van gewone sterren.

Plowright werkte uiteraard met getallen, niet met analogieën. Maar haar cijfers weerspiegelden ruwweg dit scenario. De relevantie van het modelleren van concrete feiten is dat de Australische populatie van vleerhonden de afgelopen decennia meer geïsoleerd is geraakt. 'De oostkust van Australië was voorheen een groot aaneengesloten bosrijk gebied,' vertelde ze me, 'en daardoor waren de vleermuispopulaties vrij gelijkmatig over de kuststrook verspreid.' Ze hadden meerdere rustplaatsen en hun voedselbronnen – voornamelijk nectar en vruchten – waren divers, wisselend met de seizoenen en her en der verspreid in de bossen. Elke groep vleermuizen, bestaande uit misschien een paar honderd of een paar duizend individuen, vloog in de nacht naar een voederplaats en bij het aanbreken van de dag weer terug. Met het nieuwe seizoen trokken ze weg om dichter bij concentraties van voedsel te komen. Met al dat komen en gaan belandden individuele vleermuizen soms van de ene groep in de andere, terwijl ze het hendravirus bij zich droegen als ze toevallig besmet waren. Er vond een voortdurende vermenging en een voortdurende hernieuwde infectie plaats van betrekkelijk kleine groepen. En zo was de situatie – voor de kleine rode vleerhond, voor de andere vleerhonden en voor het hendravirus – sinds onheuglijke tijden. Toen kwamen de veranderingen.

Verandering van woongebied was in Australië een oeroude traditie in de vorm van brandcultuur zoals die werd toegepast door de oorspronkelijke bewoners van het land, maar in de afgelopen decennia is het kappen van open plekken in de bossen een meer drastische en gemechaniseerde trend geworden, met vrijwel onomkeerbare gevolgen, vooral in Queensland. Grote delen van oude bossen zijn gekapt of met bulldozers omver getrokken, om plaats te maken voor grootschalige veeteelt en stadsuitbreidingen. Mensen hebben boomgaarden aangeplant, stadsparken aangelegd, hun tuinen verfraaid met bloeiende bomen en midden in de steden en voorsteden nog andere onbedoelde verlokkingen geschapen. 'Zodoende hebben vleermuizen besloten dat ze met het verdwijnen van hun natuurlijke leefgebied, met het wisselender worden van het klimaat en het minder divers worden van hun voedselbron, makkelijker kunnen leven in een stedelijk gebied.' Ze verzamelen zich nu in grotere groepen, leggen kortere afstanden af om zich te voeden en leven dichter bij mensen (en de paarden die mensen houden). Vleerhonden in Sydney, vleerhonden in Melbourne, vleerhonden in Cairns. Vleerhonden in de vijgenbomen van Moreton Bay die een paddock aan de noordkant van Brisbane overschaduwen.

Ik zag waar Plowright naartoe wilde en probeerde zelf het laatste stukje in te vullen. Dus die grote, dicht opeengepakte groepen – bestaande uit vleermuizen die meer sedentair, meer stedelijk zijn, en doorgaans geen lange afstanden meer hoeven te vliegen om in het wild naar voedsel te zoeken – zullen elkaar doorgaans minder vaak opnieuw infecteren? En krijgen intussen meer vatbare individuen in hun gelederen? Zodat, als het virus daadwerkelijk arriveert, de verspreiding van nieuwe infecties sneller en heftiger plaatsvindt? En het virus een grotere dichtheid en prevalentie heeft?

'Precies. Zo zit het,' zei ze.

'Een en ander gevolgd door een grote kans op een oversprong naar een andere soort?' Ik wilde de sprong naar die voor de hand liggende climax graag maken, maar Plowright, die nog veel vleermuizen moest vangen, veel gegevens in elkaar moest passen en veel modelparameters moest uitwerken, remde me af. Vijf jaar na ons gesprek, toen ze haar promotieonderzoek had voltooid en intussen zelf een gerespecteerde autoriteit op hendragebied was geworden, zou ze haar werk en ideeën in het eerbiedwaardige tijdschrift *Proceedings of the Royal Society* presenteren. Maar vooralsnog, te midden van de stortregens en het hoge water van het Northern Territory, hield ze een slag om de arm.

'Dit is een theorie,' zei ze.

82

Theorieën moet je testen, zoals Raina Plowright maar al te goed wist. Wetenschap gaat van waarnemingen naar veronderstellingen, die je vervolgens gaat testen. Een van die veronderstellingen draait om ebolavirussen. Als je goed hebt opgelet, zul je gemerkt hebben dat ik een paar pagina's terug het ebolavirus, samen met het hendra- en nipahvirus en nog andere virussen, op één hoop heb gegooid met virussen waarvoor vleermuizen als reservoir dienen. Dus voor de duidelijkheid: die gevolgtrekking is tentatief. Het is een hypothese in afwachting van toetsing aan meer bewijsmateriaal. Op het moment dat ik dit schrijf heeft nog niemand een levend, van een vleermuis afkomstig ebolavirus geïsoleerd – en het isoleren van een virus is nog steeds de gouden standaard voor het identificeren van een reservoir. Dat zal misschien spoedig gebeuren; mensen zijn het aan het proberen. Inmiddels lijkt de ebola-in-vleermuizenhypothese te zijn versterkt doordat het Jonathan Towners team is gelukt het zo nauw verwante marburgvirus te isoleren, dat ook afkomstig is van vleermuizen. Ook is de hypothese versterkt, althans voor een deel, door nog een brokje informatie dat ongeveer gelijktijdig werd toegevoegd aan het ebolavirusdossier. Dit brokje diende zich aan in de vorm van een verhaal over een klein meisje.

Eric Leroy, de in Parijs opgeleide en in de Gabonese stad Franceville gevestigde viroloog, die al meer dan een decennium jacht maakt op het ebolavirus, leidde het team dat het verhaal van het meisje reconstrueerde. Hun nieuwe bewijsmateriaal was niet het resultaat van moleculair virusonderzoek, maar van ouderwets epidemiologisch speurwerk: interviews met overlevenden, contacten traceren en patronen onderscheiden. De context was een ebolavirus-uitbraak die plaatsvond in en om het dorp Luebo aan de rivier de Lulua, in een zuidelijke provincie van de Democratische Republiek Kongo. Tussen eind mei en november 2007 werden meer dan 260 mensen ziek van wat wellicht of (in sommige bevestigde gevallen) stellig het ebolavirus was. De meeste patiënten stierven. De sterfte was 70 procent. Leroy en zijn medewerkers arriveerden in oktober, als onderdeel van een internationaal WHO-crisisteam, in samenwerking met het ministerie van Volksgezondheid van de DRK. Leroys onderzoek richtte zich op het netwerk van overdrachten, die blijkbaar allemaal terug te sporen waren naar een 55-jarige vrouw. Die werd in hun rapport aangeduid met patiënt A. Ze was niet per se de eerste mens die geïnfecteerd raakte; ze was alleen maar de eerste persoon die men had geïdentificeerd. Deze vrouw, al bejaard naar de maatstaven van Kongolese dorpelingen, overleed na een ziekteperiode met hoge koorts, braken, diarree en bloedingen. Elf van haar nauwe contacten, voornamelijk familieleden die haar mede verzorgd hadden, werden ziek en stierven ook. Vandaar verspreidde de uitbraak zich verder.

Leroy en zijn groep vroegen zich af hoe de vrouw het voor elkaar had gekregen om besmet te worden. Niemand in haar dorp vertoonde ziekteverschijnselen voordat zij die kreeg. Daarom breidden de onderzoekers hun zoektocht uit naar de omliggende dorpen, waarvan er nogal wat waren, zowel langs de rivier als in het naburige woud. Door hun interviews en de vele wandelingen die ze daarvoor maakten, kwamen ze erachter dat alle dorpen door voetpaden met elkaar verbonden waren en dat op maandagen het drukke verkeer zich naar één bepaald dorp repte, Mombo Mounene 2, waar wekelijks een grote markt was. Ze kwamen er ook achter dat zich hier in de buurt elk jaar grote groepen op trek zijnde vleermuizen verzamelden.

De vleermuizen arriveerden over het algemeen in april en mei, als tijdelijke onderbreking van een langere reis, en vonden dan rustplaatsen en bomen met wilde vruchten op twee eilanden in de rivier. In een gemiddeld jaar konden daar duizenden of tienduizenden dieren verblijven, zo hadden Leroy en zijn team gehoord. Vooral in 2007 waren er heel veel vleermuizen neergestreken. Vanaf hun slaapplaatsen op de eilandjes bestreken de vleermuizen het hele omliggende gebied. Soms foerageerden ze in een palmolieplantage op de noordelijke rivieroever; de plantage was een overblijfsel uit de koloniale tijd, nu verlaten en vervallen, maar in de maand april nog steeds met palmvruchten aan de resterende bomen. Veel of de meeste dieren waren hamerkopvleerhonden (*Hypsignathus monstrosus*) en Franquetvleerhonden (*Epomops franqueti*), twee van de drie soorten waarin Leroy al eerder ebola-antistoffen had aangetroffen. Als ze sliepen bungelden de vleermuizen dicht opeengepakt aan boomtakken. De lokale bevolking, tuk op extra eiwit of een beetje extra geld, jaagde erop met geweren. Vooral de grote en vlezige hamerkopvleerhonden waren erg in trek. Met één schot hagel uit een jachtgeweer kon je enkele tientallen vleermuizen neerhalen. Veel van deze dieren eindigden net gedood, rauw en bloederig op de wekelijkse markt in Mombo Mounene 2, vanwaar de kopers ze mee naar huis namen voor het avondmaal.

Een man die geregeld van zijn eigen dorp naar de markt liep en vaak vleermuizen kocht, werd blijkbaar getroffen door een milde aanval van ebola. De onderzoekers duidden hem uiteindelijk aan als patiënt C. Hij was zelf geen vleermuisjager, hij was een kleine consument. Patiënt C kon zich nog herinneren dat hij eind mei of begin juni wat lichte ziekteverschijnselen had gehad, voornamelijk koorts en hoofdpijn. Hij herstelde, maar dat was niet het eind van het verhaal. 'Patiënt C was de vader van een vierjarig meisje (patiënt B),' rapporteerden Leroy en zijn team naderhand, 'dat op 12 juni plotseling ziek werd en op 16 juni 2007 overleed, nadat ze last had gehad van braken, diarree en hoge koorts.' Het kleine meisje had geen bloedingen en werd nooit getest op ebola, maar dat is wel de meest plausibele diagnose.

Hoe had ze de ziekte opgelopen? Misschien had ze meegegeten van een vleerhond die het virus bij zich droeg. Hoeveel kans op een goede of slechte afloop hebben vleermuiseters? Moeilijk te zeggen, zelfs moeilijk te gissen. Als de hamerkopvleerhond inderdaad een ebolareservoir is, wat is dan de prevalentie van het virus binnen een bepaalde populatie? Dat is een andere onbekende factor. Towner vond 5 procent prevalentie van het marburgvirus bij nijlroezetten, wat wil zeggen dat één dier op de twintig geïnfecteerd zou kunnen zijn. Uitgaande van een ruwweg gelijke prevalentie bij de hamerkopvleerhond, had de familie van het meisje niet alleen honger maar ook pech gehad. Ze hadden negentien andere vleermuizen kunnen opeten zonder aan het virus te worden blootgesteld. Anderzijds, als ze gezamenlijk een vleermuis hadden verorberd, waarom waren de moeder en andere familieleden van het meisje dan niet ziek geworden? Het was mogelijk dat haar vader, besmet of besmeurd na de aankoop van vleermuizen op de markt, het meisje op zijn rug had gehesen (wat iedereen daar deed met kleine kinderen) en zo over het voetpad terug naar hun dorp was gelopen. De vader, patiënt C, had het virus kennelijk aan niemand anders doorgegeven.

Maar zijn dochtertje had het wel doorgegeven. Haar dode lichaam werd in overeenstemming met de lokale tradities voor de begrafenis gewassen door een goede bekende van de familie. Die bekende was de 55-jarige vrouw die patiënt A werd.

'Zodoende kan overdracht van het virus hebben plaatsgevonden toen patiënt A het lijk gereedmaakte voor de begrafenisplechtigheid,' schreef het team-Leroy. 'Desgevraagd vertelden de moeder en grootmoeder van het meisje, die ook bij de voorbereidselen geholpen hadden, dat ze geen direct contact met het lijk hadden gehad en dat ze in de daaropvolgende vier weken geen enkel klinisch teken van infectie vertoonden.' Klaarblijkelijk hadden ze bij het wassen van het lijk alleen een rol als toeschouwer gehad. Ze hadden het dode lichaam van hun dochter en kleindochter niet aangeraakt. Maar patiënt A wel, toen ze getrouw de diensten van een goede bekende van de familie verleende, waarna ze weer overging tot haar eigen leven – wat er nog van restte. Ze hervatte haar sociale interacties, en 183 andere mensen kregen ebola en stierven.

Leroys team reconstrueerde dit verhaal, en omdat ze graag wilden weten wat het allemaal precies betekende, stelden ze zichzelf vervolgens een aantal vragen. Waarom had de vader zijn dochter besmet, maar niemand anders? Misschien omdat hij een lichte vorm van de ziekte had, met een geringe hoeveelheid virus in zijn lichaam waarvan hij maar weinig had uitgescheiden. Maar als hij een licht geval was, waarom was zijn dochter dan een dermate ernstig geval dat ze binnen vier dagen overleden was? Misschien omdat ze nog maar een klein kind was dat geteisterd werd door braken en diarree en gestorven was aan onbehandelde dehydratie. Waarom was er slechts één keer een oversprong van een vleermuis naar een mens opgetreden? Waarom was patiënt C een unicum, als het enige ziektegeval dat rechtstreeks gerelateerd was aan het reservoir? Nou ja, misschien was hij dat niet. Hij was gewoon de enige die de aandacht had getrokken. 'Hoogstwaarschijnlijk werden verscheidene andere mensen óók door vleermuizen geïnfecteerd,' schreef Leroys groep, 'maar waren de omstandigheden die nodig zijn voor een daaropvolgende mens-op-mensoverdracht niet aanwezig.' Hiermee zinspeelden ze op doodlopende infecties. Iemand wordt ziek, lijdt in zijn eentje of krijgt nog wel met angstvallige distantie verleende steun van zijn ongeruste familie of vrienden (voedsel en water, achtergelaten bij de ingang van een hut) en sterft. Wordt zonder plichtplegingen begraven. Eric Leroy wist niet hoeveel onfortuinlijke mensen in Luebo en omgeving misschien een vleermuis hadden gegeten, een vleermuis hadden aangeraakt, geïnfecteerd waren met het ebolavirus, eraan bezweken waren en in een kuil waren gestopt, zonder iemand anders te hebben besmet. Te midden van de afschuwelijke verwarring van de uitbraak kon zich in die afgelegen dorpen een groot aantal van zulke doodlopende gevallen hebben voorgedaan.

Dit bracht Leroys team tot de vraag waar alles om draaide. Als er niet aan de vereiste omstandigheden voor een mens-op-mensoverdracht was voldaan, wat wáren die omstandigheden dan? Waarom was de Luebo-uitbraak geen echte grote uitbraak geworden? Waarom had het vuurtje zich niet verder verbreid? Per slot van rekening was het al in mei ontstoken en arriveerde de WHO pas in oktober.

83

Overdracht van mens op mens is het kernpunt. Dat vermogen is bepalend voor het verschil tussen een bizarre, verschrikkelijke, lokale, terugkerende en raadselachtige ziekte (zoals ebola) en een wereldwijde pandemie. Herinner je je nog de simpele, door Roy Anderson en Robert May opgestelde vergelijking voor de dynamiek van een zich ontvouwende epidemie?

$$R_0 = \beta N/(\alpha + b + v)$$

In die vergelijking staat β voor de effectieve contact-, ofwel overdrachtssnelheid. β is de letter bèta, voor het geval je geen wiskundige of Griek bent. Hier is het een vermenigvuldiger binnen de grootheid die de teller van de breuk vormt, wat een sterke positie is. Dat houdt in dat wanneer β veel verandert, R_0 ook veel verandert. En R_0, zo vertelt je goede geheugen je, is de maatstaf voor het al dan niet ontstaan van een uitbraak.

Bij sommige zoönotische pathogenen is een doeltreffende overdraagbaarheid onder mensen blijkbaar van meet af aan inherent, een soort toevallige, reeds bestaande adaptatie om zich te kunnen verspreiden onder de menselijke populatie, ondanks een lange geschiedenis van een verblijf binnen een andere gastheer. SARS-CoV had dat vermogen vanaf de eerste dagen na de opkomst ervan in 2002-2003 in Guangdong en Hongkong. SARS-CoV hééft dat vermogen, ongeacht de vraag waar of waarom SARS-CoV sindsdien is ondergedoken. Het hendravirus heeft het niet. Het hendravirus is in staat tot een vlotte overdracht onder paarden, maar niet onder mensen. Natuurlijk kan een pathogeen dat vermogen ook verwerven door mutatie en aanpassing binnen menselijke gastheren. Is het jou ook niet opgevallen, dat aanhoudende zachte geroezemoes van de afgelopen vijftien jaar over aviaire influenza, de vogelgriepstam die H5N1 wordt genoemd, onder deskundigen op het gebied van infectieziekten? Dat komt doordat ze zich ernstig zorgen maken over vogelgriep, ook al heeft die ziekte nog niet veel dodelijke slachtoffers onder mensen gemaakt. Mexicaanse griep komt en gaat periodiek binnen de menselijke populatie, waarbij hij soms een kwaadaardige pandemie veroorzaakt en soms (zoals in 2009) niet zo kwaadaardig uitpakt als verwacht – maar vogelgriep zit in een andere categorie van bedreigende mogelijkheden. Vogelgriep baart de influenzadeskundigen zorgen omdat ze van H5N1-influenza weten dat deze (1) zeer virulent is bij mensen, met een hoge mate van dodelijkheid maar een relatief gering aantal ziektegevallen, en toch (2) nauwelijks overdraagbaar is, althans tot nu toe, van mens op mens. Je gaat er hoogstwaarschijnlijk aan dood als je de ziekte oploopt, maar je zult haar hoogstwaarschijnlijk niet oplopen, behalve wanneer je een besmette kip slacht. Merendeels slachten we niet onze eigen kippen, en gezondheidsdiensten over de hele wereld hebben erg hun best gedaan om ervoor te zorgen dat de kippen die we in handen krijgen – dood, uit elkaar gehaald, in plastic of op een andere manier verpakt – niet besmet zijn. Maar als H5N1 muteert of zichzelf op precies de juiste manier opnieuw assembleert, als het zich aanpast aan mens-op-mensoverdracht, dan zou H5N1-influenza de grootste en snelste dodelijke ziekte sinds 1918 kunnen worden.

Hoe verwerft een pathogeen die aanpassing eigenlijk? Het proces van genetische variatie (door mutatie of anderszins) is willekeurig. Een dobbelspel. Maar als het virus veel kansen krijgt, groeit de waarschijnlijkheid dat het hoge ogen gooit – dat wil zeggen dat het de stap kan zetten naar een uitermate adaptieve verandering. Hoe meer worpen, hoe meer kans om enkel zessen te gooien en te winnen. En daar heb je Jon Epsteins woord weer: kans.

Terug in Dhaka, na mijn nachten van vleermuizen vangen met Epstein, ging ik weer naar het ICDDR,B om nog wat gesprekken te voeren, omdat ik meer wilde weten over het vermogen tot mens-op-mensoverdracht van het nipahvirus. Ik sprak met een handjevol mensen die deelnamen aan Steve Luby's project rond infectieziekten. Een van hen was Emily Gurley, een Amerikaanse epidemiologe die als diplomatenkind verscheidene jaren van haar jeugd had doorgebracht in Bangladesh en daarna als volwassene was teruggekomen om onderzoek te doen op het gebied van de volksgezondheid. Gurley is een dertiger met krullend bruin haar, lichte sproetjes en blauwe ogen die groter worden als ze het over belangrijke details van haar speurwerk naar ziekten heeft. Ze had deelgenomen aan het onderzoek naar de uitbraak in het district Faridpur in 2004, de uitbraak met 36 geïdentificeerde ziektegevallen van wie er 27 stierven. Het opmerkelijkste aspect van de Faridpur-episode was dat veel van die mensen klaarblijkelijk geïnfecteerd waren door contact met één persoon, een superbesmetter, die als een spin midden in een web van overdrachten zat.

Deze man was een religieuze leider, het mateloos vereerde hoofd van een onorthodoxe islamitische sekte, een blijkbaar naamloze, informele groep met een klein aantal fervente aanhangers in het dorp Guholaxmipur en omgeving. In tegenstelling tot orthodoxe moslims zagen de sekteleden af van het dagelijkse vijfvoudige gebed of het vasten tijdens de ramadan, en soms bleven ze de hele nacht op, mannen en vrouwen tezamen, om te bidden, sigaretten (of sterkere zelfgedraaide exemplaren) te roken en te zingen. Hun extatische praktijken gaven aanstoot aan de conventioneel vrome gelovigen in hun omgeving, met als gevolg dat toen de leider aan een korte, mysterieuze ziekte stierf en zijn familie en volgelingen ook begonnen te sterven, de buren die sterfgevallen weten aan *asmani bala*: een vloek van boven.

Oké, dat was een mogelijke verklaring. Epidemiologisch onderzoek zou een andere verklaring bieden.

De religieuze leider was al gestorven en begraven, zijn graf was al een heiligdom geworden en de uitbraak was al in volle gang, toen Gurleys team arriveerde. Met enkele medewerkers was ze begin april uit Dhaka vertrokken, in reactie op een dringende, zij het late oproep van de districtsarts van Faridpur die hen had gewaarschuwd dat er mensen doodgingen en dat de oorzaak waarschijnlijk nipah-infectie was (deze arts moet in elk geval ongeveer geweten hebben hoe een nipahvirusinfectie eruitzag, na de uitbraak van slechts vier maanden geleden in het aangrenzende district Rajbari). Toen ze met hun auto Guholaxmipur binnenreden, vertelde Gurley me, 'was dat heel dramatisch. We stuitten op een begrafenisstoet die het dorp uit kwam, met het in een witte lijkwade gewikkelde dode lichaam. Dat voorspelde niet veel goeds.' Mensen begonnen comateuze familieleden uit hun huizen naar buiten te dragen en smeekten de bezoekers om hulp. 'Er waren veel mensen ziek in dat dorp.' De artsen regelden dat zeventien patiënten werden overgebracht naar een districtsziekenhuis in de stad Faridpur, waar ze met zijn allen werden ondergebracht in een huisje buiten het hoofdgebouw: een geïmproviseerde isoleerafdeling. Deze 'afdeling' bestond uit één groot vertrek. Gurley en haar medewerkers begonnen monsters af te nemen en ziektegeschiedenissen op te tekenen. Sommige mensen hadden ernstige ademhalingsproblemen. 'Er was een man,' zei Gurley, 'die rechtop in bed met ons zat te praten, hoestend, almaar hoestend – maar hij vertelde ons zijn hele ziektegeschiedenis en de volgende ochtend was hij dood.'

'Droegen jullie maskers?'

'Ja.' Ze droegen N95-mondneusmaskers, een simpele en betrekkelijk goedkope bescherming, maar effectief tegen kleine deeltjes, de standaarduitrusting in dit soort situaties. Als ze hadden geweten wat hun in Faridpur te wachten stond, hadden ze waarschijnlijk wel iets beters willen hebben, maar Gurley betreurde het voornamelijk dat ze gewoon niet wat meer N95-maskers hadden meegenomen, genoeg voor de plaatselijke gezondheidswerkers en henzelf. En toen liet het stormseizoen zich gelden: zware rukwinden joegen door de stad en schakelden de elektriciteit uit. De lichten gingen uit en het personeel deed alle ramen dicht – 'wat je liever niet wilt,' zei Gurley grimmig lachend. Tegen de ochtend waren niet alleen de hoestende man maar ook twee andere patiënten in die overvolle, benauwde ruimte overleden.

Gurley verzamelde de interviewgegevens en begon met het in kaart brengen van een epidemiologische curve, waarbij het algauw tot haar doordrong dat 'iedereen in die ziekenzaal zeer intensief contact had gehad met een ander persoon' – één persoon in het bijzonder – 'die hier een paar weken eerder aan doodgegaan was'. Ze bedoelde de religieuze leider. Dit patroon was heel anders dan bij eerdere nipah-uitbraken, waarbij de meeste patiënten blijkbaar rechtsreeks geïnfecteerd leken door een bepaalde bron in het milieu (ziek vee, of boomtoppen? – de palmsaphypothese bestond nog niet) en niet door andere mensen, en waarbij de symptomen voornamelijk neurologisch waren, geen luchtwegaandoeningen. Gurleys team twijfelde er zelfs een poosje aan of het nipahvirus wel de ziekteverwekker was in Faridpur. Maar toen bleken naar Atlanta verzonden monsters positief te testen op nipah, waarop de CDC een klein team van specialisten stuurden om samen met Gurley en haar medewerkers verder onderzoek te doen.

Het onderzoek in Faridpur leidde uiteindelijk tot nieuwe inzichten in wat een nipahvirusinfectie was, namelijk een ziekte waarbij de overdracht van persoon op persoon wel eens veel belangrijker zou kunnen zijn dan men had gedacht. Van de 36 gevallen waren er 22 gerelateerd aan de religieuze leider. Die mensen hadden zich tijdens zijn laatste dagen allemaal rond zijn ziekbed verzameld. Vermoedelijk waren ze met het virus besmet door in de lucht zwevende minuscule druppeltjes, of door hem aan te raken, of door speeksel, of door een andere vorm van directe overdracht. De meeste ziektegevallen bij de overige 14 patiënten leken ook op een persoon-op-persoonoverdracht te wijzen. Een riksjarijder in een naburig dorp die in het seizoen als dadelpalmsapverzamelaar werkte, werd ziek en werd verpleegd door zijn moeder en zijn zoon, zijn tante en een buurman, die ook allemaal ziek werden. De tante van de riksjaman werd bijgestaan door een aangetrouwd familielid, een man uit Guholaxmipur, die haar had bezocht in het ziekenhuis, en dat familielid was de religieuze leider. Een van de aanhangers van de sekte raakte geïnfecteerd en toen zijn toestand verslechterde werd hij naar het ziekenhuis gebracht door een andere riksjarijder, die ongeveer tien dagen later ziek werd en stierf... enzovoort.

Het nipahvirus verplaatste zich horizontaal, net als een gerucht, door de gemeenschap en het kwam niet zomaar uit de lucht vallen, als een goddelijke vloek of een klodder vleermuizenpoep. En de schijnbare alomtegenwoordigheid ervan werd bevestigd door een andere bevinding van het gecombineerde crisisteam. Vooral dit brokje informatie was bijzonder angstaanjagend. De onderzoekers namen uitstrijkjes van de muur van een kamer in het ziekenhuis waarin een van de patiënten vijf weken tevoren was behandeld en van het smerige onderstel van het bed waarin die patiënt gelegen had. Geen van deze oppervlakken was in de tussentijd schoongemaakt: bleekwater en arbeidskrachten waren schaars. Sommige uitstrijkjes, zowel van de muur en als van het onderstel, testten positief op nipah-RNA. Ik zal het nog een keer zeggen: fragmenten (minstens) van nipahvirus, overgebleven van wat de patiënt had uitgespuugd, waren na vijf weken nog steeds aanwezig en tooiden onzichtbaar de kamer. Voor de gezondheidsspecialist betekent zulk spuugsel besmettingsgevaar. Voor het virus: een kans.

Ik sprak ook met Rasheda Khan, een medisch antropologe, wier werkkamer schuin tegenover die van Emily Gurley lag. Khan is een Bengalese met donkere ogen en een serieuze, professionele manier van doen. Haar taak bestond uit het doen van onderzoek naar de culturele en sociale factoren die van invloed zijn op wat er gebeurt rond ziekten, zoals bij de uitbraak in Faridpur. Ze was ernaartoe gegaan, had dorpelingen geïnterviewd in hun moedertaal, het Bengali, om getuigenissen over gedragingen en attitudes te verzamelen en om erachter te komen wie er ziek was geworden en wanneer. Ze vertelde over asmani bala ('een vloek, opgelegd door God', luidde haar iets botter klinkende vertaling dan andere die ik had gehoord) en hoe dit idee van een onontkoombaar lot sommige slachtoffers er misschien van had weerhouden om hulp te zoeken in het ziekenhuis. Ze hielp me begrijpen hoe sommige kleine intermenselijke intimiteiten, die kenmerkend zijn voor haar land, relevant kunnen zijn voor de overdracht van ziekten. 'In Bangladesh,' zei ze, 'is lichamelijk contact heel gebruikelijk. We knuffelen, we houden de hele tijd elkaars handen vast.' Zelfs op straat, zei ze, zie je mannen vaak hand in hand lopen. Dat soort lichamelijk contact nam uit een gevoel van bezorgdheid alleen maar toe als iemand ziek werd – en des te meer als de zieke persoon een vereerde figuur was, zoals de sekteleider in Guholaxmipur. Deze man was geliefd bij zijn volgelingen en werd gezien als iemand die heel dicht bij God stond. Op zijn sterfbed kwamen mensen naar hem toe om begunstigd te worden met een laatste aanraking, of hem zegeningen in het oor te fluisteren, of zijn lichaam af te sponsen, of hem een slok water of melk of sap aan te bieden. 'Dat is een van de gebruiken hier,' verklaarde Khan, 'dat je de mond van de stervende verkwikt met water.' Veel mensen kwamen naar zijn bed, bogen zich over hem heen en boden hem water aan, zei ze, 'terwijl hij de hele tijd lag te hoesten. En de mensen om hem heen kregen allemaal die wasem in hun...'

Ik denk dat ze 'gezicht' wilde zeggen, maar als een dwaas onderbrak ik haar.

'Die wasem?'

'Ja, van het speeksel,' zei Khan. 'Van zijn gehoest. Dus het spuug kwam... mensen vertelden ons dat hij almaar hoestte, en dat met al dat gehoest het spuug op hun lichaam, hun handen...' Het kwam er met horten en stoten uit en ze liet het aan mij over om de lege plekken in te vullen. Daarna vermeldde ze nog dat je eigen handen wassen, in tegenstelling tot elkaars hand vasthouden, niet gebruikelijk is in Bangladesh. Onfortuinlijke volgelingen en familieleden kunnen lichtelijk glanzend van het speeksel van de heilige man vertrokken zijn van hun laatste audiëntie – en hebben daarna in hun ogen gewreven, met die handen voedsel tot zich genomen of op andere manieren het virus opgepikt. In dat geval heb je geen dadelpalmsap nodig.

84

In de loop van drie dagen maakte ik verschillende trips naar het ICDDR,B, dat gevestigd is in een gebouwencomplex achter een hoge muur in de wijk Mohakhali in Dhaka. Als aanvulling op de gesprekken met Khan en Gurley sprak ik nog met een aantal hoge bestuurders en enkele slimme jonge onderzoekers, die me een weids scala aan perspectieven en inzichten over het nipahvirus gaven. Maar het aangrijpendste moment deed zich voor toen de taxi die me door het krankzinnige verkeer van Dhaka daarheen had gebracht, bij de verkeerde toegangspoort tot het complex stopte, waarna ik net genoeg gedesoriënteerd was om de verkeerde deur binnen te gaan. Dit was niet het chique gebouw waar Steve Luby's project rond infectieziekten was ondergebracht. Dit was het oude Cholera Hospital zelf.

Een zorgzame Bengalese man die merkte dat ik vermoedelijk verdwaald was, vroeg me waar ik moest zijn en wees me de weg met de suggestie dat ik gewoon dwars door het ziekenhuis kon lopen. Een bewaker opende de volgende deur en groette me. Niemand vroeg om een badge. Ik merkte dat ik een open afdeling binnengevallen was met langs de muren tientallen bedden. Een paar van die bedden waren leeg en ontdaan van lakens, zodat je de matras van rood of groen vinyl met in het midden een ondersteekgat kon zien: kil, praktisch, klaar voor het volgende ziektegeval. Veel andere bedden waren gevuld met de magere, knokige lichamen van lijdende patiënten, erbarmelijke mensen met een bruine huid, alleen of stilletjes getroost door familieleden. Daar stond ik dan, een blanke man met een aktetas in deze loods vol zielen die reikhalzend uitkeken naar de aandacht van een arts. Een vrouw keek me doordringend aan, fluisterde toen iets tegen haar kind dat naast haar op het bed lag en wees naar mij. Op straat zou zo'n gebaar je aan loze nieuwsgierigheid of misschien aan het voorspel van een bedelpartij doen denken, maar hier drukte het beslist hoop uit – een intense maar misplaatste hoop, de hoop op verlossing. Ik wendde mijn ogen af en liep door, me terdege bewust dat ik geen vaardigheden, geen kennis, geen opleiding, geen medicijnen had die van nut konden zijn voor deze vrouw en haar kind, dat ik helemaal niets kon doen. Via nog meer gangen, nog meer deuren, nog meer groetende bewakers vond ik mijn weg naar het volgende interview.

Het Cholera Hospital werd opgericht in 1962, als een klinische aanvulling op het eerdere Cholera Research Laboratory, die beide uiteindelijk werden samengevoegd tot het ICDDR,B. Het ziekenhuis biedt gratis behandelingen aan meer dan honderdduizend patiënten per jaar, niet alleen voor cholera, maar ook voor dysenterie en andere darmstoornissen met dunne ontlasting. De meeste patiënten zijn kinderen, jonger dan zes jaar. Van die kinderen komt 80 procent ondervoed in het ziekenhuis aan. Ik kan je niet vertellen hoeveel van hen er in leven blijven. Ik kan je niet eens vertellen hoeveel choleragevallen er jaarlijks optreden als in Bangladesh het seizoen van de overstromingen aanbreekt en besmette wateren tot in de dorpen en sloppenwijken brengt, omdat de meeste gevallen niet gemeld worden en er geen systematische nationale telling bestaat. Eén gezaghebbende ruwe schatting: 1 miljoen. Wat ik je wel kan vertellen is dat het in zoveel opzichten wonderbaarlijke Bangladesh – een land dat een rijke bezoeker niet alleen boeit en fascineert, maar ook met afschuw vervult – een bijzonder moeilijk land is om in te wonen als je een arme burger bent, of het nu in de stad is of op het platteland, omdat het als je arm bent een land is waar je moeilijk gezond kunt blijven. Duizenden mensen, jong en oud, sterven aan cholera en andere met diarree gepaard gaande ziekten, aan longontsteking, tuberculose en mazelen. Merk op dat geen van deze aandoeningen recentelijk opkomend, raadselachtig of zoönotisch is. Tezamen doen ze – althans tot nu toe – de impact van nipahvirus-encefalitis verbleken.

Waarom zijn zoönosen belangrijk? Die vraag is mij gesteld en ik heb hem meer dan eens aan anderen gesteld in de zes jaar dat ik achter dit onderwerp aan zat. (Een gerespecteerd historicus die ik op een conferentie sprak, suggereerde dat ik ebola maar moest vergeten en beter een boek kon schrijven over astma, waar 22 miljoen Amerikanen aan lijden. Hij bleek zelf astmatisch te zijn.) Als je kijkt naar de mondiale scorelijst voor de morbiditeit (het ziektecijfer) en de mortaliteit (het sterftecijfer) die veroorzaakt worden door ouderwetse en niet-zoönotische infectieziekten – zoals cholera, tyfus, tuberculose, rotavirusdiarree, malaria (met uitzondering van *Plasmodium knowlesi*), om maar te zwijgen van chronische ziekten als kanker en hart- en vaatziekten – waarom zou je je aandacht dan af laten dwalen naar deze modieuze infecties, deze anomalieën die nu en dan van vleermuizen en apen of wie weet waarvandaan overspringen en enkele tientallen of een paar honderd mensenlevens eisen? Waarom? Is het niet misplaatst om op te roepen tot bezorgdheid over een paar wetenschappelijk intrigerende ziekten, waarvan sommige nieuw maar van relatief geringe impact zijn, terwijl de saaie oude ziekten de mensheid blijven teisteren? Na mijn omweg door het Cholera Hospital, na vastgepind te zijn door de verwachtingsvolle blik van die moeder, vroeg ik me ineens hetzelfde af: waarom moet je je zo in beslag laten nemen door zoönosen? Als je de trieste balans opmaakt van al dat bestaande lijden, hoe kun je dan nog denken dat zoönosen zo serieus moeten worden genomen?

Dat is een redelijke vraag, maar er zijn goede antwoorden. Sommige van die antwoorden zijn ingewikkeld en speculatief. Andere zijn subjectief. Weer andere zijn objectief en bot. Het botste antwoord is dit: aids.

8

De chimpansee en de rivier

85

Er zijn veel vermoedelijke beginpunten voor wat we denken te weten over de aidspandemie, maar daarbij speelt die ene oorspronkelijke zoönotische oversprong meestal geen enkele rol.

Bijvoorbeeld: in het najaar van 1980 begon de jonge immunoloog Michael Gottlieb, een wetenschappelijk medewerker aan het UCLA Medical Center, een vreemd patroon van infecties bij bepaalde mannelijke patiënten waar te nemen. De patiënten – uiteindelijk waren het er vijf – waren allemaal actieve homoseksuelen die allemaal een longontsteking hadden, veroorzaakt door een meestal onschuldige schimmel die destijds bekendstond als *Pneumocystis carinii* (en nu de naam *Pneumocystis jirovecii* draagt). Het spul is alomtegenwoordig, het zweeft overal rond. Hun immuunsysteem had het uit de weg moeten kunnen ruimen. Maar hun immuunsysteem werkte blijkbaar niet, en deze schimmel vulde hun longen. Iedere man had ook een ander soort schimmelinfectie: orale candidiasis, wat neerkomt op een mondvol van de slijmerige gist *Candida albicans*, iets wat je vaker bij heel jonge kinderen, diabetici en mensen met een deficiënt immuunsysteem dan bij gezonde volwassenen ziet. Bloedonderzoek bij een aantal van deze patiënten wees op een spectaculair tekort aan bepaalde lymfocyten (witte bloedcellen) die cruciaal zijn voor de regulatie van afweerreacties. Met name de thymus-afhankelijke lymfocyten (kortweg T-cellen) waren 'sterk verlaagd' in aantal. Hoewel Gottlieb nog een aantal andere symptomen vaststelde, sprongen de volgende drie echt in het oog: pneumocystische longontsteking, orale candidiasis (een candida-infectie) en een tekort aan T-cellen. Medio mei 1981 schreef hij samen met een collega een kort artikel waarin ze hun waarnemingen beschreven. Ze speculeerden niet over oorzaken. Ze zagen het patroon voornamelijk als een raadselachtige, onheilspellende trend en meenden dat ze snel moesten publiceren. Een redacteur bij *The New England Journal of*

Medicine was geïnteresseerd, maar kon het artikel pas over minstens drie maanden plaatsen.

Daarom wendde Gottlieb zich tot de meer gestroomlijnde CDC-nieuwsbrief, het *Morbidity and Mortality Weekly Report*. Zijn onopgesmukte tekst, minder dan twee pagina's lang, verscheen op 5 juni 1981 in het MMWR onder de droge titel '*Pneumocystis* Pneumonia – Los Angeles' ('Pneumocystische longontsteking – Los Angeles'). Het was de eerste gepubliceerde medische waarschuwing voor een syndroom dat nog geen naam had.

Het tweede waarschuwingssignaal volgde een maand later, opnieuw in de CDC-nieuwsbrief. Terwijl Gottliebs aandacht was getrokken door pneumocystische pneumonie en candidiasis, zag de New Yorkse dermatoloog Alvin E. Friedman-Kien eveneens een parallelle trend, maar met een andere aandoening: kaposisarcoom. Deze zeldzame, gewoonlijk niet bijzonder agressieve vorm van kanker is vooral bekend als aandoening bij mediterrane mannen van middelbare leeftijd – het soort mannen dat je koffie drinkend en domino spelend zou kunnen aantreffen in een Atheens koffiehuis. Kaposisarcoom was vaak zichtbaar in de vorm van roodblauwe huidvlekken. In minder dan drie jaar hadden Friedman-Kien en zijn netwerk van collega's 26 gevallen van kaposisarcoom gezien bij betrekkelijk jonge homoseksuele mannen. Een deel van die patiënten had tevens pneumocystische longontsteking; 8 van hen stierven. Hmm. Friedman-Kiens bericht stond op 3 juli 1981 in het *Morbidity and Mortality Weekly Report*.

Kaposisarcoom speelde ook een belangrijke rol in een reeks klinische waarnemingen die rond dezelfde tijd in Miami werden gedaan. De symptomen van deze groep patiënten waren hetzelfde, alleen het culturele profiel was anders. Deze 20 zieke mensen die in de periode van begin 1980 tot en met juni 1982 in het ziekenhuis waren opgenomen, waren allemaal Haïtiaanse immigranten. De meesten waren kort daarvoor in de Verenigde Staten aangekomen. Volgens hun eigen verklaringen tijdens medische interviews waren ze allemaal heteroseksueel, zonder een voorgeschiedenis van homoseksuele activiteit. Maar hun cluster van aandoeningen leek op wat Gottlieb bij homoseksuele mannen in Los Angeles en Friedman-Kien bij homoseksuele mannen in New York had gezien: pneumocystische longontsteking, candidiasis in de keel, plus andere ongewone infecties, onregelmatigheden in het aantal lymfocyten en een agressief kaposisarcoom. 10 van de Haïtianen overleden. Het artsenteam dat deze waarnemingen publiceerde, zag een 'syndroom', dat een 'treffende gelijkenis vertoonde met het onlangs beschreven syndroom van immunodeficiëntie onder Amerikaanse homoseksuelen'. Dat toentertijd gesuggereerde verband met Haïtiaanse heteroseksuelen zou later een verkeerd spoor lijken en grotendeels genegeerd worden in discussies over aids. Gebaseerd als het was op interviewgegevens, was het moeilijk te bevestigen en nog moeilijker om het alleen maar daaruit af te leiden. Aandacht ervoor vragen werd op een gegeven moment zelfs gezien als een blijk van politieke incorrectheid. Nog later zou de werkelijke betekenis ervan blijken uit onderzoek op het vlak van de moleculaire genetica.

Een ander vermeend beginpunt was Gaëtan Dugas, de jonge Canadese steward die algemeen bekend werd als *Patient Zero*, 'Patiënt Nul'. Je hebt waarschijnlijk wel van hem gehoord, als je ooit iets hebt gehoord over het eerste begin van aids. Over Dugas is geschreven als de man die 'het virus meenam uit Afrika en het introduceerde in de westerse homogemeenschap'. Dat was hij niet. Maar hij lijkt in de jaren zeventig en begin jaren tachtig wel een bovenmaatse en verwijtbaar achteloze rol als overbrenger te hebben gespeeld. Als steward die het privilege van vrijwel kosteloze privéreizen genoot, vloog hij vaak van de ene grote Noord-Amerikaanse stad naar de andere, nam overal waar hij landde deel aan het wellustige spel, maakte veroveringen en leidde het uitgelaten leven van een seksueel gulzige homoseksuele man op het hoogtepunt van het badhuistijdperk. Hij was knap, had mooi rossig haar, was ijdel maar charmant en zelfs 'adembenemend' in de ogen van sommigen. Volgens Randy Shilts, de auteur van *And the Band Played On* (met veel heroïsche research en een redelijke hoeveelheid aanmatigende eigen bedenksels), schatte Dugas zelf dat hij in de tien jaar nadat hij actief homo geworden was, minstens 2500 seksuele partners had gehad. Dugas betaalde een prijs voor zijn begeerte en waaghalzerij. Hij kreeg kaposisarcoom, onderging daarvoor chemotherapie, leed aan pneumocystische longontsteking en andere aidsgerelateerde infecties, en stierf op zijn eenendertigste aan nierfalen. In de enkele jaren tussen zijn kaposisarcoomdiagnose en zijn uiteindelijke chronische ziekte deed Gaëtan Dugas het niet rustiger aan. Maar in zijn eenzame vertwijfeling lijkt hij wel van hedonisme te zijn overgeheld naar malicieus gedrag: had hij met een nieuwe kennis seks gehad in het Eighth and Howard-badhuis in San Francisco, dan placht hij het licht aan te doen – zo beweerde Randy Shilts –, liet zijn kwetsuren zien en zei: 'Ik heb homokanker. Ik ga straks dood en jij ook.'

In maart 1984, de maand waarin Dugas stierf, publiceerde een team van epidemiologen van de CDC een baanbrekende studie over de rol van seksueel contact als verbindend element tussen gevallen van wat inmiddels aids werd genoemd. De wereld had nu een etiket, maar geen verklaring. 'Hoewel de oorzaak van aids onbekend is,' schreef het CDC-team, met als belangrijkste auteur David M. Auerbach, 'wordt het wellicht veroorzaakt door een infectieus agens dat van persoon op persoon overdraagbaar is op een manier die analoog is aan hepatitis B-infectie.' Hepatitis B is een via bloed overgedragen virus. Het verplaatst zich voornamelijk door seksueel contact, intraveneus drugsgebruik met gedeelde naalden of transfusie van bloedproducten die vervuild zijn met het virus. Het leek een sjabloon waarmee je kon begrijpen wat anders nog steeds een verbijsterende opeenstapeling van symptomen was. 'Het bestaan van een cluster van aidsgevallen, met elkaar verbonden door homoseksuele contacten, klopt met de hypothese van een infectieus agens,' voegde de CDC-groep eraan toe. Geen giftige chemische stof en geen genetisch ongelukje, maar een bepaald ziekmakend micro-organisme, bedoelden ze.

Auerbach en zijn medewerkers verzamelden informatie over 19 aidsgevallen in zuidelijk Californië door iedere patiënt te interviewen of, als hij dood was, zijn naaste metgezellen. Ze spraken ook met 21 patiënten in New York en andere grote Amerikaanse steden, waarna ze aan de hand van hun 40 casestory's een diagram met 40 onderling verbonden schijven creeerden, een complex netwerk dat liet zien wie met wie seksuele connecties had gehad. De identiteit van de patiënten werd aangegeven met een afgekorte plaatsnaam en een nummer, zoals 'SF 1', 'LA 6' en 'NY 19'. In het centrum van het netwerk, direct verbonden met acht schijven en indirect met alle andere, was een schijf met het label '0'. Hoewel de onderzoekers zijn naam niet noemden, was die patiënt Gaëtan Dugas. Randy Shilts veranderde het ietwat kale 'Patiënt 0', zoals hij in dit artikel werd genoemd, in het welluidendere 'Patiënt Nul' van zijn boek. Maar wat het woord 'Nul' verdoezelt en het getal '0' negeert, en wat de centrale positie van die ene schijf binnen het diagramfiguur niet erkent, is dat Gaëtan Dugas het aidsvirus niet zelf had verwekt. Alles komt ergens vandaan, en hij had het van iemand anders gekregen. Dugas zelf werd geïnfecteerd door een ander menselijk wezen, vermoedelijk tijdens een seksueel contact – en niet in Afrika, niet in Haïti, maar ergens dichter bij huis. Dat was een reële mogelijkheid, omdat nu duidelijk is bewezen dat hiv-1 al in Noord-Amerika was gearriveerd toen Gaëtan Dugas nog een maagdelijke puber was.

Het was ook in Europa gearriveerd, maar op dat continent was het nog niet ver gekomen. Een zekere Grethe Rask, een Deense arts die in Afrika had gewerkt, vertrok in 1977 uit het toenmalige Zaïre en keerde terug naar Kopenhagen voor de behandeling van een aandoening die haar al meerdere jaren uitputte. Tijdens haar verblijf in Zaïre had Rask eerst een klein ziekenhuis in een afgelegen stad in het noorden gerund, waarna ze als eerste chirurg had gewerkt in een grote Rode Kruispost in de hoofdstad Kinshasa. Op een gegeven moment, vermoedelijk tijdens een chirurgische ingreep die ze uitvoerde zonder adequate beschermende spullen (zoals latex handschoenen), werd ze geïnfecteerd met iets waar niemand destijds een beschrijving of een naam voor had. Ze voelde zich ziek en vermoeid. Gedehydreerd door aanhoudende diarree, verloor ze veel gewicht. Haar lymfeklieren zwollen en bleven gezwollen. Ze zei tegen een vriendin: 'Ik kan maar beter naar huis gaan om te sterven.' Terug in Denemarken bleek na onderzoek dat ze een tekort aan T-cellen had. Ze had zoveel moeite met ademhalen dat ze zich met flessen zuurstof moest behelpen. Ze worstelde met stafylokokkeninfecties. Haar mond was overdekt met candidaschimmel. Toen Grethe Rask op 12 december 1977 overleed, zaten haar longen verstopt met *Pneumocystis jirovecii*, en daar is ze waarschijnlijk aan bezweken.

Voor zover men toen wist, had dat medisch gezien niet mogen gebeuren. Pneumocystische longontsteking was normaliter geen fatale aandoening. Er moest een verder reikende verklaring zijn, en die was er. Negen jaar later testte een monster van Rasks bloedserum positief op hiv-1.

Al deze onfortuinlijke mensen – Grethe Rask, Gaëtan Dugas, de vijf mannen in Gottliebs rapport uit Los Angeles, de kaposisarcoompatiënten die Friedman-Kien had meegemaakt, de Haïtianen in Miami, het cluster van de 39 gevallen (naast Dugas) in David Auerbachs onderzoek – behoorden tot de eerste erkende gevallen van wat achteraf werd geïdentificeerd als aids. Maar dat waren niet de eerste slachtoffers. Niet eens om en nabij. In plaats daarvan staan ze ergens in het midden van de pandemie en markeren ze de fase waarin een traag aanzwellend, bijna onmerkbaar fenomeen plotseling in sterkte toenam. Opnieuw in de gortdroge termen van de wiskundige ziekte-experts, wier werk absoluut van toepassing is op het verhaal van aids: R_0 voor het betreffende virus was iets meer dan 1,0 en daarmee was de plaag een feit. Maar het echte begin van aids lag ergens anders, en er gingen nog enkele tientallen jaren voorbij waarin enkele wetenschappers aan de ontdekking daarvan werkten.

86

In de eerste jaren nadat de nieuwe ziekte was vastgesteld, had ze een voortdurend wisselende vorm die verschillende namen en acroniemen kreeg toebedeeld. GRID was er een van, wat stond voor *Gay-Related Immune Deficiency*: 'homogerelateerde immunodeficiëntie'. Dat bleek te beperkt toen er ook heteroseksuele patiënten opdaagden: verslaafden die dezelfde naalden gebruikten, hemofiliepatiënten en andere onfortuinlijke hetero's. Sommige artsen prefereerden ACIDS, de afkorting van *Acquired Community Immune Deficiency Syndrome*: 'verworven gemeenschapsimmunodeficiëntiesyndroom'. Het woord 'gemeenschap' was bedoeld om aan te geven dat mensen het in het openbare leven, niet in ziekenhuizen verwierven. Een preciezere, zij het omslachtigere formulering die kortstondig de voorkeur had van het *Morbidity and Mortality Weekly Report* van de CDC, luidde 'kaposisarcoom en opportunistische infecties bij voorheen gezonde personen', waarvan je geen bruikbare afkorting kon maken. In september 1982 stapte het *Morbidity and Mortality Weekly Report* over op de term *Acquired Immune Deficiency Syndrome* (aids), ofwel verworven immunodeficiëntiesyndroom, en de rest van de wereld volgde.

De naamgeving van het syndroom was wel de minste van de uitdagingen waar men toentertijd voor stond. Urgenter was het vaststellen van de oorzaak ervan. Ik had het hierboven over 'het betreffende virus', maar vergeet niet: destijds, op het moment dat die rapporten van Gottlieb en Friedman-Kien de aandacht begonnen te trekken, wist niemand wat voor pathogeen de oorzaak van deze combinatie van raadselachtige, dodelijke ziekteverschijnselen was – zelfs niet of er wel één enkele pathogeen was. Het idee van een virus diende zich aan als een plausibele veronderstelling.

Een wetenschapper die deze veronderstelling uitte, was Luc Montagnier, toen nog een nauwelijks bekende moleculair bioloog aan het Institut Pasteur in Parijs. Montagniers onderzoek was voornamelijk gericht geweest op kankerverwekkende virussen, met name de groep die bekendstaat als retrovirussen, waarvan sommige bij vogels en zoogdieren tumoren veroorzaken. Retrovirussen zijn duivelse monsters, nog slinkser en hardnekkiger dan het gemiddelde virus. Ze ontlenen hun naam aan het vermogen omgekeerd (retro) te opereren, in strijd met de gebruikelijke verwachtingen over hoe bij een organisme de omzetting, ofwel translatie, van de genetische code in functionerende eiwitten verloopt. In plaats van RNA te gebruiken als template, ofwel sjabloon, voor het omzetten van DNA in eiwitten, bouwt het retrovirus zijn RNA tot DNA om binnen een gastheercel. Daarna dringt zijn virale DNA de celkern binnen, integreert in het genoom van de gastheercel en waarborgt zodoende de replicatie van het virus, telkens wanneer de gastheercel zichzelf reproduceert. Luc Montagnier had deze dingen bestudeerd bij dieren – kippen, muizen, apen – en vroeg zich af of hij die misschien ook in menselijke tumoren zou kunnen vinden. Een andere verontrustende mogelijkheid met betrekking tot retrovirussen was dat de nieuwe ziekte die zich in Amerika en Europa manifesteerde, namelijk aids, veroorzaakt werd door een van die virussen.

Er was nog steeds geen enkel vaststaand bewijs dat aids inderdaad door een virus werd veroorzaakt. Maar drie soorten bewijzen wezen wel die kant op, en Montagnier vertelt erover in zijn memoires, een boek met de titel *Virus*. Ten eerste wees de incidentie van aids onder door seksuele interacties met elkaar verbonden homo's erop dat het een infectieziekte was. Ten tweede wees de incidentie onder intraveneuze drugsgebruikers op een door bloed overgedragen infectieus agens. Ten derde impliceerden de gevallen onder hemofiliepatiënten een door bloed overgedragen agens dat zich bijvoorbeeld in de in bloedplasma voorkomende eiwitten aan de waarneming onttrok. Dus: het was oneindig klein, besmettelijk en werd overgedragen door bloed. 'Aids kon niet worden veroorzaakt door een conventionele bacterie, een schimmel of protozoön,' schreef Montagnier, 'omdat dit soort ziektekiemen wordt tegengehouden door de filters waar de voor hemofiliepatiënten levensnoodzakelijke bloedproducten doorheen gaan. Zodoende bleef er alleen maar een kleiner organisme over: het voor aids verantwoordelijke agens kon alleen maar een virus zijn.'

Ander bewijsmateriaal deed vermoeden dat het een retrovirus was. Dit was onbekend terrein, maar dat gold ook voor aids. Begin 1981 was het enige bekende menselijke retrovirus iets wat het humaan T-cel-leukemievirus werd genoemd, kort daarvoor ontdekt onder leiding van een slimme, extraverte, hoog aangeschreven en uiterst ambitieuze onderzoeker, Robert Gallo, wiens Laboratory of Tumor Cell Biology onderdeel was van het National Cancer Institute in Bethesda, Maryland. Zoals de naam al aangeeft valt het humaan T-cel-leukemievirus (HTLV) T-cellen aan en kan ze daarbij kankerachtig maken. T-cellen zijn een van de drie voornaamste types van lymfocyten van het immuunsysteem (later kreeg de afkorting HTLV de nieuwe betekenis van humaan T-lymfotroopvirus, wat iets nauwkeuriger is). Een verwant retrovirus, het feline leukemie-virus (FeLV), veroorzaakt immunodeficiëntie bij katten. Daardoor rees bij kankervirusonderzoekers het vermoeden dat het aidsagens, dat menselijke immuunsystemen verwoestte door een aanval te plegen op hun lymfocyten (in het bijzonder op een subcategorie van T-cellen, zogenoemde T-helpercellen), ook een retrovirus was. Montagniers groep ging ernaar op zoek.

Gallo's lab ook. Maar deze twee waren niet de enigen. Andere wetenschappers in andere laboratoria over de hele wereld beseften dat het zoeken naar de oorzaak van aids de actueelste, dringendste en waarschijnlijk lonendste speurtocht van het wetenschappelijk medisch onderzoek was. Eind april 1983 hadden drie teams onafhankelijk van elkaar een kandidaat-virus geïsoleerd, waarna twee van die teams daarover berichtten in het 20 mei-nummer van het tijdschrift *Science*. Montagniers groep in Parijs had met het screenen van cellen van een drieëndertigjarige homoseksuele man die last had van lymfadenopathie (opgezette lymfeklieren) een nieuw retrovirus gevonden dat ze LAV (afkorting van lymfadenopathievirus) noemden. Ook Gallo's groep kwam met een nieuw virus dat volgens Gallo een nauwe verwant was van de menselijke T-cel-leukemievirussen (inmiddels was er een tweede variant die HTLV-II werd genoemd en was de eerste HTLV-I geworden) die hij en zijn mensen hadden ontdekt. Hij noemde deze nieuwste ziekteverwekker HTLV-III, waarmee hij het, als was het zijn eigendom, onderbracht in zijn menagerie. Het Franse LAV en de HTLV's van Gallo hadden minstens één ding gemeen: het waren inderdaad retrovirussen. Maar binnen die familie bestaat er een overvloedige en belangrijke diversiteit. Een redactioneel artikel in hetzelfde nummer van *Science* bazuinde het door Gallo en Montagnier gebrachte nieuws uit onder een misleidende kop: HUMAAN T-CEL-LEUKEMIEVIRUS GERELATEERD AAN AIDS, ondanks het feit dat Montagniers LAV géén humaan T-cel-leukemievirus was. Oeps, verkeerde identiteit. Montagnier wist wel beter, maar zijn artikel in *Science* leek het onderscheid te doen vervagen, en het redactionele artikel liet het geheel weg.

Aan de andere kant was ook Gallo's HTLV-III geen HTLV, toen men het eenmaal duidelijk gezien en correct geclassificeerd had. Het bleek iets te zijn wat bijna identiek was aan Montagniers LAV, waarvan Montagnier hem een ingevroren specimen had gegeven. Montagnier had dat specimen persoonlijk afgeleverd: hij nam het op droog ijs mee toen hij een bezoek aan Bethesda bracht.

Zodoende werd er al in een vroeg stadium verwarring gezaaid: verwarring over wat er precies was ontdekt, wie het had ontdekt en wanneer. Die verwarring zou tientallen jaren voortwoekeren, besproeid met competitieve passie en bemest met beschuldigingen en ontkenningen. Er zouden rechtszaken volgen. Er zou ruzie zijn over royalty's van het patent op een aids-bloedscreeningtest die ontwikkeld was met behulp van in Gallo's lab gekweekt virus, maar tevens terug te voeren was tot Montagniers oorspronkelijke geïsoleerde populatie. (Het door elkaar lopen van het ene experiment en het andere, of van de ene partij monsters en de andere, is een bekend probleem bij het laboratoriumonderzoek aan virussen.) Het was geen onbeduidende schermutseling. Het was een enorme schermutseling waarbij kleinzieligheid geen geringe rol speelde. Wat er uiteindelijk op het spel stond, naast geld en ego's en nationale trots, was niet alleen de bevordering of vertraging van onderzoek met als oogmerk een remedie of vaccin tegen aids, maar ook de Nobelprijs voor geneeskunde, die uiteindelijk naar Luc Montagnier en zijn belangrijkste medewerkster, Françoise Barre-Sinoussi, ging.

Intussen had ook het derde team van onderzoekers, in alle kalmte geleid door Jay A. Levy in zijn laboratorium aan de medische faculteit van de University of California in San Francisco, in 1983 een kandidaat-virus gevonden waarover ze pas ruim een jaar later een artikel publiceerden. In de zomer van 1984 stelde Levy vast dat aids toegeslagen had onder 'meer dan 4000 personen overal ter wereld; in San Francisco zijn meer dan 600 gevallen gemeld'. Die aantallen klonken op dat moment alarmerend hoog, maar in vergelijking met 30 miljoen doden lijken ze achteraf gezien op een navrante manier laag. Levy's ontdekking was ook een retrovirus. Zijn groep trof het aan bij tweeëntwintig aidspatiënten en kweekte meer dan een half dozijn geïsoleerde populaties. Omdat de ziekteverwekker een aids-geassocieerd retrovirus was, noemde Levy het ARV. Hij vermoedde terecht dat zijn ARV en Montagniers LAV alleen maar varianten waren van hetzelfde evoluerende virus. Ze leken vrijwel gelijk, maar niet té gelijk. 'Onze data kunnen géén contaminatie van onze culturen met LAV weerspiegelen,' schreef hij, 'omdat de oorspronkelijke Franse geïsoleerde populatie nooit ontvangen is in ons laboratorium.' Hoe onschuldig dat ook mag klinken, het was een impliciete uithaal naar Robert Gallo.

De details van deze geschiedenis, de bijna gelijktijdige drievoudige ontdekking en de nasleep ervan, zijn gecompliceerd, polemisch, allerminst fraai en uitermate technisch – als een ratatouille van moleculaire biologie en onderling gekonkel die men buiten in de zon heeft laten staan en flink is gaan gisten. Het zijn verhalen waarmee we zouden afwijken van ons onderwerp: zoönosen. Samenvattend is het in elk geval zinnig te vermelden dat begin jaren tachtig van de vorige eeuw op drie verschillende plaatsen en onder drie verschillende namen een virus werd ontdekt waarvan vast kwam te staan dat het de verwekker van aids was. Een gerenommeerde commissie van retrovirologen beslechtte in 1986 het naamgevingsprobleem. Ze besloten dat het beestje voortaan hiv zou heten.

87

De volgende fase begon passend met een diergeneeskundige. Max Essex deed onderzoek aan retrovirussen bij apen en katten.

Dr. Myron (Max) Essex, DVM (Doctor of Veterinary Medicine), PhD, is geen gewone, kleine huisdieren behandelende veterinair (aan de andere kant, er figureren in dit boek heel veel buitengewone veterinairs die zowel enthousiast wetenschapper als zorgzaam dierenarts zijn). Essex is hoogleraar in het Department of Cancer Biology aan de Harvard School of Public Health. Hij deed onder andere onderzoek naar het bij katten voorkomende feline leukemie-virus (FELV) en was in het algemeen zeer geïnteresseerd in kankerverwekkende virussen. Nadat hij had gezien wat voor verwoestende effecten FELV op het immuunsysteem van katten had, vermoedde hij al in 1982, samen met Gallo en Montagnier, dat het nieuwe, bij mensen optredende immunodeficiëntiesyndroom vermoedelijk werd veroorzaakt door een retrovirus.

Toen kwam hem iets vreemds ter ore via een promovenda, die Phyllis Kanki heette. Zij was net als hij een diergeneeskundige, maar werkte nu aan een proefschrift op de School of Public Health. Kanki groeide op in Chicago, werkte als tiener in de zomervakanties in een dierentuin en ging toen biologie en scheikunde studeren, vakken die haar op weg hielpen naar diergeneeskunde en vergelijkende pathologie. In de zomer van 1980, toen ze nog steeds volop met haar promotieonderzoek bezig was, werkte ze bij het New England Regional Primate Research Center dat deel uitmaakte van Harvard, maar in Southborough, Massachusetts gevestigd was. Daar zag ze een merkwaardig probleem bij de Aziatische makaken die als proefdier in het centrum verbleven: sommige stierven aan een mysterieuze immuunstoornis. Deze dieren hadden een groot tekort aan T-helperlymfocyten. Ze teerden weg door diarree of bezweken aan opportunistische infecties, waaronder *Pneumocystis jirovecii*. Dat leek erg veel op aids. Kanki bracht dit nadien onder de aandacht van haar proefschriftbegeleider, Max Essex, waarna ze samen met medewerkers van Southborough gingen kijken waar die apen aan doodgegaan waren. Op grond van wat ze van FELV en andere factoren wisten, vroegen ze zich af of het misschien een retrovirusinfectie was.

Nadat ze bloedmonsters van makaken hadden genomen, vonden ze een nieuw retrovirus en zagen ze dat dit nauw verwant was met het aidsvirus. Dat was in 1985 en daarom gebruikten ze Gallo's ietwat misleidende benaming (HTLV-III) voor wat kort daarna zou worden omgedoopt tot hiv. Ook hun apenvirus zou worden omgedoopt en naar analogie hiervan siv (*simian immunodeficiency virus*) worden genoemd. De groep publiceerde enkele artikelen in *Science*, dat hongerig was geworden naar aids-doorbraken. Deze ontdekking, zo schreven ze, kon meer licht werpen op de pathologie van de ziekte en misschien zelfs bevorderlijk zijn voor pogingen een vaccin te ontwikkelen, doordat ze een op dieren toepasbaar model voor onderzoek bood. Slechts één zinnetje aan het eind van een van de artikelen, een *en passant* gemaakte zuinige, maar beslist relevante opmerking, gaf aan dat siv misschien ook een aanwijzing voor de oorsprong van hiv was.

Dat was het inderdaad. Phyllis Kanki analyseerde in het laboratorium de monsters van de makaken en verdiepte zich vervolgens in de vraag of hetzelfde virus misschien ook in het wild bestond. Kanki en Essex richtten zich allereerst op Aziatische makaken en testten bloedmonsters van in het wild gevangen exemplaren. Ze vonden geen spoor van siv. Ze testten ook andere soorten wilde Aziatische apen. Ook geen siv. Zodoende begonnen ze te vermoeden dat de makaken in Southborough hun siv in gevangenschap hadden opgepikt door blootstelling aan dieren van een andere soort. Dit was een redelijke veronderstelling, omdat het primatencentrum voorheen in de lobby een afgesloten apenspeelruimte had gehad waar jonge Aziatische en Afrikaanse apen soms contact met elkaar mochten hebben. Maar ja, wat voor soort Afrikaanse aap was nu eigenlijk het reservoir? Waar precies was het virus vandaan gekomen? En hoe kon het gerelateerd zijn aan de opkomst van hiv?

'In 1985 kwamen de hoogste hiv-cijfers uit de VS en Europa,' schreven Essex en Kanki later, 'maar verontrustende berichten uit Centraal-Afrika gaven aan dat daar heel veel hiv-infectie en aids voorkwam, althans in sommige stedelijke centra.' De verdenking richtte zich nu op een ander continent: niet Azië, niet Europa, niet de Verenigde Staten, maar Afrika zou wel eens de oorspronkelijke bron kunnen zijn. Centraal-Afrika herbergde een rijke fauna van niet-menselijke primaten. En daarom zorgde de Harvardgroep dat ze bloedmonsters kregen van enkele in het wild gevangen Afrikaanse apen, waaronder chimpansees, bavianen en groene meerkatten. Geen van de chimpansees of bavianen toonde enig teken van siv-infectie. Een deel van de groene meerkatten wel. Dat was een openbaring. Een stuk of twintig van deze meerkatten hadden antistoffen tegen siv, en met behulp van zeven van deze dieren kweekte Kanki geïsoleerde populaties van levend virus. Dat onderzoeksresultaat belandde ook meteen in *Science*, en de zoektocht werd voortgezet. Kanki en Essex screenden uiteindelijk duizenden groene meerkatten, die gevangen werden in verschillende streken van Afrika bezuiden de Sahara, of als proefdier werden gehouden in onderzoekscentra over de hele wereld. Afhankelijk van de populatie testte 30 tot 70 procent van deze dieren siv-positief.

Maar de meerkatten waren niet ziek. Ze hadden blijkbaar geen last van immunodeficiëntie. In tegenstelling tot de Aziatische makaken moesten de Afrikaanse groene meerkatten 'mechanismen hebben ontwikkeld die een potentieel dodelijke pathogeen ervan weerhouden om ziekte te veroorzaken', schreven Essex en Kanki. Misschien was ook het virus veranderd. 'Het kan zelfs zo zijn dat sommige siv-stammen geëvolueerd zijn in de richting van co-existentie met gastheren.' Meerkatten die evolueren naar grotere resistentie en een virus dat evolueert naar minder virulentie:

dit soort wederzijdse aanpassing zou erop kunnen wijzen dat ze siv al heel lang bij zich droegen.

Het nieuwe virus, siv, zoals dat was aangetroffen bij groene meerkatten, werd de nauwste verwant van hiv die men op dat moment kende. Maar zó nauw verwant was het nu ook weer niet: veel verschillen onderscheidden de twee virussen op het niveau van genetische codering. De gelijkenis was volgens Essex en Kanki 'niet sluitend genoeg om het waarschijnlijk te maken dat siv een directe voorloper van hiv bij mensen was'. Waarschijnlijker was dat die twee virussen naburige twijgen aan één fylogenetische tak vertegenwoordigden, van elkaar gescheiden door heel veel evolutionaire tijd en vermoedelijk ook door enkele overgebleven tussenvormen. Waar zouden die ontbrekende verwanten zijn? 'Misschien, zo dachten we, kon je zo'n virus – een tussenvorm tussen siv en hiv – in mensen vinden.' Ze besloten zich te richten op West-Afrika.

Bijgestaan door een internationaal team van medewerkers verzamelden Kanki en Essex bloedmonsters uit Senegal en van elders. De monsters arriveerden met gecodeerde etiketten, zodat ze in het laboratorium blind getest konden worden, waarbij Kanki zelf niet wist uit welk land ze kwamen en zelfs niet of ze afkomstig waren van mensen of apen. Ze screende de monsters met tests voor siv en voor hiv. Ondanks één mogelijk ongelukje met een labverontreiniging vond haar team wat ze gehoopt hadden te vinden: een virus dat tussen hiv en siv in lag. Toen de code ontcijferd was, zag Kanki dat de positieve resultaten van Senegalese prostituees kwamen. Achteraf gezien was dat logisch. Prostituees lopen een hoog risico op elk willekeurig seksueel overdraagbaar virus, met inbegrip van een nieuw virus dat overgesprongen was naar mensen. En de dichtheid van de plattelandsbevolking in Senegal, waar groene meerkatten inheems zijn, zorgt ervoor dat meerkat-mensinteracties (meerkatten die akkers afstropen, mensen die jacht op deze apen maken) betrekkelijk frequent plaatsvinden.

Bovendien was het nieuwe, van Senegalese prostituees afkomstige micro-organisme niet alleen een tussenvorm van hiv en siv. Het leek véél meer op de siv-stammen van groene meerkatten dan op de Montagnier-Gallovariant van hiv. Dat was belangrijk, maar raadselachtig. Waren er twee verschillende soorten hiv?

Nu verschijnt Luc Montagnier weer ten tonele. Na eerst met Gallo gebakkeleid te hebben over de eerste hiv-ontdekking, stortte hij zich nu met een veel vriendelijkere opstelling jegens Essex en Kanki op deze ontdekking. Met behulp van door de Harvardgroep verstrekte analysemethoden screenden Montagnier en zijn medewerkers het bloed van een negenentwintigjarige man uit Guinee-Bissau, een klein land, voorheen een

Portugese kolonie, aan de zuidgrens van Senegal. Deze man vertoonde symptomen van aids (diarree, gewichtsverlies, gezwollen lymfeklieren), maar testte negatief op hiv. Hij werd opgenomen in een ziekenhuis in Portugal en zijn bloedmonster werd persoonlijk aan Montagnier overhandigd door een bezoekende Portugese bioloog. In Montagniers lab testte het bloedserum van de man opnieuw negatief op antistoffen tegen hiv. Maar uit een cultuur van zijn witte bloedcellen isoleerde Montagniers groep een nieuw menselijk retrovirus dat sterk leek op wat Essex en Kanki hadden gevonden. Bij een andere patiënt, die opgenomen was in een ziekenhuis in Parijs, maar oorspronkelijk afkomstig was uit Kaapverdië, een eilandengroep voor de westkust van Senegal, vond het Franse team nog meer virus van hetzelfde type. Montagnier noemde het nieuwe micro-organisme LAV-2. Uiteindelijk, toen alle betrokkenen in plaats daarvan de benaming hiv hadden geaccepteerd, zou het hiv-2 gaan heten. Het oorspronkelijke virus werd hiv-1.

De wegen naar een ontdekking zijn misschien kronkelig, de benamingen lijken misschien talrijk en de spelers kun je zonder spelerslijst misschien niet uit elkaar houden, maar dat wil nog niet zeggen dat deze details onbeduidend zijn. Het verschil tussen hiv-2 en hiv-1 is het verschil tussen een akelige, kleinschalige West-Afrikaanse ziekte en een wereldwijde pandemie.

88

Eind jaren tachtig, toen Kanki en Essex en andere wetenschappers hiv-2 bestudeerden, deed zich ineens een vlaag van onzekerheid voor over de herkomst ervan. Sommigen betwistten het idee dat het nauw verwant (en onlangs ontleend) was aan een retrovirus dat Afrikaanse apen infecteert. Een alternatieve visie was dat dit retrovirus al even lang – of langer – aanwezig was in het mensdom als er mensen waren. Als een passagier die zich liet meevoeren langs de trage wegen van de evolutie was het virus misschien al bij ons toen we divergeerden van de primaten waarmee we verwant waren. Maar die opvatting bracht een onopgelost raadsel mee: als het virus een oeroude, duizenden jaren onopgemerkte parasiet op mensen was, hoe was het dan ineens zo ziekteverwekkend geworden?

Een recente oversprong leek waarschijnlijker. Niettemin werden de bezwaren tegen dat idee in 1988 versterkt, toen een groep Japanse onderzoekers het complete siv-genoom van een groene meerkat sequencete. Het dier kwam uit Kenia. De nucleotidensequentie van het retrovirus bleek aanzienlijk te verschillen van de sequentie voor hiv-1 en vertoonde ruwweg dezelfde mate van verschil met hiv-2. En daarom leek dit meerkattenvirus niet nauwer verwant met het ene menselijke virus dan met het andere. Dat stond haaks op het idee dat een groene meerkat de bron was van het onlangs opgekomen hiv-2. Een reportage in het tijdschrift *Nature*, ter gelegenheid van de verschijning van het Japanse artikel, vierde deze vondst onder de dogmatisch klinkende kop: MENSELIJK AIDSVIRUS NIET VAN APEN. Maar de kop was misleidend, zo niet volkomen vals. Niet van apen? Nou, wees daar maar niet zo zeker van. Het bleek dat de onderzoekers gewoon naar de verkeerde soort aap hadden gekeken.

De verwarring had twee oorzaken. Om te beginnen is de benaming 'groene meerkat' ietwat vaag. Ze omvat een diversiteit aan vormen die soms gezamenlijk worden aangeduid als savanneapen, en al deze apen bevolken belendende geografische gebieden, verspreid over heel Afrika bezuiden de Sahara, van Senegal in het westen tot Ethiopië in het oosten, en verder helemaal naar beneden, tot in Zuid-Afrika. Ooit werden die vormen gezien als een 'supersoort' met de naam *Cercopithecus aethiops*. Vandaag de dag, nu hun verschillen duidelijker zijn gepeild, worden ze ingedeeld in zes aparte soorten binnen het geslacht *Chlorocebus*. De 'Afrikaanse groene meerkat' waarvan het Japanse team een monster had genomen, omdat hij 'van Keniaanse afkomst' was, behoorde waarschijnlijk tot de soort *Chlorocebus pygerythrus*. Daarentegen is de soort die inheems is in Senegal *Chlorocebus sabaeus*. Nu je deze twee namen hebt gezien, kun je ze vergeten. Het verschil tussen de ene groene meerkat en de andere is niet wat verantwoordelijk is voor het genetische contrast tussen siv en hiv-2.

Naspeuringen naar de herkomst van hiv-2 voerden de onderzoekers naar een heel andere aap: de roetmangabey. Dit is niet een van de zes *Chlorocebus*-soorten, hij komt er zelfs niet bij in de buurt. Hij behoort tot een ander genus.

De roetmangabey (*Cercocebus atys*) is een bruingrijs dier met een donker gezicht en idem handen, witte wenkbrauwen en lichtend witte bakkebaarden, lang niet zo decoratief als veel apen op dit continent, maar op zijn eigen manier aantrekkelijk, als een oude schoorsteenveger met een immer keurig verzorgd kapsel. Hij leeft in het kustgebied van West-Afrika, van Senegal tot Ghana, met een voorkeur voor moerassen en palmbossen waar hij vruchten, noten, zaden, bladeren, scheuten en wortels eet – een ruimdenkende vegetariër – en veel tijd doorbrengt op de grond, waarbij hij zich viervoetig voortbeweegt, op zoek naar gevallen lekkere hapjes. Soms waagt hij zich buiten de laaggelegen kuststrook en stroopt hij boerderijen en rijstvelden af. De roetmangabey is in de moerassige bossen voor jagers moeilijk te verschalken, maar vanwege zijn gewoonte om op de grond te foerageren en zijn voorkeur voor geteelde gewassen, kun je hem wel makkelijk in een val laten lopen. De plaatselijke bevolking doet hem af als een lastig, maar eetbaar soort ongedierte. Soms, als ze niet al te veel honger hebben, nemen ze een verweesd jong ook wel op als huisdier.

Wat de roetmangabey onder de aandacht van de aidsonderzoekers bracht, was toeval en een experiment met betrekking tot lepra. Het was een schoolvoorbeeld van de oude wetenschappelijke waarheid dat je soms veel meer vindt dan wat je zoekt.

Al in september 1979 werd door wetenschappers in een primatenonderzoekscentrum in New Iberia, Louisiana, ten zuiden van Lafayette, een lepra-achtige infectie waargenomen bij een van hun proefdieren, een aap. Dat leek merkwaardig, omdat lepra een menselijke ziekte is die veroorzaakt wordt door een bacterie (*Mycobacterium leprae*) die, voor zover men wist, niet overdraagbaar is van mensen op andere primaten. Maar hier hadden ze een melaatse aap. Het betreffende dier, een roetmangabey, een vrouwtje van ongeveer vijf jaar oud, was geïmporteerd uit West-Afrika. De onderzoekers noemden haar Louise. Afgezien van haar huidaandoening was Louise gezond. Uit haar gegevens bleek dat ze nog nooit was onderworpen aan een experimentele infectie. Ze gebruikten haar in een onderzoek naar voeding en cholesterol. Het centrum in New Iberia hield zich niet bezig met lepra-infecties, dus zodra Louises aandoening onderkend was, werd ze overgebracht naar een andere instelling in Louisiana waar men dat wel deed: het Delta Regional Primate Research Center, ten noorden van Lake Pontchartrain. De onderzoekers van dit centrum waren blij dat ze haar kregen, vanwege één uiterst praktische reden. Als Louise haar lepra op natuurlijke wijze had verworven, dan kon de ziekte (in tegenstelling tot eerdere veronderstellingen) wellicht overdraagbaar zijn binnen populaties van roetmangabeys. En als dat klopte, dan zou de roetmangabey bijzonder waardevol kunnen blijken als experimenteel model voor onderzoeken naar lepra bij mensen.

Zodoende spoot het Delta-team wat infectieus materiaal van Louise in bij een andere roetmangabey. Dit was een mannetje. In tegenstelling tot Louise is hij in de wetenschappelijke dossiers naamloos en leeft hij alleen in de herinnering voort met een code: A022. Hij werd de eerste in een keten van experimenteel geïnfecteerde apen die niet uitsluitend lepra bij zich bleken te dragen. De wetenschappers bij Delta hadden aanvankelijk geen idee dat A022 siv-positief was.

De lepra van Louise sloeg gemakkelijk aan bij A022, wat opmerkelijk was, gezien het feit dat eerdere pogingen om apen met menselijke lepra te besmetten hadden gefaald. Was deze stam van *Mycobacterium leprae* een speciaal aan apen aangepaste variant? Als dat zo was, zou hij dan ook succes hebben bij resusapen? Dat zou handig zijn voor experimentele doeleinden, omdat resusapen in de bevoorradingsketen van het medisch onderzoek veel goedkoper waren en in ruimere mate voorhanden dan roetmangabeys. Daarom injecteerde het Delta-team vier resusapen met infectieuze smurrie van A022. Alle vier kregen ze lepra. Voor drie van de vier bleek dat het minste van hun problemen te zijn. Het onfortuinlijke drietal ontwikkelde ook apenaids. Lijdend aan chronische diarree en gewichtsverlies kwijnden ze weg, en stierven.

De onderzoekers screenden de dieren op virus en vonden siv. Hoe waren hun drie resusapen siv-positief geworden? Klaarblijkelijk via de lepreuze inoculatiestof van roetmangabey A022. Was hij uniek? Onderzoek aan andere roetmangabeys bij Delta wees uit dat het virus 'endemisch' was onder deze apen. Algauw vonden andere onderzoekers het ook, niet alleen bij in gevangenschap levende roetmangabeys, maar ook bij hun soortgenoten in het wild. Toch vertoonden de roetmangabeys (inheems in Afrika) in tegenstelling tot de resusapen (inheems in Azië) geen symptomen van apenaids. Ze waren geïnfecteerd maar gezond, wat erop wees dat het virus een lange geschiedenis had binnen hun soort. Hetzelfde virus maakte de resusapen wel ziek, waarschijnlijk omdat het nieuw voor hen was.

De lijst van siv-virussen werd steeds langer en complexer. Nu waren er drie bekende varianten: één afkomstig van groene meerkatten, één van resusapen (die ze waarschijnlijk in gevangenschap hadden opgelopen) en één van roetmangabeys. Omdat er grote behoefte was aan een manier om de virussen te identificeren en te onderscheiden, kwam iemand op het handige idee om aan de afkorting korte subscripts toe te voegen. Het *simian immunodeficiency virus* (siv), zoals aangetroffen bij roetmangabeys, werd siv$_{sm}$ (sm: *sooty mangabeys*). De andere twee werden bestempeld met siv$_{agm}$ (agm: *African green monkeys*, of groene meerkatten) en siv$_{mac}$ (mac: *macaques*, of makaken, in dit geval de resusapen). Deze kleine conventie lijkt misschien een soort geheimtaal die ook nog eens pijn doet aan je ogen, maar ze zal onmisbaar en verhelderend blijken als ik de fatale betekenis bespreek van een variant die siv$_{cpz}$ (cpz: *chimpanzee*) werd genoemd.

Voor het ogenblik beperk ik me tot een beschrijving van wat het lepra-experiment in Louisiana uiteindelijk opleverde. Een wetenschapper van het Delta-team, een vrouw die Michael Anne Murphey-Corb heette, werkte met moleculair biologen van andere instellingen samen bij onderzoek aan het siv-genoom, zoals aangetroffen bij roetmangabeys en resusapen, met als oogmerk het samenstellen van een voorlopige virusstamboom. Uit hun in 1989 gepubliceerde onderzoek, met Vanessa M. Hirsch als eerste auteur, bleek dat siv_{sm} (siv bij *sooty mangabeys*, ofwel roetmangabeys) nauw verwant is met hiv-2. En dat gold ook voor siv_{mac} (siv bij *macaques*, ofwel resusapen). 'Deze onderzoeksresultaten geven aan dat siv_{sm} als proefdier fungerende resusapen en mensen in West-Afrika heeft geïnfecteerd,' schreef het team, waarmee men de last van de herkomst van het virus bij de roetmangabeys legde, 'en dat dit virus zich heeft ontwikkeld tot respectievelijk siv_{mac} en hiv-2.' In feite waren die drie stammen uitermate vergelijkbaar, wat op een vrij recente divergentie van een gemeenschappelijke voorouder wees.

'Een plausibele interpretatie van deze gegevens,' voegden Hirsch en haar medeauteurs er kort en bondig aan toe, 'is dat in de afgelopen 30 tot 40 jaar siv, afkomstig van een West-Afrikaanse roetmangabey (of nauw verwante soort), met succes een mens heeft geïnfecteerd en een ontwikkeling heeft doorgemaakt naar hiv-2.' Het was nu officieel: hiv-2 is een zoönose.

89

Maar hoe zat het met hiv-1? Waar kwam die grote killer vandaan? Het kostte wat meer tijd om dat complexere raadsel op te lossen. De voor de hand liggende conclusie was dat hiv-1 ook van zoönotische origine moest zijn. Maar welk dier was zijn reservoir? Wanneer, waar en hoe had er een oversprong plaatsgevonden? Waarom waren de gevolgen ervan zoveel verpletterender geweest?

Hiv-2 is zowel minder overdraagbaar als minder virulent dan hiv-1. De moleculaire basis voor deze fatale verschillen is nog steeds een in hun genoom ingebed geheim, maar de ecologische en medische consequenties zijn zo klaar als een klontje. Hiv-2 is voornamelijk beperkt tot West-Afrikaanse landen als Senegal (voorheen onderdeel van het Franse koloniale rijk) en Guinee-Bissau (voorheen Portugees Guinee) en tot andere gebieden die sociaal en economisch met deze voormalige koloniale grootmachten verbonden waren. Mensen die geïnfecteerd zijn met hiv-2 hebben doorgaans minder virus in hun bloed, besmetten minder seksuele contacten en lijden aan minder ernstige of zich trager manifesterende vormen van immunodeficiëntie. Een groot deel van deze mensen krijgt blijkbaar helemaal geen aids. En moeders die drager zijn van hiv-2 lopen minder kans dat ze het doorgeven aan hun kinderen. Het virus is kwaadaardig, maar lang niet zo kwaadaardig als zou kunnen. Hiv-1 biedt het vergelijkingsmateriaal. Hiv-1 teistert vele miljoenen mensen overal ter wereld. Hiv-1 is de pandemische plaag. Om te begrijpen hoe de aidscatastrofe de mensheid heeft kunnen overvallen, moesten wetenschappers de bron van hiv-1 zien te vinden.

Dit brengt ons weer terug naar de stad Franceville in het zuidoosten van Gabon en het Centre International de Recherches Médicales (CIRMF), hetzelfde instituut dat later de thuisbasis zou worden van Eric Leroys ebolaonderzoek. Eind jaren tachtig werkte een jonge Belgische vrouw, Martine Peeters, een klein jaar als wetenschappelijk medewerkster bij het CIRMF in de periode tussen het voltooien van haar studie tropische geneeskunde en haar daaropvolgende promotieonderzoek. In het CIRMF-complex was een afdeling met als proefdieren fungerende primaten, waaronder een dertigtal chimpansees, en Peeters was samen met enkele andere medewerkers belast met het testen van de proefdieren op antistoffen tegen hiv-1 en hiv-2. Bijna alle chimpansees testten negatief – allemaal, op twee na. Beide uitzonderingen waren heel jonge, onlangs in het wild gevangen vrouwtjes. Zulke babychimpansees worden net als andere weesjongen van primaten soms als huisdier gehouden of verkocht, nadat hun moeder is gedood en opgegeten. Een van deze dieren, een twee jaar oud jong, was met schotwonden naar het CIRMF gebracht voor medische verzorging. Ze stierf aan de wonden, maar niet voordat ze een bloedmonster had afgestaan. De andere was nog een baby, misschien zes maanden oud, die in leven bleef. Bloedserum van beide dieren reageerde krachtig bij onderzoek naar antistoffen tegen hiv-1, maar minder krachtig in het geval van hiv-2. Dat was in elk geval duidelijk meetbaar, maar het bleef een ietwat dubieus resultaat. Een test op antistoffen is een indirecte graadmeter van infectie, betrekkelijk gemakkelijk en snel uitvoerbaar, maar niet heel precies. Een grotere precisie word bereikt als je fragmenten virus-RNA weet op te sporen of, wat nog beter is, een virus weet te isoleren – dat wil zeggen dat je het in zijn geheel te pakken krijgt en er vervolgens een flinke hoeveelheid van kweekt – op grond waarvan je het dan met zekerheid kunt identificeren. Het lukte Martine Peeters en haar collega's om een virus van de babychimpansee te isoleren. Twintig jaar later, toen ik haar trof in haar werkkamer in een instituut in Zuid-Frankrijk, kon Peeters zich nog levendig herinneren hoe dat virus uit een serie moleculaire tests tevoorschijn was gekomen.

'Het was vooral verrassend,' zei ze, 'omdat het zo dicht bij hiv-1 stond.'

Hadden ze vooraf al aanwijzingen in die richting gehad?

'Ja. Op dat moment wisten we al dat hiv-2 hoogstwaarschijnlijk afkomstig was van primaten in West-Afrika,' zei ze, naar het roetmangabey-onderzoek verwijzend. 'Maar er was bij primaten nog geen virus gevonden dat sterk op hiv-1 leek. En tot nu toe is het nog steeds het enige virus dat dicht in de buurt van hiv-1 komt.' Haar onderzoeksgroep had in 1989 een artikel gepubliceerd waarin het nieuwe virus bekend werd gemaakt en siv_{cpz} (cpz: *chimpanzee*) werd genoemd. Ze beroemden zich er niet op dat ze het reservoir van hiv-1 hadden gevonden. Hun conclusie op grond van hun gegevens was bescheidener: 'Gesuggereerd is dat menselijke aids-retrovirussen afkomstig zijn van kleine apen in Afrika. Dit onderzoek en eerdere studies over siv bieden echter geen steun voor deze suggestie.' Wat impliciet betekende dat chimpansees, en niet kleine apen, wellicht de bron van het pandemische micro-organisme waren.

Toen ik Martine Peeters sprak, was ze inmiddels wetenschappelijk directeur van het Institut de Recherche pour le Développement te Montpellier, een schilderachtige oude stad, vlak bij de Middellandse Zeekust. Ze was een kleine, blonde vrouw in een zwarte trui met zilveren halsketting, die zich in ons gesprek beknopt en oordeelkundig uitliet. Hoe werd er gereageerd op deze ontdekking? vroeg ik.

'Wat betreft hiv-2, dat accepteerden de mensen snel.' Ze bedoelde de acceptatie van het idee dat het virus oorspronkelijk van apen stamde. 'Maar wat betreft hiv-1, daar hadden mensen meer moeite mee, om dat te accepteren.'

Vanwaar die weerstand? 'Dat weet ik niet,' zei ze. 'Misschien omdat we jonge wetenschappers waren.'

Het artikel uit 1989 kreeg weinig aandacht, wat achteraf eigenaardig lijkt, gezien de volstrekt nieuwe en ernstige implicaties die het meebracht. In 1992 publiceerde Peeters nog een artikel waarin ze een derde geval van siv_{cpz} beschreef, deze keer bij een in Zaïre gevangen chimpansee die naar Brussel was verscheept. Alle drie haar siv-positieve resultaten kwamen van 'in het wild opgegroeide' chimpansees die men gevangen had (dus geen in gevangenschap gefokte dieren), maar dat liet nog steeds een leemte over in de keten van bewijsmateriaal. Hoe zat het met chimpansees die nog steeds in het wild leefden?

Met alleen maar de instrumenten waarover de moleculaire biologie begin jaren negentig kon beschikken was het screenen van wilde chimpansees moeilijk (en voor de meeste chimpansee-onderzoekers onaanvaardbaar), omdat voor de diagnostische tests bloedmonsters nodig waren. Gebrek aan bewijs afkomstig van in het wild levende populaties droeg op zijn beurt bij aan scepsis onder aidsonderzoekers over het verband tussen hiv-1 en chimpansees. Immers, als Aziatische makaken in hun kooien met hiv-2 geïnfecteerd waren geraakt door contact met Afrikaanse apen, zouden siv-positieve chimpansees dan misschien ook niet gewoon infecties manifesteren die ze hadden opgelopen door contacten in kooien? Een andere reden voor scepsis was het feit dat er tegen het eind van de jaren negentig ongeveer duizend in kooien verblijvende chimpansees waren getest, maar dat geen enkele daarvan, afgezien van de drie van Peeters, sporen van siv_{cpz} had opgeleverd. Deze twee factoren – het ontbreken van bewijs dat afkomstig was van wilde populaties en de extreme zeldzaamheid van siv bij gevangen chimpansees – lieten de mogelijkheid open dat zowel hiv-1 als siv_{cpz} rechtstreeks afkomstig was van een gemeenschappelijk voorouderlijk virus bij een andere primaat. Met andere woorden, misschien hadden die drie eenzame chimpansees hun infectie gekregen van een nog niet geïdentificeerde kleine aap, en misschien had diezelfde ongeïdentificeerde aap hiv-1 doorgegeven aan de mens. Met het bestaan van die ongewisse mogelijkheid bleef de oorsprong van hiv-1 nog een groot deel van dat decennium onzeker.

In de tussentijd werd er niet alleen onderzoek gedaan naar de bron van hiv, maar ook naar de diversiteit ervan bij mensen, waarbij men drie varianten van hiv-1 ontdekte. ‘Groepen’ werd de voorkeursterm voor deze varianten. Elke groep was een cluster van stammen dat genetische verschillen vertoonde met de andere clusters: er waren verschillen bínnen elke groep, omdat hiv voortdurend evolueert, maar de verschillen tússen de groepen waren veel groter. Dit patroon van groepen had enkele dreigende implicaties waarvan wetenschappers pas geleidelijk doordrongen zijn geraakt en die nog steeds geen gemeengoed zijn in de gangbare denkbeelden over aids. Die implicaties zal ik direct behandelen, maar laten we eerst even naar het patroon zelf kijken.

Groep M was het meest voorkomend en fataal. De letter M stond voor *major*, omdat die groep verantwoordelijk was voor het grootste deel van de hiv-infecties wereldwijd. Zonder hiv-1 groep M was er geen wereldwijde pandemie, waren er geen miljoenen doden. Groep O werd als tweede afgebakend, waarbij de ‘O’ voor *outlier* (‘beperkt gebied’) stond, omdat hij slechts een gering aantal geïsoleerde viruspopulaties omvatte die meestal terug te voeren waren op wat vermoedelijk een beperkt gebied was in vergelijking met de brandhaarden van de pandemie: Gabon, Equatoriaal Guinea en Kameroen, allemaal in het westen van Centraal-Afrika. Toen er ten slotte in 1998 een derde grote groep werd ontdekt, leek het logisch om die met een N aan te duiden, wat naar verluidt ‘niet-M/niet-O’ betekende, maar ook bedoeld was als invulling van de alfabetische volgorde (jaren later werd een vierde groep geïdentificeerd die voorzien werd van de letter P). Groep N was uiterst zeldzaam: hij was slechts aangetroffen bij twee mensen uit Kameroen. De zeldzaamheid van N en O maakte dat groep M extra in het oog sprong. M was overal. Waarom had juist die variant van het virus, en niet de andere twee (of drie), zich zo grootschalig en dodelijk over de planeet verspreid?

Gelijktijdig onderzoek aan hiv-2, het minder virulente virus, leidde ook tot de ontdekking van uiteenlopende groepen, maar nu waren het er nog meer. Hun labels kwamen meer uit het begin dan het midden van het alfabet, en rond het jaar 2000 kende men zeven hiv-2-groepen: A, B, C, D, E, F en G (een achtste groep die later opdook, werd H). Opnieuw was het merendeel ervan uiterst zeldzaam – in feite waren ze stuk voor stuk gebaseerd op een virusmonster dat slechts afgenomen was bij één persoon. Groep A en groep B waren niet zeldzaam: ze waren verantwoordelijk voor het merendeel van hiv-2-gevallen. Groep A kwam vaker voor dan groep B, in het bijzonder in Guinee-Bissau en in Europa. Groep B was voornamelijk terug te voeren tot landen aan de oostkant van West-Afrika, zoals Ghana en Ivoorkust. De groepen C tot en met H waren gering in aantal, maar ze vertoonden wel een significant scala aan diversiteit.

Bij het begin van de nieuwe eeuw dachten aidsonderzoekers na over deze lijst van uiteenlopende virusvarianten: zeven groepen van hiv-2 en drie groepen van hiv-1. Alle zeven groepen van hiv-2 verschilden behoorlijk van elkaar, maar leken tegelijkertijd ook allemaal op siv_{sm} (sm: *sooty mangabeys*), het virus dat endemisch was in roetmangabeys (wat ook gold voor de later toegevoegde groep H). De drie soorten hiv-1 leken allemaal op siv_{cpz}, afkomstig van chimpansees (de uiteindelijke vierde soort, groep P, is het nauwst verwant aan siv van gorilla's). En nu volgt een conclusie die als je haar laat doorsijpelen in je hersenen alleen maar een huivering kan oproepen: wetenschappers denken dat elk van deze twaalf groepen (acht van hiv- 2, vier van hiv-1) een op zichzelf staand geval van soortoverschrijdende overdracht representeren. Twaalf oversprongen.

Met andere woorden: hiv is de mensheid niet slechts één keer overkomen. Het is minstens twaalf keer gebeurd – twaalf keer voor zover we weten, maar waarschijnlijk nog veel vaker in eerdere fasen van de geschiedenis. Bijgevolg was het niet een uiterst onwaarschijnlijke gebeurtenis. Het was niet een losstaand geval van uitermate onwaarschijnlijke pech waardoor de mensheid met verwoestende gevolgen werd opgezadeld – als een komeet die uit de oneindige ruimte komt aansuizen, neerkwakt op de planeet Aarde en de dinosauriërs uitroeit. Nee. Integendeel, de komst van hiv in de bloedsomloop van mensen was onderdeel van een kleine trend. Vanwege de aard van onze interacties met Afrikaanse primaten lijkt die vrij vaak op te treden.

90

En dat roept enkele grote vragen op. Als de oversprong van siv naar de mens minstens twaalf keer is opgetreden, waarom is de aidspandemie dan maar één keer opgetreden? En waarom is ze juist die ene keer opgetreden? Waarom is ze niet tientallen jaren of eeuwen eerder opgetreden? Deze vragen zijn vervlochten met drie andere, meer concrete en minder speculatieve vragen die ik al eerder heb genoemd: wanneer, waar en hoe is de aidspandemie begonnen?

Laten we eerst eens zien wannéér. We weten op grond van Michael Gottliebs bewijsmateriaal dat hiv eind jaren tachtig van de vorige eeuw homoseksuele mannen in Californië had bereikt. We weten uit het geval van Grethe Rask dat het omstreeks 1977 in Zaïre schuilging. We weten dat Gaëtan Dugas niet echt Patiënt Nul was. Maar als die mensen en plaatsen geen echt beginpunt in de tijd markeren, wat dan wel? Wanneer drong die fatale virusvariant, hiv-1 groep M, de menselijke populatie binnen?

Twee mogelijke aanwijzingen vestigen de aandacht op het jaar 1959.

In september van dat jaar stierf een jeugdige werknemer van een drukkerij in Manchester aan iets wat een immuunstoornis leek. Omdat hij een paar jaar bij de Royal Navy had gediend, alvorens terug te keren naar zijn geboortestad en zijn vroegere baan, wordt deze onfortuinlijke man 'de Manchester matroos' genoemd. Zijn gezondheid ging achteruit na zijn diensttijd bij de marine die hij voornamelijk, maar niet uitsluitend, in Engeland had doorgebracht. Minstens een keer was hij naar Gibraltar gevaren. Weer terug in Manchester, in november 1957, kwijnde hij weg, lijdend aan enkele symptomen die later met aids werden geassocieerd, waaronder gewichtsverlies, koorts, een zeurende hoest en opportunistische infecties, waaronder *Pneumocystis jirovecii*, maar de arts die de autopsie deed kon geen onderliggende doodsoorzaak vaststellen. Die arts bewaarde enkele kleine stukjes nier, beenmerg, milt en andere weefsels van de matroos – die hij in paraffine hulde, een gebruikelijke methode voor het fixeren van monsters van ziektegevallen – en beschreef het geval in een medisch tijdschrift. Eenendertig jaar later, in het aidstijdperk, testte een viroloog van de University of Manchester een aantal van deze gearchiveerde monsters en meende hij het bewijs te hebben gevonden dat de matroos geïnfecteerd was met hiv-1. Als hij het juist had, dan zou de Manchester matroos met terugwerkende kracht zijn erkend als het eerste gedocumenteerde geval van aids in de medische literatuur.

Maar wacht even. Een hernieuwd onderzoek van dezelfde monsters dat enkele jaren later door een tweetal wetenschappers in New York werd gedaan, wees uit dat het eerdere hiv-positieve resultaat het gevolg moest zijn geweest van een laboratoriumfout. Het beenmerg testte nu negatief. Het niermateriaal testte opnieuw positief, maar op een manier die alarmbellen van twijfel deed rinkelen: hiv-1 evolueert snel, en de genetische sequentie van virus uit het niermonster leek veel te eigentijds. Het leek meer op een contemporaine variant dan op iets wat al in 1959 had kunnen bestaan. Dat wees erop dat vervuiling met een recente variant van het virus verantwoordelijk kon zijn voor de positieve testuitkomsten. Conclusie: de Manchester matroos was misschien wel aan een immuunstoornis overleden, maar daar was hiv waarschijnlijk niet de oorzaak van. Zijn geval illustreert alleen maar hoe lastig het kan zijn om een retrospectieve diagnose van aids op te maken, zelfs als je schijnbaar goed bewijsmateriaal bij de hand hebt.

Kort nadat dit foutieve aanknopingspunt uit Manchester tot juiste proporties was teruggebracht, deed zich ineens een ander aanknopingspunt voor in New York. Inmiddels was het 1998. Een onderzoeksteam van de Rockefeller University waar ook Tuofu Zhu deel van uitmaakte, kreeg een opgeslagen specimen uit Afrika in handen dat uit hetzelfde jaar dateerde als het monster van de matroos: 1959. Deze keer was het geen stukje weefsel, maar een buisje met bloedplasma afkomstig van een mannelijke Bantoe uit wat toentertijd Léopoldville, de hoofdstad van Belgisch Kongo was (tegenwoordig Kinshasa, de hoofdstad van de DRK) en tientallen jaren bewaard was in een diepvriezer. De naam van de man en zijn doodsoorzaak werden niet vermeld. Zijn monster was in 1986 tijdens een eerder onderzoek gescreend, samen met 1212 andere plasma's – sommige uit het archief, andere nieuw –, afkomstig van diverse plaatsen in Afrika. Het monster van deze man was het enige dat ondubbelzinnig positief op hiv had getest. Tuofu Zhu zette samen met enkele medewerkers het onderzoek voort met het kleine beetje dat nog van het oorspronkelijke monster restte en maakte gebruik van PCR om fragmenten van het virusgenoom te vermeerderen. Daarna sequenceten ze de fragmenten om een genetisch portret van het virus van de Bantoeman samen te stellen. In hun artikel, dat in februari 1998 verscheen, noemden ze de sequentie ZR59, wat verwees naar Zaïre (zoals het land jarenlang had geheten) en het jaar 1959. Een vergelijkende analyse wees uit dat ZR59 veel overeenkomsten vertoonde met zowel subtype B als subtype D (fijnere onderverdelingen binnen de hiv-1 groep M-variant), maar ergens halverwege tussen beide subtypes viel, wat aangaf dat het een sterke gelijkenis met hun gemeenschappelijke voorouder moest vertonen. Met andere woorden, ZR59 was een glimp terug in de tijd, een echte oude vorm van hiv-1, geen recente contaminatie. ZR59 bewees dat hiv-1 rond 1959 aanwezig was geweest – sluimerend, evoluerend, verschillende vormen aannemend – onder de bevolking van Léopoldville. In feite bewees het nog meer. Nadere analyse van ZR59 en andere sequenties, onder leiding van Bette Korber van het Los Alamos National Laboratory, leverde op dat hiv-1 groep M de menselijke populatie naar schatting rond 1931 kon zijn binnengedrongen.

Gedurende een decennium, vanaf de publicatie van Zhu in 1998 tot 2008, bleef het bij deze ene mijlpaal. ZR59 was de enige bekende versie van hiv-1, afkomstig van een monster dat vóór 1976 was genomen. Toen vond iemand nog een andere versie. Deze werd bekend als DRC60, en intussen kun je het label waarschijnlijk zelf wel ontcijferen: deze versie kwam uit de Democratische Republiek Kongo (zelfde natie, nieuwe naam; de C in DRC60 komt van 'Congo') en was afgenomen in 1960.

DRC60 was een biopt, een stukje lymfeklier dat voor onderzoeksdoeleinden was weggeknipt bij een levende vrouw. Net als de stukjes nier en milt van de Manchester matroos was het weggeborgen in een klein klompje paraffine. Aldus bewaard hoefde het niet gekoeld, laat staan ingevroren te worden. Het was zo inert als een dode vlinder en minder kwetsbaar. Het kon op een stoffige plank opgeslagen en veronachtzaamd worden – wat ook gebeurd was. Na meer dan veertig jaar dook het op uit een kast met monsters op de Université de Kinshasa en gaf het aidsonderzoekers een nieuwe flits van inzicht.

91

De Université de Kinshasa ligt op een heuvel aan de rand van de stad, bereikbaar na een taxirit van een uur door de hobbelige straten, de van rook en uitlaatgassen vergeven chaotische binnenstad, de wirwar van bestelwagens en bussen en handkarren, langs de verkopers van grafkransen aan de kant van de weg, de oplaadstalletjes voor mobieltjes, de fruitmarkten, de vleesmarkten, de openluchtbouwmarkten, de bandenreparateurs en handelaren in cement, de hopen zand en grind en afval, het ontzagwekkende verval van een postkoloniale metropool die gestalte heeft gekregen door acht decennia Belgisch opportunisme, drie decennia dictatoriaal wanbeleid en grove diefstal, gevolgd door een decennium van oorlog, maar gevuld met 10 miljoen hardwerkende mensen, van wie sommigen gevaarlijke criminelen zijn (zoals in alle steden) en de meesten beminnelijke, hoopvolle en vriendelijke mensen. De campus van de universiteit vormt op zijn heuvel, losweg 'de berg' genoemd, een relatief groene en vredige tegenstelling met de stad daaronder. Studenten maken vanaf een drukke bushalte te voet de klim naar boven om te leren en er even uit te zijn.

Professor Jean-Marie M. Kabongo is het hoofd van de afdeling anatomische pathologie van de universiteit. Hij is een kleine, keurig verzorgde man met een enorme grijzende krulsnor en volle bakkebaarden, iemand die een krachtige visuele indruk maakt, verzacht door zijn beminnelijke manier van doen. Toen ik hem sprak in zijn werkkamer op de eerste verdieping van een gebouw dat uitkeek op een met gras begroeid en door acacia's overschaduwd plein, gaf hij verontschuldigend te kennen dat hij nauwelijks iets wist van DRC60 en de patiënt van wie dat monster afkomstig was. Per slot van rekening was het een oud geval dat dateerde van ver voor zijn tijd. Ja, een vrouw, dacht hij. Hij herinnerde het zich vaag, maar hij kon het in elk geval nakijken in de archieven. Terwijl ik hem vragen stelde, begon hij aantekeningen te maken en ten slotte stelde hij voor dat ik over een paar dagen terugkwam, omdat hij me dan misschien beter voorbereid antwoord kon geven. Maar toen vroeg ik hem naar de ruimte waar DRC60 opgeslagen was geweest, en op dat moment klaarde hij op. Oh, natuurlijk, zei hij, dát kan ik je wel laten zien.

Hij haalde een sleutel. Hij ontsloot een blauwe deur. Terwijl hij hem openzwaaide noodde hij me naar binnen in een groot zonovergoten laboratorium met witte betegelde muren en in het midden twee lange, lage tafels. Op een van de tafels lag een dik, ouderwets grootboek, met omkrullende bladzijden, als een soort relict uit de tijd van Dickens. Op de verst van ons verwijderde vensterbank stond een rij bekerglazen die stuk voor stuk vloeistoffen met opeenvolgende kleurgradaties bevatten, van geel als pis tot helder als wodka. De geelste, vertelde professor Kabongo me, was methanol. De helderste was xyleen. Die gebruiken we bij het prepareren van een weefselmonster, zei hij. De bedoeling is dat dergelijke organische oplosmiddelen het water extraheren; uitdroging is een eerste vereiste om weefsels langdurig te kunnen bewaren. De methanol was donker geworden doordat ze er veel monsters mee hadden verwerkt.

Hij liet me een oranje plastic mandje met een scharnierend deksel zien, ongeveer met het formaat en de vorm van een lucifersdoosje. Dit is een 'cassette', verklaarde professor Kabongo. Je haalt een stukje weefsel uit een lymfeklier of een ander orgaan en bergt het op in zo'n cassette, je laat het hele geval in het bekerglas met methanol weken, na de methanol gaat het nog door een vaste reeks andere baden en ten slotte dompel je het onder in de xyleen. Methanol trekt het water eruit en xyleen haalt de methanol eruit, waarmee je specimen gereed wordt gemaakt voor conservering in paraffine. En dit apparaat, zei professor Kabongo, wijzend op een groot toestel op een van de tafels, levert de paraffine. Je neemt een uitgeloogd weefselmonster uit zijn cassette, legde hij uit, en dan laat je uit die tapkraan een stroom warme, vloeibare paraffine druppelen. Die koelt af op het monster als een klont boter. Nu haal je het deksel van de cassette en etiketteer je de onderkant met een individuele code – bijvoorbeeld A90 of B71. Dat is je archiefexemplaar, zei hij. 'A' betekent dat het afkomstig was van een autopsie. 'B' geeft een biopsie aan. Zodoende moet het door paraffine omhulde stukje lymfeklier dat DRC60 opleverde het etiket B-en-nog-iets hebben gekregen. Elk gecodeerd monster wordt geregistreerd in dat dikke grootboek. Daarna gaan de monsters naar de opslagruimte.

Opslagruimte. En waar is die opslagruimte dan? vroeg ik.

Aan de andere kant van het lab was nog een deur, waar een blauw gordijn voor hing. Professor Kabongo schoof het gordijn opzij en ik liep achter hem aan de opslagruimte voor monsters in, een smal en propvol vertrek, aan een kant vol met rekken en kasten. De rekken en kasten bevatten duizenden stoffige paraffineblokken en oude microscoopdia's. De paraffineblokken zaten in op elkaar gestapelde kartonnen doosjes, waarvan sommige een datum droegen, maar andere niet. Het leek me een geordende chaos. Een houten kruk stond klaar voor iedere nieuwsgierige, onvermoeibare ziel die graag in de collectie monsters wilde snuffelen. Hoewel ik niet van plan was om te gaan snuffelen, had mijn rondleiding plotseling haar hoogtepunt bereikt. Hier? Ja, precies hier, zei de professor. Dit is de plek waar DRC60 tientallen jaren lag. Hij had er met plaatselijke trots aan kunnen toevoegen: voordat het de steen van Rosetta van het aidsonderzoek werd.

92

Vanuit de opslagruimte achter het blauwe gordijn had dat monster samen met honderden andere een lange reis naar België en vervolgens naar de Verenigde Staten gemaakt die eindigde in het laboratorium van een jonge bioloog aan de University of Arizona. Michael Worobey is een in British Columbia geboren en getogen Canadees die gespecialiseerd is in moleculaire fylogenetica. Na zijn universitaire studie ging hij op een Rhodes-studiebeurs naar Oxford, wat gewoonlijk twee jaar van niet al te inspannend academisch onderzoek inhoudt, plus veel thee, sherry, tennis op gras en een beschaafde vorm van anglofilie, waarna de 'geleerde' teruggaat naar de universiteit of een andere carrière begint. Worobey maakte serieuzer gebruik van Oxford, bleef er wat langer, voltooide een proefschrift en vervolgens een postdoctorale stage in evolutiebiologie op moleculair niveau. Vandaar ging hij in 2003 terug naar Noord-Amerika, werd wetenschappelijk medewerker aan de University of Arizona en zette voor zichzelf een BSL-3-lab op voor onderzoek aan het genoom van gevaarlijke virussen. Enkele jaren later was het Worobey die bewijzen van hiv vond in een bepaald Kongolees lymfeklierbiopt uit 1960.

Worobey vermeerderde fragmenten van het virusgenoom, voegde de fragmenten aaneen, herkende ze als een vroege versie van hiv-1 en noemde de sequentie DRC60. Nadat hij zijn sequentie had vergeleken met ZR59, de andere vroegst bekende stam, kwam hij tot een spectaculaire conclusie: het aidsvirus was al tientallen jaren langer bij mensen aanwezig dan men dacht. De pandemie kon zijn ingezet met een oversprong die al rond 1908 had plaatsgevonden.

Voor een beter begrip van Worobeys ontdekking, die als een steen in de vijver van eerdere ideeën landde, is enige kennis van de context vereist. Die context was een verhitte discussie over hoe hiv-1 de menselijke populatie voor het eerst was binnengedrongen. Het begin jaren negentig heersende idee, onder andere gebaseerd op wat men te weten was gekomen over hiv-2 en de roetmangabey, was dat hiv-1 ook afkomstig was van een Afrikaanse primaat en dat het waarschijnlijk in mensen terecht was gekomen via twee afzonderlijke gevallen (voor groep M en O, de groepen die toen erkend werden) waarin mensen bushmeat hadden geslacht. Dit werd bekend als de gewonde-jagerhypothese. In beide gevallen had een man of een vrouw vermoedelijk het karkas van een siv-positieve primaat geslacht en was daarbij blootgesteld aan het virus door een open wond – misschien doordat een snee in de hand of een schram op de arm, of een afgeschaafd stukje opperhuid, waar dan ook op het lichaam, besmeurd werd met bloed van het dier. Een wond op de rug zou voldoende zijn geweest, in het geval dat het karkas op de schouders was gehesen om het mee naar huis te dragen. Of een wondje in de mond, als een deel van het vlees rauw was opgegeten. Het enige dat telde was het bloed-met-bloedcontact. De gewondejagerhypothese was speculatief maar geloofwaardig. Het was een sobere hypothese die weinig complicaties en geen onwaarschijnlijkheden meebracht. Ze sloot aan op de bekende feiten, hoewel de bekende feiten fragmentarisch waren. En toen diende zich in 1992 een tegenovergestelde theorie aan.

Deze was afwijkend en uitermate controversieel: hiv-1 zou allereerst bij mensen zijn terechtgekomen door een verontreinigd poliovaccin dat getest was op een miljoen nietsvermoedende Afrikanen. Het vaccin zelf was volgens deze theorie een onbedoeld vehikel voor de verspreiding van aids geweest. Volgens deze theorie had iemand een kolossale flater begaan. Iemand was schuldig. Door wetenschappelijke overmoed had iemand alle voorzichtigheid uit het oog verloren, met catastrofale gevolgen. Het meest angstaanjagende van de poliovaccintheorie was dat ze óók aannemelijk leek.

Virussen zijn subtiel, zoals je hebt kunnen zien. Ze komen terecht waar ze niet terecht horen te komen. Laboratoriumverontreinigingen komen voor. Zelfs bij de productie van een vaccin kan er alsnog contaminatie met een virus of bacterie optreden – wat ook echt is gebeurd. In 1861 kreeg een groep Italiaanse kinderen syfilis, nadat ze tegen pokken waren ingeënt met materiaal rechtstreeks afkomstig van een 'vaccinale wond'. Pokkenvaccin dat aan het begin van de twintigste eeuw werd toegediend aan kinderen in Camden, New Jersey, zou besmet zijn geweest met de tetanusbacil, waardoor negen gevaccineerde kinderen aan tetanus stierven. Rond dezelfde tijd bleek in een partij tegengif tegen difterie, in St. Louis bereid met behulp van bloedserum van een paard, ook tetanus te zitten, waar nog eens zeven kinderen aan bezweken. Producenten begonnen daarna vaccins te filteren, een effectieve voorzorgsmaatregel tegen contaminatie met bacteriën – maar virussen gingen gewoon door de filters heen. Soms werd formaldehyde toegevoegd om een virus waarop men mikte te inactiveren, waarmee vermoedelijk ook andere ongewenste virussen werden gedood, maar die veronderstelling was niet altijd juist. Halverwege de vorige eeuw raakten nog enkele van de eerste partijen van het salkvaccin tegen polio gecontamineerd met een virus dat SV40 wordt genoemd en dat endemisch is in resusapen. De aanwezigheid van SV40 in vaccins werd enkele jaren later een heet hangijzer, toen het vermoeden rees dat dit virus kanker veroorzaakte.

Of er bij hiv-1 sprake was van contaminatie, en in dit geval met veel ernstigere gevolgen, is een andere zaak. Dat het betreffende vaccin aan Afrikanen was verstrekt, stond niet ter discussie. Een zekere Hilary Koprowski, een in Polen geboren Amerikaanse onderzoeker – een minder bekende mededinger in de race om de ontwikkeling van een vaccin waaraan Salk en Sabin deelnamen – wist te regelen dat zijn kandidaat-vaccin van 1957 tot 1960 op grote schaal werd toegediend in delen van oostelijk Belgisch Kongo en aangrenzende koloniale gebieden. Dit waren delen van wat uiteindelijk de DRK, Rwanda en Burundi zou worden. Koprowski zelf bezocht in 1957 Stanleyville, waar hij contact legde met mensen die later toezicht hielden op de proeven. Kinderen en volwassenen stonden op plaatsen als de Ruzizivallei ten noorden van het Tanganjikameer vol vertrouwen in de rij om een orale dosis vloeibaar vaccin in te nemen van een eetlepel of via een straaltje uit een pipet. Spuiten maar, goed zo! Volgende! De aantallen staan niet vast. Volgens één schatting werden er alleen al in Léopoldville ongeveer 75 000 kinderen gevaccineerd. In de afwijkende, controversiële theorie werden met betrekking tot deze onderneming nog twee punten aangevoerd: ten eerste dat Koprowski's vaccin tot stand was gekomen doordat hij het virus had gekweekt in niercellen van chimpansees (en niet in niercellen van kleine apen, wat de standaardtechniek was) en ten tweede dat minstens enkele partijen van dat vaccin geproduceerd waren met behulp van chimpanseenieren, afkomstig van dieren die geïnfecteerd waren met siv_{cpz}.

Die gebrekkige vaccinaties hebben volgens sommigen geleid tot iatrogene infectie (ziekte, veroorzaakt door medische behandeling) van een onbekend aantal mensen in Centraal-Afrika met wat later bekend werd als hiv-1. Dit idee, dat kortweg bekendstaat als de OPV-theorie (oraal poliovaccin-theorie), hield in dat slechts één roekeloze onderzoeker het continent – en de rest van de wereld – had bezaaid met aids.

De OPV-theorie geniet notoire bekendheid sinds 1992, toen de freelancejournalist Tom Curtis er een lang artikel over schreef voor het blad *Rolling Stone*. Curtis' artikel verscheen met als kop: DE OORSPRONG VAN AIDS: EEN VERRASSENDE NIEUWE THEORIE WIL ANTWOORD GEVEN OP DE VRAAG: 'FORCE MAJEURE OF GEVOLG VAN MENSELIJK HANDELEN?' Verschillende andere onderzoekers hadden binnenskamers dit idee al eerder aangekaart en een van hen had Tom Curtis op het spoor van dit verhaal gebracht. Toen Curtis zich erin begon te verdiepen, reageerden enkele vooraanstaande wetenschappers met afwerende ontkenningen die alleen maar suggereerden dat de theorie misschien toch wel de moeite waard was. Curtis ontlokte zelfs een bruuske reactie aan de chef van het mondiale aidsonderzoekprogramma van de WHO, dr. David Heymann: 'De oorsprong van het aidsvirus is vandaag de dag van geen enkel belang voor de wetenschap.' Hij citeerde nog een andere deskundige, Willem Haseltine van Harvard, die gezegd zou hebben: 'Het leidt alleen maar af, het is onvruchtbaar, het is verwarrend voor het publiek en ik denk dat het geen enkele bijdrage levert aan de oplossing van het probleem.' Na het verschijnen van het artikel spanden de advocaten van Hilary Koprowski een rechtszaak wegens laster aan tegen Curtis en *Rolling Stone* en plaatste dit blad een 'verduidelijking' waarin werd toegegeven dat de OPV-theorie en Koprowski's rol alleen maar een onbewezen hypothese representeerden. Maar toen het stof voor *Rolling Stone* was neergedaald, stortte een zekere Edward Hooper, een Engelse journalist, zich bij wijze van persoonlijke obsessie en onderzoekskruistocht op de OPV-theorie en bezorgde haar daarmee een tweede leven.

Hooper deed jarenlang enorm vasthoudend (maar niet altijd even kritisch) onderzoek naar dit onderwerp en bewees in 1999 zijn gelijk in een duizend pagina's tellend boek, getiteld *The River: A Journey to the Source of HIV and AIDS* ('De rivier: een reis naar de bron van hiv en aids'). Hoopers rivier was figuurlijk bedoeld: de stroom van de geschiedenis, de stroom van oorzaak-en-gevolg, van een heel klein begin tot een oceaan van gevolgen. In het voorwoord van het boek verwees hij naar de speurtocht van Victoriaanse ontdekkingsreizigers naar de bron van de Nijl. Begint die rivier bij het Victoriameer, met het neerstortende water van de Riponwatervallen, of is er stroomopwaarts een andere, meer verborgen bron? 'De controverse rond de bron van de Nijl,' schreef Hooper, 'kent anderhalve eeuw later merkwaardig genoeg een pendant in een andere controverse, de langlopende discussie over de oorsprong van aids.' De Victoriaanse ontdekkingsreizigers hadden het mis gehad met de bron van de Nijl en zo ook hadden volgens Hooper de hedendaagse deskundigen het mis met het startpunt van de aidspandemie.

Hoopers boek was indrukwekkend, ontzettend gedetailleerd, schijnbaar redelijk, vermoeiend om door te ploeteren, maar fascinerend in zijn boude beweringen en in elk geval een groot succes in die zin dat het de OPV-theorie onder de aandacht van het grote publiek bracht. Sommige aidsonderzoekers (onder wie Phyllis Kanki en Max Essex) beseften al lang dat vaccinverontreiniging met siv van apencellen op zijn minst een theoretische mogelijkheid was. Ze hadden om die reden zelfs vaccins gescreend, maar geen bewijs voor een dergelijk probleem gevonden. In navolging van Tom Curtis veranderde Hooper dit idee van een gekoesterde zorg in een beschuldiging. Met zijn enorme rivier van informatie en zijn stoomboot van argumenten leverde hij geen bewijs voor de essentiële stelling, namelijk dat Koprowski's vaccin gemaakt was van chimpanseecellen die gecontamineerd waren met hiv. Wel kon je uit zijn boek opmaken dat de mogelijkheid bestond dat het vaccin wellicht van chimpanseecellen was gemaakt die wellicht besmet waren.

De kwestie van de mogelijkheid maakte vervolgens plaats voor de kwestie van de feitelijkheid. Wat was er in feite gebeurd? Waar was het bewijs? Op aandringen van de eminente evolutiebioloog William Hamilton, die van mening was dat de OPV-theorie een nader onderzoek verdiende, belegde de Royal Society in september 2000 een speciale bijeenkomst om het onderwerp te bespreken binnen de bredere context. Hamilton was een alom geliefde en gerespecteerde persoonlijkheid, wiens vroege werk op het gebied van de evolutietheorie een inspiratiebron was geweest voor Edward O. Wilsons *Sociobiology* en Richard Dawkins' *The Selfish Gene* (in het Nederlands vertaald als *De zelfzuchtige genen*). Hij kreeg de Royal Society zover dat ze onbevooroordeeld naar de OPV-theorie zouden luisteren. Edward Hooper was wel geen wetenschapper, maar werd uitgenodigd als spreker. Hilary Koprowski kwam ook, evenals een aantal vooraanstaande aidsonderzoekers. Maar tegen de tijd dat het gezelschap bijeenkwam, was William Hamilton al dood.

In maart 2000 was hij plotseling overleden aan inwendige bloedingen, na een aanval van malaria die hij had opgelopen tijdens een studiebezoek aan de DRK. In zijn afwezigheid spraken zijn collega's van de Royal Society over een breed scala aan onderwerpen die verband hielden met de herkomst van hiv en aids. De OPV-theorie was slechts een van de vele onderwerpen, maar impliciet stuurde ze de agenda van de hele conferentie. Boden de beschikbare gegevens uit de moleculaire biologie en epidemiologie over het algemeen steun voor het scenario van vaccincontaminatie of werd dat erdoor weerlegd? Een uitvloeisel van die vraag was: wanneer was hiv-1 voor het eerst opgedoken in de menselijke populatie? Als de eerste infecties hadden plaatsgevonden vóór 1957, dan konden deze infecties niet het gevolg zijn geweest van Koprowski's OPV-proeven. Opgeslagen hiv-positieve monsters konden wellicht de doorslag geven.

Dat is de context die ervoor zorgde dat DRC60 uit Kinshasa kwam. Na afloop van de bijeenkomst van de Royal Society kon een van de deelnemers, de Belgische arts Dirk Teuwen, zich met enige moeite enkele verwijzingen naar eerder pathologisch onderzoek in Kongo herinneren die hij had gezien in archiefverslagen van de koloniale medische laboratoria. Teuwen kwam zodoende op het idee – en bracht het naar voren in het bijzijn van enkele andere deelnemers – dat hiv-1 misschien kon worden aangetoond in enkele weefsels die bewaard waren gebleven in die oude paraffineblokken. Hij stuitte op scepsis: de anderen betwijfelden of alle bruikbare sporen van het virus de decennia wel zouden hebben overleefd – decennia van tropische hitte, betrekkelijk primitieve opslag, bestuurlijke onrust en revolutie. Maar Teuwen hield koppig vol. Hij vond een bondgenoot, een eminente Kongolese bacterioloog, genaamd Jean-Jacques Muyembe, en met goedkeuring van het ministerie van Volksgezondheid ging Muyembe op zoek naar de spullen. Hij ging naar de Université de Kinshasa, doorzocht de opslagruimte achter het blauwe gordijn, stopte 813 in paraffine gehulde monsters in een gewone koffer en bracht die mee tijdens het volgende bezoek dat hij beroepshalve aan België bracht. Daar overhandigde hij de kostbare schat aan Dirk Teuwen. Teuwen stuurde op grond van een eerdere overeenkomst voor gezamenlijk onderzoek de monsters naar Michael Worobey in Tucson. Deze twee verhaallijnen lopen nu in elkaar over. Worobey kende als promovendus zowel Bill Hamilton in Oxford als een aantal Belgische, in infectieziekten gespecialiseerde biologen. Gedreven door zijn eigen belangstelling voor de oorsprong van hiv vergezelde Worobey Hamilton naar de DRK voor die laatste fatale veldwerktrip. Ze gingen erheen in januari 2000, tijdens de chaotische nasleep van de burgeroorlog waarbij president Mobutu Sese Seko vervangen was door president Laurent Kabila. Hamilton wilde feces- en urinemonsters van in het wild levende chimpansees verzamelen waarmee hij de OPV-theorie hoopte te kunnen bevestigen of weerleggen. Worobey had van zijn kant weinig fiducie in de OPV-theorie, maar wilde meer gegevens hebben waarmee hij de oorsprong en evolutie van hiv in kaart kon brengen. Het was een krankzinnige tijd in de DCR, krankzinniger dan gebruikelijk, omdat twee rebellenlegers die zich tegen Laurent Kabila verzetten nog een groot deel van de oostelijke helft van het land controleerden. Hamilton en Worobey vlogen naar Kisangani (voorheen Stanleyville), een regionale hoofdstad aan de bovenloop van de rivier de Kongo, dezelfde stad waar Koprowski met zijn vaccinatieproject was begonnen. Op dat moment was de stad in handen van door Rwanda gesteunde troepen op de ene oever van de rivier en van door Uganda gesteunde troepen op de andere oever. Commerciële luchtvaartmaatschappijen vlogen niet vanwege de oorlog, zodat de twee biologen een gecharterd vliegtuigje deelden met een diamanthandelaar. In Kisangani maakten ze hun opwachting bij de door Rwanda gesteunde commandant die het grootste deel van de stad controleerde, waarna ze zo snel mogelijk het woud in gingen waar ze tussen de luipaarden en de slangen een stuk veiliger zouden zijn. Geassisteerd door lokale gidsen verzamelden ze een maand lang monsters van uitwerpselen en urine van wilde chimpansees en toen ze ten slotte vertrokken, was Hamilton al ziek.

Noch hij noch Worobey wist hóé ziek, maar ze namen het eerste het beste vertrekkende vliegtuig, dat hen naar Rwanda bracht. Van daaruit wipten ze over naar Entebbe, in Uganda, waar Hamilton de onomstotelijke diagnose van falciparum malaria en enige therapie kreeg, waarna ze naar Nairobi vlogen en vanuit Nairobi naar London Heathrow. Inmiddels leek Hamilton de ergste fase van zijn ziekte achter de rug te hebben; hij voelde zich een stuk beter. Ze hadden hun missie volbracht en het leven was goed. Een Amerikaanse veldbioloog liet me een keer weten hoe hij zich op zulke momenten voelde. 'Dat is waar alles om draait: thuiskomen met het onderzoeksmateriaal.' Het onderzoek van deze man had ook de nodige gevaren meegebracht: schipbreuk, verhongering, verdrinking, slangenbeten, maar geen malaria en kalasjnikovs. 'Als je te veel risico's neemt, kom je niet thuis,' zei hij. 'Als je te weinig risico's neemt, krijg je geen gegevens in handen.' Hamilton en Worobey kregen de gegevens, kwamen thuis en merkten toen dat de koeltas met hun kostbare chimpanseemonsters bij het afhandelen van de bagage ergens tussen Nairobi en Londen verdwaald was.

Ik zocht Michael Worobey op in Tucson om dit alles uit zijn eigen mond te vernemen. 'Alles was in orde,' vertelde hij me, 'behalve dat we hadden ingecheckt met zes tassen, inclusief de koeltas met monsters, en dat er vijf tassen op de bagageband verschenen en de zesde, die met de monsters, verdwenen was.' Zijn vriend Hamilton, die zich de volgende ochtend weer ziek voelde, ging naar een ziekenhuis – en kreeg catastrofale bloedingen die misschien te wijten waren aan de ontstekingsremmende medicamenten die hij had ingenomen tegen de malariakoorts. Worobey belde en kreeg het nieuws te horen van de zus van Hamilton: Wie ben jij eigenlijk, waarom bel je, Bill ligt op sterven. Worobey had intussen via de telefoon intercontinentaal ruzie gemaakt met de bagageafhandelaar in Nairobi, die hem verzekerde dat de koeltas gevonden was en met de volgende vlucht zou arriveren. Wat er arriveerde was de koeltas van iemand anders, vol met broodjes. 'Dus dat was nog een extra stukje drama dat zich ontvouwde terwijl Bill in het ziekenhuis op sterven lag,' vertelde Worobey me. De juiste koeltas kwam twee dagen later, maar Hamilton was absoluut niet in staat om het mee te vieren. Hij onderging een reeks operaties en transfusies en daarna, na weken van strijd, stierf hij.

De fecesmonsters van Kongolese chimpansees waarvoor Hamilton zijn leven had gegeven, leverden geen SIV-positieve resultaten op. Een tweetal urinemonsters zat in het grensgebied voor antistoffen. Die resultaten waren niet duidelijk of spectaculair genoeg voor een publicatie. Goede gegevens zijn daar waar je ze vindt, niet altijd daar waar je ernaar kijkt. Enkele jaren later, toen de menselijke onderzoeksmonsters uit Kinshasa in Tucson arriveerden – die 813 kleine stukjes in paraffine gehuld weefsel, de monsters die J.J. Muyembe in een koffer mee naar België had genomen – was Michael Worobey paraat. Hij viste DRC60 eruit en dat vertelde een onverwacht verhaal.

93

In paraffine ingebedde klompjes oude orgaanmonsters screenen om viraal RNA te vinden is niet eenvoudig, zelfs niet voor een deskundige. Die blokjes, zei Worobey, bleken 'enkele bijzonder onaangename soorten weefsels te zijn om moleculaire biologie mee te bedrijven'. Het probleem was niet de drieënveertig jaar op kamertemperatuur in een stoffige tropische opslagruimte. Het probleem waren de chemicaliën die gebruikt waren om de weefsels te fixeren – het jarenzestigequivalent van de bekerglazen met methanol en xyleen die professor Kabongo me had laten zien. In die tijd gaven pathologen de voorkeur aan iets wat Bouin-fixatief heette, een krachtig mengseltje dat voornamelijk formaline en picrinezuur bevatte. Dat werkte goed voor het conserveren van de cellulaire structuur van weefsels, als zalm in gelei, zodat monsters in dunne plakjes konden worden gesneden en onderzocht onder een microscoop – maar het was een ramp voor de lange moleculen van het leven. Het deed DNA en RNA doorgaans in kleine fragmenten uiteenvallen, legde Worobey uit, waardoor nieuwe chemische verbindingen tot stand kwamen, met als gevolg 'een soort groot, warrig rotzooitje in plaats van een mooie kralenketting waar je moleculaire biologie op kunt loslaten'. Omdat het proces zo moeizaam verliep, screende hij slechts 27 van de 813 weefselblokjes uit Kinshasa. Onder die 27 vond hij er één met RNA-fragmenten die onmiskenbaar sporen van hiv-1 vertoonden. De competente Worobey zette door, ontwarde de rotzooi en paste de fragmenten aan elkaar om de sequentie van nucleotidebasen in elkaar te zetten die hij de naam DRC60 gaf.

Dat was het natte werk. Het droge werk, dat grotendeels gedaan werd door de computer, hield in dat DRC60 en ZR59 base voor base met elkaar vergeleken werden. Het impliceerde ook bredere vergelijkingen, waarbij ze beide binnen een stamboom van bekende sequenties van hiv-1 groep M werden geplaatst. De zin van dit soort vergelijkingen was dat je zo kon zien hoeveel evolutionaire divergentie er had plaatsgevonden. Hoe ver waren deze virusstammen uit elkaar gegroeid? Evolutionaire divergentie accumuleert door mutatie op het base-voor-baseniveau (ook op andere manieren, maar die zijn hier niet relevant) en zoals gezegd is bij RNA-virussen zoals hiv de mutatiegraad betrekkelijk hoog. Even belangrijk is dat de gemiddelde snelheid van hiv-1-mutatie bekend is – of in elk geval zorgvuldig kan worden geschat op basis van onderzoek aan vele stammen. Die mutatiesnelheid wordt gezien als de 'moleculaire klok' van het virus. Elk virus heeft zijn eigen tempo en daarom zijn eigen klok die het tiktakken van veranderingen meet. De mate van verschil tussen twee virusstammen kan zodoende duidelijk maken hoeveel tijd er is verstreken vanaf het moment dat ze gedivergeerd zijn van een gemeenschappelijke voorouder. Mate van verschil afgezet tegen klok is gelijk aan verstreken tijd. Zo berekenen moleculair biologen een belangrijke parameter die ze TRGV noemen: tijd tot recentste gemeenschappelijke voorouder.

Oké tot zo ver? Goed zo. Haal even diep adem. Want nu zullen deze brokjes kennis ons over een diepe kloof van moleculaire mysteriën voortstuwen naar een belangrijk wetenschappelijk inzicht. Daar gaan we.

Michael Worobey ontdekte dat DRC60 en ZR59, de monsters die bijna in hetzelfde jaar waren afgenomen bij mensen in Kinshasa, heel veel verschillen vertoonden. Beide vielen ze binnen het bereik van wat onmiskenbaar hiv-1 groep M was en geen van beide konden ze verward worden met groep N of groep O, en evenmin met het chimpanseevirus, siv_{cpz}. Maar binnen M waren ze ver uiteengegaan. Hoe ver? Nou, één deel van het genoom van beide versies vertoonde een verschil van 12 procent. En hoe verschillend was dat, gemeten in tijd? Iets van vijftig jaar, dacht Worobey. Op grond van een nauwkeurigere schatting plaatste hij de meest recente gemeenschappelijke voorouder van DRC60 en ZR59 in het jaar 1908, afgezien van een kleine foutenmarge.

Dus de oversprong had plaatsgevonden rond 1908? Dat is veel eerder dan wie dan ook had gedacht, en daarmee was het het soort ontdekking dat in een eerbiedwaardig tijdschrift als *Nature* belandt. In een in 2008, een eeuw na dato gepubliceerd artikel met een lijst van medeauteurs die de namen van Jean-Jacques Muyembe, Jean-Marie Kabongo en Dirk Teuwen vermeldde, schreef Worobey:

> Onze schatting van divergentietijden, met een evolutionaire tijdschaal die zich uitstrekt over meerdere decennia, plus de uitgebreide genetische afstand tussen DRC60 en ZR59, wijzen erop dat deze virussen zich ontwikkeld hebben uit een gemeenschappelijke voorouder die onder de Afrikaanse bevolking circuleerde aan het begin van de twintigste eeuw.

Tegen mij zei hij: 'Dit was geen nieuw virus bij mensen.'

Worobeys werk vormde een directe weerlegging van de OPV-hypothese. Als hiv-1 al in 1908 in mensen existeerde, dan was het duidelijk niet geïntroduceerd via vaccinatieproeven die van start waren gegaan in 1958. Duidelijkheid op dat punt was van grote waarde – maar dat was slechts een onderdeel van de bijdrage die Worobey leverde. Dat hij de cruciale oversprong een plaats in de tijd had gegeven, betekende een grote stap naar meer inzicht in het begin en de uitgroei van de aidspandemie.

94

Net zo belangrijk was dat de oversprong een plaats in de ruimte kreeg, en dat werd verwezenlijkt door een ander laboratorium. Beatrice Hahn is iets ouder dan Worobey en was al lang voordat hij DRC60 vond met haar onderzoek naar de oorsprong van aids begonnen.

De in Duitsland geboren Hahn behaalde in München de graad van doctor in de geneeskunde, vertrok in 1982 naar de Verenigde Staten en bracht als postdoc drie jaar door in het lab van Robert Gallo, waar ze onderzoek deed aan retrovirussen. Daarna verhuisde ze naar de University of Alabama in Birmingham, waar ze hoogleraar geneeskunde en microbiologie werd en mededirecteur van een centrum voor aidsonderzoek, met een groep slimme postdocs en promovendi die daar onder haar hoede werkten (ze bleef op deze universiteit van 1985 tot 2011, een periode die het grootste deel van het hier beschreven onderzoek omvat, waarna ze werkzaam was bij de medische faculteit van de University of Pennsylvania in Philadelphia). De rode draad door Hahns diverse onderzoeksprojecten en het doel dat ze met Worobey deelt, is het verwerven van inzicht in de evolutionaire geschiedenis van hiv-1, zijn verwanten en antecedenten. Het passendste etiket voor dat soort onderzoek is hoe Worobey het noemde toen ik hem vroeg naar een omschrijving van zijn vakgebied: moleculaire fylogenetica. Een moleculair fylogeneticus onderzoekt de nucleotidensequenties in het DNA of RNA van verschillende organismen tot in detail, door ze met elkaar te vergelijken en te contrasteren. Dat doet hij om dezelfde reden als een paleontoloog die fragmenten van versteende botten van uitgestorven gigantische reptielen, de sauriërs, nauwkeurig inspecteert, namelijk om het patroon van afstammingslijnen en het verloop van hun evolutionaire geschiedenis te leren kennen. Maar als de arts die ze ook is, heeft Beatrice Hahn nog een extra doel: uitzoeken wat voor functie de genen van hiv-1 vervullen bij het veroorzaken van ziekten, met het oog op vooruitzichten voor een betere behandeling, preventie en misschien zelfs genezing.

Uit Hahns laboratorium zijn de afgelopen twee decennia enkele zeer interessante artikelen voortgekomen, waarvan een groot deel verscheen met een junior onderzoeker als eerste auteur en Hahn als laatste, in de positie van mentor. Dat was het geval in 1999, toen Feng Gao een fylogenetische studie van siv_{cpz} en de relatie ervan met hiv-1 produceerde. In die tijd waren er slechts drie stammen van siv_{cpz} bekend, alle afkomstig van gevangen chimpansees, en daar voegde Gao's artikel een vierde aan toe. Het onderzoeksverslag verscheen in *Nature*, vergezeld van een redactioneel commentaar dat het betitelde als 'het tot nu toe meest overtuigende bewijs dat hiv-1 bij mensen terecht is gekomen via de chimpansee, *Pan troglodytes*'. In feite hadden Gao en zijn medewerkers meer gedaan dan hiv-1 terug te voeren naar de chimpansee; hun analyse van virusstammen koppelde het aan individuen van een bepaalde ondersoort, namelijk de Centraal-Afrikaanse chimpansee (*Pan troglodytes troglodytes*) wiens siv was overgesprongen en tot hiv-1 groep M was geworden. Die chimpansee leeft alleen in westelijk Centraal-Afrika, ten noorden van de rivier de Kongo en ten westen van de Oubangui. Zodoende werd in Gao's studie in feite niet alleen het reservoir maar ook het geografische gebied waarin aids moest zijn ontstaan geïdentificeerd. Het was een enorme ontdekking, zoals blijkt uit de kop van het commentaar van *Nature*: VAN PAN NAAR PANDEMIE. Feng Gao was op dat moment postdoc in Hahns laboratorium.

Maar omdat Gao zijn genetische vergelijkingen baseerde op virussen afkomstig van in gevangenschap levende chimpansees (zoals Martine Peeters eerder had gedaan), bleef het vleugje onzekerheid over infectie onder chimpansees in het wild in elk geval nog enkele jaren bestaan. Toen, in 2002, maakte Mario L. Santiago als eerste van een lijst met medeauteurs in *Science* de ontdekking van siv_{cpz} in het wild bekend. Santiago was een promovendus van Beatrice Hahn.

Het belangrijkste aspect van Santiago's onderzoek, waarvoor hij zijn welverdiende doctoraat kreeg, was dat hij op weg naar de opsporing van siv bij een enkele wilde chimpansee (slechts één dier van de 58 onderzochte exemplaren) zelf nieuwe opsporingsmethoden had bedacht. Die methoden waren 'niet-invasief', wat wil zeggen dat een onderzoeker geen chimpansee hoefde te vangen om zijn bloed af te nemen. De onderzoeker hoefde alleen maar dieren te volgen in het woud, onder ze te gaan staan als ze moesten pissen (of, wat nog beter was, een veldwerkassistent op die gele stortbui af sturen), monsters te verzamelen in buisjes en de monsters vervolgens te screenen op antistoffen. Dan blijkt dat urine bijna net zo veelbetekenend kan zijn als bloed.

'Dat was een doorbraak', vertelde Hahn me tijdens een gesprek in haar lab in Birmingham. 'We wisten niet zeker of het zou werken.' Maar Santiago nam het risico, verzon de technieken, en het werkte inderdaad. Het eerste monster met siv-positieve urine van een wilde chimpansee kwam uit 's werelds befaamdste chimpanseegemeenschap: die van het Gombe National Park in Tanzania, waar Jane Goodall haar historische veldonderzoek had gedaan, te beginnen in 1960. Dat monster kwam niet zo nauw overeen met hiv-1 als dat van Feng Gao en het was afkomstig van een individu van een andere ondersoort, de oostelijke chimpansee (*Pan troglodytes schweinfurthii*). Maar niettemin was het siv_{cpz}.

Het voordeel van bemonstering in Gombe, vertelde Hahn, was dat de chimpansees niet wegrenden. Ze waren echt wild, maar na vier decennia onderzoek door Goodall en haar opvolgers behoorlijk gewend geraakt aan de aanwezigheid van mensen. Voor gebruik elders was de urineonderzoekmethode niet geschikt. 'Weet je, dat komt doordat chimpansees die niet aan mensen gewend zijn niet zo dichtbij blijven dat je hun plas kunt opvangen.' Je zou natuurlijk hun poep van de woudbodem kunnen oprapen, maar fecesmonsters waren nutteloos als je ze niet op de een of andere manier conserveerde. Verse uitwerpselen bevatten namelijk een grote hoeveelheid proteasen, enzymen die het spijsverteringsproces bevorderen en het bewijs voor de aanwezigheid van een virus al lang zouden hebben vernietigd voordat je je laboratorium had bereikt. Dit zijn de restricties waarbinnen een moleculair bioloog die wilde dieren bestudeert zijn werk doet: de relatieve beschikbaarheid en andere parameters van bloed, poep en pis.

Een van Hahns andere jeugdige genieën, Brandon F. Keele, loste kort daarna het probleem van de verteerde fecesmonsters op. Hij deed dat door te sleutelen aan een vloeistofstabilisator, het zogeheten 'RNAlater', een door een bedrijf in Austin, Texas, vervaardigd commercieel product voor de conservering van nucleïnezuren in weefselmonsters. Het aardige van RNAlater is dat je deze naam gewoon letterlijk kunt nemen: met dit spul kunt je RNA uit een monster halen... later. Als het bij RNA in weefsels werkte, redeneerde Keele, dan kon het misschien ook werken bij antistoffen in de ontlasting. En dat was inderdaad het geval, nadat hij en zijn medewerkers de chemische complicaties hadden ontward waarmee het vrijmaken van die antistoffen uit het fixeermiddel gepaard ging. Deze techniek betekende een enorme uitbreiding van mogelijkheden voor screening bij in het wild levende chimpansees. Veldwerkassistenten konden nu honderden fecesmonsters verzamelen en die stuk voor stuk in een buisje met RNAlater scheppen, zodat die monsters – opgeslagen zonder koeling en naar een ver laboratorium getransporteerd – naderhand hun geheimen konden prijsgeven. 'Als we de antistoffen vinden, weten we dat chimpansees geïnfecteerd zijn,' vertelde Hahn me. 'En dan kunnen we ons concentreren op chimpansees waarvan we weten dat ze geïnfecteerd zijn en proberen om de virussen eruit te halen.' Screenen op antistoffen gaat gemakkelijk en snel. Uitvoeren van PCR-virusvermeerdering en de andere stappen die nodig zijn om fragmenten viraal RNA op te sporen, is veel omslachtiger. Met deze nieuwe methoden konden Hahn en haar team eerst een groot aantal exemplaren bekijken en dan meer gericht verder werken met een select groepje. Ze konden het kaf van het koren scheiden.

En ze konden hun onderzoeksgebied uitbreiden tot buiten Gombe. Ze konden opnieuw hun aandacht richten op de Centraal-Afrikaanse chimpansee, het dier waarvan het siv$_{cpz}$ de meeste overeenkomst vertoonde met hiv-1. Nu geassisteerd door Martine Peeters uit Montpellier, plus een aantal Afrikaanse contacten, verzamelden ze 446 monsters van chimpanseemest op diverse plekken in de wouden van het zuiden en zuidoosten van Kameroen, waarna die onder leiding van Brandon Keele in het laboratorium werden geanalyseerd. DNA-onderzoek wees uit dat bijna alle monsters afkomstig waren van Centraal-Afrikaanse chimpansees (hoewel enkele tientallen van chimpansees kwamen die tot een andere ondersoort behoorden, *Pan troglodytes vellerosus*, die iets ten noorden van een grote rivier voorkomt). Vervolgens zocht Keele naar bewijzen van het virus. De monsters leverden twee verrassende resultaten op.

95

Om te horen wat voor verrassingen dat waren, ging ik langs bij Brandon Keele, die tegen die tijd klaar was met zijn postdoc bij Hahn en nu onderzoek deed in een vestiging van het National Cancer Institute te Frederick, Maryland. Hij hield zich nog steeds bezig met virale fylogenetica en aids, als hoofd van een afdeling die de evolutie van virussen bestudeerde. Zijn nieuwe kantoor en laboratorium waren op het terrein van Fort Detrick, binnen dezelfde omheining als USAMRIID waar Kelly Warfield onderzoek naar het ebolavirus had gedaan en na haar ongeval drie weken in het Cachot had doorgebracht. Omdat ik deze keer zonder begeleider binnenkwam, doorzochten soldaten bij het wachthuisje de onderkant van mijn huurauto op een eventuele bom, voordat ze me doorlieten. Keele, die voor de deur van zijn gebouw stond te wachten en me zwaaiend beduidde waar ik moest zijn, droeg een keurig blauw overhemd en een spijkerbroek, zijn zwarte haar was glad naar achteren gekamd en op zijn kaken schemerde een baard van twee dagen. Hij is een lange jonge man, uiterst beleefd, opgegroeid en opgeleid in Utah. We zaten in zijn kleine werkkamer en bekeken een kaart van Kameroen.

De eerste verrassing die naar voren kwam uit de fecesmonsters was de hoge prevalentie van siv$_{cpz}$ in sommige gemeenschappen van Kameroense chimpansees. Twee die het hoogst scoorden, zei Keele, kwamen van plekken die aangeduid werden als Mambele (in de buurt van een kruispunt met die naam) en Lobeke (binnen een nationaal park). Terwijl alle monsters van chimpansees erop wezen dat siv-infectie zeldzaam was, vertoonden de monsters uit het zuidoosten van Kameroen een prevalentie van soms wel 35 procent. Maar ook daar was de prevalentie 'ongelijkmatig', zei Keele. 'We kunnen op een bepaalde plek honderden chimpanseemonsters verzamelen en toch niets vinden.' Maar ga je een ietsje verder naar het oosten, steek je daar een rivier over en verzamel je opnieuw monsters, dan gaat de prevalentie pijlsnel omhoog. Dat hadden ze niet verwacht. De prevalentieniveaus waren vooral hoog in de verste zuidoosthoek van het land, waar twee rivieren samenkomen en een wigvormige landsgrens vormen. Dit wigvormige gebied van Kameroen steekt naar beneden uit in de Republiek Kongo, het zuidoostelijke buurland. Die wig is een hotspot voor siv$_{cpz}$.

De tweede verrassing diende zich aan toen hij virusfragmenten uit de monsters had gehaald, die fragmenten had vermeerderd, ze had gesequencet en de genetische sequenties had ingevoerd in een programma dat deze nieuwe stammen moest vergelijken met vele andere bekende stammen van siv en hiv. Het programma drukte zijn vergelijkingen uit in de vorm van een meest waarschijnlijke fylogenese – een stamboom. Keele herinnerde zich nog goed dat hij zat te kijken naar de resultaten voor een bepaalde chimpansee, een individu met het label LB7 wiens feces verzameld waren op de locatie Lobeke. 'We waren gewoon geschokt,' zei hij. 'Ik bedoel, ik had tien mensen rond mijn computer, die allemaal stonden te wachten hoe die sequentie eruit zou zien.' Ze zag eruit als het aidsvirus.

Toen zijn computer zijn laatste boom afleverde, was de uit LB7 geïsoleerde populatie van siv$_{cpz}$ te zien als een twijgje in het midden van dezelfde kleine tak waarop alle bekende menselijke stammen van hiv-1 groep M zaten (in wetenschappelijk jargon viel het binnen dezelfde *clade*, ofwel monofyletische groep). Het was op dat moment het 'dichtst in de buurt komende geval' van een evenbeeld, vertelde Keele me, dat ooit bij een in het wild levende chimpansee gevonden was. 'En daarna vonden we er nog meer, snap je? Hoe meer we groeven, hoe meer we er vonden.' De andere vrijwel identieke tegenhangers kwamen uit datzelfde kleine gebied: het zuidoosten van Kameroen. Een bloedstollende, historische openbaring, waar Keele en zijn collega's dolblij mee waren. 'Verzinnen kun je 't niet,' zoals Beatrice zou zeggen. 'Zoiets is bijna te mooi om waar te zijn.' Hun blijdschap duurde ongeveer tien seconden, waarna iedereen begerig werd naar nog meer monsters en nog meer resultaten. Je feestje is altijd voorlopig, zei Keele, totdat je het artikel hebt geschreven en van de redactie van *Science* het felicitatiekaartje krijgt met de boodschap dat ze het zullen plaatsen.

Keele en zijn team sequenceten nu het complete genoom (niet alleen fragmenten) van vier monsters die allemaal verzameld waren in hetzelfde gebied, en op die sequenties lieten ze weer hun genetische analyses los. Opnieuw stelden ze vast dat het nieuwe siv_{cpz} een verrassende gelijkenis vertoonde met hiv-1 groep M. Het leek er zo sterk op dat er bijna geen kans bestond dat elke andere, nog niet ontdekte variant er nog sterker op zou lijken. Hahns lab had de geografische oorsprong van de pandemie gelokaliseerd.

96

Dat wat betreft de vraag naar waar en wanneer. Aids was begonnen met een oversprong van één chimpansee op één mens in het zuidoosten van Kameroen, niet later dan 1908 (afgezien van een geringe marge) en breidde zich vanaf dat punt traag maar onverbiddelijk verder uit. Dan resteert nog onze derde vraag: hoe?

Het Keele-artikel verscheen op 28 juli 2006 in *Science*, met de titel 'Chimpanzee Reservoirs of Pandemic and Nonpandemic HIV-1' ('Chimpanseereservoirs van pandemisch en niet-pandemisch hiv-1'). Brandon Keele was de eerste auteur, met de gebruikelijke lijst van medeauteurs, onder wie Mario Santiago, Martine Peeters, een aantal partners uit Kameroen en opnieuw als laatste Beatrice H. Hahn. De gegevens waren fascinerend, de conclusies weldoordacht, de bewoordingen behoedzaam en gereserveerd. Maar tegen het eind lieten de auteurs hun hypothetische toon varen:

> We laten hier zien dat de siv_{cpzPtt}-stam die leidde tot hiv-1 groep M, tot een virusgeslacht behoorde dat vandaag de dag persisteert in *P. t. troglodytes*-mensapen in het zuidoosten van Kameroen. Dat virus werd waarschijnlijk lokaal overgedragen. Van daaruit lijkt het zich via de rivier de Sanga (of andere zijrivieren) een weg naar het zuiden te hebben gebaand, naar de rivier de Kongo en verder door naar Kinshasa, waar de groep M-pandemie waarschijnlijk is op komen zetten.

Maar de formulering 'lokaal overgedragen' was niet erg duidelijk. Welk mechanisme, welke omstandigheden? Hoe konden die cruciale gebeurtenissen plaatsvinden en door blijven gaan?

Hahn had die kwestie samen met drie medeauteurs al in 2000 aangeroerd, toen ze voor het eerst opperde dat aids een zoönose was: 'Bij mensen levert rechtstreekse blootstelling aan bloed en afscheidingsproducten van dieren als gevolg van jagen, slachten of andere activiteiten (zoals consumptie van ongekookt besmet vlees) een plausibele verklaring voor de overdracht.' Ze zinspeelde op de gewonde-jagerhypothese. Meer recentelijk roerde ze dit thema opnieuw aan: 'De meest waarschijnlijke weg voor overdracht van een chimpansee naar een mens zal die van blootstelling aan besmet bloed en lichaamsvloeistoffen bij het slachten van bushmeat zijn geweest.' Een man doodt een chimpansee, vilt hem en hakt hem aan stukken, waarbij hij bloed-met-bloedcontact ondergaat door een snee in zijn hand. Siv$_{cpz}$ overschrijdt de soortgrens, gaat van chimpansee naar mens, vestigt zich in de nieuwe gastheer en wordt hiv-1. Hoe dit precies gebeurt weten we niet, maar het is een aannemelijk voorval en het past bij de vastgestelde feiten. Een of andere variant van het gewonde-jagerscenario, die zich in 1908 afspeelde in een woud in het zuidoosten van Kameroen, zou niet alleen een verklaring vormen voor de gegevens van Keele, maar ook voor de tijdlijn van Michael Worobey. Maar wat dan? Eén man in het zuidoosten van Kameroen is geïnfecteerd.

'Als de oversprong daar heeft plaatsgevonden,' vroeg ik aan Hahn, 'hoe kwam het dan dat de epidemie is begonnen in Kinshasa?'

'Ja kijk, er zijn veel rivieren die vanuit dat gebied naar Kinshasa stromen,' zei ze. 'En het idee, de hypothese is dat het virus zich zo verplaatste – in mensen, niet in mensapen. Het waren geen mensapen die in de kano stapten voor een bezoekje aan Kinshasa. Het waren hoogstwaarschijnlijk mensen die het virus daarheen brachten.' Natuurlijk, gaf ze toe, bestond er een kleine kans dat iemand een gevangen en geïnfecteerde levende chimpansee helemaal uit de Kameroense wig had meegenomen – 'maar volgens mij is dat zeer onwaarschijnlijk'. Waarschijnlijker is dat het virus meeliftte met mensen.

In deze hypothetische visie hielden seksuele contacten in de dorpen de keten van infecties in stand, zij het op een laag pitje, en barstte de ziekte lange tijd niet los in de vorm van een duidelijk merkbare uitbraak. Als iemand overleed aan immunodeficiëntie, zal die dood vermoedelijk niet opgevallen zijn te midden van alle andere doodsoorzaken. Het leven was hard, het leven was gevaarlijk, de levensverwachting kort, ook zonder de nieuwe ziekte, en veel van die eerste hiv-positieve mensen kunnen door andere oorzaken bezweken zijn voordat hun immuunsysteem het begaf. Er was geen epidemie. Maar de infectieketen hield zichzelf in stand. R_0 bleef groter dan 1,0. Het virus heeft zich blijkbaar op dezelfde manier verplaatst als de mensen in die dagen deden: voornamelijk via de rivier. Het vertrok uit het zuidoosten van Kameroen langs de bovenloop van de Sanga, daarna via de rivier de Sanga naar de rivier de Kongo en daarna via de Kongo naar Brazzaville en Léopoldville, de twee koloniale steden aan weerszijden van het meer dat toen nog Stanley Pool heette. 'Zodra het een stedelijke populatie bereikte,' zei Hahn, 'kreeg het een kans om zich te verspreiden.'

Maar nog altijd bewoog het zich langzaam, als een locomotief die net het station uit komt. In Léopoldville woonden in 1908 minder dan 10 000 mensen en Brazzaville was nog kleiner. Seksuele zeden en wisselende contacten waren niet gelijk aan wat gangbaar was in de jungle, maar nog lang niet zo ongelijk als ze zouden worden. De R_0 voor het virus moet zijn blijven schommelen rond 1,0. De jaren verstreken en meer mensen trokken naar de steden, aangetrokken door het vooruitzicht van betaald werk of de kans om hun handel te slijten. Gewoonten en mogelijkheden veranderden. Niet alleen mannen maar ook vrouwen kwamen naar de steden, hoewel in veel mindere mate, en van hen die wel kwamen belandde een niet gering aantal in de seksindustrie.

Rond 1914 woonden er in Brazzaville ongeveer 6000 mensen en was de stad 'een lastig missiegebied', aldus een Zweedse zendeling, waar 'honderden vrouwen uit Boven-Kongo professionele prostituees zijn'. De mannelijke bevolking bestond uit Franse ambtenaren, soldaten, handelaren en arbeiders, en die overtroffen de vrouwen waarschijnlijk ruimschoots in aantal, dankzij het koloniale beleid dat getrouwde mannen die hier kwamen werken ontmoedigde om hun gezin mee te nemen. Die onbalans tussen de geslachten versterkte de vraag naar commerciële seks. Maar het karakter van de betaalde gunsten was in die eerste jaren over het algemeen anders dan wat het woord 'prostituee' vermoedelijk oproept: pijnlijk efficiënte, patsboem-contacten met een lange rij vreemden. In plaats daarvan waren er alleenstaande vrouwen – die in het Lingala bekendstonden als *ndumba*'s en in het Frans als *femmes libres*, 'vrije vrouwen', ter onderscheiding van echtgenotes of dochters – die hun klanten een hele serie diensten aanboden, variërend van gesprekken en seks tot kleren wassen en koken. Een zo'n ndumba had misschien slechts twee of drie mannelijke vrienden, die geregeld terugkwamen en haar solvabel hielden. Een andere variant was de *ménagère*, een 'huishoudster' die samenleefde met een blanke koloniale functionaris en meer deed dan alleen maar huishouden. Commerciële arrangementen, jazeker, maar geen netwerk van buitensporige promiscuïteit dat ertoe kon leiden dat een seksueel overdraagbaar virus zich op grote schaal verspreidde.

Intussen was de ongelijke verdeling van de seksen aan de overkant van het meer in Léopoldville nog groter. Deze stad was in wezen een werkkamp onder toezicht van de Belgische bestuurders, gezinnen waren er niet welkom en in 1910 woonde er slechts één vrouw op de tien mannen. Reizen door de regio en vestiging in Léopoldville waren onderhevig aan strenge restricties, vooral voor volwassen vrouwen, hoewel het sommige vrouwen lukte om valse documenten te krijgen of de politie te ontwijken. Als je een rusteloos, met enige verbeeldingskracht gezegend meisje in een van de dorpen was, iemand die slecht werd gevoed en slecht werd behandeld, dan kon een bestaan als ndumba in Léopoldville best aantrekkelijk hebben geleken. Maar ook in dit geval was commerciële seks, zelfs met tien hitsige mannen voor iedere vrouw, niet iets wat plaatsvond in bordelen of middels straatprostitutie. Vrije vrouwen hadden hun speciale vrienden, hun klanten, misschien een paar tegelijk, maar er was geen duizelingwekkende cumulatie van veelvuldige wisselende seksuele contacten – nog niet. Een expert noemde dit 'een weinig risicovol soort prostitutie' wat betreft de kansen op hiv-overdracht.

Léopoldville had ook een bloeiende markt voor gerookte vis. Er werd handel gedreven in ivoor, rubber en slaven, voor de export, met winsten die tot ver in de koloniale tijd vooral naar blanke concessiehouders gingen. Tussen de Stanley Pool en de riviermonding lagen een diepe kloof en een stel afschrikwekkende stroomversnellingen die beide steden van de Atlantische Oceaan scheidden, maar dat isolement werd in 1898 doorbroken door de aanleg van een stuk spoorlijn dat de rivier overbrugde, wat voor meer goederen en handel zorgde, wat weer voor meer mensen zorgde, en in 1920 verving Léopoldville een stroomafwaarts gelegen stadje als hoofdstad van Belgisch Kongo. In 1940 was het aantal inwoners inmiddels aangegroeid tot 49 000. Daarna werd de demografische curve een stuk steiler. Tussen 1940 en de onafhankelijkheid in 1960 groeide de stad explosief en herbergde hij uiteindelijk ongeveer 400 000 mensen. Léopoldville werd Kinshasa, een twintigste-eeuwse Afrikaanse metropool waar het leven heel anders was dan wat er omging in een Kameroens dorp. De tienvoudige bevolkingstoename en de daarmee gepaard gaande veranderingen in sociale relaties hebben waarschijnlijk een belangrijke bijdrage geleverd aan de vliegende start die hiv 'opeens' had. In 1959 werd de ZR59-drager geïnfecteerd en een jaar later in dezelfde stad ook de drager van DRC60. Inmiddels was het virus dermate vermeerderd, gemuteerd en gediversifieerd dat DRC60 en ZR59 heel verschillende stammen vertegenwoordigden. Het kan niet anders of R_0 lag nu een stuk boven 1,0 en de nieuwe ziekte begon zich te verspreiden – door de twee steden en uiteindelijk nog verder. 'Weet je,' zei Hahn, 'een virus was op het juiste moment op de juiste plaats.'

Toen ik begin 2007 Keeles presentatie van het chimpanseemateriaal en de analyse ervan las, viel mijn mond open van verbazing. Deze mensen hadden *Ground Zero*, zo niet *Patient Zero* gelokaliseerd. En toen ik op de kaart keek – Figuur 1 in Keeles artikel, die de Kameroense wig en de omgeving ervan liet zien – zag ik plaatsen die ik kende. Een dorp waar ik geslapen had. Een rivier die ik had bevaren in een gemotoriseerde boomstamkano. Het bleek dat we zeven jaar eerder, toen ik met Mike Fay door het Kongobekken trok, niet alleen door ebolaland gesjouwd hadden, maar ook vlak bij de bakermat van aids waren geweest. Na mijn gesprek met Beatrice Hahn bedacht ik dat het misschien verhelderend zou werken als ik er weer naartoe ging.

97

We waren bij zonsopgang uit Douala vertrokken om de drukte voor te zijn en reden nu naar het oosten, met onze spullen onder dekzeilen weggeborgen in de open bak van de oude maar robuuste pick-up. Moïse Tchuialeu was mijn chauffeur, Neville Mbah mijn Kameroense manusje-van-alles en Max Mviri uit de Republiek Kongo was meegekomen om dingen te regelen als we weer zijn land binnenkwamen in de loop van de waanzinnige lusvormige trip die ik had gepland. Max en ik waren de avond tevoren met het vliegtuig uit Brazzaville gekomen. We waren een opgewekt viertal, blij dat we na de drukte van de voorbereidingen nu eindelijk langs de gesloten winkels en de billboards naar de oostelijke stadsrand reden waar het verkeer in een waas van blauwe dieseluitlaatgassen steeds dichter werd en de markten aan de buitenkant van de stad al klaar waren voor de verkoop van van alles en nog wat, van ananas tot belminuten. De N3 zou ons rechtstreeks naar Yaoundé, de hoofdstad van Kameroen, brengen en daarvandaan zouden we weer een andere grote tweebaansweg nemen.

Tijdens een pauze rond het middaguur in Yaoundé had ik een gesprek met een zekere Ofir Drori, het hoofd van een ongewone actiegroep met de naam LAGA (de Last Great Ape Organization) die overheidsinstellingen in Centraal-Afrika helpt bij het handhaven van hun wetten ter bescherming van in het wild levende dieren. Ik wilde Drori graag spreken, omdat ik wist dat LAGA zich vooral richtte op het probleem van de jacht op mensapen, gewild vanwege hun vlees, de bushmeat. Ik trof een magere Israëlische expat met donkere, alerte ogen en een piepklein sikje. Met zijn zwarte shirt, zwarte spijkerbroek, zwarte paardenstaart en een oorbel, zag hij eruit als een rockmuzikant of op zijn minst een hippe New Yorkse ober. Maar hij leek me een serieuze vent. Als een op avontuur beluste achttienjarige was hij naar Afrika gegaan, vertelde Drori me, en was hij in Nigeria betrokken geraakt bij activiteiten op het gebied van de mensenrechten, waarna hij naar Kameroen verhuisde waar hij eerst wat gorilla-journalistiek (of was het *guerrilla*-journalistiek?) had bedreven en daarna een gepassioneerd organisator van acties tegen stroperij was geworden. Hij had LAGA opgericht, zei hij, omdat de handhaving van tegen stropen gerichte wetten in Kameroen al jaren nergens op leek: het gebeurde gewoon niet. De groep biedt nu technische ondersteuning voor onderzoeken, razzia's en arrestaties. In Kameroen kun je voor eigen gebruik legaal jacht maken op duikerbokken en talrijke andere onbeschermde dieren, maar mensapen, olifanten, leeuwen en nog enkele andere dieren worden beschermd door de wet – en in toenemende mate door daadwerkelijke handhaving. Daders worden nu eindelijk gepakt en verdwijnen zelfs in de gevangenis voor de handel in mensapenvlees en ander verboden woudwild. Drori gaf me een LAGA-nieuwsbrief met een beschrijving van hun activiteiten om het stropen van chimpansees en gorilla's te stuiten, en hij waarschuwde me voor de mythe dat de jacht op mensapen een probleem is omdat de lokale bevolking honger lijdt. In werkelijkheid, zo zei hij, eet de lokale bevolking duikerbokken, ratten, eekhoorns of kleine apen – als ze al vlees eten – terwijl al het fraais, de illegale lekkernijen, de lichaamsdelen van chimpansees, de hompen olifantenvlees en de nijlpaardlapjes naar de grote steden verdwijnen, waar in de betere kringen veel vraag is naar deze artikelen en de extreem hoge prijzen de risico's van stroperij en illegale transporten rechtvaardigen. 'Wat echt geld oplevert, dat zijn de beschermde soorten,' zei hij. 'Dingen die zeldzaam zijn.' Dat klonk alsof hij het over het Tijdperk van de Wildlust in het verre zuidelijke China had.

Drori's nieuwsbrief maakte melding van een inval in een verborgen opslagruimte in een treinstation, waar ten minste drie verschillende handelaren gebruik van maakten. In de ruimte stonden zes koelkasten en tussen de in beslag genomen smokkelwaar zat ook een chimpanseehand. Een andere actie, gericht tegen een handelaar met in zijn auto vijftig kilo marihuana en een jonge chimpansee met een schotwond, wees op het bestaan van gediversifieerde groothandelspraktijken. En als chimpanseevlees richting geld gaat, doen chimpanseevirussen dat vermoedelijk ook. 'Als je aan besmetting denkt,' zei hij, wetende dat ik dat deed, 'denk dan niet alleen aan dorpen.' Elke chimpansee die in de zuidoosthoek van het land gedood wordt, inclusief een SIV-positief individu, kan gemakkelijk hier in Yaoundé eindigen waar hij in een achterafsteegje als vlees wordt verkocht of geserveerd wordt in een uitermate onopvallend restaurant.

We verlieten de stad in het begin van de middag en reden verder naar het oosten, tegen de stroom van vrachtwagens in die op de tegenovergestelde rijbaan op ons af kwamen denderen, stuk voor stuk maximaal beladen met vijf of zes gigantische boomstammen. Ergens in die dunbevolkte uithoek van het land werden oeroude wouden weggemaaid. Rond zonsondergang bereikten we het stadje Abong Mbang en stopten we bij het beste plaatselijke hotel, wat stromend water en een gloeilamp betekende. De volgende morgen hield het asfalt buiten Abong Mbang na een uur rijden op, hoewel de vrachtwagens met boomstammen ons tegemoet bleven komen, nu over een lint van roestige rode leem. De temperatuur klom rond de middag naar tropische hitte en overal waar we door een kortdurende regenbui werden overvallen, wasemde de weg roodkleurige damp uit. Elders was het landschap zo droog dat de felle windvlagen van passerende voertuigen een poederachtig rood leemstof deden opwaaien dat de bomen aan de kant van de weg overdekte met een soort bloederige rijp. We stuitten op een politiecontrolepost en ondergingen lijdzaam een routineuze, maar vervelende inspectie waar Neville doortastend op reageerde door twee telefoontjes met invloedrijke contacten te plegen en te weigeren het verwachte smeergeld te betalen, waarna het hem op de een of andere manier toch lukte onze paspoorten na slechts een uur weer terug te krijgen. Deze man weet van wanten, dacht ik. De weg versmalde zich nu tot een arseenachtig rode strook, nauwelijks breder dan een met boomstammen beladen vrachtwagen, zodat we rakelings langs de hoge berm scheerden als we er een tegenkwamen, en aan beide kanten werd het woud steeds dichter. Rond de middag staken we de rivier de Kadéï over, die zich groen, bruin en traag naar het zuidoosten slingerde, wat ons eraan herinnerde dat we nu bij het hoger gelegen gedeelte van het Kongobekken kwamen. De dorpen waar we doorheen reden werden kleiner en zagen er steeds soberder en armer uit, met weinig moestuinen, weinig vee, bijna niets te koop, behalve bananen, mango's of een kom witte maniokschijfjes in een onbemand kraampje. Af en toe rende een geit of een kip onze kant op. Naast vrachtwagens met boomstammen kwamen we nu ook diepladers met vermalen hout tegen, en ik moest eraan denken dat ik een keer gehoord had dat zulke vrachtwagens soms een verborgen lading bushmeat vervoerden en voortdenderden naar de zwarte markten van Yaoundé en Douala. (Karl Ammann, een fotograaf en activist, documenteerde die tactiek met een foto die hij had genomen op een kruispunt in het zuidoosten van Kameroen op het moment dat een vrachtwagenbestuurder de armen en benen van een chimpansee uit zijn motorcompartiment laadde. De foto verscheen in een boek van Dale Peterson, getiteld *Eating Apes* ('Mensapen eten'), waarin Peterson schatte dat de menselijke bevolking van het Kongobekken ongeveer 5 miljoen ton bushmeat per jaar consumeert. Een groot deel van dat wilde vlees – maar niemand weet precies hoeveel – verdwijnt uit het woud als smokkelwaar in vrachtwagens.) Afgezien van de vrachtwagens was er vandaag op dit gedeelte van de rode leem bijna geen verkeer. Laat in de middag bereikten we Yokadouma, een stad met een paar duizend inwoners. De naam betekent 'Gevallen Olifant', wat vermoedelijk de plaats van een memorabele slachtpartij markeert.

We vonden een lokaal kantoor van het World Wildlife Fund en binnen troffen we twee volijverige Kameroense employés, die Zacharie Dongmo en Hanson Njiforti heetten. Zacharie liet me een digitale kaart zien met daarop de distributie van chimpanseenesten in deze zuidoosthoek van het land, die drie nationale parken omvat: Boumba Bek, Nki en Lobeke. Een chimpanseenest is niet meer dan een klein platform van gevlochten takken, vaak in de vork van een wat kleinere boom die de chimpansee net genoeg steun biedt om comfortabel te kunnen slapen. Elk individu maakt elke avond voor zichzelf zo'n nest, hoewel een moeder het deelt met een babychimpansee. Zulke nesten blijven na eenmalig gebruik nog wekenlang intact en daardoor kunnen biologen de omvang van chimpanseepopulaties schatten, gewoon door die nesten te turven. Het patroon op de kaart van Zacharie was duidelijk: een hoge dichtheid van nesten (en dus van chimpansees) binnen de parken, een lage dichtheid buiten de parken en helemaal niets in gebieden grenzend aan de wegen naar Yokadouma. Dat kwam door de houtkap en de jacht op bushmeat. Houtkap brengt wegen, arbeiders en vuurwapens tot diep in het woud, en bijgevolg verdwijnt het dode wild uit het woud. Zacharie en Hanson legden het uit als een informele, ad-hocvorm van handel. 'Het merendeel van de illegale handel gaat van man tot man,' zei Hanson. 'Een stroper komt je tegen en zegt dat hij vlees voor je heeft.' Maar de handel gaat ook van vrouw tot man, voegde hij eraan toe: een groot deel van de handel wordt gepleegd door 'koop-en verkoopsters', vrouwen die als kleine handelaars van het ene dorp naar het andere trekken en openlijk in stoffen, kruiden of andere waren handelen, en heimelijk in bushmeat. Zo'n vrouw koopt het rechtstreeks van de jager, betaalt vaak in kogels of patronen voor jachtgeweren en verkoopt het aan eenieder aan wie ze het kwijt kan. De handel verloopt betrekkelijk gemakkelijk; veel van deze vrouwen hebben een mobieltje. En er zijn allerlei trucs, zei Hanson, om het vlees mee te smokkelen. Je kunt het, bijvoorbeeld, verstoppen in een vrachtwagen met cacaobonen, een marktgewas in deze regio. De politie en de wildbeheerders krijgen tips en kunnen dan een vrachtwagen aanhouden en doorzoeken, maar wel met een zeker risico voor henzelf. Als je een vrachtwagen laat stoppen en eist dat die wordt gelost en er blijkt geen illegale lading te zijn, zei Hanson, 'dan kan de man je laten vervolgen. De informatie moet heel goed zijn.' Juist daarom is Ofir Drori's netwerk zo nuttig gebleken.

De meeste stropers, voegde Zacharie eraan toe, behoren tot de Kakao, een stam uit het noorden met een sterke voorliefde voor bushmeat. Velen van hen zijn hier in het zuidoosten beland, aangetrokken door aangetrouwde familieleden of de kansen die het oerwoud biedt. Het pygmeeënvolk van de Baka daarentegen kent traditionele restricties op het eten van mensapen, omdat men vindt dat die te dicht bij de mens staan. In feite, vermoedde Zacharie, werden er hier in de buurt waarschijnlijk minder mensapen gegeten dan in sommige andere delen van het land – met uitzondering van de rituele consumptie van stukken mensaap door de Bakwele in verband met een bepaalde initiatieceremonie voor opgroeiende jongens. En met die losse opmerking van Zacharie hoorde ik voor het eerst van een Bakwele-ritueel dat *beka* heette.

We bleven twee nachten en een dag in Yokadouma hangen, voor mij lang genoeg om door de onverharde straten te lopen, te genieten van het betonnen beeld van een olifant dat de rotonde in het centrum van de stad sierde, een foto te nemen van een beklagenswaardig schubdier dat op het punt stond omwille van zijn vlees geslacht te worden en om met iemand te spreken die me wat meer over beka vertelde. Deze man, wiens naam ik niet zal noemen, schreef een kort verslag over dit onderwerp dat zijn organisatie weigerde te publiceren. Hij gaf me een kopie. Ja, zei hij, de Bakwele hier in het zuidoosten gebruiken chimpansee- en gorillavlees bij hun beka-ceremonie. Ze zijn vooral tuk op de armen van chimpansees. Met als gevolg, zo zei hij, dat 'chimpansees steeds schaarser worden'. Zo schaars dat nu vaak gorilla-armen als vervanging worden gebruikt.

In zijn rapport beschreef hij een typische beka-initiatie, compleet met geslachte schapen en kippen, de hals van een schildpad (omdat die op een penis lijkt) en 'maagdelijke meiden' die deelnemen aan een langdurige prelude die leidt naar een climax om vier uur in de ochtend. De jongen die ingewijd gaat worden, is gekleed in bladeren en krijgt stimulerende middelen die hem wakker moeten houden. De hele nacht klinken de trommels, totdat de jongen nog voor zonsopgang naar een speciaal gedeelte van het woud wordt gebracht waar hij verplicht het hoofd moet bieden aan twee chimpansees. Een deel van wat volgt lijkt een symbolische opvoering te zijn, een ander deel is bloedserieuze realiteit. 'Er wordt op een gong geslagen,' aldus een Bakwelehoofdman die dit aan mijn informant vertelde, 'uit het woud klinkt een stem en twee chimpansees reageren daarop. De mannelijke chimpansee komt als eerste uit het woud en raakt het hoofd van de jongen aan. De vrouwelijke chimpansee duikt enkele minuten later op en van de jongen wordt dan verwacht dat hij haar doodt.' Bij het aanbreken van de dag neemt de jongen een bad, blijft vervolgens op en neer lopend en vol verwachting tot laat in de middag wakker, en op dat punt komt de besnijder op hem af met een zelfgemaakt mes. 'Ik heb mijn wond nog vijfenveertig dagen daarna verzorgd,' had een inwijdeling gezegd. Maar nu was hij wel een man, geen jongen meer. In het ongepubliceerde verslag werd hieraan toegevoegd:

> Tot voor kort gebruikten de Bakwele chimpansees voor dit ritueel. Ze beweren dat twee chimpansees konden worden gebruikt voor de besnijdenis van maar liefst zesendertig personen. Ze amputeren de armen van de chimpansees. Dit deel van het dier wordt opgegeten door de oudsten van het dorp. De laatste tijd echter kiezen de Bakwele door de schaarste aan chimpansees voor gorilla's.

Acht gorilla-armen waren onlangs in beslag genomen toen een stroper voor boswachters vluchtte en het vlees achterliet in een zak. De armen waren bestemd voor een op handen zijnde beka. 'We kunnen niet zonder deze dieren,' klaagde het Bakwele-opperhoofd, 'als we dit belangrijke traditionele ritueel moeten voltrekken.'

Het is niet neerbuigend bedoeld jegens de Bakwelecultuur als ik hier opmerk dat chimpansees slachten om hun armen op te eten, als onderdeel van een oud en bloedig ritueel, een heel goede manier zou kunnen zijn om siv_{cpz} te verwerven. Aan de andere kant hoeft beka daar niet voor nodig te zijn geweest in een natuurlijke omgeving die zo schraal en weerbarstig was als het zuidoosten van Kameroen in 1908. Pure honger kan net zo goed verantwoordelijk zijn geweest voor de oorspronkelijke oversprong.

98

Dertig kilometer verder naar het zuiden stopten we bij een kruising, het zogenoemde knooppunt Mambele, met in het midden een rotonde die afgebakend werd door drie, als munten op elkaar gestapelde vrachtautobanden. In een klein kroegje nuttigden we bij het licht van een kerosinelantaarn een maaltijd van gerookte vis (ik hoopte althans dat het gerookte vis was) in pindasaus, waar we warm Mützigbier bij dronken. Dit was toevallig de plek waar Karl Ammann de chimpanseearmen zag die verstopt zaten onder de motorkap van een met boomstammen beladen vrachtwagen. Het was ook een van de plaatsen die in Brandon Keeles artikel over chimpansees als bron van hiv-1 werd vermeld. Gebleken was dat fecesmonsters van chimpansees die daar in de buurt verzameld waren een hoge prevalentie van het virus in zijn meest fatale vorm vertoonden. Ergens vlakbij was het Ground Zero van de aidspandemie.

Na het eten gingen mijn metgezellen en ik weer naar buiten en bewonderden we de avondhemel. Hoewel het zaterdagavond was, stelden de lichtjes van knooppunt Mambele niet veel voor en konden we, ondanks hun zwakke schijnsel, niet alleen de Grote Beer, de Gordel van Orion en het Zuiderkruis, maar hoog boven ons hoofd ook de Melkweg zien als een brede lichtende band aan de hemel. Je weet dat je in een of ander godvergeten gat bent als ons sterrenstelsel zichtbaar is in het dorpscentrum.

Twee dagen later had ik in een nabijgelegen onopvallend gebouw dat als hoofdkwartier van Lobeke National Park diende een ontmoeting met de *conservateur*, de directeur van het natuurpark, een man met een glanzend kaal hoofd, die Albert Munga heette en een gebloemd overhemd en een (niet bijpassende) gebloemde broek droeg. Hij bleef enkele minuten onverstoorbaar in de papieren op zijn bureau rommelen, voordat hij zich verwaardigde mij een blik toe te werpen, waarna hij een poos nogal koeltjes bleef reageren op mijn vragen over chimpansees. De airconditioning in het kantoor draaide op volle toeren, wat de algehele koele sfeer leek te versterken. Maar na een halfuur was de heer Munga blijkbaar warmgedraaid: hij werd toeschietelijker, gaf me niet alleen concrete informatie, maar maakte me ook deelgenoot van zijn zorgen. De omvang van de mensapenpopulatie in het park (zowel chimpansees als gorilla's) was vanaf 2002 abrupt afgenomen, vertelde hij me: van ongeveer 6300 tot 2700 dieren. Commerciële stropers waren het probleem, en volgens hem kwamen ze voornamelijk naar binnen over de oostelijke grens van het park, de rivier de Sanga, die toevallig ook de zuidoostelijke grens van Kameroen vormt. Voorbij de Sanga liggen de Centraal-Afrikaanse Republiek en iets verder naar het zuiden de Republiek Kongo, twee landen die de afgelopen twintig jaar door opstand en oorlog werden geteisterd. Die politieke conflicten hadden militaire wapens (in het bijzonder kalasjnikovs) naar de regio gebracht, waardoor het beschermen van dieren steeds moeilijker was geworden. Bendes goed bewapende stropers steken de rivier over, maaien olifanten en alles wat ze verder nog tegenkomen neer, hakken het ivoor en het olifantenvlees los, zagen de koppen en ledematen van de mensapen af, nemen de kleinere dieren in hun geheel mee en steken de rivier weer over. Of ze laden hun buit in een boot en varen de rivier af. 'Er is enorm veel bushmeatverkeer op de Sanga,' vertelde Munga me, 'en de bestemming is Ouesso.’ De vlak over de grens gelegen Kongolese stad Ouesso, een rivierhavenstad met zo’n 28 000 inwoners, is een belangrijk handelsknooppunt aan de bovenloop van de Sanga. Beslist niet toevallig was dat ook mijn bestemming.

Toen ik uit het kantoor van meneer Munga kwam, bleef ik even in de gang staan om een muurkrant te bekijken met lugubere afbeeldingen en een waarschuwing in het Frans: *LA DIARRHEA ROUGE TUE!* De rode diarree is dodelijk. Op het eerste gezicht dacht ik dat het over ebola ging, maar nee. ‘*Grands Singes et vih/sida*,’ zeiden de kleinere lettertjes. ‘Sida’ is de Franse afkorting voor aids en ‘vih’ staat voor hiv. De cartooneske maar allerminst grappige tekeningen beeldden op grimmige wijze het verband tussen apenbushmeat en *la diarrhea rouge* uit. Opeens drong het tot me door hoe eigenaardig een en ander was. In de rest van de wereld zie je educatief materiaal over aids dat uitschreeuwt: Vrij veilig! Draag een condoom! Naalden niet hergebruiken! Hier luidde de boodschap: Eet geen mensapen!

Over een onverharde weg reden we tussen muren van groen verder, nog dieper de zuidoostelijke wig van Kameroen in. De zuidgrens van het land wordt hier gevormd door de Ngoko, een zijrivier die naar het oosten stroomt tot aan het punt waar hij de Sanga kruist. De Ngoko is volgens de plaatselijke overlevering een van de diepste rivieren van Afrika, maar als dat al zo is, dan moet er onder het wateroppervlak een steile aardplooi liggen, want hij is slechts zo’n zeventig meter breed. We bereikten hem rond het middaguur in Moloundou, een sjofel stadje dat zich uitstrekte over de lage heuvels boven de rivier. Vanaf elk geschikt uitkijkpunt in Moloundou kon je de Republiek Kongo aan de overkant van het water zien liggen – zo dichtbij dat we in de avondlijke stilte de kettingzagen konden horen van illegale houthakkers die daar in het donker aan het werk waren. Deze houtstropers plachten omgekapte bomen direct in het water te laten vallen en samen te bundelen tot vlotten, was me verteld, om daarna die vlotten naar Ouesso te laten drijven, waar een houtzager hun zonder vragen te stellen contant betaalde. Opnieuw Ouesso: de illegale entrepothaven. Aan die kant was er geen spoor van de overheid te bekennen, geen wetshandhaving, geen houtconcessiehouders die hun belangen verdedigden – althans, zo ging het gerucht aan deze kant. We hadden het grensgebied bereikt, waar alles nog een beetje wild en warrig was.

De volgende morgen liepen we al vroeg naar de markt en keken we naar verkopers die hun spullen in nette stapels en rijen aan het uitstallen waren: lokale pinda’s en pompoenpitten, rode palmnoten, knoflook en uien, maniokknollen, bakbananen, reusachtige slakken en door rook zwart geworden vis en hompen vlees. Ik hield me discreet op de achtergrond terwijl Marcel en Max de vleeskraampjes afspeurden om te zien wat ze in de aanbieding hadden. Dat was voornamelijk gerookte duikerbok. Nergens ging er mensapenvlees over de toonbank, en zelfs schubdieren, zo zei een venter tegen Neville, waren op dit moment nergens te krijgen. Ik had niet anders verwacht. Iets wat zo waardevol was als een chimpanseekarkas verwisselde natuurlijk van eigenaar achter gesloten deuren, waarschijnlijk op afspraak, en werd niet in plakken verpatst op een openbare markt.

Vanuit Moloundou stroomafwaarts gaand kom je bij Kika, de laatste Kameroense buitenpost aan de rivier de Ngoko. Dit is een houthakkersstad met een grote zagerij die honderden mannen en hun gezinnen banen en onderdak biedt, naast een onverharde landingsbaan ten gerieve van de leidinggevende elite. Er was geen rechtstreekse verbindingsweg langs de rivier (die was niet nodig: de rivier is hier de weg), zodat we een omweg door het binnenland moesten maken om er te komen. Aangekomen in Kika meldden we ons prompt bij het politiebureau, een keetje aan de rivier dat ook dienstdeed als douanepost en waar een agent, die Ekeme Justin heette, zichzelf wakker schudde, zijn gele T-shirt aantrok en voor mij en Max de vereiste formaliteiten verrichtte: onze paspoorten voorzien van het stempel *sortie de Cameroon*. Hier zouden we het land verlaten. Agent Justin werd na ontvangst van een vergoeding voor zijn stempelwerk onze grote vriend en gastheer die ons kampeerruimte naast de politiepost en hulp bij het vinden van een boot aanbood. Samen met Neville, onze universele ritselaar, vertrok hij naar de stad en bij zonsondergang hadden ze een bijna tien meter lange boomstamkano met buitenboordmotor gecharterd die Max en mij naar Ouesso moest kunnen brengen.

De volgende ochtend stond ik om vijf uur op om mijn tent in te pakken, popelend om vanuit dit diepste punt van mijn grote lus weer terug te gaan naar Kongo. Daarna moesten we wachten terwijl de ochtendregen neerkletterde. Uiteindelijk daagde onze schipper op, die Sylvain heette, een lome jongeman met een groen trainingspak en plastic sandalen die zijn buitenboordmotor installeerde en de boot leeghoosde. We laadden onze spullen in, bedekten ze met een zeil tegen de aanhoudende motregen en na een warm afscheid van de getrouwe Neville en Moïse, en ook van agent Justin, voeren we weg op het krachtig stromende water van de Ngoko. Een geluk dat we stroomafwaarts gingen. Voor mij draaide deze hele reis natuurlijk om de gewonde-jagerhypothese. Ik wilde de weg zien die HIV-1 vanaf zijn bron had afgelegd, zodat ik me kon voorstellen hoe die tocht verlopen was.

99

Laten we hem het verdiende kaliber geven: niet zomaar een gewonde jager, maar de Gewonde Jager. Ervan uitgaande dat hij in het eerste decennium van de twintigste eeuw hier in de buurt leefde, ving hij zijn chimpansee waarschijnlijk met een strik gemaakt van een liaan uit het woud of met een ander soort val, waarna hij het dier doodde met een speer. Het kan een Baka geweest zijn die onafhankelijk van anderen met zijn hele familie in het woud leefde of onder de 'bescherming' van een Bantoedorpshoofd dienstdeed als een soort lijfeigene. Maar waarschijnlijk was hij geen Baka, gegeven de bezwaren die dit volk naar verluidt tegen het eten van mensapen had. Er was meer kans dat hij een Bantoe was, misschien iemand die behoorde tot de Mpiemu of de Kako, of een van de andere etnische groepen die aan de bovenloop van de Sanga wonen. Of misschien was hij wel een Bakwele, iemand die betrokken was bij het beka-ritueel. Je kunt op geen enkele manier zijn identiteit, en zelfs niet zijn etniciteit bepalen, maar deze afgelegen zuidoostelijke hoek van de toenmalige Duitse kolonie Kamerun bood wel tal van kandidaten. Ik stel me zo voor dat de man opgewonden en een beetje bang was toen hij ontdekte dat er een chimpansee vastzat in zijn strik. Hij had bewezen dat hij een succesvol jager was, een kostwinner, een bekwaam lid van zijn kleine gemeenschap – en hij had zich nog niet gesneden.

Ook de chimpansee, die met een voet of een hand vastzat, moet bij het naderen van de man doodsbang zijn geweest, maar ook boos en sterk en gevaarlijk. Misschien doodde de man hem zonder letsel op te lopen en in dat geval had hij geluk gehad. Misschien ontstond er een grimmige worsteling; de chimpansee kan hem zelfs met zijn vuisten hebben bewerkt of hem gemeen gebeten hebben. Maar hij won. Daarna zal hij zijn prooi hebben geslacht (de ingewanden eruit hebben gehaald, maar niet de organen, zoals hart en lever, die bijzonder op prijs werden gesteld) en waarschijnlijk met een machete of een ijzeren mes. Op een gegeven moment, misschien toen hij ingespannen probeerde het borstbeen van de chimpansee doormidden te hakken of een arm uit de kom te rukken, heeft de man zichzelf verwond.

Ik stel me voor dat hij plotseling een lange snee maakte in de rug van zijn linkerhand, in het spierweefsel tussen duim en wijsvinger, waarbij zijn huid nog voordat hij het letsel gezien of gevoeld had al roze en ruw open lag, omdat zijn lemmet zo scherp was. En onmiddellijk daarna bloedde zijn wond. Met een vertraging van enkele seconden begon dat ook pijn te doen. De Gewonde Jager werkte stug door. Hij had zich al eerder gesneden en het was een ergernis die zijn opgetogenheid over deze kostelijke buit nauwelijks temperde. Zijn bloed stroomde de snee uit en vermengde zich met het bloed van de chimpansee, het chimpanseebloed stroomde naar binnen en vermengde zich met het zijne, zodat hij niet meer kon uitmaken wat van wie was. Hij zat tot zijn ellebogen onder het geronnen bloed. Hij veegde zijn hand af. Opnieuw lekte er bloed in de snee, opnieuw druppelde er chimpanseebloed in en opnieuw veegde hij het af. Hij had niets tot zijn beschikking om te weten – geen woorden of gedachten om op het idee te komen – dat dit dier SIV-positief was. Dat idee bestond niet in 1908.

Het chimpanseevirus kwam in zijn bloedbaan. Hij kreeg een flinke dosis. Het virus, dat vaststelde dat zijn bloed niet echt een heel andere omgeving was dan het bloed van een chimpansee, beet zich vast. 'Oké, hier kan ik wonen.' Het deed wat een retrovirus doet: het penetreerde cellen, zette zijn RNA-genoom om in dubbelstrengs-DNA, drong daarna verder door tot in de celkernen en voegde zich als DNA in binnen het DNA-genoom van die gastheercellen. Het voornaamste doelwit van het virus waren T-cellen van het immuunsysteem. Een bepaalde eiwitreceptor (CD4) op het oppervlak van die cellen verschilde bij de Gewonde Jager niet veel van de overeenkomstige receptor (ook een CD4) op de T-cellen van de geslachte chimpansee. Het virus hechtte zich vast, drong de menselijke cellen binnen en deed of het thuis was. Eenmaal geïntegreerd in het cellulaire genoom was het daar voorgoed aanwezig. Het was onderdeel van het programma. Het kon op twee manieren verder groeien: door celdeling (telkens als een geïnfecteerde T-cel zichzelf kopieerde, werd het retrovirale genoom ook gekopieerd) en door zijn kleine subgenoom aan te zetten tot het produceren van nieuwe virionen die vervolgens uit de T-cel ontsnapten en wegdreven om andere cellen te belagen. De Gewonde Jager was nu geïnfecteerd, maar afgezien van die jaap in zijn hand voelde hij zich prima.

Vergeet Gaëtan Dugas. Deze man was Patiënt Nul.

Misschien nam hij het chimpanseekarkas, of delen ervan, in triomf mee terug naar zijn dorp – zoals de jongens van Mayibout 2 later een met ebolavirus gevuld chimpanseekarkas meenamen naar hun dorp. Als hij een Baka was, leverde hij het hele zaakje misschien in bij zijn Bantoehoofdman. Opeten wilde hij hem toch niet. Als hij zelf een Bantoe was, kunnen zijn familie en vrienden zich eraan te goed hebben gedaan. Of misschien kon hij het zich veroorloven om de chimpansee als een meevaller te zien waarvan hij straks nog flink kon profiteren. Als het een goed seizoen was geweest, met enkele buitgemaakte duikerbokken of kleine apen, flink wat bosvruchten en knollen om te eten, een goede maniokoogst, zodat zijn familie geen honger leed, kan hij zijn chimpansee naar een markt zoals die in Moloundou hebben gesjouwd en hem hebben ingeruild voor geld of een waardevol voorwerp zoals een betere machete. In dat geval zou het vlees in het klein verkocht zijn en zouden veel mensen er stukjes van hebben kunnen eten – geroosterd, gerookt of gedroogd. Maar gezien de manier waarop het virus over het algemeen tot overdracht komt (bloed-met-bloed of seksueel) en hoe het dat niet doet (via het maag-darmkanaal), is het heel goed mogelijk dat geen van deze mensen een infectieuze dosis van het virus heeft binnengekregen, tenzij door contact van rauw vlees met een open wond in de hand of een zweertje in de mond. Iemand kan een heleboel hiv-1-deeltjes naar binnen werken, maar als die virionen door maagzuur worden begroet en niet door bloed, dan zou het ze waarschijnlijk niet lukken zich daar te vestigen en te vermeerderen. Laten we veronderstellen dat vijftien verschillende consumenten van het chimpanseevlees aten en dat ze nadien allemaal niets mankeerden. Hiv-negatieve bofkonten. Laten we veronderstellen dat alleen de Gewonde Jager rechtstreeks door de chimpansee werd geïnfecteerd.

De tijd verstreek. Het virus bleef bij hem en vermeerderde zich. Zijn besmettelijkheid nam in de eerste zes maanden snel toe met het opbloeien van talrijke virionen in zijn bloed. Daarna nam de viremie iets af, doordat zijn lichaam een eerste immuunreactie inzette terwijl het nog kon, en stabiliseerde de virale aanwezigheid zich voor enige tijd. Hij bemerkte geen effecten. Hij gaf het virus door aan zijn vrouw en uiteindelijk ook aan een van de vier andere vrouwen met wie hij seks had. Hij leed niet aan immunodeficiëntie – nog niet. Hij was een stevige, actieve kerel die bleef jagen in het woud. Hij verwekte een kind. Hij dronk palmwijn en lachte met zijn vrienden. En toen, laten we zeggen een jaar later, stierf hij een gewelddadige dood tijdens een olifantenjacht, een activiteit die nog meer risico's meebracht dan het afslachten van chimpansees. Hij was een van zeven andere mannen, allen gewapend met speren, en de gewonde olifant koos hem uit. De olifant boorde een slagtand in zijn maag en hield hem zo een ogenblik tegen de grond gedrukt. Naderhand kon je het gat dat de slagtand in de grond had gemaakt nog zien, alsof er een bloederige staaf in was gestoken die er weer uit getrokken was. Van de mannen die hem optilden en de vrouwen die hem gereedmaakten voor de begrafenis had niemand een open wond, zodat ze gespaard bleven voor infectie. Zijn zoon werd hiv-negatief geboren.

De weduwe van de Gewonde Jager vond een nieuwe man. Die man was besneden, vrij van genitale zweren en hij had geluk: hij werd niet geïnfecteerd. De andere vrouw die door de Gewonde Jager was geïnfecteerd, had meerdere partners. Ze infecteerde er één. Deze man was een lokale hoofdman die twee vrouwen had en nu en dan kon beschikken over jonge meisjes in het dorp. Hij infecteerde zowel beide vrouwen als een van de meisjes. De vrouwen van de hoofdman bleven hem trouw (onder dwang van de omstandigheden, zo niet door vrijwillige keuze) en infecteerden niemand. Het geïnfecteerde meisje kreeg uiteindelijk een eigen echtgenoot. Enzovoort. Je begrijpt wat ik bedoel. Hoewel de seksuele overdracht van het virus minder doeltreffend plaatsvond van vrouwen naar mannen, en niet geheel doeltreffend van mannen naar vrouwen, was het net doeltreffend genoeg. Na enkele jaren had een handjevol mensen het virus verworven. En daarna in de loop van de tijd nog meer mensen, maar niet veel. Het sociale leven werd beperkt door de geringe bevolkingsomvang, het ontbreken van geschikte kansen en tot op zekere hoogte door zeden en gewoonten. Het virus overleefde met een R_0 van net iets boven de 1,0. Het verplaatste zich in de loop van interacties tussen buurtgenoten naar een tweede en daarna naar een derde dorp, maar in geen daarvan vermeerderde het zich snel. Niemand bespeurde een golf van onverklaarbare sterfgevallen. Het smeulde als een endemische infectie met lage prevalentie in de bevolking van dat kleine stukje grond tussen de rivier de Ngoko en de bovenloop van de Sanga, waar het leven doorgaans kort en hard was. Mensen stierven jong aan allerlei ongelukjes en aandoeningen. Als een hiv-positieve jonge man werd gedood in een gevecht, wist niemand iets over de toestand van zijn bloed, behalve dat het vergoten was. Als een hiv-positieve jonge vrouw tijdens een lokale uitbraak aan pokken overleed, liet ook zij geen ongebruikelijk verhaal na.

In die eerste jaren kan iemand die geïnfecteerd was in sommige gevallen lang genoeg hebben geleefd om te bezwijken aan een falend immuunsysteem. Daarnaast waren er genoeg ziekteverwekkende micro-organismen in het woud en in het dorp die hem of haar zomaar ineens konden doden. Ook daar zou niemand vreemd van hebben opgekeken. Mensen stierven aan malaria. Mensen stierven aan tuberculose. Mensen stierven aan een longontsteking. Mensen stierven aan naamloze koortsen. Dat gebeurde voortdurend. Sommige patiënten hadden wellicht kunnen herstellen, mits hun immuunsysteem daartoe in staat was geweest, maar niemand stelde een nieuwe ziekte vast. Of misschien heeft iemand die wel ooit vastgesteld, maar van dat bericht is geen spoor te vinden. Dit ding bleef onzichtbaar.

Ondertussen kan het virus zelf zich hebben aangepast, althans enigermate, aan zijn nieuwe gastheer. Het muteerde vaak. De natuurlijke selectie deed haar werk. Bij een marginale toename van zijn vermogen zich in menselijke cellen te vermeerderen, wat leidt tot een toenemende viremie, kan ook de effectiviteit van de overdracht zijn toegenomen. Inmiddels was het, zoals wij het zouden noemen, hiv-1 groep M geworden. Een mensen infecterende pathogeen, uitzonderlijk, heel ongewoon en beperkt tot het zuidoosten van Kameroen. Misschien ging er een jaar of tien voorbij. De ziekteverwekker hield stand. Oversprongen van siv_{cpz} naar de mens hadden in het verleden vrijwel zeker plaatsgevonden (heel veel chimpansees werden geslacht, heel veel jagers liepen een snee op) en voor eerdere ketens van infectie gezorgd, maar die ketens waren beperkt tot een bepaalde plaats en van korte duur. De smeulende uitbraak was altijd met een sisser afgelopen. Dat was nu niet het geval. Voordat de uitbraak op die manier was uitgedoofd, verscheen er een ander iemand ten tonele – ook een hypothetische figuur, maar wel iemand die past bij de feiten – die ik de Trekker zal noemen.

De Trekker was geen jager. In elk geval geen deskundige en enthousiaste jager. Hij had andere vaardigheden. Ik stel me voor dat hij visser was. Hij woonde niet op een open plek in het woud, zoals die in Mambele, maar in een vissersdorp aan de Ngoko. Ik zie hem als iemand die van jongs af vertrouwd was met de rivier, met het water en met boten. Hij bezat een kano, een uitstekend, stevig en lang vaartuig, eigenhandig gemaakt van de stam van een mahonieboom, en daar bracht hij zijn dagen in door. Hij was een jonge man zonder vrouw, zonder kinderen, die eigenlijk zin had in een avontuurlijker leven. Hij was al op jeugdige leeftijd vervreemd geraakt van zijn geboortedorp en een einzelgänger geworden, omdat zijn vader gestorven was en het dorp zijn moeder begon te verachten toen men haar verdacht van tovenarij, gebaseerd op wat tegenspoed en daaruit voortvloeiende wrok. Hij ervoer dit als een diepe persoonlijke krenking, verachtte op zijn beurt de dorpelingen – ze kunnen van mij de pot op – en ging zijn eigen weg. Het kwam hem goed uit dat hij alleen was. Hij was geen plichtsgetrouwe Bakwele. Hij werd nooit besneden.

De Trekker at vis. Hij at eigenlijk weinig anders dan vis en bananen – en soms maniok, die hij niet zelf teelde of bewerkte, maar waar hij gemakkelijk aan kon komen in ruil voor vis. Hij hield van de smaak van vis en van vissen in het algemeen en er waren er altijd genoeg. Hij wist waar je vis kon vinden, hoe je ze moest vangen, wat voor soorten er allemaal waren en hoe die heetten. Hij had zich de rivier eigen gemaakt. Dat was genoeg. Hij maakte of kocht geen palmwijn. Hij was zelfvoorzienend en had het naar zijn zin in zijn kleine wereld.

Zoals ik hem zie, voorzag hij zijn moeder en haar twee jongere kinderen van vis, een trouwe zoon, ook al woonde hij een eind verderop. Zijn moeder woonde nog aan de rand van het oude dorp. Wat overbleef van zijn vangst droogde hij op rekken of rookte hij – in het natte seizoen – boven een vuur in zijn afgezonderde verblijf op de rivieroever. Af en toe maakte hij een vrij lange reis, kilometers stroomopwaarts peddelend of stroomafwaarts drijvend om een lading vis te verkopen in een van de marktdorpen. Op die manier had hij de smaak te pakken gekregen van handel drijven tegen contante betaling. Koperen staven of kaurischelpen waren het meest gebruikte betaalmiddel en soms kreeg hij misschien zelfs Duitse marken in handen. Hij kocht wat stalen haken en een spoel met vissnoer uit de fabriek, dat helemaal uit Marseille kwam. Het vissnoer was een teleurstelling. De haken waren uitstekend. Op een keer had hij zich helemaal stroomafwaarts laten drijven tot het punt waar de rivier samenvloeide met de Sanga, een veel grotere, machtige rivier, twee keer zo breed als de Ngoko, en had hij zich een dag lang op de stroom laten meevoeren – een woeste en angstaanjagende ervaring. Op de rechteroever had hij een stad gezien waarvan hij wist dat het Ouesso was, dat uitgestrekte en beruchte oord. Hij voer er met een grote boog omheen, bleef midden op de rivier tot hij er voorbij was. Aan het eind van de dag stopte hij en sliep hij op de oever; de volgende dag maakte hij rechtsomkeert – hij had zichzelf nu genoeg getest. Het kostte hem vier dagen van ingespannen vlak langs de oever peddelen (behalve weer bij Ouesso) en draaikolken bedwingen, maar de Trekker haalde het, opgelucht toen hij weer in zijn eigen wereld van de kleine Ngoko kwam en vervuld van nieuw zelfvertrouwen toen hij ten slotte aanlegde bij zijn hut. Dit kan zich, bijvoorbeeld, hebben afgespeeld in het lange droge seizoen van 1916.

Een andere keer peddelde hij stroomopwaarts helemaal naar Ngbala, een stad aan de rivier die enkele kilometers boven Moloundou lag. Het was tijdens zijn terugkeer van die reis, veronderstel ik, dat hij halt hield bij Moloundou en seks had met een vrouw. Dat gebeurde in zijn boot, in de schaduwrijke baai vlak onder de stad waar hij had aangelegd voor de nacht.

Ze was niet zijn eerste, maar ze was anders dan de dorpsmeisjes. Ze was zelf een rivierhandelaar, een ‘koop- en verkoopster’, verscheidene jaren ouder dan hij en aanzienlijk ervarener. Ze reisde op en neer over de Ngoko en de Sanga en ze verdiende de kost met haar handigheid en haar handelswaar, en soms met haar lichaam. De Trekker kende haar naam niet. Kreeg die ook nooit te horen. Ze was extravert en flirterig, bijna wat je noemt mooi. Mooi was niet iets wat hem speciaal interesseerde. Ze droeg een veelkleurige katoenen jurk, confectie, niet de lokale raffia. Hij beviel haar waarschijnlijk, of in elk geval waren zijn verrichtingen haar bevallen, want de volgende avond kwam ze weer naar zijn boot in de beschaduwde baai en copuleerden ze nogmaals, drie keer. Ze leek gezond, ze lachte vrolijk en ze was sterk. Hij prees zich die nacht gelukkig – gelukkig dat hij haar had ontmoet, dat hij indruk op haar had gemaakt, dat hij gratis had gekregen waar andere mannen voor moesten betalen. Maar hij had geen geluk gehad. Hij had een open wondje op zijn penis, nauwelijks meer dan een schrammetje van een doorntak waar hij heel even in was blijven haken toen hij na een bad in de rivier tegen de wal op klauterde. Niemand kan weten, zelfs niet in dit denkbeeldige scenario, of het feit dat hij niet besneden was een cruciale rol speelde in zijn vatbaarheid, of dat het door het doorntakwondje kwam, of door geen van beide. Hij gaf de vrouw wat gerookte vis. Zij gaf hem het virus.

Het was van haar kant geen boze opzet of nonchalance. Ondanks haar gezwollen en pijnlijke oksels had ze geen idee dat ze het zelf bij zich droeg.

100

Over een rivier door het tropische oerwoud varen is buitengewoon boeiend en rustgevend. Je ziet de muren van het gebladerte voorbij glijden en behalve wanneer de vaargeul zo smal is dat tseetseevliegen merken dat je langskomt en uit het groen tevoorschijn komen, heb je bijna geen last van de ongemakken van de jungle. Omdat de rivieroevers de volle laag van het zonlicht krijgen, in tegenstelling tot het door een dicht bladerdak afgeschermde woud, vormt de begroeiing hier een klitterige wirwar: met lianen omhulde bomen en ondoordringbaar struikgewas, dik als een oud fluwelen gordijn in het historische Shubert Theater op Broadway. Dat wekt de misleidende indruk dat het binnenste van het woud dan wel zo dicht ineengedrongen zal zijn als een spons. Maar voor een rivierreiziger is die compacte dichtheid irrelevant, omdat je in het midden van het water vrij baan hebt. Als je ooit een trektocht hebt gemaakt door het woud, dat moeilijk doordringbaar is maar niet zo ineengedrongen als een spons, dan is een reis over de rivier zó ontbloot van hindernissen dat het bijna lijkt of je vliegt.

Nadat we Kika achter ons hadden gelaten, kozen we een vaargeul aan de Kongolese kant, omdat daar een krachtige stroming stond. Sylvain wist hier goed de weg. Zijn assistent, een Baka die Jolo heette, bediende de buitenboordmotor terwijl Sylvain alles in de gaten hield en vanaf de voorplecht aanwijzingen gaf. De kano was groot en stabiel genoeg om Max en mij een zitplaats op de dolboorden te bieden. Algauw kwamen we langs een kleine politiepost op de rechteroever, een Kongolese tegenhanger van de Kameroense in Kika, maar gelukkig gebood niemand ons om te stoppen. Al dit soort controleposten in Kongo zijn gelegenheden voor paspoorten stempelen en kleinschalige afpersing, en daarom mijd je ze liever als het even kan. Daarna pruttelden we langs enkele ver uit elkaar liggende dorpen, allemaal niet meer dan een stel van tenen en leem gemaakte behuizingen, gelegen op een hoge oever om aan overstroming in het natte seizoen te ontkomen. De woningen hadden een rieten dak en eromheen zag je bananenbomen, een of twee oliepalmen en kinderen in voddige jurkjes en korte broek. De kinderen bleven aan de grond genageld staan als we langskwamen. Hoeveel uur is het nog naar onze bestemming? vroeg ik aan Sylvain. Dat hangt ervan af, zei hij. Meestal stopte hij onderweg bij een paar dorpen voor handel of passagiers, wat ook voldoende vertraging opleverde om Ouesso binnen te varen als het al donker was en zo aan de aandacht van de vreemdelingenpolitie te ontsnappen. Vlak daarna stopte hij inderdaad en nam ons mee naar een dorp op de Kongolese oever, waar hij een groot plastic zeil afleverde en we er een passagier bij kregen.

Het was mijn charter, maar ik vond het niet erg. Het was een jonge vrouw met twee tassen, een paraplu, een handtasje en een pot met eten. Ze droeg een oranje-groene jurk en een kleurige hoofddoek. Ik had het kunnen raden als het me niet verteld was: ze was een 'koop- en verkoopster'. Ze heette Vivian, woonde in Ouesso en zou wel blij zijn dat ze met ons mee kon liften. Het was een levendige, mollige vrouw, zelfverzekerd genoeg om in haar eentje de rivier af te reizen en handel te drijven in rijst, pasta, bakolie en andere basisproducten. Sylvain gaf haar graag een lift, omdat ze zijn zus was – een uitspraak omtrent haar status die je al dan niet letterlijk kon nemen. Misschien was het een vriendin of een familielid van hem. Afgezien daarvan kwam ik van Vivian zelf niet veel aan de weet, behalve dat haar niche nog steeds bestaat, namelijk de rol van 'koop- en verkoopster' die onafhankelijke levenslustige vrouwen een vorm van autonomie biedt die je in het dorpsleven of zelfs in het stedelijke leven niet makkelijk kunt realiseren, en dat de rivier nog steeds fungeert als een kanaal voor wisselende economische en sociale contacten. Mij leek ze vooral een innemend atavisme en hoewel dat misschien niet fair was jegens haar, deed ze me denken aan de vrouwen die de Trekker bijna een eeuw eerder had kunnen ontmoeten. Ze was een potentiële tussenschakel.

Toen het weer begon te regenen, gingen Max en ik en Sylvain en Vivian gehurkt onder ons dekzeil zitten, met gebogen hoofd maar wel naar buiten glurend, terwijl Jolo de Baka ons onverstoorbaar verder voerde. We passeerden een eenzame visser in zijn kano die een net binnenhaalde. We passeerden weer een dorp waar kinderen naar ons stonden te staren. Toen hield de regen op en ging de harde wind weer liggen; de lichte golfslag ebde weg, waardoor de rivier nu zo vlak en bruin was als een afgekoelde koffie verkeerd. Wortels van mangroven staken als rondtastende octopusarmen uit de oevers. Ik zag een paar zilverreigers, maar geen ijsvogels. Halverwege de middag naderden we het punt waar onze rivier samenvloeide met de Sanga. Langs de linkeroever werd het land geleidelijk lager, verbrokkelde en zonk weg in het water. De Sanga sleurde ons mee en zwierde ons rond, en ik keek om en zag de zuidoostelijke wig van Kameroen steeds kleiner worden en ten slotte verdwijnen.

De lucht werd iets warmer door een stroomopwaarts waaiend windje. We kwamen langs een groot bebost eiland. We passeerden een man die rechtop en geconcentreerd in zijn boomstamkano stond te peddelen. En toen zag ik door de boven het water hangende damp voor ons in de verte witte gebouwen. Witte gebouwen betekenden bakstenen en witkalk en bestuurlijke aanwezigheid in iets wat groter was dan een dorp: Ouesso.

Binnen een halfuur waren we bij de kade van Ouesso met zijn betonnen talud en het muurtje waar een agent van de vreemdelingenpolitie en een horde naar fooien hengelende, rondfladderende dragers ons opwachtten. We gingen aan wal en waren zodoende weer in de Republiek Kongo. De immigratieformaliteiten wikkelden we af in het Frans en daarna richtte Max zich in het Lingala tot de naar tassen graaiende dragers. Sylvain, Jolo en Vivian waren nergens meer te bekennen. Max was een wat beschroomdere, minder intimiderende man dan Neville, maar gewetensvol en serieus, en nu was hij aan de beurt om mijn regelaar te zijn. Hij informeerde links en rechts op de kade en kwam algauw terug met goed nieuws: de grote boot, de vracht- en passagiersschuit die ze hier *le bateau* noemden, zou morgen vertrekken naar het vele kilometers en dagen verder stroomafwaarts gelegen Brazzaville. Die moesten we hebben.

We vonden een hotel, Max en ik, en 's morgens liepen we naar de markt van Ouesso, die deels ondergebracht was in een log, pagodevormig gebouw van rode baksteen, niet ver van de rivier. De pagode was groot, stijlvol en oud, met een betonnen vloer en een cirkelvormige hal onder drie verdiepingen van roestige golfplaten daken en hij dateerde minstens uit koloniale tijden. De markt was de pagode vergaand ontgroeid en strekte zich tot buiten het gebouw uit over een wirwar van houten kraampjes en schragen met smalle straatjes ertussen die toch gauw een woonblok van een grote stad besloegen. Er werd levendig handel gedreven.

Bij een onderzoek naar bushmeathandel in en om Ouesso dat halverwege de jaren negentig werd uitgevoerd door twee expat-onderzoekers en een Kongolese medewerker, was vastgesteld dat er wekelijks 12 600 pond woudwild door deze markt ging. Dat totaal omvatte uitsluitend zoogdieren, geen vis of krokodillen. Duikerbokken vormden het grootste deel ervan en primaten kwamen op de tweede plaats, hoewel het meeste primatenvlees van apen, niet van mensapen kwam. Tijdens het vier maanden durende onderzoek werden er 18 gorilla's en 4 chimpansees geslacht en verkocht. De karkassen arriveerden per vrachtwagen en per boomstamkano. Als de grootste stad van het noorden van de Republiek Kongo, waar je helemaal geen slachtvee zag, onttrok Ouesso tot vele kilometers in de omtrek grote beesten aan het woud.

Max en ik slenterden tussen de kraampjes door, moddergaten ontwijkend, wegduikend voor lage ijzeren daken en rondneuzend zoals we in Moloundou hadden gedaan. Omdat dit Ouesso was, was het assortiment veel groter en diverser: stapels kleurrijke stoffen, sporttassen, beddengoed, kerosinelampen, Afrikaanse barbiepoppen, haarnetjes, dvd's, zaklantaarns, paraplu's, thermosflessen, grote onverpakte voorraden pindakaas, bergen fufu in poedervorm, emmers vol paddenstoelen, gedroogde garnalen, wilde woudvruchten, vers gebakken beignets, bouillonblokken, zout per schep, blokken zeep, medicijnen, bakken met bonen, ananassen, veiligheidsspelden en aardappelen. Op een toonbank hakte een vrouw een levende meerval aan stukken met een kapmes. Tegenover haar bood een andere vrouw een stel dode apen aan. De apenverkoopster was een forse dame van middelbare leeftijd, met haar haar in vlechtjes en een bruin slagersschort over haar kleurige wollen jurk. Joviaal en onbeschroomd rukte ze trots een gerookte aap naar beneden en noemde me haar prijs. Het apengezichtje was klein en verwrongen, zijn ogen waren dicht en tussen de uitgedroogde terugwijkende lippen blikkerden zijn tanden ons grijnzend tegemoet. Met opengereten buik en plat uitgespreid had hij ongeveer het formaat en de vorm van een wieldop. *Six mille francs*, zei ze. Naast de eerste aap kwakte ze nog een tweede neer voor het geval dat ik kieskeurig was. Ook die kostte *six mille*. Ze rekende in de CFA-frank, de munteenheid van de landen van de Communauté Financière Africaine. Haar 6000 frank kwam neer op circa 13 dollar, en daar kon ik nog op afdingen, maar ik paste. Ze had ook een gerookt stekelvarken, vijf duikerbokken en nog een aap, die zo recent gedood was dat zijn vacht nog glansde en ik hem kon herkennen als een grote witneusmeerkat. Dat exemplaar is erg in trek, zei Max, die zal snel van de hand gaan. Vlakbij gingen hompen gerookt vlees van een penseelzwijn weg voor 3000 frank per kilo. In Kongo kon op al deze dieren legaal worden gejaagd (maar niet met strikken) en ook mochten ze openlijk worden verhandeld. Er was geen spoor van mensapen. Als je in Ouesso chimpansee- of gorillavlees wilt, dan kan dat ook, maar dat moet je dan wel privé regelen.

Onze reis stroomafwaarts met de 'bateau' had last van complicaties en vertragingen, zodat Max en ik vier dagen later weer terug waren in Ouesso. We gingen opnieuw naar de markt, liepen weer door de pagode, door de smalle gangpaden tussen de kramen, langs de met gerookte en verse meerval, apen en duikerbokken volgeladen schragen. Deze keer ontwaarde ik een kruiwagen vol kleine krokodillen en zag ik ook hoe een krokodil in stukken werd gehakt op een plank. Je kon de vleesafdeling vanaf elke plek in de markt lokaliseren, realiseerde ik me, door dat geluid: het gestage bonken van kapmessen op hout. En toen kwamen we weer bij de dame met het bruine slagersschort, die zich mij nog herinnerde. 'U bent teruggekomen,' zei ze in het Frans. 'Waarom koopt u niet iets?' Deze keer trok ze een kleine duikerbok naar beneden, meer als een uitdaging dan als een aanbieding: Doet u boodschappen of bent u een voyeur? Ik heb liever kip, zei ik halfhartig. Of gerookte vis. Niet verrast door de pietluttigheid van de witte man, glimlachte ze en haalde ze de schouders op. Waarna ik bij wijze van gokje zei: Maar als u chimpansee had... Ze ging er niet op in.

Of olifant, voegde Max eraan toe. Nu lachte ze beleefd en richtte ze zich weer op haar echte klanten.

101

Het idee van Ouesso en de markt diende als een cruciale verlokking om de Trekker, zoals ik me hem voorstelde, op weg te laten gaan. Dáár was het onbesuisde idee van zijn onbesuisde reis in hem opgekomen: in Ouesso. Hij was niet van plan geweest om verder te gaan. Een reis naar Ouesso en terug (hij was wél van plan geweest om terug te komen, maar het leven had iets anders voor hem in petto) was al ambitieus en riskant genoeg. Maar nog vóór het idee om naar Ouesso te gaan, was er het duizelingwekkende toeval van de slagtanden. Was het Ouesso dat aan hem trok, het waren de slagtanden die hem een duw gaven.

Hij was nog nooit op zoek gegaan naar ivoor. Het gebeurde bij toeval. Op een dag was hij een eind de Ngoko op gevaren en was hij in de weer met zijn visnet bij de monding van een zijtak die van de kant van Kongo kwam. Het was nog in het lange droge seizoen, hoewel bijna aan het eind ervan, begin maart. De rivier stond laag en het water was traag en warm, en daarom meende hij dat de verfrissende stroom van de zijtak misschien vissen zou aantrekken. Maar veel waren het er niet. Wat hij daar ving woog nauwelijks tegen al zijn inspanningen op. Daarom besloot hij halverwege de middag landinwaarts te lopen en deze kleine zijtak in het woud te volgen om te zien of hij misschien poelen kon vinden waar kleine kwetsbare visjes opgesloten zaten. Hij baande zich bijna een kilometer lang moeizaam een weg langs de modderige oevers, door de doornstengels, over de als stapstenen dienende wortels, en vond maar een paar poelen en geen visjes. Dat was een teleurstelling, maar geen verrassing. Hij stopte even om op adem te komen, schepte een handvol water om te drinken en begon fronsend te bedenken of hij al dan niet verder zou gaan. Op dat moment zag hij een grote grijze heuvel in de bedding van het stroompje, ongeveer dertig meter verderop. Voor jou en mij zou die er hebben uitgezien als een granieten rotsblok. Maar in het noorden van Kongo of het zuidoosten van Kameroen heb je geen granieten rotsblokken en de Trekker had er ook nog nooit een gezien. Hij wist meteen wat het was: een olifant. Zijn hart klopte sneller en zijn eerste ingeving was om weg te rennen.

In plaats daarvan bleef hij ernaar staan staren. Zijn benen bewogen zich niet. Hij talmde, zonder precies te weten waarom. Er hing een soort hevige paniek in de lucht, maar die paniek kwam niet bij hem vandaan. Toen besefte hij wat er vermoedelijk mis was: de olifant lag in de bedding, maar niet in een houding die erop wees dat hij sliep. Zijn gezicht was in de modder gekwakt, de slurf was opzij gericht, zijn heup naar boven gekanteld. Hij sloop er voorzichtig naartoe. Hij zag de purperachtige rode gaten aan de onderkant van zijn flanken en in de buik. Uit een van die gaten stak de speer van een Baka. Hij kon zien dat het beest een vreselijke val had gemaakt: hij was over zijn linkerschouder omver getuimeld, waarbij zijn linkervoorpoot onder een rampzalige hoek opzij was geknikt. Toen hij hem tot op een meter of tien had beslopen, wist hij dat het dier dood was.

Een fors mannetje, van middelbare leeftijd en met mooi ivoor. Hier achtergelaten om te sterven en weg te rotten op de bodem van een stroompje. De Trekker trok snel enkele conclusies. Waarschijnlijk was hij gedood door een stel Bakajagers – maar niet helemaal gedood, wel dodelijk verwond. Hij was losgebroken, ontsnapt, en om dat voor elkaar te krijgen had hij vermoedelijk een of twee van de Baka die hem omsingelden moeten doden. De andere jagers moesten weinig zin meer hebben gehad in een achtervolging. Misschien had dit plaatsgevonden aan de noordkant van de rivier. Misschien was de gewonde en wanhopige olifant naar de overkant gezwommen. Maar als de Baka wel het spoor hadden gevolgd, deze kant op kwamen en hier nu ineens opdoken, dan kon dat slecht voor hem aflopen. Als de Baka de Trekker hier aantroffen met hun kostbare trofee, dan zouden ze hém wel eens met purperachtige speergaten kunnen doorboren. Daarom ging hij snel aan de slag. Hij joeg zijn machete met geweld in de kop van de olifant, hakte in op het vlees en het kraakbeen, scheurde een akelige muil open die er niet meer olifantachtig uitzag maar als iets anders, als iets wat uiteengespat en gekannibaliseerd was, en binnen een halfuur had hij beide slagtanden losgewerkt. Ze gaven met scheurende geluiden mee, zoals elke tand die uit zijn kaak wordt gerukt.

Hij krabde het weefsel van de slagtanden, wreef ze daarna in met nat zand en spoelde ze af in het stroompje tot ze wit waren. In zijn handen leken ze allebei gigantisch groot. Extreem groot. Misschien wel vijftien kilo per stuk. Nog nooit had hij zo'n rijke buit in handen gehad. Hij kon er maar een tegelijk vasthouden. Hij inspecteerde ze allebei, liet zijn hand over de gladde witte kromming naar het uiteinde glijden. Daarna tilde hij ze allebei op en strompelde terug naar zijn kano, zich krommend en wegduikend voor de doornstruiken, en liet ze ten slotte in de laadruimte met zijn kleine beetje vis zakken. Snel maakte hij de boot los, peddelde naar het midden en zakte met de stroom mee de rivier af. Toen hij de eerste bocht om was, begon hij tot bedaren te komen en werd zijn hartslag weer normaal.

Wat had hij zo-even gedaan? Hij was op een half fortuin gestuit en had het gestolen – dat had hij gedaan. Of geclaimd, kon je beter zeggen. Wat nu?

Terug in zijn verblijf verborg de Trekker de slagtanden haastig onder bladeren en takken in een uitsparing naast een omgevallen boom. Midden in de eerste nacht werd hij wakker met het plotselinge besef dat zijn bergplaats niet zo'n klein beetje ontoereikend was en begon hij ongeduldig te wachten tot de duisternis geweken was. Bij zonsopgang stond hij op, veegde de kolen, de sintels en de as van zijn kampvuur weg – de plek waar hij al jaren vuur placht te maken – en groef op die plek een kuil. Met zijn kapmes doorboorde hij de harde korst van gebakken aarde en maakte hij in de kleilaag eronder diepe groeven van ruim een meter diep. Zo kreeg hij ten slotte een diepe, smalle sleuf. Om ze te beschermen wikkelde hij de twee slagtanden in *ngoungou*-bladeren, waarna hij ze op de bodem van de sleuf legde. Daarna vulde hij het gat weer op, nivelleerde de plek zorgvuldig, strooide de oude as er weer over uit, legde de verkoolde boomstronken weer neer en ontstak een nieuw vuur. Nu was zijn schat misschien een poosje veilig. En kon hij gaan nadenken over wat hij moest doen.

Er waren geen gemakkelijke antwoorden. Er waren mogelijkheden en er waren risico's. Hij was niet iemand die op olifanten jaagde, en iedereen die hem kende wist dat. Hij hoorde geen slagtanden te hebben. Als hij ze meenam naar Moloundou zouden de vertegenwoordigers van de Franse concessiehouders, die tuk op ivoor waren en het onder alle mogelijke dwangmiddelen en dreigementen uit het woud haalden, ze gewoon in beslag nemen. Hij zou misschien zelfs worden gestraft. Anderen zouden proberen ze te stelen of ze voor hem te verhandelen, waarbij ze hem ongetwijfeld zouden oplichten. Hij nam de mogelijke scenario's door. Hij was geen gewiekste man, maar hij was gehard en vasthoudend.

Zes maanden gingen voorbij. Hij bleef hetzelfde leven leiden als voorheen: vissen op de rivier, vis drogen voor zijn hut, zijn dagen alleen doorbrengend en af en toe naar Ngbala of Moloundou voor de handel. Er was een man in Moloundou, een koopman, geen lokale Bantoe en geen vertegenwoordiger van concessiehouders, maar een half-Portugese buitenstaander met connecties, notoir slim en bekend om de discrete manier waarop hij in olifantenvlees en ivoor handelde. Op een dag, bij een transactie met vis, zout en fufu, vroeg de Trekker deze koopman naar de prijs voor slagtanden. Het was maar een vraag! De handelaar keek hem sluw aan en noemde een bedrag. Het bedrag leek hoog, maar niet erg hoog en over het gezicht van de Trekker kan een vlaag van teleurstelling zijn gegaan. Hij zei niets meer.

Twee avonden later kwam de Trekker terug van de rivier en zag hij dat zijn verblijf gesloopt was. De half-Portugese koopman had met iemand gepraat en diegene was direct hierheen gegaan, in zijn eentje of met anderen, om hem te beroven.

Zijn hut was ontmanteld, zijn droogrekken waren kapotgemaakt. Zijn weinige bezittingen – zijn tweede net, wat tinnen pannen, een kapmes, een shirt, zijn raffiamat en wat al niet meer – waren achteloos rondgestrooid. Zijn blikken doos was opengebroken en de vishaken en tabak waren eruit gegooid. Gedroogde vis lag op de grond, opzettelijk vertrapt. Je kon zien dat ze hier en daar gegraven hadden: naast de omgevallen boomstam, in de vloer van zijn hut en nog op een paar andere plaatsen. In het wilde weg en kregelig was er gezocht. Het kampvuur van de Trekker was verstrooid, boomstronken en as waren weggeschopt. Zijn adem stokte toen hij dat zag. Maar de aarde onder de as was niet omgewoeld. Ze hadden niet gevonden waarvoor ze gekomen waren.

Zodoende begonnen zijn gedachten om Ouesso te cirkelen. Hij bleef de hele nacht op in zijn geruïneerde verblijf, naast een laag brandend vuur, zijn kapmes in de hand. Bij dageraad groef hij zijn slagtanden op en legde hij ze nog in de bladeren gewikkeld en vuil in zijn kano, zonder ook maar even te stoppen om van hun koele, kostbare gewicht te genieten. Hij bedekte de slagtanden met gedroogde vis, waar hij een flinke hoeveelheid van had, en met gerookte vis, waar hij nog een beetje van had, en daarna overdekte hij de vis weer met keurige bundels ngoungoubladeren, alsof hij ermee naar de markt ging. Ngoungoubladeren hadden waarde als verpakking, maar verder nauwelijks – het was het armzalige product van een boertje en dus geloofwaardig. Boven op de bladeren legde hij zijn mat. Hij duwde de boot af, peddelde weg en liet zich stroomafwaarts meevoeren met de Ngoko, Moloundou achter zich latend. Hij peddelde gestaag uren voort, kwam uit op de Sanga en ging vandaar stroomafwaarts verder, rechtstreeks naar Ouesso.

Ongeveer een kilometer voor de stad stuitte hij op een draaikolk en op dat punt trok hij zijn boot het woud in. Er was geen steiger, geen pad, geen kamp, geen spoor van menselijke aanwezigheid – en dat was prima. De volgende dag verborg hij de kano onder bladerrijke takken en baande hij zich door de rimboe een weg naar het noordwesten, totdat hij bij de buitenwegen van Ouesso kwam. Hij liep regelrecht naar de markt door andere mensen te volgen. Hij had nog nooit zoveel mensen op een kluitje gezien en toen hij door die massa werd verzwolgen begon zijn hart weer te bonken zoals toen hij zich over de dode olifant had gebogen. Maar niemand viel hem lastig, niemand had extra aandacht voor hem, ook al waren zijn kleren versleten en had hij een kapmes bij zich. Hij zag andere mannen met vuile kleren, het waren er maar een paar, en een of twee van hen hadden ook kapmessen bij zich. Hij begon zich wat meer op zijn gemak te voelen.

De markt, die gehuisvest was in een groot rond gebouw met een metalen dak, deed hem van de ene verbazing in de andere vallen. Je kon er van alles kopen: vlees, vis, kleurrijke kleding, gedroogde maniok, groenten, visnetten en dingen die hij nog nooit had gezien. De Trekker had geen enkel betaalmiddel bij zich, geen franken, geen koperen staven, maar hij dwaalde tussen de handelswaar rond alsof hij misschien wel iets nodig had. Hij bewonderde de duikerbokken en de apen. Hij pakte een gorillahand, terwijl de verkoopster hem nauwlettend in de gaten hield, en legde hem weer neer. De mensen spraken Lingala. Hij wisselde een paar woorden met een man die vis verkocht. De Trekker was voorzichtiger dan hij in Moloundou was geweest. Koop je ook gerookte vis als ik daar wat van heb? vroeg hij. Misschien, als ik het zie, zei de man. De Trekker zag vlakbij een andere man achter een houten schraag waarop grote hompen olifantenvlees lagen, grijs en bruin van de rook. Een man die olifantenvlees verkocht kon ook in ivoor handelen. De Trekker onthield het gezicht van die man, maar sprak hem niet aan. Dat zou hij morgen doen.

Hij liep de stad weer uit en verdween in het woud, tevreden over zijn verstandige eerste excursie, maar toen hij uit het kreupelhout opdook bij zijn schuilplaats op de oever van de rivier, zag hij tot zijn hevige schrik de opzij gegooide afgesneden takken en iemand die over zijn boot gebogen stond. Geschrokken én woedend: op zichzelf vanwege deze tweede stommiteit, op de wereld en in het bijzonder op de man die zijn slagtanden begeerde. De Trekker hief zijn machete op, stormde naar voren en nog voordat de indringer zich half had omgedraaid, spleet hij de schedel van de man als was het een droge kokosnoot. Dat maakte een misselijkmakend, onheilspellend geluid. De man viel met een klap op de grond. Waar zijn hoofd opengebarsten was, zag je zijn roze hersenen en gutste het bloed eruit, en toen hield het op.

Het was pas de voormiddag van de eerste dag van de Trekker in Ouesso, en nu al had hij iemand vermoord. Wat voor hels oord was dit?

De volgende schok kwam toen hij de dode man omdraaide. Het was niet het gezicht van een man, maar van een jongen. Gladde huid, babywangen, spits gezicht, amper oud genoeg voor de initiatie. De Trekker was misleid door zijn lengte. Hij had een lange jongen gedood, een slungelige jongen die zich over zijn kano had durven bukken. Een jongen uit de stad met familieleden die hem zouden missen. Dit was helemaal mis.

De Trekker bleef een ogenblik uitgeput en gekweld staan peinzen wat hem te doen stond. Daarna kwam hij snel weer in actie. Hij sleepte het lichaam van de jongen naar de rivier. Plonzend door het ondiepe water, bijna struikelend, sleepte hij het lijk bij de oever vandaan, net ver genoeg om zeker te zijn van de stroming, en keek hoe het wegdobberde. Het lijk lag diep in het water, maar het bleef drijven. Terug op de oever dook hij zijn kano in om te kijken of de slagtanden er nog waren. Ze waren er nog. Hij pakte ze een voor een bij het uiteinde beet en stelde zichzelf gerust: ja, een, twee. Hij pelde de bladeren eraf en keek. Ja, ivoor, twee slagtanden. Hij sleepte zijn kano naar het water, klom erin en begon stroomafwaarts te peddelen. Na vijftig meter haalde hij het lichaam van de jongen in en liet hij het achter zich. Hij keek niet om naar Ouesso.

Nu was hij op drift, ongebonden, en was er geen weg terug meer. Drie weken lang voer hij stroomafwaarts de rivier af. Of misschien wel vier weken: hij hield de dagen niet bij. Hij had zijn kano en zijn slagtanden, zijn machete, zijn vissnoer en zijn haken en niet veel anders. Zijn onmiddellijke doel was: in leven blijven, van dag tot dag. Zijn uiteindelijke doel: met behulp van het ivoor een nieuw leven beginnen. Onderweg begon hij weer te vissen, liet zijn vistuig al varend door het water slepen en legde zelden ergens aan, behalve voor de nacht. Hij at wat hij ving en bewaarde de gedroogde en gerookte vis voor noodgevallen. Elke ochtend als het licht werd, was hij alweer op het water. Hij passeerde nog een stad, die hij varend langs de verre andere oever ontweek, en peddelde door een gedeelte waar de rivier zich traag door moerasgebieden slingerde. Hij kon zien dat de rivier hem door de bank genomen naar het zuiden voerde. Onderweg waren er avonturen en ongelukjes en enkele narrow escapes.

Die kun je je misschien net zo goed voorstellen als ik. Zo was er de ontmoeting met de mannen op het stroomafwaarts drijvende houtvlot aan wie hij vissen verkocht en die hem waarschuwden voor de Bobangi, een heerszuchtig volk dat handel en doorgaand verkeer controleerde bij de monding van de Sanga. Hij wist niet wat dat betekende, de monding van de Sanga; voor hem liep deze rivier altijd maar verder door. Dan was er nog de verrassingsaanval van de krokodil, opnieuw een akelig moment, hoewel hij die ochtend geluk had gehad. Het was een etter van een beest, niet groot, nauwelijks twee meter, dat zo aanmatigend en dom was om een mens aan te vallen. Hij had wraak genomen. Nog zes dagen daarna at hij het vlees van de buik en de staart van de krokodil. Hij had nog nooit zoiets gegeten en voor hem smaakte het als vis. Hij zette de afgehakte kop van de krokodil midden in een colonne roofmieren en die ontdeden hem in een middag van al het vlees. Nu voer de door de zon gebleekte schedel boven op de rest van de lading mee in de kano, met zijn grote vooruitstekende tanden grijnzend als een totem. Hij bereikte de monding van de Sanga en probeerde de Bobangi te ontlopen door 's nachts midden op de rivier te blijven en overdag soms op stille plekken aan te leggen. Maar hij kon niet elk moment bij zijn schatten blijven. Hij liet de boot een keer korte tijd onbewaakt achter om vruchten te verzamelen onder een *mobei*-boom, en zo kwam het tot zijn confrontatie met die ene Bobangi die hij net als de Lange Jongen betrapte op een wandaad: snuffelen in zijn kano. In tegenstelling tot de Lange Jongen hoorde deze man hem en draaide zich om.

De man had grijs haar rond zijn slapen en zijn linkeroog was melkachtig blauw. Zijn rechteroog was normaal. Hij was oud, maar niet te oud om gevaarlijk te zijn; zijn lichaam zag er nog krachtig uit. Hij had een klein ijzeren mes bij zich, maar geen machete, en om zijn nek hing een van dierenhuid gemaakt zakje. Hij zag eruit als een magiër of een tovenaar. Hij had het ivoor van de Trekker uitgepakt. De Trekker wist dat er veel andere Bobangi op de rivier waren, misschien zelfs een paar binnen gehoorsafstand. De Trekker voelde zich in het nauw gedreven. Hij herinnerde zich het misselijkmakende geluid van zijn machete die zich in het hoofd van de Lange Jongen boorde. Hij besloot razendsnel tot een desperaat compromis. Hij sprak de man met het blauwe oog aan in het Lingala, zonder zeker te weten of een Bobangi hem wel kon verstaan.

Ik geef je één slagtand, zei de Trekker.

Geen enkele reactie.

Ik geef je één slagtand, herhaalde hij luid en duidelijk. Die geef je aan je opperhoofd. Of... je doet het niet.

Hij wachtte, liet de man met het blauwe oog nadenken.

Eén slagtand, zei hij. Hij stak een vinger op. Of ik pak je en vermoord je voor twee.

Het duurde allemaal veel te lang. De Trekker begon te denken dat hij toch maar beter de schedel van de man had kunnen doorklieven. Of het in elk geval had kunnen proberen, ongeacht de gevolgen. Toen boog de man met het blauwe oog zich weer over de kano van de Trekker. Hij rommelde wat, schoof bladeren weg en haalde één slagtand tevoorschijn. Hij liet zijn vingers onderzoekend over het gladde koele oppervlak glijden en leek tevreden. De Trekker keek toe, wilde alleen maar dat hij wegging. Oké. Neem hem mee. Verdwijn. Maar nee, ineens bukte de man zich weer. Hij pakte een gerookte vis. Hij staarde de Trekker aan met een schaamteloze, verbijsterend uitdagende grijns op zijn gezicht. Het blauwe oog knipperde – of was dat een knipoog? Hij pakte de slagtand en de vis en verdween.

Die nacht voer de Trekker verder door Bobangi-territorium en glipte hij langs hun grote dorp aan de monding van de Sanga waar deze uitkwam op een andere, onvoorstelbaar grote rivier: de Kongo. Hij stond versteld toen hij bij daglicht zag hoe omvangrijk dit netwerk van zich vertakkende vaargeulen, eilanden en sterke stromingen was. Het was net een bundel rivieren, niet slechts één rivier. Hij peddelde nu harder dan ooit, maar ook oplettender, leerde de golfslag wantrouwen die een kano omver kon duwen, de draaikolken die een kano mee naar beneden konden zuigen. Hij bewaarde de nodige afstand tussen hem en andere kano's. Als hij mannen op een vlot zag, peddelde hij tot binnen gehoorsafstand, bood vis te koop aan en probeerde inlichtingen in te winnen. Op een keer stuitte hij op een stoomboot, net een groot huis dat gemotoriseerd stroomopwaarts voer, met vanbinnen een dreunende machine en passagiers en samengepakte vracht op het dek. Het was een vreemd gezicht. Maar de Trekker had andere vreemde dingen gezien – de uitpuilende hersenen van een jongen, de markt in Ouesso, een blauwogige Bobangi-dief – en inmiddels voelde hij zich bijna immuun voor verbazing. De schipper, dat kon hij zien, was een blanke man. De Trekker bleef dicht bij de andere oever varen.

De rivier bleef naar het zuiden stromen. Hij kwam in het grondgebied van de Tio, een meegaander volk dan de Bobangi – tuk op handel, maar zonder het alleenrecht op te eisen, zo had de Trekker gehoord. Misschien waren de Tio bescheidener omdat de rivier hier nu zo gigantisch groot was. Niemand kon zich in zijn hoofd halen dat die rivier zijn eigendom was. Niet eens een hele stam. Hier zag de Trekker tientallen andere boten. Het was een nieuw universum. Veel kano's, nog meer stoomschepen, mensen die schreeuwend en handel drijvend van de ene boot naar de andere wipten. De wirwar van vaargeulen en het drukke verkeer, plus de groter wordende afstand van Ouesso, gaven een roezig gevoel van anonimiteit en veiligheid waardoor de Trekker zijn reis bij daglicht kon voortzetten, wat een geluk was in deze intimiderende wateren. Hij verkocht verse vis aan Tio-schippers en ruilde vis voor maniok. Hij babbelde: Ja, ik kom van de bovenloop van de rivier, van heel ver. Maar hij zei niet welke rivier. Hij had het niet over ivoor. Hij verzamelde informatie, zonder zelf veel prijs te geven. Hij was moe.

Hij had nu een tussentijds doel, tussen het dagelijkse doel van overleving en de droom van een verdiende beloning voor alle moeilijkheden die hij had doorstaan. Hij had een bestemming: een oord dat Brazzaville heette. Het was een grote stad, stroomafwaarts, een paar dagen verderop. Het lag aan de rechterkant, naast een groot meer. Hij zou het meteen weten als hij het zag – zo hadden ze hem verteld. Een andere grote stad lag op de linkeroever, aan de overzijde van het meer, maar die was in handen van de Belgen. Hij had gevraagd: Wie zijn de Belgen? Zijn ze een stam, zoals de Bobangi? Nog erger. Jawel, Brazzaville was een goede markt voor vis of wat je maar had. Dat had hij ook te horen gekregen.

En zo kwam de Trekker daar aan. Hij nam een laatste bocht, kwam bij een reusachtig meer waar de rivier net zo breed leek als hij lang was, hield een groot eiland aan zijn linkerkant, zoals hem geadviseerd was, en zag witte gebouwen op de rechteroever, sommige twee keer zo groot als een woonhuis, groter zelfs dan de ronde markthal in Ouesso. Hij peddelde naar de witte gebouwen toe. Toen hij in de buurt ervan kwam, stopte hij even om alles goed in zich op te nemen en daarna peddelde hij verder totdat hij een eind voorbij de havens en de grote boten en de nijvere werklieden was, waarna hij zijn kano op een rustiger plekje op de oever liet lopen. Verschillende kinderen gaapten hem aan, zoals kinderen dat doen, maar verder zag niemand hem. De mensen hadden het druk en geen enkele volwassene nam de moeite om aandacht te schenken aan een sterke jonge Bakwele in haveloze kleren die aan land kwam met een krokodillenschedel, één fraaie slagtand en een halve boot vol met rotte vis.

Hij stapte uit het water en stond daar helemaal alleen. Niemand begroette hem.

Niemand wist wat hij had gedaan. Niemand vergeleek hem met Lewis en Clark. Niemand prees hem als de Marco Polo van de bovenloop van het Kongobekken. Niemand wist dat hij niets meer of minder was dan Huck Finn en Jim die op een vlot de Mississippi bevoeren, John Wesley Powell die de rivier de Colorado verkende, de ontdekkingsreiziger Teddy Roosevelt op zijn 'Rivier van de Twijfel', Frank Borman die rond de maan cirkelde in de Apollo 8, en de vluchtende dr. Richard Kimble, 'The Fugitive'. Niemand wist het.

De Trekker liep naar de stad en verkocht op die eerste middag zijn slagtand, waarvoor hij honderdtwintig koperen staven kreeg, wat volgens hem een goede prijs was, hoewel het ergens ook een onbevredigende anticlimax was. Voor zijn krokodillenschedel had de koper van het ivoor hem in een opwelling van welwillendheid nog eens tien koperen staven gegeven. Hij kocht wat palmwijn, werd dronken, vond dat een ervaring die hem niet beviel en heeft dat dan ook nooit meer gedaan. De rest van zijn geld bewaarde hij, of liever gezegd, hij zette het opzij om het langzaam en op allerlei manieren te besteden totdat het op was. Hij was gearriveerd.

Hij vond onderdak in Poto-Poto, een wijk ten oosten van het centrum, vol met andere mensen uit het gebied van de Opper-Kongo, en hij vond werk aan de waterkant. Hij maakte vrienden. Hij begon zich thuis te voelen. Het stadsleven beviel hem. Hij werd een soort kleurrijke figuur, een zelfbewust iemand, een innemende voormalige riviervisser die heel wat verhalen te vertellen had. Niemand zag hem als de uitgestoten zoon van een tovenares. Niemand vermoedde dat hij ooit een norse jonge eenling was geweest. Niemand kende zijn echte naam, omdat hij een andere had verzonnen. En dat andere dat niemand wist, zelfs hij niet, was dat hij een nieuw element, een nieuwe omstandigheid naar Brazzaville had meegebracht. Een virus, in zijn bloed. Meer specifiek: hij had hiv-1 groep M meegebracht.

Zeven en acht en negen jaar later, aan het eind van zijn leven, zou de Trekker een paar van zijn verhalen vertellen aan vrienden, kennissen en een handjevol van de vrouwen met wie hij tijdelijk of voor langere duur een relatie had gehad: over de Dode Olifant, de Half-Portugese Koopman, de Lange Jongen, de Krokodil en de Bobangi met het Blauwe Oog. Zoals hij het vertelde werd de Lange Jongen een volwassene en was de Krokodil heel erg groot, een leviathan. Niemand twijfelde aan zijn woorden. Ze wisten dat hij de rivier was afgezakt en dat moest levensgevaarlijk zijn geweest. De krokodillenschedel was er niet om hem tegen te spreken. In die jaren sliep hij met dertien vrouwen, die allemaal min of meer *femmes libres* waren. Een van hen, een jong Tio-meisje dat onlangs van de bovenloop van de rivier naar Brazzaville was gekomen en merkte dat ze hem meer liefhad dan haar vrijheid, werd zijn vrouw. Uiteindelijk besmette hij haar met het virus. Hij infecteerde één andere vrouw, meer een professional die woonde in een huisje in de wijk Bacongo, aan de westkant van de stad, waar hij haar onregelmatig bezocht toen zijn vrouw zwanger was. De andere elf vrouwen hadden alleen maar vluchtige seksuele contacten met hem, en die hadden meer geluk. Ze bleven hiv-negatief. De persoonlijke R_0 van de Trekker was daarom voor de duur van zijn leven precies

2,0. De mensen mochten hem graag en vonden het spijtig toen hij ziek werd.

De vriendin uit de wijk Bacongo was levenslustig en knap, en ze hunkerde naar verdere horizonten, zodat ze het meer overstak en zich in Léopoldville vestigde, waar ze een succesvolle loopbaan had, hoewel niet voor lange duur.

102

Stel dat het virus Léopoldville inderdaad rond 1920 bereikte, dan is er altijd nog een gat van vier decennia tot de tijd van ZR59 en DRC60, de eerste gearchiveerde hiv-sequenties. Wat gebeurde er in de tussentijd? We weten het niet, maar de beschikbare gegevens maken een ruwe schets mogelijk van wat er kan zijn gebeurd.

Het virus ging schuil in de stad. Het vermeerderde zich binnen individuen. Het ging van de ene persoon op de andere over via seksuele contacten en misschien ook door hergebruik van naalden en spuiten voor de behandeling van bekende ziekten als slaapziekte (verderop vertel ik meer over die mogelijkheid). Ongeacht de manier van overdracht veroorzaakte hiv vermoedelijk immunodeficiëntie en uiteindelijk de dood bij de meeste of alle mensen die geïnfecteerd waren, behalve bij hen die vroegtijdig overleden door andere oorzaken. Maar het manifesteerde zich nog niet opvallend genoeg om te worden erkend als een uitgesproken nieuw fenomeen.

Het kan zich ook langzaam hebben vermeerderd in Brazzaville, aan de overkant van het meer, geholpen door veranderende seksuele zeden en campagnes voor therapeutische injectie. Het kan zijn blijven hangen in de dorpen in het zuidoosten van Kameroen of elders in de bovenloop van het Sangabekken.

En waar het ook was, maar zeker in Léopoldville – het bleef muteren. Dat kunnen we opmaken uit de grote verschillen tussen ZR59 en DRC60. Het bleef evolueren.

Het bestuderen van de evolutionaire geschiedenis van hiv-1 is meer dan een loze exercitie. De zin ervan is dat we zodoende beter kunnen begrijpen hoe één variant van het virus (groep M) zichzelf zo dodelijk en wijdverbreid maakte onder mensen. Dit inzicht kan op zijn beurt leiden tot betere maatregelen om door aids aangerichte verwoestingen te bedwingen, eventueel door middel van een vaccin, maar waarschijnlijk door verbeterde behandelingen. Dat is de reden waarom wetenschappers zoals Beatrice Hahn, Michael Worobey en hun medewerkers onderzoek doen naar de fylogenetische ontwikkeling van hiv-1, hiv-2 en de verschillende siv-virussen. Een van de problemen waarop ze zich richten is de vraag of het virus virulenter werd vóórdat, of pas nadat het overgesprongen was van chimpansees. Kortweg: is siv_{cpz} dodelijk voor chimpansees of is het slechts een onschuldige passagier? Beantwoording van die vraag zou iets belangrijks aan het licht kunnen brengen over de manier waarop het menselijk lichaam op hiv-1 reageert.

Na de ontdekking van siv_{cpz} heerste een tijdje de indruk dat het onschadelijk was bij chimpansees, dat het een oeroude infectie was die misschien ooit ziekteverschijnselen kon hebben veroorzaakt, maar dat nu niet meer deed. Deze indruk werd versterkt door het feit dat in de eerste jaren van het aidsonderzoek meer dan honderd laboratoriumchimpansees experimenteel werden geïnfecteerd met hiv-1 en dat geen van alle een falend immuunsysteem vertoonde. Toen een laboratoriumchimpansee wél aids kreeg (tien jaar na experimentele besmetting met drie verschillende stammen van hiv-1), was zijn geval opmerkelijk genoeg om er een artikel van zes pagina's in het *Journal of Virology* aan te wijden. De onderzoekers suggereerden dat dit goed nieuws was, omdat het eindelijk de hoop bood dat chimpansees inderdaad een relevant experimenteel model vormen (dat wil zeggen een voldoende analoog onderzoekssubject) voor het onderzoek naar aids bij mensen. Er verscheen zelfs een rapport, gebaseerd op de genetische analyse van proefdieren in Nederland, waarin werd gesteld dat chimpansees meer dan 2 miljoen jaar geleden 'hun eigen op aids lijkende pandemie hadden overleefd'. In deze visie beschikten ze na deze ervaring over genetische aanpassingen waardoor ze bestand waren tegen de effecten van het virus. Ze dragen het nog steeds bij zich, maar worden er klaarblijkelijk niet ziek van. Nogmaals, dit idee was gebaseerd op in gevangenschap levende chimpansees. Wat betreft siv-positieve chimpansees in het wild: niemand wist of ze aan immunodeficiëntie leden. Het was een kwestie die moeilijk te onderzoeken was.

Deze veronderstellingen en vermoedens klopten met de beschikbare informatie over andere varianten van het virus bij andere primaten. Siv is zeer divers en wijdverspreid: het wordt aangetroffen als een van nature voorkomende infectie bij leden van meer dan veertig verschillende soorten Afrikaanse apen en mensapen (maar het is blijkbaar uniek voor dat continent. Hoewel sommige Aziatische primaten het virus in gevangenschap hebben verworven, heeft het zich niet gemanifesteerd onder in het wild levende apen in Azië of Zuid-Amerika). De meeste van deze siv-dragende Afrikaanse primaten zijn apen. Elke apensoort herbergt zijn eigen karakteristieke type siv, zoals siv_{gsn} (gsn: greater spot-nosed monkey) bij de grote witneusmeerkat, siv_{ver} bij de vervet, siv_{rcm} (rcm: red-capped mangabey) bij de roodkopmangabey enzovoort. Op basis van het momenteel beschikbare bewijsmateriaal lijkt geen van deze siv-virussen immunodeficiëntie te veroorzaken bij zijn natuurlijke gastheer. Een nauwe evolutionaire verwantschap tussen twee soorten apen, zoals de L'hoest's meerkat en de zonnestaartmeerkat, die beide thuishoren bij het geslacht *Cercopithecus*, gaat soms gepaard aan een nauwe overeenkomst tussen hun respectieve siv-virussen. Vanwege die diepgaande taxonomische banden, plus de afwezigheid van zichtbare ziekten, kwamen onderzoekers tot het vermoeden dat Afrikaanse apen hun siv-infectie al heel lang bij zich dragen – waarschijnlijk al miljoenen jaren. Dat was lang genoeg om divergentie tussen de virussen en wederzijdse aanpassing tussen elk type virus en zijn gastheer mogelijk te maken.

Dezelfde uit twee delen bestaande hypothese werd ook toegepast op chimpansees: hun virus, siv_{cpz}, zou (1) een oeroude infectie zijn die (2) nu geen schade aanricht. Maar in het geval van de chimpansees waren dit niet meer dan zwakke veronderstellingen. Die werden vervolgens getoetst aan de hand van nieuwe gegevens en analyses, en toen bleek dat beide delen van de hypothese niet klopten.

De eerste premisse, namelijk dat siv_{cpz} al heel lang schuilgaat in chimpansees, begon dubieus te worden in 2003. In dat jaar werd door een ander team van onderzoekers (onder leiding van Paul Sharp en Elizabeth Bailes van de University of Nottingham en met opnieuw Beatrice Hahn en Martine Peeters) vastgesteld dat siv_{cpz} blijkbaar een hybride virus is. De Nottingham-groep kwam tot deze conclusie door het genoom van siv_{cpz} met het genoom van meerdere siv-virussen, ofwel apenaidsvirussen, te vergelijken. Ze ontdekten dat één belangrijk deel van het genoom van het chimpanseevirus sterk overeenkomt met een deel van siv_{rcm} (rcm: red-capped mangabey, ofwel roodkopmangabey). Een ander belangrijk deel vertoont grote gelijkenis met een bepaald deel van siv_{gsn} (gsn: greater spot-nosed monkey, ofwel grote witneusmeerkat). Met andere woorden: het chimpanseevirus bevat genetisch materiaal van het virus van roodkopmangabeys én van het virus van grote witneusmeerkatten. Hoe is dat gebeurd? Door recombinatie, dat wil zeggen vermenging van erfelijke eigenschappen. Een met beide apenvirussen geïnfecteerde chimpansee moet hebben gediend als mengkom waarin twee virussen genen uitwisselden. En wanneer is dat dan gebeurd? Misschien slechts honderden, in plaats van duizenden of tienduizenden jaren geleden.

Hoe kon een chimpansee met twee apenvirussen worden geïnfecteerd?

Vermoedelijk gebeurde dat door predatie of door een combinatie van predatie (waardoor het ene virus aan boord komt) met seksuele overdracht (waarbij een tweede aan boord komt), gevolgd door een toevallige herordening van genen tijdens het vermeerderingsproces van beide virussen. Chimpansees zijn alleseters die af en toe graag een stuk vlees eten. Ze doden apen, scheuren ze uiteen, vechten om de stukken of verdelen grote en kleine hompen onder elkaar, en dan verslinden ze het vlees, rood en rauw. Het gebeurt niet vaak, alleen maar als de gelegenheid en de hunkering zich voordoen. Het kan niet anders of bij zulke bloederige vreetpartijen is er soms ook bloed-met-bloedcontact. Ook zonder dat ze machetes gebruiken, kunnen chimpansees wonden aan hun handen en in hun mond oplopen. Bloederig vlees plus een open wond betekent blootstelling. De Nottingham-groep presenteerde wederom een chimpanseeversie van de gewonde-jagerhypothese – behalve dat de gewonde jager in dit geval de chimpansee was.

103

Dus siv_{cpz} bestaat nog maar betrekkelijk kort. Het virus heeft geen oeroude band met chimpansees. En op grond van een in 2009 gepubliceerde studie wordt nu ook deel twee van de dubbele hypothese in twijfel getrokken. Het virus is allerminst onschuldig in zijn gastheer, de chimpansee. Aanwijzingen in die richting, afkomstig van de chimpansees van Gombe – Jane Goodalls onderzoekspopulatie, bekend en geliefd over de hele wereld – geven aan dat siv_{cpz} apenaids veroorzaakt.

Ik heb al vermeld dat de eerste wilde chimpansee die na onderzoek siv-positief bleek in Gombe verbleef. Wat ik niet zei, maar hier wel zal zeggen, is dat een siv-positieve status bij de chimpansees van Gombe nauw samenhangt met een slechte gezondheid en vroegtijdig overlijden. Opnieuw waren het Beatrice Hahn en haar groep die deze ontdekking deden.

Nadat Hahn siv_{cpz} had vastgesteld bij in gevangenschap levende chimpansees, wilde ze daar ook naar op zoek gaan in het wild. Maar zij en haar team van jonge moleculair biologen wisten niet goed hoe je monsters van chimpansees in een Afrikaans woud kon bemachtigen. Wat doe je, ga je eropuit en verdoof je er een met een pijltje? Vloer je de mensaap met ketamine, waarna je bloed afneemt, hem wakker maakt en weer laat gaan?

(Dat was de beoogde werkwijze van Billy Karesh tijdens onze achtdaagse speurtocht naar gorilla's rond Moba Bai in de Republiek Kongo. Maar voor chimpanseepopulaties die grondig bestudeerd worden en daaraan gewend zijn hanteert men een heel ander procedé.) Gadsie, nee! zeiden veldprimatologen, van afschuw vervuld bij het vooruitzicht van een dergelijke drastische inbreuk op het vertrouwen van hun gevoelige onderzoeksobjecten. Het was een nieuw terrein voor Hahn, met allerlei nieuwe problemen en methoden waar ze echter al snel op afgestemd raakte. Op een wetenschappelijk congres dat primatenonderzoekers samenbracht met virologen, ontmoette ze Richard Wrangham van Harvard, iemand die alom gerespecteerd werd vanwege zijn onderzoek op het gebied van de gedragsecologie en evolutie van mensapen. Onder leiding van Wrangham is jarenlang onderzoek gedaan onder de chimpansees in Kibale National Park, in het westen van Uganda, terwijl hij veertig jaar eerder in het kader van zijn eigen promotieonderzoek al veldwerk had gedaan in Gombe. Hij reageerde enthousiast op Hahns idee om in het wild levende chimpansees te screenen, en uiteindelijk was het Wrangham, vertelde ze me, 'die Jane ervan overtuigde dat er met ons heel goed viel samen te werken'. Maar voordat ze in Gombe aan de slag gingen, richtten ze zich eerst nog op de chimpansees van Kibale, Wranghams eigen onderzoeksterrein. Onmisbare hulp werd daarbij geboden door een van Wranghams promovendi, Martin Muller, die in 1998 urinemonsters had verzameld voor een onderzoek naar testosteron, agressie en stress. Mario Santiago, iemand uit Hahns laboratorium, verzon de nodige hulpmiddelen voor het opsporen van siv_{cpz}-antistoffen in enkele milliliters pis, en Martin Muller zorgde voor enkele ingevroren monsters uit zijn in Kibale verzamelde materiaal. Voor dit deel van het verhaal ging ik naar Albuquerque en sprak ik met Muller, nu hoogleraar antropologie aan de University of New Mexico.

De Kibale-monsters testten allemaal negatief op siv. 'We waren lichtelijk teleurgesteld,' wist Muller nog goed. 'Dat kwam omdat zo'n beetje iedereen in die tijd al dacht dat dit virus geen enkel schadelijk effect voor chimpansees had.' Maar intussen had zijn hormoononderzoek enkele interessante resultaten opgeleverd en daarom wilde hij zijn gegevensmateriaal verbreden. Hij en Wrangham waren het erover eens dat het leerzaam kon zijn als ze bij wijze van vergelijkingsmateriaal ook nog monsters van enkele andere chimpanseepopulaties verzamelden. Zo belandde Muller in augustus 2000 in Gombe, met zijn urineflessen en de hele uitrusting die nodig is om monsters bevroren te houden. Hij bleef maar een paar weken, instrueerde Tanzaniaanse veldwerkassistenten die verder moesten gaan met het verzamelen van urinemonsters en nam er zelf een paar mee. Weer terug in de Verenigde Staten, vroeg hij Hahn per e-mail of ze zes buisjes ingevroren Gombe-urine wilde hebben, waarop ze antwoordde met: 'JA, JA, JA.' Hij stuurde ze op met gecodeerde etiketten, een standaardprocedure waardoor Hahn absoluut niet kon weten welke van wie was. Twee van de zes testten positief voor siv-antistoffen. Muller verbrak de code en vertelde haar dat beide monsters afkomstig waren van een chimpansee die Gimble heette, een drieëntwintigjarig mannetje.

Gimble was een bekend lid van een van de befaamde Gombe-families: zijn moeder was Melissa, een succesvolle matriarch, en een van zijn broers was Goblin, die opklom tot alfamannetje van de gemeenschap en de leeftijd van veertig jaar bereikte. Gimbles leven en carrière zouden anders zijn – en korter.

Algauw nadat ze de onderzoeksuitkomsten van Gimble had ontvangen, stuurde Beatrice Hahn een lange e-mail naar Jane Goodall, waarin ze de context en de consequenties toelichtte. Goodall zelf had een opleiding tot etholoog genoten (ze behaalde een doctoraat in Cambridge), niet tot moleculair bioloog, en de *western blot*-analyses (een biochemische techniek waarmee een specifiek eiwit in een mengsel van eiwitten aan de hand van antistoffen kan worden opgespoord – vert.) waren daarom voor haar net zo'n onbekend terrein als het verzamelen van monsters in het veld dat was geweest voor Hahn. Goodalls onderzoek aan chimpansees was begonnen in juli 1960, in wat toen het Gombe Stream Game Reserve heette, aan de oostelijke oever van het Tanganjikameer, en wat later het Gombe National Park werd. In 1965 richtte ze het Gombe Stream Research Center op, gevestigd in een betonnen gebouwtje in de buurt van het meer, en ging ze nog eens eenentwintig jaar door met haar onderzoek aan chimpansees in het heuvelachtige woud. In 1986 publiceerde Goodall een imposant wetenschappelijk werk, *The Chimpanzees of Gombe*, waarna ze een eind maakte aan haar loopbaan als veldwetenschapper, omdat ze geschokt was over de behandeling van chimpansees in medische laboratoria en andere instellingen overal ter wereld waar men met proefdieren werkte en ze zich verplicht voelde om daar actie tegen te gaan voeren. Het onderzoek aan de Gombe-chimpansees werd in haar afwezigheid voortgezet, dankzij goed opgeleide Tanzaniaanse veldwerkassistenten en latere generaties wetenschappers die zorgden voor tientallen jaren van data en voor de voortzetting van wat Goodall begonnen was. Ze bleef nauw met Gombe en haar chimpansees verbonden, zowel persoonlijk als via de projecten van haar Jane Goodall Institute, maar in het oude onderzoekskamp vertoonde ze zich bijna niet meer, afgezien van de keren dat ze ertussenuit kneep om daar tot rust te komen en nieuwe krachten op te doen. In plaats daarvan bereisde ze ongeveer driehonderd dagen per jaar de hele wereld om lezingen geven, te lobbyen, contact te hebben met mediamensen en schoolkinderen en haar inspirerende boodschap te verkondigen. Hahn had begrip voor de felheid van Goodalls beschermende houding jegens chimpansees in het algemeen en tegenover Gombe-chimpansees in het bijzonder, en ook voor haar wantrouwen tegenover alles waardoor ze meer gevaar liepen uitgebuit te worden, vooral in naam van de medische wetenschap. Aan het einde van de lange e-mail schreef Hahn:

> Laat ik eindigen met te zeggen dat het vinden van siv_{cpz} in de Gombe-gemeenschap voor een viroloog een WERKELIJKHEID-GEWORDEN-DROOM is. Vanwege de rijkdom aan gedrags- en observatiedata die jij en je medewerkers in de loop van tientallen jaren hebben verzameld, is het de IDEALE setting om de natuurlijke historie, de overdrachtspatronen en pathogeniteit (of het ontbreken daarvan) van natuurlijke siv_{cpz}-infectie bij in het wild levende chimpansees te bestuderen. Bovendien kan dit alles volkomen niet-invasief worden gedaan. EN er zijn beslist financieringsmogelijkheden voor zo'n uniek onderzoek. Daarom hoeft de werkelijkheid-geworden-droom van de viroloog niet de nachtmerrie van de primatoloog te zijn, hoewel ik zeker weet dat het wel even zal duren voor ik je daarvan kan overtuigen.

Uiteindelijk wist ze Goodall inderdaad te overtuigen, maar niet voordat het onderzoek opnieuw een nachtmerrieachtige ontdekking had voortgebracht.

Eerder in haar e-mail had Hahn geschreven: 'Wat betreft de chimpansees kan ik waarschijnlijk veilig zeggen dat siv-infectie er NIET toe zal leiden dat ze immunodeficiëntie of aids ontwikkelen.' Op dat punt zou ze zelf bewijzen dat ze het bij het verkeerde eind had gehad.

104

Jane Goodall vertelde over haar eigen bekommernissen toen ik haar toevallig trof tijdens een van haar tussenstops. We kenden elkaar van eerdere avonturen – met chimpansees in Kongo, met zwartvoetbunzings in South Dakota en met een single malt Schotse whisky in Montana – maar dit was een kans om rustig in een hotel in Arlington, Virginia, te blijven zitten tijdens een alles lamleggende sneeuwstorm en over Gombe te praten. De vijftigste verjaardag van haar eigen chimpansee-onderzoek kwam eraan en ik had van *National Geographic* de opdracht gekregen om er iets over te schrijven. Nadat we hadden gesproken over dingen die haar in haar jeugd beïnvloed hadden, over haar droom om natuuronderzoeker in Afrika te worden, over haar mentor Louis Leakey, over haar eerste dagen in het veld en haar tijd als promovendus in Cambridge, begon ze zelf over genetica en virologie. Op dat punt bracht ik het gesprek op SIV.

'Ik maakte me echt veel zorgen over het onderzoek van Beatrice Hahn,' bracht Jane spontaan te berde. 'We hadden bijna allemaal de zenuwen over de gevolgen die het kon hebben als ze hiv en aids aantrof.' Ze had Hahn ontmoet, had met haar gesproken en werd gerustgesteld doordat Hahn zo enorm begaan was met het welzijn van de chimpansees. 'Maar toch... Ondanks haar betrokkenheid had ik nog steeds een onbehaaglijk gevoel, omdat als deze uitkomsten naar buiten werden gebracht, zoals nu is gebeurd, ze door andere mensen op een andere manier konden worden gebruikt.' Bijvoorbeeld? Aan wat voor gevaren dacht ze dan? 'Dat het de aanzet zou geven tot een geheel nieuwe opleving van onderzoek aan chimpansees in medische laboratoria.' Het nieuws van chimpansees met aids, vreesde ze, zou een veelbelovende kans lijken om meer aan de weet te komen over aids bij mensen, ongeacht het lot van de chimpansees.

Wat dacht ze van de impact van het virus in Gombe zelf? We wisten allebei dat Hahn inderdaad iets had gevonden wat op aids leek, en inmiddels was Gimble dood. Wat dacht ze van het vooruitzicht dat andere leden van de Gombe-gemeenschap konden sterven aan een falend immuunsysteem? 'Ja, precies,' zei Jane. 'Dat is een erg alarmerende gedachte.'

Hoe alarmerend het ook was, vanaf het begin van haar gesprekken met Hahn had ze zich gerealiseerd dat je met een dergelijke ontdekking twee kanten op kon. Aan de ene kant, zei Jane, was er een mogelijke troost: als mensen hoorden dat wilde chimpansees een aidsverwekkend virus bij zich droegen, stopten ze misschien met het jagen, slachten en opeten van de dieren. 'Omdat ze dan bang zijn. Dat was de ene kant. Dan had je de andere kant, namelijk dat de mensen gaan zeggen: "Al die beesten zijn een gevaar voor ons, laten we ze dus maar allemaal doodmaken." Het had de ene, maar ook de andere kant op kunnen gaan.' Jane is een scherpzinnige vrouw. Ze heeft de uitstraling van een seculiere heilige, maar is eigenlijk heel menselijk, aards, gewiekst en in staat op twee gedachten te hinken. Zoals het tot nu toe is gegaan, merkte ze op, is het tot geen van die twee uitersten gekomen.

We spraken ook nog even over Hahns niet-invasieve bemonsteringmethode: urine kon antistoffen bevatten en feces konden viraal RNA opleveren. Jane gaf toe dat dat gedeelte geruststellend was, omdat ze de chimpansees dan niet hoefden te vloeren en met naalden te prikken. 'Bloed heb je niet nodig,' zei ze. 'Alleen een beetje poep.' Verbluffend wat ze met een beetje poep kunnen doen, zei ik instemmend.

Ze had dus toestemming gegeven voor Hahns onderzoek, en men ging aan de slag. Eind november 2000 kreeg Hahns lab in Alabama de eerste partij materiaal, waaronder drie fecesmonsters van de arme Gimble. Hahns promovendus Mario Santiago deed de screening en opnieuw gaven alle drie de monsters van Gimble een positieve testuitslag. Daarna vermeerderde Santiago een viraal RNA-fragment en sequencete hij het, wat bevestigde dat Gimbles virus inderdaad SIV_{cpz} was. Het leek een nieuwe stam, die dermate verschilde van andere bekende stammen dat hij wellicht alleen voorkwam in Oost-Afrika. Dit was in meerdere opzichten significant. Ja, de chimpansees van Gombe waren geïnfecteerd. Nee, deze dieren konden niet de bron van de menselijke pandemie zijn. De varianten van SIV die Martine Peeters in West-Afrika had gevonden (dat was vóór Hahns eigen vondsten uit Kameroen) kwamen meer overeen met HIV-1 groep M dan het Gombe-virus.

Half december stuurde Hahn opnieuw een e-mail, nu naar Richard Wrangham, Jane Goodall, Martin Muller en anderen. In het onderwerpvakje stond EINDELIJK GOED NIEUWS en daaronder beschreef Hahn de onderzoeksresultaten voor Gimble en de plaats van zijn virusstam in de SIV-stamboom. Ten slotte schreef ze met haar karakteristieke voorliefde voor jubelende hoofdletters: 'DIT IS EEN HOMERUN!'

105

Dat was nog maar het begin. Het onderzoek werd nog negen jaar voortgezet. Veldwerkers in Gombe verzamelden fecesmonsters van 94 verschillende chimpansees waarvan in alle gevallen de naam en meestal ook het persoonlijke karakter en de familiegeschiedenis bekend waren. Beatrice Hahns mensen verrichtten de analyse en stelden vast dat 17 van de 94 chimpansees SIV-positief waren. Na verloop van tijd gingen enkele chimpansees dood. Andere verdwenen in het woud en als ze niet terugkwamen werd aangenomen dat ze dood waren. De dood is voor in het wild levende dieren, inclusief chimpansees, veelal een privéaangelegenheid, vooral als het ze op een trage en pijnlijke manier overkomt. Ze zonderen zich dan doorgaans af van de sociale groep, als er tenminste een sociale groep is, en komen alleen aan hun eind. Gimble had zich op 23 januari 2007 voor het laatst aan spoorvolgers vertoond. Zijn lichaam werd nooit gevonden.

In Birmingham vond er met het rouleren van promovendi en gepromoveerde onderzoekers in Hahns lab een ander soort ommekeer plaats. Mario Santiago vertrok voor een volgende fase in zijn carrière, en de nieuwe medewerker was Brandon Keele. Er bleven incidenteel monsters uit Gombe komen en die werden allemaal geanalyseerd – een traag en moeizaam proces. Een groot deel van het werk viel toe aan Keele, hoewel dit zelfs voor hem een 'project op een laag pitje' was. Toen ik bij hem op bezoek was in Fort Detrick, beschreef Keele me het moment van herkenning dat zich aan het eind van zijn postdoc-periode had voorgedaan waardoor dit project ineens op een hoog opgedraaide pit kwam te staan.

'Ik probeerde te vertrekken en dingen af te ronden. Ik zei bij mezelf: "Wat zou er met deze chimpansees aan de hand zijn?"' Hij was zich ervan bewust dat het aantal bekende siv-positieve gevallen in Gombe in de loop van de voortgaande bemonstering was toegenomen en dat er zowel bewijzen voor verticale overdracht (moeder naar kind) als voor seksuele overdracht waren en dat die verantwoordelijk waren voor nieuwe infecties. Hij dacht dat het onderzoek een interessant, weinig spectaculair artikel zou opleveren over hoe een onschuldig virus zich verspreidt door een populatie. 'En toen begonnen we de data te compileren,' vertelde hij me. Dat betekende dat ze er een dimensie van in het veld verrichte gedragsobservaties bij moesten halen. Daarom nam hij contact op met medewerkers in het onderzoekscentrum van het Jane Goodall Institute in Minnesota en kreeg hij bij zijn vraag naar informatie over individuele dieren voortdurend verontrustend nieuws te horen.

'Oh, nee, die chimpansee is dood.'

'Nee, die chimpansee is dood. Die is in 2006 gestorven.'

'Nee, die chimpansee is dood.'

Keele wist nog goed dat hij zich afvroeg: 'Wat is er in hemelsnaam aan de hand?' Zoals bleek toen hij een bijgewerkte lijst met sterfgevallen onder ogen kreeg, was een deel van het antwoord dat er een golf van vroegtijdige sterfte door de siv-positieve gelederen van de Gombe-populatie was gegaan.

Hij en het team van Hahns laboratorium hadden onlangs een concept geschreven voor een lezing die hij binnenkort op een bijeenkomst wilde houden en die te zijner tijd tot een publicatie in een tijdschrift zou leiden. Keele kon zich nog herinneren dat er in het ontwerp een zin stond als: 'Het lijkt er eigenlijk niet op dat infectie een dodelijk gevaar vormt voor deze chimpansees.' Ze hadden het concept naar hun partners in Gombe gestuurd, die snel reageerden met het nieuws over nog eens zeven dode chimpansees, wat Keele nog niet eens wist. Hij liet het concept voor wat het was, bezon zich opnieuw over wat hij aan het doen was en begon nauwer met Gombe en Minnesota samen te werken om de gegevens die hij had te completeren. Dan zouden ze wel zien waar dat toe leidde.

Rond dezelfde tijd, in de lente van 2008, hoorde Keele ook van enkele ongewone uitslagen van pathologisch onderzoek aan de weefsels van een dode Gombe-chimpansee. De chimpansee, een vierentwintigjarig vrouwtje, droeg de naam Yolanda. Ze kreeg in november 2007 last van een onbekende kwaal, kwam uit de bergen naar beneden en kwijnde weg in de buurt van het onderzoekscentrum. Mensen probeerden haar te voeden, maar Yolanda at niet. Verzwakt en miserabel bleef ze in de regen midden in het dichte struikgewas zitten, en toen stierf ze. Ze legden haar lichaam in een vrieskist. Twee maanden later werd het ontdooid voor een autopsie.

De autopsie werd uitgevoerd door de Tanzaniaanse dierenarts Jane Raphael, verbonden aan het Gombe Stream Research Center en speciaal opgeleid voor dit werk. Omdat ze niet wist of Yolanda SIV-positief was geweest of niet, nam Raphael de voorgeschreven voorzorgsmaatregelen. Ze droeg een compleet Tyvekpak, twee lagen handschoenen, een N95-masker, een gezichtsbeschermer en rubberlaarzen. Ze spleet Yolanda's buik open, sneed dwars door de ribben en spreidde ze wijd uit om te kijken of ze iets kon zien.

'Het voornaamste probleem zat in de buikholte,' vertelde Raphael me twee jaar later, toen we in haar kleine werkkamer aan de oever van het Tanganjikameer zaten. 'Het leek op een buikvliesontsteking. De darmen waren heel erg verkleefd.' Raphael, een rustige vrouw met vlechtjes en een gebloemde jurk, koos haar woorden zorgvuldig. Ze beschreef hoe ze de eruit getrokken ingewanden met haar gehandschoende handen van elkaar scheidde. 'Het was anders dan anders,' zei ze. Ze leek het zich allemaal nog levendig te kunnen herinneren. 'De spieren onder het bekken waren ernstig ontstoken. Vuurrood. En er zaten wat zwarte stippen op.' Wat was de oorzaak van de ontsteking? Raphael waakte ervoor buiten het boekje van haar onderzoeksgegevens te gaan en zei dat ze het niet wist.

Na deze eerste inspectie knipte ze weefselmonsters uit vrijwel elk orgaan: milt, lever, darmen, hart, longen, nieren, hersenen en lymfeklieren. Voor de SIV-positieve gevallen, zei ze, waren vooral de lymfeklieren van belang. Yolanda's lymfeklieren leken op het oog normaal, maar histopathologisch onderzoek zou die illusie naderhand verbreken. Enkele in RNAlater bewaarde monsters gingen naar Beatrice Hahn. Andere, ingelegd in formaline, waren bestemd voor een patholoog in Chicago. De gecombineerde onderzoeksresultaten van dit geval zouden voor grote vraagtekens zorgen bij de heersende ideeën over SIV bij chimpansees.

'Voorheen werd gezegd dat ze wel besmet zijn, maar er niet ziek van worden,' zei Raphael tegen me. 'Yolanda zorgde ervoor dat we er anders over gingen denken.'

Ik volgde de ingelegde monsters naar Chicago, waar Karen Terio, de patholoog die ze had onderzocht, me graag een glimp van het bewijsmateriaal gunde. Terio had een opleiding voor dierenarts gevolgd aan een van de beste veterinaire faculteiten van het land en behaalde na een klinische opleidingsperiode een doctoraat in de pathologie, met als specialisme ziekten die door verschillende diersoorten op elkaar worden overgedragen. Ze werkte voor de University of Illinois en was adviseur van de Lincoln Park Zoo, die een gezondheidstoezichtproject in Gombe ondersteunt. Vandaar dat de lymfeklieren en andere stukjes van Yolanda bij haar als deskundige terechtkwamen voor nader onderzoek. Terio sneed de weefsels aan stukjes, stuurde die naar laboranten om ze te prepareren en te kleuren en ging zitten om de dia's te bekijken. 'Wat me opviel, was dat ik helemaal geen lymfocyten kon vinden,' vertelde ze me. 'Toen ik de eerste lymfeklier zag, dacht ik: Hmm, dat is raar.' Ze vroeg haar chef om ook eens door de microscoop te kijken. Dat deed hij en hij beaamde dat er iets heel erg mis was. Ze belde een collega in de Lincoln Park Zoo, Elizabeth Lonsdorf, die het onderzoek naar in het wild levende Afrikaanse mensapen leidt waar ook het gezondheidsproject in Gombe onder valt.

'We hebben een probleem,' zei Terio tegen Lonsdorf. 'Ze heeft helemaal geen lymfocyten.'

'Betekent dat wat het volgens mij betekent?'

'Ja. Het letsel van dit dier lijkt op dat van een terminale aidspatiënt.'

Samen met Lonsdorf wendde ze zich tot Beatrice Hahn. Hahns eerste vraag was: 'Weet je het zeker?' Terio wist het inderdaad zeker, maar e-mailde snel beelden van de dia's, zodat de anderen zelf konden oordelen. Inmiddels was ook Brandon Keele op de hoogte. Terio stuurde de oorspronkelijke dia's naar een andere medewerker, een expert op het gebied van immuunsysteempathologie, om de diagnose te verfijnen. Iedereen reageerde instemmend en na bekendmaking van de voor de monsters gebruikte code wist iedereen ook hoe deze puzzelstukjes in elkaar pasten: de op haar vierentwintigste gestorven chimpansee Yolanda was siv-positief geweest en had geleden aan immunodeficiëntie.

Karen Terio gebaarde uitnodigend naar een stoel tegenover haar grote Olympus-microscoop met dubbele viewer en pakte dezelfde dia's die ze aan Hahn en Lonsdorf had laten zien. Vanaf haar plek bij de microscoop kon ze een cursor bedienen, een rood pijltje dat ze over het veld bewoog naar wat ze me wilde laten zien. Eerst liet ze me een dun gesneden deel van een lymfeklier van een normale, siv-negatieve chimpansee zien. Dat diende als vergelijkingsmateriaal. Het zag eruit als een van bovenaf gefotografeerd stuk veenland, dichtbegroeid met veenmos en blauwe bosbessen, hier en daar dooraderd met smalle open ruimtes die op kleine poelen en kreken leken. Het weefsel had een donkerrode tint en was bezaaid met een groot aantal donkerdere blauwe spikkels. De spikkels, legde Terio uit, zijn lymfocyten met een gezonde dichtheid. In een gebied waar hun dichtheid erg groot is, pakken ze zich samen tot een follikel, een soort met boonvormige snoepjes gevuld zakje. Ze vloog met haar rode pijltje naar een follikel.

Ze legde een tweede dia onder de microscoop. Deze liet een plakje van een van Yolanda's lymfeklieren zien. In plaats van een stuk veenland zag het eruit als een geërodeerd woestijnlandschap met kreupelhout dat al vele dagen geen regen meer had genoten.

'Mmmm,' zei ik.

'Dit is in wezen het bindweefsel,' zei Terio. Ze bedoelde dat het alleen maar een ondersteunende structuur was, minus het functionerende binnenwerk. Verdord en leeg. 'Er zijn echt nog maar heel weinig lymfocyten over in dit dier.'

'Wat je zegt.'

'En het is ingestort. Weet je, de hele boel is als het ware gewoon vanzelf in elkaar gezakt, omdat er niets meer is om het overeind te houden.' Haar rode pijltje dwaalde eenzaam door de woestijn. Geen veenmos, geen follikels, geen blauwe spikkeltjes. Ik stelde me voor hoe Karen Terio in april 2008 deze dia's in haar eentje aandachtig had zitten bekijken – en als eerste op dat bewijs was gestuit, op een moment dat de illusie van niet-pathogene siv_{cpz} nog overal door onderzoekers werd omhelsd.

'Dus je zat daar en keek hiernaar...'

'En riep uit: "Oh, nee,"' zei ze.

106

Terio's bevindingen, plus de resultaten van het veldwerk in Gombe, plus de moleculaire analyses van Hahns laboratorium – dit alles kwam samen in een artikel dat in de zomer van 2009 verscheen in het tijdschrift *Nature*. Brandon Keele was de eerste auteur, Beatrice Hahn de laatste. 'Increased Mortality and AIDS-like Immunopathology in Wild Chimpanzees Infected with SIV_{cpz}' ('Verhoogde sterfte en aids-achtige immuunsysteempathologie bij met siv_{cpz} geïnfecteerde wilde chimpansees') luidde de pakkende titel. Voor mezelf noem ik het 'het Gombe-artikel' – en daar ben ik niet de enige in. De lange lijst van medeautcurs vermeldde ook de namen van Karen Terio, Terio's chef, Elizabeth Lonsdorf, Jane Raphael, twee van Hahns belangrijkste medewerkers, de expert op het gebied van primatencellenpathologie, de voornaamste wetenschapper van Gombe en Jane Goodall zelf.

'Tja, het leek erop dat dat gewoon niet anders kon. Maar ik heb wel eerst lange gesprekken met Beatrice gevoerd,' vertelde Jane me. 'Hoewel ze hoe dan ook van plan was het artikel te publiceren.' Zich schikkend in het onvermijdelijke en omwille van de wetenschap sloot dr. Goodall zich bij het gezelschap aan.

De treffende conclusie van het artikel was dat, in tegenspraak met Keeles eerdere concept, siv-positieve chimpansees in Gombe wel degelijk gevaar lopen daaraan te bezwijken. Van de 18 individuen die tijdens de onderzoeksperiode gestorven waren, waren er 7 siv-positief. Gezien het feit dat minder dan 20 procent van de populatie siv-positief was en gecorrigeerd voor normale sterfte op een gegeven leeftijd, kwam dit neer op een overlijdensrisico dat tien tot zestien maal hoger was voor siv-positieve dan voor siv-negatieve chimpansees. Nogmaals: tien tot zestien maal hoger. Het totale aantal was gering, maar de marge was significant. Geïnfecteerde dieren gingen hard achteruit. Voorts hadden siv-positieve vrouwtjes lagere geboortecijfers en een hogere kindersterfte. En niet te vergeten: drie opengesneden individuen (inclusief Yolanda, maar haar naam werd niet genoemd) vertoonden tekenen van lymfocytenverlies en andere soorten schade die op het eindstadium van aids leken.

De auteurs stelden voorzichtig maar resoluut 'dat siv_{cpz} een substantiële negatieve invloed heeft op de gezondheid, de reproductie en de levensduur van in het wild levende chimpansees'. Dus het is geen onschuldige passagier. Het is een hominoïde killer, zowel een probleem voor hen als voor ons.

107

Even een overzicht van wat ik je in het voorgaande heb laten weten. Namelijk dat de aidspandemie herleidbaar is tot één mogelijke gebeurtenis. Dat deze gebeurtenis een bloedige interactie inhield tussen één chimpansee en één mens. Dat dit is voorgevallen in het zuidoosten van Kameroen, zo rond het jaar 1908. Dat dit leidde tot de verspreiding van één variant van het virus die nu bekendstaat als hiv-1 groep M. Dat dit virus waarschijnlijk al dodelijk was voor chimpansees, nog voordat de oversprong naar de mens had plaatsgevonden, en dat het daarna zeker dodelijk was voor mensen. Dat het zich vanuit het zuidoosten van Kameroen stroomafwaarts moet hebben verplaatst, eerst over de rivier de Sanga en daarna over de Kongo, en zo in Brazzaville en Léopoldville is beland. En dat het zich vanuit die doorvoerhavens naar de rest van de wereld heeft verspreid.

Maar hoe heeft het zich dan verspreid? Toen het eenmaal Léopoldville had bereikt, is het groep M-virus blijkbaar terechtgekomen in een draaikolk van omstandigheden die totaal anders waren dan aan de bovenloop van de rivier de Sanga. Het verschilde biologisch van hiv-2 (had zich aangepast aan chimpanseegastheren) en het verschilde van groep N en O door toeval en prima kansen (nu het in een stedelijke omgeving beland was). Wat er in Léopoldville met het virus is gebeurd in de eerste helft van de twintigste eeuw, daar kunnen we alleen maar naar raden. Dicht opeengepakte potentiële menselijke gastheren, veel meer mannen dan vrouwen, een andere seksuele moraal dan in de dorpen, plus prostitutie – dit alles was deel van het geheel. Maar seks plus mensenmassa's is vermoedelijk geen afdoende verklaring. Een uitgebreidere en misschien betere keten van speculaties is gepresenteerd door Jacques Pepin, een Canadese professor in de microbiologie die in de jaren tachtig vier jaar werkzaam was bij een jungleziekenhuis in Zaïre. Pepin was medeauteur van verschillende tijdschriftartikelen over dit onderwerp en publiceerde in 2011 een boek met de titel *The Origins of AIDS* ('De oorsprong van aids'). Na enig diepgaand historisch onderzoek te hebben toegevoegd aan zijn microbiologische expertise en ervaringen in het veld, opperde hij dat de cruciale schakel tussen de Gewonde Jager en de wereldwijde pandemie de injectiespuit was.

Pepin doelde niet op drugsgebruik en de spullen die verslaafden in drugspanden met elkaar deelden. In plaats daarvan wees hij in een artikel, getiteld 'Noble Goals, Unforeseen Consequences' ('Nobele doelen, onvoorziene gevolgen') en later uitvoeriger in zijn boek, op een serie goedbedoelde campagnes van koloniale gezondheidsautoriteiten, gehouden tussen 1921 en 1959 en gericht op de behandeling van bepaalde tropische ziekten met medicamenten die ingespoten konden worden. Dat gebeurde, bijvoorbeeld, op grote schaal in Kameroen tegen trypanosomiasis (Afrikaanse slaapziekte). Trypanosomiasis wordt veroorzaakt door een hardnekkige kleine protist (*Trypanosoma brucei*) die wordt overgedragen met de beet van een tseetseevlieg. De behandeling bestond in die jaren uit injecties met arsenicumhoudende medicamenten als tryparsamide – en een patiënt kreeg niet slechts één injectie, maar een hele reeks. In Gabon en Moyen Congo (de Franse koloniale naam voor wat nu de Republiek Kongo is) ging een kuur tegen slaapziekte soms gepaard met zesendertig injecties in de loop van drie jaar. En er waren soortgelijke campagnes om syfilis en framboesia te bedwingen. Malaria werd behandeld met vormen van kinine die ingespoten konden worden. Leprapatiënten ondergingen in het tijdperk van vóór de orale antibiotica een kuur van injecties met een extract van chaulmoogra (een Indiase medicinale plant) dat een jaar lang twee of drie keer per week werd toegediend. In Belgisch Kongo bezochten mobiele teams van *injecteurs* – ongeschoolde mensen die alleen maar een korte technische training hadden gehad – trypanosomiasispatiënten in hun dorpen om hun wekelijks injecties te geven. Het was een periode van een manie voor het meest recente medische wondermiddel: met een naald toegediende kuren. Iedereen werd geprikt.

Dit gebeurde natuurlijk lang voor het tijdperk van de wegwerpspuit. Injectiespuiten voor het inbrengen van medicijnen in spieren of aderen werden uitgevonden in 1848 en tot na de Eerste Wereldoorlog door vakmensen met de hand gemaakt van glas en metaal. Ze waren duur, delicaat en bedoeld om te worden hergebruikt, net als elk ander medisch precisie-instrument. In de jaren twintig werd de vervaardiging ervan gemechaniseerd, zodat er in 1930 wereldwijd al 2 miljoen spuiten werden geproduceerd, waarmee ze in ruimere mate beschikbaar, maar nog niet vervangbaar waren. Voor de medici in overheidsdienst die in die tijd in Centraal-Afrika werkzaam waren, leken ze van onschatbare waarde, hoewel er een groot tekort aan was. Een vermaarde Franse koloniale arts, een zekere Eugène Jamot, die iets ten oosten van de bovenloop van de rivier de Sanga werkzaam was (in een deel van Frans Equatoriaal Afrika dat toentertijd Oubangui-Chari heette), behandelde in de periode 1917-1919 met gebruikmaking van slechts zes injectiespuiten 5347 trypanosomiasisgevallen. Bij een dergelijke toediening van medicamenten aan de lopende band was er niet genoeg tijd om een spuit en een naald na gebruik telkens weer onder te dompelen in kokend water. Op basis van de schrale bronnen en laconieke getuigenissen kun je er op dit moment moeilijk achterkomen wat voor sanitaire voorzorgsmaatregelen er precies werden genomen. Maar in elk geval schreef een Belgische arts in 1953: ‘De Kongo heeft verschillende instellingen voor gezondheidszorg (zwangerschapscentra, ziekenhuizen, apotheken et cetera) waar lokale verpleegkundigen elke dag tientallen, zelfs honderden injecties geven, en wel onder zodanige omstandigheden dat sterilisatie van de naald of de spuit onmogelijk is.’ Deze man schreef in feite over het risico van onbedoelde overdracht van hepatitis B tijdens de behandeling van geslachtsziekten, maar niettemin citeerde Pepin het verslag uitvoerig vanwege de mogelijke relevantie ervan voor aids:

> Het grote aantal patiënten en de kleine hoeveelheid spuiten waarover het verplegend personeel beschikt, maakt sterilisatie in een autoclaaf na elk gebruik onmogelijk. Gebruikte spuiten worden eenvoudig afgespoeld, eerst met water, daarna met alcohol en ether, en zijn dan gereed voor een nieuwe patiënt. Dezelfde werkwijze bestaat in alle medische instellingen waar een klein aantal verpleegkundigen zorg verleent aan een groot aantal patiënten, met uitermate schaarse middelen. De injectiespuit wordt voor de ene patiënt na de andere gebruikt en bevat nu en dan nog kleine hoeveelheden infectieus bloed, die groot genoeg zijn om de ziekte over te brengen.

Op welke schaal gebeurde dit? Op zeer grote schaal. Pepins ijverige speurwerk in oude koloniale archieven leverde enkele grote getallen op. In de periode 1927-1928 verrichtte Eugène Jamots team in Kameroen 207 089 injecties met tryparsamide, plus ongeveer 1 miljoen injecties met iets wat atoxyl heette, ook een arsenicumhoudend middel, voor de behandeling van trypanosomiasis. Alleen al in het jaar 1937 werden in Frans Equatoriaal Afrika door het leger van artsen, verpleegkundigen en semiprofessionele injecteurs 588 086 injecties tegen trypanosomiasis toegediend, om maar te zwijgen van de talloze injecties tegen andere ziekten. Pepins rekensom kwam uit op in totaal niet minder dan 3,9 miljoen injecties alleen al tegen trypanosomiasis, waarvan 74 procent intraveneus (direct in een ader, niet in een spier), de meest directe wijze van medicamententoediening en ook de beste voor het onbedoeld overbrengen van een door bloed overdraagbaar virus.

Al die injecties zouden volgens Pepin verantwoordelijk kunnen zijn voor het opjagen van de incidentie van hiv-infectie boven een kritische drempelwaarde. Zodra met de hergebruikte naalden en spuiten het virus in genoeg mensen – zeg maar, in een paar honderd – was ingebracht, kwam het niet meer op dood spoor, doofde het niet meer uit en kon seksuele overdracht zorgen voor de rest. Sommige deskundigen, met onder anderen Michael Worobey en Beatrice Hahn, betwijfelen of naalden wel dermate essentieel waren voor het nestelen van hiv in mensen – dat wil zeggen voor de eerste gevallen van overdracht van de ene persoon op de andere. Maar ook zij beamen dat de injectiecampagnes later een rol kunnen hebben gespeeld in de verspreiding van het virus door Afrika, nadat het zich genesteld had.

Jacques Pepin was niet de geestelijke vader van deze naaldentheorie. Die was gebaseerd op onderzoek dat tien jaar eerder gedaan was door een ander team, onder wie Preston Marx van de Rockefeller University, die de theorie in 2000 presenteerde op dezelfde Royal Society-conferentie over de oorsprong van aids waar Edward Hooper zijn oraal poliovaccin-theorie bepleitte. Marx' groep betoogde zelfs dat de seriële passage van hiv door mensen, mogelijk gemaakt door dergelijke injectiecampagnes, de evolutie van het virus en de aanpassing aan de mens als gastheer kon hebben versneld, net zoals de gang die malariaparasieten door 170 syfilispatiënten maakten (weet je nog, die verdwaasde Roemeense onderzoeker, Mihai Ciuca?) de virulentie van *Plasmodium knowlesi* had kunnen versterken. Jacques Pepin ging verder waar Preston Marx was gestopt, zij het met minder nadruk op de evolutionaire effecten van seriële passage. Pepins belangrijkste punt was gewoon dat het niet anders kon of de alom gebruikte vuile naalden hadden de prevalentie van het virus onder mensen in Centraal-Afrika vergroot. In tegenstelling tot de OPV-theorie is deze theorie niet in diskrediet gebracht door verder onderzoek; Pepins nieuwe archiefmateriaal laat zien dat ze uiterst aannemelijk is, zij het onbewijsbaar.

Het merendeel van deze injecties tegen trypanosomiasis vond plaats op het platteland. Stedelingen stonden minder bloot aan slaapziekte, mede doordat de tseetseevlieg niet net zo goed in de stedelijke als in de groene jungle gedijt. Eén vraag die daarom echt om antwoord vroeg, was of ook Léopoldville, de stad waar hiv aan zijn meest cruciale test werd onderworpen, in de greep van een dergelijke manie voor injecties was geweest. Pepins antwoord is onverwacht, interessant en overtuigend. Vergeet de slaapziekte. Hij ontdekte een andere, maar even agressieve inentingscampagne, gericht op het indammen van syfilis en gonorroe onder de bevolking van deze stad.

In 1929 stichtte het Kongolese Rode Kruis de Dispensaire Antivénérien, een kliniek waar vrouwen en mannen zich gratis voor venerische ziekten konden laten behandelen. Deze kliniek, gelegen in een wijk aan de oostkant van Léopoldville, vlak bij de rivier, was een private instelling die een publieke dienst verleende. Mannelijke migranten die hier werk kwamen zoeken moesten zich op grond van een stedelijke verordening bij de Dispensaire melden voor onderzoek. Iedereen die symptomen van de aandoening meende te hebben kon vrijwillig naar de kliniek gaan, en aan de behandeling waren geen kosten verbonden. Maar het grootste deel van de gevallen, schreef Pepin, 'bestond uit duizenden vrije vrouwen zonder ziekteverschijnselen die zich hier lieten onderzoeken, omdat ze dat wettelijk verplicht waren, in theorie elke maand'. De koloniale overheid accepteerde prostitutie als een onuitroeibaar gegeven, maar hoopte blijkbaar dat ze de handel hygiënisch kon houden – zodoende waren *les femmes libres* verplicht zich te laten controleren.

Als een persoon positief testte voor syfilis of gonorroe, werd hij of zij behandeld. Maar de diagnostische tests waren onnauwkeurig. Iedere vrije vrouw of mannelijke migrant die ooit was blootgesteld aan framboesia (veroorzaakt door een bacterie die sterk leek op de syfilisbacterie, maar niet seksueel overdraagbaar was) kon zakken voor de bloedtest, aangemerkt worden als lijdend aan syfilis en te maken krijgen met een langdurige behandeling met arsenicum- of bismuthoudende medicamenten. Onschadelijke vaginale flora kon worden aangezien voor gonokokken, bacteriën die gonorroe veroorzaken. Een vrouw die gonorroe als diagnose kreeg, kon worden geïnjecteerd met een vaccin van gedode tyfusbacteriën, of een medicament met de naam gonoyatren, of (wat zelfs Jacques Pepin lijkt te verbazen) met melk. In de jaren dertig en veertig diende de Dispensaire Antivénérien meer dan 47 000 injecties per jaar toe. De meeste intraveneus. Direct in het bloed. Met de toegenomen migratie naar de stad na de Tweede Wereldoorlog namen de aantallen toe. Begin jaren vijftig maakten de meer kwakzalverachtige remedies (intraveneuze melk?) en de metaalhoudende vergiften plaats voor penicilline en streptomycine, die langer werkten en daardoor minder injecties vereisten. De campagne bereikte een hoogtepunt in 1953 met ongeveer 146 800 injecties, ofwel ruwweg 400 per dag. Veel, zo niet de meeste van die injecties werden toegediend aan *femmes libres*, sekswerksters, meisjes van plezier, hoe je ze ook wilt noemen, die vele mannelijke klanten hadden. Ze kwamen en gingen. De injectiespuiten werden afgespoeld en hergebruikt. Dit in een stad waar hiv-1 was gearriveerd.

Zes jaar later kwam het bloedmonster dat de hiv-1-sequentie opleverde die we nu kennen als ZR59. Een jaar later: DRC60. Het virus had zich verspreid en varianten geproduceerd. Het bewoog zich vrij rond. Niemand kan zeggen of een van deze twee patiënten ooit de Dispensaire Antivénérien had bezocht voor een injectie. Maar als dat niet zo was, kenden ze waarschijnlijk iemand die dat wel had gedaan.

108

Vanaf dit punt wordt het verhaal steeds omvangrijker en diverser, gaat het letterlijk alle kanten op. Het virus spuit als een besmettelijke sterrenregen weg uit Léopoldville. Ik zal niet proberen die uiteenlopende trajecten te volgen – een taak voor tien andere boeken, met andere doelen dan de mijne – maar ik zal het patroon schetsen en dan kort inzoomen op één bijzonder opmerkelijk traject.

Tijdens de tientallen jaren van onopvallende overdracht in Léopoldville bleef het virus muteren (en waarschijnlijk ook recombineren, dus grotere genoomdelen van het ene virion overbrengen naar het andere), en die kopieerfouten waren de drijvende kracht achter zijn diversificatie. De meeste mutaties zijn fatale fouten waardoor het door mutatie ontstane element op een dood spoor komt, maar met zoveel miljarden zich vermeerderende virionen was er genoeg kans voor een kleine, rijke voorraad aan levensvatbare nieuwe varianten. De campagnes voor te injecteren medicamenten in de Dispensaire Antivénérien en elders kunnen hebben bijgedragen aan dit proces, doordat het virus op die manier snel op meer menselijke gastheren werd overgebracht en de totale populatie ervan werd vergroot. Hoe meer virionen hoe meer mutaties en hoe meer mutaties hoe meer diversiteit.

De hiv-1 groep M-familie werd opgesplitst in negen grote onderafdelingen die nu bekendstaan als subtypes en die met letters worden aangeduid: A, B, C, D, F, G, H, J en K. (Liefst niet te verwarren met de acht groepen van hiv-2, die aangeduid worden met de letters A tot en met H. En waarom ontbreken dan de E en de I? De reden doet er niet toe. Zulke etiketteringsconstructies worden net als uit karton en blik opgetrokken sloppenwijken stukje bij beetje opgebouwd, niet gegrond op architectonische toekomstplannen.) Na verloop van tijd, met het aanwassen van de menselijke bevolking van Léopoldville en het groeiende reisverkeer, kwamen virussen van die negen subtypes tevoorschijn uit de stad en verspreidden zich over Afrika en de rest van de wereld. Sommige verplaatsten zich per vliegtuig en andere met alledaagsere vervoermiddelen: bussen, boten, treinen, fietsen en meeliftend op een transcontinentale vrachtwagen. En te voet. Subtype A belandde in Oost-Afrika, waarschijnlijk via de stad Kisangani, halverwege tussen Léopoldville en Nairobi. Subtype C verspreidde zich naar zuidelijk Afrika, waarschijnlijk via Lubumbashi, helemaal aan de onderkant van het Kongolese zuidoosten. Het sijpelde door in Zambia, waar het een snelle overdracht bewerkstelligde in de mijnbouwsteden vol arbeiders en prostituees, en verspreidde zich vervolgens catastrofaal in heel Zuid-Afrika, Mozambique, Lesotho en Swaziland. Het ging verder naar India, aan Zuid-Afrika gerelateerd door banden die zo oud zijn als het Britse Rijk, en naar Oost-Afrika. Subtype D vestigde zich naast subtype A en C in de landen van Oost-Afrika, met uitzondering van Ethiopië, dat om de een of andere reden vroegtijdig en bijna uitsluitend getroffen werd door subtype C. Subtype G kreeg vaste voet aan de grond in West-Afrika. De subtypes H, J en K bleven voornamelijk hangen in Centraal-Afrika, van Angola tot de Centraal-Afrikaanse Republiek. Na de gebruikelijke tijdsruimte van jaren tussen infectie en regelrechte aids begonnen er mensen dood te gaan. En dan is er nog subtype B.

Ergens rond 1966 stak subtype B van Léopoldville over naar Haïti.

Hoe, dat weten we niet en dat zullen we waarschijnlijk ook nooit weten, maar Jacques Pepins spitwerk in archieven biedt nieuwe steun voor een plausibel oud scenario. Toen de Belgische regering onder de strak volgehouden druk van Patrice Lumumba en zijn beweging op 30 juni 1960 abrupt afstand deed van haar Afrikaanse kolonie, voelden tienduizenden Belgische expats – bijna een hele middenklasse van ambtenaren, leraren, artsen, verpleegkundigen, technische deskundigen en bedrijfsleiders – zich onwelkom en niet op hun gemak in de nieuwe republiek en begonnen ze massaal huiswaarts te stromen. De vliegtuigen naar Brussel zaten stampvol. Hun vertrek zorgde voor een vacuüm, omdat het Belgische regime nadrukkelijk had vermeden haar koloniale onderdanen op te leiden. Er was bijvoorbeeld niet één Kongolese arts. Slechts enkele Kongolese onderwijzers. Het land had plotseling hulp nodig. De World Health Organization reageerde met het sturen van artsen en ook de Verenigde Naties begonnen (via hun organisatie voor onderwijs, wetenschap en cultuur, de UNESCO) bekwame mensen te werven om te gaan werken in Kongo: leraren, advocaten, landbouwkundigen, postbeambten en andere ambtenaren, technici en vaklieden. Een groot deel van die nieuwkomers was afkomstig uit Haïti. Het klopte allemaal mooi: de Haïtianen spraken net als de Kongolezen Frans, ze hadden Afrikaanse roots, ze hadden onderwijs genoten maar thuis heel weinig kansen gekregen onder de dictatuur van Papa Doc Duvalier.

Tijdens het eerste jaar van de onafhankelijkheid waren de leraren die door de UNESCO naar Kongo werden gestuurd voor de helft Haïtianen. Volgens één schatting waren er in 1963 zo'n 1000 Haïtianen werkzaam in het land. Een andere schatting zegt dat er in de jaren zestig in totaal 4500 Haïtianen dienstdeden in Kongo. Blijkbaar is er geen enkele gezaghebbende lijst van nieuwkomers bewaard gebleven. Hoe dan ook, er waren heel veel Haïtianen, duizenden. Sommigen namen hun gezin mee, anderen kwamen alleen. Van de alleenstaande mannen, zo mogen we aannemen, bleven er weinig ongehuwd. De meesten hadden waarschijnlijk Kongolese vriendinnetjes of bezochten femmes libres. Voor een paar jaar was dat misschien wel een goed leven. Maar de Haïtianen waren minder nodig en minder welkom toen Kongo zijn eigen mensen begon op te leiden, vooral nadat Joseph Desiré Mobutu in 1965 de macht had gegrepen. En nog minder toen hij begin jaren zeventig zijn eigen naam in Mobutu

Sese Seko en die van het land in Zaïre veranderde en overging tot een beleid van *Zairianisation*. Heel veel Haïtianen gingen in die jaren terug naar huis. De tijd waarin ze nuttige en gewaardeerde zwarte broeders uit Latijns-Amerika waren, was voor hen voorbij.

Minstens één van die repatrianten, waarschijnlijk iemand die tot de eerste vertrekkenden behoorde, had blijkbaar hiv-1 onder de leden.

Preciezer gezegd: iemand nam samen met zijn Kongolese herinneringen ook een dosis hiv-1 groep M subtype B mee terug naar Haïti.

Je kunt wel zien waar dit heen gaat, denk ik, maar hoe het er komt verloopt anders dan je zou verwachten. Jacques Pepins onderzoek wierp enig nieuw licht op wat er in Haïti eind jaren zestig en begin jaren zeventig kan zijn gebeurd waardoor het virus de gelegenheid kreeg zich te vermenigvuldigen en te verbreiden. Eén van de dingen die er gebeurde was dat het virus zich in 1966 of daaromtrent via slechts één hiv-positieve persoon snel onder de Haïtiaanse bevolking verspreidde. Bewijzen voor die verspreiding kwamen later, na analyse van de bloedmonsters die oorspronkelijk afkomstig waren van 533 jonge moeders in een sloppenwijk van Port-au-Prince die in 1982 vrijwillig hadden deelgenomen aan een mazelenonderzoek in een plaatselijk kinderziekenhuis. Toen die monsters naderhand werden getest, bleek dat 7,8 procent van de vrouwen hiv-positief was. Dat aantal was verrassend hoog voor zo'n recentelijk aangekomen virus en wekte bij Pepin het vermoeden dat 'er een zeer effectief vermeerderingsmechanisme moest zijn geweest' dat tijdens de beginjaren actief was in Haïti – effectiever dan seks. Hij vond een kandidaat: de handel in bloedplasma.

Plasma, het vloeibare bestanddeel van bloed (minus de cellen), is bijzonder waardevol vanwege de antistoffen, de albumine en de stollingsfactoren die erin zitten. De vraag ernaar nam in de periode rond 1970 sterk toe en om aan die vraag te voldoen werd een procedé ontwikkeld dat plasmaferese werd genoemd. Plasmaferese houdt in dat men bij een donor bloed afneemt dat door filtreren of centrifugeren gescheiden wordt in bloedcellen en bloedplasma, waarna alleen de bloedcellen worden teruggegeven aan de donor en het bloedplasma voor therapeutische doeleinden wordt bewaard. Eén voordeel van dit procedé is dat het de donoren (die gewoonlijk eigenlijk verkopers zijn die betaald worden voor hun moeite en die het geld hard nodig hebben) de mogelijkheid biedt om veelvuldig, dus niet alleen maar een paar keer per jaar, bloed af te staan. Je bloedplasma afstaan, ten bate van anderen of je eigen portemonnee, bezorgt je geen bloedarmoede. Je kunt de week daarop terugkomen en opnieuw bloed geven. Een nadeel van dit procedé – een heel groot nadeel, maar dat besefte men in de beginjaren niet – is dat het plasmaferesetoestel dat jouw bloed en het bloed van vele andere donoren in de loop van de dagen opslurpt, jou ook met een door bloed overdraagbaar virus kan besmetten.

Dit overkwam halverwege de jaren tachtig honderden betaalde bloedplasmadonoren in Mexico. Het overkwam een kwart miljoen onfortuinlijke donoren in China. Jacques Pepin denkt dat dit ook in Haïti is gebeurd.

Hij vond berichten over een plasmaferesecentrum in Port-au-Prince, een particuliere onderneming, genaamd Hemo Caribbean, die in de loop van 1971 en 1972 winstgevend opereerde. Het was eigendom van een in Miami gevestigde Amerikaanse investeerder, een zekere Joseph B. Gorinstein, die via tussenpersonen contact had met de Haïtiaanse minister van Binnenlandse Zaken. Donors kregen drie dollar per liter. Hun vitale functies werden gecontroleerd voordat ze bloedplasma konden verkopen, maar natuurlijk screende niemand hen op hiv – dat nog geen bestaan kende als acroniem of als beruchte wereldwijde plaag, maar alleen als een virusje dat een teruggetrokken leven leidde in het bloed. Volgens een artikel in *The New York Times* van 28 januari 1972 exporteerde Hemo Caribbean op dat moment maandelijks 5000 à 6000 liter ingevroren bloedplasma naar de Verenigde Staten. De groothandelaren die door hen werden bediend, waren Amerikaanse bedrijven die het product op de markt brachten voor gebruik in transfusies, tetanusinjecties en voor andere medische toepassingen. Meneer Gorinstein was niet bereikbaar voor commentaar.

Papa Doc was inmiddels in 1971 overleden en was opgevolgd door zijn zoon Jean-Claude (Baby Doc) Duvalier. Geërgerd door de publiciteit in de *Times* beval Baby Doc dat Gorinsteins plasmaferesecentrum moest worden gesloten. De Haïtiaanse rooms-katholieke kerk veroordeelde de bloedhandel als uitbuiting. Afgezien daarvan trok het verhaal van Hemo Caribbean in die tijd nauwelijks de aandacht. Er was nog niemand die begreep wat voor verwoestende effecten contaminatie van bloedproducten kon hebben. Ook het *Morbidity and Mortality Weekly Report* van de CDC wijdde er geen woord aan toen het tien jaar later het nieuws bekendmaakte dat vooral Haïtianen het risico liepen het mysterieuze nieuwe immunodeficiëntiesyndroom op te lopen. Randy Shilts vermeldde het niet in *And the Band Played On*. De enige toespeling op Haïtiaans bloedplasma die ik me kan herinneren uit de jaren vóór Jacques Pepins boek, kreeg ik te horen tijdens mijn gesprek met Michael Worobey in Tucson.

Vlak voordat Worobey een artikel over DRC60 en ZR59 publiceerde, was hij medeauteur van een ander opmerkelijk artikel over het tijdstip van de opkomst van hiv-1 in Latijns-Amerika. De eerste auteur was Tom Gilbert, een postdoc in Worobeys lab, en Worobey zelf sloot de rij van auteurs. Op basis van analyses van virusfragmenten uit gearchiveerde bloedcellen waren ze tot de conclusie gekomen dat hiv-1 rond 1966, met een marge van een paar jaar, in Haïti was opgedoken. Het artikel verscheen in de *Proceedings of the National Academy of Sciences*. Kort daarna kreeg Worobey een merkwaardige e-mail van een onbekende. Geen wetenschapper, gewoon iemand die van het onderwerp lucht had gekregen. Een lezer van krantenberichten, iemand die naar de radio luisterde. 'Ik denk dat hij uit Miami kwam,' zei Worobey tegen me. 'Hij zei dat hij werkte op een luchthaven die betrokken was bij de bloedhandel.' De man had bepaalde herinneringen. Misschien zaten die hem dwars. Hij wilde ze kwijt. Hij wilde Worobey vertellen van vrachtvliegtuigen die er landden, volgeladen met bloed.

109

De volgende sprong van het virus was klein qua afstand en groot qua gevolgen. Port-au-Prince is slechts zo'n duizend kilometer van Miami verwijderd. Een negentig minuten durende vlucht. Een deel van het project dat Tom Gilbert in Worobeys lab uitvoerde, was het vaststellen van het tijdstip waarop hiv-1 in de Verenigde Staten was aangekomen. Daarvoor had hij monsters van oud bloed nodig. Of het bloed Amerika had bereikt in flessen, in zakken of in Haïtiaanse immigranten maakte voor dit doel niet veel uit.

Worobey, die als adviseur van Gilbert fungeerde, herinnerde zich een studie over immunodeficiënte Haïtiaanse immigranten die twintig jaar eerder was verschenen. Het onderzoek was gedaan onder leiding van een arts, die Arthur E. Pitchenik heette en in het Jackson Memorial Hospital in Miami werkte. Pitchenik was een expert op het gebied van tuberculose, en in 1980 werd zijn aandacht voor het eerst getrokken door een ongewoon groot aantal gevallen van die ziekte, naast pneumocystische longontsteking, onder Haïtiaanse patiënten. Hij liet het eerste waarschuwende geluid horen en maakte de CDC erop attent dat de Haïtianen wel eens een risicogroep voor het nieuwe immunodeficiëntiesyndroom konden zijn. In de loop van hun klinische activiteiten en hun onderzoek namen Pitchenik en zijn medewerkers bloed af van patiënten en centrifugeerden ze het om bloedserum en bloedcellen te scheiden, zodat ze naar bepaalde typen lymfocyten konden kijken. Ook vroren ze een aantal monsters in, ervan uitgaand dat die later misschien van nut konden zijn voor andere onderzoekers. Dat klopte. Maar heel lang leek niemand geïnteresseerd in hun monsters. Toen, na twee decennia, kreeg Arthur Pitchenik een telefoontje van Michael Worobey in Tucson. Ja, zei Pitchenik, hij wilde hem graag wat materiaal sturen.

Worobeys lab ontving zes buisjes met ingevroren bloedcellen en Tom Gilbert slaagde erin om virusfragmenten uit vijf van de buisjes te vermeerderen. Nadat die fragmenten genetisch in kaart waren gebracht, konden ze die in een bredere context plaatsen als takken van een andere stamboom – net als Worobey later zelf zou doen met DRC60 en ZR59 en zoals Beatrice Hahns groep deed met SIV_{cpz}. Het was moleculaire fylogenetica in actie. In dit geval liet de boom de gediversifieerde lijn van HIV-1 groep M subtype B zien. De belangrijkste takken ervan vertegenwoordigden het virus zoals ze dat kenden uit Haïti. Een van die takken vertoonde een zijtak waaraan te veel twijgjes ontsproten om ze af te kunnen beelden. Zodoende was het onderscheid tussen de dikke tak en de takjes in het uiteindelijk gepubliceerde diagram ietwat vervaagd: ze werden simpelweg afgebeeld als een massieve kegel met een donkerbruine tint, als een donkere schaduw in een waterverftekening waarin een lijst met namen prijkte. De namen zeiden waar subtype B na zijn gang door Haïti naartoe was gegaan: naar de Verenigde Staten, Canada, Argentinië, Colombia, Brazilië, Ecuador, Nederland, Frankrijk, het Verenigd Koninkrijk, Duitsland, Estland, Zuid-Korea, Japan, Thailand en Australië. Het was ook weer teruggesprongen naar Afrika. Geglobaliseerde HIV.

Dit onderzoek van Gilbert en Worobey en hun medewerkers leverde nog een andere prikkelende uitkomst op. Hun gegevens en analyses gaven aan dat slechts een enkele verhuizing van het virus – in één geïnfecteerde persoon of één container met plasma – verantwoordelijk was voor het overbrengen van aids naar Amerika. Die treurige aankomst vond plaats in 1969, mogelijk een jaar of drie jaar eerder of later.

Dat betekende dat het daar meer dan een decennium ondergedoken zat, voordat iemand er iets van merkte. Meer dan een decennium infiltreerde het contact- en blootstellingsnetwerken. In het bijzonder volgde het bepaalde toevallige en kansrijke paden die naar bepaalde subcategorieën van de Amerikaanse bevolking voerden. Het was niet langer een chimpanseevirus. Het had een nieuwe gastheer gevonden en zich aangepast, een schitterend succes waarbij het de horizonten van zijn oude bestaan in chimpansees ver te buiten was gegaan. Het bereikte hemofiliepatiënten via de bloedvoorziening. Het bereikte drugsverslaafden via gemeenschappelijk gebruikte naalden. Het bereikte homoseksuele mannen – drong diep en catastrofaal binnen in hun kring van geliefden en kennissen – door seksuele overdracht, mogelijkerwijs na een eerste contact tussen twee mannen, een Amerikaan en een Haïtiaan.

Een tiental jaren verplaatste het zich rustig van persoon naar persoon. De ziekteverschijnselen dienden zich slechts langzaam aan. De dood bleef op enige afstand achter. Niemand wist het. Dit virus was geduldig, in tegenstelling tot het ebola- of marburgvirus. Geduldiger zelfs dan het rabiësvirus, maar net zo dodelijk. Iemand gaf het aan Gaëtan Dugas. Iemand gaf het aan Randy Shilts. Iemand gaf het aan een drieëndertig jaar oude man uit Los Angeles die ten slotte longontsteking en een vreemde orale schimmel kreeg en die in maart 1981 de spreekkamer van dokter Michael Gottlieb binnenkwam.

9
Dat blijft altijd de vraag

110

Tot slot wil ik je graag een verhaaltje over rupsen vertellen. Misschien lijkt het of we daarmee afdwalen van de oorsprong en de gevaren van zoönosen, maar je zult zien dat dit verhaal bijzonder relevant is.

Het verhaal van de rupsen begint in 1993. Dat jaar leek het of de herfst te vroeg was ingetreden in het door bomen beschaduwde stadje waar ik woon – zelfs vroeger dan gebruikelijk voor een dal in het westen van Montana waar de koude wind medio augustus begint te waaien, de populieren niet lang na Labor Day van kleur verschieten en de eerste zware sneeuwval vaak een domper zet op Halloween. Dit was anders. Dit was juni. Het leek wel herfst, want de bladeren waren van de bomen verdwenen. In mei waren ze fris en groen, breed uitwaaierend uit hun zwellende knoppen gekomen en toen, slechts een maand later, waren ze weer verdwenen. Ze waren niet bezweken aan het natuurlijke ritme van het seizoen. Ze waren niet vergeeld en afgevallen, hadden zich niet als een geurige rottende deklaag opgehoopt in de goten. Ze waren opgegeten.

Als een plaag uit het Bijbelboek Exodus was er opeens een verpletterend aantal kleine, harige vlinderlarven opgedoken die de bomen van hun bladeren beroofden. De Latijnse dubbele naam van deze vraatzuchtige bladeters is *Malacosoma disstria*, hoewel maar weinig bewoners van ons stadje dat toen wisten. Wij gebruikten een andere naam.

'Tentrupsen,' zei de plaatselijke krant, vaag maar niet echt onjuist. 'Tentrupsen,' zeiden de mensen van de stadsparken en de landbouwdeskundigen van de agrarische voorlichtingsdienst die elke dag door tientallen bezorgde burgers werden gebeld. Ook de radio zei: 'Tentrupsen.' En zo duurde het niet lang of we zeiden op straat allemaal tegen elkaar: 'Tentrupsen!' In het tumult hadden we het te druk om te merken dat deze 'tentrupsen' geen tenten bouwden. Ze verzamelden zich alleen maar en verplaatsten zich in dichte zwermen, als gnoes in het Serengeti National

Park. De gebruikelijke volledige (onjuiste?) naam van deze voornamelijk in Noord-Amerika voorkomende ringelrups is *forest tent caterpillar* (*Malacosoma disstria*); een nauw verwant insect, de *western tent caterpillar* (*Malacosoma californicum*) bouwt wél zijden nesten die op een tent lijken. Wij waren niet geïnteresseerd in dergelijke entomologische subtiliteiten. Wij wilden weten hoe we die vervloekte beestjes konden doden voordat ze alle fraaie bomen van ons stadje zodanig hadden kaalgeplukt dat er alleen nog maar stompen resteerden.

Ergens was het indrukwekkend, maar op een akelige manier. Niet elke boom bleef kaal achter, maar vele wel, vooral de oude torenhoge iepen en groene essen die langs de trottoirs stonden en met hun bladerdak de lanen en straten overwelfden. Het gebeurde snel. De rupsen foerageerden voornamelijk in het volle daglicht of de vroege avond, maar als we later op frisse juni-avonden onder een grote boom stonden, hoorden we nog steeds het als een verre bosbrand klinkende knisperen van hun uitwerpselen die als een waterval door de bladeren naar beneden kwamen. 's Morgens zagen we dan dat de trottoirs volop bezaaid waren met die maanzaadballetjes van rupsenmest. Af en toe liet een eenzame rups zich langs een zijden draad naar beneden glijden en bleef daar dan spottend op ooghoogte bungelen. Op een dag met kille motregen, te kil en onbehaaglijk voor rupsen, konden we ze gezellig zien samenscholen, hoog in een stam of een vork van een boom, honderden vaalgrijze lichaampjes opeengepakt als muskusossen die ineengedoken voor een ijskoude stormwind schuilen. Sommige mensen gingen een weekend weg, het gazon vers gemaaid achterlatend, alles schijnbaar in prima staat, en moesten dan bij thuiskomst vaststellen dat hun bomen ontbladerd waren. We klommen op ladders en belaagden de rupsen met schuimend afwaswater uit spuitflessen. We bestoven ze met bacteriepreparaten of gemene rupsendodende middelen, zoals beurtelings voorgeschreven door het personeel van de plaatselijke tuinwinkel dat niet veel meer wist dan wij. We riepen de hulp in van de Bijzondere Bijstandseenheden van Nitro-Green. Al deze maatregelen leken in het beste geval amper effectief en in het ergste geval alleen maar zinloos en vergiftigend. De rupsen bleven hoorbaar kauwen. Toen het erop begon te lijken dat ze zich, zoekend naar meer voedsel, van kaalgevreten naar gezonde bomen zouden verplaatsen, probeerden we ze tegen te houden door de boomstammen met ondoordringbare barrières van kleverige, giftige drab te omgeven. Dit was zinloos (omdat, zoals ik later hoorde, een ringelrups zijn larvenstadium voltooit in de boom waar hij uitgebroed is) maar het zei wel hoe wanhopig we waren. Ik zag dat mijn buurvrouw Susan de twee gigantische iepen tegenover haar huis met zulke hoopvolle verdedigingslinies had omgeven door ze beide op heuphoogte met een gordel van kleverig spul te bespuiten, en ook mij leek dat wel een redelijk idee. Maar geen enkele rups bleef in de kleverige massa plakken.

Ze bleven komen. Ze gingen hun gang. Er waren er simpelweg te veel, en de plaag ijlde onverbiddelijk voort. We trapten erop omdat ze de trottoirs overspoelden. We pletten ze en masse in de straten. Ze aten, ze groeiden, ze wierpen hun strakke oude huidjes af en groeiden verder. Ze marcheerden af en aan over de takken, overal in de stad, en behandelden onze bomen als was het selderieloof.

Ten slotte waren ze klaar met eten. Ze hadden zich volgevreten, hadden hun rupsenjeugd voltooid en waren nu klaar voor de puberteit. Ze sponnen zich voor een kortstondige transformerende rustpauze in in door bladeren omwikkelde cocons en kwamen een paar weken later weer tevoorschijn als kleine bruine vlinders. Het knisperen hield op en de boomtoppen, althans wat er nog van over was, vielen stil. De rupsen waren verdwenen – als rups. Maar deze enorme populatie van schadelijke insecten lag boven ons hoofd nog altijd op de loer, bijna onzichtbaar nu, als een grote onheilspellende dreiging die ons te wachten stond.

Ecologen hebben een label voor een dergelijk gebeuren. Ze noemen het een uitbraak.

Dit gebruik van het woord is algemener dan wanneer je het over de uitbraak van een ziekte hebt. Ziekte-uitbraken zou je als een deelverzameling kunnen zien. Uitbraak in deze ruimere zin is van toepassing op elke omvangrijke en plotselinge aanwas van één enkele soort. Zulke uitbraken komen bij sommige dieren wel en bij andere niet voor. Lemmings ondergaan uitbraken, otters niet. Sommige soorten sprinkhanen, muizen en zeesterren weer wel en andere soorten sprinkhanen, muizen en zeesterren weer niet. Een uitbraak van spechten is onwaarschijnlijk. Een uitbraak van veelvraten: onwaarschijnlijk. Tot de insectenorde *Lepidoptera* (nachtvlinders en vlinders) behoren enkele notoire uitbraakplegers – niet alleen diverse soorten spinners, zoals de ringelrupsvlinder, maar ook plakkers, donsvlinders, grijze lariksbladrollers en andere. Dat zijn echter uitzonderingen op de algemene regel, ook voor Lepidoptera. Van alle in bossen levende soorten dag- en nachtvlinders handhaaft ongeveer 98 procent in de loop van de tijd een betrekkelijk stabiele populatie met een geringe dichtheid, terwijl niet meer dan 2 procent ooit uitbraken ondergaat. Wat zorgt ervoor dat een insectensoort – of een zoogdieren- of micro-organismensoort – in staat is tot het fenomeen van een uitbraak? Dat is een ingewikkelde vraag die de deskundigen nog steeds proberen te beantwoorden.

De entomoloog Alan A. Berryman behandelde deze kwestie enkele jaren geleden in een artikel met de titel 'The Theory and Classification of Outbreaks' ('De theorie en classificatie van uitbraken'). Hij begon met een definitie: 'Vanuit ecologisch gezichtspunt kan een uitbraak worden gedefinieerd als een explosieve toename van de populatieomvang van een bepaalde soort die optreedt in een betrekkelijk korte periode.' Daarna stelde hij op dezelfde neutrale toon vast: 'Vanuit dit perspectief is de ernstigste uitbraak op de planeet Aarde die van de soort *Homo sapiens*.' Berryman zinspeelde natuurlijk op het tempo en de omvang van de menselijke bevolkingsgroei, vooral in de laatste paar eeuwen. Hij wist dat dit een provocerende vaststelling was.

Maar de cijfers gaven hem gelijk. Op het moment dat Berryman dit schreef, in 1987, telde de wereldbevolking 5 miljard mensen. Wij hadden ons vanaf de uitvinding van de landbouw met een factor van ongeveer 333 vermenigvuldigd. We waren van vlak na de Zwarte Dood gegroeid met een factor 14, vanaf de geboorte van Charles Darwin met een factor 5 en met een verdubbeling tijdens het leven van Alan Berryman zelf. Die groeicurve ziet er in een grafiek uit als de steile zuidwestelijke helling van de rotsformatie El Capitan in het Amerikaanse Yosemite National Park. Een andere manier om die groei te kunnen bevatten is dit: vanaf het moment van ons begin als soort (ongeveer 200 000 jaar geleden) tot het jaar 1804 groeide de wereldbevolking naar een miljard mensen; van 1804 tot 1927 steeg het bevolkingsaantal met nog eens een miljard, in 1960 bereikten we de 3 miljard en voor elk miljard mensen dat er sindsdien bij is gekomen, was er slechts circa dertien jaar nodig. In oktober 2011 bereikten we de mijlpaal van 7 miljard en flitsten we erlangs alsof het een plaatsnaambord langs de snelweg was. Dat komt neer op een heleboel mensen, zodat je zeker mag spreken van een 'explosieve' stijging in Berrymans 'betrekkelijk korte periode'. Het groeitempo is de afgelopen decennia weliswaar gedaald, maar het is nog altijd meer dan 1 procent, wat betekent dat er elk jaar ongeveer 70 miljoen mensen bij komen.

Daarmee zijn we uniek in de geschiedenis van de zoogdieren, zijn we uniek in de geschiedenis van de gewervelde dieren. Het beschikbare fossielenmateriaal laat zien dat geen enkele andere grotere diersoort – groter dan een mier, bijvoorbeeld, of een antarctisch krillkreeftje – ooit zo'n populatieomvang heeft bereikt als die van de mensen die op dit moment de aarde bewonen. Ons totale gewicht bedraagt ongeveer 750 miljard pond. Alle mierensoorten bij elkaar vormen in totaal een grotere massa, en krillkreeftjes ook, maar zo zijn er niet veel andere groepen organismen. En wij zijn slechts een van de zoogdiersoorten, geen familie. We zijn groot: groot qua lichaamsomvang, groot qua aantal en groot qua gezamenlijk gewicht. We zijn in feite zo groot dat de eminente bioloog (en mierendeskundige) Edward O. Wilson zich geroepen voelde dat gegeven voor de vuist weg, maar goed onderbouwd tot uitdrukking te brengen. Hier kwam Wilson mee op de proppen: 'Toen Homo sapiens de mijlpaal van zes miljard passeerde, hadden we de biomassa van alle grote diersoorten die ooit op het land hebben geleefd waarschijnlijk al honderd maal overschreden.'

Wilson bedoelde in het wild levende dieren. Hij rekende niet de landbouwhuisdieren mee, zoals de koe (*Bos taurus*) met haar huidige mondiale populatie van ongeveer 1,3 miljard. We zijn daarom slechts vijf keer zo talrijk als onze koeien (en met elkaar waarschijnlijk minder omvangrijk, omdat ze allemaal een stuk groter zijn dan een mens). Maar natuurlijk zouden er niet zoveel van zijn als wij er niet waren geweest. Een biljoen pond koeien, vetgemest in stallen en grazend op gronden waar vroeger wilde herbivoren van leefden: dat is slechts een van de vele vormen van menselijke invloed. Ze zijn een indirect bewijs van onze eetlust, en reken maar dat we trek hebben. We zijn verbazingwekkend, we zijn ongekend. We zijn uitzonderlijk. Geen enkele andere primaat heeft ooit in deze mate zijn stempel op de planeet gedrukt. Ecologisch gezien zijn we bijna een paradox: kloekgebouwd en lang levend, maar buitensporig talrijk. Wij zijn een uitbraak.

III

Typerend voor uitbraken is: er komt een eind aan. In sommige gevallen eindigen ze na vele jaren, in andere gevallen eindigen ze vrij snel. In sommige gevallen eindigen ze geleidelijk, in andere gevallen eindigen ze met een ineenstorting. In bepaalde gevallen is het zelfs zo dat ze eindigen en terugkomen en weer eindigen, alsof ze een vast patroon volgen. Populaties van ringelrupsen en diverse andere schadelijke soorten rupsen van nachtvlinders lijken pijlsnel aan te wassen en weer af te nemen in een cyclus van ergens tussen de vijf en elf jaar. Een ringelrupspopulatie in British Columbia, bijvoorbeeld, vertoonde een dergelijke cyclus, die begonnen was in 1936. Vooral het ineenstorten van populaties is spectaculair en leek lange tijd een raadsel. Wat kon de oorzaak zijn van zulke plotselinge en terugkerende ineenstortingen? Een mogelijke factor is infectieziekte. Het blijkt dat vooral virussen die rol vervullen bij uitbraakpopulaties van schadelijke insecten.

Toen mijn woonplaats in 1993 getroffen werd door die rupsenplaag, raakte ik geïnteresseerd in dit onderwerp en zocht ik wat dingen uit. Ik vond het vreemd dat een beestje als de ringelrups, met zijn zeer beperkt gedragsrepertoire dat uit een vaststaand stel adaptieve tactieken bestaat, zich een of twee zomers lang zo buitensporig vermenigvuldigde en dan in de derde zomer nagenoeg verdwenen was. De omgeving was niet drastisch veranderd, maar het succes van één soort in die omgeving wel. Waarom? Wisselende weersomstandigheden vormden geen verklaring. Uitputting van voedselvoorraden ook niet. Ik belde de provinciale agrarische voorlichtingsdienst en bestookte de man die ik aan de lijn kreeg met vragen. 'Ik denk niet dat iemand je kan vertellen waarom het zo op en neer gaat,' zei hij ten slotte. 'Het gebeurt gewoon.'

Omdat dat geen bevredigend of overtuigend antwoord was, begon ik de entomologische literatuur door te nemen. Een van de deskundigen op dit gebied was Judith H. Myers, een hoogleraar aan de University of British Columbia, die verscheidene artikelen over ringelrupsen en een overzicht van uitbraken van insectenpopulaties had gepubliceerd. Myers bood een oplossing voor het raadsel. Hoewel populatieniveaus worden beïnvloed door vele factoren, schreef ze, kun je van het cyclische patroon zeggen dat 'het blijkbaar een dominante kracht impliceert die je gemakkelijk zou moeten kunnen identificeren en kwantificeren. Die drijvende kracht bleek echter verrassend ongrijpbaar.' Maar nu hadden ecologen een verdachte, meldde ze. Myers gaf een beschrijving van zogenoemde kernpolyedervirussen, ofwel NPV's (van *nuclear polyhedrosis viruses*), die 'wellicht de lang gezochte drijvende kracht zijn van de populatiecyclussen van bosminnende Lepidoptera'. Uit veldonderzoek was gebleken dat NPV's binnen uitbrekende populaties van bosminnende vlinders hun eigen uitbraak realiseren en de vlinders massaal om zeep helpen.

Jarenlang dacht ik hier verder niet meer over na. De uitbraak van ringelrupsen in mijn woonplaats in 1993 eindigde rustig maar snel en de zomer daarna was er geen spoor van harige larven te bekennen. Dat was een hele tijd geleden. Maar toen ik in het kader van mijn werkzaamheden voor dit boek een keer een wetenschappelijk congres over de ecologie en evolutie van infectieziekten bijwoonde, moest ik er opeens weer aan denken. We waren bijeengekomen in Athens, Georgia. De agenda stond vol met voordrachten over zoönosen, te houden door enkele baanbrekende onderzoekers en knapste theoretici op dit gebied, en daar was ik op afgekomen. Er zou een lezing zijn over het hendravirus en hoe dit opduikt uit vleerhonden, een lezing over de oversprongdynamiek van apenpokken en minstens vier lezingen over influenza. Maar de tweede dag van de conferentie begon met iets anders. Ik bleef uit beleefdheid zitten en raakte vervolgens volkomen in de ban van de spreker, Greg Dwyer, een wiskundig ecoloog van de University of Chicago. Hij was een intelligente, plagerige opmerkingen makende man die op en neer lopend snel en zonder aantekeningen over populatie-uitbraken en ziekten onder insecten sprak.

'U hebt waarschijnlijk nog nooit van nucleopolyhedrovirussen gehoord,' zei Dwyer tegen ons. De naam was sinds 1993 lichtelijk gewijzigd, maar dankzij de ringelrupsepisode en Judith H. Myers wist ik waar hij het over had. Dwyer beschreef de verwoestende effecten van de NPV's op de uitbraakpopulaties van bosminnende vlinders. Hij sprak met name over de plakker (*Lymantria dispar*), een ander bruin beestje waarvan hij de uitbraken en ineenstortingen twintig jaar had bestudeerd. Hij zei dat larven van plakkers in wezen 'wegsmelten' als ze worden geïnfecteerd door een NPV. Ik maakte niet veel notities, maar het woord 'wegsmelten' noteerde ik in elk geval wel. En ook zijn opmerking dat 'besmettelijke epizoötieën doorgaans optreden in zeer talrijke populaties'. Na nog een paar andere algemene opmerkingen ging Greg Dwyer verder met de behandeling van enkele wiskundige modellen. In de koffiepauze klampte ik hem aan en vroeg ik hem of we niet een keertje konden praten over het lot van nachtvlinders en het vooruitzicht van menselijke pandemische ziekten. Zeker, zei hij.

112

Twee jaren verstreken, maar toen hadden we allebei op hetzelfde moment tijd en ging ik bij Greg Dwyer langs op de University of Chicago. Zijn werkkamer op de begane grond van een biologiegebouw vlak bij East 57th Street was voorzien van de gebruikelijke grappige affiches en cartoons, terwijl de linkermuur in beslag werd genomen door een groot schoolbord. Dwyer was op dat moment vijftig en zag eruit als een vriendelijke student wiens baard grijs was geworden. Hij droeg een bril met een gevlamd hoornen montuur en een zwart T-shirt, bedrukt met een bijzonder ingewikkelde integraalvergelijking. Boven en onder de vergelijking vroeg het shirt in grote letters: WELK DEEL VAN [dit abracadabra] BEGRIJP JE NIET? Het shirt was een metagrap, legde hij me uit. Het abracadabra was een van de vergelijkingen van Maxwell; het grapgedeelte was natuurlijk dat een doorsnee iemand er geen snars van zou begrijpen; het metagedeelte was volgens mij dat Maxwells vergelijkingen vermaard, maar zo notoir cryptisch zijn dat zelfs een wiskundige deze vermoedelijk niet als zodanig zou herkennen. Snap je?

We gingen tegenover elkaar aan zijn bureau zitten, maar zodra het gesprek op gang was gekomen, sprong Dwyer op en begon hij op het schoolbord te tekenen. Dus stond ik ook op, alsof ik zijn krabbels beter zou kunnen begrijpen als ik er dichterbij stond. Hij tekende een grafiek met twee assen, één voor het aantal plakkereitjes in een bos, de andere as voor de tijd, en legde me uit hoe wetenschappers een uitbraak meten. Tussen uitbraken door is de plakker zo schaars dat je hem nergens kunt vinden. Tijdens een uitbraak daarentegen vind je duizenden eierenmassa's op zo'n halve hectare. Met ongeveer 250 eieren per eitjesmassa, wat een heleboel vlinders oplevert. Hij tekende een grafiek die de opkomst en ondergang weergaf van een plakkerpopulatie in de loop van opeenvolgende jaren. Het zag eruit als een Chinese draak die zijn rug omhoog welfde en dan weer liet inzakken, hem opnieuw kromde en dan weer liet inzakken. Hij maakte een schets van de NPV-deeltjes en beschreef hoe ze zichzelf inpakken om zich te beschermen tegen zonlicht en andere belastende invloeden van buitenaf. Elk pakket is een solide brok eiwitten, polyedrisch van vorm (vandaar de naam kernpolyedervirussen) waarin tientallen virionen liggen ingebed als stukjes kers in een vruchtencake. Dwyer tekende nog meer grafieken en al tekenend legde hij me uit hoe dit snode virus te werk gaat.

De viruspakketjes liggen uitgesmeerd over een blad; ze zijn daar achtergelaten na de dood van een voorgaande vernietigde rups. Een gezonde rups komt kauwend langs en werkt pakketjes met het bladweefsel naar binnen. Eenmaal in de rups begint een pakketje zich sinister en ordelijk te ontvouwen, als een kernkop van een langeafstandsraket die zijn nucleaire lading uitstrooit over een stad. De virionen verspreiden zich en vallen cellen aan in het darmkanaal van de rups. Elk virion gaat naar de celkern (nogmaals: vandaar de naam), vermeerdert zich overvloedig en genereert zo nieuwe virionen die de cel uit gaan en de aanval voortzetten op andere cellen. 'Ze gaan van cel naar cel en infecteren daarbij ontzettend veel cellen,' zei Dwyer. Het duurt niet lang of de rups is in feite alleen nog maar een voortkruipende en etende zak met virus. Maar nog steeds gedraagt hij zich niet of hij ziek is. Hij lijkt niet te weten hoe ziek hij is. 'Als hij al meer dan genoeg ervan naar binnen heeft gekregen,' zei hij, 'dan zal hij blijven ronddwalen over de bladeren en blijven eten – maar misschien na een dag of tien, misschien na twee en soms zelfs na drie weken, zal hij wegsmelten op een blad.' Daar had je dat woord weer, dezelfde beeldende uitdrukking die hij in Atlanta had gebruikt: wegsmelten.

Andere rupsen ondergaan intussen hetzelfde lot. 'Het virus heeft ze bijna volledig verteerd, voordat ze echt niet langer functioneren.' In de eindfase van dit proces, als de virionen in elke rups elkaar beginnen te verdringen en er een tekort aan voedsel ontstaat, proppen ze zichzelf weer weg in beschermende pakketjes. Tijd om tevoorschijn te komen. Tijd om verder te gaan. De rups zit op dit punt vol met virus, is verteerd door virus en wordt alleen nog bij elkaar gehouden door zijn huid. Maar de huid, die gemaakt is van eiwitten en koolhydraten, is taai en flexibel. Dan scheidt het virus bepaalde enzymen uit die de huid ontbinden, zodat de rups opensplijt als een ballon met water. 'Ze pikken het virus op,' zei Dwyer, en 'dan gaat het van *pets* op een blad.' Elke rups desintegreert en laat niet meer achter dan een virusveeg – een veeg die in de drukke omstandigheden van een uitbraakpopulatie van plakkers algauw weer wordt opgeslokt door de volgende hongerige rups. Enzovoort. 'Een ander insect komt een week of twee later langs en voedt zich met dat blad,' zei Dwyer en herhaalde: 'En dan gaat het van *pets*.'

In de loop van de zomer kunnen er wel vijf of zes van die *pets*-generaties zijn, vijf of zes golven van overdracht waarbij het virus zijn prevalentie binnen de rupsenpopulatie geleidelijk vergroot. Vanaf een beginpunt van lage prevalentie – zeg dat 5 procent van de rupsen geïnfecteerd wordt – kan het oplopen tot 40 procent aan het begin van de eerstvolgende herfst. Nadat de overlevende rupsen de metamorfose tot vlinders hebben doorgemaakt en vervolgens hebben gepaard in een leefomgeving die nog steeds bezaaid is met NPV, blijven sommige viruspakketjes niet alleen uitgesmeerd op het gebladerte achter, maar ook op de eierenmassa's die gelegd worden door de vrouwelijke vlinders. Zodoende raakt een groot deel van de nieuwe rupsen geïnfecteerd in het volgende voorjaar, wanneer ze uitkomen. De prevalentie van de infectie neemt sterk toe. En die snelle toename, die het niveau van het voorgaande jaar overstijgt, 'vertaalt zich in een nog hoger percentage in het jaar daarop', zei Dwyer. Binnen twee of drie jaar zal die successievelijke snelle stijging 'hoogstwaarschijnlijk de hele populatie wegvagen'.

De vlinders verdwijnen en alleen het virus blijft over. Soms in zulke grote hoeveelheden, voegde hij eraan toe, dat 'je een soort grijze vloeistof langs de schors naar beneden ziet druppelen'. Het gaat regenen en de bomen scheiden een smurrie van opgeloste rupsen en virus af. Ik was behoorlijk onder de indruk.

Het klinkt als ebola, zei ik.

'Ja, precies.' Hij had een paar van dezelfde conferenties als ik bijgewoond en een paar van dezelfde boeken en artikelen gelezen.

Behalve dan dat het niet het echte ebolavirus is, zei ik. Het sensationele ebolavirus, het gepopulariseerde nachtmerrieachtige virus, de gehypete versie van slachtoffers die 'leegbloeden' als een zak met vloeibare ingewanden.

Daar was hij het mee eens. En hetzelfde onderscheid tussen graden van gruwelijkheid, de ware versus de geëxagereerde, geldt voor NPV. 'Van ons virus mogen mensen graag zeggen: "Oh, je bestudeert dat virus waardoor het insect ontploft!" Dat is hetzelfde: het virus laat het insect niet ontploffen,' zei hij met nadruk. 'Het laat het wegsmelten.'

Nadat ik dit scenario had gehoord en zijn grafieken had gezien en blijk had gegeven van mijn waardering voor zijn onverholen bewoordingen én mijn bewondering voor Maxwells vergelijking op zijn T-shirt, ging ik over tot het punt waarvoor ik feitelijk gekomen was: de Analogie, zoals ik het noemde. Sinds vorige week, zei ik, hebben we 7 miljard mensen op deze planeet. Dat lijkt me een uitbraakpopulatie. Op veel plaatsen leven we dicht opeengepakt. Kijk naar Hongkong, kijk naar Mumbai. We zijn nauw met elkaar verbonden. We vliegen rond. De 7 miljoen mensen in Hongkong zijn slechts drie uur verwijderd van de 12 miljoen mensen in Beijing. Geen enkel ander groot dier heeft ooit zo'n grote populatiedichtheid gehad. En ook hebben we de nodige potentieel fatale virussen. Sommige ervan zouden net zo kwaadaardig kunnen zijn als NPV. Dus... hoe is de prognose? Is de Analogie gegrond? Moeten we er rekening mee houden dat we als een populatie van plakkers ineen zullen storten?

Dwyer wilde niet zomaar ja zeggen. Behoedzaam empiricus als hij was, op zijn hoede voor al te vlotte extrapolaties, wilde hij er liever nog even over nadenken. En dat deed hij. En zo raakten we aan de praat over influenza.

113

Ik heb in dit boek niet veel over influenza gezegd, maar niet omdat deze ziekte niet belangrijk is. Integendeel, ze is enorm belangrijk, enorm ingewikkeld en nog steeds potentieel catastrofaal in de vorm van een wereldwijde influenzapandemie. De volgende grote ziekte zou wel eens een griepsoort kunnen zijn. Greg Dwyer wist dit en daarom begon hij erover. Ik hoef je er vast niet aan te herinneren dat de griepgolf van 1918-1919 aan ongeveer 50 miljoen mensen het leven kostte, en nog steeds is er geen magisch afweermiddel, geen universeel vaccin, geen waterdichte en op grote schaal beschikbare remedie die er gegarandeerd voor zorgt dat zoveel dood en ellende zich nooit meer zal voordoen. Zelfs tijdens een gemiddeld jaar veroorzaakt de seizoensgriep wereldwijd minstens 3 miljoen ziektegevallen en maakt de ziekte meer dan 250 000 dodelijke slachtoffers. Daarom is influenza in het beste geval een enorm gevaar. In het ergste geval kan ze apocalyptische gevolgen hebben. Ik heb dit alleen maar voor het laatst bewaard omdat het zich goed leent voor een aantal afsluitende overwegingen rond het hele thema van zoönotische infectieziekten.

Eerst de grondbeginselen. Influenza wordt veroorzaakt door drie soorten virussen waarvan het meest zorgelijke en wijdverbreide type influenza A is. Virussen van dat type hebben allemaal bepaalde erfelijke eigenschappen: een enkelstrengs-RNA-genoom dat opgedeeld is in acht segmenten die als template, ofwel sjabloon, voor elf verschillende eiwitten dienen. Met andere woorden, ze hebben acht aparte stukken RNA-code, met elkaar verbonden als acht spoorwagons met elf verschillende af te leveren ladingen. Die elf ladingen zijn de moleculen die de structuur en het functionele instrumentarium van het virus omvatten. Zij zijn wat de genen maken. Twee van die moleculen worden puntige uitsteeksels op de buitenkant van de envelop, dat wil zeggen de virusmantel: hemagglutinine en neuraminidase. Deze twee, die herkenbaar zijn voor een immuunsysteem en cruciaal voor het binnendringen en weer verlaten van gastheercellen, geven de verschillende subtypen van influenza-A hun uiteindelijke label: H5N1, H1N1 enzovoort. De term 'H5N1' duidt op een virus met subtype 5 van het hemagglutinine-eiwit, in combinatie met een subtype van het neuraminidase-eiwit. Er zijn in de wereld van de natuur zestien verschillende soorten hemagglutinine, plus negen soorten neuraminidase aangetroffen. Hemagglutinine is de sleutel die een celmembraan openmaakt, zodat het virus naar binnen kan, en neuraminidase is de sleutel die maakt dat het weer naar buiten kan. Oké tot nu toe? Als je dit eenvoudige stukje tekst hebt verwerkt, begrijp je meer van influenza dan 99,9 procent van alle mensen op aarde. Geef jezelf een schouderklopje en neem in november een griepprik.

Tijdens de pandemie van 1918-1919 wist niemand wat de oorzaak ervan was (al waren er talrijke vermoedens). Niemand kon de schuldige ziekteverwekker vinden, niemand kon hem zien, niemand kon hem benoemen of begrijpen, omdat virologie iets was wat nog maar nauwelijks bestond. Technieken voor het isoleren van virussen waren nog niet ontwikkeld. Elektronenmicroscopen waren nog niet uitgevonden. Het verantwoordelijke virus, dat een variant van H1N1 bleek te zijn, werd pas exact geïdentificeerd in... 2005! In de tussenliggende decennia waren er andere grieppandemieën, waaronder een in 1957 die ongeveer 2 miljoen mensen het leven kostte en nog een in 1968, die bekend werd als de Hongkonggriep (vanwege de plaats waar ze begon) en waaraan 1 miljoen mensen bezweken. Eind jaren vijftig hadden wetenschappers de influenzavirussen erkend als een ietwat raadselachtige familie, uiterst divers en beurtelings in staat om varkens, paarden, fretten, katten, tamme eenden en kippen en mensen te infecteren. Maar niemand wist waar ze leefden in het wild.

Waren het zoönosen? Hadden ze een als natuurlijke gastheer dienend reservoir? Eén aanwijzing dook op in 1961, toen enkele visdieven (*Sterna hirundo*, een zeezwaluw) in Zuid-Afrika stierven en influenzavirussen bleken te bevatten. Als het griepvirus ze gedood had, dan waren de visdieven per definitie niet het reservoir, maar waren ze door hun voorgeschiedenis misschien wel in contact gekomen met het reservoir. Kort daarna maakte een jonge bioloog uit Nieuw-Zeeland samen met een jonge Australische biochemicus een wandeling langs de kust van New South Wales. Ze zagen een aantal dode vogels.

Deze twee mannen waren dikke vrienden, beiden dol op het buitenleven. Hun strandwandeling was in feite onderdeel van een vistrip die ze maakten. De Nieuw-Zeelander was Robert G. Webster, naar Australië verhuisd om zijn promotieonderzoek te doen, en de Australiër was William Graeme Laver, opgeleid in Melbourne en Londen en door Macfarlane Burnet geïnspireerd om voor een loopbaan als wetenschappelijk onderzoeker te kiezen. Laver was dermate avontuurlijk ingesteld dat hij en zijn vrouw na voltooiing van zijn promotieonderzoek in Londen met de auto naar Australië reden in plaats van het vliegtuig te nemen. Enkele jaren later maakten hij en Webster hun historische wandeling, zagen ze dat het strand bezaaid was met kadavers van wigstaartpijlstormvogels (een andere zeevogel, van de soort *Puffinus pacificus*) en vroegen ze zich af – met de Zuid-Afrikaanse visdieven in het achterhoofd – of deze vogels misschien ook aan influenza waren bezweken. Eigenlijk meer voor de gein opperde Laver dat het een goed idee zou zijn als ze naar het Great Barrier Reef gingen om daar wat monsters van vogels te nemen om te zien of ze influenza hadden. Het Great Barrier Reef wordt gemeenlijk niet als een onherbergzaam oord gezien. Ze konden er wat vissen, bakken in de zon, van het heldere blauwgroene water genieten en ook nog eens wetenschappelijk onderzoek doen. Laver vroeg zijn baas op de Australian National University in Canberra of hij dat onderzoek voor Webster en hem wilde financieren. Je hallucineert zeker, zei de baas. Ik pieker er niet over, er komt niets van in. Daarom deden ze een beroep op de WHO in Genève, waar een goed van vertrouwen zijnde ambtenaar hun vijfhonderd dollar toezegde, wat een hoop geld was in die tijd. Laver en Webster gingen naar een plek die Tryon Island heette, zeventig kilometer voor de kust van Queensland, en vonden daar met influenzavirus geïnfecteerde wigstaartpijlstormvogels.

'Dus griep, gerelateerd aan onder mensen optredende griep, komt voor bij in de vrije natuur levende trekvogels,' vertelde Robert Webster me veertig jaar nadien. In de wetenschappelijke literatuur had hij zich wat betreft deze ontdekking nogal bescheiden opgesteld, maar in ons gesprek zei hij het klip en klaar: Ja, natuurlijk heeft Graeme Laver samen met mij de ontdekking gedaan dat watervogels het reservoir van influenza zijn. Laver was inmiddels gestorven maar werd door dr. Webster als een dierbare vriend herdacht.

Robert Webster is tegenwoordig duidelijk de meest vooraanstaande influenzadeskundige ter wereld. Hij groeide op op een Nieuw-Zeelandse boerderij, studeerde microbiologie, behaalde zijn doctorstitel in Canberra, deed onderzoek en maakte plezier met Laver, verhuisde vervolgens in 1969 naar de Verenigde Staten, waar hij ging werken bij het St. Jute Children's Research Hospital in Memphis en is daar (afgezien van zijn vele reizen) sindsdien gebleven. Hij was bijna tachtig toen ik hem sprak, maar nog steeds aan het werk, nog steeds robuust en nog steeds in de voorhoede van het influenzaonderzoek, iemand die dagelijks het nieuws over virussen van over de hele wereld bijhoudt. We spraken elkaar in zijn werkkamer, boven in een stijlvol gebouw van het St. Jude-complex, nadat hij een kop sterke koffie voor me had gehaald in het ziekenhuiscafetaria. Aan de muur van zijn werkkamer hingen twee ingelijste vissen – een grote groene zaagbaars en een fraaie rode snapper – als eerbetoon aan Graeme Laver. Een van de dingen die influenza zo problematisch maakt, zei Webster, is dat de virussen geneigd zijn te veranderen.

Hij legde het uit. Allereerst is er de hoge mutatiegraad, zoals bij elk RNA-virus. Geen kwaliteitscontrole wanneer het zich vermenigvuldigt, zei hij, net zoals Eddie Holmes me al had verteld. Continue kopieerfouten op het niveau van de afzonderlijke codeletters. Maar dat is nog niet eens de helft van het verhaal. Nog belangrijker is de *reassortment*, ofwel herschikking (dat houdt in dat virionen van twee verschillende subtypes bij toeval complete genoomsegmenten omwisselen. Het is vergelijkbaar met recombinatie, zoals die soms plaatsvindt tussen gekruiste chromosomen in cellen die zich delen, behalve dat herschikking wat vlotter en geordender verloopt. Het komt vaak voor bij influenzavirussen, omdat de celdeling hun RNA de gelegenheid geeft om keurig uiteen te wijken op de grenspunten tussen genen: die acht wagons op een rangeerterrein). Zestien beschikbare soorten hemagglutinine, bracht Webster me in herinnering. Negen soorten neuraminidase. 'Je kunt het zo uitrekenen,' zei hij (dat deed ik: 144 mogelijke koppelingen). De veranderingen zijn willekeurig en de meeste leveren slechte combinaties op die het virus minder levensvatbaar maken. Maar willekeurige veranderingen impliceren variatie, en variatie is het verkennen van mogelijkheden. Het is de ruwe grondstof van natuurlijke selectie, aanpassing, evolutie. Daarom zijn influenzavirussen zulke veelvormige micro-organismen, altijd vol verrassingen, vol nieuwe dingen, vol bedreigingen: door al die mutaties en herschikkingen.

Het gestage optreden van mutaties zorgt voor stapsgewijze veranderingen in hoe het virus eruitziet en hoe het zich gedraagt. Daarom heb je elk najaar een andere grieppprik nodig: de griepvariant van dit jaar verschilt meer dan genoeg van die van vorig jaar. Herschikking zorgt voor grote veranderingen. Dergelijke grote innovaties door middel van herschikking en de daaropvolgende introductie van nieuwe subtypes die waarschijnlijk infectieus zijn, maar onbekend voor de menselijke populatie, leiden over het algemeen tot pandemieën.

Maar het gaat niet alleen om een ziekte die zich voordoet bij mensen. Verschillende subtypes, zei Webster, hebben affiniteit voor verschillende gastheersoorten. H7N7 doet het goed bij paarden. De dode visdieven in Zuid-Afrika, in 1961, waren geïnfecteerd met H5N3. Alleen subtypes die H1, H2, H3 als hemagglutinine hebben, veroorzaken menselijke griepepidemieën, omdat die alleen zich gemakkelijk van mens naar mens verspreiden. Varkens bieden omstandigheden die een tussenvorm zijn van wat een griepvirus bij mensen en bij vogels aantreft en daarom raken varkens zowel met menselijke subtypes als met vogelsubtypes geïnfecteerd. Wanneer een individueel varken gelijktijdig met twee virussen wordt geïnfecteerd – een die aangepast is aan de mens en een die aangepast is aan vogels – is er een kans op herschikking tussen die twee. Hoewel we nu weten dat wilde watervogels de uiteindelijke bron van alle influenzavirussen zijn, herschikken de virussen zich in varkens en andere diersoorten (ook kwartels dienen als mengkom) en tegen de tijd dat ze mensen binnendringen, zijn ze over het algemeen opgebouwd uit H1, H2 of H3, plus de tien andere noodzakelijke eiwitten, waarvan sommige een vorm hebben die ontleend is aan het een of andere Mexicaanse griep- of vogelgriepvirus. Andere subtypes, die met H7 en H5, hebben af en toe 'pogingen gedaan' om op mensen te mikken, zei Webster. En tot nu toe was de aansluiting in alle gevallen gebrekkig.

'Ze infecteren mensen,' zei hij, 'maar ze hebben geen overdraagbaarheid verworven.' Ze gaan niet van de ene mens over op de andere. Ze kunnen misschien een heleboel gevogelte doden doordat ze zich door hele zwermen verspreiden, maar ze liften niet mee op het niezen van mensen. (Influenza onder vogels is voornamelijk een infectie van het maag-darmkanaal, waarbij overdracht plaatsvindt langs fecaal-orale weg, dat wil zeggen dat een zieke vogel het virus uitpoept op de bodem van zijn hok of op de grond van een boerenerf of in het water van een meer of een riviermond, waarna een andere vogel het opdoet terwijl hij daar rondscharrelt en naar voedsel pikt. Zo zijn de Zuid-Afrikaanse visdieven en Australische pijlstormvogels vermoedelijk in contact gekomen met het virus.) Daarom moet je een kip verwerken of een eend slachten om geïnfecteerd te raken. Toch zou bij een dermate variabele groep virussen, die altijd muteren en zich continu herschikken, de volgende 'poging' anders kunnen uitpakken. Vandaar dat er 'op dit moment geen schijn van kans is' om precies te voorspellen wat de volgende pandemie is, aldus Webster.

Maar er zijn dingen die we echt goed in de gaten moeten houden. Een toepasselijk geval: H5N1, bij jou en mij beter bekend als vogelgriep.

Webster zelf speelde een cruciale rol bij het nemen van maatregelen tegen dit huiveringwekkende subtype, toen het zich voor het eerst aandiende. Een driejarig jongetje in Hongkong overleed in mei 1997 aan influenza; een uitstrijkje van zijn luchtpijp leverde virus op. De laboratoriummedewerkers in Hongkong herkenden dat virus niet. Een deel van het monster van de jongen ging naar de CDC, maar daar kon niemand het identificeren. Toen gaf men een Nederlandse wetenschapper tijdens een bezoek aan Hongkong een stukje van het virus. Hij ging naar huis en begon het onmiddellijk te onderzoeken. Hmm, grote genade! De Nederlander meldde aan zijn internationale collega's dat het eruitzag als een H5. Een vogelgriepvirus. 'En wij zeiden allemaal: "Nee, onmogelijk,"' kon Webster zich nog goed herinneren. 'Omdat H5 geen mensen treft. We dachten dat het een vergissing was.' Dat was het niet. Wat zo alarmerend leek, was dat dit het eerste gedocumenteerde geval van een zuiver aviair influenzavirus was – zonder enige door herschikking geïntroduceerde determinanten van menselijke griep – dat bij een mens een dodelijke aandoening van de luchtwegen kon veroorzaken. In november dienden zich nog drie gevallen aan, waarop Webster onmiddellijk een vliegtuig naar Hongkong nam.

Het was een slecht moment voor een medische noodsituatie, omdat 1997 voor Hongkong het jaar was van de grote politieke overgang waarbij het van een Britse kolonie in een deel van China veranderde, de Hong Kong Special Administrative Region. Openbare instanties waren ontregeld, management en personeel wisselden voortdurend en Robert Webster stelde vast dat de Hong Kong University geen influenzadeskundigen meer had. Daarna kwamen er nog meer ziektegevallen, oplopend tot in totaal 18 aan het eind van het jaar, met een sterfte van 33 procent. Het vogelsubtype was uiterst virulent. Maar in hoeverre overdraagbaar? Niemand had de bron ervan kunnen ontdekken, laat staan dat men wist hoe snel het zich onder mensen zou kunnen verspreiden. 'Dus trommelde ik alle door mij opgeleide postdocs rond de Stille Oceaan op,' zei Webster, 'en vertelde hun dat ze naar Hongkong moesten komen. En binnen drie dagen lokaliseerden we het virus op de markten voor levend gevogelte.'

Het was een cruciaal begin. Ambtenaren in Hongkong bevalen dat al het tamme pluimvee (1,5 miljoen vogels) moest worden geruimd en sloten de vogelmarkten, wat het acute probleem oploste. Een poosje waren er geen nieuwe gevallen, niet in Hongkong, nergens. Maar het kwaadaardige nieuwe virus was nog niet uitgeroeid. Het bleef stilletjes circuleren onder tamme eenden in de kustprovincies van China, waar veel plattelandsbewoners kleine kudden brileenden hielden en die elke dag uitlieten om in de rijstvelden voedsel te vergaren. Het virus was in dergelijke omstandigheden moeilijk op te sporen en nog moeilijker te elimineren, omdat besmette eenden geen ziekteverschijnselen vertoonden. 'De eend is het paard van Troje,' zei Webster tegen me. Daar school het verborgen gevaar, bedoelde hij. Wilde eenden die het virus bij zich droegen konden op je geïrrigeerde rijstvelden neerstrijken, het water vervuilen en zo je tamme eenden infecteren. Aan je eenden merkte je niets, maar als je zoon ze weer naar huis bracht om de nacht door te brengen in een ren, konden ze je kippen infecteren. Het duurde niet lang of je kippen – en ook je zoon – konden doodgaan aan vogelgriep.

'De eend is het paard van Troje,' herhaalde hij. Dat was een prima uitdrukking, levendig en duidelijk, die ik ook al was tegengekomen in enkele artikelen van zijn hand. Maar vandaag noemde hij de beestjes bij hun naam: het ging om wilde eenden en pijlstaarten. De pathogeniteit van dit virus verschilt sterk voor verschillende soorten vogels. 'Het hangt van de soort af,' zei Webster. 'Sommige eendensoorten gaan dood. De Indische gans gaat dood. De zwanen gaan dood. Maar de wilde eend en in het bijzonder de pijlstaart dragen het virus bij zich. En verspreiden het.'

Zes jaar na de eerste uitbraak in Hongkong kwam H5N1 terug, infecteerde drie leden van een gezin en doodde twee van hen. Zoals al eerder gezegd, gebeurde dit tijdens de eerste waarschuwingen voor wat later SARS zou worden genoemd, wat de pogingen om die volkomen andersoortige ziekteverwekker te identificeren ernstig bemoeilijkte. Rond dezelfde tijd begon H5N1 zich te manifesteren onder tam gevogelte in Zuid-Korea, Vietnam, Japan, Indonesië en overal elders in de regio, waarbij vele kippen en minstens een paar mensen het leven lieten. Het virus verplaatste zich ook via in het wild levende vogels – het maakte behoorlijk verre reizen. Het in het westen van China gelegen Qinghaimeer, tweeduizend kilometer ten noordwesten van Hongkong, werd het toneel van een onheilspellende gebeurtenis, waar Webster op had gezinspeeld toen hij het over Indische ganzen had.

Het Qinghaimeer is een belangrijke broedplaats voor trekkende watervogels met vliegroutes die zowel naar India en Zuidoost-Azië als naar

Siberië voeren. In april en mei 2005 stierven 6000 vogels in het Qinghaimeer aan H5N1-influenza. Het eerste getroffen dier was de Indische gans, maar de ziekte sloeg ook toe bij casarca's (eendachtige, oranjebruine vogels), aalscholvers en twee soorten meeuwen. Indische ganzen zijn met een groot vleugeloppervlak, in verhouding tot hun gewicht, goed aangepast voor hoge en verre vluchten. Ze nestelen op de Tibetaanse hoogvlakte. Ze trekken over het Himalayagebergte. Ze scheiden H5N1 af.

'En waarschijnlijk,' zei Webster, 'hebben de wilde vogels het meegenomen naar het westen, naar India, Afrika, Europa en ga zo maar door.' Bijvoorbeeld in 2006 bereikte het Egypte, wat een groot probleem werd voor dat land. 'Het virus roert zich in Egypte overal. In de populaties van voor de handel bestemd gevogelte, in eendenpopulaties.' Egyptische gezondheidsautoriteiten probeerden hun pluimvee te vaccineren met uit Azië geïmporteerd vaccin, maar de vaccinaties hadden niet het gewenste effect. 'Verrassend is dat er niet meer mensen ziek zijn geworden.' Het aantal in Egypte gemaakte slachtoffers is hoog genoeg: 151 gemelde gevallen in augustus 2011, waarvan 52 met dodelijke afloop. Die cijfers vertegenwoordigen meer dan een kwart van alle bekende menselijke gevallen van vogelgriep wereldwijd en meer dan een derde van alle dodelijke slachtoffers sinds de opkomst van H5N1 in 1997. Maar er is een cruciaal gegeven: weinig of geen van de Egyptische gevallen was het gevolg van mens-op-mensoverdracht. Die onfortuinlijke Egyptische patiënten hebben het virus allemaal rechtstreeks van vogels gekregen. Dit geeft aan dat het virus nog geen doeltreffende manier heeft gevonden om zich van de ene mens naar de andere te verplaatsen.

Twee aspecten van de situatie zijn volgens Robert Webster gevaarlijk. Het eerste is dat Egypte, gezien de recente politieke onrust en de onzekerheid over de consequenties ervan, misschien niet in staat is een eventueel optredende uitbraak van besmettelijke vogelgriep te bedwingen. Het tweede punt waar hij zich zorgen over maakt wordt gedeeld door grieponderzoekers en volksgezondheidsautoriteiten overal ter wereld: met al die mutaties, met al die contacten tussen mensen en hun geïnfecteerde vogels, zou het virus in potentie een genetische configuratie kunnen vinden waardoor het uitermate overdraagbaar wordt onder mensen.

'Zolang H5N1 aanwezig is, waar ook ter wereld,' zei Webster, 'is er de mogelijkheid van een ramp. Dat is echt de voornaamste eigenschap van H5N1. Zolang het aanwezig is in de menselijke populatie, is er de theoretische mogelijkheid dat het het vermogen verwerft tot overbrenging van mens op mens.' Hij zweeg even. 'En dan moge God ons beschermen.'

114

Dit hele onderwerp waaiert als een via de lucht overgedragen virus uit op de winden van de verhalen die erover worden verteld. De meeste mensen zijn niet vertrouwd met het woord 'zoönotisch', maar ze hebben wel van SARS gehoord, ze hebben gehoord van het westnijlvirus en van de vogelgriep. Ze kennen iemand die de ziekte van Lyme heeft doorstaan en iemand anders die overleden is aan aids. Ze hebben van het ebolavirus gehoord en ze weten dat het een verschrikkelijk iets is (hoewel ze het misschien verwarren met *E. coli*, de bacterie die dodelijk kan zijn als je de verkeerde spinazie eet). Ze zijn bezorgd. Ze zijn vaag op de hoogte. Maar ze hebben niet de tijd of de interesse om een heleboel gedetailleerde wetenschappelijke informatie tot zich te nemen. Ik weet uit eigen ervaring dat sommige mensen als ze horen dat je een boek over zulke dingen schrijft – over enge opkomende ziekten, over dodelijke virussen, over pandemieën – meteen boter bij de vis willen. Dus vragen ze: 'Gaan we allemaal dood?' Ik heb er een vaste gewoonte van gemaakt om ja te zeggen.

Ja, we gaan allemaal dood. Ja. We gaan allemaal belasting betalen en we gaan allemaal dood. Maar velen van ons zullen waarschijnlijk doodgaan aan iets meer alledaags dan een nieuw virus dat onlangs via een eend, een chimpansee of een vleermuis is opgekomen.

De gevaren van zoönosen zijn reëel en ernstig, maar er spelen ook heel veel onzekerheden mee. Er is geen schijn van kans, zoals Robert Webster me nadrukkelijk meedeelde, dat we de aard en het moment van de volgende grieppandemie zouden kunnen voorspellen. Te veel factoren variëren willekeurig, of nagenoeg willekeurig, in dat systeem. Ten aanzien van al deze ziekten is een voorspelling in het algemeen een zwakke propositie, iets wat waarschijnlijk eerder een onterecht vertrouwen dan bruikbare informatie oplevert. Niet alleen aan Webster, maar ook aan heel veel andere eminente ziektedeskundigen – onder wie enkele experts op het gebied van ebola, van SARS, van vleermuisvirussen in het algemeen, van de diverse hiv-virussen en de evolutie van virussen – heb ik dezelfde tweeledige vraag voorgelegd: (1) zal er in de nabije toekomst een nieuwe ziekte opkomen die voldoende virulent en overdraagbaar is om een pandemie te veroorzaken op de schaal van aids of de griep van 1918, een ziekte waarbij tientallen miljoenen mensen omkomen? en (2) zo ja, wat voor soort ziekte is dat dan en waar komt die vandaan? Hun antwoorden op het eerste gedeelte varieerden van 'misschien' tot 'waarschijnlijk'. De antwoorden op het tweede gedeelte draaien voornamelijk om RNA-virussen, vooral de virussen met als reservoir de een of andere primaat. Geen van hen heeft trouwens de stelling betwist dat als er inderdaad een grote nieuwe pandemie komt, dat een zoönose zal zijn.

In de wetenschappelijke literatuur vind je ongeveer hetzelfde soort behoedzame, weloverwogen speculaties. Een hoog aangeschreven infectieziekte-epidemioloog, Donald S. Burke, momenteel decaan van de Graduate School of Public Health aan de University of Pittsburgh, hield in 1997 een lezing (die naderhand gepubliceerd werd) waarin hij een opsomming gaf van de criteria op grond waarvan bepaalde soorten virussen konden worden aangemerkt als de meest waarschijnlijke kandidaten voor het veroorzaken van een nieuwe pandemie. ‘Het eerste criterium ligt het meest voor de hand: recente pandemieën in de menselijke geschiedenis,’ vertelde Burke zijn gehoor. Dat zou wijzen in de richting van onder andere de orthomyxovirussen (waaronder ook de diverse influenzavirussen) en de retrovirussen (waaronder ook de hiv-virussen). ‘Het tweede criterium is het gebleken vermogen omvangrijke epidemieen te veroorzaken in niet-menselijke dierpopulaties.’ Dat wees opnieuw naar de orthomyxovirussen, maar ook naar de familie van paramyxovirussen, zoals het hendra- en nipahvirus, en naar de coronavirussen, zoals het virus dat later SARS-CoV werd genoemd. Burkes derde criterium was ‘intrinsieke evolueerbaarheid’, dat wil zeggen het vermogen om te muteren en te recombineren (of te herschikken) dat ‘een virus het potentieel geeft om op te komen in menselijke populaties en daar pandemieën te veroorzaken’. Als voorbeeld kwam hij weer terug op retrovirussen, orthomyxovirussen en coronavirussen. ‘Sommige van deze virussen,’ waarschuwde hij, in het bijzonder verwijzend naar coronavirussen, ‘moeten worden beschouwd als ernstige bedreigingen voor de menselijke gezondheid. Dit zijn virussen met een hoge evolueerbaarheid en een bewezen vermogen om epidemieën te veroorzaken onder populaties van dieren.’ Het is achteraf interessant om vast te stellen dat hij de SARS-epidemie had voorspeld, zes jaar voordat die had plaatsgevonden.

Veel korter geleden zei Burke tegen me: ‘Ik had gewoon goed gegokt.’ Hij produceerde een schaterlach vol zelfspot en voegde eraan toe dat ‘voorspellen te sterk is uitgedrukt’ voor wat hij had gedaan.

Als Donald Burke zoiets zegt, kun je echt aannemen dat het ook zo is. Maar het feit dat voorspellen zo moeilijk is, verplicht ons niet om blind, onvoorbereid en fatalistisch te blijven ten aanzien van nieuw en opnieuw opkomende uitbraken van zoönosen. Nee. Het praktische alternatief voor waarzeggerij, zoals Burke het uitdrukte, is ‘verbetering van de wetenschappelijke basis voor verbetering van onze paraatheid’. Met ‘de wetenschappelijke basis’ bedoelde hij: weten naar welke virusgroepen je moet kijken, de veldwerkfaciliteiten om oversprongen te kunnen opsporen in afgelegen gebieden voordat ze tot regionale uitbraken leiden, de organisatorische capaciteiten om greep op uitbraken te krijgen voordat ze pandemieën worden, plus de laboratoriuminstrumenten en de vaardigheden om razendsnel bekende virussen te herkennen, nieuwe virussen bijna even snel te karakteriseren en zonder veel vertraging voor vaccins en therapieën te zorgen. Als we een volgende grieppandemie of een ander nieuw opkomend virus niet kunnen voorspellen, kunnen we minstens waakzaam zijn, kunnen we goed voorbereid zijn en snel ingrijpen, kunnen we vernuftig en wetenschappelijk verfijnd te werk gaan bij de tegenmaatregelen die we bedenken.

Zulke dingen worden in hoge mate al namens ons gedaan door sommige vooruitziende instellingen en particulieren die zich met wetenschappelijk ziekteonderzoek en de volksgezondheid bezighouden. Ambitieuze netwerken en projecten zijn gecreëerd door de World Health Organization, de Centers for Disease Control and Prevention, het United States Agency for International Development, het European Centre for Disease Prevention and Control, de World Organization for Animal Health en andere nationale en internationale organisaties, om het gevaar van opkomende zoönotische infectieziekten te bestrijden. Vanwege hun bezorgdheid over het potentieel van 'bioterrorisme' hebben zelfs het Amerikaanse Department of Homeland Security en het Defense Advanced Research Projects Agency (ook bekend als Darkest DARPA, dat als motto heeft 'Strategische Verrassingen Creëren en Voorkomen') van het Amerikaanse ministerie van Defensie een vinger in de pap. (Aangezien de Verenigde Staten in 1969 het onderzoek rond biologische oorlogsvoering hebben afgezworen, is het beleid van DARPA nu vermoedelijk gericht op het voorkomen, niet op het creëren van strategische verrassingen van epidemiologische aard.) Deze projecten dragen namen en acroniemen – zoals het Global Outbreak Alert and Response Network (GOARN, van de WHO), Prophecy (van DARPA), het Emerging Pandemic Threats Program (EPT, van USAID) en de Special Pathogens Branch (SPB, van de CDC) – die allemaal klinken als programmatische clichés, maar waarachter vele toegewijde mensen schuilgaan die actief zijn op plaatsen waar oversprongen plaatsvinden en in veilige laboratoria waar nieuwe ziekteverwekkers snel kunnen worden bestudeerd. Particuliere organisaties als EcoHealth Alliance (met aan het hoofd een voormalige parasitoloog, Peter Daszak, die nu met Jon Epstein samenwerkt vanwege zijn onderzoek naar het nipahvirus in Bangladesh en elders, met Aleksei Chmura vanwege zijn vleermuisonderzoek in China, en met Billy Karesh vanwege zijn voortgaande wereldwijde onderzoek naar de gezondheid van in het wild levende dieren), houden zich ook met deze problematiek bezig. Een intrigerend project, deels gefinancierd door Google en opgezet door Nathan Wolfe – een ondernemende wetenschapper, die een van de mentoren was van Don Burke – is het Global Viral Forecasting Initiative (GVFI). Het GVFI verzamelt overal in tropisch Afrika en Azië op kleine stukjes filtreerpapier bloedmonsters van bushmeatjagers en andere mensen en screent die monsters op nieuwe virussen. Zodoende proberen ze systematisch oversprongen te detecteren en de volgende pandemie tegen te gaan, voordat deze zich begint te verspreiden. Wolfe leerde de filtreerpapiertechniek van Balbir Singh en Janet Cox-Singh (de malariaonderzoekers die *Plasmodium knowlesi* bij mensen bestuderen, weet je nog?) tijdens veldwerk dat hij in het kader van zijn promotieonderzoek samen met hen in de jaren negentig had gedaan. Op de Mailman School of Public Health, een onderdeel van Columbia University, is Ian Lipkins laboratorium een eersteklas centrum van activiteiten, gericht op de ontwikkeling van nieuwe moleculaire diagnostische instrumenten. Lipkin, die zowel arts als moleculair bioloog is, noemt zijn specialisme 'opsporing van pathogenen' en maakt gebruik van technieken als *high-throughput sequencing* (waarmee je duizenden DNA-monsters snel en goedkoop kunt sequencen), MassTag PCR (het identificeren van vermeerderde genoomsegmenten met behulp van een massaspectrometer) en het diagnostische systeem met de naam GreeneChip waarmee je op duizenden verschillende pathogenen tegelijk kunt screenen. Wanneer Jon Epstein serum verzamelt bij vleerhonden in Bangladesh, of wanneer Aleksei Chmura bloed aftapt bij vleermuizen in het zuiden van China, dan gaat een deel van de monsters rechtstreeks naar Ian Lipkin.

Deze wetenschappers zijn in staat van paraatheid. Ze zijn onze schildwachten. Ze waken bij de grenzen waar pathogenen overheen springen. En ze onderhouden vruchtbare contacten met elkaar. Als het volgende nieuwe virus zich vanuit een chimpansee, vleermuis, muis, eend, of makaak een weg baant naar een mens, en misschien van die ene mens naar een andere mens, en vervolgens een klein cluster van dodelijke ziektegevallen begint te veroorzaken, zullen ze dat zien – althans dat hopen we – en de noodklok luiden.

Wat er daarna gebeurt zal afhangen van de wetenschap, de politiek, de heersende maatschappelijke moraal, de publieke opinie, de inzet van de overheid en andere vormen van menselijk gedrag. Het zal afhangen van hoe wij burgers reageren.

Daarom is het goed als we alvorens te reageren – kalm of hysterisch, verstandig of lukraak – enig inzicht hebben in de hoofdlijnen en de dynamiek van de situatie. Het is goed om te weten dat deze recente uitbraken van nieuwe, en ook de terugkeer en verspreiding van oude zoönosen, onderdeel zijn van een omvattender patroon en dat de mensheid verantwoordelijk is voor het ontstaan van dat patroon. Het is goed om te erkennen dat die uitbraken getuigen van dingen die wij dóén, niet alleen van dingen die ons overkómen. Het is goed om te beseffen dat sommige door de mens veroorzaakte factoren misschien nagenoeg onstuitbaar lijken, maar dat we andere in toom kunnen houden.

De deskundigen hebben ons attent gemaakt op deze factoren en je kunt er zo een lijstje van maken. We hebben onze bevolking laten aanwassen tot het niveau van 7 miljard en daarboven. We zijn duidelijk op weg naar de 9 miljard, voordat onze groei waarschijnlijk zal afvlakken. We wonen heel dicht op elkaar in heel veel grote steden. We zijn binnengedrongen – en we blijven binnendringen – in de laatste grote wouden en andere wilde ecosystemen van de planeet en we hebben de fysieke structuren en ecologische gemeenschappen daar ernstig verstoord. We hakken ons een weg door Centraal-Afrika. We hakken ons een weg door het Amazonegebied. We hakken ons een weg door Borneo. We hakken ons een weg door Madagascar. We hakken ons een weg door Papoea Nieuw-Guinea en het noordoosten van Australië. We schudden de bomen letterlijk en figuurlijk uit, en ook alles eromheen begeeft het. We doden, slachten en eten een heleboel wilde dieren die je daar vindt. We vestigen ons op die plekken, creëren dorpen, werkkampen, steden, mijnbouwindustrieën en nieuwe grotere steden. We introduceren onze gedomesticeerde dieren, vervangen de wilde herbivoren door landbouwhuisdieren. We vermenigvuldigen onze veestapels zoals we onszelf hebben vermenigvuldigd, runnen grootschalige bedrijven met duizenden runderen, varkens, kippen, eenden, schapen en geiten, om niet te spreken van de honderden bamboeratten en palmmarters, allemaal massaal opgesloten in hokken en stallen onder omstandigheden die het mogelijk maken dat die tamme en halftamme dieren infectieuze pathogenen oplopen uit externe bronnen (zoals vleermuizen die rusten boven varkensstallen), die infecties met elkaar delen en de pathogenen talrijke kansen bieden om nieuwe vormen te ontwikkelen waarvan sommige niet alleen een koe of eend, maar ook een mens kunnen infecteren. We behandelen veel van de dieren die we houden met preventieve doses antibiotica en andere middelen die niet bedoeld zijn om ze te genezen, maar die hun gewichtstoename bevorderen en ervoor zorgen dat ze net gezond genoeg blijven om ze profijtelijk te kunnen verkopen en slachten, en op die manier stimuleren we de ontwikkeling van resistente bacteriën. We exporteren en importeren vee over grote afstanden en met hoge snelheden. We exporteren en importeren andere levende dieren, vooral primaten, voor medisch onderzoek. We exporteren en importeren wilde dieren als exotische huisdieren. We exporteren en importeren dierenhuiden, meegesmokkelde bushmeat en ook planten die soms microbiele passagiers meevoeren. We reizen, we verplaatsen ons nog sneller tussen steden en continenten dan het door ons getransporteerde vee. We verblijven in hotels waar vreemden niezen en braken. We eten in restaurants waar de kok misschien een stekelvarken heeft geslacht voordat hij aan de door ons bestelde sint-jakobsschelpen begon. We bezoeken apentempels in Azië, markten voor levende waar in India, pittoreske dorpjes in Zuid-Amerika, stoffige archeologische vindplaatsen in New Mexico, melkveehouderijen in Nederland, vleermuisgrotten in Oost-Afrika, renbanen in Australië – waar we de lucht inademen, de dieren voeren, dingen aanraken, handen schudden met de vriendelijke lokale bevolking – en dan haasten we ons naar ons vliegtuig en gaan we weer naar huis. We worden gebeten door muggen en teken. We veranderen het mondiale klimaat met onze CO_2-emissies, die op hun beurt verschuivingen teweeg kunnen brengen in de breedtegraden waarbinnen die muggen en teken leven. We bieden aan ondernemende micro-organismen onweerstaanbare kansen door de alomtegenwoordigheid en talrijkheid van onze menselijke lichamen.

Alles wat ik net heb genoemd valt onder deze rubriek: de ecologie en evolutionaire biologie van zoönosen. Ecologische omstandigheden bieden kansen voor een oversprong. De evolutie grijpt kansen aan, onderzoekt mogelijkheden en draagt bij aan het omzetten van oversprongen in pandemieën.

Het is een treffende, maar onvruchtbaar gebleken historische coïncidentie dat de kiemtheorieën voor ziekten aan het eind van de negentiende eeuw ongeveer tegelijk met de darwinistische evolutietheorie wetenschappelijke prominentie verwierven – treffend, omdat dit twee grote inzichtgevende systemen waren die elkaar veel te bieden hadden, en onvruchtbaar omdat hun synergie lange tijd uitbleef doordat kiemtheorieën nog eens zestig jaar lang nauwelijks werden bevrucht door het evolutionaire denken. De hedendaagse vorm van ecologisch denken ontstond zelfs nog later en werd al even traag geïntegreerd in het wetenschappelijk denken over infectieziekten. De andere afwezige wetenschap, tot aan de tweede helft van de twintigste eeuw, was de moleculaire biologie. Medici van weleer vermoedden wel dat de builenpest op de een of andere manier verband hield met knaagdieren, jazeker, maar ze wisten niet hoe of waarom, totdat Alexandre Yersin tijdens een in 1894 optredende epidemie in Hongkong de pestbacterie aantrof bij ratten. Zelfs dat wierp geen helder licht op het pad naar menselijke infectie, totdat Paul-Louis Simond enkele jaren later aantoonde dat de bacterie werd overgebracht door rattenvlooien. Van miltvuur, dat veroorzaakt wordt door een andere bacterie, was bekend dat het dodelijk was voor koeien en mensen, maar verder wist men niet beter of het ontstond door spontane generatie, totdat Koch in 1876 bewees dat dat niet klopte. Rabiës hing nog duidelijker samen met overdracht op mensen door dieren – met name door dolle honden – en in 1885 introduceerde Pasteur een rabiësvaccin waarmee hij een gebeten jongen injecteerde, en die overleefde de infectie. Maar het rabiësvirus zelf, dat veel kleiner is dan een bacterie, kon niet rechtstreeks worden waargenomen of worden teruggevoerd tot wilde carnivoren – dat gebeurde pas veel later. In het begin van de twintigste eeuw kwamen infectieziektedeskundigen van de Rockefeller Foundation en andere instellingen met het ambitieuze plan om enkele infectieziekten totaal uit te roeien. Ze besteedden miljoenen dollars en vele jaren van volgehouden inspanningen aan pogingen tot uitroeiing van gele koorts, maar het wilde niet lukken. Ze probeerden het met malaria, maar dat wilde niet lukken. Ze probeerden het later met pokken, en dat lukte. Waarom? De verschillen tussen deze drie ziekten zijn talrijk en complex, maar het meest cruciale verschil is waarschijnlijk dat het pokkenvirus niet in een dierreservoir en ook niet in een vector zetelt. De ecologie van het virus was simpel. Het leidde zijn bestaan in mensen – uitsluitend in mensen – en kon daardoor ook veel makkelijker worden uitgeroeid. De in 1988 door de WHO en andere instellingen gestarte campagne om polio uit te roeien is een realistische inspanning om dezelfde reden: polio is geen zoönose. En nu is malaria opnieuw het doelwit. De Bill and Melinda Gates Foundation kondigde in 2007 een nieuw langetermijninitiatief aan om die ziekte uit te roeien. Het is een bewonderenswaardig doel, een rijkelijk creatieve droom, maar je vraagt je toch af hoe meneer en mevrouw Gates en hun wetenschappelijke adviseurs *Plasmodium knowlesi* willen aanpakken. Roei je de parasiet uit door zijn als reservoir dienende gastheren af te slachten of geef je die gastheren op de een of andere manier een medische behandeling waardoor elke makaak in de wouden van Borneo wordt genezen?

Dat is het heilzame aspect van zoönotische infectieziekten: net als Sint Franciscus herinneren ze ons eraan dat wij mensen onlosmakelijk verbonden zijn met de wereld van de natuur. Maar eigenlijk is 'wereld van de natuur' alleen maar een gekunstelde, feitelijk onjuiste frase. De wereld, dat is het enige dat er is. De mensheid is onderdeel van die wereld, net als de ebolavirussen, de influenzavirussen en de hiv-virussen, net als het nipah- en hendravirus en SARS, net als chimpansees en vleermuizen en palmmarters en Indische ganzen, net als het volgende killervirus – het virus dat we nog niet hebben waargenomen.

Ik zeg deze dingen over de onuitroeibaarheid van zoönosen niet om je wanhopig en depressief te maken. Evenmin probeer ik zomaar paniek te zaaien. Het doel van dit boek is niet om je bezorgder te maken. Het doel van dit boek is om je verstandiger te maken. Dat is wat mensen het meest van, bijvoorbeeld, ringelrupsen en plakkers onderscheidt. In tegenstelling tot deze insecten kunnen wij behoorlijk verstandig zijn.

Greg Dwyer kwam hier regelmatig op terug tijdens ons gesprek in Chicago. Hij had alle vermaarde wiskundige modellen bestudeerd die ontwikkeld waren om uitbraken van ziekten bij de mens te verklaren: Anderson en May, Kermack en McKendrick, George MacDonald, John Brownlee en alle anderen. Hij had vastgesteld hoe cruciaal de invloed van individueel gedrag is op de effectieve overdrachtssnelheid. Hij had ingezien dat wat mensen als individu doen, wat vlinders als individu doen, enorme invloed heeft op R_0. De overdracht van hiv, bijvoorbeeld, zei Dwyer, 'hangt af van menselijk gedrag'. Wie zou dat kunnen betwisten? Het is bewezen. Kijk naar de veranderingen in de snelheid van overdracht onder Amerikaanse homoseksuele mannen, onder de gehele bevolking van Uganda of onder prostituees in Thailand. De overdracht van SARS, zei Dwyer, berust voor een groot deel op superbesmetters – maar hun gedrag, om niet te spreken van het gedrag van mensen om hen heen, kan heel verschillend zijn. De term die wiskundig ecologen voor diversiteit van gedrag gebruiken, is 'heterogeniteit', en Dwyers modellen laten zien dat heterogeniteit van gedrag, zelfs onder bosminnende insecten, laat staan onder mensen, van groot belang kan zijn voor het temperen van de verspreiding van infectieziekten.

'Als je het gemiddelde overdrachtspercentage constant houdt,' zei Dwyer, 'dan zal, als je heterogeniteit meetelt, dat op zichzelf al het algehele infectiepercentage doorgaans kunnen verlagen.' Dat klinkt droog. Wat het betekent is dat individuele activiteit, individueel inzicht, individuele keuzes, enorm veel effect kunnen hebben voor het afwenden van rampen die een populatie anders zouden kunnen teisteren. Een individuele plakker kan een iets beter vermogen erven om NPV-vegen te ontwijken wanneer hij hapjes van een boomblad neemt. Een individueel mens kan ervoor kiezen om geen palmsap te drinken, geen chimpansees te eten, geen varkens onder mangobomen te stallen, niet de luchtpijp van een paard met je blote hand te reinigen, geen onbeschermde seks te hebben met een prostituee, in een drugspand geen naalden van anderen te gebruiken, of om niet te hoesten zonder een hand voor je mond te houden, om niet op een vliegtuig te stappen als je je ziek voelt of je kippen samen met je eenden op stok te laten gaan. 'Elk klein dingetje dat mensen doen,' zei Dwyer, waardoor ze anders zijn dan anderen, waardoor ze afwijken van het gebruikelijke kuddegedrag, 'zal het infectiepercentage verlagen.' Dit alles nadat ik hem had gevraagd om na te denken over de Analogie en hij zijn hersenen daar een halfuur mee had gepijnigd.

'Plakkers kunnen maar op een bepaald aantal manieren van elkaar verschillen,' zei hij ten slotte. 'Maar mensen kunnen echt op talloze manieren van elkaar verschillen. En vooral in hun gedrag. Goed. Zo kom ik terug bij je vraag die luidt: Hoeveel doet het ertoe of mensen verstandig zijn? Ik denk dat ik eigenlijk het beste kan zeggen dat dat er heel veel toe doet. Dat is minder precies dan wat ik net allemaal heb gezegd. Maar ja, ik denk toch dat het heel veel uitmaakt.'

Daarna nam hij me mee naar de kelder van het gebouw om me een indruk te geven van de experimentele kant van zijn werk. Hij ontsloot een deur naar wat hij 'de vuile kamer' noemde, maakte een incubator open, haalde er een plastic container uit en liet me plakkerrupsen zien die geïnfecteerd waren met NPV. Ik zag wat er gebeurde als het van *pets* gaat op een blad.

115

Van de twee reusachtige iepen die voor het huis van mijn buurvrouw Susan stonden, is er nog maar een over. De andere ging een jaar of vier geleden dood, vergrijsd, getroffen door droogte en geteisterd door bladluizen. Een ingehuurde boomchirurg kwam met zijn team en zijn truck en haalde hem tak voor tak, segment voor segment naar beneden. Dat was een droevige dag voor Susan – en ook voor mij, ik die bijna dertig jaar in de schaduw van die majestueuze boom had gewoond. Toen verdween zelfs de wortelstronk, groot genoeg om als koffietafel te kunnen dienen. Hij was vermalen met een boomstronkfrees en overdekt met gras. De boom is nu weg, maar niet vergeten. De buurt heeft minder glans nu hij verdwenen is. Maar er was geen keus.

De andere grote iep staat er nog steeds en overwelft ons straatje majesteitelijk. Rondom de grijsbruine schors van de boom, op heuphoogte, zit een grote vlek – een donker verkleurde band, kennelijk onuitwisbaar door het weer en de tijd, die laat zien waar de boom twintig jaar geleden met een giftig goedje werd verdedigd tegen de ringelrupsen. De rupsen zijn al lang vertrokken, gewoon weer een uitbraakpopulatie die ineenstortte, maar dit litteken is als het ware hun fossiele rest.

Als ik thuis ben in Montana, loop ik elke dag langs die boom. Meestal valt mijn oog op de donkere band. Meestal moet ik aan de rupsen denken, hoe ze met zo velen kwamen en ineens weer weg waren. De omstandigheden waren eerst uitstekend. Maar toen gebeurde er iets. Misschien was toeval het cruciale element. Misschien een kleinigheidje. Misschien hun enorme aantallen. Misschien genetische factoren. Misschien hun gedrag. Tegenwoordig moet ik bij het zien van het litteken op de boom vaak denken aan wat Greg Dwyer tegen me zei: Dat blijft altijd de vraag.

Nawoord

WIJ HEBBEN CORONA TOT EEN EPIDEMIE GEMAAKT

Het virus mag dan ontstaan zijn in een vleermuisgrot, maar wij mensen hebben het op de wereld losgelaten

Het meest recente enge virus waar de hele wereld nu vol afgrijzen haar aandacht op gericht houdt, heeft in China inmiddels voor 56 miljoen mensen tot een lockdown geleid, overal ter wereld reisplannen verstoord en van Wuhan in de Chinese provincie Hubei tot aan Bryan in de Amerikaanse staat Texas aanleiding gegeven tot een run op medische neus- en mondkapjes. De officiële wetenschappelijke naam van het virus luidt SARS-CoV-2 (*severe acute respiratory syndrome coronavirus 2*) en de officiële naam van de ziekte die het veroorzaakt is COVID-19 (*coronavirus disease 2019*) – lompe, onhandige namen voor een huiveringwekkende dreiging.*

De oorspronkelijke naam, gemunt door de Chinese onderzoekers die het virus geïsoleerd en geïdentificeerd hebben, luidde nCoV-2019, een afkorting van *novel Corona Virus of 2019* ('nieuw coronavirus van 2019'). Deze naam weerspiegelt het feit dat het virus voor zover bekend pas eind vorig jaar voor het eerst is overgesprongen op mensen – op een markt in Wuhan waar zeevruchten en levende dieren werden verhandeld – en dat het virus deel uitmaakt van de beruchte familie der coronavirussen. De SARS-epidemie van 2002-2003, waarbij over de gehele wereld in totaal 8098 mensen besmet zijn geraakt, van wie 774 het niet overleefd hebben, werd veroorzaakt door een coronavirus, en dat geldt ook voor de MERS-

* Noot van de vertaler: in de oorspronkelijke Engelstalige tekst wordt hier de voorlopige naam nCoV-2019 gehanteerd. De geschiedenis van de naamgeving van SARS-CoV-2 is te vinden op https://nl.wikipedia.org/wiki/SARS-CoV-2, ingezien op 31 maart 2020.

uitbraak die in 2012 begon op het Arabisch Schiereiland en nog steeds niet geheel bedwongen is. (In november vorig jaar stond de teller op 2494 geïnfecteerden, van wie er 858 zijn overleden.)

Zoals de onderzoekers die het virus oorspronkelijk nCoV-2019 genoemd hadden zich terdege bewust waren, is het virus echter niet zo nieuw als u misschien denkt. In een grot in de ongeveer vijftienhonderd kilometer van Wuhan gelegen provincie Yunnan heeft een team scherpzinnige onderzoekers enkele jaren geleden tot hun schrik een sterk hierop lijkend virus aangetroffen. De snelle verbreiding van nCoV-2019 – inmiddels zijn er meer dan 4500 bevestigde gevallen en op 28 januari waren minstens 106 patiënten overleden, maar tegen de tijd dat u dit leest zullen de aantallen hoger zijn – is alarmerend, maar komt niet als een donderslag bij heldere hemel. Dat het virus afkomstig is van een niet-menselijk dier, waarschijnlijk een vleermuis, en de mens mogelijk bereikt heeft via nog een andere diersoort, lijkt misschien vreemd en griezelig, maar is voor de onderzoekers die zulke verschijnselen bestuderen beslist geen verrassing.

Een van die onderzoekers is Zheng-Li Shi van het Wuhan Institute of Virology, een vooraanstaand coauteur van de eerste voorlopige versie van het artikel waarin de identificatie van nCoV-2019 werd aangekondigd. (Omdat dit artikel het peerreviewproces nog niet heeft doorlopen, is het tot op heden alleen in een preprintversie verkrijgbaar.) Mevrouw Shi en haar medewerkers waren degenen die in 2005 hebben aangetoond dat SARS was veroorzaakt door een op mensen overgesprongen vleermuisvirus. Sindsdien traceren mevrouw Shi en haar collega's coronavirussen in vleermuizen en ze waarschuwen al geruime tijd dat sommige daarvan er bijzonder goed op toegerust zijn om onder mensen een pandemie te veroorzaken.

In een artikel uit 2017 meldden ze dat er in de grot in Yunnan bijna vijf jaar lang monsters van vleermuisuitwerpselen waren genomen, en dat bij onderzoek daarvan bij meerdere individuen van vier verschillende vleermuissoorten coronavirussen waren aangetroffen. Een van die soorten was *Rhinolophus affinis*: de 'middelste' hoefijzerneus, die zo genoemd wordt om hem te onderscheiden van de kleine en de grote hoefijzerneus. De naam 'hoefijzerneus' hebben deze vleermuizen te danken aan de semiovale huidplooi die als een schotel om hun neusgaten zit. Mevrouw Shi en haar collega's hebben nu bekendgemaakt dat het genoom van het in deze diersoort aangetroffen virus voor 96 procent identiek is aan het kortgeleden bij mensen gesignaleerde Wuhanvirus. Deze virussen onderscheiden zich duidelijk van alle andere bekende coronavirussen, waaronder ook het SARS-virus. In die zin gaat het hier inderdaad om een nieuw virus, dat voor mensen misschien zelfs nog gevaarlijker is dan de andere coronavirussen.

Ik schrijf 'misschien', want voorlopig weten we nog niet hoe gevaarlijk het virus is en kunnen we dat ook niet weten. Uitbraken van nieuwe virusziekten gedragen zich net als de stalen ballen in een flipperkast: je kunt er met je flippers naar slaan, je kunt de kast heen en weer schudden en de ballen tegen de stootringen laten rollen, maar waar ze uiteindelijk heen schieten is evenzeer afhankelijk van elf verschillende toevalligheden als van al jouw doen en laten. Dit is vooral het geval als het gaat om coronavirussen: tijdens hun vermeerdering muteren ze vaak, en zo evolueren ze al net zo snel als een monster in een nachtmerrie.

Peter Daszak, voorzitter van de raad van bestuur van EcoHealth Alliance, een particuliere onderzoeksorganisatie in New York die zich bezighoudt met de relatie tussen de gezondheid van mensen en dieren in het wild, is al geruime tijd een van mevrouw Shi's onderzoekspartners. 'We waarschuwen al vijftien jaar voor deze virussen,' vertelde hij me kortgeleden met kalme frustratie. 'Al sinds SARS.' Hij is een van de coauteurs van het onderzoek naar vleermuizen en SARS uit 2005, en van het artikel over de verschillende SARS-achtige coronavirussen in de grot in Yunnan.

Daszak vertelde dat er tijdens dat tweede onderzoek bloedmonsters zijn genomen van een paar duizend inwoners van Yunnan, van wie er ongeveer vierhonderd dicht bij de grot woonden. Bij ongeveer 3 procent van deze mensen werden antistoffen tegen SARS-gerelateerde coronavirussen gevonden.

'We weten niet of ze ziek zijn geweest. En al evenmin of ze als kinderen al aan het virus zijn blootgesteld of pas als volwassenen,' vertelde Daszak. 'Maar wat hier wél uit blijkt is dat deze virussen telkens weer van vleermuizen overspringen op mensen.' Met andere woorden, de huidige noodsituatie in Wuhan is niets nieuws. Ze maakt deel uit van een hele reeks toevallige samenlopen van omstandigheden die al een lange voorgeschiedenis heeft en zich zal blijven voortzetten zolang de huidige omstandigheden voortduren.

De huidige omstandigheden bestaan onder meer uit een gevaarlijke handel in *bushmeat* (dieren uit het oerwoud die als voedsel worden gebruikt) met bevoorradingsketens dwars door Azië en Afrika, en in mindere mate ook door de Verenigde Staten en andere landen. In China is deze handel inmiddels tijdelijk verboden, maar dat was ook het geval tijdens de SARS-epidemie en daarna is die opnieuw toegestaan, zodat markten als die in Wuhan vol lagen met vleermuizen, civetkatten, stekelvarkens, schildpadden, bamboeratten, plus vele andere soorten wild en gevogelte.

Tot de huidige omstandigheden behoren ook 7,6 miljard mensen die allemaal moeten eten: sommigen van hen zijn doodarm en zitten wanhopig verlegen om eiwitten, anderen zijn rijk en verkwistend, en in staat om per vliegtuig overal naartoe te reizen. Niets van dit alles is op onze aarde ooit eerder vertoond: uit het ontbreken van sporen kunnen we opmaken dat geen enkel ander groot zoogdier zich ooit over de wereld heeft verbreid in aantallen die de onze zelfs maar benaderen, laat staan dat andere soorten zich net zo effectief natuurlijke hulpbronnen hebben weten toe te eigenen als wij. Een van de gevolgen van die enorme overvloed, van al die macht en kracht en de daaruit voortkomende ecologische verstoringen, is dat virusoversprongen zich steeds vaker voordoen, aanvankelijk van dier op mens maar vervolgens ook tussen mensen onderling, en dat laatste soms op de schaal van een pandemie.

We vallen tropische oerwouden en andere wilde landschappen binnen, die een thuis vormen voor enorm veel dier- en plantensoorten die enorme hoeveelheden onbekende virussen met zich meedragen. De bomen hakken we om en de dieren maken we dood, of we stoppen ze in kooien en vervoeren ze naar verre markten. We verstoren ecosystemen en schudden virussen los van hun natuurlijke gastheren. Die virussen moeten vervolgens een nieuwe gastheer zien te vinden, en vaak zijn wij dat dan.

De lijst van virussen die de afgelopen jaren bij mensen zijn komen opduiken, klinkt als een grimmige reeks trommelslagen: machupo in Bolivia, 1961; marburg in Duitsland, 1967; ebola in Zaïre en Soedan, 1976; hiv, voor het eerst als zodanig geïdentificeerd in New York en Californië, 1981; sin nombre (een vorm van het hantavirus) in het zuidwesten van de Verenigde Staten, 1993; hendra in Australië, 1994; vogelgriep in Hongkong, 1997; nipah in Maleisië, 1998; westnijl in New York, 1999; SARS in China, 2002-2003; MERS in Saudi-Arabië, 2012; en nogmaals ebola, deze keer in West-Afrika, 2014. En dit is maar een selectie. Nu hebben we dus het virus dat COVID-19 veroorzaakt, de meest recente trommelslag.

Tot de huidige omstandigheden behoren ook bureaucraten die leugens verkondigen en slecht nieuws onder de pet houden, en gekozen overheidsfunctionarissen die tegenover grote menigten vol trots verklaren dat ze bossen laten kappen om banen te scheppen in de landbouw en houtverwerkende industrie of dat ze forse bezuinigingen realiseren op gezondheidszorg en wetenschappelijk onderzoek. Maar omdat sommige virussen heel goed in staat zijn om met vliegtuigpassagiers mee te liften, is de afstand tussen Wuhan of het Amazonegebied en Parijs, Toronto of Washington in uren te meten. En als u denkt dat het wel erg duur is om goed voorbereid te zijn op een pandemie, wacht dan maar eens af hoeveel COVID-19 uiteindelijk gaat kosten.

Tot de huidige omstandigheden behoren gelukkig ook de briljante en toegewijde onderzoekers en medici die nieuwe virusuitbraken proberen te voorkomen, zoals de vele medewerkers van het Wuhan Institute of

Virology, de EcoHealth Alliance, de Centers for Disease Control and Prevention (CDC) in de Verenigde Staten en de Chinese tegenhanger daarvan, plus vele andere instellingen. Dit zijn de mensen die een antwoord proberen te vinden op essentiële vragen door zich, vaak met gevaar voor eigen leven, in vleermuisgrotten, moerassen en streng beveiligde laboratoria te wagen om bloed, uitwerpselen en ander uiterst waardevol onderzoeksmateriaal te verzamelen en de daarin aangetroffen gensequenties te bestuderen.

Hoewel het aantal gevallen van COVID-19 is gestegen, en daarmee ook het aantal dodelijke slachtoffers, is het percentage overlijdensgevallen tot nu toe vrij constant gebleven: hoogstens 3 procent. De stand van 28 januari was dat op elke honderd bevestigde gevallen nog geen drie mensen zijn overleden. Daarmee mogen we in zekere zin van geluk spreken, want hoewel dit percentage hoger is dan bij de meeste griepsoorten, is het lager dan bij SARS.

Het is echter maar de vraag of dat zo blijft. Niemand weet welke kant de bal in de flipperkast straks weer op stuitert. Over een dag of vier kunnen er tienduizenden gevallen zijn. Misschien is longontsteking ten gevolge van het Wuhanvirus over zes maanden slechts een herinnering. Maar misschien ook niet.

We staan nu voor twee levensgevaarlijke uitdagingen, één op de korte en één op de lange termijn. Op de korte termijn moeten we alles doen wat in onze macht ligt – rustig en beheerst, op intelligente wijze en met alle middelen die ons ten dienste staan – om deze uitbraak van COVID-19 de kop in te drukken voordat die zich ontwikkelt tot een verwoestende wereldwijde pandemie. Op de lange termijn dienen we, als het stof eenmaal is neergedaald, niet te vergeten dat het virus dat COVID-19 veroorzaakt niets nieuws was, en ook geen noodlottig toeval. Het maakte – en maakt – deel uit van een patroon van beslissingen die wij mensen nemen.

Noten

1. Een vaalgeel paard

24. *'Virussen hebben geen voortbewegingsvermogen'*: Morse (1993), ix.
27. *'Hij bleef geheel buiten kennis'*: O'Sullivan e.a. (1997), 93.
28. *'Het lijkt erop,' concludeerde McCormacks team, 'dat een zeer intensief contact'*: McCormack e.a. (1999), 23.
34. *'Economisch gezien is het de belangrijkste dierenziekte'*: Brown (2001), 239.
40. *'Als je naar de wereld kijkt vanuit het gezichtspunt'*: William H. McNeill, in Morse (1993), 33–34.
43. *'Bovendien werd 71,8 procent van deze manifestaties van zoönotische opkomende infectieziekten'*: Jones-Engel e.a. (2008), 990.

2. Dertien gorilla's

52. *'Deze chimpansee was vermoedelijk het indexgeval, het allereerste geval, dat verantwoordelijk was'*: Georges e.a. (1999), S70.
66. *'Er is slechts kleinschalig ecologisch onderzoek gedaan'*: Johnson e.a. (1978), 272.
66. *'Geen enkele dermate ingrijpende of potentieel explosieve epidemie'*: Johnson e.a. (1978), 288.
67. *'Er werden geen bewijzen voor ebolavirusinfectie gevonden'*: Breman e.a. (1999), S139.
72. *'Er is intensief contact met de natuur'*: Heymann e.a. (1980), 372–73.
79. *'Virussen van elke soort afzonderlijk hebben een genoom'*: Towner e.a. (2008), 1.
82. *'boze mensachtige geesten zijn die ziekten verwekken'*: Hewlett en Hewlett (2008), 6.
83. *een laatste 'liefdesaanraking' van de overledene*: Hewlett en Amola (2003), 1245.
85. *'Deze ziekte doodt iedereen'*: Hewlett en Hewlett (2008), 75.
85. *'Tovenarij doodt niet zonder reden'*: Hewlett en Hewlett (2008), 75.
87. *'bed naar bed sprong, links en rechts patiënten dodend'*: Preston (1994), 68.
87. *'vrijwel elk lichaamsdeel verandert'*: Preston (1994), 72.

87. *'plotseling zo sterk achteruitgaat'*: Preston (1994), 75.
87. *'in wezen wegsmelt door het marburgvirus'*: Preston (1994), 293.
87. *'leegbloedend'*: Preston (1994), 184.
87. *'Druppels bloed parelen op de oogleden'*: Preston (1994), 73.
93. *'Het is moeilijk te beschrijven hoe het is om met een met ebola geïnfecteerd paard te werken'*: Yaderny Kontrol (Kernwapenbeheersing) Digest, No. 11, Center for Policy Studies in Russia, Summer 1999.
112. *'Al met al wijzen onze onderzoeksresultaten duidelijk'*: Walsh e.a. (2005), 1950.
113. *'Zodoende vinden ebola-uitbraken waarschijnlijk niet plaats in de vorm van'*: Leroy e.a. (2004), 390.

3. Alles komt ergens vandaan

125. *enkele interessante opmerkingen over 'smeulende' epidemieën*: Hamer (1906), 733–35.
126. *Dit idee werd bekend als het principe van de massawerking*: Fine (1979), 348.
126. *'de verwerving door een organisme van een hoge graad van infectiviteit'*: Brownlee (1907), 516.
127. *'de toestand van de ziektekiem'*: Brownlee (1907), 517.
127. *'voor eens en voor altijd uit te roeien'*: Ross (1910), 313.
127. *een 'theorie van gebeurtenissen'*: Ross (1916), 206.
127. *'er zo weinig wiskundig onderzoek was gedaan'*: Ross (1916), 204–5.
134. *'Dit is een indicatie,' schreven ze vol vertrouwen, 'dat menselijk* P. falciparum': Liu e.a. (2010), 424.
134. *'een monofyletische groep binnen de* P. falciparum*-radiatie van de gorilla'*: Liu e.a. (2010), 423.
136. *'Een van de belangrijkste problemen in de epidemiologie'*: Kermack en McKendrick (1927), 701.
137. *'Kleine verhogingen van de mate van infectiviteit'*: Kermack en McKendrick (1927), 721.
138. *'heel kleine veranderingen in de essentiële overdrachtfactoren'*: MacDonald (1953), 880.
139. *'het aantal binnen een gemeenschap verspreide infecties'*: MacDonald (1956), 375.
140. *'Deze vernietigde nagenoeg de hele malariakunde'*: Harrison (1978), 258.
143. *'Het effect was opmerkelijk'*: Desowitz (1993), 129.
145. *'Dit geval,' schreef een viertal betrokken artsen*: Chin e.a. (1965), 865.
152. *'is het mogelijk dat we voor* P. knowlesi *de weg bereiden'*: Cox-Singh en Singh (2008), 408.

4. Een feestmaal op de rattenfokkerij

160. *'in het ziekenhuis was opgenomen voor de behandeling van een ernstig, acuut respiratoir syndroom'*: World Health Organization (2006), 257.

161. *'In de afgelopen week,' zo begon de verklaring 'heeft de WHO meldingen ontvangen'*: World Health Organization (2006), 259–60.
162. *alleen maar aangeduid als een 'lokale overheidsfunctionaris'*: Abraham (2007), 30.
163. *het etiket 'atypische pneumonie'*: Abraham (2007), 34.
164. *'Populatieschattingen van* R_0 *kunnen een aanzienlijke individuele variatie'*: Lloyd-Smith e.a. (2005), 355.
165. *'Elke keer dat ze de buis wilden inbrengen'*: Abraham (2007), 37.
173. *alarmerende geruchten over 'een vreemde besmettelijke ziekte'*: World Health Organization (2006), 5.
174. *'Het eerste wat ons door het hoofd ging'*: Normile (2003), 886.
175. *de voorzichtige verklaring dat dit nieuwe coronavirus*: Peiris (2003), 1319.
176. *'We waren te voorzichtig,' zei een van hen later*: Enserink (2003), 294.
178. *'hebben Chinezen in het zuiden van het land zich altijd op veel grotere schaal'*: Greenfeld (2006), 10.
179. *'De dieren zitten opeengepakt in benauwde ruimtes'*: Lee e.a. (2004), 12.
181. *'vanuit een andere, vooralsnog onbekende dierlijke bron'*: Guan e.a. (2003), 278.
185. *'een infectieus contingent vleermuizen'*: Li e.a. (2005), 678.
196. *'de mensheid door het oog van de naald is gekropen'*: Weiss en McLean (2004), 1139.

5. Horden van herten, papegaaien en geiten

200. *aanvankelijk 'slachthuiskoorts' werd genoemd*: Sexton (1991), 93.
201. *de hele affaire een voorbeeld van 'publieke hysterie' noemde*: The Washington Post, 26 januari 1930, 1.
202. *'stierven er drie onder hevige pijn'*: Van Rooyen (1955), 4.
202. *'Het jaar 1929 betekende een keerpunt'*: Van Rooyen (1955), 5.
203. *'rijzig, met een knoestig Lincoln-achtig gezicht'*: De Kruif (1932), 178.
207. *'Als de jonge kaketoe, na gevangen te zijn'*: Burnet en MacNamara (1936), 88.
207. *'een duidelijk te onderscheiden klinische entiteit'*: Derrick (1937), 281.
208. *'een filtreerbaar virus'*: Burnet en Freeman (1937), 299.
208. *'De meeste belangrijke ontdekkingen komen geleidelijk tot stand'*: Burnet (1967), 1067.
208. *'Vanaf dat moment koesterde ik geen enkele twijfel meer'*: Burnet (1967), 1068.
208. *'Er rezen nomenclatuurproblemen'*: Burnet (1967), 1068.
209. *'het Nine Mile-agens'*: McDade (1990), 12.
209. *'stekende pijn in de oogbollen'*: McDade (1990), 16.
210. *'Er is geen enkele ziekte waarover zulke vreemde verhalen te vertellen zijn'*: Burnet (1967), 1068.
210. *'Een van de meer bizarre episodes'*: Burnet (1967), 1068.
211. *'viel er geen druppel regen'*: Karagiannis e.a. (2009), 1289.

214. *Het andere bedrijf was een 'hobbyboerderij'*: Karagiannis e.a. (2009), 1286, 1288.
216. *'overdracht via de wind' als de meest waarschijnlijke bron*: Karagiannis e.a. (2009), 1292.
218. *'een filtreerbaar virus', een micro-organisme zó klein*: Burnet (1940), 19.
221. *'ik weet eigenlijk niet of ik het wel kan aanzien'*: Enserink (2010), 266.
222. *'hadden het over het algemeen te druk om aan iets anders te denken'*: Burnet (1940), 2–3.
223. *'Andere onderzoekers met waardering voor hedendaagse ontwikkelingen'*: Burnet (1940), 3.
223. *'De parasitaire leefwijze is in wezen gelijk'*: Burnet (1940), 8.
223. *'Het zal echter duidelijk zijn'*: Burnet (1940), 12.
224. *'Net als veel andere infectieziekten werd psittacose'*: Burnet (1940), 19.
224. *'deze kaketoes, als ze een natuurlijk leven in het wild hadden kunnen leiden'*: Burnet (1940), 23.
224. *'Het is een conflict tussen de mens en zijn parasieten'*: Burnet (1940), 23.
225. *Bestaat er zoiets als een 'chronische ziekte van Lyme'*: Feder e.a. (2007), 422.
226. *'Er bestaat geen overtuigend biologisch bewijs'*: IDSA News, Vol. 16, No. 3, Fall 2006, 2.
226. *Wat de IDSA behoedzaam als 'post-lyme-syndroom' betitelde*: IDSA News, Vol. 16, No. 3, Fall 2006, 1.
226. *'door toe te laten dat mensen met financiële belangen'*: Geciteerd in perscommuniqué, Office of the Attorney General of Connecticut, 1 mei 2008, 2.
227. *'geen overtuigend bewijs voor het bestaan'*: Geciteerd in perscommuniqué, IDSA (Infectious Diseases Society of America), 22 april 2010, 2.
229. *begonnen het syndroom 'lyme-artritis' te noemen*: Steere e.a. (1977a), 7.
229. *nu 'de ziekte van Lyme' noemden*: Steere en Malawista (1979), 730.
230. *'een ziekte van het verleden'*: Burgdorfer (1986), 934.
231. *'Niet langer kregen we te horen'*: Burgdorfer (1986), 936.
231. *het* 'lymelight', *zoals hij het later blijmoedig noemde*: Burgdorfer (1986), 936.
232. *'Dammins noordoostelijke hertenschildteek'*: Ostfeld (2011), 26.
233. *'Het idee dat het risico om de ziekte van Lyme op te lopen'*: Ostfeld (2011), 22.
233. *In een vaktijdschrift werden witstaartherten*: Dit artikel en het volgende worden geciteerd in Ostfeld (2011), 22.
234. *'Hoe groter het aantal herten in een gebied'*: The Dover-Sherborn Press, 12 januari 2011.
234. *'Elke infectieziekte is in wezen een ecologisch systeem'*: Ostfeld (2011), 4.
235. *'Zo begon mijn belangstelling voor de ecologie van de ziekte van Lyme'*: Ostfeld (2011), x.
236. *'een smerig klusje en een echte uitdaging'*: Ostfeld (2011), 48.
237. *blijken ze 'uiterst gevoelig' voor chemische en fysische signalen*: Ostfeld (2011), 23.
237. *bijna menselijk klinkende term 'zoekgedrag'*: Ostfeld (2011), 23.

238. *die Ostfeld en anderen 'reservoircompetentie' noemen*: Ostfeld (2011), 12.
244. *'We weten dat wandelen in een bosje'*: Ostfeld (2011), 9.
245. *mensen denken dat 'al wat leeft is onderling verbonden'*: Ostfeld (2011), 6–7.
245. *een soort cysteachtige fase, die 'rond partikel' wordt genoemd*: Margulis e.a. (2009), 52.

6. Zicht op virussen

251. *'het sap van bladeren die geïnfecteerd zijn met tabaksmozaïekziekte'*: Levine (1992), 2.
252. *'gestimuleerd was door het onderzoek naar de zogenoemde "filtreerbaar virus"-agentia'*: Zinsser (1934), 63.
253. *'In dit geval is er net als bij bacteriële ziekten'*: Zinsser (1934), 64.
254. *'een brokje slecht nieuws, verpakt in een eiwit'*: Geciteerd in Crawford (2000), 6.
258. *'pijn, roodheid en een lichte zwelling'*: Sabin en Wright (1934), 116.
259. *Ze noemden het simpelweg 'het B-virus'*: Sabin en Wright (1934), 133.
264. *'geen enkel geval' van menselijke besmetting met het virus*: Engel e.a. (2002), 792.
272. *'een virus op zoek naar een ziekte'*: Weiss (1988), 497.
280. *was in Pasteurs visie de meest 'efficiënte' parasiet*: Pasteurs visie, zoals samengevat en herbevestigd door René Dubos, geciteerd in Ewald (1994), 188–89.
280. *'een toenemende perfectionering van wederzijdse verdraagzaamheid'*: Zinsser (1934), 61.
280. *'In het algemeen gesproken zal in het geval dat twee organismen'*: Burnet (1940), 37.
280. *'Een ziekteverwekkend organisme dat zijn gastheer doodt'*: McNeill (1976), 9.
281. *'op en neer begon te springen en andere dieren ging bijten'*: Geciteerd in Pro-MED-mail post, 22 april 2011.
281. *'Hij blafte als een hond'*: Geciteerd in ProMED-mail post, 1 april 2011.
283. *Austin was een 'vurige acclimatiseerder'*: Fenner en Ratcliffe (1965), 17.
284. *de oorzaak werd van wat men een 'spectaculaire epizoötie' noemde*: Fenner en Ratcliffe (1965), 276.
286. *'Laboratoriumexperimenten toonden aan dat alle stammen uit het veld'*: Fenner (1983), 265.
288. *het 'vervlechten' van de twee benaderingen*: Anderson en May (1979), 361.
289. *afwijzing van 'onbewezen beweringen' in medische en ecologische handboeken*: Anderson en May (1982), 411.
290. *'Onze belangrijkste conclusie'*: Anderson en May (1982), 424.

7. Gevleugelde gastheren

299. *'Varkens zijn een gebruikelijke gastheer voor het virus'*: *New Straits Times*, 7 januari 1999.
300. *'Ze noemden het de eenmijlsblafhoest'*: die deskundige was Hume Field, hier geciteerd in een televisie-interview.

310. *begon het erop te lijken dat het item 'dode dieren aanraken'*: Montgomery e.a. (2008), 1529, Tabel 2.
310. *'het risico van een bredere verspreiding'*: Gurley e.a. (2007), 1036.
314. *'Eigenaars zagen de vleerhonden als een plaag'*: Luby e.a. (2006), 1892.
325. *'de wraak van het regenwoud'*: Preston (1994), 289.
331. *Hebben vleermuizen een ander 'setpoint'*: Calisher e.a. (2006), 536.
331. *'De nadruk, en soms zelfs een volledige nadruk'*: Calisher e.a. (2006), 541.
332. *'zitten we gewoon te wachten op de volgende'*: Calisher e.a. (2006), 540.
332. *'De natuurlijke gastheren van deze virussen zijn nog niet geïdentificeerd'*: Calisher e.a. (2006), 539.
337. *'een van de vele soortgelijke, in grotten huizende populaties'*: Towner e.a. (2009), 2.
352. *'Patiënt C was de vader van een vierjarig meisje'*: Leroy e.a. (2009), 5.
352. *'Zodoende kan overdracht van het virus hebben plaatsgevonden'*: Leroy e.a. (2009), 6.
353. *'Hoogstwaarschijnlijk werden verscheidene andere mensen'*: Leroy e.a. (2009), 5.

8. De chimpansee en de rivier

365. *waren 'sterk verlaagd' in aantal*: Gottlieb e.a. (1981), 251.
366. *'treffende gelijkenis vertoonde met het onlangs beschreven syndroom van immunodeficiëntie'*: Pitchenik e.a. (1983), 277.
367. *Over Dugas is geschreven als de man die 'het virus meenam uit Afrika'*: bijvoorbeeld, Wikipedia, 'Gaëtan Dugas', met verwijzing naar Auerbach e.a. (1984), hoewel Auerbach e.a. dat niet beweren.
367. *ijdel maar charmant en zelfs 'adembenemend'*: Shilts (1987), 47.
367. *'Ik heb homokanker'*: Shilts (1987), 165.
367. *'Hoewel de oorzaak van aids onbekend is'*: Auerbach e.a. (1984), 490.
368. *in het welluidendere 'Patiënt Nul' van zijn boek*: Shilts (1987), 23.
369. *'Ik kan maar beter naar huis gaan om te sterven'*: Shilts (1987), 6.
371. *'Aids kon niet worden veroorzaakt door een conventionele bacterie'*: Montagnier (2000), 42.
373. *'meer dan 4000 personen overal ter wereld'*: Levy e.a. (1984), 840.
373. *'Onze data kunnen géén contaminatie'*: Levy e.a. (1984), 842.
375. *'In 1985 kwamen de hoogste hiv-cijfers'*: Essex en Kanki (1988), 68.
375. *'mechanismen hebben ontwikkeld'*: Essex en Kanki (1988), 68.
376. *'niet sluitend genoeg om het waarschijnlijk te maken dat siv'*: Essex en Kanki (1988), 69.
378. *MENSELIJK AIDSVIRUS NIET VAN APEN*: Mulder (1988), 396.
378. *waarvan het Japanse team een monster had genomen, omdat hij 'van Keniaanse afkomst' was*: Fukasawa e.a. (1988), 457.
380. *wees uit dat het virus 'endemisch' was onder deze apen*: Murphey-Corb e.a. (1986), 437.

381. '*Deze onderzoeksresultaten geven aan dat siv$_{sm}$ als proefdier fungerende resusapen*': Hirsch e.a. (1989), 389.
392. *met materiaal, rechtstreeks afkomstig van een 'vaccinale wond'*: Willrich (2011), 181.
393. '*De oorsprong van het aidsvirus is vandaag de dag van geen enkel belang*': Geciteerd in Curtis (1992), 21.
393. '*Het leidt alleen maar af, het is onvruchtbaar, het is verwarrend*': Geciteerd in Curtis (1992), 21.
394. '*De controverse rond de bron van de Nijl*': Hooper (1999), 4.
399. *Onze schatting van divergentietijden*: Worobey e.a. (2008), 663.
401. '*het tot nu toe meest overtuigende bewijs*': Weiss en Wrangham (1999), 385.
405. *We laten hier zien dat de siv$_{cpzPtt}$-stam die leidde*: Keele e.a. (2006), 526.
406. '*Bij mensen levert rechtstreekse blootstelling*': Hahn e.a. (2000), 611.
406. '*De meest waarschijnlijke weg voor overdracht*': Sharp en Hahn (2010), 2492.
407. '*een lastig missiegebied*', *aldus een Zweedse zendeling*: Geciteerd in Martin (2002), 25.
408. '*een weinig risicovol soort prostitutie*': Pepin (2011), 90.
414. '*Tot voor kort gebruikten de Bakwele chimpansees*': Uit het getypte, ongepubliceerde verslag van mijn anonieme bron in Yokadouma.
439. '*hun eigen op aids lijkende pandemie hadden overleefd*': Cohen (2002), 15.
451. '*dat siv$_{cpz}$ een substantiële negatieve invloed*': Keele e.a. (2009), 515.
453. '*De Kongo heeft verschillende instellingen voor gezondheidszorg*': Beheyt (1953), geciteerd in Pepin (2011), 164.
454. '*Het grote aantal patiënten en de kleine hoeveelheid spuiten*': Beheyt (1953), geciteerd in Pepin (2011), 164.
455. '*bestond uit duizenden vrije vrouwen zonder ziekteverschijnselen*': Pepin (2011), 161.
459. '*er een zeer effectief vermeerderingsmechanisme moest zijn geweest*': Pepin (2011), 196.

9. Dat blijft altijd de vraag

470. '*Vanuit ecologisch gezichtspunt kan een uitbraak*': Berryman (1987), 3.
471. '*Toen* Homo sapiens *de mijlpaal van zes miljard*': Wilson (2002), 86.
472. '*het blijkbaar een dominante kracht impliceert*': Myers (1993), 240.
485. '*Het eerste criterium ligt het meest voor de hand*': Burke (1998), 7.

Bibliografie

Abraham, Thomas (2007), *Twenty-First Century Plague: The Story of SARS*. Baltimore: The Johns Hopkins University Press.

AbuBakar, Sazaly, Li-Yen Chang, A.R. Mohd Ali, S.H. Sharifah, Khatijah Yusoff en Zulkeflie Zamrod (2004), 'Isolation and Molecular Identification of Nipah Virus from Pigs'. *Emerging Infectious Diseases*, 10 (12).

Aguirre, A. Alonso, Richard S. Ostfeld, Gary M. Tabor, Carol House en Mary C. Pearl (red.) (2002), *Conservation Medicine: Ecological Health in Practice*. Oxford: Oxford University Press.

Alibek, Ken (1999), *Biohazard: The Chilling True Story of the Largest Covert Biological Weapons Program in the World – Told from the Inside by the Man Who Ran It*. Met Stephen Handelman. New York: Delta/Dell Publishing.

Anderson, Roy M. en Robert M. May (1978), 'Regulation and Stability of Host-Parasite Population Interactions'. *Journal of Animal Ecology*, 47.

– (1979), 'Population Biology of Infectious Diseases: Part 1'. *Nature*, 280.

– (1980), 'Infectious Diseases and Populations of Forest Insects'. *Science*, 210.

– (1982), 'Coevolution of Hosts and Parasites'. *Parasitology*, 85.

– (1992), *Infectious Diseases of Humans: Dynamics and Control*. Oxford: Oxford University Press.

Arricau-Bouvery, Nathalie en Annie Rodolakis (2005), 'Is Q Fever an Emerging or Re-emerging Zoonosis?' *Veterinary Research*, 36.

Auerbach, D.M., W.W. Darrow, H.W. Jaffe en J. W. Curran (1984), 'Cluster of Cases of the Acquired Immune Deficiency Syndrome. Patients Linked by Sexual Contact'. *The American Journal of Medicine*, 76 (3).

Bacon, Rendi Murphree, Kiersten J. Kugeler en Paul S. Mead (2008), 'Surveillance for Lyme Disease – United States, 1992–2006'. *Morbidity and Mortality Weekly Report*, 57.

Bailes, Elizabeth, Feng Gao, Frederic Biboilet-Ruche, Valerie Courgnaud, Martine Peeters, Preston A. Marx, Beatrice H. Hahn en Paul M. Sharp (2003),

'Hybrid Origin of SIV in Chimpanzees'. *Science*, 300.
Baize, S., E.M. Leroy, M.C. Georges-Courbot, J. Lansoud-Soukate, P. Debré, S.P. Fisher-Hoch, J.B. McCormick en A.J. Georges (1999), 'Defective Humoral Responses and Extensive Intravascular Apoptosis are Associated with Fatal Outcome in Ebola Virus-Infected Patients'. *Nature Medicine*, 5 (4).
Barbosa, Pedro en Jack C. Schultz (red.) (1987), *Insect Outbreaks*. San Diego: Academic Press.
Barin, F., S. M'Boup, F. Denis, P. Kanki, J.S. Allan, T.H. Lee en M. Essex (1985), 'Serological Evidence for Virus Related to Simian T-Lymphotropic Retrovirus III in Residents of West Africa'. *The Lancet*, 2.
Barré-Sinoussi, F., J.C. Cherrmann, F. Rey, M.T. Nugeyre, S. Chamaret, J. Gruest, C. Dauguet e.a. (1983), 'Isolation of a T-Lymphotropic Retrovirus from a Patient at Risk for Acquired Immune Deficiency Syndrome (AIDS)'. *Science*, 220.
Barré-Sinoussi, Françoise (2003a), 'The Early Years of HIV Research: Integrating Clinical and Basic Research'. *Nature Medicine*, 9 (7).
– (2003b), ' Barré-Sinoussi Replies'. *Nature Medicine*, 9 (7).
Barry, John M. (2005), *The Great Influenza: The Epic Story of the Deadliest Plague in History*. New York: Penguin Books.
Beaudette, F.R. (red.) (1955), *Psittacosis: Diagnosis, Epidemiology and Control*. New Brunswick, NJ: Rutgers University Press.
Beheyt, P. (1953), '*Contribution à l'étude des hepatites en Afrique. L'hépatite épidémique et l'hépatite par inoculation*'. *Annales de la Société Belge de Médicine Tropicale*.
Bermejo, Magdalena, José Domingo Rodríguez-Teijeiro, Germán Illera, Alex Barroso, Carles Vilà en Peter D. Walsh (2006), 'Ebola Outbreak Killed 5000 Gorillas'. *Science*, 314.
Bernoulli, Daniel (2004), 'An Attempt at a New Analysis of the Mortality Caused by Smallpox and of the Advantages of Inoculation to Prevent It'. Herdrukt in *Reviews in Medical Virology*, 14.
Berryman, Alan A. (1987), 'The Theory and Classification of Outbreaks'. In *Insect Outbreaks*, P. Barbosa en J. C. Schultz (red.). San Diego: Academic Press.
Biek, Roman, Peter D. Walsh, Eric M. Leroy en Leslie A. Real (2006), 'Recent Common Ancestry of Ebola Zaire Virus Found in a Bat Reservoir'. *PLoS Pathogens*, 2 (10).
Blum, L.S., R. Khan, N. Nahar en R. F. Breiman (2009), 'In-Depth Assessment of an Outbreak of Nipah Encephalitis with Person-to-Person Transmission in Bangladesh: Implications for Prevention and Control Strategies'. *American Journal of Tropical Medicine and Hygiene*, 80 (1).
Boaz, Noel T. (2002), *Evolving Health: The Origins of Illness and How the Modern World Is Making Us Sick*. New York: John Wiley and Sons.
Boulos, R., N.A. Halsey, E. Holt, A. Ruff, J.R. Brutus, T.C. Quin, M. Adrien en

C. Boulos (1990), 'HIV-1 in Haitian Women 1982–1988'. *Journal of Acquired Immune Deficiency Syndromes*, 3.

Breman, Joel G., Karl M. Johnson, Guido van der Groen, C. Brian Robbins, Mark V. Szczeniowski, Kalisa Ruti, Patrician A. Webb e.a. (1999), 'A Search for Ebola Virus in Animals in the Democratic Republic of the Congo and Cameroon: Ecologic, Virologic en Serologic Surveys, 1979–1980'. In *Ebola: The Virus and the Disease*, C.J. Peters en J. W. LeDuc (red.). Special issue of *The Journal of Infectious Diseases*, 179 (S1).

Brom, R. van der en P. Vellema (2009), 'Q Fever Outbreaks in Small Ruminants and People in The Netherlands'. *Small Ruminant Research*, 86.

Brown, Corrie (2001), 'Update on Foot-and-Mouth Disease in Swine'. *Journal of Swine and Health Production*, 9 (5).

Brownlee, John (1907), 'Statistical Studies in Immunity: The Theory of an Epidemic'. *Proceedings of the Royal Society of Edinburgh*, 26.

Burgdorfer, W., A.G. Barbour, S.F. Hayes, J.L. Benach, E. Grunwaldt en J. P. Davis (1982), 'Lyme Disease – A Tick-Borne *Spirochetosis*?' *Science*, 216.

Burgdorfer, Willy (1986), 'The Enlarging Spectrum of Tick-Borne *Spirochetoses*: R. R. Parker Memorial Address'. *Reviews of Infectious Diseases*, 8 (6).

Burke, Donald S. (1998), 'Evolvability of Emerging Viruses'. In *Pathology of Emerging Infections 2*, A.M. Nelson en C. Robert Horsburgh, jr. (red.). Washington: ASM Press.

Burnet, F.M. (1934), '*Psittacosis* in Australian Parrots'. *The Medical Journal of Australia*, 2.

– (1940), *Biological Aspects of Infectious Disease*. Cambridge: Cambridge University Press.

Burnet, F.M. en Mavis Freeman (1937), 'Experimental Studies on the Virus of 'Q' Fever'. *The Medical Journal of Australia*, 2.

Burnet, F.M. en Jean MacNamara (1936), 'Human *Psittacosis* in Australia'. *The Medical Journal of Australia*, 2.

Burnet, MacFarlane (1967), 'Derrick and the Story of Q Fever'. *The Medical Journal of Australia*, 2 (24).

Bwaka, M.A., M.J. Bonnet, P. Calain, R. Colebunders, A. De Roo, Y. Guimard, K.R. Katwiki e.a. (1999), 'Ebola Hemorrhagic Fever in Kikwit, Democratic Republic of the Congo: Clinical Observations in 103 Patients'. In *Ebola: The Virus and the Disease*, C.J. Peters en J. W. LeDuc (red.). Special issue of *The Journal of Infectious Diseases*, 179 (S1).

Bygbjerg, I.C. (1983), 'AIDS in a Danish Surgeon (Zaire, 1976)'. *The Lancet*, 1 (2).

Caillaud, D., F. Levréro, R. Cristescu, S. Gatti, M. Dewas, M. Douadi, A. Gautier-Hion e.a. (2006), 'Gorilla Susceptibility to Ebola Virus: The Cost of Sociality'. *Current Biology*, 16 (13).

Calisher, Charles H., James E. Childs, Hume E. Field, Kathryn V. Holmes en

Tony Schountz (2006), 'Bats: Important Reservoir Hosts of Emerging Viruses'. *Clinical Microbiology Reviews*, 19 (3).

Chen, Hualan, Yanbing Li, Zejun Li, Jianzhong Shi, Kyoko Shinya, Guohua Deng, Qiaoling Qi e.a. (2006), 'Properties and Dissemination of H5N1 Viruses Isolated during an Influenza Outbreak in Migratory Waterfowl in Western China'. *Journal of Virology*, 80 (12).

Chin, William, Peter G. Contacos, G. Robert Coatney en Harry R. Kimball (1965), 'A Naturally Acquired Quotidian-Type Malaria in Man Transferable to Monkeys'. *Science*, 149.

Chitnis, Amit, Diana Rawls en Jim Moore (2000), 'Origin of HIV Type 1 in Colonial French Equatorial Africa?' *AIDS Research and Human Retroviruses*, 16 (1).

Chua, K.B., W.J. Bellini, P.A. Rota, B.H. Harcourt, A. Tamin, S.K. Lam, T.G. Ksiazek e.a. (2000), 'Nipah Virus: A Recently Emergent Deadly Paramyxovirus'. *Science*, 288.

Chua, K.B., B.H. Chua en C. W. Wang (2002), 'Anthropogenic Deforestation, El Niño and the Emergence of Nipah Virus in Malaysia'. *Malaysian Journal of Pathology*, 24 (1).

Chua, K.B., K.J. Goh, K.T. Wong, A. Kamarulzaman, P.S. Tan, T.G. Ksiazek, S.R. Zaki e.a. (1999), 'Fatal Encephalitis due to Nipah among Pig-Farmers'. *The Lancet*, 354.

Chua, K.B., C.L. Koh, P.S. Hooi, K.F. Wee, J.H. Khong, B.H. Chua, Y.P. Chan e.a. (2002), 'Isolation of Nipah Virus from Malaysian Island Flying-Foxes'. *Microbes and Infection*, 4.

Chua, Kaw Bing (2002), 'Nipah Virus Outbreak in Malaysia'. *Journal of Clinical Virology*, 26.

– (2010), 'Risk Factors, Prevention and Communication Strategy During Nipah Virus Outbreak in Malaysia'. *Malaysian Journal of Pathology*, 32 (2).

Chua, Kaw Bing, Gary Crameri, Alex Hyatt, Meng Yu, Mohd Rosli Tompang, Juliana Rosli, Jennifer McEachern e.a. (2007), 'A Previously Unknown Reovirus of Bat Origin Is Associated with an Acute Respiratory Disease in Humans'. *Proceedings of the National Academy of Sciences*, 104 (27).

Churchill, Sue (1998), *Australian Bats*. Sydney: New Holland Publishers.

Clavel, F., D. Guétard, F. Brun-Vézinet, S. Chamaret, M.A. Rey, M.O. Santos-Ferreira, A.G. Laurent e.a. (1986), 'Isolation of a New Human Retrovirus from West African Patients with AIDS'. *Science*, 233.

Coatney, G. Robert, William E. Collins en Peter G. Contacos (1971), 'The Primate Malarias'. Bethesda, Maryland: National Institutes of Health.

Cohen, Philip (2002), 'Chimps Have Already Conquered AIDS'. *New Scientist*, 24 augustus.

Cohn, Samuel K., jr. (2003), *The Black Death Transformed: Disease and Culture in Early Renaissance Europe*. Londen: Arnold.

Cornejo, Omar E. en Ananias A. Escalante (2006), 'The Origin and Age of *Plasmodium vivax*'. *Trends in Parasitology*, 22 (12).
Cory, Jenny S. en Judith H. Myers (2003), 'The Ecology and Evolution of Insect Baculoviruses'. *Annual Review of Ecology, Evolution and Systematics*, 34.
– (2009), 'Within and Between Population Variation in Disease Resistance in Cyclic Populations of Western Tent Caterpillars: A Test of the Disease Defence Hypothesis'. *Journal of Animal Ecology*, 78.
Cox-Singh, J., T.M. Davis, K.S. Lee, S.S. Shamsul, A. Matusop, S. Ratnam, H.A. Rahman e.a. (2008), '*Plasmodium knowlesi* Malaria in Humans Is Widely Distributed and Potentially Life Threatening'. *Clinical Infectious Diseases*, 46.
Cox-Singh, Janet en Balbir Singh (2008), 'Knowlesi Malaria: Newly Emergent and of Public Health Importance?' *Trends in Parasitology*, 24 (9).
Crawford, Dorothy H. (2000), *The Invisible Enemy: A Natural History of Viruses*. Oxford: Oxford University Press.
Crewdson, John (2002), *Science Fictions: A Scientific Mystery, a Massive Coverup and the Dark Legacy of Robert Gallo*. Boston: Little, Brown.
Crosby, Alfred W. (1989), *America's Forgotten Pandemic: The Influenza of 1918*. Cambridge: Cambridge University Press.
Curtis, Tom (1992), 'The Origin of AIDS'. *Rolling Stone*, 19 maart.
Daniel, M.D., N.L. Letvin, N.W. King, M. Kannagi, P.K. Sehgal, R.D. Hunt, P.J. Kanki e.a. (1985), 'Isolation of T-Cell Tropic HTLV-III-like Retrovirus from Macaques'. *Science*, 228.
Daszak, P., A.A. Cunningham en A.D. Hyatt (2001), 'Anthropogenic Environmental Change and the Emergence of Infectious Diseases in Wildlife'. *Acta Tropica*, 78.
Daszak, Peter, Andrew H. Cunningham en Alex D. Hyatt (2000), 'Emerging Infectious Diseases of Wildlife – Threats to Biodiversity and Human Health'. *Science*, 287.
Davis, Gordon E. en Herald R. Cox (1938), 'A Filter-Passing Infectious Agent Isolated from Ticks'. *Public Health Reports*, 53 (52).
De Groot, N.G., N. Otting, G.G. Doxiadis, S.S. Balla-Jhagjoorsingh, J.L. Heeney, J.J. van Rood, P. Gagneux e.a. (2002), 'Evidence for an Ancient Selective Sweep in the MHC Class I Gene Repertoire of Chimpanzees'. *Proceedings of the National Academy of Sciences*, 99 (18).
De Kruif, Paul (1932), *Men Against Death*. New York: Harcourt, Brace and Company.
Derrick, E.H. (1937), 'Q Fever, A New Fever Entity: Clinical Features, Diagnosis and Laboratory Investigation'. *The Medical Journal of Australia*, 2 (8).
Desowitz, Robert S. (1993), *The Malaria Capers: More Tales of Parasites, People, Research and Reality*. New York: W. W. Norton.

Diamond, Jared (1997), *Guns, Germs and Steel: The Fates of Human Societies*. New York: W. W. Norton.

Dobson, Andrew P. en E. Robin Carper (1996), 'Infectious Diseases and Human Population History'. *BioScience*, 46 (2).

Dowdle, W.R. en D. R. Hopkins (red.) (1998), *The Eradication of Infectious Diseases*. New York: John Wiley and Sons.

Drosten, C., S. Günter, W. Preiser, S. van der Werf, H.R. Brodt, S. Becker, H. Rabenau e.a. (2003), 'Identification of a Novel Coronavirus in Patients with Severe Acute Respiratory Syndrome'. *New England Journal of Medicine*, 348 (20).

Drucker, Ernest, Phillip C. Alcabes en Preston A. Marx (2001), 'The Injection Century: Massive Unsterile Injections and the Emergence of Human Pathogens'. *The Lancet*, 358.

Duesberg, Peter (1996), *Inventing the AIDS Virus*. Washington, DC: Regnery Publishing.

Dwyer, Greg (1991), 'The Roles of Density, Stage en Patchiness in the Transmission of an Insect Virus'. *Ecology*, 72 (2).

Dwyer, Greg en Joseph S. Elkinton (1993), 'Using Simple Models to Predict Virus Epizootics in Gypsy Moth Populations'. *Journal of Animal Ecology*, 62.

Eaton, Bryan T. (2001), 'Introduction to Current Focus on Hendra and Nipah Viruses'. *Microbes and Infection*, 3.

Edlow, Jonathan A. (2003), *Bull's-Eye: Unraveling the Medical Mystery of Lyme Disease*. New Haven: Yale University Press.

Elderd, B.D., J. Dushoff en G. Dwyer (2008), 'Host-Pathogen Interactions, Insect Outbreaks en Natural Selection for Disease Resistance'. *The American Naturalist*, 172 (6).

Elderd, Bret D., Vanja M. Dukic en Greg Dwyer (2006), 'Uncertainty in Predictions of Disease Spread and Public Health Responses to Bioterrorism and Emerging Diseases'. *Proceedings of the National Academy of Sciences*, 103 (42).

Elkinton, J.S. (1990), 'Populations Dynamics of Gypsy Moth in North America'. *Annual Reviews of Entomology*, 35.

Emmerson, A.M., P.M. Hawkey en S. H. Gillespie (1997), *Principles and Practice of Clinical Bacteriology*. Chichester and New York: John Wiley and Sons.

Emond, R.T., B. Evans, E.T. Bowen en G. Lloyd (1977), 'A Case of Ebola Virus Infection'. *British Medical Journal*, 2.

Engel, Gregory A., Lisa Jones-Engel, Michael A. Schillaci, Komang Gde Suaryana, Artha Putra, Agustin Fuentes en Richard Henkel (2002), 'Human Exposure to Herpesvirus B-Seropositive Macaques, Bali, Indonesia'. *Emerging Infectious Diseases*, 8 (8).

Engel, Jonathan (2006), *The Epidemic: A Global History of AIDS*. New York: Smithsonian Books/HarperCollins.

Enserink, Martin (2003), 'China's Missed Chance'. *Science*, 301.
– (2010), 'Questions Abound in Q-Fever Explosion in The Netherlands'. *Science*, 327.
Epstein, Helen (2007), *The Invisible Cure: Why We Are Losing the Fight against AIDS in Africa*. New York: Picador.
Epstein, Jonathan H., Vibhu Prakash, Craig S. Smith, Peter Daszak, Amanda B. McLaughlin, Greer Meehan, Hume E. Field en Andrew A. Cunningham (2008), '*Henipavirus* Infection in Fruit Bats (*Pteropus giganteus*), India'. *Emerging Infectious Diseases*, 14 (8).
Escalante, Ananias A., Omar E. Cornejo, Denise E. Freeland, Amanda C. Poe, Ester Durego, William E. Collins en Altaf A. Lal (2005), 'A Monkey's Tale: The Origin of *Plasmodium vivax* as a Human Malaria Parasite'. *Proceedings of the National Academy of Sciences*, 102 (6).
Essex, Max en Phyllis J. Kanki (1988), 'The Origins of the AIDS Virus'. *Scientific American*. 259 (4).
Essex, Max, Souleymane Mboup, Phyllis J. Kanki, Richard G. Marlink en Sheila D. Tlou (red.) (2002), *AIDS in Africa*. 2de druk. New York: Kluwer Academic/Plenum Publishers.
Ewald, Paul W. (1994), *Evolution of Infectious Disease*. Oxford: Oxford University Press.
Feder, Henry M., jr., Barbara J. B. Johnson, Susan O'Connell, Eugene D. Shapiro, Allen C. Steere, Gary P. Wormser en de Ad Hoc International Lyme Disease Group (2007), 'A Critical Appraisal of Chronic Lyme Disease'. *New England Journal of Medicine*, 357 (14).
Fenner, F. (1983), 'Biological Control, as Exemplified by Smallpox Eradication and Myxomatosis'. *Proceedings of the Royal Society*, B, 218.
Fenner, Frank en F. N. Ratcliffe (1965), *Myxomatosis*. Cambridge: Cambridge University Press.
Field, Hume (2001), 'The Natural History of Hendra and Nipha Viruses'. *Microbes and Infection*, 3.
Fields, Bernard N., David M. Knipe en Peter M. Howley (red.) (1996), *Fundamental Virology*. 3rd ed. Philadelphia: Lippincott Williams & Wilkins.
Figtree, M., R. Lee, L. Bain, T. Kennedy, S. Mackertich, M. Urban, Q Cheng en B.J. Hudson (2010), '*Plasmodium knowlesi* in Human, Indonesian Borneo'. *Emerging Infectious Diseases*, 16 (4).
Fine, Paul E. M. (1979), 'John Brownlee and the Measurement of Infectiousness: An Historical Study in Epidemic Theory'. *Journal of the Royal. Statistical Society*, A, 142 (P3).
Formenty, P., C. Boesch, M. Wyers, C. Steiner, F. Donati, F. Dind, F. Walker en B. Le Guenno (1999), 'Ebola Virus Outbreak among Wild Chimpanzees Living in a Rain Forest of Côte d'Ivoire'. In *Ebola: The Virus and the Disease*, C.J.

Peters en J. W. LeDuc (red.). Special issue of *The Journal of Infectious Diseases*, 179 (S1).

Freifeld, A.G., J. Hilliard, J. Southers, M. Murray, B. Savarese, J.M. Schmitt, S.E. Strauss (1995), 'A Controlled Seroprevalence Survey of Primate Handlers for Evidence of Asymptomatic Herpes B Virus Infection'. *The Journal of Infectious Diseases*, 171.

Friedman-Kein, Alvin E. (1981), 'Disseminated Kaposi's Sarcoma Syndrome in Young Homosexual Men'. *Journal of the American Academy of Dermatology*, 5.

Fukasawa, M., T. Miura, A. Hasegawa, S. Morikawa, H. Tsujimoto, K. Miki, T. Kitamura en M. Hayami (1988), 'Sequence of Simian Immunodeficiency Virus from African Green Monkey, A New Member of the HIV/SIV Group'. *Nature*, 333.

Gallo, R.C., S.Z. Salahuddin, M. Popovic, G.M. Shearer, M. Kaplan, B.F. Haynes, T.J. Palker e.a. (1984), 'Frequent Detection and Isolation of Cytopathic Retroviruses (HTLV-III) from Patients with AIDS and at Risk for AIDS'. *Science*, 224.

Gallo, R.C., P.S. Sarin, E.P. Gelmann, M. Robert-Guroff, E. Richardson, V.S. Kalyanaraman, D. Mann e.a. (1983), 'Isolation of Human T-Cell Leukemia Virus in Acquired Immune Deficiency Syndrome (AIDS)'. *Science*, 220.

Gallo, Robert (1991), *Virus Hunting: AIDS, Cancer and the Human Retrovirus: A Story of Scientific Discovery*. New York: Basic Books.

Gallo, Robert C. en Luc Montagnier (1988), 'AIDS in 1988'. *Scientific American*, 259 (4).

Galvani, Alison P. en Robert M. May (2005), 'Dimensions of Superspreading'. *Nature*, 438.

Gao, F., E. Bailes, D.L. Robertson, Y. Chen, C.M. Rodenburg, S.F. Michael, L.B. Cummins e.a. (1999), 'Origin of HIV-1 in the Chimpanzee *Pan troglodytes troglodytes*'. *Nature*, 397.

Garrett, Laurie (1994), *The Coming Plague: Newly Emerging Diseases in a World Out of Balance*. New York: Farrar, Straus and Giroux.

Georges, A.J., E.M. Leroy, A.A. Renaut, C.T. Benissan, R.J. Nabias, M.T. Ngoc, P.I. Obiang e.a. (1999), 'Ebola Hemorrhagic Fever Outbreaks in Gabon, 1994–1997: Epidemiologic and Health Control Issues'. In *Ebola: The Virus and the Disease*, C.J. Peters en J. W. LeDuc (red.). Special issue of *The Journal of Infectious Diseases*, 179 (S1).

Gilbert, M. Thomas P., Andrew Rambaud, Gabriela Wlasiuk, Thomas J. Spira, Arthur E. Pitchenik en Michael Worobey (2007), 'The Emergence of HIV/AIDS in the Americas and Beyond'. *Proceedings of the National Academy of Sciences*, 104 (47).

Giles-Vernick, Tamara (2002), *Cutting the Vines of the Past: Environmental Histories of the Central African Rain Forest*. Charlottesville: University Press of Virginia.

Gopalakrishna, G., P. Choo, Y.S. Leo, B.K. Tay, Y.T. Lim, A.S. Khan en C.C. Tan (2004), 'SARS Transmission and Hospital Containment'. *Emerging Infectious Diseases*, 10 (3).

Gormus, Bobby J., Louis N. Martin en Gary B. Baskin (2004), 'A Brief History of the Discovery of Natural Simian Immunodeficiency Virus (SIV) Infections in Captive Sooty Mangabey Monkeys'. *Frontiers in Bioscience*, 9.

Gottlieb, M.S., H.M. Shankar, P.T. Fan, A. Saxon, J.D. Weisman en I. Pozalski (1981), '*Pneumocystic* Pneumonia – Los Angeles'. *Morbidity and Mortality Weekly Report*, 5 juni.

Greenfeld, Karl Taro (2006), *China Syndrome: The True Story of the 21st Century's First Great Epidemic*. New York: HarperCollins Publishers.

Guan, Y., B.J. Zheng, Y.Q. He, X.L. Liu, Z.X. Zhuang, C.L. Cheung, S.W. Luo e.a. (2003), 'Isolation and Characterization of Viruses Related to the SARS Coronavirus from Animals in Southern China'. *Science*, 302.

Gurley, Emily S., Joel M. Montgomery, M. Jahangir Hossain, Michael Bell, Abul Kalam Azad, Mohammad Rafiqul Islam, Mohammad Abdur Rahim Molla e.a. (2007), 'Person-to-Person Transmission of Nipah Virus in a Bangladeshi Community'. *Emerging Infectious Diseases*, 13 (7).

Hahn, Beatrice H., George M. Shaw, Kevin M. De Cock en Paul M. Sharp (2000), 'AIDS as a Zoonosis: Scientific and Public Health Implications'. *Science*, 287.

Halpin, K., P.L. Young, H.E. Field en J. S. Mackenzie (2000), 'Isolation of Hendra Virus from Pteropid Bats: A Natural Reservoir of Hendra Virus'. *Journal of General Virology*, 81.

Hamer, W.H. (1906), 'Epidemic Disease in England – The Evidence of Variability and of Persistency of Type'. *The Lancet*, 17 maart.

Harcourt, Brian H., Azaibi Tamin, Thomas G. Ksiazek, Pierre E. Rollin, Larry J. Anderson, William J. Bellini en Paul A. Rota (2000), 'Molecular Characterization of Nipah Virus, a Newly Emergent Paramyxovirus'. *Virology*, 271.

Harms, Robert W. (1981), *River of Wealth, River of Sorrow: The Central Zaire Basin in the Era of the Slave and Ivory Trade, 1500–1891*. New Haven: Yale University Press.

Harris, Richard L. en Temple W. Williams, jr. (1985), 'Contribution to the Question of Pneumotyphus: A Discussion of the Original Article by J. Ritter in 1880'. *Review of Infectious Diseases*, 7 (1).

Harrison, Gordon (1978), *Mosquitoes, Malaria and Man: A History of the Hostilities Since 1880*. New York: E. P. Dutton.

Hawgood, Barbara J. (2008), 'Alexandre Yersin (1864–1943): Discoverer of the Plague Bacillus, Explorer and Agronomist'. *Journal of Medical Biography*, 16.

Hay, Simon I. (2004), 'The Global Distribution and Population at Risk of Malaria: Past, Present en Future'. *Lancet Infectious Disease*, 4 (6).

Haydon, D.T., S. Cleaveland, L.H. Taylor en M.K. Laurenson (2002), 'Identifying Reservoirs of Infection: A Conceptual and Practical Challenge'. *Emerging Infectious Diseases*, 8 (12).
Hemelaar, J., E. Gouws, P.D. Ghys en S. Osmanov (2006), 'Global and Regional Distribution of HIV-1 Genetic Subtypes and Recombinants in 2004'. *AIDS*, 20 (16).
Hennessey, A. Bennett en Jessica Rogers (2008), 'A Study of the Bushmeat Trade in Ouesso, Republic of Congo'. *Conservation and Society*, 6 (2).
Henig, Robin Marantz (1993), *A Dancing Matrix: Voyages along the Viral Frontier*. New York: Alfred A. Knopf.
Hewlett, B.S., A. Epelboin, B.L. Hewlett en P. Formenty (2005), 'Medical Anthropology and Ebola in Congo: Cultural Models and Humanistic Care'. *Bulletin de la Société Pathologie Exotique*, 98 (3).
Hewlett, Barry S. en Richard P. Amola (2003), 'Cultural Contexts of Ebola in Northern Uganda'. *Emerging Infectious Diseases*, 9 (10).
Hewlett, Barry S. en Bonnie L. Hewlett (2008), *Ebola, Culture and Politics: The Anthropology of an Emerging Disease*. Belmont, CA: Thomson Wadsworth.
Heymann, D.L., J.S. Weisfeld, P.A. Webb, K.M. Johnson, T. Cairns en H. Berquist (1980), 'Ebola Hemorrhagic Fever: Tandala, Zaire, 1977–1978'. *The Journal of Infectious Diseases*, 142 (3).
Hirsch, V.M., R.A. Olmsted, M. Murphy-Corb, R.H. Purcell en P. R. Johnson (1989), 'An African Primate Lentivirus (SIV_{sm}) Closely Related to HIV-2'. *Nature*, 339.
Hoek, W. van der, F. Dijkstra, B. Schimmer, P.M. Schneeberger, P. Vellema, C. Wijkmans, R. Ter Schegget e.a. 'Q Fever in The Netherlands: An Update on the Epidemiology and Control Measures'. *Eurosurveillance*, 15.
Holmes, Edward C. (2009), *The Evolution and Emergence of RNA Viruses*. Oxford: Oxford University Press.
Hoong, Chua Mui (2004), *A Defining Moment: How Singapore Beat SARS*. Singapore: Institute of Policy Studies.
Hooper (red.) (1990), *Slim: A Reporter's Own Story of AIDS in East Africa*. Londen: The Bodley Head.
Hooper, Edward (1999), *The River: A Journey to the Source of HIV and AIDS*. Boston: Little, Brown.
– (2001), 'Experimental Oral Polio Vaccines and Acquired Immune Deficiency Syndrome'. *Philosophical Transactions of the Royal Society of London*, 356.
Huff, Jennifer L. en Peter A. Barry (2003), 'B-Virus (*Cercopithecine herpesvirus* 1) Infection in Humans and Macaques: Potential for Zoonotic Disease'. *Emerging Infectious Diseases*, 9 (2).
Huijbregts, Bas, Pawel De Wachter, Louis Sosthene Ndong Obiang en Marc Ella Akou (2003), 'Ebola and the Decline of Gorilla *Gorilla gorilla* and Chimpan-

zee *Pan troglodytes* Populations in Minkebe Forest, North-eastern Gabon'. *Oryx*, 37 (4).

Hsu, Vincent P., Mohammed Jahangir Hossain, Umesh D. Parashar, Mohammed Monsur Ali, Thomas G. Ksiazek, Ivan Kuzmin, Michael Niezgoda e.a. (2004), 'Nipah Virus Encephalitis Reemergence, Bangladesh'. *Emerging Infectious Diseases*, 10 (12).

Jiang, Ning, Qiaocheng Chang, Xiaodong Sun, Huijun Lu, Jigang Yin, Zaixing Zhang, Mats Wahlgren en Qijun Chen (2010), 'Co-Infections with *Plasmodium knowlesi* and Other Malaria Parasites, Myanmar'. *Emerging Infectious Diseases*, 16 (9).

Johara, Mohd Yob, Hume Field, Azmin Mohd Rashdi, Christopher Morrissy, Brenda van der Heide, Paul Rota, Azri bin Adzhar e.a. (2001), 'Nipah Virus Infection in Bats (Order *Chiroptera*) in Peninsular Malaysia'. *Emerging Infectious Diseases*, 7 (3).

Johnson, K.M. en Members of the International Commission (1978), 'Ebola Haemorrhagic Fever in Zaire, 1976'. *Bulletin of the World Health Organization*, 56.

Johnson, Karl M. (1999), 'Gleanings from the Harvest: Suggestions for Priority Actions against Ebola Virus Epidemics'. In *Ebola: The Virus and the Disease*, C.J. Peters en J. W. LeDuc (red.). Special issue of *The Journal of Infectious Diseases*, 179 (S1).

Johnson, Russell C., George P. Schmid, Fred W. Hyde, A.G. Steigerwalt en Don J. Brenner (1984), '*Borrelia burgdorferi* sp. no.: Etiologic Agent of Lyme Disease'. *International Journal of Systematic Bacteriology*, 34 (4).

Jones-Engel, L., G.A. Engel, M.A. Schillaci, A. Rompis, A. Putra, K.G. Suaryana, A. Fuentes e.a. (2005), 'Primate-to-Human Retroviral Transmission in Asia'. *Emerging Infectious Diseases*, 11 (7).

Jones-Engel, Lisa, Cynthia C. May, Gregory A. Engel, Katherine A. Steinkraus, Michael A. Schillaci, Agustin Fuentes, Aida Rompis e.a. (2008), 'Diverse Contexts of Zoonotic Transmission of Simian Foamy Viruses in Asia'. *Emerging Infectious Diseases*, 14 (8).

Jones-Engel, Lisa, Katherine A. Steinkraus, Shannon M. Murray, Gregory A. Engel, Richard Grant, Nantiya Aggimarangsee, Benjamin P.Y.-H. Lee e.a. (2007), 'Sensitive Assays for Simian Foamy Viruses Reveal a High Prevalence of Infection in Commensal, Free-Ranging Asian Monkeys'. *Journal of Virology*, 81 (14).

Jongwutiwes, Somchai, Chaturong Putaporntip, Takuya Iwasaki, Tetsutaro Sata en Hiroji Kanbara (2004), 'Naturally Acquired *Plasmodium knowlesi* Malaria in Human, Thailand'. *Emerging Infectious Diseases*, 10 (12).

Kanki, P.J., J. Alroy en M. Essex (1985), 'Isolation of T-Lymphotropic Retrovirus Related to HTLV-III/LAV from Wild-Caught African Green Monkeys'. *Science*, 230.

Kanki, P.J., F. Barin, S. M'Boup, J.S. Allan, J.L. Romet-Lemonne, R. Marlink, M.F. Maclane e.a. (1986), 'New Human T-Lymphotropic Retrovirus Related to Simian T-Lymphotropic Virus Type III ($STVL-III_{AGM}$)'. *Science*, 232.

Kanki, P.J., M.F. MacLane, N.W. King jr., N.L. Letvin, R.D. Hunt, P. Sehgal, M.D. Daniel e.a. (1985), 'Serologic Identification and Characterization of a Macaque T-Lymphotropic Retrovirus Closely Related to HTLV-III'. *Science*, 228.

Kantele, Anu, Hanspeter Marti, Ingrid Felger, Dania Müller en T. Sakari Jokiranta e.a. (2008), 'Monkey Malaria in a European Traveler Returning from Malaysia'. *Emerging Infectious Diseases*, 14 (9).

Kappe, Stefan H. I., Ashley M. Vaughan, Justin A. Boddey en Alan F. Cowman (2010), 'That Was Then But This Is Now: Malaria Research in the Time of an Eradication Agenda'. *Science*, 328.

Karagiannis, I., G. Morroy, A. Rietveld, A.M. Horrevorts, M. Hamans, P. Francken en B. Schimmer (2007), 'Q Fever Outbreak in The Netherlands: A Preliminary Report'. *Eurosurveillance*, 12 (32).

Karagiannis, I., B. Schimmer, A. Van Lier, A. Timen, P. Schneeberger, B. Van Rotterdam, A. De Bruin e.a. (2009), 'Investigation of a Q Fever Outbreak in a Rural Area of The Netherlands'. *Epidemiology and Infection*, 137.

Karesh, William B. (1999), *Appointment at the Ends of the World: Memoirs of a Wildlife Veterinarian*. New York: Warner Books.

Karesh, William B. en Robert A. Cook (2005), 'The Animal-Human Link'. *Foreign Affairs*, 84 (4).

Keele, Brandon F., Fran Van Heuverswyn, Yingying Li, Elizabeth Bailes, Jun Takehisa, Mario L. Santiago, Frederic Bibollet-Ruche e.a. (2006), 'Chimpanzee Reservoirs of Pandemic and Nonpandemic HIV-1'. *Science*, 313.

Keele, Brandon F., James Holland Jones, Karen A. Terio, Jacob D. Estes, Rebecca S. Rudicell, Michael L. Wilson, Yingying Li e.a. (2009), 'Increased Mortality and AIDS-like Immunopathology in Wild Chimpanzees Infected with SIVcpz'. *Nature*, 460.

Kermack, W.O. en A.G. McKendrick (1927), 'A Contribution to the Mathematical Theory of Epidemics'. *Proceedings of the Royal Society*, A, 115.

Kestler, H.W., III, Y.Li, Y.M. Naidu, C.V. Butler, M.F. Ochs, G. Jaenel, N.W. King e.a. (1988), 'Comparison of Simian Immunodeficiency Virus Isolates'. *Nature*, 331.

Khan, Naveed Ahmed (2008), *Microbial Pathogens and Human Disease*. Enfield, New Hampshire: Science Publishers.

Klenk, H.-D., M.N. Matrosovich en J. Stech (red.) (2008), *Avian Influenza*. Basel: Karger.

Knowles, R. en B.M. Das Gupta (1932), 'A Study of Monkey-Malaria and its Experimental Transmission to Man'. *The Indian Medical Gazette*, juni.

Koene, R.P.M., B. Schimmer, H. Rensen, M. Biesheuvel, A. De Bruin, A. Lohuis, A. Horrevorts e.a. (2010), 'A Q Fever Outbreak in a Psychiatric Care Institution in The Netherlands'. *Epidemiology and Infection*, 139 (1).

Kolata, Gina (2005), *Flu: The Story of the Great Influenza Pandemic of 1918 and the Search for the Virus that Caused It*. New York: Touchstone/Simon & Schuster.

Koprowski, Hilary (2001), 'Hypothesis and Facts'. *Philosophical Transactions of the Royal Society of London*, 356.

Korber, B., M. Muldoon, J. Theiler, F. Gao, R. Gupta, A. Lapedes, B.H. Hahn e.a. (2000), 'Timing the Ancestor of the HIV-1 Pandemic Strains'. *Science*, 288.

Krief, Sabrina, Ananias A. Escalante, M. Andreina Pacheco, Lawrence Mugisha, Claudine André, Michel Halbwax, Anne Fischer e.a. (2010), 'On the Diversity of Malaria Parasites in African Apes and the Origin of *Plasmodium falciparum* from Bonobos'. *PLoS Pathogens*, 6 (2).

Ksiazek, T.G., D. Erdman, C.S. Goldsmith, S.R. Zaki, T. Peret, S. Emery, S. Tong e.a. (2003), 'A Novel Coronavirus Associated with Severe Acute Respiratory Syndrome'. *New England Journal of Medicine*, 348 (20).

Kuhn, Jens (2008), *Filoviruses: A Compendium of 40 Years of Epidemiological, Clinical and Laboratory Studies*. C. H. Calisher (red). New York: Springer-Verlag.

Lahm, S.A., M. Kobila, R. Swanepoel en R. F. Barnes (2006), 'Morbidity and Mortality of Wild Animals in Relation to Outbreaks of Ebola Haemorrhagic Fever in Gabon, 1994–2003'. *Transactions of the Royal Society of Tropical Medicine and Hygiene*, 101 (1).

Lau, Susanna K. P., Patrick C. Y. Woo, Kenneth S. M. Li, Yi Huang, Hoi-Wah Tsoi, Beatrice H. L. Wong, Samson S. Y. Wong e.a. (2005), 'Severe Acute Respiratory Syndrome Coronavirus-like Virus in Chinese Horseshoe Bats'. *Proceedings of the National Academy of Sciences*, 102 (39).

Lee, K.S., M.W. N. Lau en B.P.L. Chan (2004), 'Wild Animal Trade Monitoring at Selected Markets in Guangzhou and Shenzhen, South China, 2000–2003'. *Kadoorie Farm & Botanic Garden Technical Report* (2).

Le Guenno, B., P. Formenty, M. Wyers, P. Gounon, F. Walker en C. Boesch (1995), 'Isolation and Partial Characterisation of a New Strain of Ebola'. *The Lancet*, 345 (8960).

Lepore, Jill (2009), 'It's Spreading'. *The New Yorker*, 1 juni.

Leroy, E.M., A. Epelboin, V. Mondonge, X. Pourrut, J.P. Gonzalez, J.J. Muyembe-Tamfun, P. Formenty e.a. (2009), 'Human Ebola Outbreak Resulting from Direct Exposure to Fruit Bats in Luebo, Democratic Republic of Congo, 2007'. *Vector-Borne and Zoonotic Diseases*, 9 (6).

Leroy, Eric M., Brice Kumulungui, Xavier Pourrut, Pierre Rouquet, Alexandre Hassanin, Philippe Yaba, André Délicat e.a. (2005), 'Fruit Bats as Reservoirs of Ebola Virus'. *Nature*, 438.

Leroy, Eric M., Pierre Rouquet, Pierre Formenty, Sandrine Souquière, Annelisa

Kilbourne, Jean-Marc Froment, Magdalena Bermejo e.a. (2004), 'Multiple Ebola Virus Transmission Events and Rapid Decline of Central African Wildlife'. *Science*, 303.

Letvin, Norman L., Kathryn A. Eaton, Wayne R. Aldrich, Prabhat K. Sehgal, Beverly J. Blake, Stuart F. Schlossman, Norval W. King en Ronald D. Hunt (1983), 'Acquired Immunodeficiency Syndrome in a Colony of Macaque Monkeys'. *Proceedings of the National Academy of Sciences*, 80.

Levine, Arnold J. (1992), *Viruses*. New York: Scientific American Library.

Levy, J.A., A.D. Hoffman, S.M. Kramer, J.A. Landis, J.M. Shimabukuro en L.S. Oshiro (1984), 'Isolation of Lymphocytopathic Retroviruses from San Francisco Patients with AIDS'. *Science*, 225.

Li, Wendong, Zhengli Shi, Meng Yu, Wuze Ren, Craig Smith, Jonathan H. Epstein, Hanzhong Wang e.a. (2005), 'Bats Are Natural Reservoirs of SARS-like Coronavirus'. *Science*, 310.

Liang, W., Z. Zhu, J. Guo, Z. Liu, W. Zhou, D.P. Chin, A. Schuchat e.a. (2004), 'Severe Acute Respiratory Syndrome, Beijing, 2003'. *Emerging Infectious Diseases*, 10 (1).

Lillie, R.D. (1930), '*Psittacosis:* Rickettsia-like Inclusions in Man and in Experimental Animals'. *Public Health Reports*, 45 (15).

Liu, Weimin, Yingying Li, Gerald H. Learn, Rebecca S. Rudicell, Joel D. Robertson, Brandon F. Keele, Jean-Bosco N. Ndjango e.a. (2010), 'Origin of the Human Malaria Parasite *Plasmodium falciparum* in Gorillas'. *Nature*, 467.

Lloyd-Smith, J.O., S.J. Schreiber, P.E. Kopp en W. M. Getz (2005), 'Superspreading and the Effect of Individual Variation on Disease Emergence'. *Nature*, 438.

LoGiudice, Kathleen, Richard S. Ostfeld, Kenneth A. Schmidt en Felicia Keesing (2003), 'The Ecology of Infectious Disease: Effects of Host Diversity and Community Composition on Lyme Disease Risk'. *Proceedings of the National Academy of Sciences*, 100 (2).

Luby, Stephen P., M. Jahangir Hossain, Emily S. Gurley, Be-Nazir Ahmed, Shakila Banu, Salah Uddin Khan, Nusrat Homaira e.a. (2009), 'Recurrent Zoonotic Transmission of Nipah Virus into Humans, Bangladesh, 2001–2007'. *Emerging Infectious Diseases*, 15 (8).

Luby, Stephen P., Mahmudur Rahman, M. Jahangir Hossain, Lauren S. Blum, M. Mustaq Husain, Emily Gurley, Rasheda Khan e.a. (2006), 'Foodborne Transmission of Nipah Virus, Bangladesh'. *Emerging Infectious Diseases*, 12 (12).

Luchavez, J., F. Espino, P. Curameng, R. Espina, D. Bell, P. Chiodini, D. Nolder e.a. (2008), 'Human Infections with *Plasmodium knowlesi*, the Philippines'. *Emerging Infectious Diseases*, 14 (5).

MacDonald, G. (1956), 'Theory of the Eradication of Malaria'. *Bulletin of the Wildlife World Health Organization*, 15.

MacDonald, George (1953), 'The Analysis of Malaria Epidemics'. *Tropical Diseases Bulletin*, 50 (10).

Margulis, Lynn, Andrew Maniotis, James MacAllister, John Scythes, Oystein Brorson, John Hall, Wolfgang E. Krumbein en Michael J. Chapman (2009), 'Spirochete Round Bodies. Syphilis, Lyme Disease & AIDS: Resurgence of 'The Great Imitator?'' *Symbiosis*, 47.

Marrie, Thomas J. (red.) (1990), *Q Fever. Vol. I: The Disease*. Boca Raton: CRC Press.

Martin, Phyllis M. (2002), *Leisure and Society in Colonial Brazzaville*. Cambridge: Cambridge University Press.

Martinsen, Ellen S., Susan L. Perkins en Jos J. Schall (2008), 'A Three-Genome Phylogeny of Malaria Parasites (*Plasmodium* and Closely Related Genera): Evolution of Life-History Traits and Host Switches'. *Molecular Phylogenetics and Evolution*, 47.

Marx, Jean L. (1983), 'Human T-Cell Leukemia Virus Linked to AIDS'. *Science*, 220.

Marx, P.A., P.G. Alcabes en E. Drucker (2001), 'Serial Human Passage of Simian Immunodeficiency Virus by Unsterile Injections and the Emergence of Epidemic Human Immunodeficiency Virus in Africa'. *Philosophical Transactions of the Royal Society of London*, 356.

May, Robert (2001), 'Memorial to Bill Hamilton'. *Philosophical Transactions of the Royal Society of London*, 356.

McCormack, J.G., A.M. Allworth, L.A. Selvey en P. W. Selleck (1999), 'Transmissibility from Horses to Humans of a Novel Paramyxovius, Equine Morbillivirus (EMV)'. *Journal of Infection*, 38.

McCormick, Joseph B. en Susan Fisher-Hoch (1996), *Level 4: Virus Hunters of the CDC*. Met Leslie Alan Horvitz. Atlanta: Turner Publishing.

McCoy, G.W. (1930), 'Accidental *Psittacosis* Infection Among the Personnel of the Hygienic Laboratory'. *Public Health Reports*, 45 (16).

McDade, Joseph E. (1990), 'Historical Aspects of Q Fever'. In *Q Fever. Vol. I: The Disease*, T. Marrie (red.). Boca Raton: CRC Press.

McKenzie, F. Ellis en Ebrahim M. Samba (2004), 'The Role of Mathematical Modeling in Evidence-Based Malaria Control'. *American Journal of Tropical Medicine and Hygiene*, 71.

McLean, Angela, Robert May, John Pattison en Robin Weiss (red.) (2005), *SARS: A Case Study in Emerging Infections*. Oxford: Oxford University Press.

McNeill, William H. (1996), *Mensen en hun plagen: epidemieën en de loop van de geschiedenis*. Amsterdam: Bakker. Vertaling door Tinke Davids van McNeil, W. (1976), *Plagues and Peoples*. New York: Anchor Books.

Meiering, Christopher D. en Maxine L. Linial (2001), 'Historical Perspective of Foamy Virus Epidemiology and Infection'. *Clinical Microbiology Reviews*, 14 (1).

Meyer, K.F. en B. Eddie (1934), '*Psittacosis* in the Native Australian Budgerigars'.

Proceedings of the Society for Experimental Biology & Medicine, 31.
Miranda, M.E. (1999), 'Epidemiology of Ebola (Subtype Reston) Virus in the Philippines, 1996'. In *Ebola: The Virus and the Disease*, C.J. Peters en J. W. LeDuc (red.). Special issue of *The Journal of Infectious Diseases*, 179 (S1).
Monath, Thomas P. (1999), 'Ecology of Marburg and Ebola Viruses: Speculations and Directions for Future Research'. In *Ebola: The Virus and the Disease*, C.J. Peters en J. W. LeDuc (red.). Special issue of *The Journal of Infectious Diseases*, 179 (S1).
Montagnier, Luc (2000), *Virus: The Co-Discoverer of HIV Tracks Its Rampage and Charts the Future*. Vertaald uit het Frans door Stephen Sartelli. New York: W. W. Norton.
– (2003), 'Historical Accuracy of HIV Isolation'. *Nature Medicine*, 9 (10).
Montgomery, Joel M., Mohammed J. Hossain, E. Gurley, D.S. Carroll, A. Croisier, E. Bertherat, N. Asgari e.a. (2008), 'Risk Factors for Nipah Virus Encephalitis in Bangladesh'. *Emerging Infectious Diseases*, 14 (10).
Moore, Janice (2002), *Parasites and the Behavior of Animals*. Oxford: Oxford University Press.
Morse, Stephen S. (red.) (1993), *Emerging Virsues*. New York: Oxford University Press.
Mulder, Carel (1988), 'Human AIDS Virus Not from Monkeys'. *Nature*, 333.
Murphey-Corb, M., L.N. Martin, S.R. Rangan, G.B. Baskin, B.J. Gormus, R.H. Wolf, W.A. Andres e.a. (1986), 'Isolation of an HTLV-III-related Retrovirus from Macaques with Simian AIDS and Its Possible Origin in Asymptomatic Mangabeys'. *Nature*, 321.
Murray, K., R. Rogers, L. Selvey, P. Selleck, A. Hyatt, A. Gould, L. Gleeson e.a. (1995), 'A Novel Morbillivirus Pneumonia of Horses and its Transmission to Humans'. *Emerging Infectious Diseases*, 1 (1).
Murray, K., P. Selleck, P. Hooper, A. Hyatt, A. Gould, L. Gleeson, H. Westbury e.a. (1995), 'A Morbillivirus that Caused Fatal Disease in Horses and Humans'. *Science*, 268.
Myers, Judith H. (1990), 'Population Cycles of Western Tent Caterpillars: Experimental Introductions and Synchrony of Fluctuations'. *Ecology*, 71 (3).
– (1993), 'Population Outbreaks in Forest Lepidoptera'. *American Scientist*, 81.
– (2000), 'Population Fluctuations of the Western Tent Caterpillar in Southwestern British Columbia'. *Population Ecology*, 42.
Nahmias, A.J., J. Weiss, X. Yao, F. Lee, R. Kodsi, M. Schanfield, T. Matthews e.a. (1986), 'Evidence for Human Infection with an HTLV III/LAV-like Virus in Central Africa, 1959'. *The Lancet*, 1 (8492).
Nathanson, Neal en Rafi Ahmed (2007), *Viral Pathogenesis and Immunity*. Londen: Elsevier.
Neghina, Raul, A.M. Neghina, I. Marincu en I. Iacobiciu. 2011. 'Malaria and the

Campaigns Toward its Eradication in Romania, 1923–1963'. *Vector-Borne and Zoonotic Diseases*, 11 (2).

Nelson, Anne Marie en C. Robert Horsburgh, jr. (red.) (1998), *Pathology of Emerging Infections 2*. Washington: ASM Press.

Ng, Lee Ching, Eng Eong Ooi, Cheng Chuan Lee, Piao Jarrod Lee, Oong Tek Ng, Sze Wong Pei, Tian Ming Tu e.a. (2008), 'Naturally Acquired Human *Plasmodium knowlesi* Infection, Singapore'. *Emerging Infectious Diseases*, 14 (5).

Normile, Dennis (2003), 'Up Close and Personal with SARS'. *Science*, 300.

– (2005), 'Researchers Tie Deadly SARS Virus to Bats'. *Science*, 309.

Normile, Dennis en Martin Enserink (2003), 'Tracking the Roots of a Killer'. *Science*, 301.

Novembre, F.J., M. Saucier, D.C. Anderson, S.A. Klumpp, S.P. O'Neil, C.R. Brown II, C.E. Hart e.a. (1997), 'Development of AIDS in a Chimpanzee Infected with Human Immunodeficiency Virus Type 1'. *Journal of Virology*, 71 (5).

Nye, Edwin R. en Mary E. Gibson (1997), *Ronald Ross: Malariologist and Polymath*. New York: St. Martin's Press.

Oldstone, Michael B. A. (1998), *Viruses, Plagues and History*. New York: Oxford University Press.

Olsen, S.J., H.L. Chang, T.Y. Cheung, A.F. Tang, T.L. Fisk, S.P. Ooi, H.W. Kuo e.a. (2003), 'Transmission of the Severe Acute Respiratory Syndrome on Aircraft'. *New England Journal of Medicine*, 349 (25).

Oshinsky, David M. (2006), *Polio: An American Story*. Oxford: Oxford University Press.

Ostfeld, Richard S. 2011. *Lyme Disease: The Ecology of a Complex System*. Oxford: Oxford University Press.

Ostfeld, Richard S., Felicia Keesing en Valerie T. Eviner (red.) (2008), *Infectious Disease Ecology: The Effects of Ecosystems on Disease and of Disease on Ecosystems*. Princeton: Princeton University Press.

O'Sullivan, J.D., A.M. Allworth, D.L. Paterson, T.M. Snow, R. Boots, L.J. Gleeson, A.R. Gould e.a. (1997), 'Fatal Encephalitis Due to Novel Paramyxovirus Transmitted from Horses'. *The Lancet*, 349 (9045).

Palmer, Amos E. (1987), 'B Virus, *Herpesvirus simiae:* Historical Perspective'. *Journal of Medical Primatology*, 16.

Parashar, U.D., L.M. Sunn, F. Ong, A.W. Mounts, M.T. Arif, T.G. Ksiazek, M.A. Kamaluddin e.a. (2000), 'Case-Control Study of Risk Factors for Human Infection with a New Zoonotic Paramyxovirus, Nipah Virus, during a 1998–1999 Outbreak of Severe Encephalitis in Malaysia'. *The Journal of Infectious Diseases*, 181.

Paton, N.I., Y.S. Leo, S.R. Zaki, A.P. Auchus, K.E. Lee, A.E. Ling, S.K. Chew e.a. (1999), 'Outbreak of Nipah-virus Infection among Abattoir Workers in Singapore'. *The Lancet*, 354 (9186).

Pattyn, S.R. (red.) (1978), *Ebola Virus Haemorrhagic Fever*. Proceedings of an International Colloquium on Ebola Virus Infection and Other Haemorrhagic Fevers held in Antwerp, Belgium, 6–8 december 1977. Amsterdam: Elsevier/North-Holland Biomedical Press.

Peeters, M., K. Fransen, E. Delaporte, M. Van den Haesevelde, G.M. Gershy-Damet, L. Kestens, G. van der Groen en P. Piot (1992), 'Isolation and Characterization of a New Chimpanzee Lentivirus (Simian Immunodeficiency Virus Isolate cpz-ant) from a Wild-Captured Chimpanzee'. AIDS, 6 (5).

Peeters, M., C. Honoré, T. Huet, L. Bedjabaga, S. Ossari, P. Bussi, R.W. Cooper en E. Delaporte (1989), 'Isolation and Partial Characterization of an HIV-related Virus Occurring Naturally in Chimpanzees in Gabon'. AIDS, 3 (10).

Peiris, J.S., Y. Guan en K. Y. Yuen (2004), 'Severe Acute Respiratory Syndrome'. *Nature Medicine Supplement*, 10 (12).

Peiris, J.S., W.C. Yu, C.W. Leung, C.Y. Cheung, W.F. Ng, J.M. Nicholls, T.K. Ng e.a. (2004), 'Re-emergence of Fatal Human Influenza A Subtype H5N1 Disease'. *The Lancet*, 363 (9409).

Peiris, J.S.M., S.T. Lai, L.L.M. Poon, Y. Guan, L.Y.C. Yam, W. Lim, J. Nicholls e.a. (2003), 'Coronavirus as a Possible Cause of Severe Acute Respiratory Syndrome'. *The Lancet*, 361 (9366).

Peiris, J.S. Malik, Menno D. de Jong en Yi Guan (2007), 'Avian Influenza Virus (H5N1): A Threat to Human Health'. *Clinical Microbiology Reviews*, 20 (2).

Pepin, Jacques. 2011. *The Origins of AIDS*. Cambridge: Cambridge University Press.

Pepin, Jacques en Eric H. Frost. 2011. 'Reply to Marx et al.'. *Clinical Infectious Diseases*, Correspondence 52.

Pepin, Jacques en Annie-Claude Labbé (2008), 'Noble Goals, Unforeseen Consequences: Control of Tropical Diseases in Colonial Central Africa and the Iatrogenic Transmission of Blood-borne Diseases'. *Tropical Medicine and International Health*, 13 (6).

Pepin, Jacques, Annie-Claude Labbé, Fleurie Mamadou-Yaya, Pascal Mbélesso, Sylvestre Mbadingaï, Sylvie Deslandes, Marie-Claude Locas en Eric Frost (2010), 'Iatrogenic Transmission of Human T Cell Lymphotropic Virus Type 1 and Hepatitis C Virus through Parenteral Treatment and Chemoprophylaxis of Sleeping Sickness in Colonial Equatorial Africa'. *Clinical Infectious Diseases*, 51.

Pepin, K.M., S. Lass, J.R. Pulliam, A.F. Read en J. O. Lloyd-Smith (2010), 'Identifying Genetic Markers of Adaptation for Surveillance of Viral Host Jumps'. *Nature*, 8.

Peters, C.J. en James W. LeDuc (red.) (1999), *Ebola: The Virus and the Disease*. Special issue of *The Journal of Infectious Diseases*, 179 (S1).

Peters, C.J. en Mark Olshaker (1997), *Virus Hunter: Thirty Years of Battling Hot*

Viruses around the World. New York: Anchor Books.
Peterson, Dale (2003), *Eating Apes*. Met een nawoord en foto's van Karl Ammann. Berkeley: University of California Press.
Pisani, Elizabeth (2009), *The Wisdom of Whores: Bureaucrats, Brothels and the Business of AIDS*. New York: W.W. Norton.
Pitchenik, Arthur E., Margaret A. Fischl, Gordon M. Dickinson, Daniel M. Becker, Arthur M. Fournier, Mark T. O'Connell, Robert D. Colton en Thomas J. Spira (1983), 'Opportunistic Infections and Kaposi's Syndrome among Haitians: Evidence of a New Acquired Immunodeficiency State'. *Annals of Internal Medicine*, 98 (3).
Plantier, J.C., M. Leoz, J.E. Dickerson, F. De Oliveira, F. Cordonnier, V. Lemée, F. Damond e.a. (2009), 'A New Human Immunodeficiency Virus Derived from Gorillas'. *Nature Medicine*, 15.
Plotkin, Stanley A. (2001), 'Untruths and Consequences: The False Hypothesis Linking CHAT Type 1 Polio Vaccination to the Origin of Human Immunodeficiency Virus'. *Philosophical Transactions of the Royal Society of London*, 356.
Plowright, R.K., H.E. Field, C. Smith, A. Divljan, C. Palmer, G. Tabor, P. Daszak en J. E. Foley (2008), 'Reproduction and Nutritional Stress Are Risk Factors for Hendra Virus Infection in Little Red Flying Foxes (*Pteropus scapulatus*)'. *Proceedings of the Royal Society*, B, 275.
Plowright, Raina K., P. Foley, H.E. Field, A.P. Dobson, J.E. Foley, P. Eby en P. Daszak. 2011. 'Urban Habituation, Ecological Connectivity and Epidemic Dampening: The Emergence of Hendra Virus from Flying Foxes (*Pteropus spp.*)'. *Proceedings of the Royal Society*, B, 278.
Popovic, M., M.G. Sarngadharan, E. Read en R. C. Gallo (1984), 'Detection, Isolation en Continuous Production of Cytopathic Retroviruses (HTLV-III) from Patients with AIDS and Pre-AIDS'. *Science*, 224.
Poon, L.L.M., D.K.W. Chu, K.H. Chan, O.K. Wong, T.M. Ellis, Y.H.C. Leung, S.K.P. Lau e.a. (2005), 'Identification of a Novel Coronavirus in Bats'. *Journal of Virology*, 79 (4).
Pourrut, X., B. Kumulungui, T. Wittmann, G. Moussavou, A. Délicat, P. Yaba, D. Nkoghe e.a. (2005), 'The Natural History of Ebola Virus in Africa'. *Microbes and Infection*, 7.
Poutanen, S.M., D.E. Low, B. Henry, S. Finkelstein, D. Rose, K. Green, R. Tellier e.a. (2003), 'Identification of Severe Acute Respiratory Syndrome in Canada'. *New England Journal of Medicine*, 348 (20).
Preston, Richard (1994), *The Hot Zone*. New York: Random House.
Price-Smith, Andrew T. (2009), *Contagion and Chaos: Disease, Ecology and National Security in the Era of Globalization*. Cambridge, MA: The MIT Press.
Read, Andrew F. (1994), 'The Evolution of Virulence'. *Trends in Microbiology*, 2 (3).
Reeves, Jacqueline D. en Robert W. Doms (2002), 'Human Immunodeficiency

Virus Type 2'. *Journal of General Virology*, 83.

Reynes, J.M., D. Counor, S. Ong, C. Faure, V. Seng, S. Molia, J. Walston e.a. (2005), 'Nipah Virus in Lyle's Flying Foxes, Cambodia'. *Emerging Infectious Diseases*, 11 (7).

Rich, Stephen M., Fabian H. Leendertz, Guang Xu, Matthew LeBreton, Cyrille F. Djoko, Makoah N. Aminake, Eric E. Takang e.a. (2009), 'The Origin of Malignant Malaria'. *Proceedings of the National Academy of Sciences*, 106 (35).

Richter, D., A. Spielman, N. Komar en F. R. Matuschka (2000), 'Competence of American Robins as Reservoir Hosts for Lyme Disease *Spirochetes*'. *Emerging Infectious Diseases*, 6 (2).

Roest, H.I., J.J. Tilburg, W. van der Hoek, P. Vellema, F.G. van Zijderveld, C.H. Klaassen en D. Raoult (2010), 'The Q Fever Epidemic in The Netherlands: History, Onset, Response and Reflection'. *Epidemiology and Infection*, 139 (1).

Roest, H.I., R.C. Ruuls, J.J. Tilburg, M.H. Nabuurs-Franssen, C.H. Klaassen, P. Vellema, R. van der Brom e.a. (2011), 'Molecular Epidemiology of *Coxiella burnetii* from Ruminants in Q Fever Outbreak, The Netherlands'. *Emerging Infectious Diseases*, 17 (4).

Rooyen, G.E. van (1955), 'The Early History of Psittacosis'. In *Psittacosis: Diagnosis, Epidemiology and Control*, F.R. Beaudette (red.). New Brunswick, NJ: Rutgers University Press.

Ross, Ronald (1910), *The Prevention of Malaria*. New York: E. P. Dutton.

– (1916), 'An Application of the Theory of Probabilities to the Study of *a priori* Pathometry'. *Proceedings of the Royal Society*, A, 92 (638).

– (1923), *Memoirs*. Londen: John Murray.

Rothman, Kenneth J. en Sander Greenland (red.) (1998), *Modern Epidemiology*. Philadelphia: Lippincott Williams & Wilkins.

Sabin, Albert B. en Arthur M. Wright (1934), 'Acute Ascending Myelitis Following a Monkey Bite, with the Isolation of a Virus Capable of Reproducing the Disease'. *Journal of Experimental Medicine*, 59.

Salomon, Rachelle en Robert G. Webster (2009), 'The Influenza Virus Enigma'. *Cell*, 136.

Santiago, Mario L., Friederike Range, Brandon F. Keele, Yingying Li, Elizabeth Bailes, Frederic Bibollet-Ruche, Cecile Fruteau e.a. (2005), 'Simian Immunodeficiency Virus Infection in Free-Ranging Sooty Mangabeys (*Cercocebus atys atys)* from the Taï Forest, Côte d'Ivoire: Implications for the Origin of Epidemic Human Immunodeficiency Virus Type 2'. *Journal of Virology*, 79 (19).

Santiago, Mario L., Cynthia M. Rodenburg, Shadrack Kamenya, Frederic Bibollet-Ruche, Feng Gao, Elizabeth Bailes, Sreelatha Meleth e.a. (2002), 'SIVcpz in Wild Chimpanzees'. *Science*, 295.

Scrimenti, Rudolph J. (1970), 'Erythema Chronicum Migrans'. *Archives of Dermatology*, 102.

Sellers, R.F. en A.J. Forman (1973), 'The Hampshire Epidemic of Foot-and-Mouth Disease, 1967'. *Journal of Hygiene*, 71.

Sellers, R.F. en J. Parker (1969), 'Airborne Excretion of Foot-and-Mouth Disease Virus'. *Journal of Hygiene*, 67.

Selvey, L.A., R.M. Wells, J.G. McCormack, A.J. Ansford, K. Murray, R.J. Rogers, P.S. Lavercombe e.a. (1995), 'Infection of Humans and Horses by a Newly Described Morbillivirus'. *Medical Journal of Australia*, 162.

Selvey, Linda, Roscoe Taylor, Antony Arklay en John Gerrard (1996), 'Screening of Bat Carers for Antibodies to Equine Morbillivirus'. *Communicable Diseases*, 20 (22).

Severo, Richard (1972), 'Impoverished Haitians Sell Plasma for Use in the U.S.'. *The New York Times*, 28 januari.

Sexton, Christopher (1991), *The Seeds of Time: The Life of Sir Macfarlane Burnet*. Oxford: Oxford University Press.

Shah, Keerti V. (2004), 'Simian Virus 40 and Human Disease'. *The Journal of Infectious Diseases*, 190.

Shah, Keerti en Neal Nathanson (1976), 'Human Exposure to SV40: Review and Comment'. *American Journal of Epidemiology*, 103 (1).

Sharp, Paul M. en Beatrice H. Hahn (2010), 'The Evolution of HIV-1 and the Origin of AIDS'. *Philosophical Transactions of the Royal Society of London*, 365.

Shilts, Randy (1987), *And the Band Played On: Politics, People and the AIDS Epidemic*. New York: St Martin's Griffin.

Simpson, D.I.H. en the Members of the WHO/International Study Team (1978), 'Ebola Haemorrhagic Fever in Sudan, 1976'. *Bulletin of the World Health Organization*, 56 (2).

Singh, Balbir, Lee Kim Sung, Asmad Matusop, Anand Radhakrishnan, Sunita S. G. Shamsul, Janet Cox-Singh, Alan Thomas en David J. Conway (2004), 'A Large Focus of Naturally Acquired *Plasmodium knowlesi* Infections in Human Beings'. *The Lancet*, 363 (9414).

Smith, Davey en Diana Kuh (2001), 'Commentary: William Ogilvy Kermack and the Childhood Origins of Adult Health and Disease'. *International Journal of Epidemiology*, 30.

Snow, John 1855. *On the Mode of Communication of Cholera*. Londen: John Churchill.

Sompayrac, Lauren (2002), *How Pathogenic Viruses Work*. Sudbury, MA: Jones and Bartlett Publishers.

Sorensen, J.H., D.K. Mackay, C.O. Jensen en A.I. Donaldson (2000), 'An Integrated Model to Predict the Atmospheric Spread of Foot-and-Mouth Disease Virus'. *Epidemiology and Infection*, 124.

Stearns, Jason K. 2011. *Dancing in the Glory of Monsters: The Collapse of the Congo and the Great War of Africa*. New York: PublicAffairs.

Steere, Allen C. (2001), 'Lyme Disease'. *New England Journal of Medicine*, 345 (2).

Steere, Allen C. en Stephen E. Malawista (1979), 'Cases of Lyme Disease in the United States: Locations Correlated with Distribution of *Ixodes dammini*'. *Annals of Internal Medicine*, 91.

Steere, Allen C., Stephen E. Malawista, John A. Hardin, Shaun Ruddy, Philip W. Askenase en Warren A. Andiman (1977a), 'Erythema Chronicum Migrans and Lyme Arthritis, The Enlarging Clinical Spectrum'. *Annals of Internal Medicine*, 86 (6).

Steere, Allen C., Stephen E. Malawista, David R. Snydman, Robert E. Shope, Warren A. Andiman, Martin R. Ross en Francis M. Steele (1977b), 'Lyme Arthritis. An Epidemic of Oligoarticular Arthritis in Children and Adults in Three Connecticut Communities'. *Arthritis and Rheumatism*, 20 (1).

Stepan, Nancy Leys. 2011. *Eradication: Ridding the World of Diseases Forever?* Londen: Reaktion Books.

Strauss, James H. en Ellen G. Strauss (2002), *Viruses and Human Disease*. San Diego: Academic Press.

Sureau, Pierre H. (1989), 'Firsthand Clinical Observations of Hemorrhagic Manifestations in Ebola Hemorrhagic Fever in Zaire'. *Reviews of Infectious Diseases*, 11 (S4).

Switzer, William M. (2005), 'Ancient Co-Speciation of Simian Foamy Viruses and Primates'. *Nature*, 434.

Taylor, Barbara S., Magdalena E. Sobieszczyk, Francine E. McCutchan en Scott M. Hammer (2008), 'The Challenge of HIV-1 Subtype Diversity'. *New England Journal of Medicine*, 358 (15).

Timen, Aura, Marion P. G. Koopmans, Ann C.T.M. Vossen, Gerard J.J. van Doornum, Stephan Gunther, Franchette Van den Berkmortel, Kees M. Verduin e.a. (2009), 'Response to Imported Case of Marburg Hemorrhagic Fever, The Netherlands'. *Emerging Infectious Diseases*, 15 (8).

Towner, Jonathan S., Brian S. Amman, Tara K. Sealy, Serena A. Reeder Carroll, James A. Comer, Alan Kemp, Robert Swanepoel e.a. (2009), 'Isolation of Genetically Diverse Marburg Viruses from Egyptian Fruit Bats'. *PLoS Pathogens*, 5 (7).

Towner, Jonathan S., Tara K. Sealy, Marina L. Khristova, César G. Albariño, Sean Conlan, Serena A. Reeder, Phenix-Lan Quan e.a. (2008), 'Newly Discovered Ebola Virus Associated with Hemorrhagic Fever Outbreak in Uganda'. *PLoS Pathogens*, 4 (11).

Tu, Changchun, Gary Crameri, Xiangang Kong, Jinding Chen, Yanwei Sun, Meng Yu, Hua Xiang e.a. (2004), 'Antibodies to SARS Coronavirus in Civets'. *Emerging Infectious Diseases*, 10 (12).

Tutin, C.E.G. en M. Fernandez (1984), 'Nationwide Census of Gorilla (*Gorilla g. gorilla*) and Chimpanzee (*Pan t. troglodytes*) Populations in Gabon'. *American Journal of Primatology*, 6.

Uppal, P.K. (2000), 'Emergence of Nipah Virus in Malaysia'. *Annals of the New York Academy of Sciences*, 916.

Varia, Monali, Samantha Wilson, Shelly Sarwal, Allison McGeer, Effie Gournis, Elena Galanis, Bonnie Henry e.a. (2003), 'Investigation of a Nosocomial Outbreak of Severe Acute Respiratory Syndrome (SARS) in Toronto, Canada'. *Canadian Medical Association Journal*, 169 (4).

Volberding, Paul A., Merle A. Sande, Joep Lange, Warner C. Greene en Joel E. Gallant (red.) (2008), *Global HIV/AIDS Medicine*. Philadelphia: Saunders Elsevier.

Voyles, Bruce A. (2002), *The Biology of Viruses*. Boston: McGraw-Hill.

Wacharapluesadee, Supaporn, Boonlert Lumlertdacha, Kalyanee Boongird, Sawai Wanghongsa, Lawan Chanhome, Pierrie Rollin, Patrick Stockton e.a. (2005), 'Bat Nipah Virus, Thailand'. *Emerging Infectious Diseases*, 11 (12).

Walsh, Peter D., Roman Biek en Leslie A. Real (2005), 'Wave-Like Spread of Ebola Zaire'. *PLoS Biology*, 3 (11).

Walsh, Peter D., Thomas Breuer, Crickette Sanz, David Morgan en Diane Doran-Sheehy (2007), 'Potential for Ebola Transmission Between Gorilla and Chimpanzee Social Groups'. *The American Naturalist*, 169 (5).

Walters, Marc Jerome (2003), *Six Modern Plagues: And How We Are Causing Them*. Washington: Island Press/Shearwater Books.

Wamala, Joseph F., Luswa Lukwago, Mugagga Malimbo, Patrick Nguku, Zabulon Yoti, Monica Musenero, Jackson Amone e.a. (2010), 'Ebola Hemorrhagic Fever Associated with Novel Virus Strain, Uganda, 2007–2008'. *Emerging Infectious Diseases*, 16 (7).

Waters, A.P., D.G. Higgins en T. F. McCutchan (1991), '*Plasmodium falciparum* Appears to Have Arisen as a Result of Lateral Transfer Between Avian and Human Hosts'. *Proceedings of the National Academy of Sciences*, 88.

Webster, Robert G. (1998), 'Influenza: An Emerging Disease'. *Emerging Infectious Diseases*, 4 (3).

– (2004), 'Wet Markets – a Continuing Source of Severe Acute Respiratory Syndrome and Influenza?' *The Lancet*, 363 (9404).

– (2010), 'William Graeme Laver, 3 juni 1929–26 september 2008'. *Biographical Memoirs of the Fellows of the Royal Society*, 56.

Weeks, Benjamin S. en I. Edward Alcamo (2006), *AIDS: The Biological Basis*. Sudbury, MA: Jones and Bartlett.

Weigler, Benjamin J. (1992), 'Biology of B Virus in Macaque and Human Hosts: A Review'. *Clinical Infectious Diseases*, 14.

Weiss, Robin A. (1988), 'A Virus in Search of a Disease'. *Nature*, 333.

– (2001), 'The Leeuwenhoek Lecture 2001. Animal Origins of Human Infectious Disease'. *Philosophical Transactions of the Royal Society of London*, B, 356.

Weiss, Robin A. en Jonathan L. Heeney (2009), 'An Ill Wind for Wild Chimps?' *Nature*, 460.

Weiss, Robin A. en Angela R. McLean (2004), 'What Have We Learnt from SARS?' *Philosophical Transactions of the Royal Society of London*, B, 359.

Weiss, Robin A. en Richard W. Wrangham (1999), 'From PAN to Pandemic'. *Nature*, 397.

Wertheim, Joel O. en Michael Worobey (2009), 'Dating the Age of the SIV Lineages that Gave Rise to HIV-1 and HIV-2'. *PLoS Computational Biology*, 5 (5).

White, N.J. (2008), '*Plasmodium knowlesi*: The Fifth Human Malaria Parasite'. *Clinical Infectious Diseases*, 46.

Williams, Jim C. en Herbert A. Thompson (1991), *Q Fever: The Biology of* Coxiella burnetii. Boca Raton: CRC Press.

Willrich, Michael. 2011. *Pox: An American History*. New York: Penquin.

Wills, Christopher (1996), *Yellow Fever, Black Goddess: The Coevolution of People and Plagues*. New York: Basic Books.

Wilson, Edward O. (2002), 'The Bottleneck'. *Scientific American*, februari.

Wolf, R.H., B.J. Gormus, L.N. Martin, G.B. Baskin, G.P. Walsh, W.M. Meyers en C. H. Binford (1985), 'Experimental Leprosy in Three Species of Monkeys'. *Science*, 227.

Wolfe, Nathan. 2011. *The Viral Storm: The Dawn of a New Pandemic Age*. New York: Times Books/Henry Holt.

Wolfe, Nathan D., Claire Panosian Dunavan en Jared Diamond (2004), 'Origins of Major Human Infectious Diseases'. *Nature*, 447.

Wolfe, Nathan D., William M. Switzer, Jean K. Carr, Vinod B. Bhullar, Vedapuri Shanmugam, Ubald Tamoufe, A. Tassy Prosser e.a. (2004), 'Naturally Acquired Simian Retrovirus Infections in Central African Hunters'. *The Lancet*, 363 (9413).

Woolhouse, Mark E. J. (2002), 'Population Biology of Emerging and Re-emerging Pathogens'. *Trends in Microbiology*, 10 (10, Suppl.)

Worboys, Michael (2000), *Spreading Germs: Disease Theories and Medical Practice in Britain, 1865–1900*. Cambridge: Cambridge University Press.

World Health Organization (2006), *SARS: How a Global Pandemic Was Stopped*. Genève: World Health Organization.

Worobey, Michael (2008), 'The Origins and Diversification of HIV'. In *Global HIV/AIDS Medicine*, P.A. Volberding, M.A. Sande, J. Lange, W.C. Greene en J. E. Gallant (red.). Philadelphia: Saunders Elsevier.

Worobey, Michael, Marlea Gemmel, Dirk E. Teuwen, Tamara Haselkorn, Kevin Kuntsman, Michael Bunce, Jean-Jacques Muyembe e.a. (2008), 'Direct Evidence of Extensive Diversity of HIV-1 in Kinshasa by 1960'. *Nature*, 455.

Wrong, Michela (2001), *In the Footsteps of Mr. Kurtz: Living on the Brink of Disaster in Mobutu's Congo*. New York: HarperCollins.

Xu, Rui-Heng, Jian-Feng He, Guo-Wen Peng, De-Wen Yu, Hui-Min Luo, Wei-Sheng Lin, Peng Lin e.a. (2004), 'Epidemiologic Clues to SARS Origin in

China'. *Emerging Infectious Diseases*, 10 (6).

Yates, Terry L., James N. Mills, Cheryl A. Parmenter, Thomas G. Ksiazek, Robert R. Parmenter, John R. Vande Castle, Charles H. Calisher e.a. (2002), 'The Ecology and Evolutionary History of an Emergent Disease: Hantavirus Pulmonary Syndrome'. *BioScience*, 52 (11).

Young, P., H. Field en K. Halpin (1996), 'Identification of Likely Natural Hosts for Equine Morbillivirus'. *Communicable Diseases Intelligence*, 20 (22).

Zhong, N.S., B.J. Zheng, Y.M. Li, L.L.M. Poon, Z.H. Xie, K.H. Chan, P.H. Li e.a. (2003), 'Epidemiology and Cause of Severe Acute Respiratory Syndrome (SARS) in Guangdong, People's Republic of China, in February, 2003'. *The Lancet*, 362 (9393).

Zhu, Tuofu en David D. Ho (1995), 'Was HIV Present in 1959?' *Nature*, 374.

Zhu, Tuofu, Bette T. Korber Andre J. Nahmias, Edward Hooper, Paul M. Sharp en David D. Ho (1998), 'An African HIV-1 Sequence from 1959 and Implications for the Origin of the Epidemic'. *Nature*, 391.

Zimmer, Carl. 2011. *A Planet of Viruses*. Chicago: The University of Chicago Press.

Zinsser, Hans (1934), *Rats, Lice and History*. Herdruk (z.j.), New York: Black Dog & Leventhal Publishers.

Dankwoord

Het idee voor dit boek ontstond in juli 2000 rond een kampvuur in een Centraal-Afrikaans woud. Twee Gabonese mannen vertelden me daar over de ebola-uitbraak waardoor hun dorp, Mayibout 2, getroffen was en over de dertien dode gorilla's die ze vlakbij in het woud hadden zien liggen, terwijl hun familieleden en vrienden stervende waren. Mijn dank gaat daarom allereerst uit naar die twee mannen: Thony M'Both en Sophiano Etouck. Ook bedank ik de mensen die me naar dat kampvuur brachten: Bill Allen, Oliver Payne, Kathy Moran en hun medewerkers bij het tijdschrift *National Geographic*; Nick Nichols, mijn fotograaf tijdens die opdracht (en sindsdien bij vele andere); Tomo Nishihara en John Brown, logistieke medewerkers; Neeld Messler, Nicks assistent in het veld (en een aanwinst voor ons allen); de Afrikaanse teamleden die als dragers en in talloze andere functies de expeditie door dat Gabonese woud mogelijk maakten, inclusief niet alleen Thony en Sophiano, maar ook Jean-Paul, Jacques, Celestin, Kar, Alfred, Mayombo, Boba, Yeye en de voorste man met de machete, de onvermoeibare Bebe; en vooral J. Michael Fay, die droomt van en zich volledig inzet voor het behoud van wilde ecosystemen en hun fauna en flora en die bovendien beschikt over een ongeëvenaarde lichamelijke en geestelijke veerkracht. Dat ik wekenlang met Mike Fay door Kongolese en Gabonese wouden heb mogen trekken, vervult me met grote dankbaarheid.

En omdat *National Geographic* me in de jaren daarna is blijven steunen met ander werk en unieke ervaringen in het veld – met name de opdracht die tot 'Deadly Contact' leidde, een hoofdartikel over zoönotische infectieziekten in het oktobernummer van 2007 – wil ik hier ook graag mijn blijvende dankbaarheid betuigen aan Chris Johns (hoofdredacteur en opvolger van Bill Allen), Carolyn White, Victoria Pope, opnieuw aan mijn redacteur van oudsher, Oliver Payne, en alle anderen die betrokken zijn bij het maken van dat geweldige tijdschrift. Lynn Johnson deed schitterend werk voor de fotografische kant van 'Deadly Contact'. Billy Karesh en Peter Daszak hielpen me met brainstormen over de inhoud van het artikel. Billy zorgde ook voor aangenaam gezelschap en voor veterinaire informatie over drie continenten. Peter Reid bezorgde me een cruciale openingszin voor mijn onderwerp, toen hij in een voormalige paddock in de buurt van Brisbane, te midden van nieuw opgetrokken huizen en sombere herinneringen, zei: 'Dat is 'm. Dat is die vervloekte boom.'

Jens Kuhn, Charlie Calisher en Mike Gilpin lazen de complete eerste versie van het boek en gaven me vele waardevolle correcties, suggesties en vermaningen. Hun deskundigheid, grondigheid en genereuze bijdragen hebben het boek een stuk beter gemaakt, maar dat maakt hen niet verantwoordelijk voor eventuele gebreken. Karl Johnson deelde met mij vanaf het begin zijn gedachten en herinneringen als deskundige en als vriend en gaf me inzage in het boek over het machupovirus dat hij zelf aan het schrijven was. Les Real lichtte me voor over ziekte-ecologie en de historische ontwikkeling van de wiskundige ziektetheorie, van Bernoulli tot Anderson en May. Karl Johnson, Les Real en de volgende overige wetenschappers en informanten vonden ook tijd om diverse gedeelten van het ruwe manuscript door te lezen en van verbeteringen te voorzien: Sazaly AbuBakr, Brian Amman, Brenda Ang, Michelle Barnes, Donald Burke, Aleksei Chmura, Jenny Cory, Janet Cox-Singh, Greg Dwyer, Gregory Engel, Jonathan Epstein, Kylie Forster, Emily Gurley, Beatrice Hahn, Barry Hewlett, Eddie Holmes, Lisa Jones-Engel, Jean-Marie Kabongo, Phyllis Kanki, opnieuw Billy Karesh, Brandon Keele, Eric Leroy, Steve Luby, Martin Muller, Judith Myers, Rick Ostfeld, Martine Peeters, Raina Plowright, Peter Reid, Hendrik-Jan Roest, Linda Selvey, Balbir Singh, Jaap Taal, Karen Terio, Dirk Teuwen, Jonathan Towner, Kelly Warfield, Robert Webster en Michael Worobey. Lin-fa Wang leidde me een hele dag rond in de BSL-4-laboratoria en andere faciliteiten van het Australian Animal Health Laboratory te Geelong. Kelly Warfield schonk me eveneens een hele dag, vertelde me haar verhaal en nam me mee het Cachot in (en weer eruit). Ook Ian Lipkin introduceerde me in zijn lab en bij zijn medewerkers. Een heleboel andere wetenschappers, die ik hieronder zal noemen, gaven me de gelegenheid om hen tijdens hun veldwerk te vergezellen. Larry Madoff bood me ongeweten onschatbare hulp door zijn ProMED-mailberichten over het optreden van ziekten overal ter wereld. En er waren nog zoveel andere mensen, op zoveel plaatsen, die op allerlei manieren hebben bijgedragen aan mijn research – als informant, deskundig adviseur, reisgezelschap of leverancier van bruikbare hints – dat ik de rest van mijn dankbetuigingen het best geografisch en in alfabetische volgorde kan ordenen.

In Australië: Natalie Beohm, Jennifer Crane, Bart Cummings, Rebekah Day, Carol de Jong, Hume Field, Kylie Forster, Kim Halpin, Peter Hulbert, Brenton Lawrence, David Lovell, Deb Middleton, Nigel Perkins, Raina Plowright, Stephen Prowse, Peter Reid, Linda Selvey, Neil Slater, Craig Smith, Gary Tabor, Barry Trail, Ray Unwin, Craig Walker, Lin-fa Wang, Emma Wilkins en Dick Wright.

In Afrika: Patrick Atimnedi, Bruno Baert, Prosper Balo, Paul Bates, Roman Biek, Ken Cameron, Anton Collins, Zacharie Dongmo, Bob Downing, Ofir Drori, Clelia Gasquet, Jane Goodall, Barry Hewlett, Naftali Honig, Jean-Marie Kabongo, Winyi Kaboyo, Glady Kalema-Zikusoka, Shadrack Kamenya, Billy Karesh, John Kayiwa, Sally Lahm, Eric Leroy, Iddi Lipende, Julius Lutwama, Pegue Manga, Neville Mbah, Apollonaire Mbala, Alastair McNeilage, Achille Mengamenya, Jean Vivien Mombouli, Albert Munga, J. J. Muyembe, Max Mviri, Cécile Neel, Hanson Njiforti, Alain Ondzie, Cindy Padilla, Andrew Plumptre, Xavier Pourrut, Jane Raphael, Trish Reed, Paul Roddy, Innocent Rwego, Jordan Tappero, Moïse Tchuialeu, Peter Walsh, Joe Walston, Nadia Wauquier, Beryl West en Lee White.

In Azië: Sazaly AbuBakar, Brenda Ang, Mohammad Aziz, Aleksei Chmura, Janet Cox-Singh, Jim Desmond, Gregory Engel, Jonathan Epstein, Mustafa Feeroz, Martin Gilbert, Emily Gurley, Johangir Hossain, Arif Islam, Yang Jian, Lisa Jones-Engel, Rasheda Khan, Salah Uddin Khan, Steve Luby, Sue Meng, Joe Meyer, Nazmun Nahar, Malik Peiris, Leo Poon, Mahmudur Rahman, Muhammad Rahman, Sohayati Rahman, Sorn San, Balbir Singh, Gavin Smith, Juliet Tseng en Guangjian Zhu.

In Europa: Rob Besselink, Arnout de Bruin, Pierre Formenty, Fabian Leendertz, Viktor Molnar, Martine Peeters, Hendrik-Jan Roest, Barbara Schimmer, Jaap Taal, Dirk Teuwen, Wim van der Hoek, Yvonne van Duynhoven, Jim van Steenbergen en Ineke Weers.

In de Verenigde Staten: Brian Amman, Kevin Anderson, Mike Antolin, Jesse Brunner, Charlie Calisher, Deborah Cannon, Darin Carroll, David Daigle, Inger Damon, Peter Daszak, Andy Dobson, Tony Dolan, Rick Douglass, Shannon Duerr, Ginny Emerson, Eileen Farnon, Robert Gallo, Tom Gillespie, Barney Graham, Beatrice Hahn, Barbara Harkins, Eddie Homes, Pete Hudson, Vivek Kapur, Kevin Karem, Billy Karesh, Brandon Keele, Ali Khan, Marm Kilpatrick, Lonnie King, Tom Ksiazek, Amy Kuenzi, Jens Kuhn, Edith Lederman, Julie Ledgerwood, Jill Lepore, Ian Lipkin, Andrew Lloyd-Smith, Elizabeth Lonsdorf, Adam MacNeil, Jennifer McQuiston, Nina Marano, Jim Mills, Russ Mittermeier, Jennifer Morcone, Stephen Morse, Martin Muller, Stuart Nichol, Rick Ostfeld, Mary Pearl, Mary Poss, Andrew Price-Smith, Juliet Pulliam, Anne Pusey, Andrew Read, Les Real, Zach Reed, Russ Regnery, Anne Rimoin, Pierre Rollin, Charles Rupprecht, Anthony Sanchez, Tony Schountz, Nancy Sullivan, Karen Terio, Jonathan Towner, Giliane Trindade, Murray Trostle, Abbigail Tumpey, Sally en Robert Uhlmann, Caree Vander Linden, Kelly Warfield, Robert Webster, Nathan Wolfe en Michael Worobey.

Er zijn nog andere mensen die me hebben geholpen en hier alleen niet worden vermeld omdat ik een slecht geheugen heb en mijn notitieboekjes en dagboeken, die net iets ordelijker zijn dan een Kongolees woud, zelfs voor mij nog enkele geheimen bewaren. Excuses voor deze omissie en mijn hartelijke dank.

Maria Guarnaschelli van W.W. Norton, mijn redacteur in de loop van vele jaren en een stuk of vijf boeken, heeft ook bij dit boek haar gebruikelijke, ondersteunende rol gespeeld door haar scherpe oog voor details en het grote geheel. Met haar bijdragen is ze voor mij al tientallen jaren een betrouwbare rots in de branding. Amanda Urban van ICM, mijn literair agent, heeft vanaf de eerste ruwe schets het project gestalte helpen geven en is het sindsdien voortdurend op allerlei manieren blijven steunen. Deze twee geweldige vrouwen maken het voor mij mogelijk om het soort boeken te schrijven (waar flink wat tijd en reizen in gaat zitten) dat ik graag schrijf. Een derde vrouw, Renée Wayne Golden, vervulde vroeger die rol en ook zonder haar zou dit boek niet hebben bestaan. Melanie Tortoroli, Maria's assistente, en hun medewerkers bij Norton hebben dit project de focus, steun en professionele bijstand gegeven waar een auteur altijd behoefte aan heeft. Emily Krieger combineerde naarstige research met een goed gevoel voor wat lezers wel en niet moeten weten, wat cruciale eigenschappen zijn bij de rol van factchecker die ze voor mij vervulde. Gloria Thiede, de trouwe Gloria, heeft me weer geweldig geholpen met administratieve taken, vooral bij de transcriptie van interviews die opgenomen werden met op de achtergrond de herrie van airconditioners, koffiemolens, straatverkeer en kaketoes. Jodi Solomon, die mijn lezingen regelt, heeft me geholpen aan een direct contact met een geïnteresseerd publiek. Dan Smith, Dan Krza, Danny Schotthoefer (mijn drie Daniëls) en Don Killian hebben me geweldig goed geassisteerd in de digitale sfeer, van klussen op het gebied van websitedesign tot computerreparatie en het redden van data, plus gedoe met de sociale media, allemaal dingen die merendeels nog mysterieuzer voor mij zijn dan de wiskundige modellen van Anderson en May. De overleden Chuck West zullen we allemaal erg missen. Betsy, mijn fantastische vrouw, en Harry, Kevin en Skipper (en Nelson, nu heengegaan), onze trouwe metgezellen, zorgden voor een warme sfeer in het huis waar dit boek werd geschreven.

Register